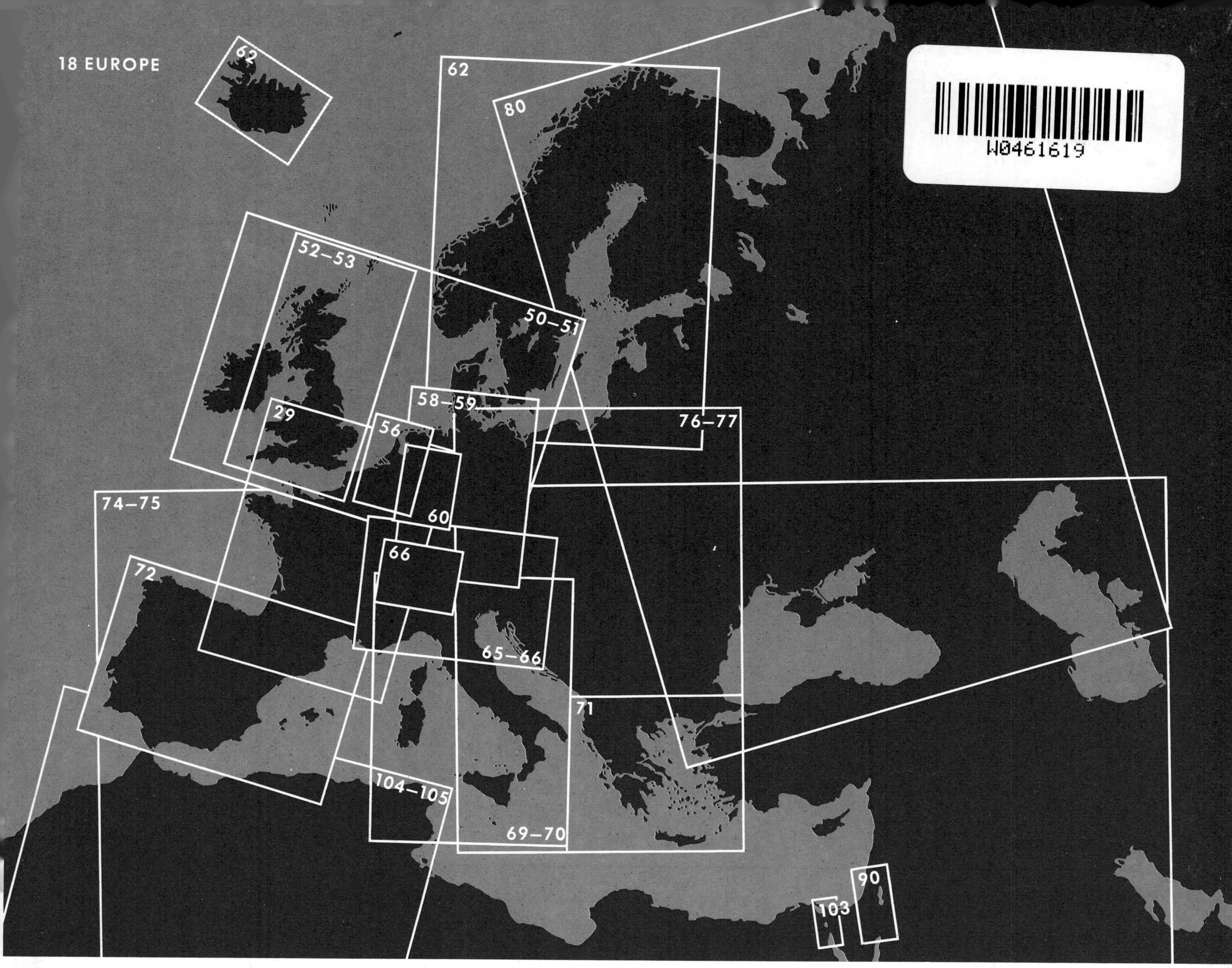
18 EUROPE
62
62
80
52–53
50–51
58–59
76–77
29
56
74–75
60
66
72
65–66
71
104–105
69–70
90
103

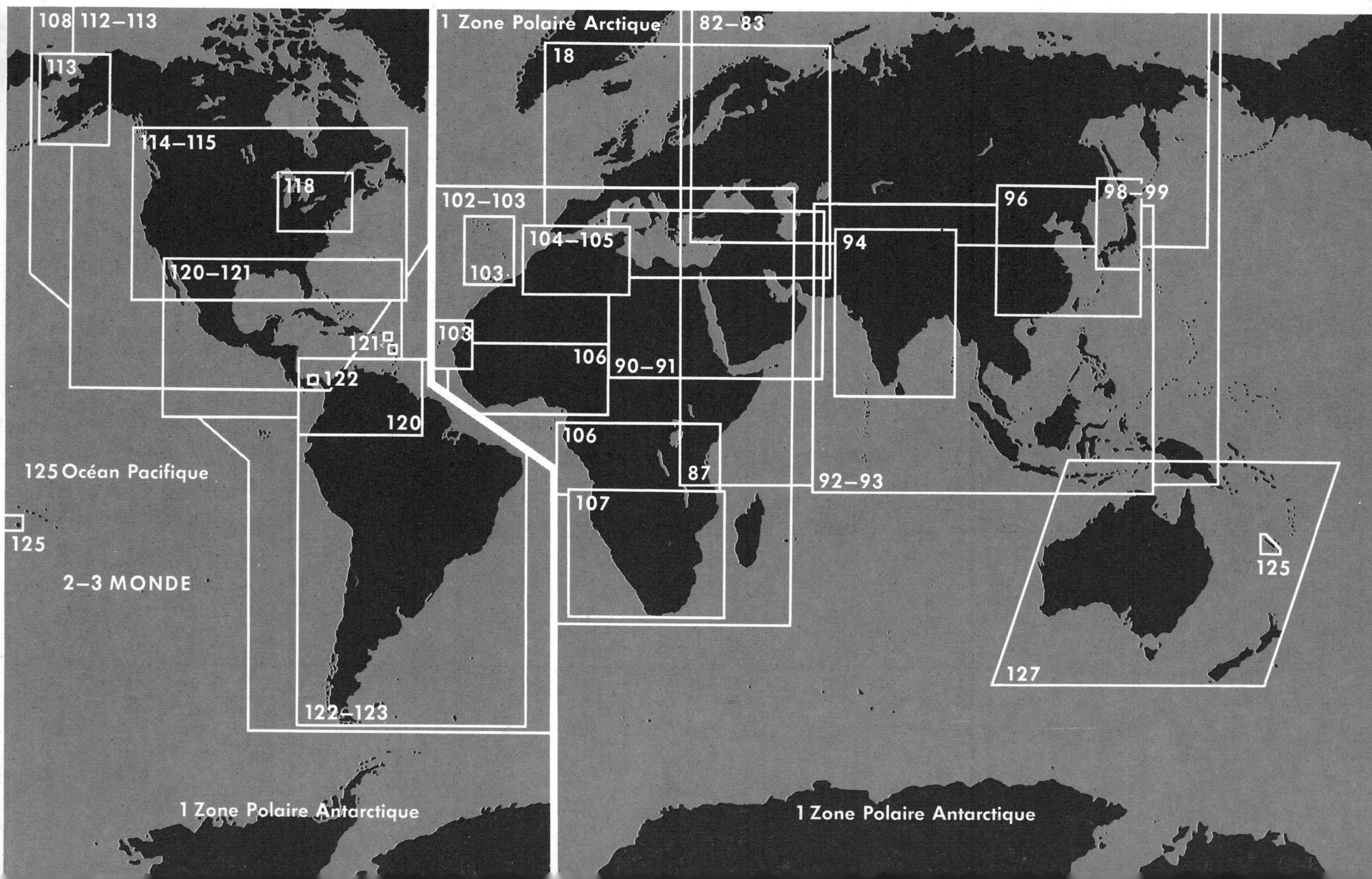
108
112–113
113
1 Zone Polaire Arctique
82–83
18
114–115
118
102–103
103
104–105
96
98–99
94
120–121
121
103
106
90–91
122
120
106
87
92–93
125 Océan Pacifique
125
107
125
2–3 MONDE
127
122–123
1 Zone Polaire Antarctique
1 Zone Polaire Antarctique

ATLAS BORDAS GÉOGRAPHIQUE

Pierre SERRYN
agrégé d'histoire et de géographie

BORDAS

NOMS ÉTRANGERS

Les noms étrangers de cet ouvrage sont de deux sortes:

1° *Les plus nombreux appartiennent à des pays qui utilisent l'alphabet latin: on a, dans ce cas, conservé la graphie originelle, sauf lorsqu'elle est remplacée depuis longtemps dans l'usage par une forme francisée. Ex.:* Neu-Ulm, Chieti, Florence, Munich. *Mais la forme originelle, si elle diffère sensiblement, figure dans l'Atlas, au moins à l'Index; le lecteur trouvera donc* Firenze *et* München.

Dans certaines langues, on utilise, pour distinguer les différentes valeurs d'une lettre, des signes diacritiques placés au-dessus ou au-dessous du caractère. Ces signes ont été conservés dans l'Atlas; le lecteur les retrouvera tels qu'il a pu les lire sur les plaques indicatrices de Roumanie ou de Norvège. Par ex., č = *tch en tchèque ou en serbe,* s = *ch en turc,* t = *ts en roumain,* å = *o en suédois et en norvégien;* ä *se prononce en général é ou è,* ö *se dit eu,* ü *se prononce u au lieu de ou, etc.*

2° *Les autres noms étrangers sont en général rendus par un équivalent phonétique, le plus proche possible de l'orthographe originelle.*

3° *La transcription des noms chinois en alphabet latin a été instituée en 1958 et rendue officielle en 1978 par le gouvernement de... Beijing. C'est le pinyin. Mais les mots nouveaux sont si différents des appellations couramment admises à l'étranger qu'ils sont souvent d'interprétation difficile: Beijing n'est autre que Pékin; Guangzhou correspond à Canton. Aussi, outre la transcription pinyin, a-t-on indiqué dans l'Index les noms habituellement utilisés en français pour les noms de provinces, de villes très importantes, de grands fleuves.*

On trouvera au début de l'Index la liste des abréviations ainsi qu'un glossaire des termes géographiques utilisés dans l'ouvrage.

PRINCIPAUX TYPES DE PROJECTIONS UTILISÉS DANS L'ATLAS

La projection azimutale (ou horizontale) équivalente de Lambert (projection sur un plan tangent au centre de la région à représenter), utilisée notamment pour les cartes générales de continents (ex.: pages 18 et 21).

Cette projection est équivalente, c'est-à-dire qu'elle respecte le rapport des surfaces. Elle évite ainsi l'inconvénient majeur de la projection de Mercator qui est de dilater les pays situés aux hautes latitudes. En revanche, les parties marginales de la carte paraissent tordues parce que les méridiens recoupent très obliquement les parallèles.

La projection conique, tangente ou sécante, soit simple, soit modifiée (cartes régionales d'Europe; ex.: pages 76-77). La carte internationale du monde au 1 000 000ᵉ, qui a fourni le fond des cartes régionales de France, est obtenue par projection polyconique. Les cartes de France au 200 000ᵉ, au 100 000ᵉ et au 50 000ᵉ de l'Institut Géographe National utilisent également une projection conique.

Les canevas d'Eckert et de Hölzel (ex.: page 2 et 3) utilisés pour les planisphères et les océans, se rattachent au principe de la projection cylindrique. Ils permettent une bonne représentation de la Terre, si l'on peut, toutefois, se dispenser de représenter les régions polaires.

SOURCES DOCUMENTAIRES

La réalisation des cartes de cet Atlas a été effectuée à partir d'une documentation cartographique très variée provenant de l'Institut Géographique National, de services géographiques étrangers et de services spécialisés (Bureau de recherches géologiques et minières, Électricité de France, Service hydrographique de la Marine, etc.). Mentionnons, notamment, les publications suivantes:

Carte internationale du monde au 1 000 000ᵉ. — Carte générale du monde au 10 000 000ᵉ. — Cartes de France au 200 000ᵉ, au 100 000ᵉ et au 50 000ᵉ. — Cartes d'Afrique au 500 000ᵉ, au 2 000 000ᵉ, et au 5 000 000ᵉ. — Cartes d'Algérie, du Maroc et de Tunisie au 50 000ᵉ — publiées par l'Institut Géographique National.

Carte aéronautique du monde au 500 000ᵉ, de l'O.A.C.I.

Cartes spéciales: Carte de la végétation de la France au 200 000ᵉ, du Centre National de la Recherche Scientifique. — Carte géologique de la France au 200 000ᵉ, du Ministère des Travaux Publics.

Les auteurs ont utilisé également un certain nombre de cartes réalisées par les Professeurs Ritter et Strzygowski de l'Institut Géographique Hölzel de Vienne.

L'établissement des cartes géologiques ou climatiques, des cartes de végétation, des cartes économiques et de géographie humaine a nécessité, en outre, l'utilisation de sources très nombreuses, dont voici les principales:

Annuaire statistique de la France, Études et conjoncture, Bulletin mensuel de statistique, Données statistiques (outremer), publiés par l'Institut National de la Statistique et des Études Économiques (I.N.S.E.E.). — Notes et Études documentaires, Problèmes économiques, publiés par la Documentation Française. — Annuaire statistique, Annuaire démographique, publiés par l'O.N.U. — Annuaire statistique de la F.A.O. — Publications de l'Office Statistique des Communautés Européennes. — Annuaires statistiques des états étrangers. — Atlas de France (Comité National de Géographie). — Atlas étrangers (allemands, américains, anglais, autrichiens, espagnols, italiens, japonais, néerlandais, polonais, russes, tchèques). — Nombreuses études de détail ou d'ensemble, par exemple les volumes de la Géographie Universelle (A. Colin), ceux des collections «Orbis» et «Magellan» (P.U.F.) et de la collection «Les cinq parties du monde» (Hachette) et les thèses de doctorat. — Revues géographiques et économiques françaises et étrangères (Annales de Géographie, Information Géographique, etc.). — Rapports annuels et publications des grandes entreprises industrielles et des organismes d'information spécialisés (Marchés Tropicaux, Minerais et métaux, Stateman's Yearbook, etc.).

Cartographie des pages I à IV: Jean-François Dutilh.
Cartographie des pages 1 à 128: Institut Hölzel, Vienne, Autriche.

ISBN: 2-04-020887-9.
Imprimé en Autriche, en mai 1993 par HÖLZEL, Vienne.
Dépôt légal: juin 1993

TABLE DES CARTES

PAGES *ÉCHELLES*

C.E.E.

I Place de la Communauté Économique Européenne dans le Monde
II C.E.E. Population
III C.E.E. Démographie
IV C.E.E. Indicateurs économiques régionaux

CARTES GÉNÉRALES

1 **RÉGIONS POLAIRES** 1/40 000 000
2-3 **MONDE** — Planisphère physique 1/80 000 000
4 **MONDE** — Climat
Températures et courants marins en janvier 1/160 000 000
Températures et courants marins en juillet .1/160 000 000
5 **MONDE** — Climat
Pressions et vents en janvier 1/160 000 000
Pressions et vents en juillet 1/160 000 000
6 **MONDE** — Climat
Précipitations annuelles et répartition saisonnière 1/100 000 000
7 **MONDE**
Zones climatiques 1/100 000 000
8 **MONDE**
Sols 1/160 000 000
Zones de végétation 1/160 000 000
Déserts 1/160 000 000
9 **MONDE**
Géologie et tectonique 1/120 000 000
10 **MONDE**
Densité de population 1/100 000 000
11 **ÉCONOMIE MONDIALE**
Production et courants commerciaux ...1/100 000 000
12 **MONDE**
Natalité 1/160 000 000
Mortalité 1/160 000 000
Urbanisation 1/160 000 000
13 **TYPES DE STRUCTURE URBAINE**
Berlin 1/50 000
Chicago 1/30 000
Téhéran 1/100 000
Kyoto 1/100 000
14 **MONDE**
Nutrition 1/160 000 000
Cultures alimentaires 1/160 000 000
Cultures industrielles 1/160 000 000
15 **TYPES DE STRUCTURE AGRAIRE**
Espagne aride (Sud-Est) 1/1 500 000
Sicile 1/500 000
Irrigation en Irak septentrional 1/500 000
Rizières au Japon 1/100 000
Élevage en Argentine 1/100 000
Plantations et cultures traditionnelles en Côte d'Ivoire 1/50 000
16-17 **MONDE** — Planisphère politique 1/80 000 000
Langues 1/200 000 000
Religions 1/200 000 000

EUROPE

18 **EUROPE** — Carte physique 1/25 000 000
Sols 1/50 000 000
Europe pendant la dernière glaciation 1/50 000 000

PAGES *ÉCHELLES*

19 **EUROPE** — Climat 1/25 000 000
Isothermes de janvier 1/50 000 000
Isothermes de juillet 1/50 000 000
20 **EUROPE** — Répartition de la population 1/25 000 000
Grandes agglomérations européennes 1/50 000 000
Produit national brut 1/50 000 000
21 **EUROPE** — Utilisation du sol 1/25 000 000
Types d'activité économique 1/50 000 000
Répartition des travailleurs par type d'activité 1/50 000 000
22 **EUROPE — Institutions politiques et économiques** 1/25 000 000
Peuples 1/50 000 000
Religions 1/50 000 000
23 **FRANCE** — Carte administrative 1/5 000 000
Circonscriptions d'action régionale 1/12 000 000
Région parisienne 1/2 500 000
24 **FRANCE** — Densité de population 1/5 000 000
25 **FRANCE** — Population (Unités urbaines) 1/5 000 000
Région parisienne 1/1 250 000
26-27 **FRANCE** — Démographie
Natalité 1/12 000 000
Mortalité 1/12 000 000
Évolution des taux de natalité et de mortalité
Graphique (1851-1982)
Pyramide des âges
Évolution démographique 1851-1901 .... 1/12 000 000
Évolution démographique 1901-1954 .... 1/12 000 000
Évolution démographique 1954-1982 .... 1/12 000 000
Étrangers 1/12 000 000
Urbanisation: agglomérations moyennes ... 1/12 000 000
Urbanisation: grandes agglomérations 1/12 000 000
28 **FRANCE** — Carte géologique 1/5000 000
29 **FRANCE** — Carte physique 1/5000 000
30-31 **FRANCE** — Climat
Moyennes des températures vraies de janvier 1/12 000 000
Moyennes des températures vraies de juillet 1/12 000 000
Isothermes de janvier 1/12 000 000
Isothermes de juillet 1/12 000 000
Nombre annuel moyen de jours de gelée .. 1/12 000 000
Nombre annuel moyen d'heures d'ensoleillement 1/12 000 000
Nombre annuel moyen de jours de précipitations (pluie et neige) 1/12 000 000
Nombre annuel moyen de jours de neige .. 1/12 000 000
Précipitations annuelles moyennes 1/6 000 000
32 **FRANCE** — Agriculture 1/5 000 000
Pêche 1/12 000 000
33 **FRANCE** — Agriculture
Blé 1/12 000 000
Avoine. Orge. Seigle. Maïs. Riz 1/12 000 000
Pommes de terre. Oléagineux 1/12 000 000
Betteraves à sucre. Houblon. Tabac.
Textiles 1/12 000 000
Élevage 1/12 000 000
Vin 1/12 000 000
34 **FRANCE** — Énergie 1/5 000 000
Production d'électricité .... graphique
35 **FRANCE** — Industrie 1/5 000 000
Industries extractives 1/12 000 000
36 **FRANCE** — Routes et aéroports 1/5 000 000
Transports aériens (liaisons intérieures) ... 1/12 000 000
37 **FRANCE — Ports, voies navigables, voies ferrées** 1/5 000 000
Canaux du Nord et du Nord-Est 1/5 000 000
38 **FRANCE** — Tourisme 1/5 000 000
Stations de sports d'hiver 1/5 000 000
39 **MASSIF ARMORICAIN** 1/2 000 000

PAGES		ÉCHELLES
40-41	**BASSIN PARISIEN — RÉGIONS DU NORD ET DE L'EST**	1/2 000 000
42-43	**FRANCE — SUD**	1/2 000 000
44	**FRANCE** — Région de l'Est	1/750 000
45	**FRANCE** — Région du Nord	1/750 000
46	**NORD-OUEST DU BASSIN PARISIEN**	1/750 000
47	**RÉGION PARISIENNE**	1/200 000
48-49	**PAYS DU RHÔNE, PROVENCE, CÔTE D'AZUR**	1/750 000
	Région lyonnaise	1/750 000
	Aménagement du Rhône	1/3 500 000
50-51	**PAYS DE LA MER DU NORD**	1/5 000 000
52-53	**ILES BRITANNIQUES**	1/2 500 000
54	**ILES BRITANNIQUES**	
	Carte administrative	1/7 500 000
	Densité de population	1/7 500 000
	Nombre de jours de pluie	1/15 000 000
55	**PAYS DE LA MER DU NORD —** Économie	1/5 000 000
56	**BENELUX**	1/1 500 000
	Carte administrative	1/5 000 000
57	**BENELUX** — Économie	1/1 500 000
	Densité de population	1/5 000 000
58-59	**ALLEMAGNE**	1/2 500 000
	Carte administrative	1/10 000 000
	Densité de population	1/10 000 000
60	**ALLEMAGNE RHÉNANE**	1/1 500 000
61	**ALLEMAGNE** — Économie	1/3 000 000
62	**PAYS DE LA BALTIQUE — SCANDINAVIE — ISLANDE**	1/7 500 000
63	**PAYS DE LA BALTIQUE — SCANDINAVIE — ISLANDE** — Économie	1/7 500 000
64-65	**PAYS ALPINS**	1/2 500 000
66	**SUISSE**	1/1 500 000
	Langues	1/4 000 000
67	**PAYS ALPINS** — Tourisme	1/3 000 000
	Suisse – Carte administrative	1/4 000 000
68-69	**ITALIE**	1/3 500 000
	Densité de population	1/12 500 000
70	**ITALIE** — Économie	1/5 000 000
	Carte administrative	1/12 500 000
71	**GRÈCE**	1/3 500 000
72	**PÉNINSULE IBÉRIQUE**	1/5 000 000
73	**PÉNINSULE IBÉRIQUE** — Économie	1/5 000 000
74-75	**PAYS DE LA MÉDITERRANÉE — PROCHE-ORIENT**	1/12 500 000
	Climat et tourisme	1/25 000 000
	Irrigation et cultures subtropicales	1/25 000 000
76-77	**EUROPE CENTRALE ET BALKANIQUE**	1/5 000 000
78-79	**EUROPE CENTRALE ET BALKANIQUE —** Économie	1/5 000 000
80	**EUROPE ORIENTALE**	1/12 500 000
81	**EUROPE ORIENTALE** – Économie	1/12 500 000
82-83	**RUSSIE — ASIE CENTRALE**	1/20 000 000
84-85	**RUSSIE — ASIE CENTRALE —** Économie	1/20 000 000

ASIE

86	**ASIE** – Carte politique	1/50 000 000
	États issus de l'U.R.S.S. – Carte politique	1/60 000 000
87	**ASIE** — Carte physique	1/50 000 000
	Inde – Précipitations	1/50 000 000
88	**ASIE** — Utilisation du sol	1/50 000 000
	Inde – Langues	1/50 000 000
	Inde – Religions	1/50 000 000
89	**ASIE** — Économie	1/50 000 000
	Java – Économie	1/6 000 000
90-91	**PROCHE-ORIENT** — Économie	1/12 500 000
	Israël	1/2 500 000
92-93	**ASIE DU SUD-EST**	1/20 000 000
94	**SUBCONTINENT INDIEN**	1/12 500 000
	Carte administrative	1/37 500 000
95	**SUBCONTINENT INDIEN** — Économie	1/12 500 000
96	**CHINE — JAPON — CORÉE**	1/12 500 000
97	**CHINE — JAPON — CORÉE —** Économie	1/12 500 000
98-99	**JAPON**	1/5 000 000
	Densité de population	1/12 500 000

AFRIQUE

100	**AFRIQUE**	
	Carte physique	1/50 000 000
	Climat	1/50 000 000
101	**AFRIQUE**	
	Utilisation du sol	1/50 000 000
	Mines et industrie	1/50 000 000
102-103	**AFRIQUE**	1/25 000 000
	Carte politique	1/50 000 000
	Açores	1/25 000 000
	Iles du Cap Vert	1/25 000 000
	Canal de Suez	1/2 500 000
104-105	**AFRIQUE DU NORD**	1/5 000 000
	Afrique du Nord – Économie	1/12 500 000
106	**AFRIQUE DE L'OUEST**	
	Économie	1/12 500 000
	AFRIQUE CENTRALE — Économie	1/12 500 000
107	**AFRIQUE AUSTRALE**	1/12 500 000

AMÉRIQUE

108	**AMÉRIQUE** — Carte physique	1/50 000 000
	Isothermes de janvier	1/100 000 000
109	**AMÉRIQUE** — Climat	1/50 000 000
	Isothermes de juillet	1/100 000 000
110	**AMÉRIQUE** — Utilisation du sol	1/50 000 000
	Amérique du Nord. Carte politique	1/100 000 000
111	**AMÉRIQUE** — Mines et industrie	1/50 000 000
	Amérique du Sud. Carte politique	1/100 000 000
112-113	**AMÉRIQUE DU NORD**	1/20 000 000
114-115	**ÉTATS-UNIS — CANADA (SUD)**	1/12 500 000
116-117	**ÉTATS-UNIS — CANADA (SUD) —** Économie	1/12 500 000
118	**ÉTATS-UNIS — NORD-EST**	1/5 000 000
119	**ÉTATS-UNIS — NORD-EST** — Économie	1/5 000 000
120-121	**AMÉRIQUE CENTRALE**	1/12 500 000
	Colombie. Venezuela. Économie	1/12 500 000
	Martinique	1/1 000 000
	Guadeloupe	1/1 000 000
122-123	**AMÉRIQUE DU SUD**	1/20 000 000
	Canal de Panama	1/1 000 000
124	**CHILI — ARGENTINE — BRÉSIL (SUD) —** Économie	1/12 500 000

OCÉANIE — AUSTRALIE

125	**OCÉAN PACIFIQUE** — Carte politique	1/50 000 000
	Nouvelle-Calédonie	1/5 000 000
	Tahiti	1/1 500 000
126	**AUSTRALIE — NOUVELLE-ZÉLANDE —** Économie	1/20 000 000
127	**AUSTRALIE — NOUVELLE-ZÉLANDE**	1/20 000 000
128	**CONTINENTS ET OCÉANS**	1/120 000 000

LA COMMUNAUTÉ ÉCONOMIQUE EUROPÉENNE DANS LE MONDE

Une superficie réduite

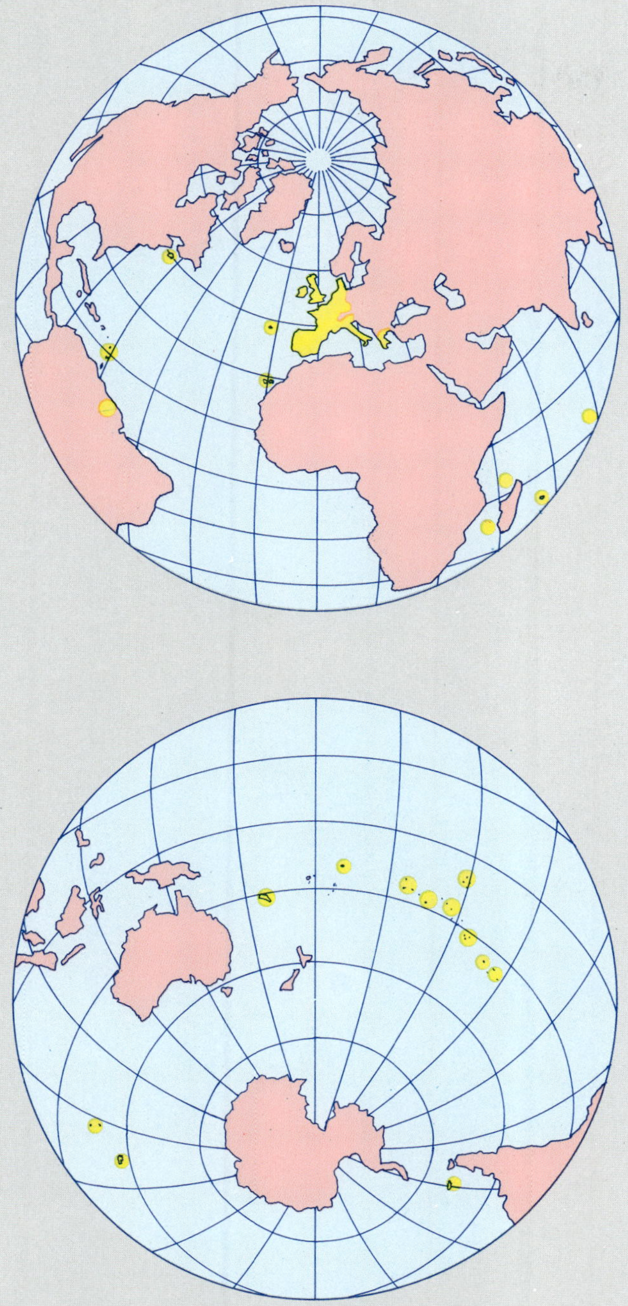

Le poids de la C.E.E.

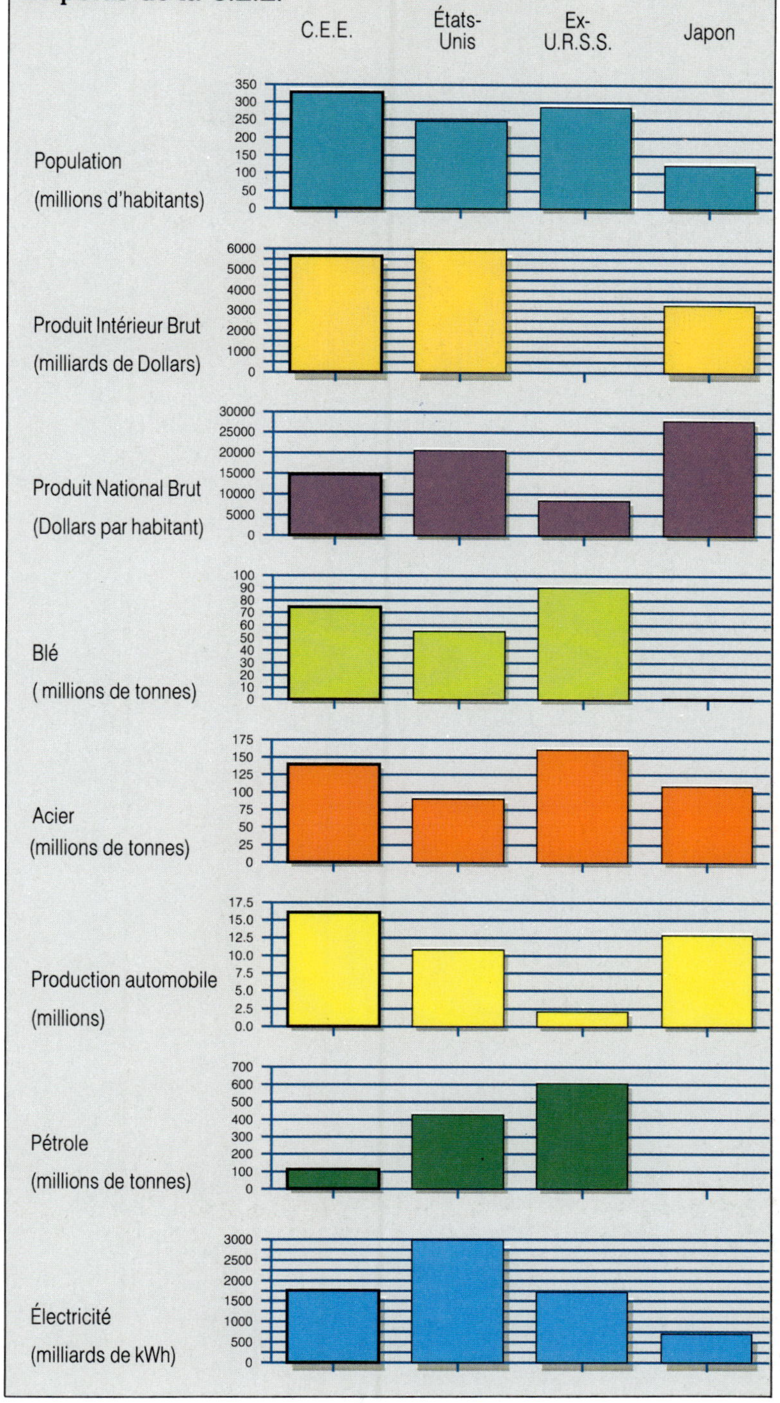

Les partenaires privilégiés de la C.E.E.

- C.E.E.
- A.E.L.E. et associé A.E.L.E. **(Association Européenne de Libre Échange)**
- Accord de coopération avec les États méditerranéens
- Accord d'association États A.C.P. **(Afrique, Caraïbes, Pacifique)** (convention de Lomé III)
- Accords de coopération avec Inde, Bangladesh, Pakistan et États A.S.E.A.N. **(Association des Nations de l'Asie du Sud-Est)**
- avec Canada
- Accords commerciaux

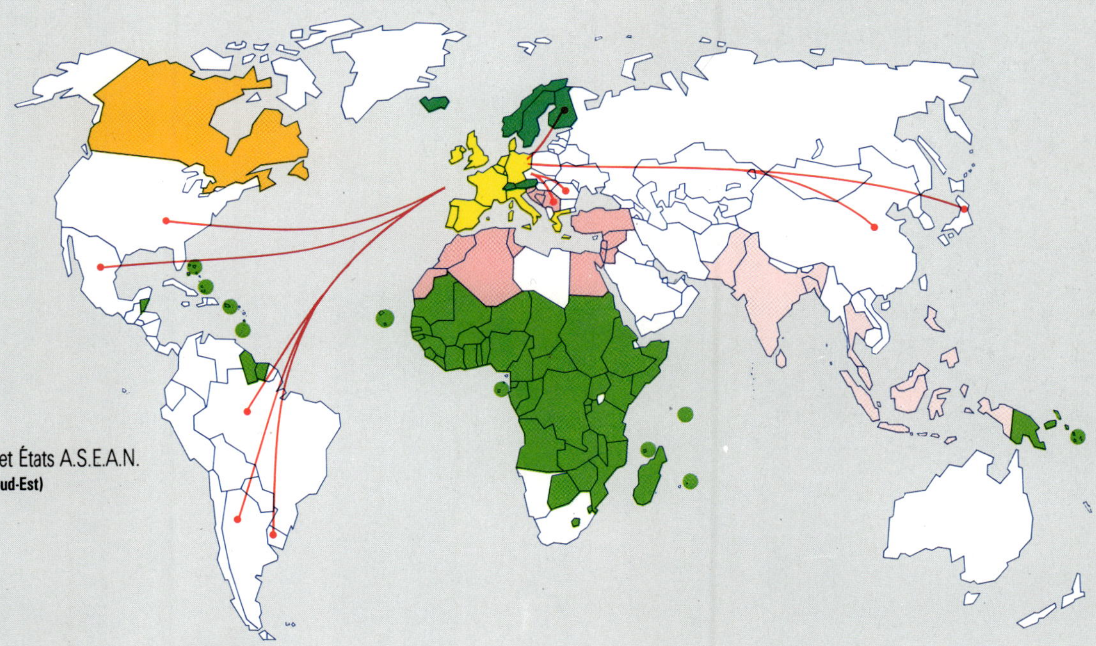

Densité de population et limites communautaires

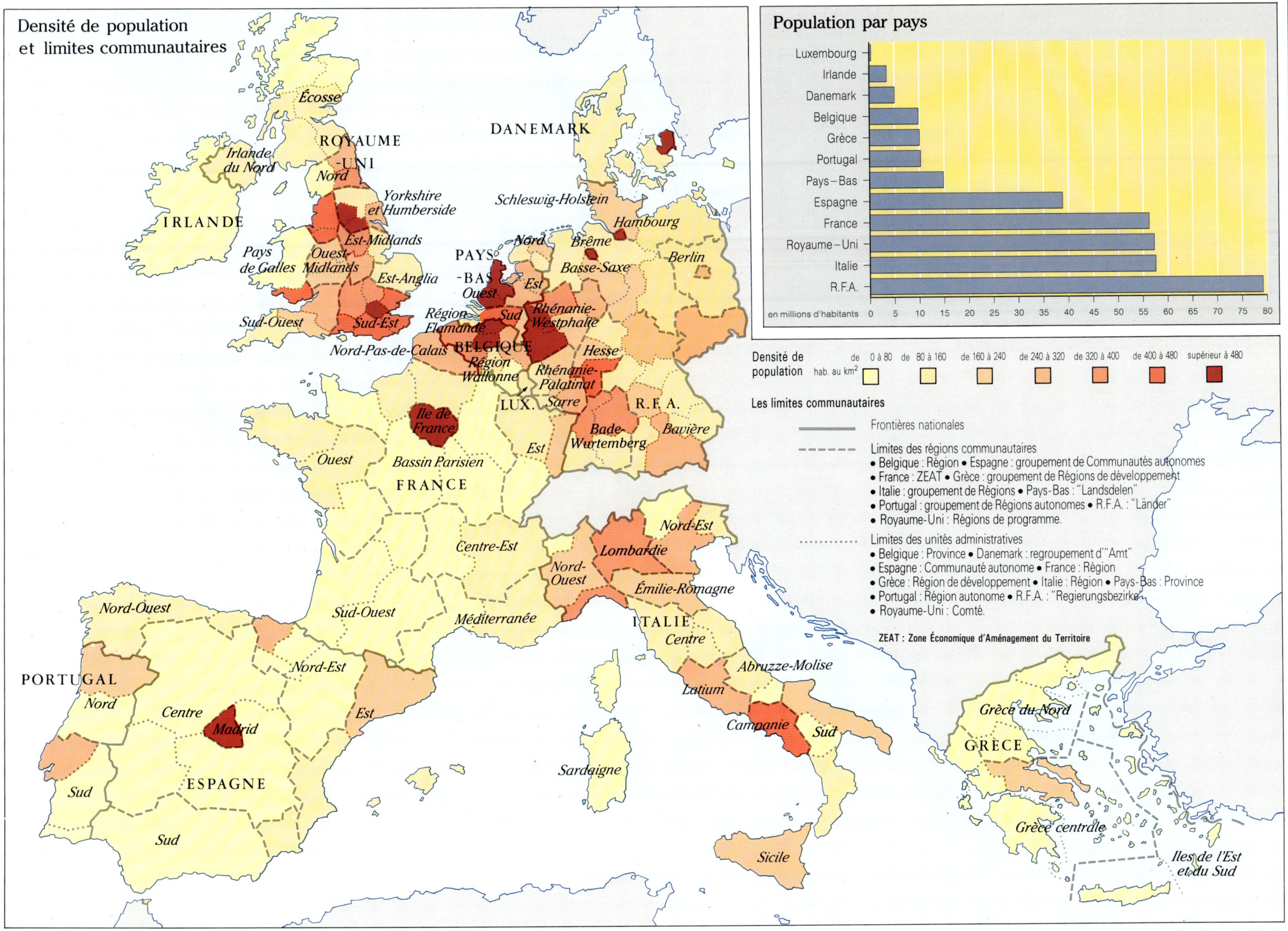

Population par pays

Densité de population — de ... hab. au km²: 0 à 80; de 80 à 160; de 160 à 240; de 240 à 320; de 320 à 400; de 400 à 480; supérieur à 480

Les limites communautaires

- Frontières nationales
- Limites des régions communautaires
  - Belgique : Région • Espagne : groupement de Communautés autonomes
  - France : ZEAT • Grèce : groupement de Régions de développement
  - Italie : groupement de Régions • Pays-Bas : "Landsdelen"
  - Portugal : groupement de Régions autonomes • R.F.A. : "Länder"
  - Royaume-Uni : Régions de programme.
- Limites des unités administratives
  - Belgique : Province • Danemark : regroupement d'"Amt"
  - Espagne : Communauté autonome • France : Région
  - Grèce : Région de développement • Italie : Région • Pays-Bas : Province
  - Portugal : Région autonome • R.F.A. : "Regierungsbezirke"
  - Royaume-Uni : Comté.

ZEAT : Zone Économique d'Aménagement du Territoire

Taux de natalité (Sans ex. R.D.A.)

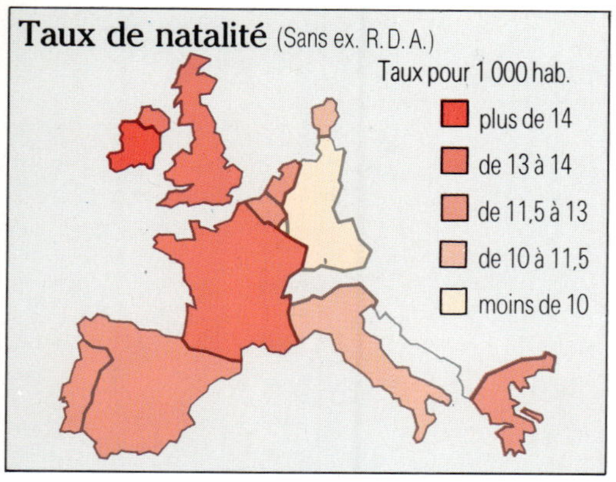

Taux d'accroissement naturel (Sans ex. R.D.A.)

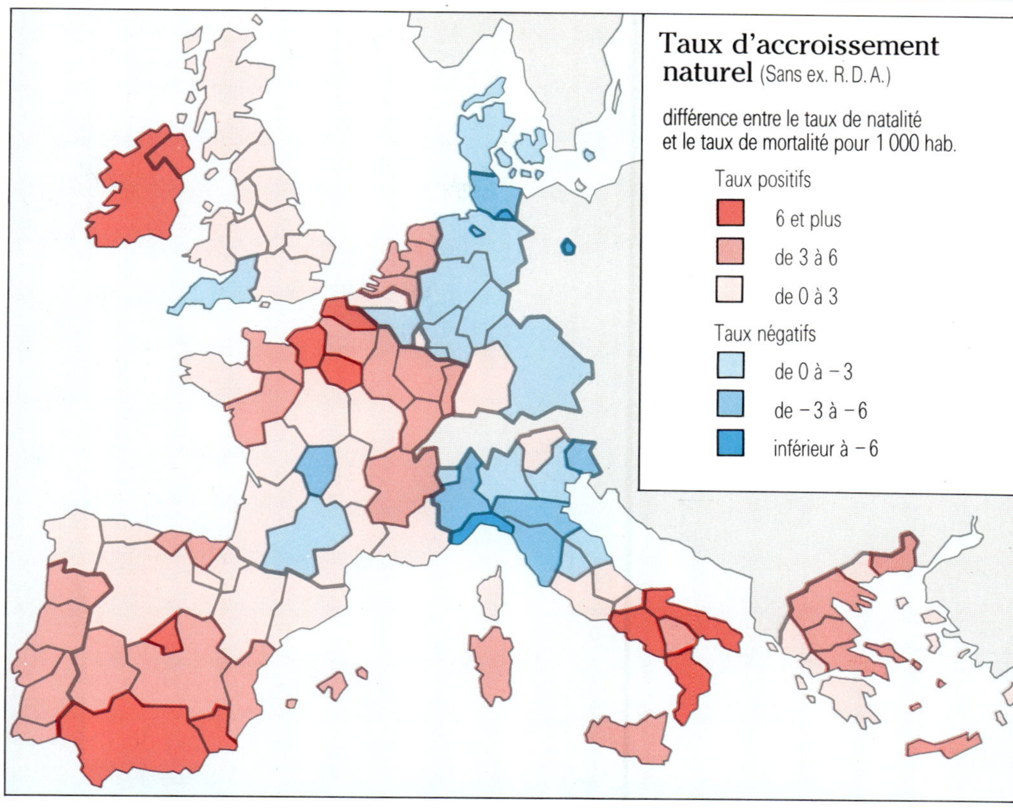

Taux de mortalité (Sans ex. R.D.A.)

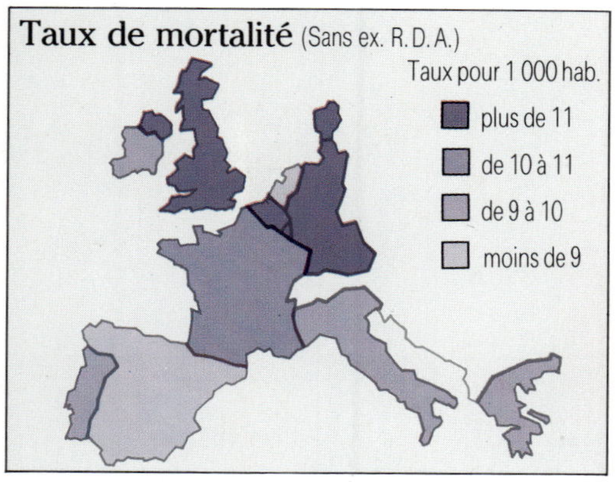

Nombre moyen d'enfants par femme (Sans ex. R.D.A.)

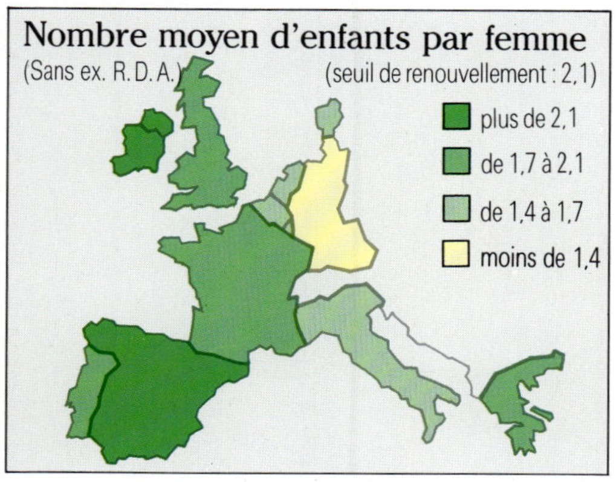

Pourcentage de moins de 25 ans (Sans ex. R.D.A.) — Nombre de jeunes de moins de 25 ans

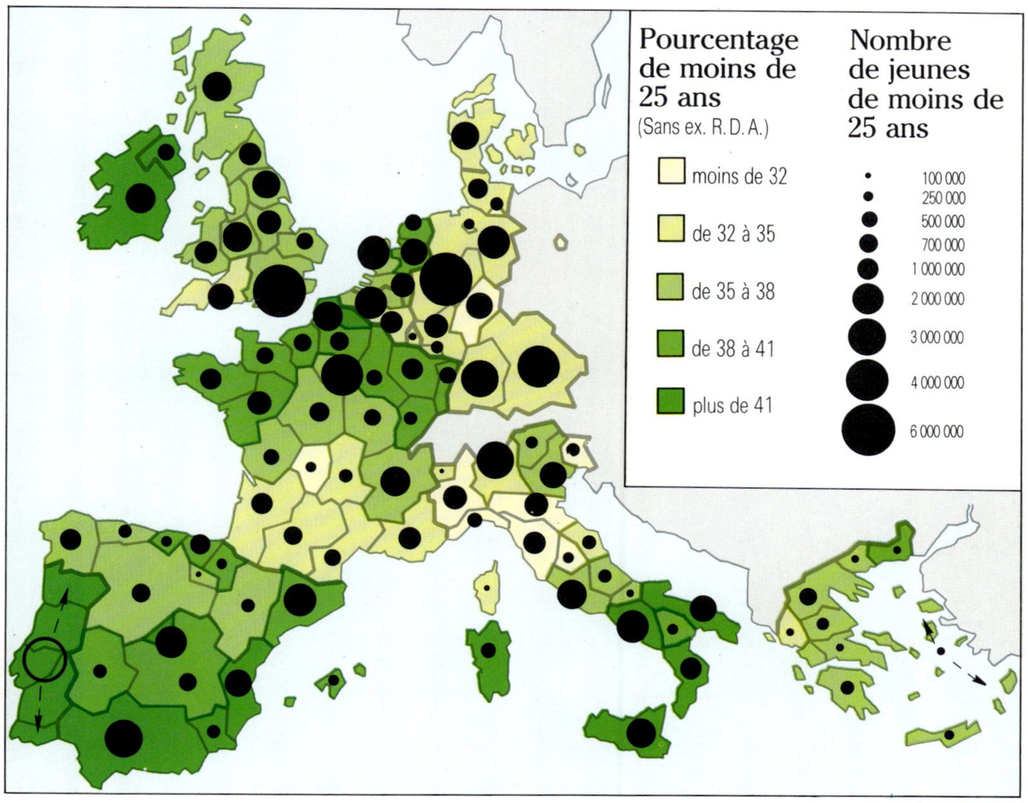

Taux de mortalité infantile (Sans ex. R.D.A.)

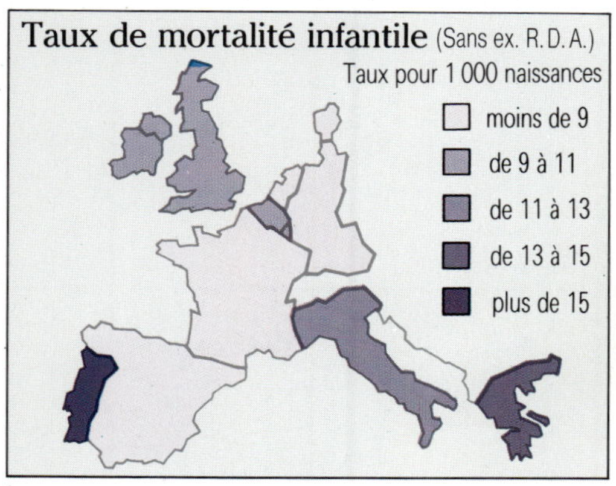

Structure par âge de la population des 12 pays de la C.E.E. (Sans ex. R.D.A.)

La pyramide des âges (moyenne des 12) est ramenée à une ligne verticale. A partir de cette base de comparaison, seules les différences positives (■) ou négatives (■), sont représentées.

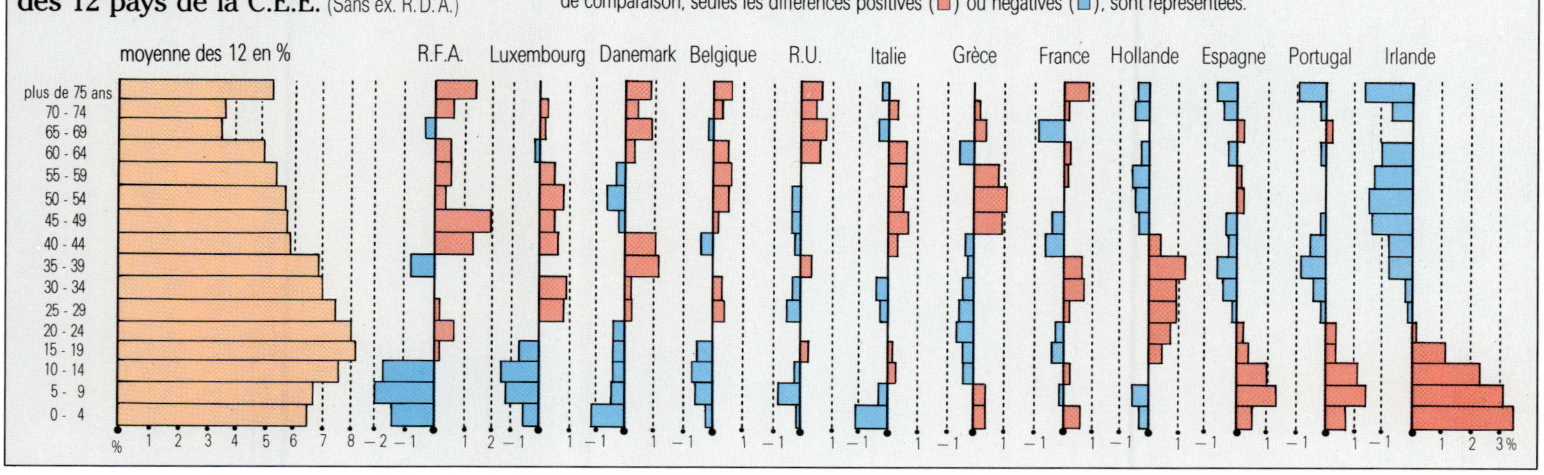

C.E.E. ▸ *Indicateurs économiques régionaux*

Produit Intérieur Brut par habitant

en Écus C.E.E. (base = 100)

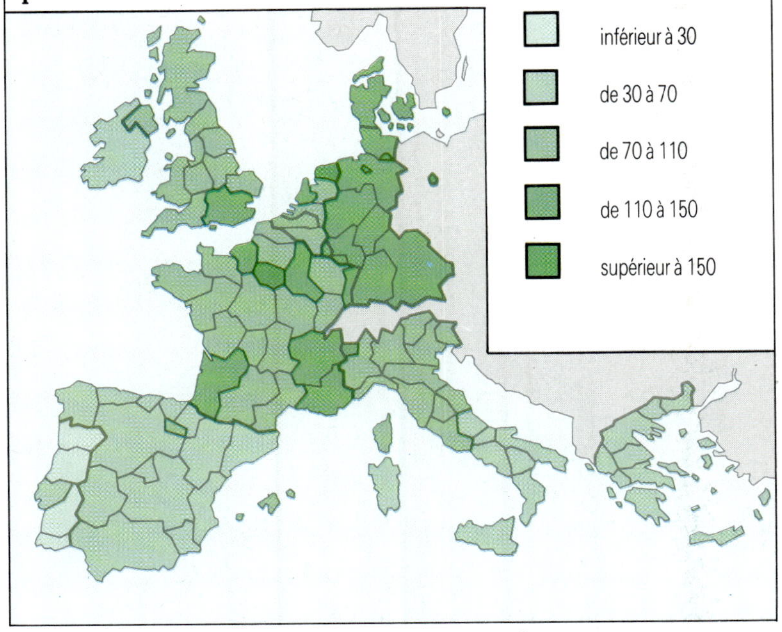

Part de l'agriculture dans la valeur ajoutée brute

en pourcentage

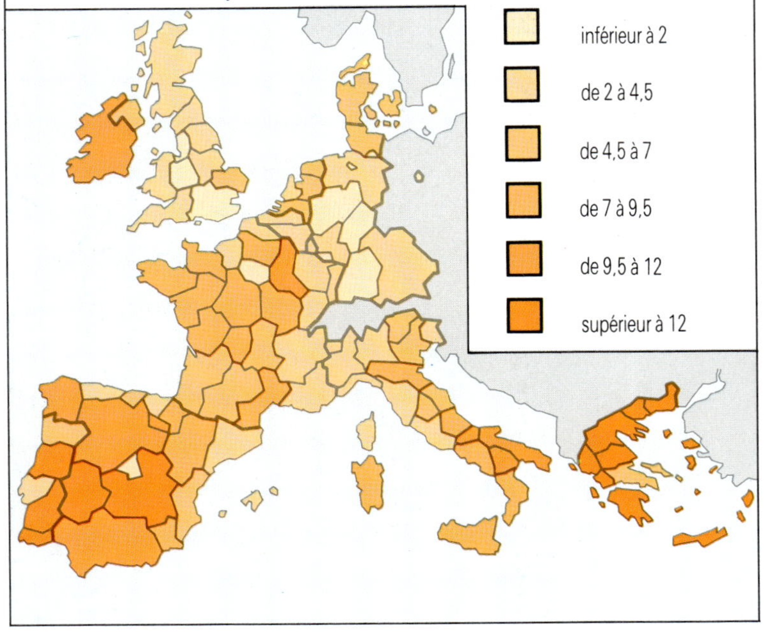

Taux d'activité

en pourcentage de la population totale

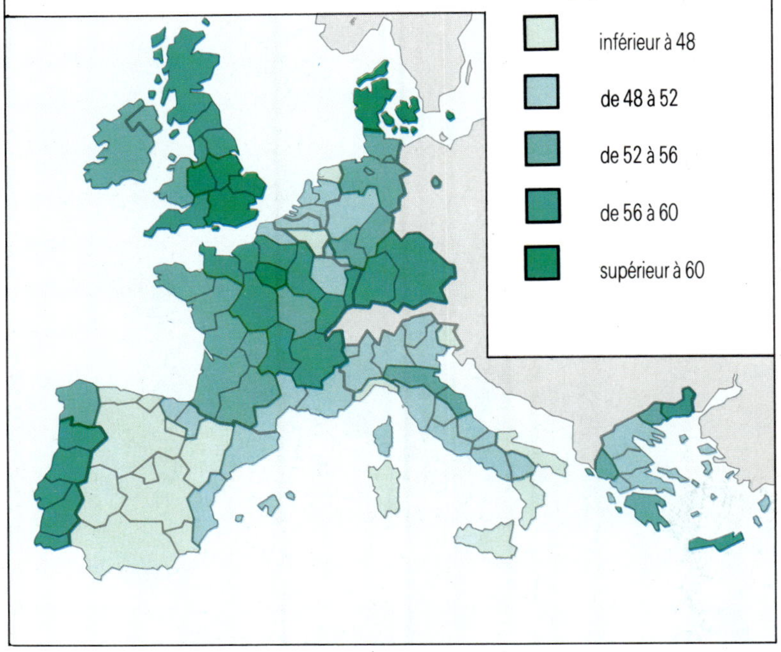

Part de l'industrie dans la valeur ajoutée brute

en pourcentage

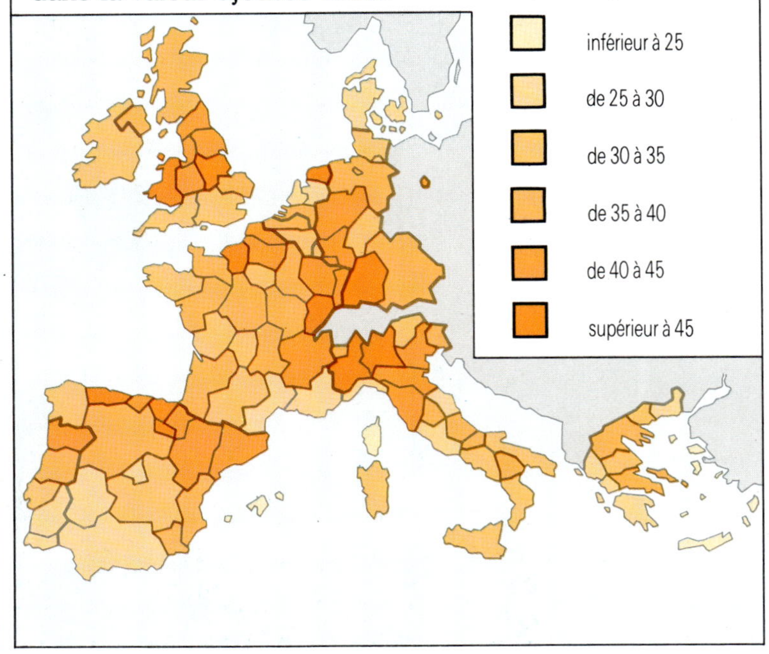

Taux de chômage

en pourcentage de la population active

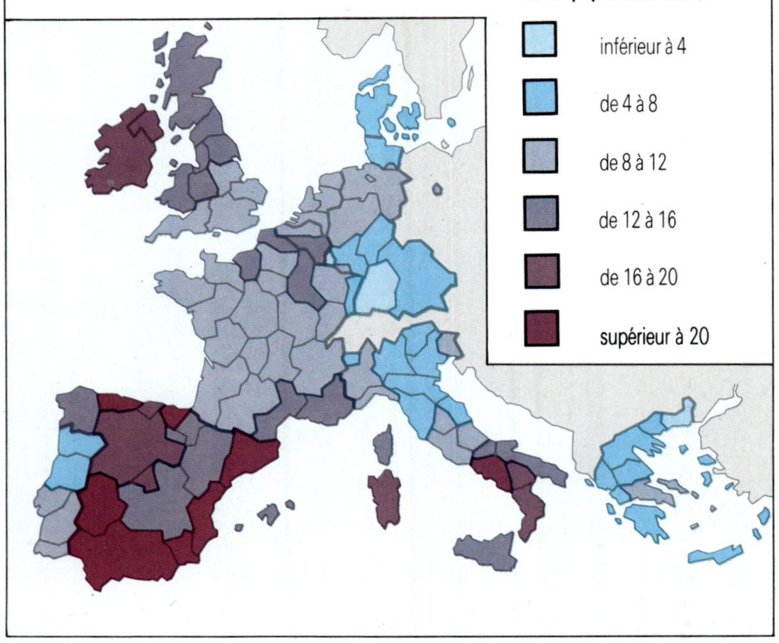

Part des services dans la valeur ajoutée brute

en pourcentage

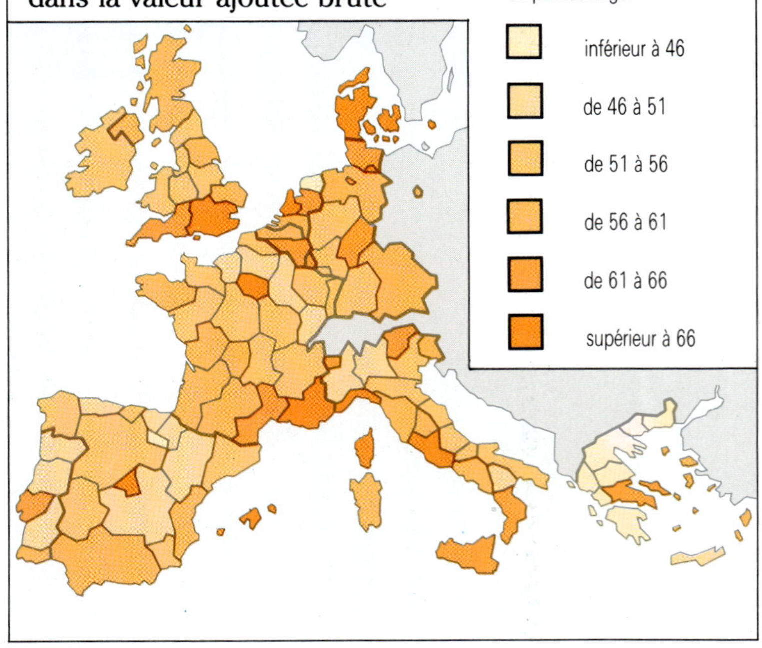

RÉGIONS POLAIRES

Projection azimutale équivalente

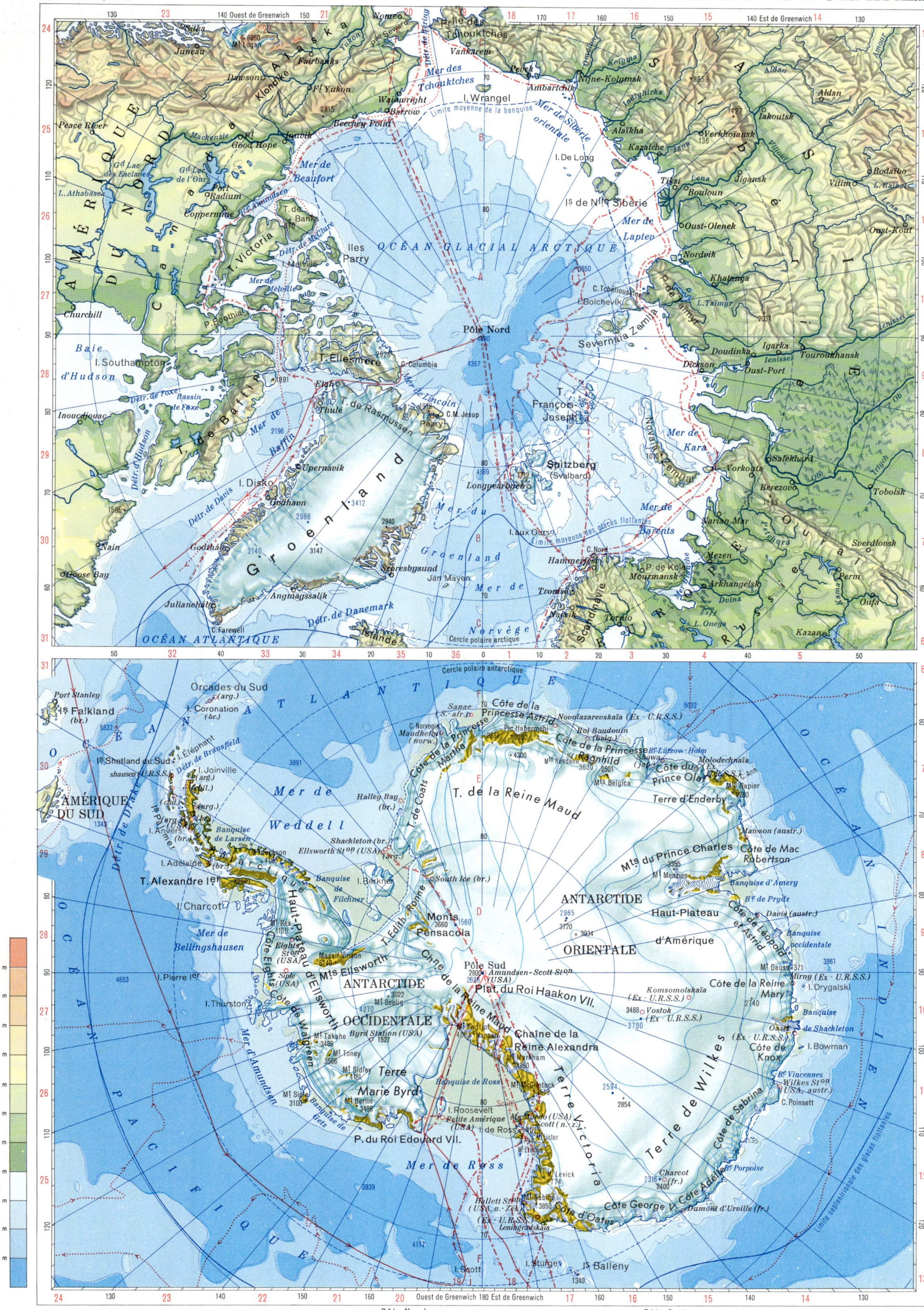

Échelle 1 : 40 000 000

100 0 500 1000 1500 km

Pôle Nord		Pôle Sud	
Mac Clure 1850 - 54	Peary 1908 - 09 (6. IV. 1909)	Cook 1772 - 75	Scott 1911 - 12 (18. I. 1912)
Nordenskjöld 1878 - 79	Amundsen 1926 (Dirigeable "Norge")	Shackleton 1907 - 09	Byrd 1928 - 30 (Avion; 29. XI. 1929)
Nansen ("Fram") 1893 - 96	Nautilus 1958	Amundsen 1910 - 12 (14. XII. 1911)	Fuchs-Hillary 1957 - 58
Amundsen 1903 - 06			

○ Station scientifique en service
• 2594 Épaisseur de la glace

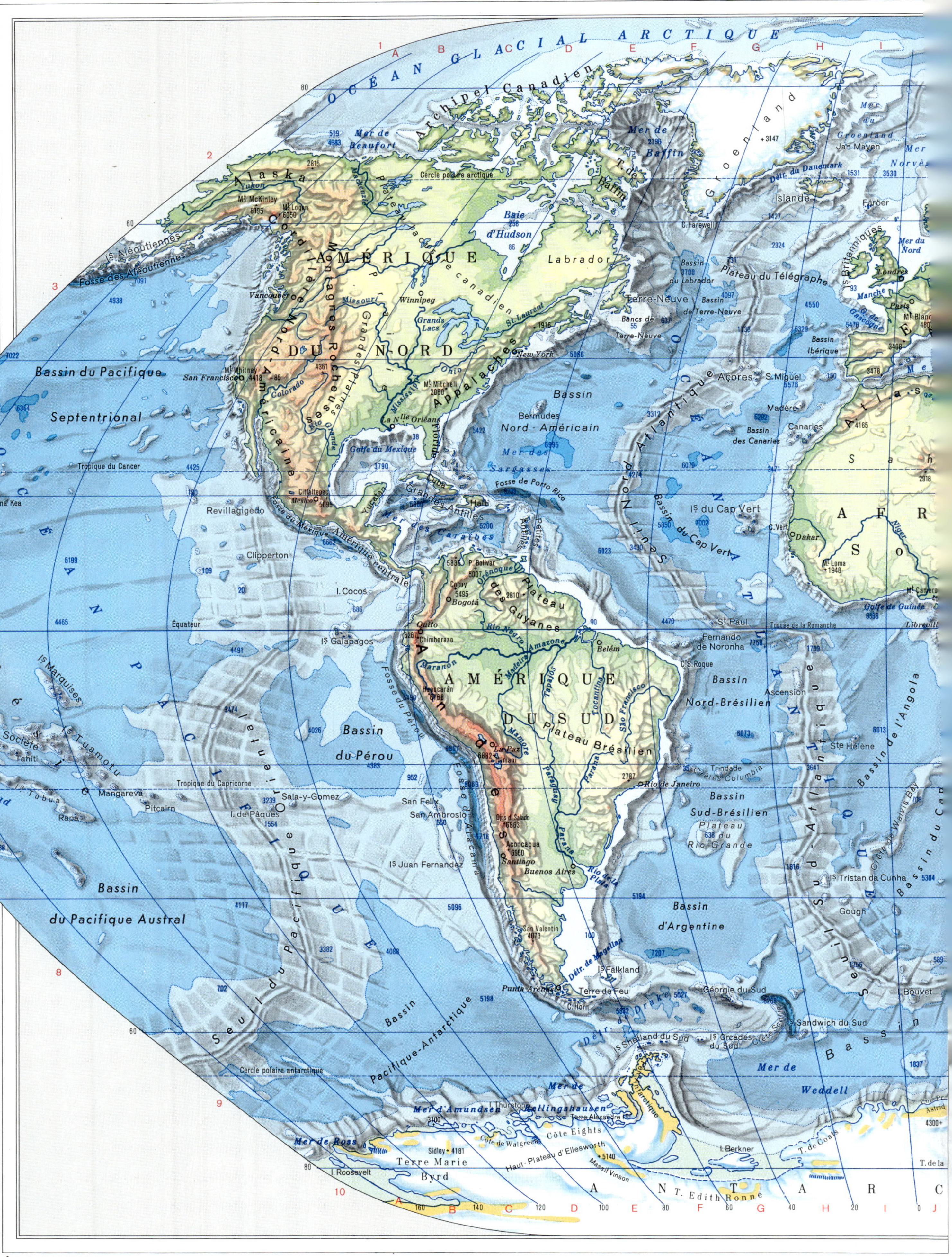
OCÉAN GLACIAL ARCTIQUE
Archipel Canadien
Mer de Beaufort
Mer de Baffin
T. de Baffin
Groenland
Mer du Groenland
Jan Mayen
Mer de Norvège
Détr. du Danemark
Islande
Féroé
C. Farewell
Cercle polaire arctique
Alaska
Yukon
Mt McKinley 6195
Mt Logan 6050
Mackenzie
Baie d'Hudson
Is Aléoutiennes
Fosse des Aléoutiennes
Cordillère Nord-Américaine
Montagnes Rocheuses
AMÉRIQUE DU NORD
Bouclier canadien
Grandes plaines
Labrador
Bassin du Labrador
Plateau du Télégraphe
Terre-Neuve
Bassin de Terre-Neuve
Bancs de Terre-Neuve
Vancouver
Winnipeg
Missouri
Grands Lacs
St Laurent
New York
Appalaches
Mt Mitchell 2060
Mississippi
Ohio
Colorado
Rio Grande
Mt Whitney 4418
San Francisco
La Nlle Orléans
Floride
Golfe du Mexique
Bassin du Pacifique Septentrional
Tropique du Cancer
Hawaii
Mauna Kea
Citlaltepetl 5699
Mexico
Fosse du Mexique
Yucatan
Cuba
Grandes Antilles
Haïti
Petites Antilles
Mer des Caraïbes
Fosse de Porto Rico
Mer des Sargasses
Bermudes
Bassin Nord-Américain
Açores
S. Miguel
Madère
Canaries
Bassin des Canaries
Bassin Ibérique
Golfe de Gascogne
Is Britanniques
Mer du Nord
Londres
Manche
Paris
Mt Blanc
Atlas
Sahara
AFRIQUE
Is du Cap Vert
Bassin du Cap Vert
C. Vert
Dakar
Niger
Mt Loma 1948
Golfe de Guinée
Mt Cameroun
Libreville
Revillagigedo
Clipperton
Amérique centrale
I. Cocos
P. Bolivar 5007
Orénoque
Cocuy 5495
Bogota
Plateau des Guyanes
Rio Negro
Amazone
Belém
Quito
Chimborazo
Équateur
Is Galapagos
St Paul
Fernando de Noronha
Tranchée de la Romanche
C. S. Roque
AMÉRIQUE DU SUD
Maranon
Madeira
Tapajos
Xingu
Tocantins
São Francisco
Mamoré
Huascarán 6768
Andes
Bassin du Pérou
Fosse du Pérou
La Paz
Plateau Brésilien
Paraguay
Parana
Rio de Janeiro
Trindade
Is Columbia
Bassin Nord-Brésilien
Ascension
Ste Hélène
Bassin de l'Angola
Bassin Sud-Brésilien
Plateau du Rio Grande
Dorsale de Walvis Bay
Bassin du Cap
Palmyra
Fanning
I. Christmas
Malden
Manihiki
Is Marquises
Is de la Société
Tahiti
Is Tuamotu
Is Cook
Rarotonga
Tubuai
Mangareva
Pitcairn
Rapa
OCÉAN PACIFIQUE
Polynésie
Tropique du Capricorne
Sala-y-Gomez
I. de Pâques
San Felix
San Ambrosio
Fosse d'Atacama
Ojos d. Salado 6863
Aconcagua 6960
Santiago
Buenos Aires
Rio de la Plata
Is Juan Fernandez
Bassin du Pacifique Austral
Bassin d'Argentine
San Valentin 4073
Détr. de Magellan
Is Falkland
Punta Arenas
Terre de Feu
C. Horn
Détr. de Drake
Géorgie du Sud
Is Sandwich du Sud
Bouvet
Is Tristan da Cunha
Gough
Dorsale Sud-Atlantique
Seuil du Pacifique
Bassin Pacifique-Antarctique
Cercle polaire antarctique
Is Shetland du Sud
Is Orcades du Sud
Mer de Weddell
Mer de Bellingshausen
Mer d'Amundsen
I. Thurston
Terre Alexandre
Mer de Ross
Côte de Walgreen
Côte Eights
Haut-Plateau d'Ellesworth
Sidley 4181
Terre Marie Byrd
Massif Vinson
I. Roosevelt
T. Edith Ronne
I. Berkner
T. de Coats
ANTARCTIQUE
200 m
2000 m
4000 m
6000 m
8000 m

Échelle 1:80 000 000

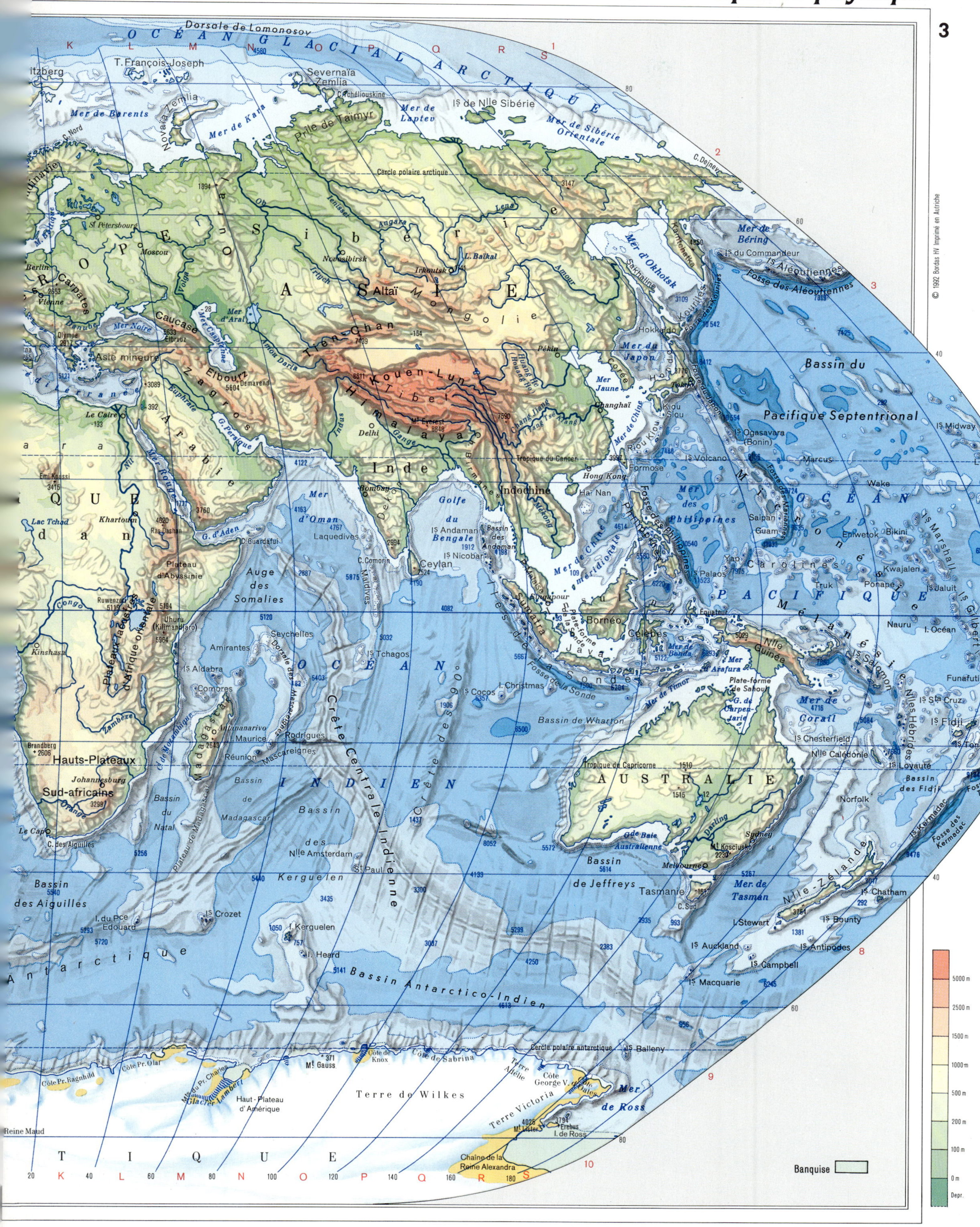
OCÉAN GLACIAL ARCTIQUE
Dorsale de Lomonosov
T. François-Joseph
Severnaïa Zemlia
C. Tchélouskine
Mer de Barents
Novaïa Zemlia
Mer de Kara
Pl. de Taïmyr
Mer de Laptev
Is de Nlle Sibérie
Mer de Sibérie Orientale
C. Dejnev
Cercle polaire arctique
Oural
Sibérie
Léna
Ienisseï
Angara
Ob
L. Baïkal
Irkoutsk
Novossibirsk
Altaï
Mongolie
Amour
ASIE
EUROPE
St Pétersbourg
Moscou
Berlin
Vienne
Carpates
Volga
Danube
Mer Noire
Caucase
Elbrouz
Mer Caspienne
Mer d'Aral
Amou Daria
Tien-Chan
Kouen-Lun
Tibet
Himalaya
Mt Everest
Elbourz
Demavend
Zagros
Asie mineure
Le Caire
Arabie
Mer Rouge
G. Persique
Nil
Indus
Gange
Delhi
Inde
Bombay
Mer d'Oman
Laquedives
Maldives
Ceylan
C. Comorin
Golfe du Bengale
Is Andaman
Is Nicobar
Birmanie
Indochine
Mékong
Tropique du Cancer
Hong Kong
Hai Nan
Chang Jiang
Huang He
Pékin
Changhaï
Mer Jaune
Corée
Mer du Japon
Hokkaïdo
Tokyo
Kouriles
Sakhaline
Mer d'Okhotsk
Kamtchatka
Mer de Béring
Is du Commandeur
Is Aléoutiennes
Fosse des Aléoutiennes
Bassin du Pacifique Septentrional
Is Midway
Laysan
Is Ogasavara (Bonin)
Is Volcano
Marcus
Wake
Mer de Chine orientale
Riou Kiou
Formose
Mer des Philippines
Fosse des Philippines
Philippines
Saipan
Guam
Fosse des Mariannes
Micronésie
Yap
Palaos
Carolines
Truk
Ponape
Eniwetok
Bikini
Kwajalein
Is Marshall
Is Jaluit
Is Gilbert
OCÉAN PACIFIQUE
Équateur
Nauru
I. Océan
Is Phoenix
Mer de Chine méridionale
Singapour
Bornéo
Célèbes
Sumatra
Java
Is de la Sonde
Fosse de la Sonde
Mer de Banda
Mer d'Arafura
Nlle Guinée
Mélanésie
Is Salomon
Mer de Timor
Plate-forme de Sahoul
G. de Carpentarie
Mer de Corail
Is Chesterfield
Nlle Calédonie
Nlles Hébrides
Is Loyauté
Is Fidji
Is Sta Cruz
Is Tokelau
Samoa
Funafuti
Is Tonga
Fosse des Tonga
Bassin des Fidji
Norfolk
Is Kermadec
Fosse des Kermadec
Tropique du Capricorne
AUSTRALIE
Darling
Sydney
Mt Kosciusko
Melbourne
Gde Baie Australienne
Bassin de Jeffreys
Tasmanie
Mer de Tasman
Nlle-Zélande
Is Chatham
Is Bounty
Is Antipodes
I. Stewart
Is Auckland
Is Campbell
Is Macquarie
Bassin de Wharton
I. Christmas
Is Cocos
Is Tchagos
OCÉAN INDIEN
Crête Centrale Indienne
Crête de 90°
Seychelles
Amirantes
Is Aldabra
Comores
Madagascar
Antananarivo
I. Maurice
Réunion
Rodrigues
Mascareignes
Bassin de Madagascar
Bassin des Somalies
Bassin du Natal
Bassin des Aiguilles
Bassin de Nlle Amsterdam
Nlle Amsterdam
St Paul
Kerguelen
I. Kerguelen
I. Heard
Crozet
I. du Pce Edouard
Bassin Antarctico-Indien
Cercle polaire antarctique
Is Balleny
Côte de Sabrina
Côte Knox
Terre de Wilkes
Terre Adélie
Côte George V
Terre Victoria
Mer de Ross
I. de Ross
Mt Erebus
Chaîne de la Reine Alexandra
Mt Gauss
Haut-Plateau d'Amérique
Glacier Lambert
Côte Pr. Olaf
Côte Pr. Ragnhild
Reine Maud
ANTARCTIQUE
Hauts-Plateaux Sud-africains
Johannesburg
Le Cap
C. des Aiguilles
Orange
Zambèze
Kinshasa
Congo
Ruwenzori
Kilimandjaro
Plateau d'Abyssinie
Khartoum
Lac Tchad
Soudan
G. d'Aden
C. Guardafui
Emi Koussi
Ras Dashan
Rift Valley
Plateaux de l'Afrique orientale
Brandberg
Banquise
5000 m
2500 m
1500 m
1000 m
500 m
200 m
100 m
0 m
Dépr.

MONDE ▸ *Climat*

Planisphère Hölzel

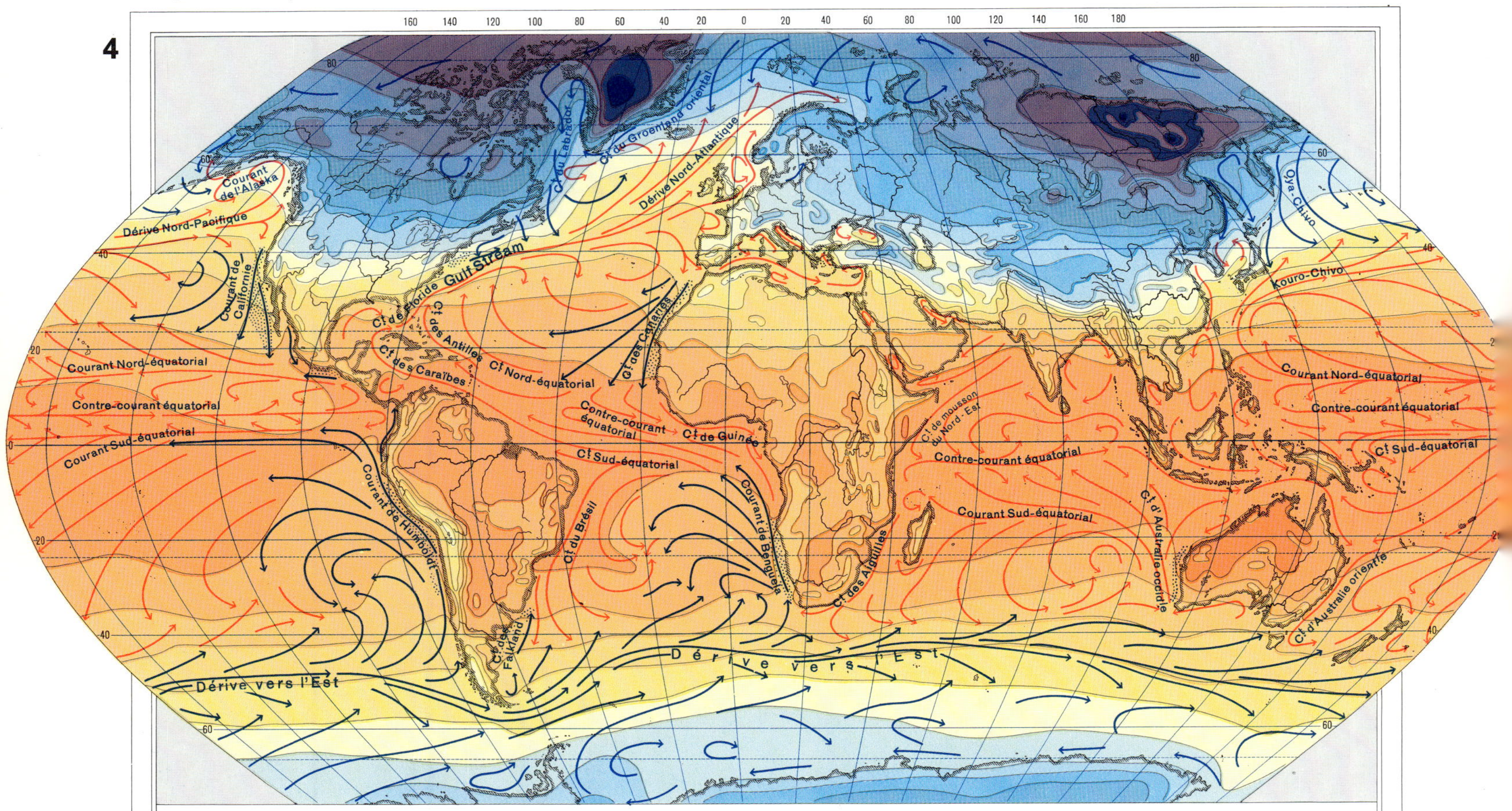

Températures et courants marins en janvier
(Isothermes : Courbes d' égale température)

Courants chauds — Courants froids — Remontée d' eaux froides

30° 25° 20° 15° 10° 5° 0° -5° -10° -15° -20° -25° -30° -35° -40° -50°

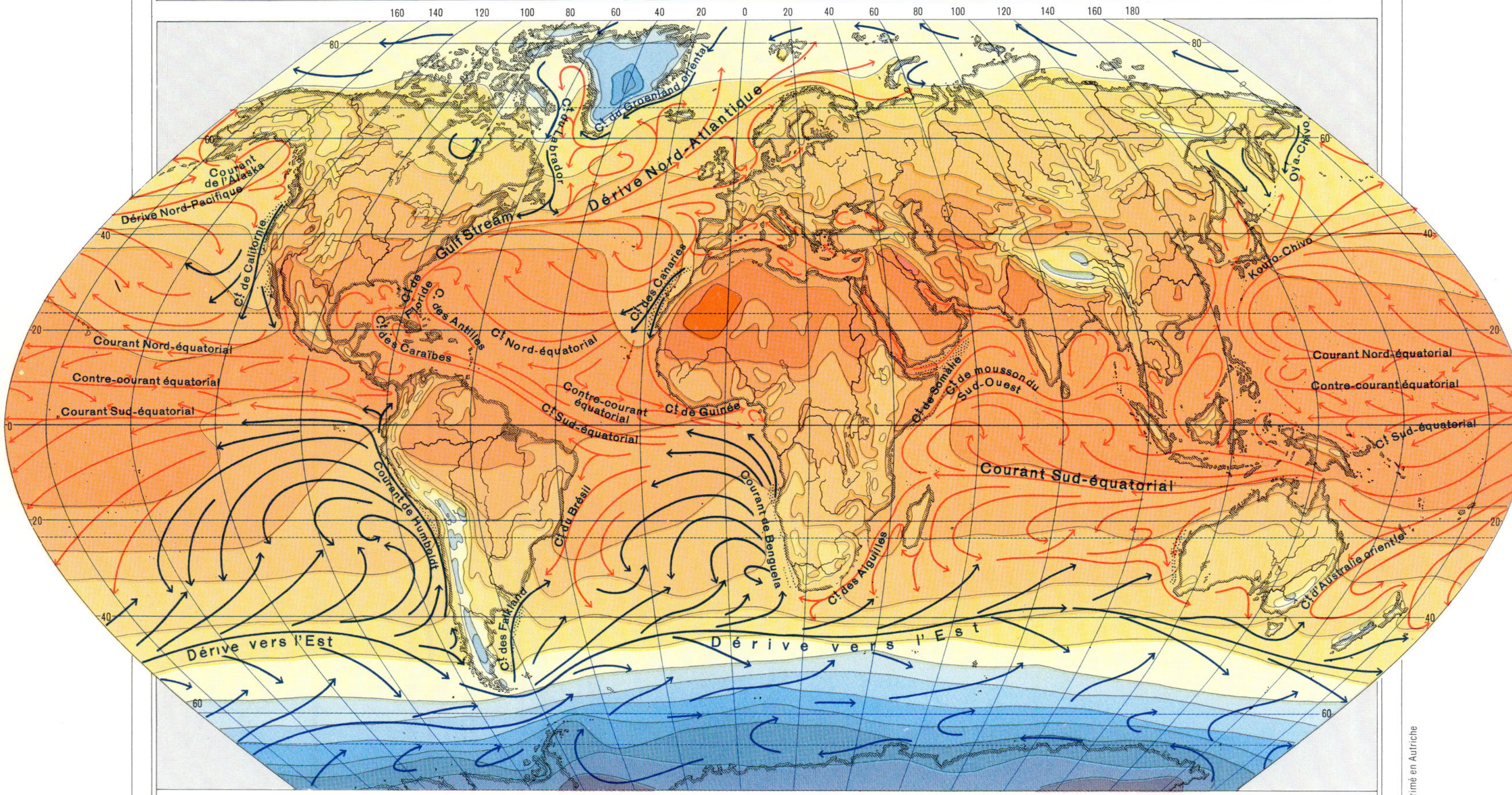

Températures et courants marins en juillet
(Isothermes : Courbes d' égale température)

Courants chauds — Courants froids — Remontée d' eaux froides

35° 30° 25° 20° 15° 10° 5° 0° -5° -10° -15° -20° -25° -30°

Échelle 1:160 000 000

Atlas Bordas

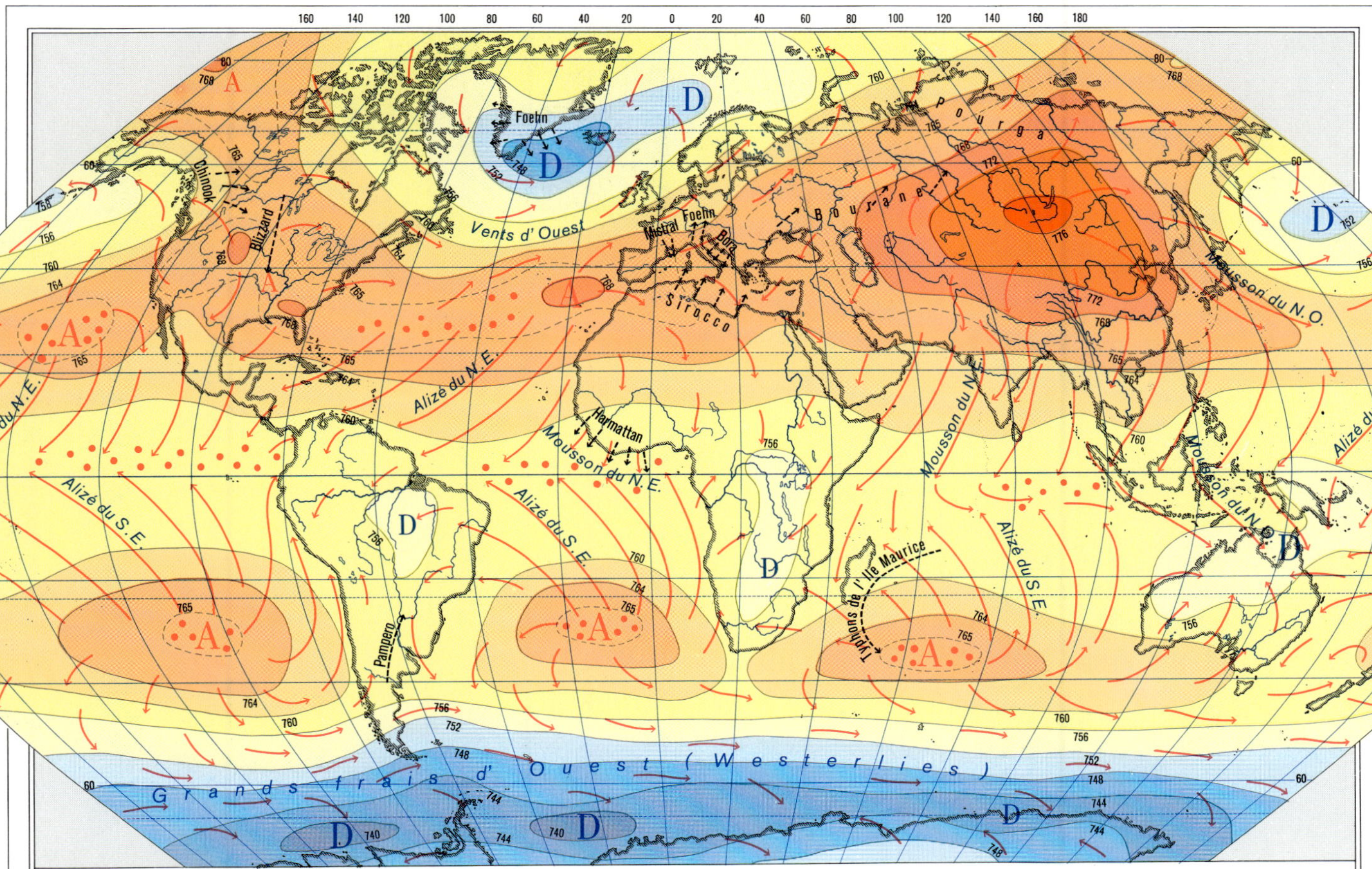

Pressions et vents en janvier

- Vents constants
- Vents variables
- Vents locaux
- Zone de calmes (fréquente absence de vent)
- A Hautes pressions (anticyclones)
- D Basses pressions (Dépressions ou cyclones)

740 mm	744	748	752	756	760	764	768	772	776 mm
986 mb	992	997	1002	1008	1013	1018	1024	1029	1034 mb

Isobares : Courbes d' égale pression — 1013,3 mb (Millibar) = 760 mm — 1 mm = 1,333 mb

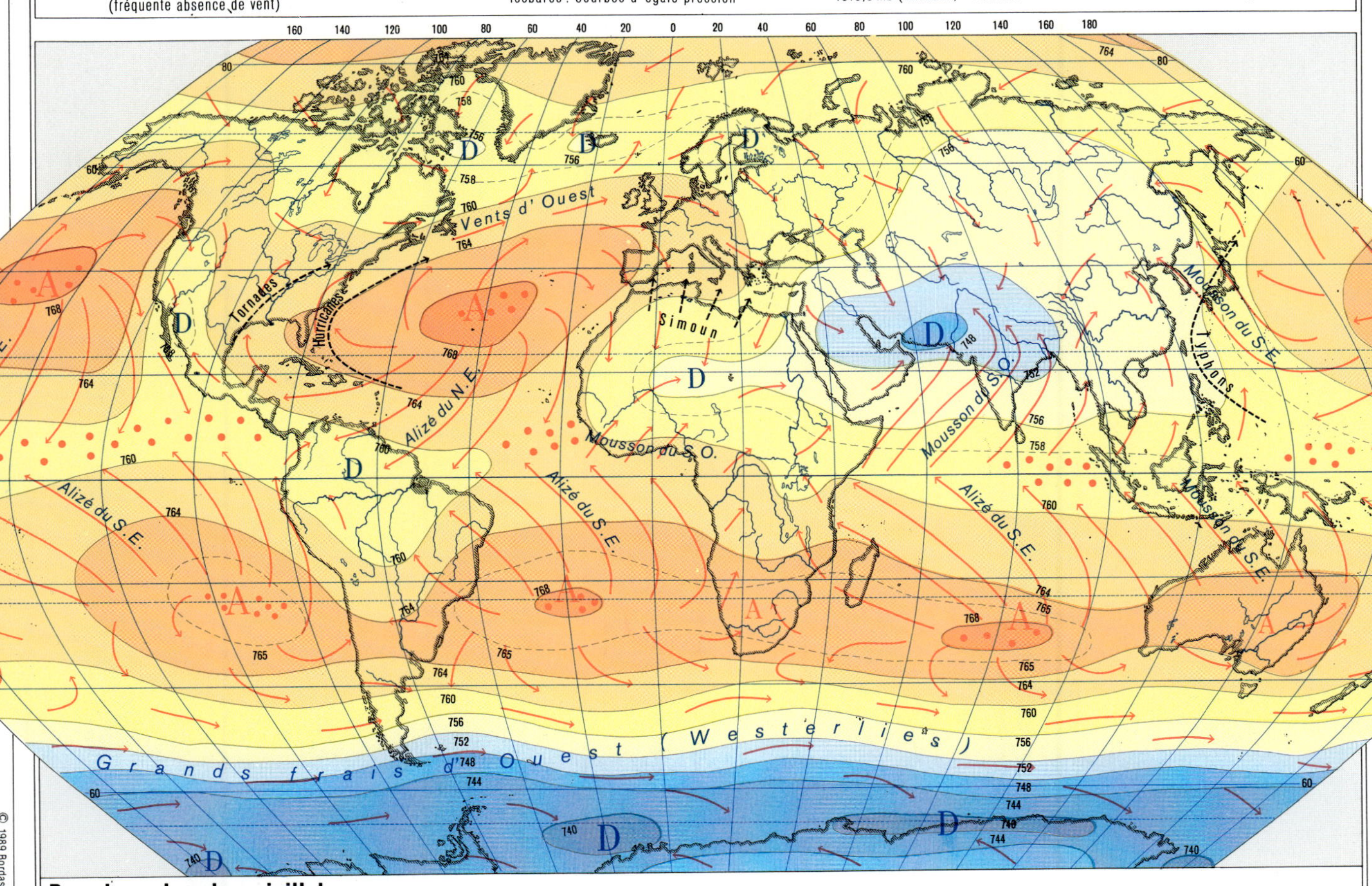

Pressions et vents en juillet

- Vents constants
- Vents variables
- Vents locaux
- Zone de calmes (fréquente absence de vent)
- A Hautes pressions (anticyclones)
- D Basses pressions (Dépressions ou cyclones)

740 mm	744	748	752	756	760	764	768 mm
986 mb	992	997	1002	1008	1013	1018	1024 mb

Isobares : Courbes d' égale pression — 1013,3 mb (Millibar) = 760 mm — 1 mm = 1,333 mb

Échelle 1:160 000 000

Précipitations annuelles et répartition saisonnière

Planisphère Hölzel

Dans l'Antarctique, la mesure des précipitations nivales est rendue difficile par la violence du vent. Celui-ci, en effet, soulève et entraîne une partie plus ou moins importante du manteau neigeux recouvrant le sol.

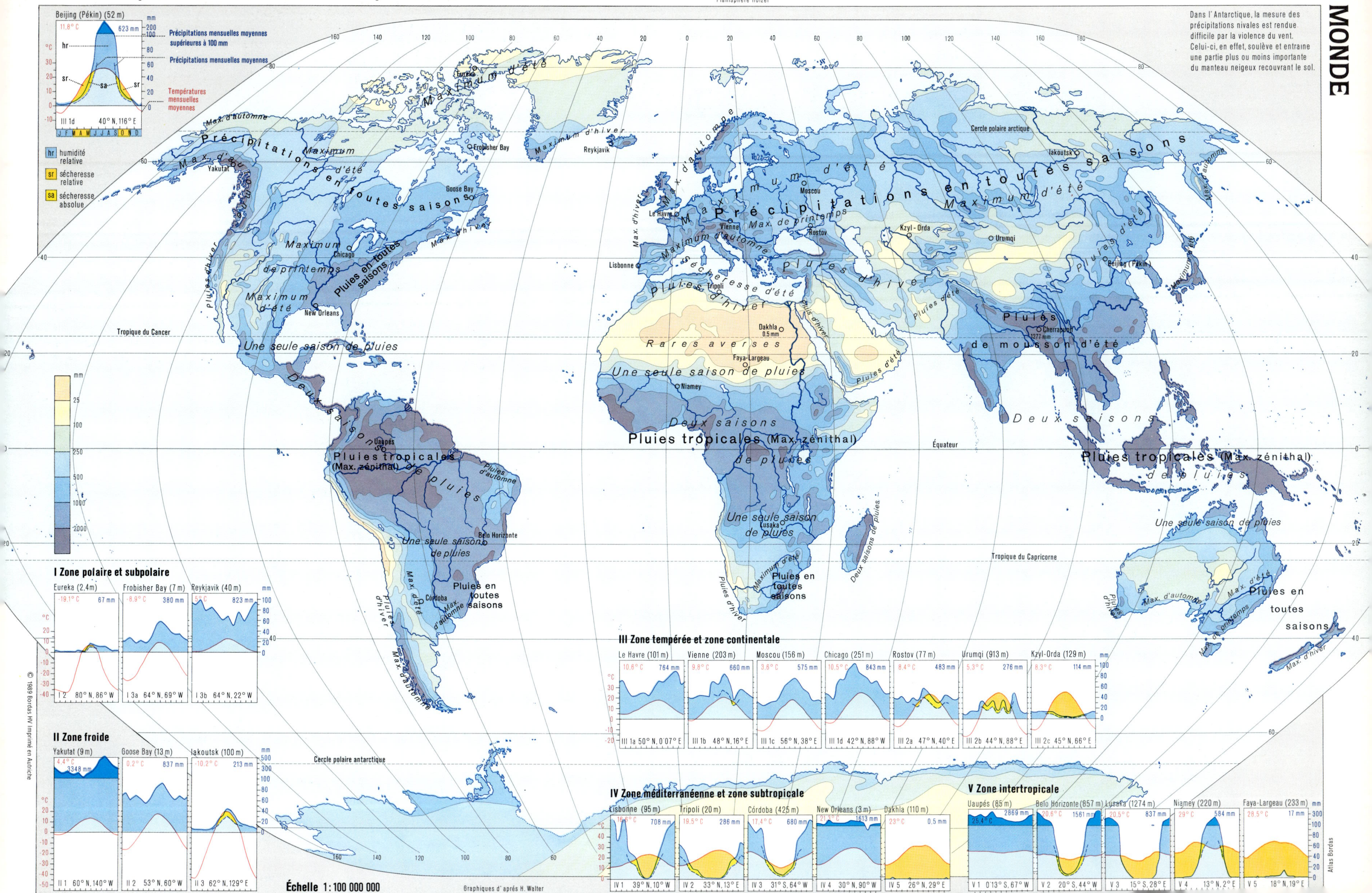

Échelle 1 : 100 000 000

Graphiques d'après H. Walter

Atlas Bordas

Zones climatiques

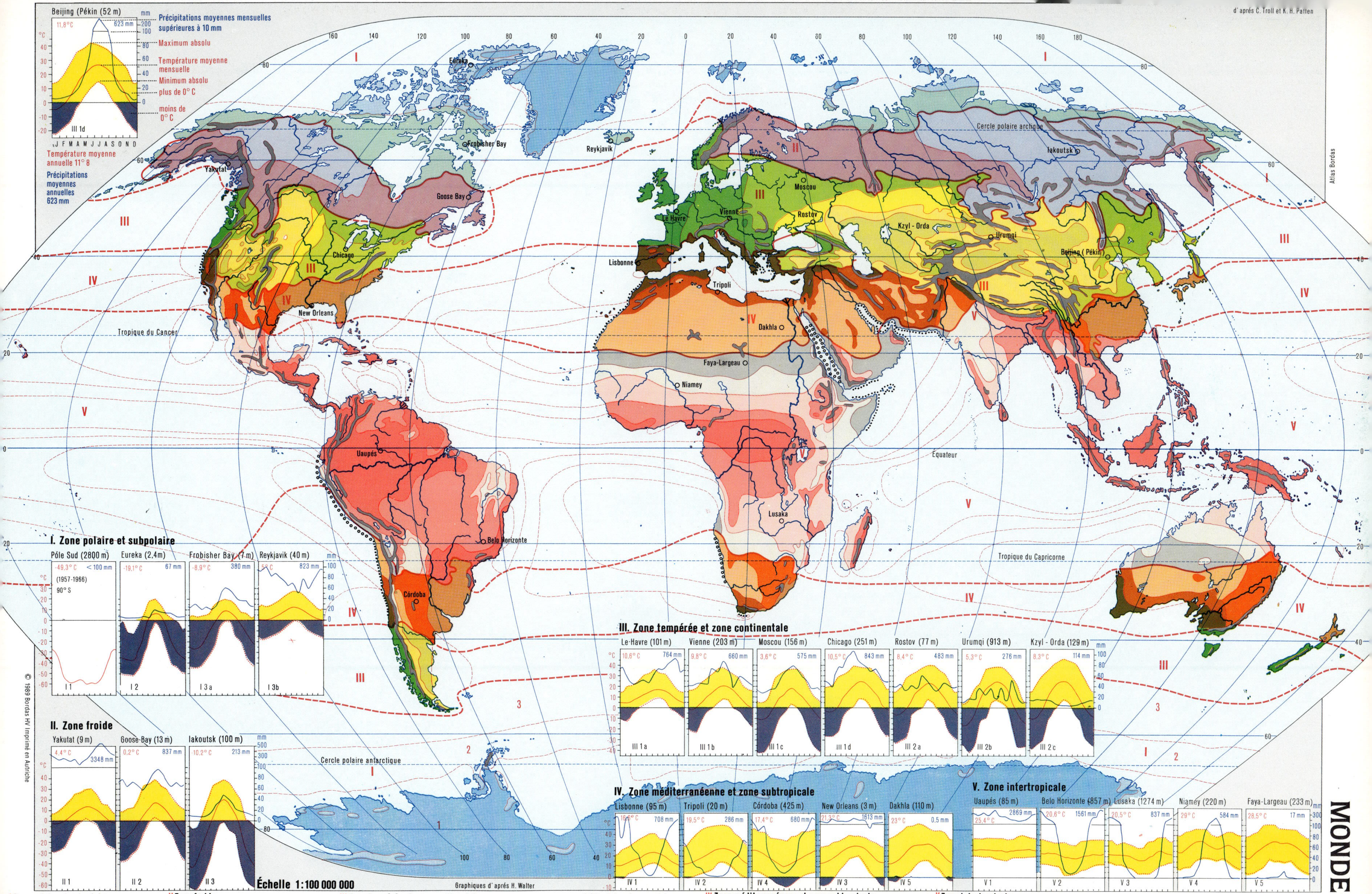

Échelle 1:100 000 000

I Zone polaire et subpolaire
1. Climat polaire extrême; constamment trés froid (désert glacé)
2. Climat polaire à été frais et trés bref
3. a Climat subpolaire (toundra)
   b Climat subpolaire avec influence océanique (prairie)

II Zone froide
1. Climat boréal de tendance océanique (hiver moyennement enneigé)
2. Climat continental (hiver trés froid et long, faibles précipitations)
3. Climat continental extrême (hiver trés froid, trés long, sec)

III Zone tempérée et zone continentale
1 Climat à hiver frais ou froid
- a Climat océanique (forêt de feuillus verte en été)
- b Climat de transition (forêt de feuillus et forêt mixte de feuillus et de conifères)
- c Climat continental à été chaud et hiver froid (forêt mixte)
- d Climat continental à été chaud et humide, hiver froid (forêt mixte)

2 Climat des steppes et des déserts à été chaud et hiver froid
- a Précipitations modestes
- b Précipitations faibles et irrégulières
- c Précipitations trés faibles

IV Zone méditerranéenne et zone subtropicale
1. Climat à été sec et hiver pluvieux (steppe buissonnante)
2. Climat sec à été trés chaud et sec, faibles pluies d'hiver (steppe)
3. Climat constamment chaud et humide (savane et forêt)
4. Climat chaud: été austral sec, hiver pluvieux
5. Climat désertique

V Zone intertropicale
1. Humidité et chaleur permanentes (forêt toujours verte)
2. Chaleur constante, pluies d'hiver (savane)
3. Eté chaud et sec, hiver chaud et humide
4. Eté chaud et humide, hiver chaud et sec
5. Climat désertique et semi-désertique: trés faibles pluies d'été, hiver chaud et sec

Climats de montagne

Brouillards littoraux fréquents
- ······· en été
- ooooo en hiver

MONDE

Planisphère Hölzel

Sols

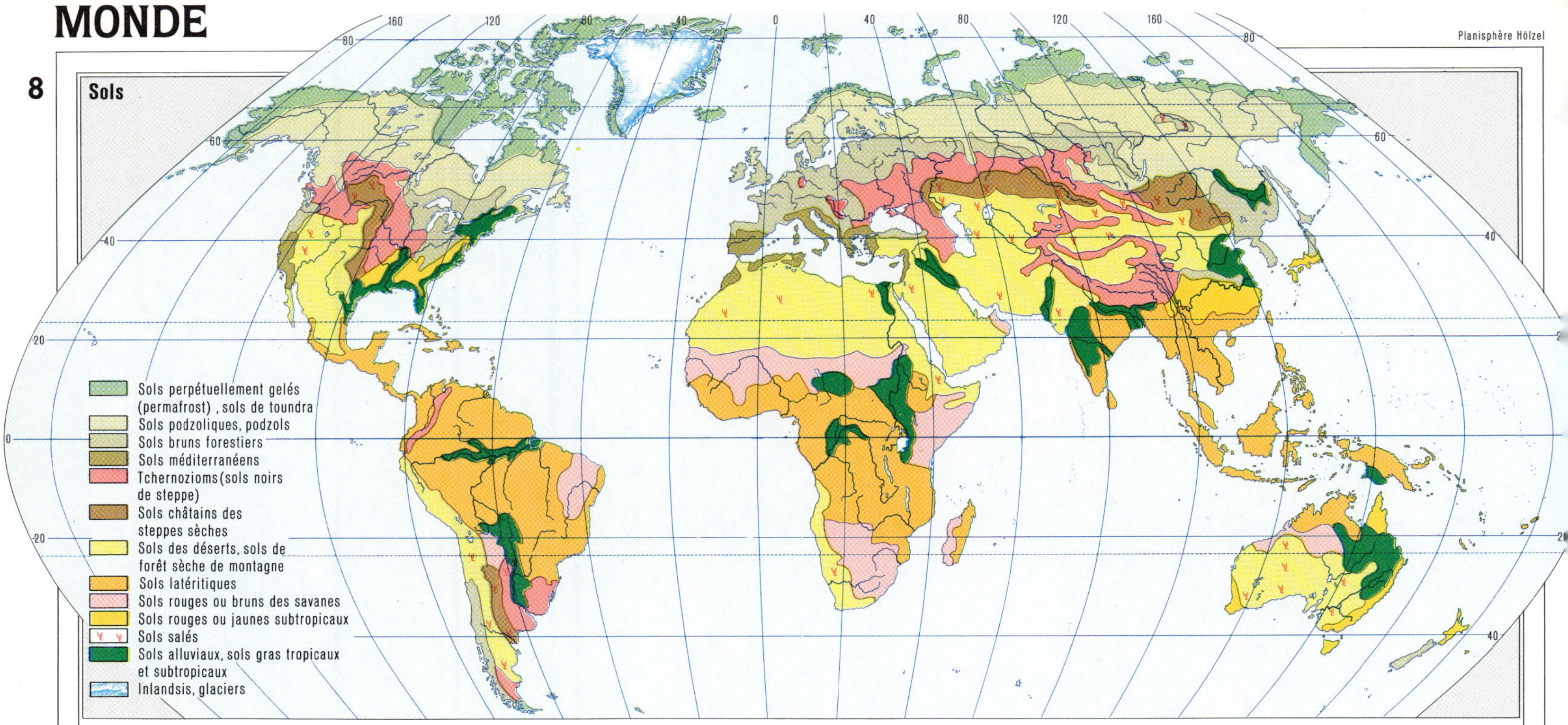

Zones de végétation

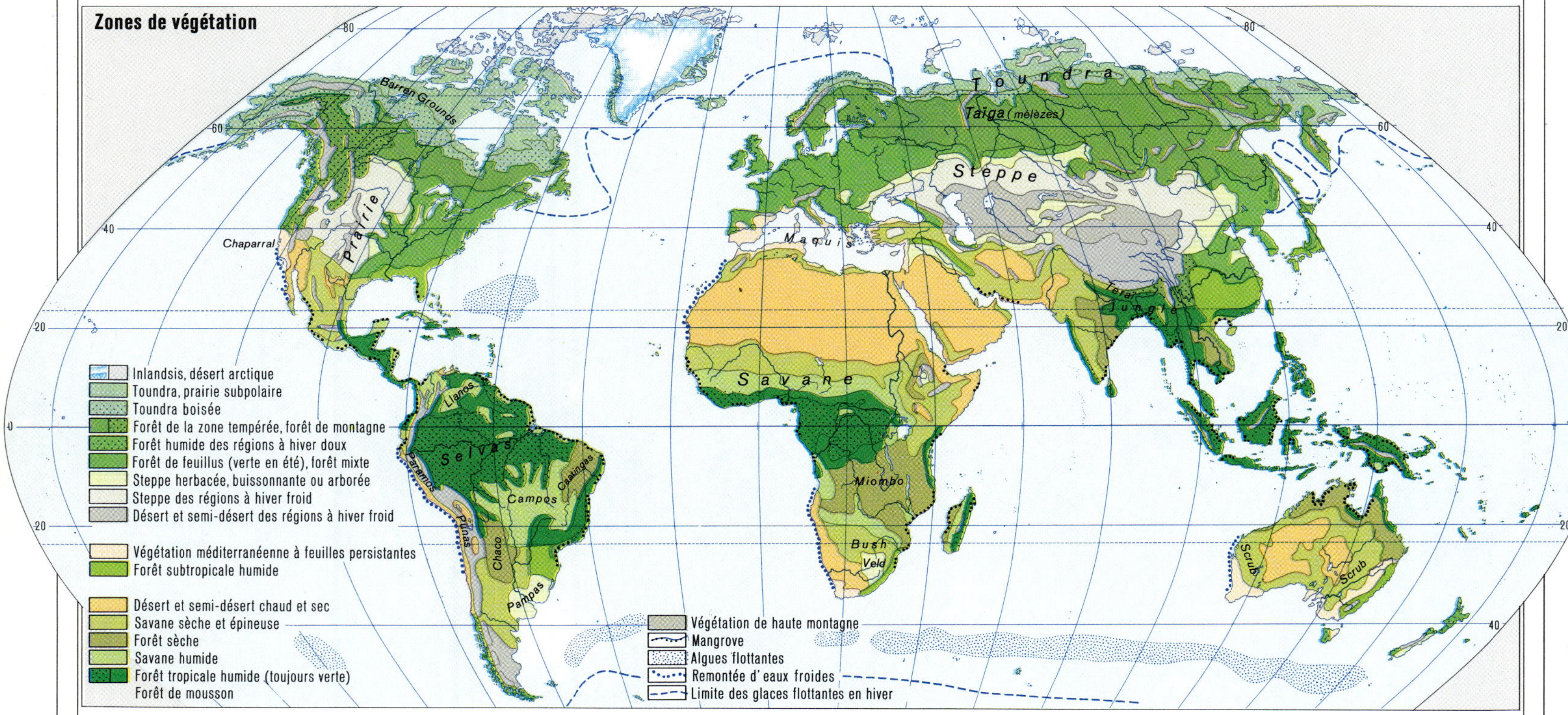

Déserts

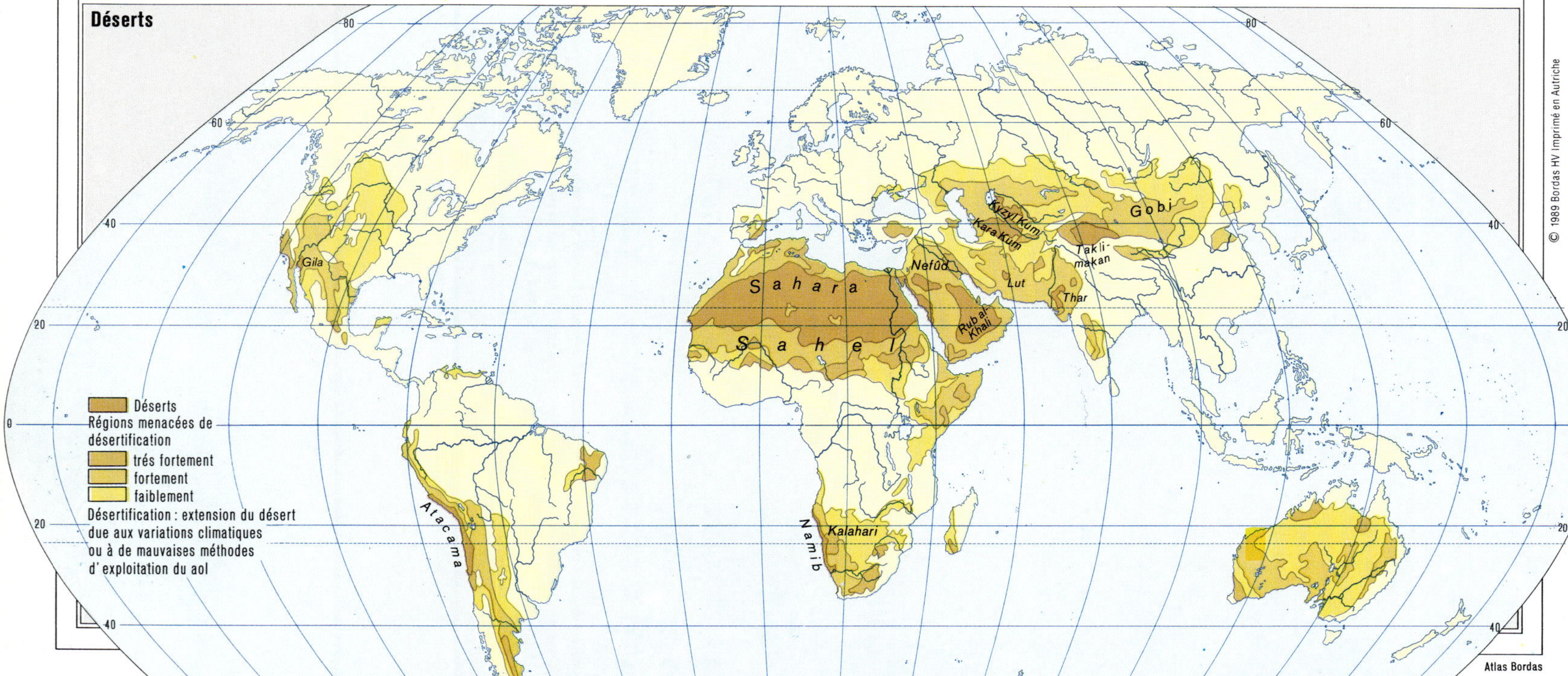

Échelle 1:160 000 000

Atlas Bordas

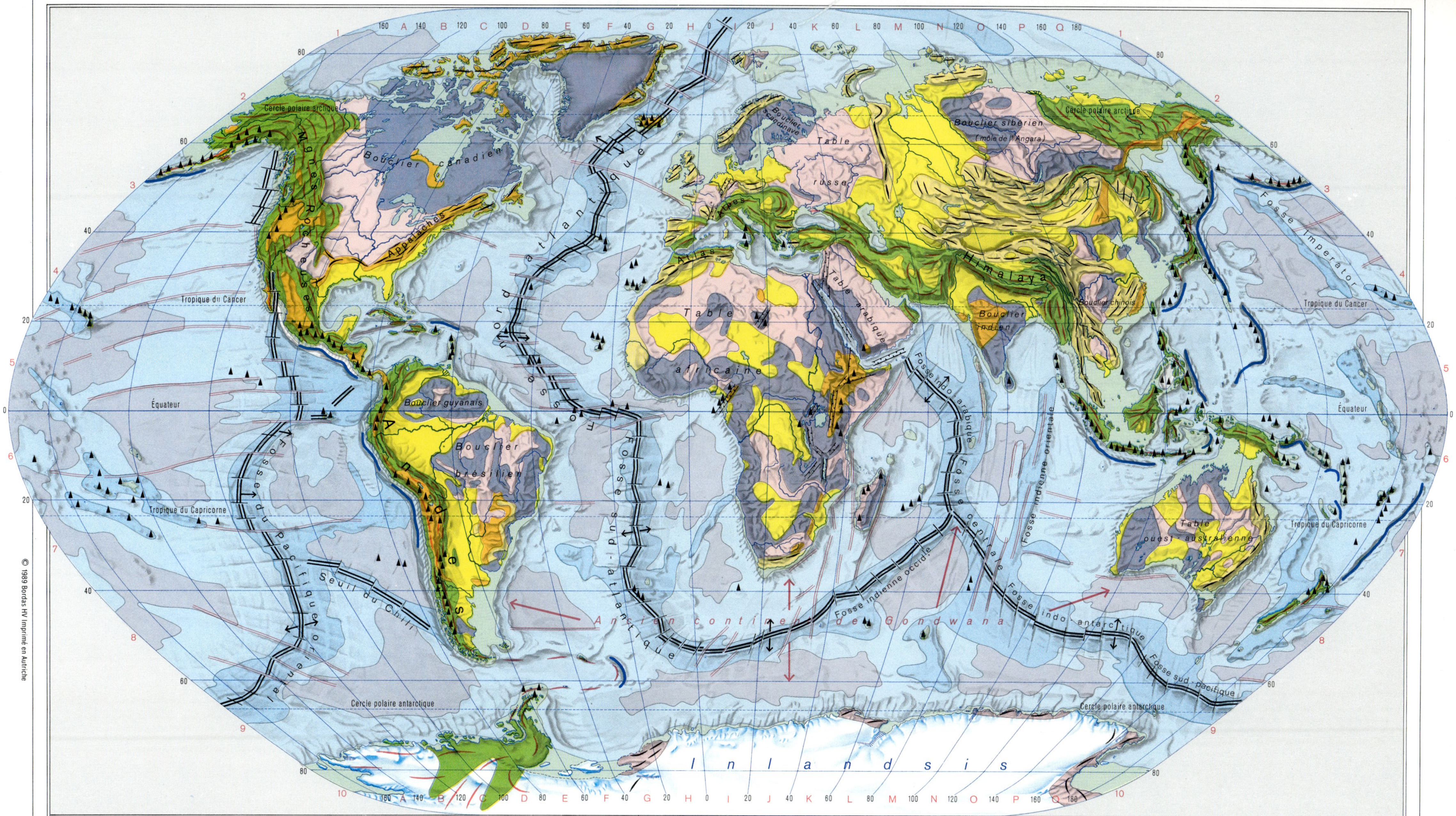

Schéma de la succession des périodes d'orogenèse et de repos dans l'histoire de la terre

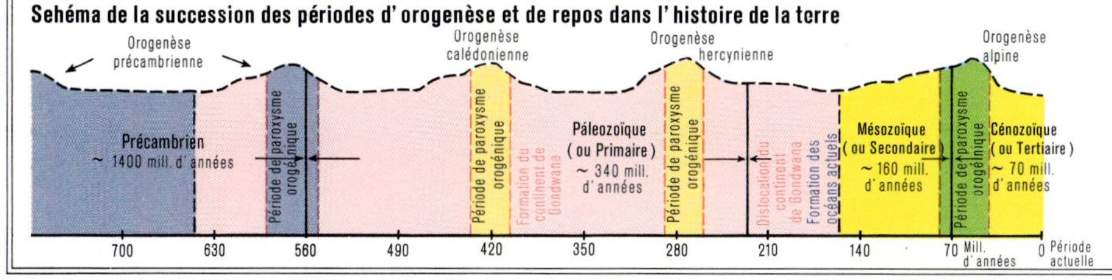

Continents primitifs
- Masses rigides précambriennes

Sédimentation. Bassins sédimentaires
- Tables (Précambrien, Mésozoïque), nivellement par les systèmes fluviaux actuels
- Aplanissement récent

Plissements
- Plissements anciens (calédoniens et hercyniens)
- Plissements récents (alpins)
- Fossés tectoniques

Volcanisme
- Couverture volcanique
- Volcans

Fonds marins
- Aires continentales submergées
- Dorsales sous-marines Fossés tectoniques sous-marins ("rifts")
- Sens du déplacement des croûtes océaniques
- Fosses transversales
- Cassures des croûtes océaniques
- Bassins sédimentaires sous-marins
- Fosses abyssales

Échelle 1:120 000 000

Densité de population

Planisphère Hölzel

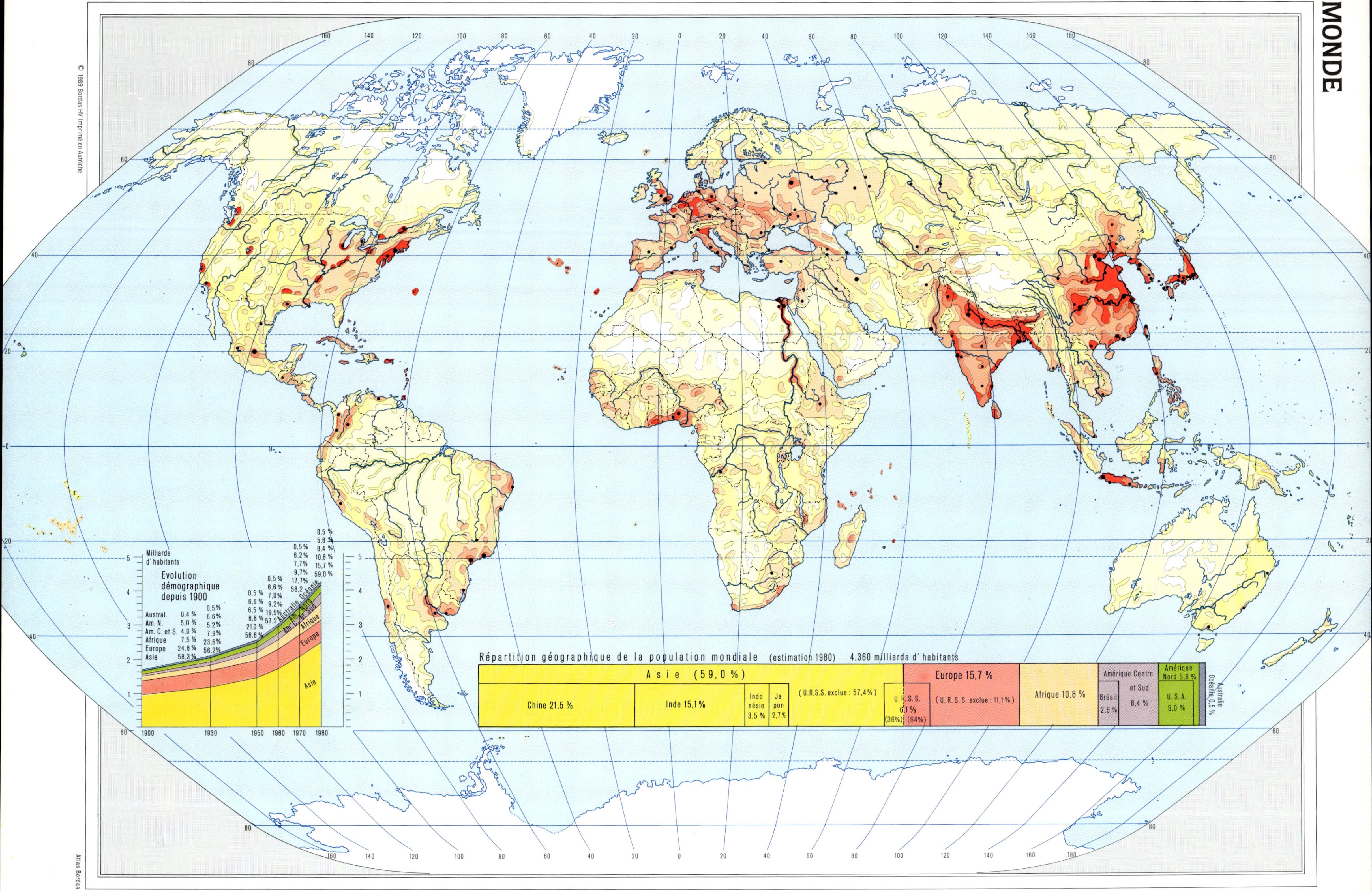

Atlas Bordas

Échelle 1:100 000 000

inhabité	0	1	10	50	100	200 hab./km 2

- Villes de 1 à 5 millions d'habitants

Population des conurbations : Voir page 12

Production et courants commerciaux

ÉCONOMIE MONDIALE

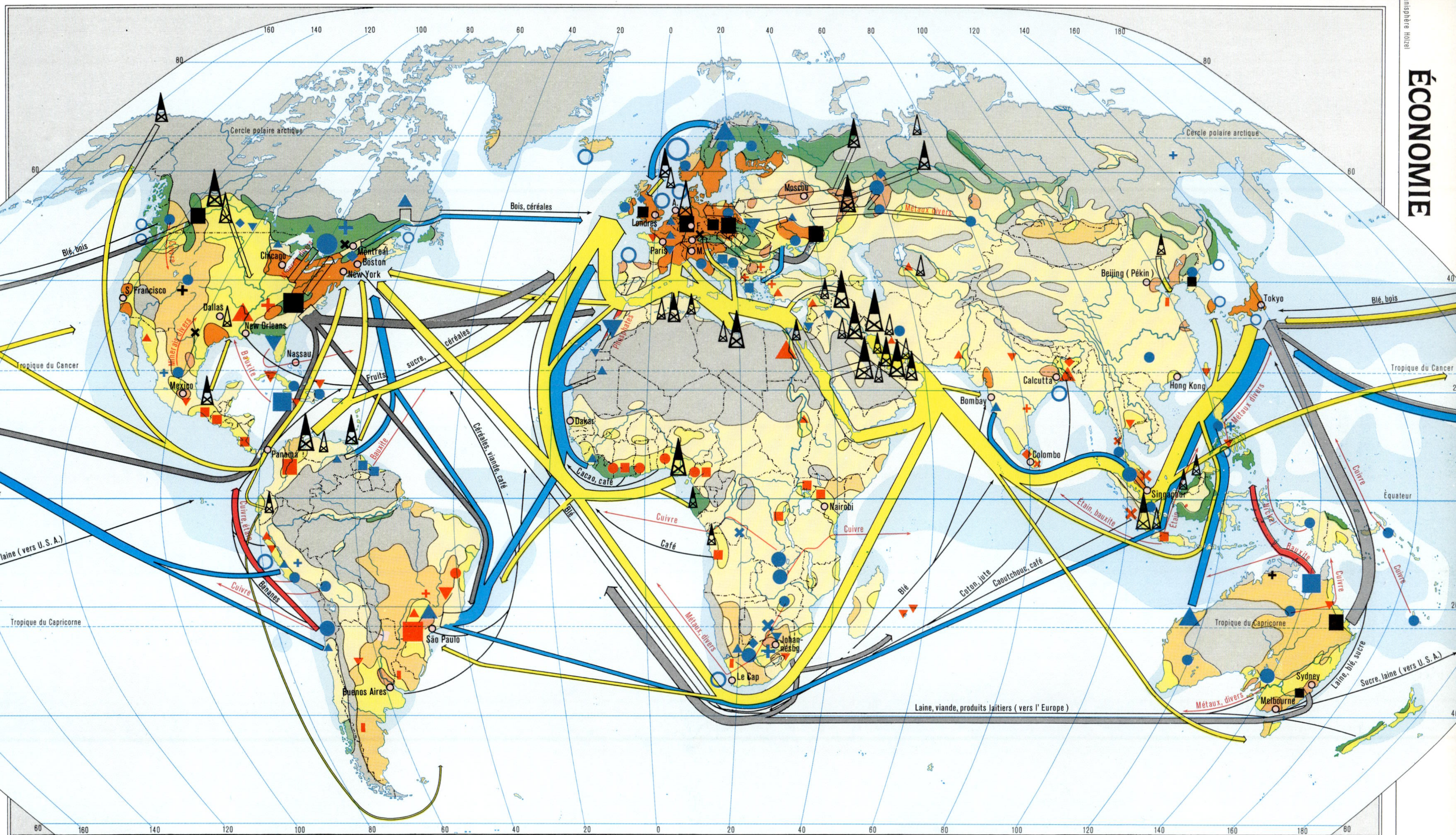

Économie ouverte
(participation active au marché international)
- Régions industrialisées, économie rurale moderne
- Culture intensive
- Élevage extensif
- Économie forestière

Économie fermée
(participation limitée ou nulle au marché international)
- Régions industrialisées, économie rurale moderne

- Culture et élevage
- Économie forestière
- Régions inexploitées (déserts, toundra, forêt dense)
- Zones de pêche
- Centres économiques

Principales matières premières exportées
Énergie
- Pétrole
- Gaz naturel
- Charbon, coke
- Uranium, minerai uranifère
- Énergie électrique

Produits minéraux
- Minerai de fer
- Métaux et minerais non-ferreux
- Aluminium, alumine, bauxite
- Métaux précieux
- Diamants
- Potasse, phosphate
- Amiante, soufre

Produits agricoles
- Café
- Cacao
- Thé
- Tabac
- Coton
- Caoutchouc
- Laine
- Sucre
- Produits de la pêche

Exportation de produits pétroliers
(l'importance des exportations est proportionnelle à la dimension des signes conventionnels)

Courants d'échanges
- Pétrole
- Houille
- Minerai de fer
- Autres produits minéraux
- Produits agricoles et forestiers
- La largeur des tracés est proportionnelle aux quantités transportées

Abréviations
A. Amsterdam
F. Francfort
M. Milan
Z. Zürich

D'après W. Ritter

Échelle 1:100 000 000

Planisphère Hölzel

Natalité

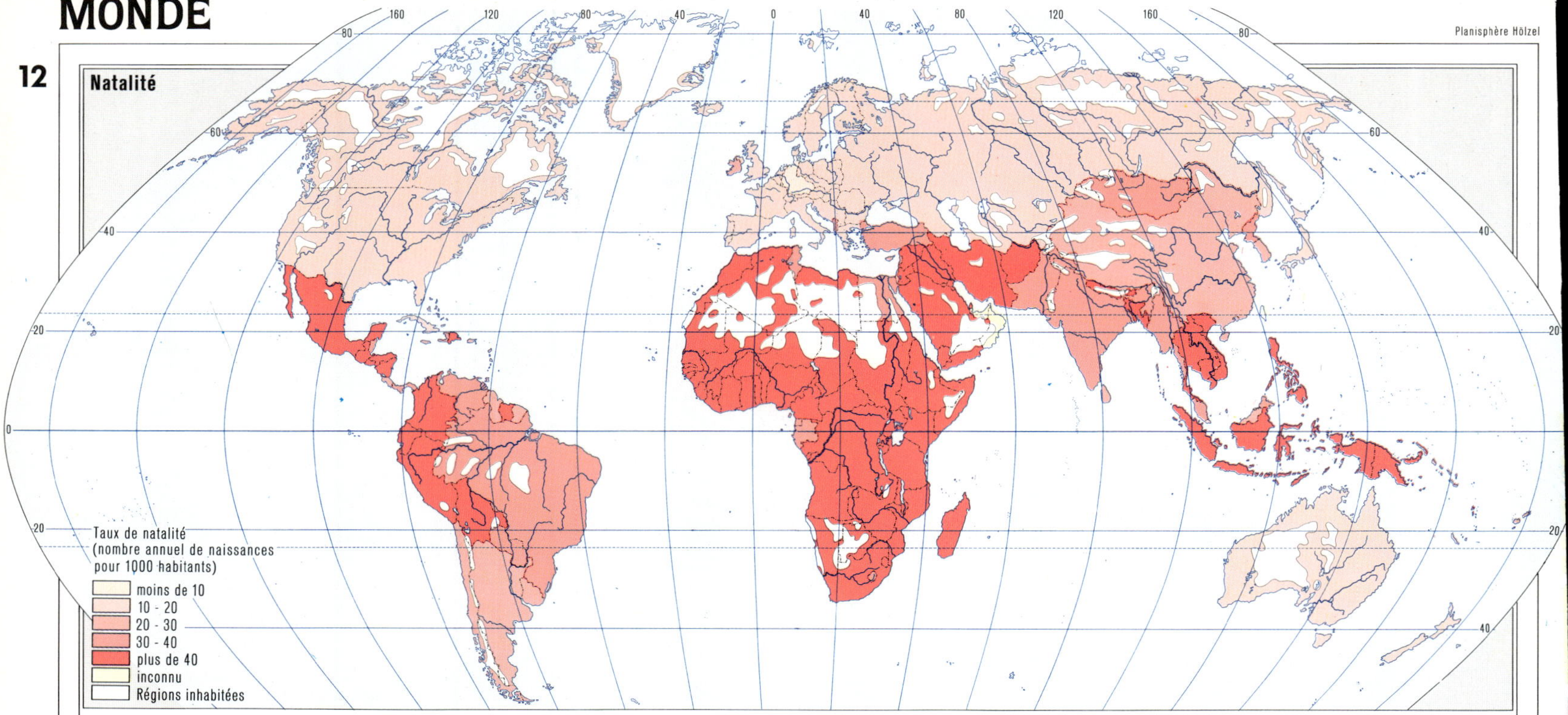

Mortalité

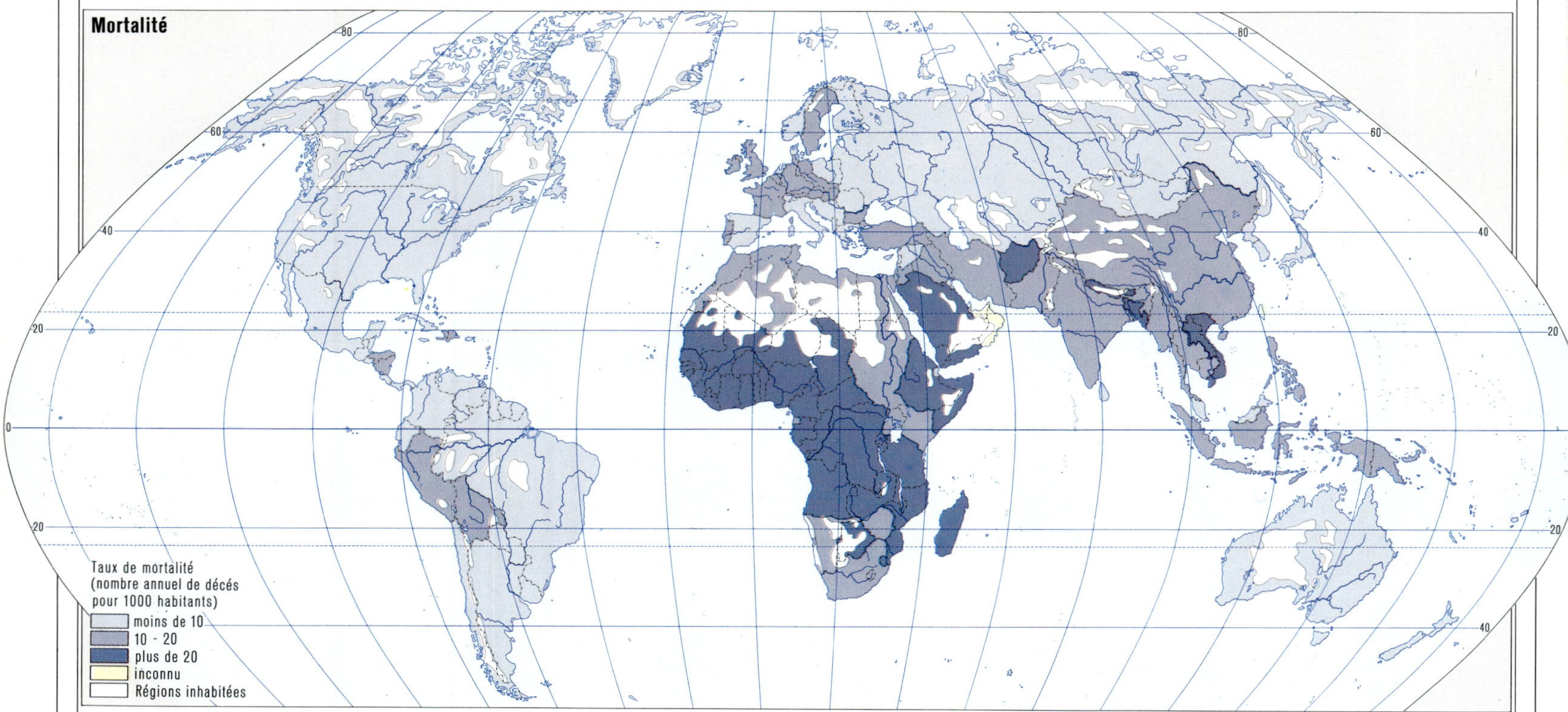

Urbanisation

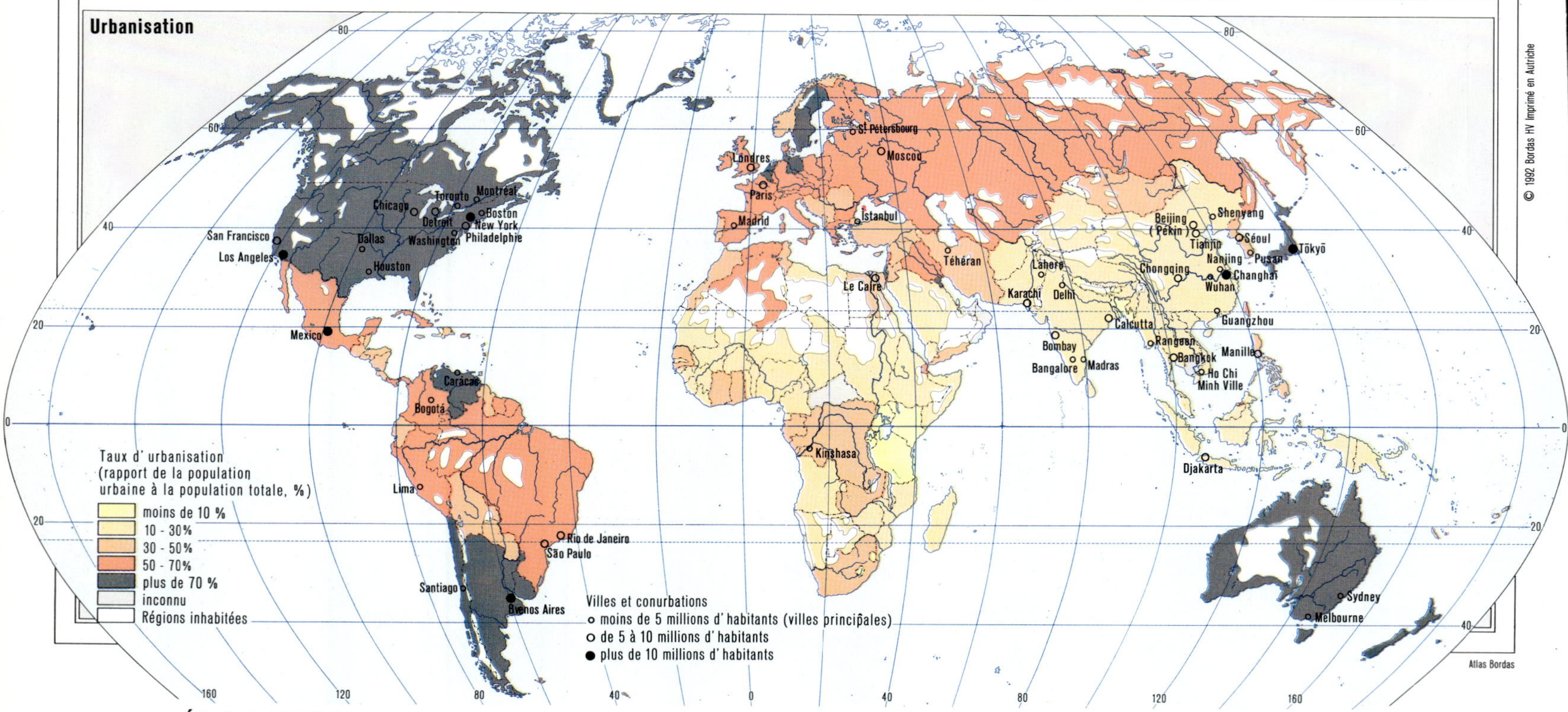

Échelle 1 : 160 000 000

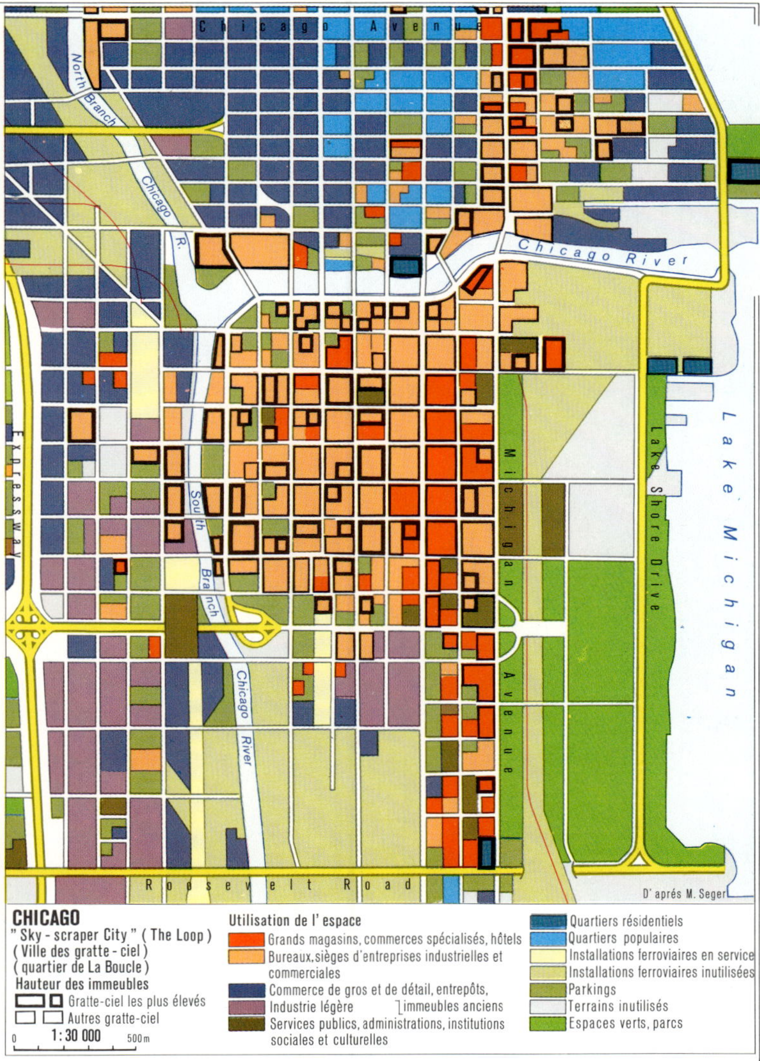

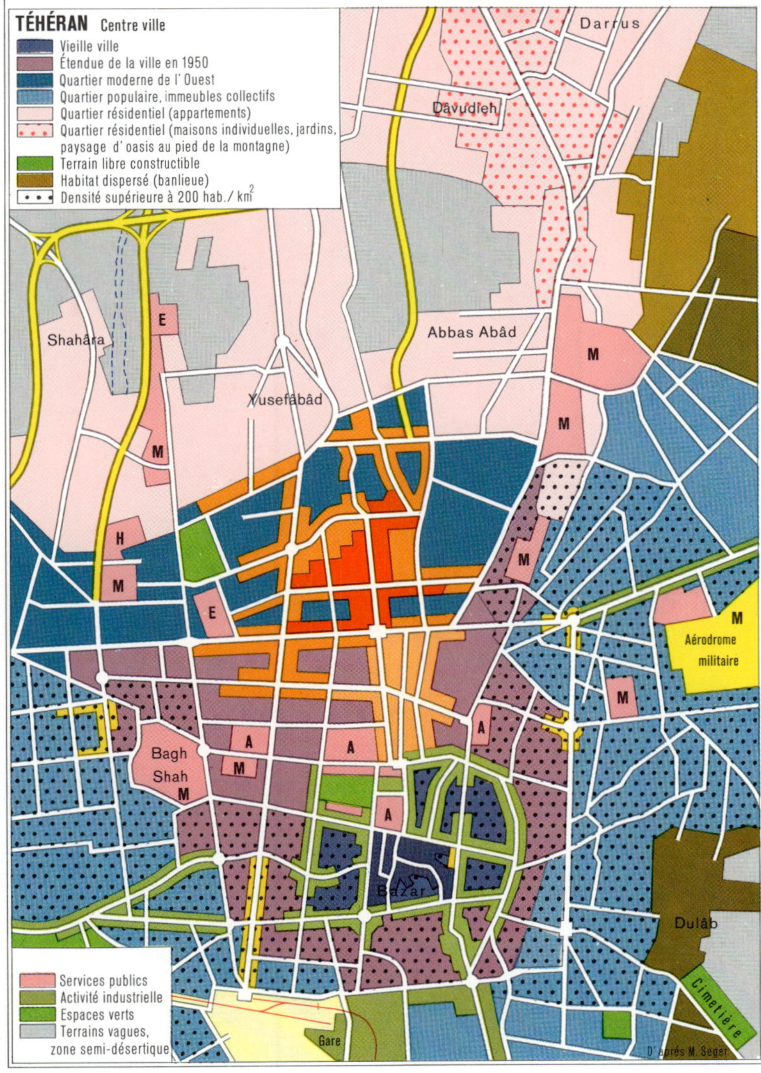

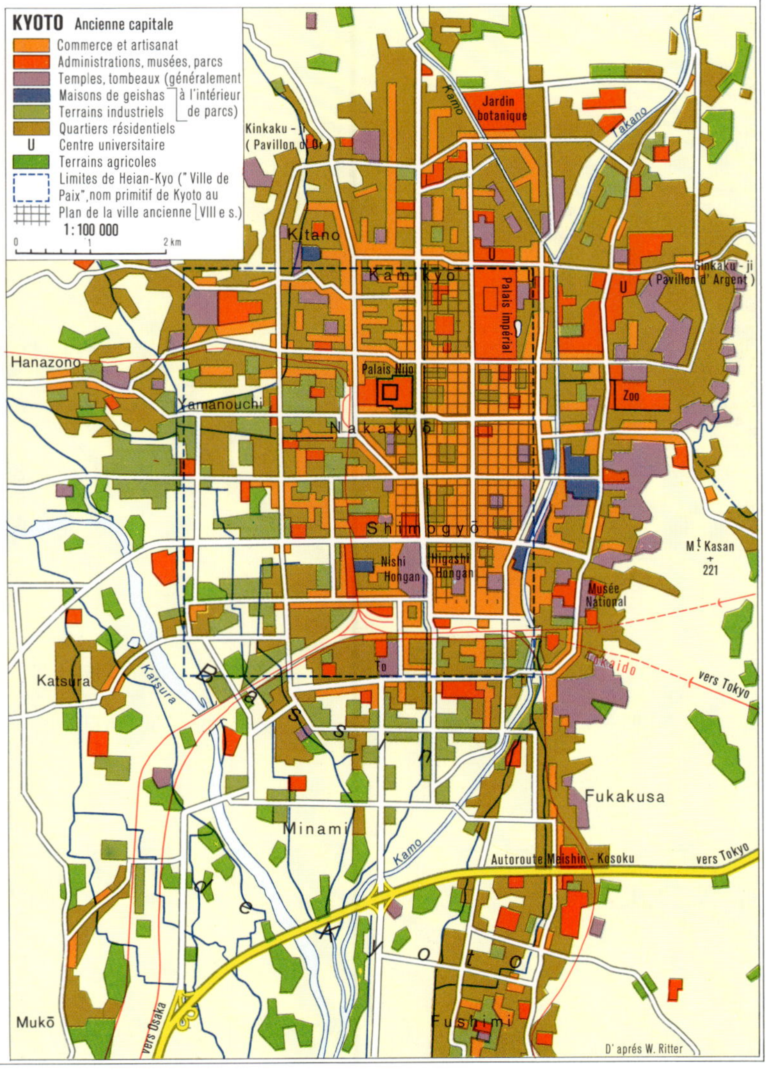

1 : 100 000
0 1 2 km

Centre traditionnel
- Bazar
- Rue commerçante
- Artisans
- Centre urbain en 1940 (aujourd'hui, commerce de gros et de détail, artisanat)

Fonctions tertiaires des quartiers occidentaux
- Coeur de la cité
- Quartiers limitrophes

A Administration
H Hopital
E Enseignement supérieur
M Caserne, terrain militaire

MONDE

Planisphère Hölzel

Nutrition

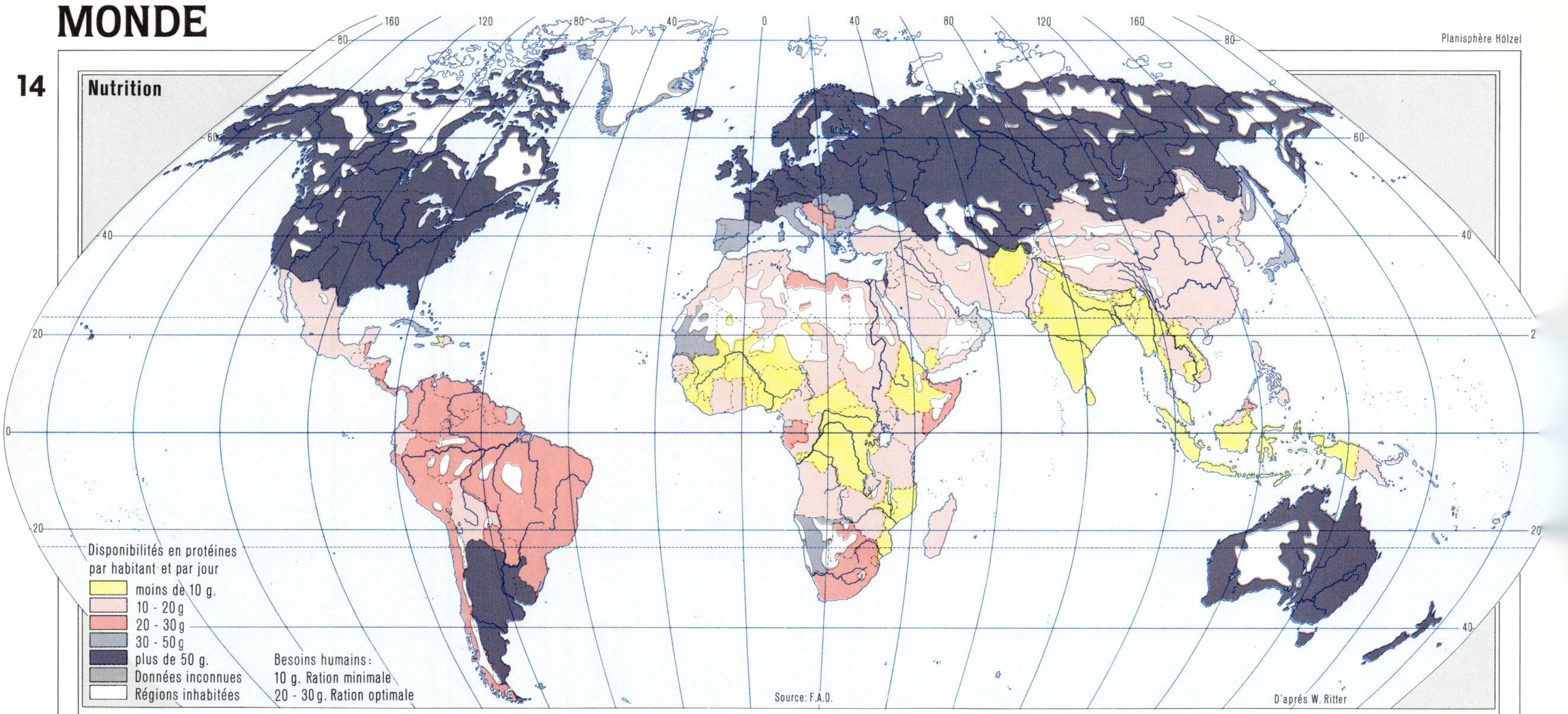

Cultures alimentaires

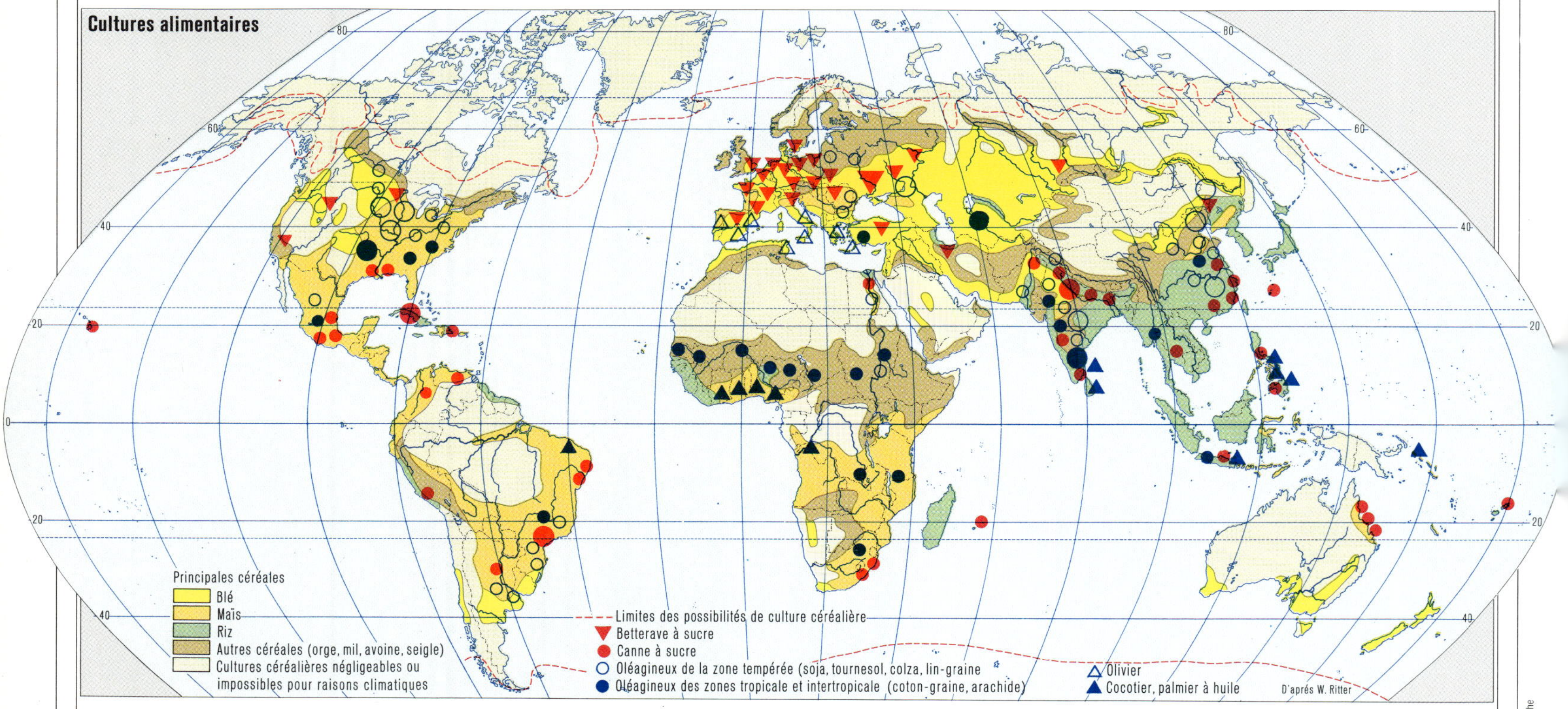

Cultures industrielles

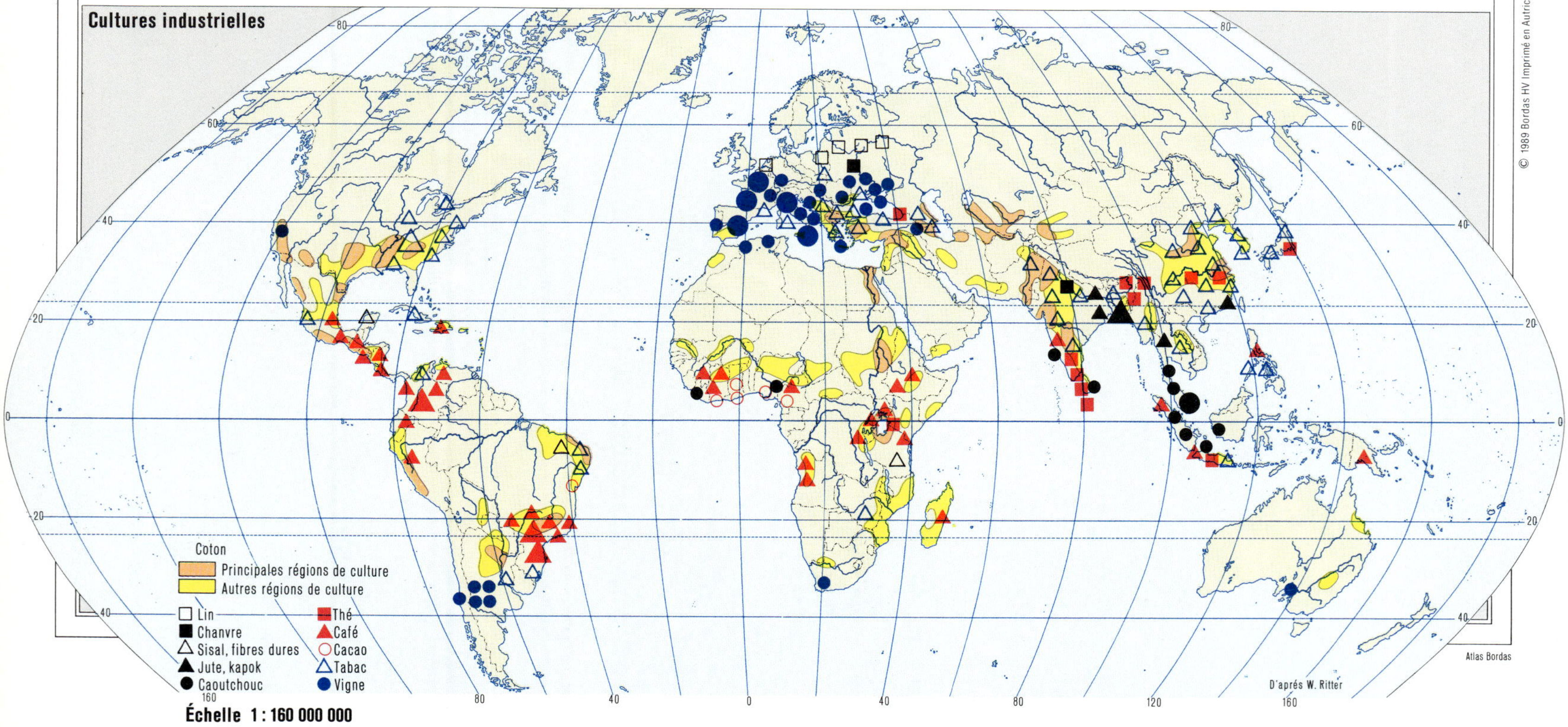

Échelle 1 : 160 000 000

Atlas Bordas

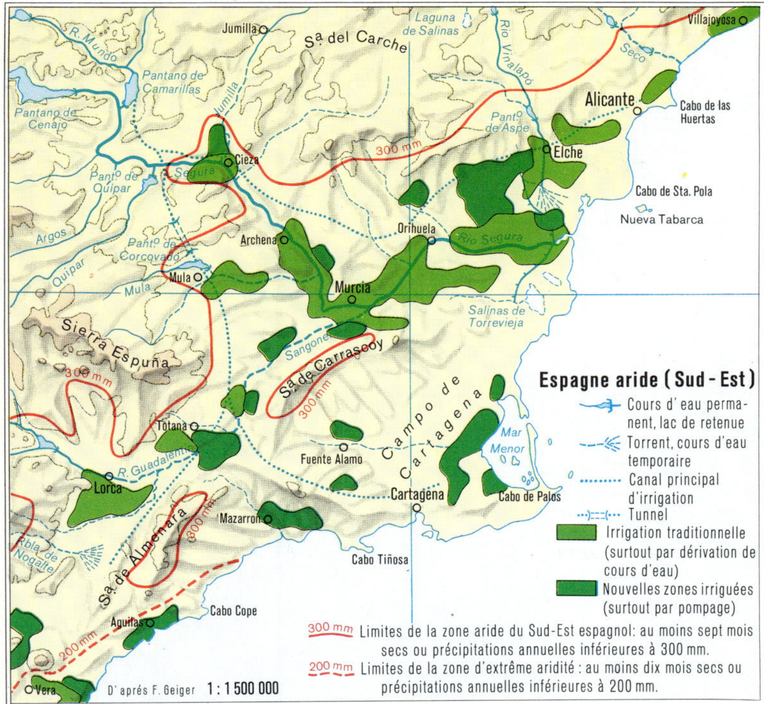
1° Est de Greenwich
Espagne aride (Sud-Est)
Cours d'eau permanent, lac de retenue
Torrent, cours d'eau temporaire
Canal principal d'irrigation
Tunnel
Irrigation traditionnelle (surtout par dérivation de cours d'eau)
Nouvelles zones irriguées (surtout par pompage)
300 mm Limites de la zone aride du Sud-Est espagnol: au moins sept mois secs ou précipitations annuelles inférieures à 300 mm.
200 mm Limites de la zone d'extrême aridité : au moins dix mois secs ou précipitations annuelles inférieures à 200 mm.
D'après F. Geiger 1 : 1 500 000
Jumilla
Sa del Carche
Laguna de Salinas
Villajoyosa
Alicante
Cabo de las Huertas
Elche
Cabo de Sta. Pola
Nueva Tabarca
Cieza
Archena
Orihuela
Murcia
Mula
Sierra Espuña
Totana
Lorca
Sa de Carrascoy
Campo de Cartagena
Mar Menor
Fuente Alamo
Cartagena
Cabo de Palos
Mazarrón
Cabo Tiñosa
Cabo Cope
Aguilas
Vera
Sa de Almenara
38

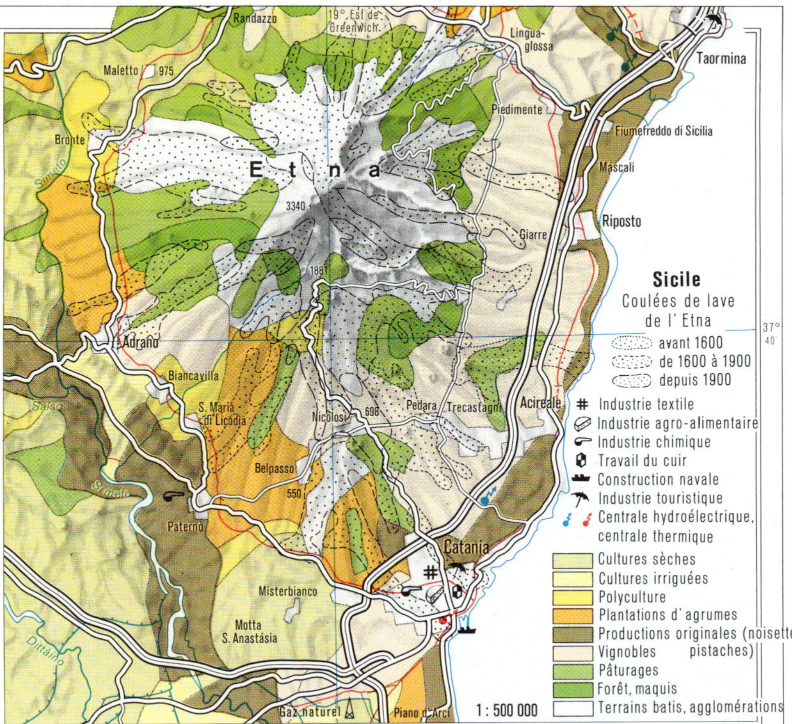
15° Est de Greenwich
Sicile
Coulées de lave de l'Etna
avant 1600
de 1600 à 1900
depuis 1900
Industrie textile
Industrie agro-alimentaire
Industrie chimique
Travail du cuir
Construction navale
Industrie touristique
Centrale hydroélectrique, centrale thermique
Cultures sèches
Cultures irriguées
Polyculture
Plantations d'agrumes
Productions originales (noisettes pistaches)
Vignobles
Pâturages
Forêt, maquis
Terrains batis, agglomérations
1 : 500 000
Etna
3340
Randazzo
Linguaglossa
Taormina
Maletto
975
Bronte
Piedimonte
Fiumefreddo di Sicilia
Mascali
Riposto
Giarre
Adrano
Biancavilla
S. Maria di Licodia
Nicolosi
Pedara
Trecastagni
Acireale
Belpasso
Paternò
Catania
Misterbianco
Motta S. Anastasia
Gaz naturel
Piano d'Arci
37° 40

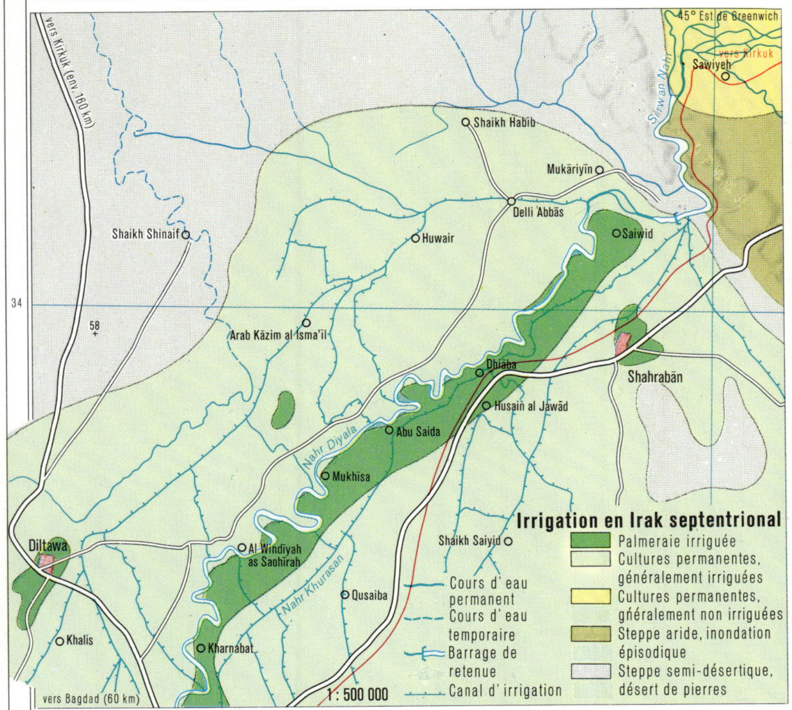
45° Est de Greenwich
Irrigation en Irak septentrional
Palmeraie irriguée
Cultures permanentes, généralement irriguées
Cultures permanentes, généralement non irriguées
Steppe aride, inondation épisodique
Steppe semi-désertique, désert de pierres
Cours d'eau permanent
Cours d'eau temporaire
Barrage de retenue
Canal d'irrigation
1 : 500 000
vers Kirkuk (env. 160 km)
vers Bagdad (60 km)
Sawiyeh
Shaikh Habib
Mukāriyīn
Delli Abbās
Saiwid
Huwair
Shaikh Shinaif
Arab Kāzim al Isma'il
Duāba
Shahrabān
Husain al Jawād
Abu Saida
Mukhisa
Diltawa
Al Windiyah as Saohirah
Shaikh Saiyid
Qusaiba
Khalis
Kharnabat
Nahr Diyala
34

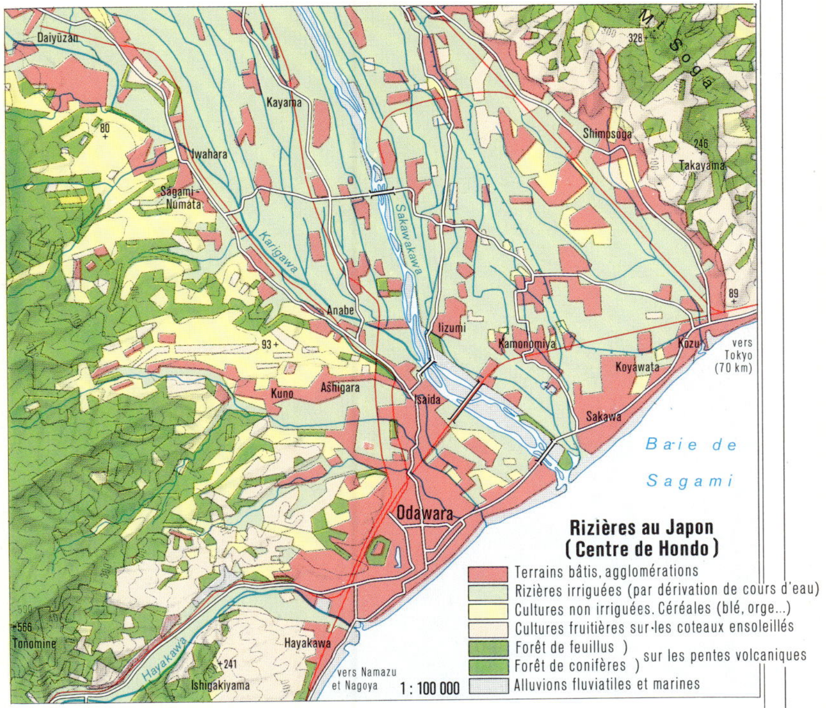
Rizières au Japon (Centre de Hondo)
Terrains bâtis, agglomérations
Rizières irriguées (par dérivation de cours d'eau)
Cultures non irriguées. Céréales (blé, orge...)
Cultures fruitières sur les coteaux ensoleillés
Forêt de feuillus
Forêt de conifères
sur les pentes volcaniques
Alluvions fluviatiles et marines
vers Namazu et Nagoya
1 : 100 000
vers Tokyo (70 km)
Baie de Sagami
Daiyūzan
Kayama
Iwahara
Sagami-Numata
Shimosoga
Takayama
Anabe
Iizumi
Kamonomiya
Kozu
Koyawata
Kuno
Ashigara
Isaida
Sakawa
Odawara
Tonomine
Hayakawa
Ishigakiyama

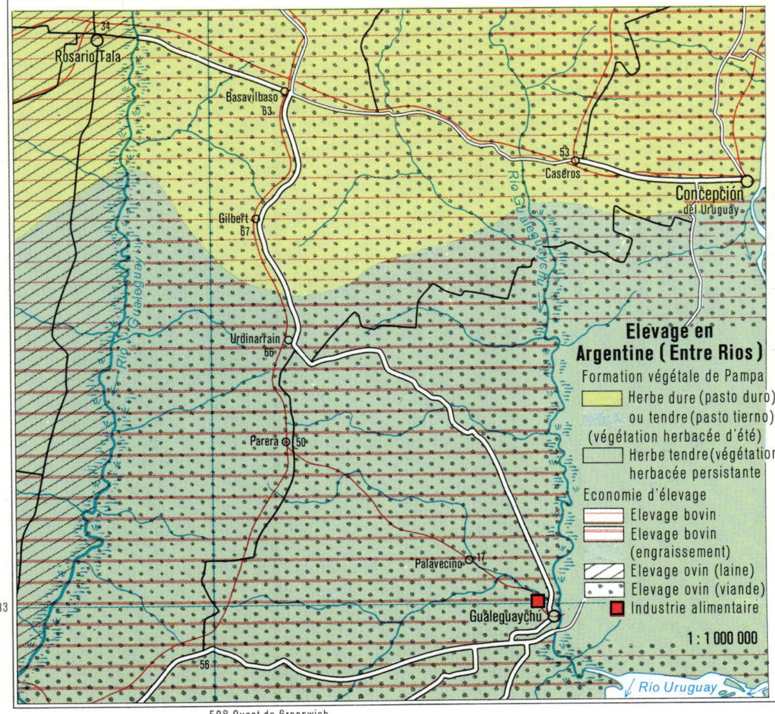
Elevage en Argentine (Entre Rios)
Formation végétale de Pampa
Herbe dure (pasto duro) ou tendre (pasto tierno) (végétation herbacée d'été)
Herbe tendre (végétation herbacée persistante
Economie d'élevage
Elevage bovin
Elevage bovin (engraissement)
Elevage ovin (laine)
Elevage ovin (viande)
Industrie alimentaire
1 : 1 000 000
59° Ouest de Greenwich
Rosario Tala
Basavilbaso
Caseros
Concepción del Uruguay
Gilbert
Urdinarrain
Parera
Palavecino
Gualeguaychú
Rio Uruguay
33

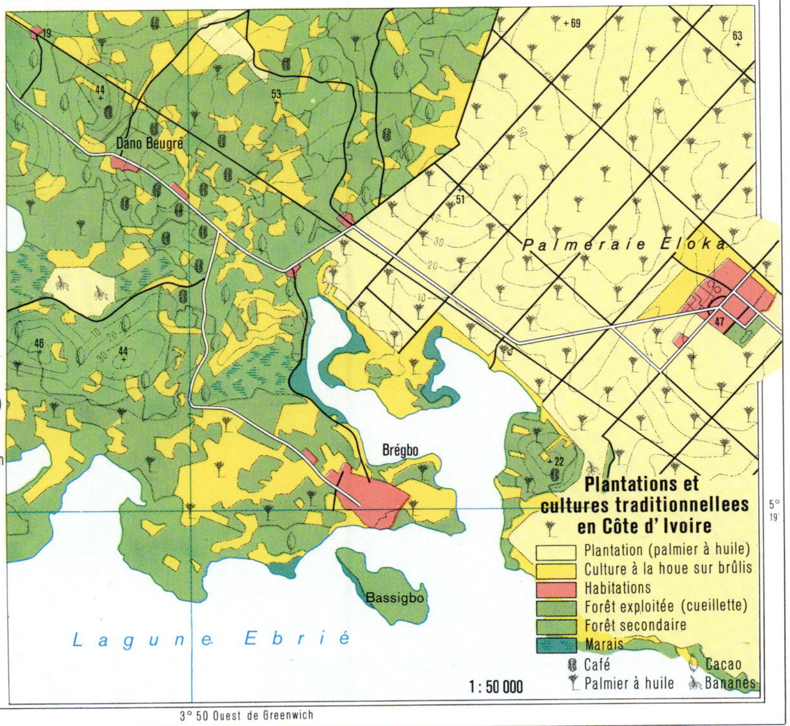
Plantations et cultures traditionnelles en Côte d'Ivoire
Plantation (palmier à huile)
Culture à la houe sur brûlis
Habitations
Forêt exploitée (cueillette)
Forêt secondaire
Marais
Café
Palmier à huile
Cacao
Bananes
1 : 50 000
3° 50 Ouest de Greenwich
Dano Beugré
Palmeraie Eloka
Brégbo
Bassigbo
Lagune Ebrié
5° 19

MONDE ▸ *Planisphère politique*

A.	Autriche
ALB.	Albanie
ALL.	Allemagne
AR.	Arménie
AZ.	Azerbaïdjan
B.	Belgique
BAH.	Bahrein
B. D.	Bangla Desh
BH.	Bhoutan
BO.	Bosnie-Herzegovine
BU.	Burundi
BULG.	Bulgarie
CRO.	Croatie
DK.	Danemark
DJ.	Djibouti
E. A.	Emirats Arabes
ESTO.	Estonie
G.	Gambie
G. B.	Guinée Bissau
G. E.	Guinée Equatoriale
H.	Hongrie
IS.	Israel

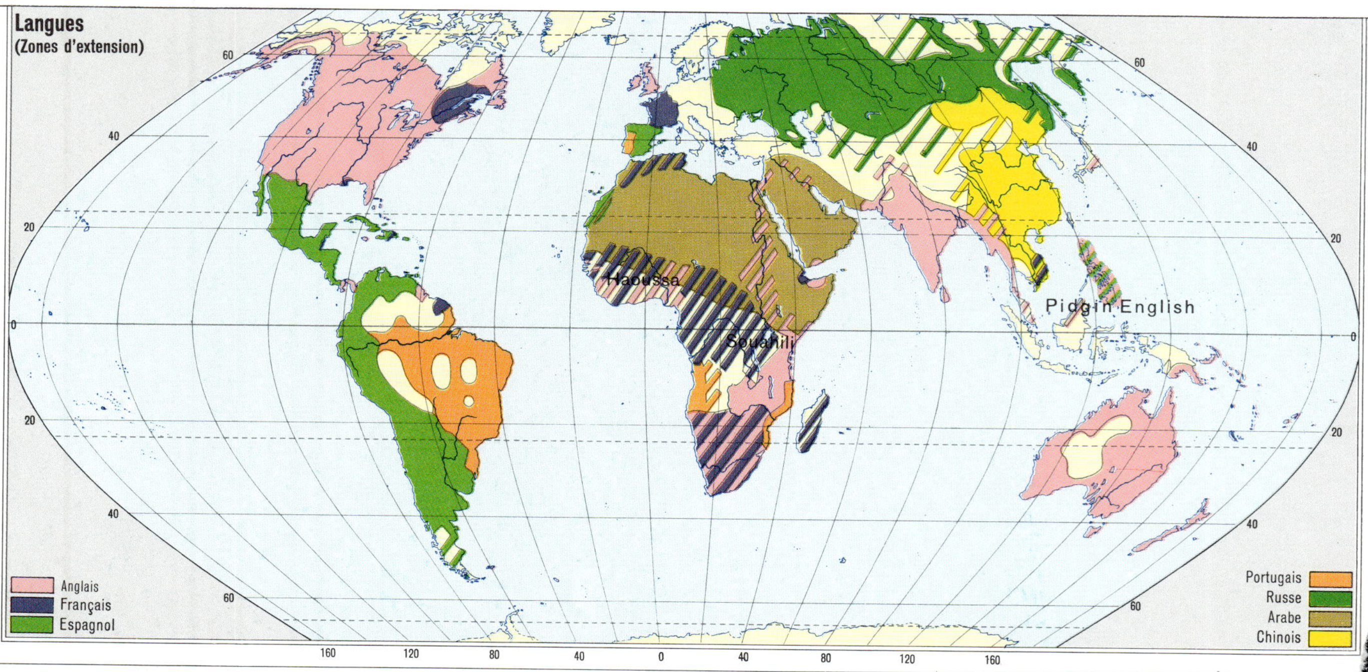

Échelle 1 : 200 000 000

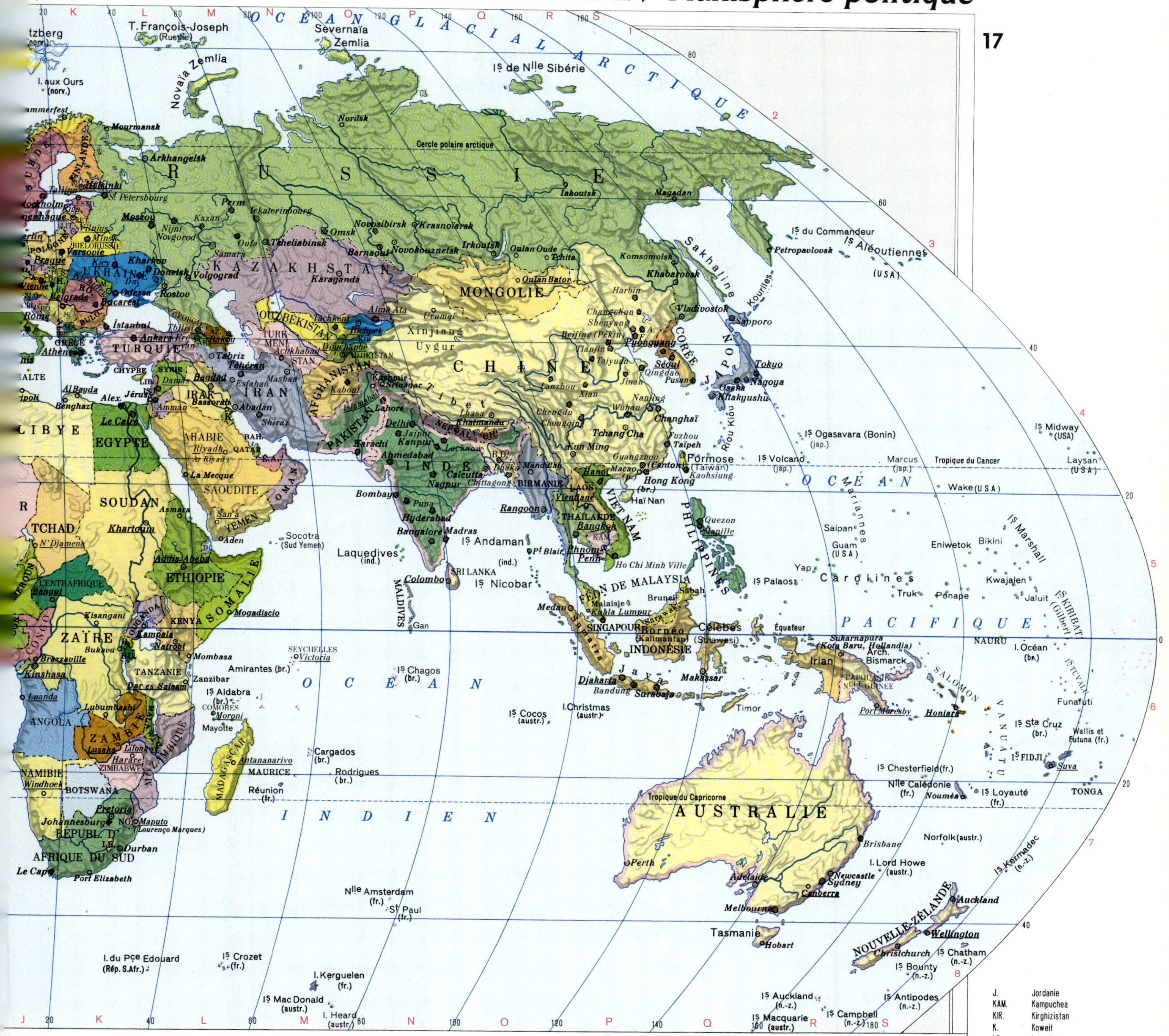

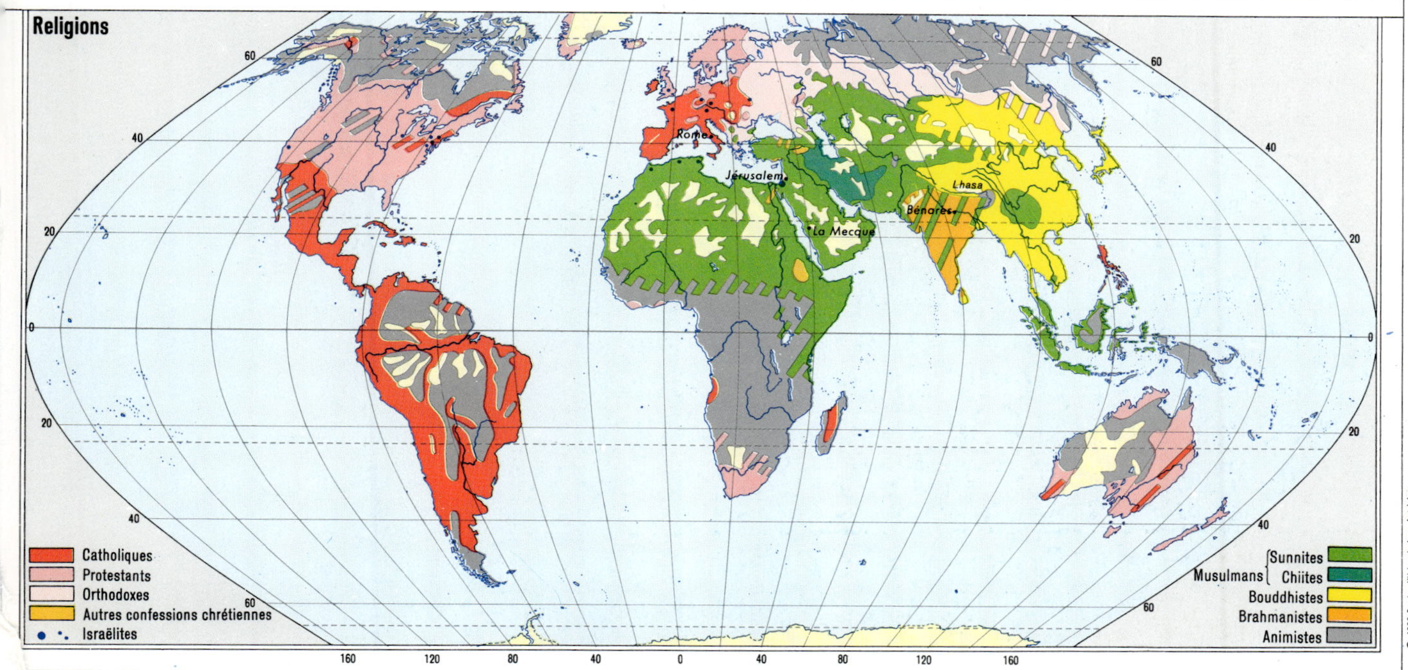

J.	Jordanie
KAM.	Kampuchea
KIR.	Kirghizistan
K.	Koweït
LE.	Lesotho
LET.	Lettonie
LIB.	Liban
LIT.	Lituanie
M.	Moldavie
MA	Macédoine
P.-B.	Pays-Bas
PORT.	Portugal
R.	Ruanda
REP.DOM.	République Dominicaine
RO.	Roumanie
R. S.	République Slovaque
R. T.	République Tchèque
S.	Suisse
S. L.	Sierra Leone
SLO.	Slovénie
SW.	Swaziland
Y. - S.	Yougoslavie

lle 1 : 200 000 000

EUROPE ▸ *Carte physique*

Projection horizontale équivalente

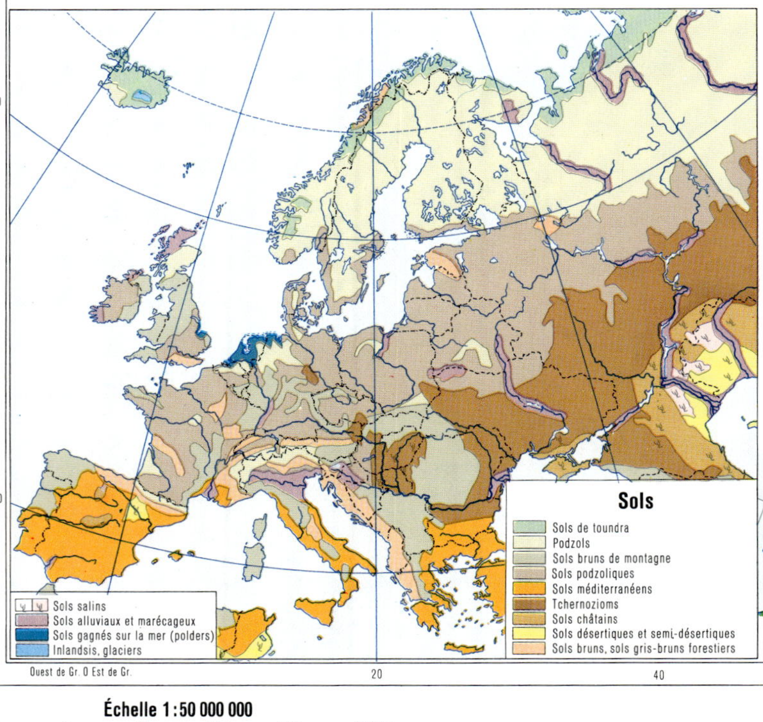

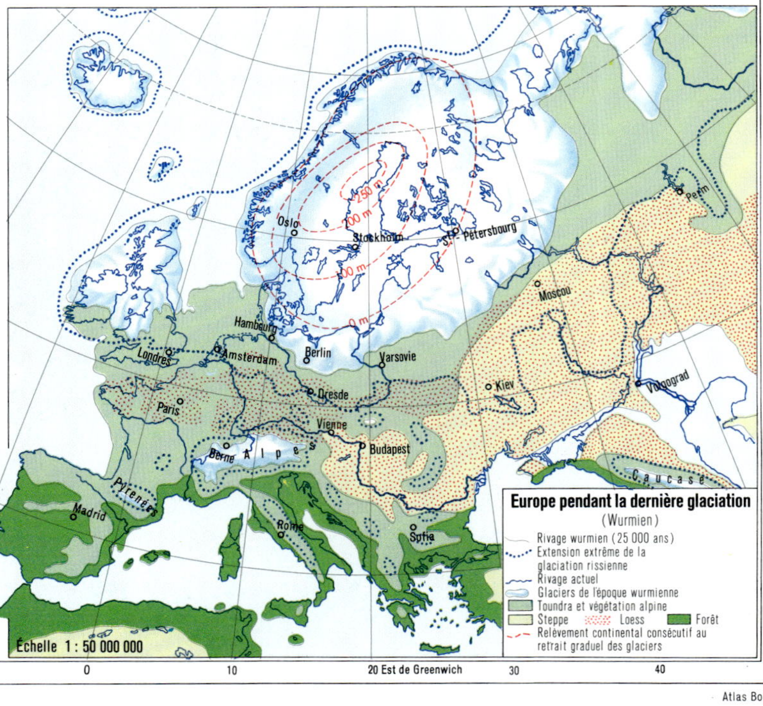

Échelle 1 : 50 000 000

500 0 500 1000 1500 2000 km

...ection horizontale équivalente

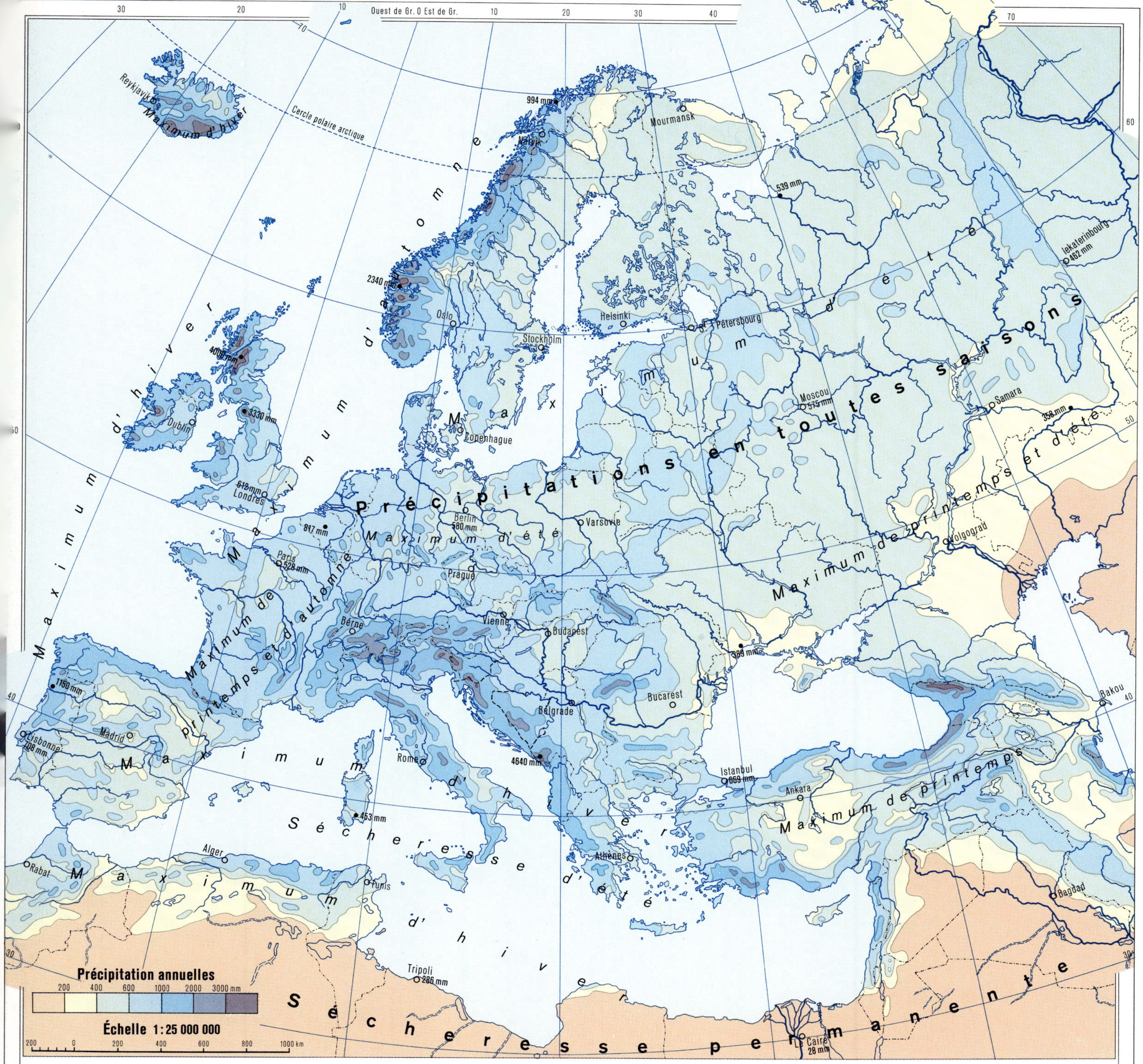

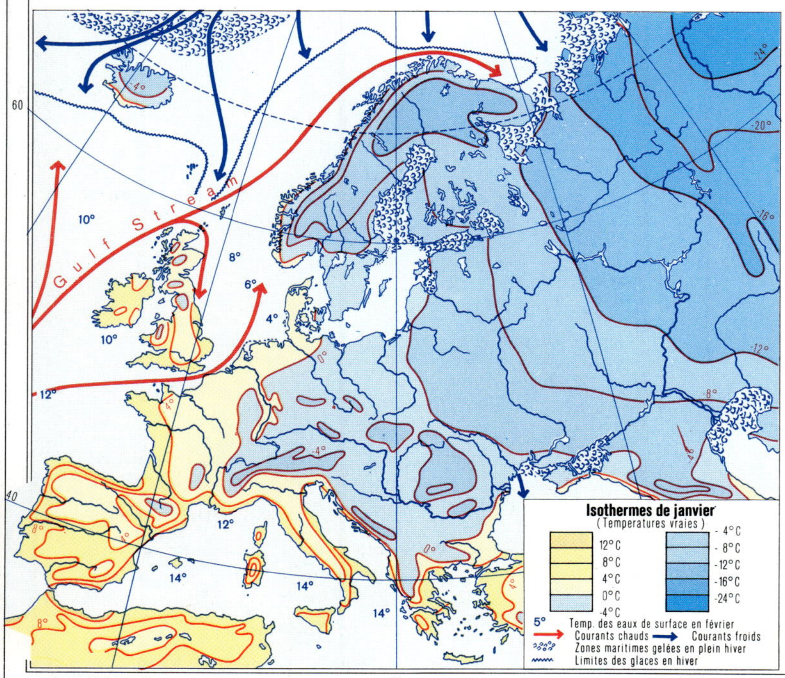

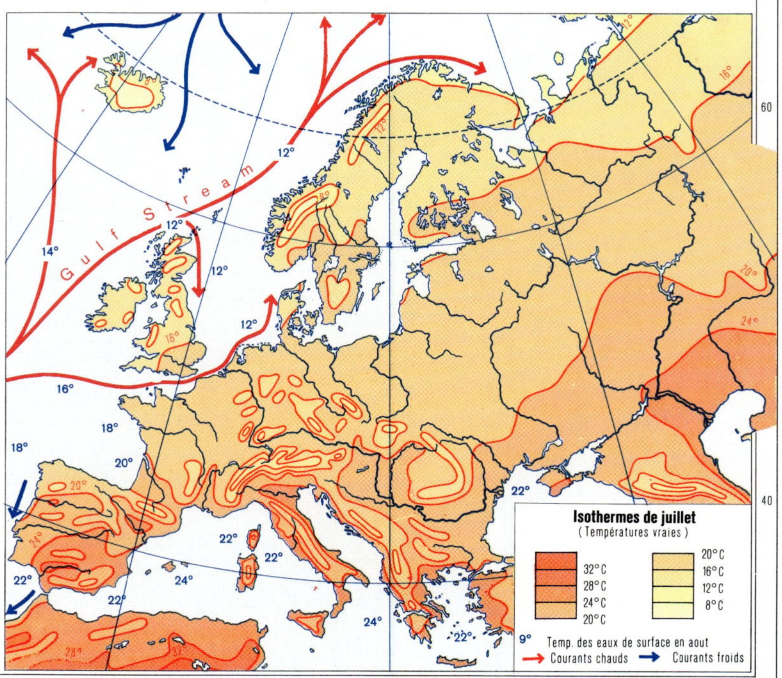

Échelle 1 : 50 000 000

500 0 500 1000 1500 2000 km

EUROPE ▸ *Population*

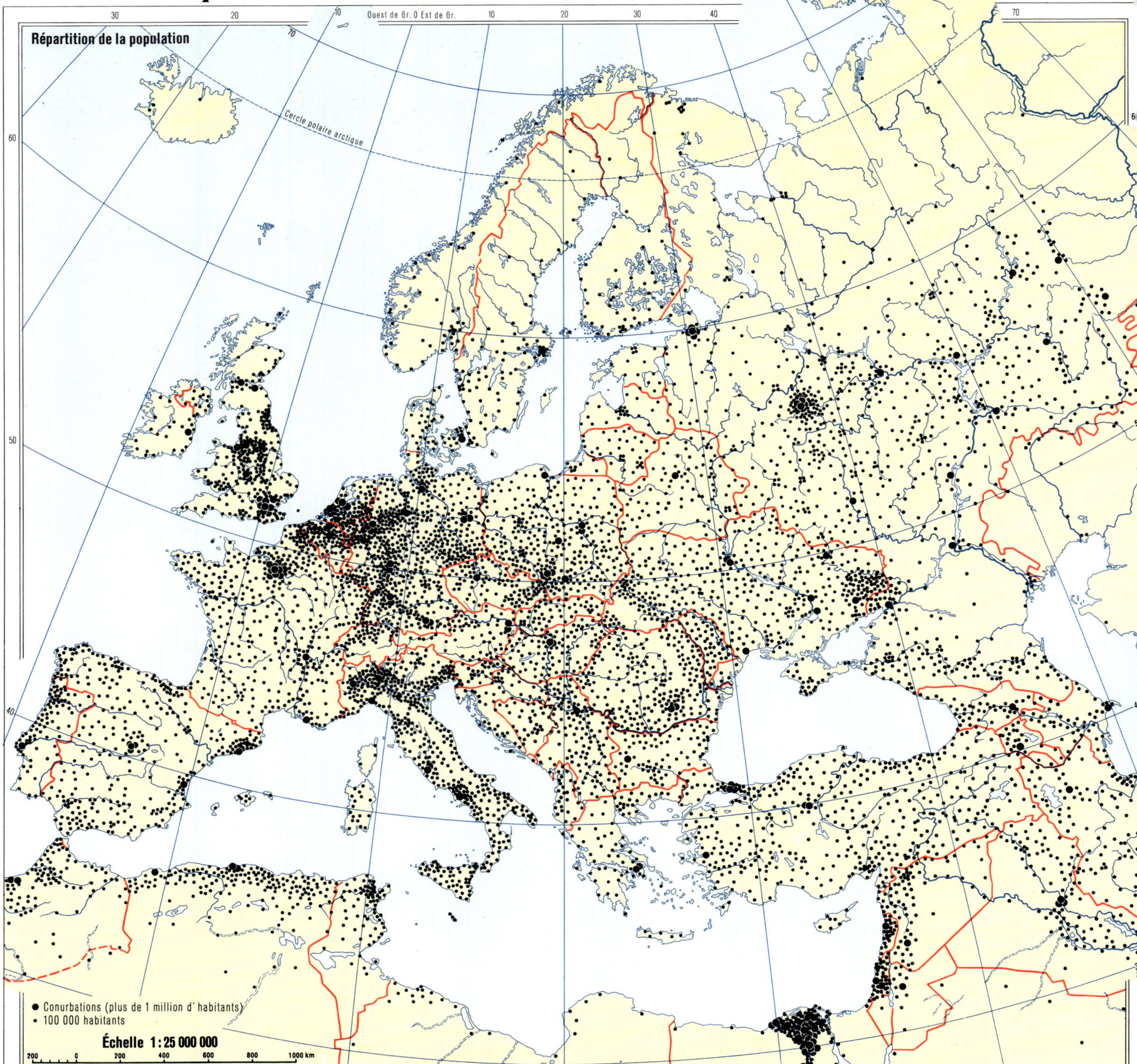

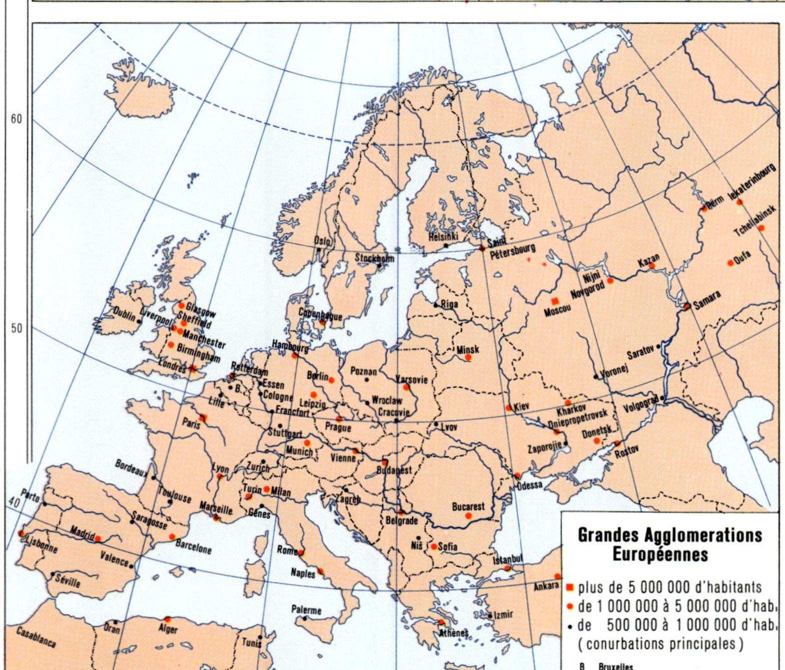

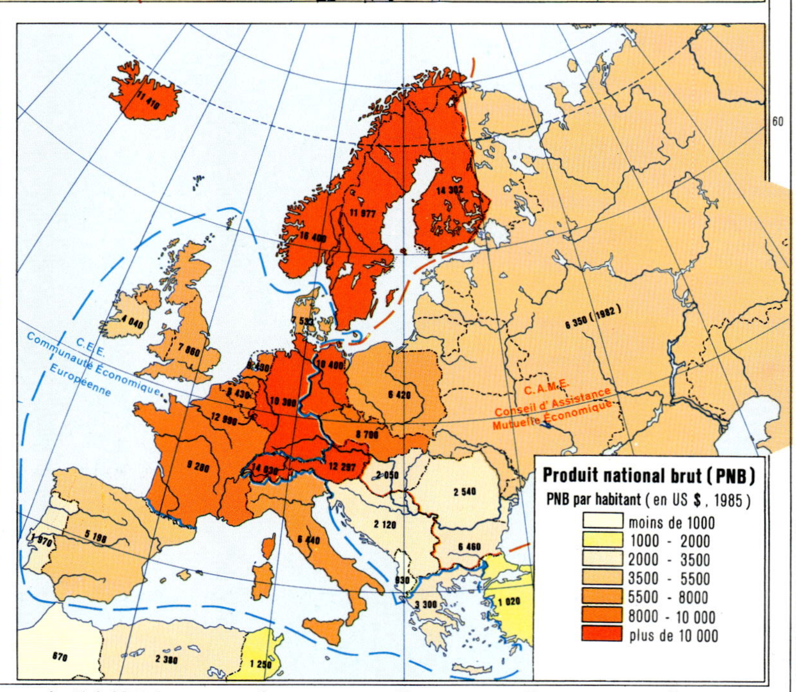

Échelle 1 : 50 000 000

500 0 500 1000 1500 km 2000 km

EUROPE ▸ *Utilisation du sol*

Projection horizontale équivalente

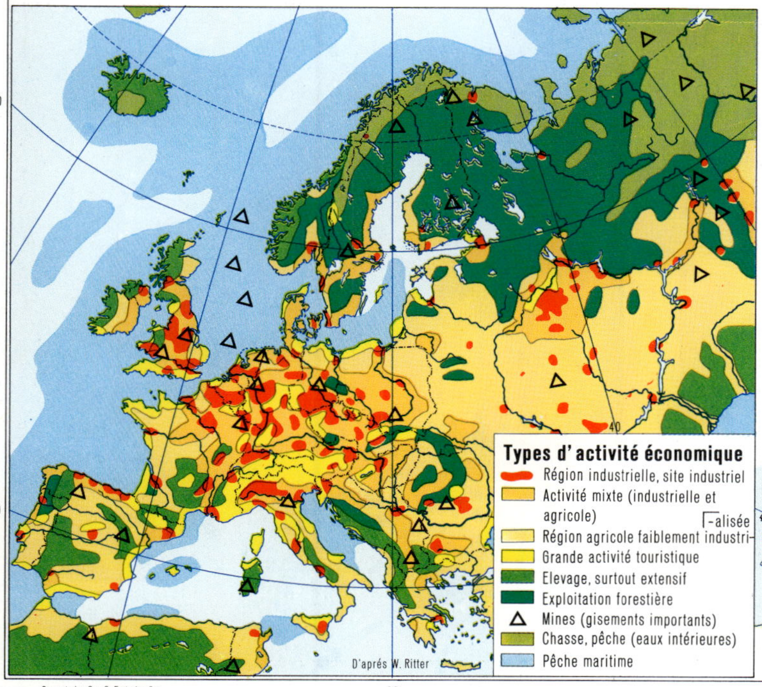

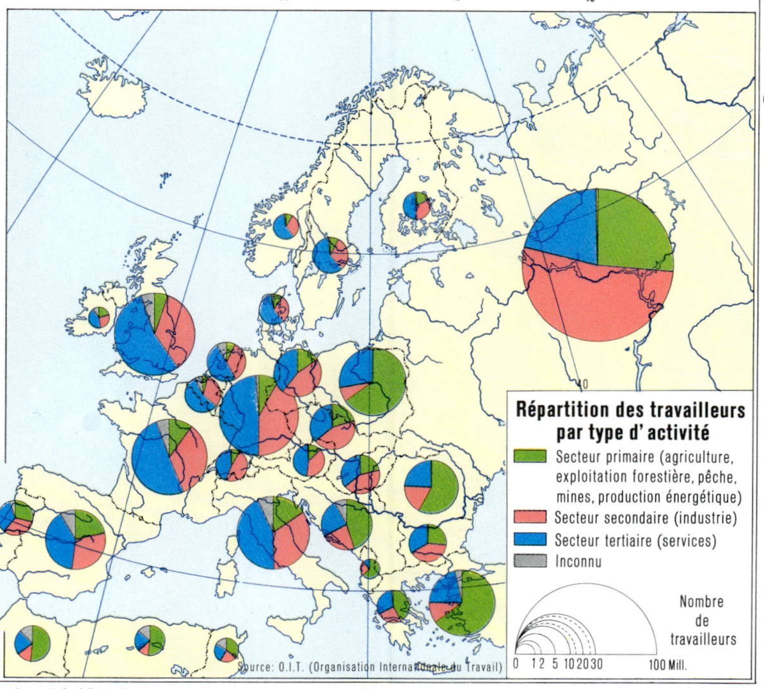

- Glaciers, inlandsis
- Toundra, prairies alpines, landes et tourbières
- Forêts de conifères de la zone tempérée fraîche
- Forêts de feuillus de la zone tempérée fraîche
- Marais, forêts marécageuses
- Forêts méditerranéennes
- Steppes de graminées
- Steppes buissonnantes
- Steppes désertiques
- Déserts de sable
- Déserts de cailloux ou de roche nue
- Oasis, irrigation
- Prédominance des labours
- Prédominance des herbages, économie laitière
- Vignes hors du domaine méditerranéen
- Cultures méditerranéennes (vigne, agrumes, olivier) et aussi garrigues et maquis
- Zone de pêche
- Pack et glaces flottantes (en hiver)

EUROPE ▶ *Institutions politiques et économiques*

Projection horizontale équivalente

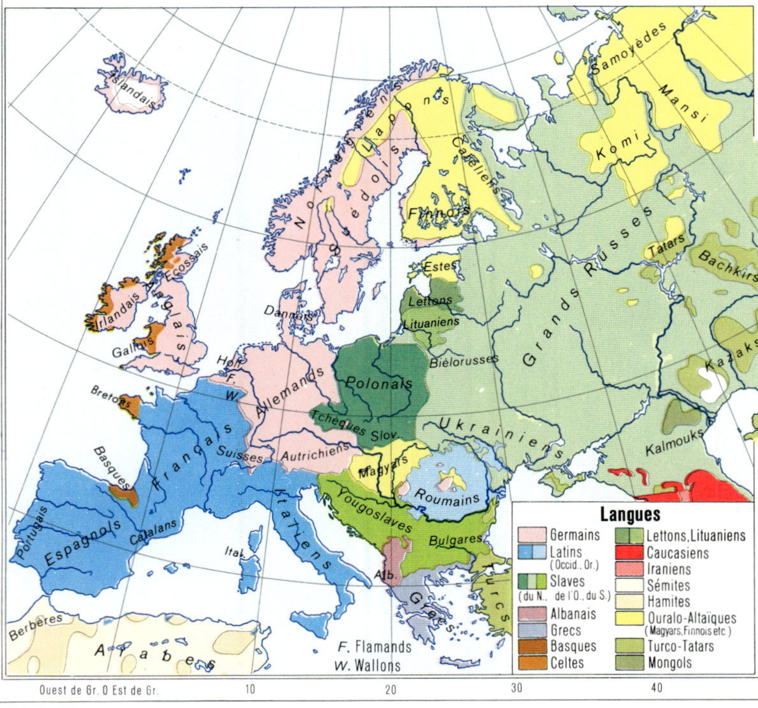

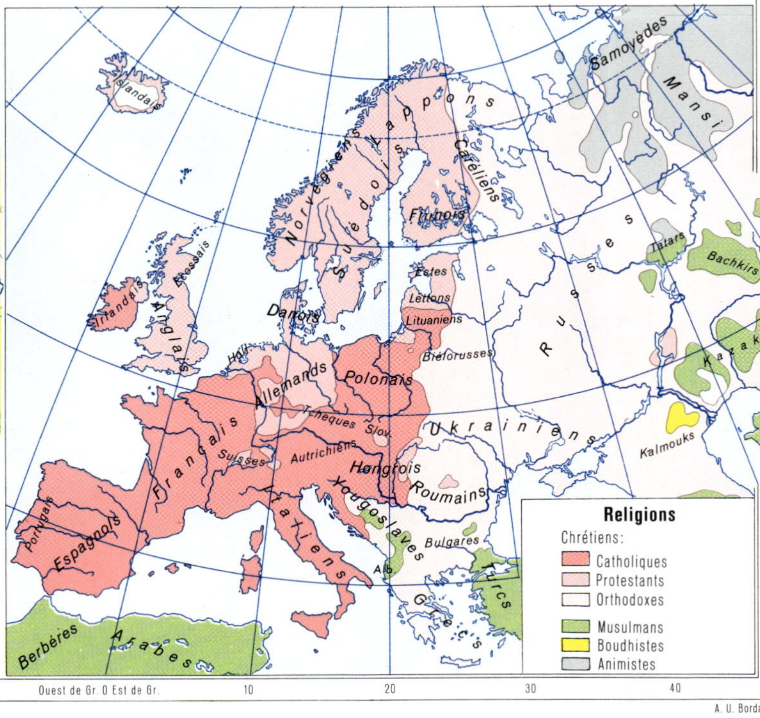

Échelle 1 : 50 000 000

A. U. Bordas

FRANCE

Carte administrative

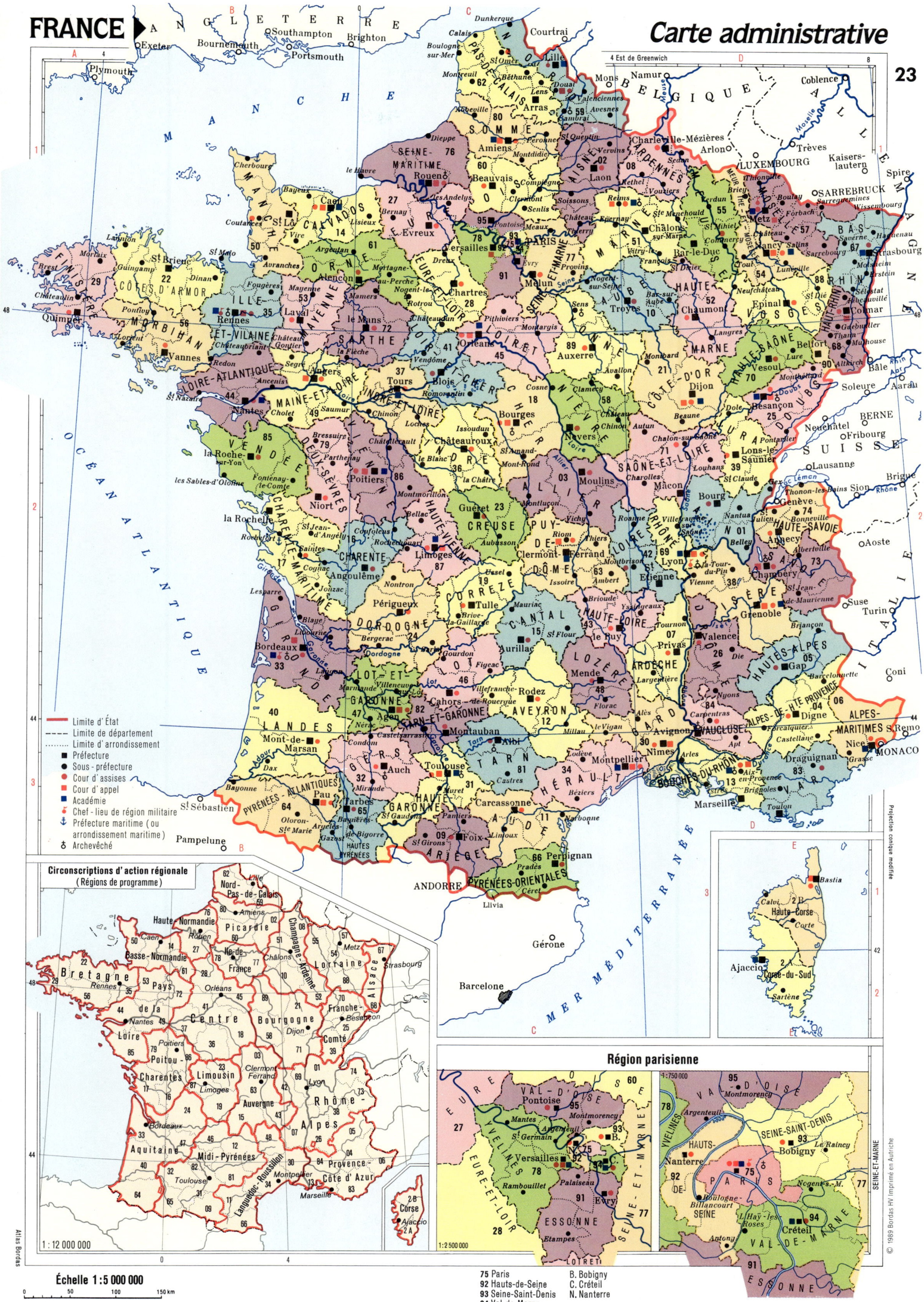
Limite d'État
Limite de département
Limite d'arrondissement
Préfecture
Sous-préfecture
Cour d'assises
Cour d'appel
Académie
Chef-lieu de région militaire
Préfecture maritime (ou arrondissement maritime)
Archevêché
Circonscriptions d'action régionale
(Régions de programme)
1 : 12 000 000
Région parisienne
1 : 2 500 000
1 : 750 000
75 Paris
92 Hauts-de-Seine
93 Seine-Saint-Denis
94 Val-de-Marne
B. Bobigny
C. Créteil
N. Nanterre
Échelle 1 : 5 000 000
0 50 100 150 km
Projection conique modifiée
MANCHE
OCÉAN ATLANTIQUE
MER MÉDITERRANÉE
ANGLETERRE
BELGIQUE
LUXEMBOURG
ALLEMAGNE
SUISSE
ITALIE
ANDORRE
MONACO

Densité de population

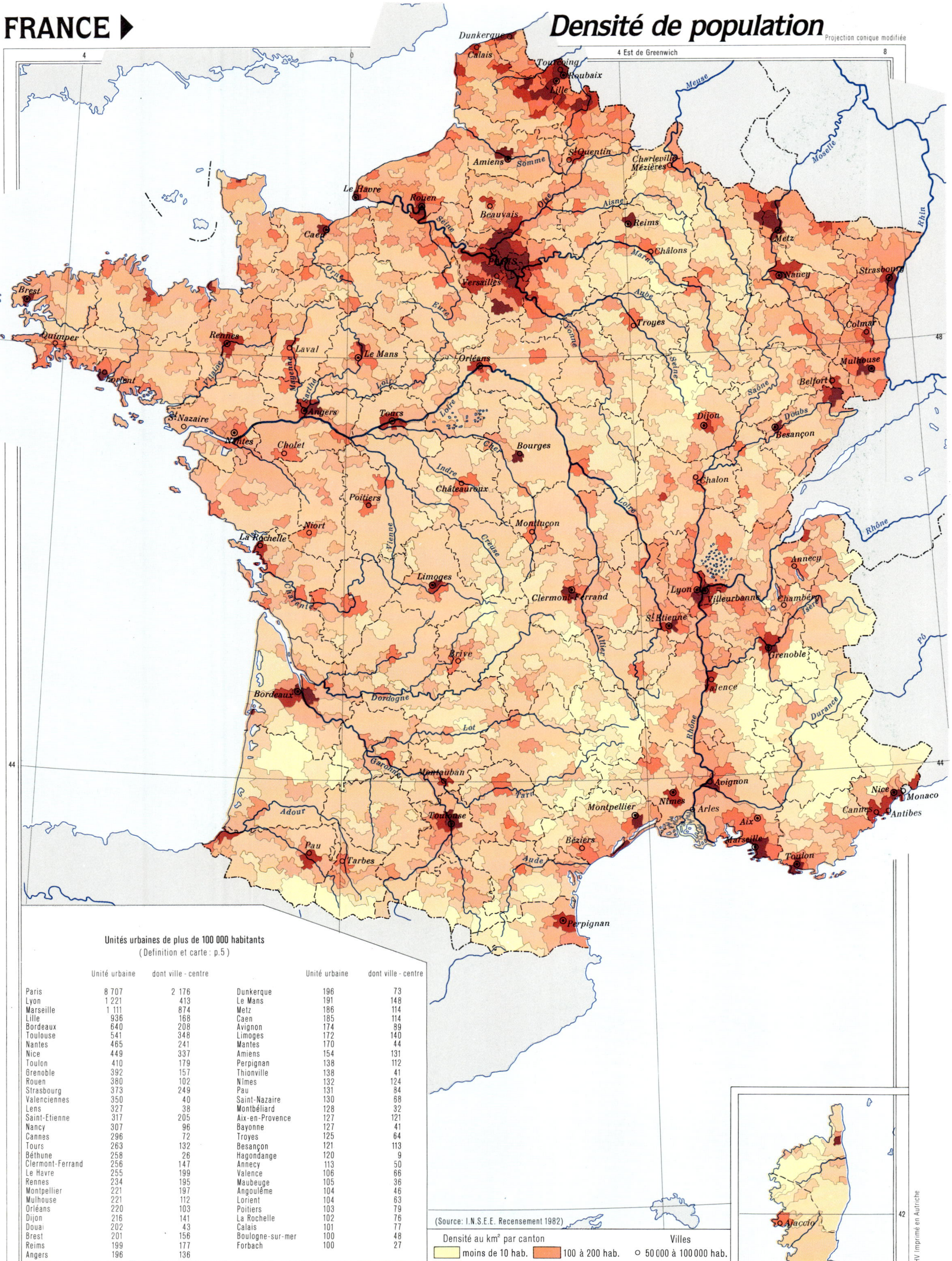

Unités urbaines de plus de 100 000 habitants
(Definition et carte : p.5)

	Unité urbaine	dont ville - centre		Unité urbaine	dont ville - centre
Paris	8 707	2 176	Dunkerque	196	73
Lyon	1 221	413	Le Mans	191	148
Marseille	1 111	874	Metz	186	114
Lille	936	168	Caen	185	114
Bordeaux	640	208	Avignon	174	89
Toulouse	541	348	Limoges	172	140
Nantes	465	241	Mantes	170	44
Nice	449	337	Amiens	154	131
Toulon	410	179	Perpignan	138	112
Grenoble	392	157	Thionville	138	41
Rouen	380	102	Nîmes	132	124
Strasbourg	373	249	Pau	131	84
Valenciennes	350	40	Saint-Nazaire	130	68
Lens	327	38	Montbéliard	128	32
Saint-Etienne	317	205	Aix-en-Provence	127	121
Nancy	307	96	Bayonne	127	41
Cannes	296	72	Troyes	125	64
Tours	263	132	Besançon	121	113
Béthune	258	26	Hagondange	120	9
Clermont-Ferrand	256	147	Annecy	113	50
Le Havre	255	199	Valence	106	66
Rennes	234	195	Maubeuge	105	36
Montpellier	221	197	Angoulême	104	46
Mulhouse	221	112	Lorient	104	63
Orléans	220	103	Poitiers	103	79
Dijon	216	141	La Rochelle	102	76
Douai	202	43	Calais	101	77
Brest	201	156	Boulogne-sur-mer	100	48
Reims	199	177	Forbach	100	27
Angers	196	136			

Villeurbanne (1)	116	(1) inclus dans l'unité urbaine de Lyon
Boulogne-Billancourt (2)	103	(2) inclus dans l'unité urbaine de Paris
Roubaix (3)	102	(3) inclus dans l'unité urbaine de Lille

FRANCE ▶ *Population*

Atlas Bordas

Échelle 1 : 5 000 000

0 50 100 150

-·-·-·Limite d'État ----Limite de département

- plus de 100 000 habitants
- de 50 000 à 100 000 habitants
- autres villes
- Zones rurales (1 point représente 10 000 habitants)

Unités urbaines

- plus de 1 000 000 d'habitants
- de 500 000 à 1 000 000 d'habitants
- de 250 000 à 500 000 habitants
- de 100 000 à 250 000 habitants
- de 20 000 à 100 000 habitants
- 1 point représente 10 000 habitants

L'unité urbaine est le groupement de population comprenant une ville-centre et les communes formant avec cette ville une seule et même agglomération de population (Source: I.N.S.E.E. Recensement 1982)

FRANCE ▸ *Démographie*

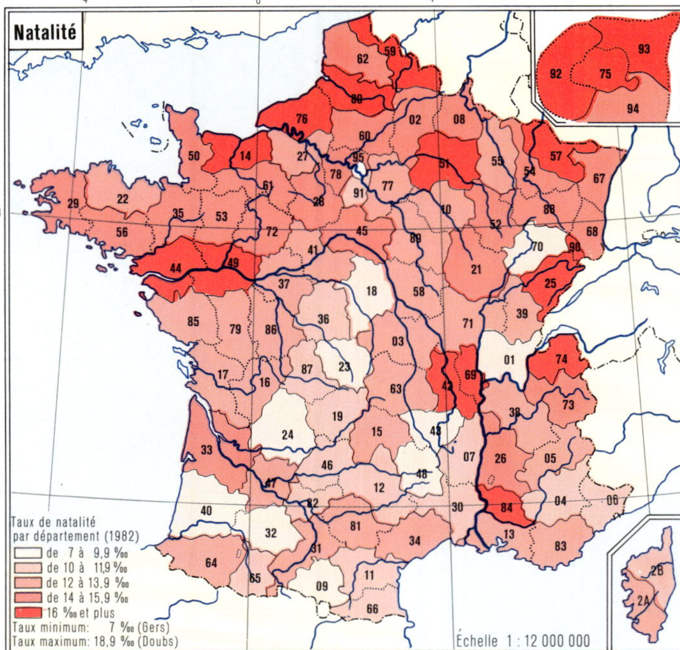
Natalité
Taux de natalité
par département (1982)
de 7 à 9,9 ‰
de 10 à 11,9 ‰
de 12 à 13,9 ‰
de 14 à 15,9 ‰
16 ‰ et plus
Taux minimum: 7 ‰ (Gers)
Taux maximum: 18,9 ‰ (Doubs)
Échelle 1 : 12 000 000

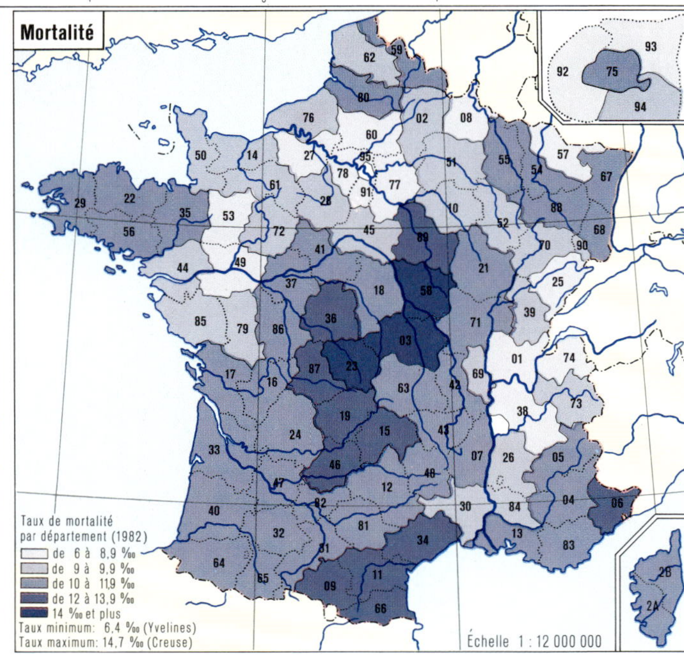
Mortalité
Taux de mortalité
par département (1982)
de 6 à 8,9 ‰
de 9 à 9,9 ‰
de 10 à 11,9 ‰
de 12 à 13,9 ‰
14 ‰ et plus
Taux minimum: 6,4 ‰ (Yvelines)
Taux maximum: 14,7 ‰ (Creuse)
Échelle 1 : 12 000 000

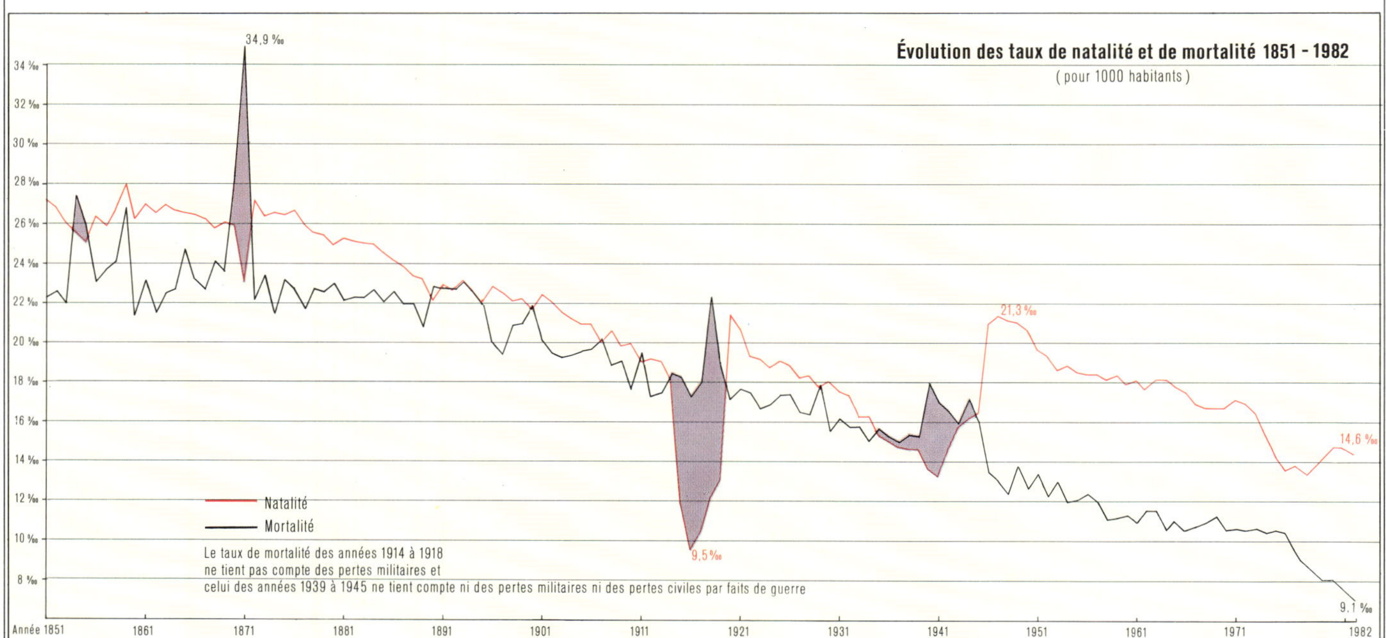
Évolution des taux de natalité et de mortalité 1851 - 1982
(pour 1000 habitants)
34,9 ‰
21,3 ‰
14,6 ‰
9,5 ‰
9,1 ‰
Natalité
Mortalité
Le taux de mortalité des années 1914 à 1918
ne tient pas compte des pertes militaires et
celui des années 1939 à 1945 ne tient compte ni des pertes militaires ni des pertes civiles par faits de guerre
Année 1851
1861
1871
1881
1891
1901
1911
1921
1931
1941
1951
1961
1971
1982

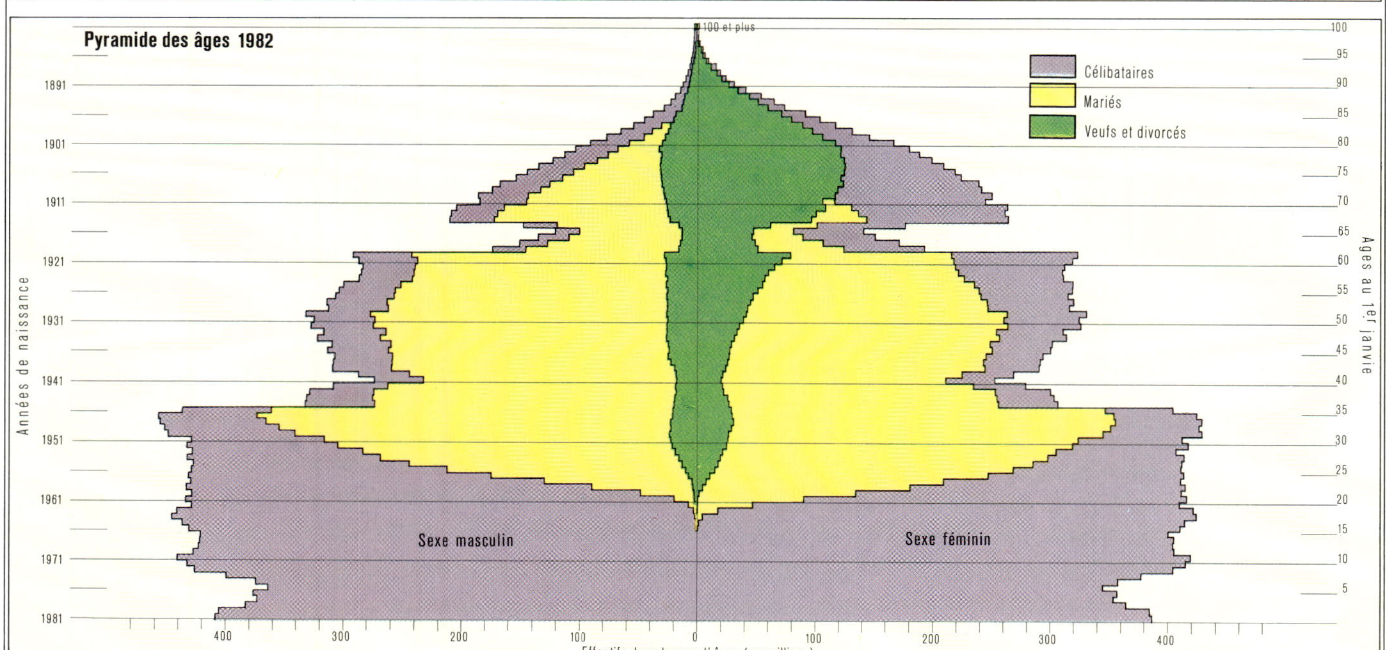
Pyramide des âges 1982
Célibataires
Mariés
Veufs et divorcés
100 et plus
Années de naissance
Âges au 1er janvier
Sexe masculin
Sexe féminin
Effectifs des classes d'âges (en milliers)

Source : I.N.S.E.E.

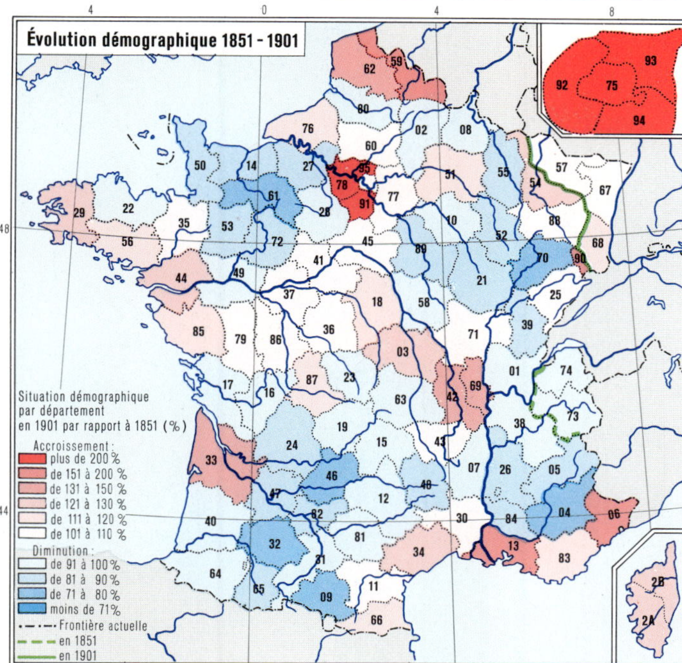

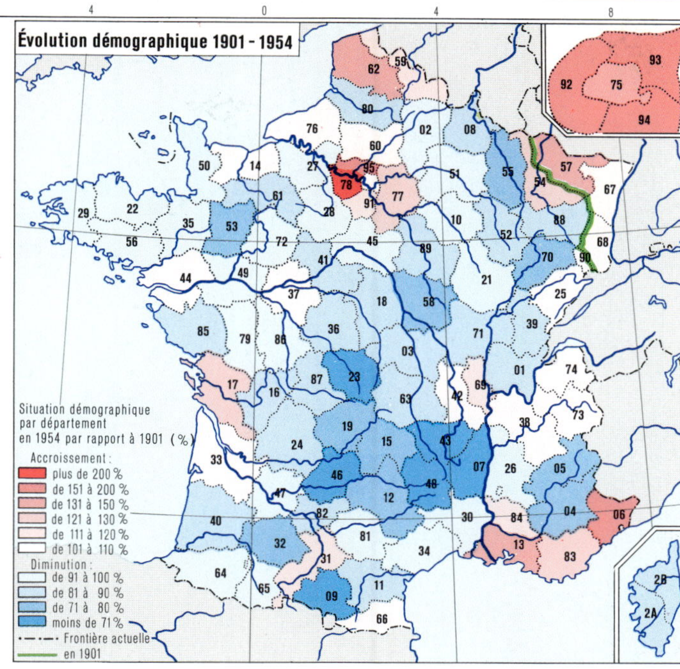

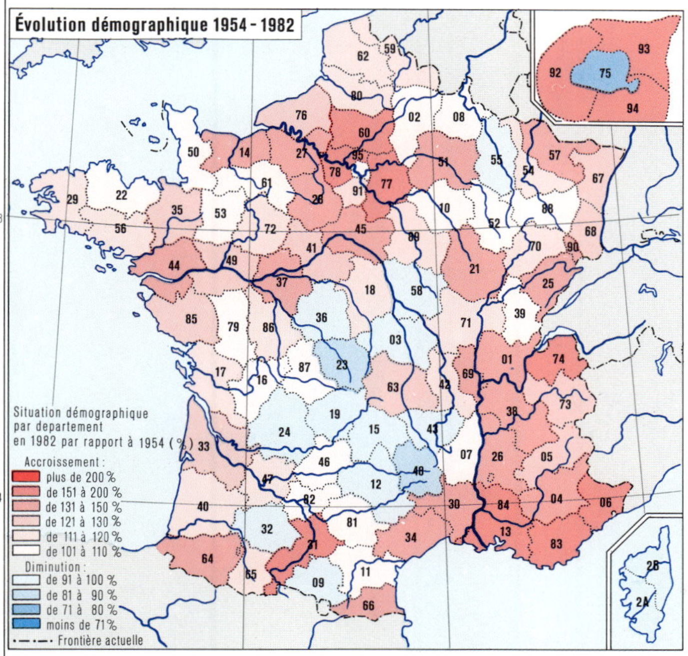

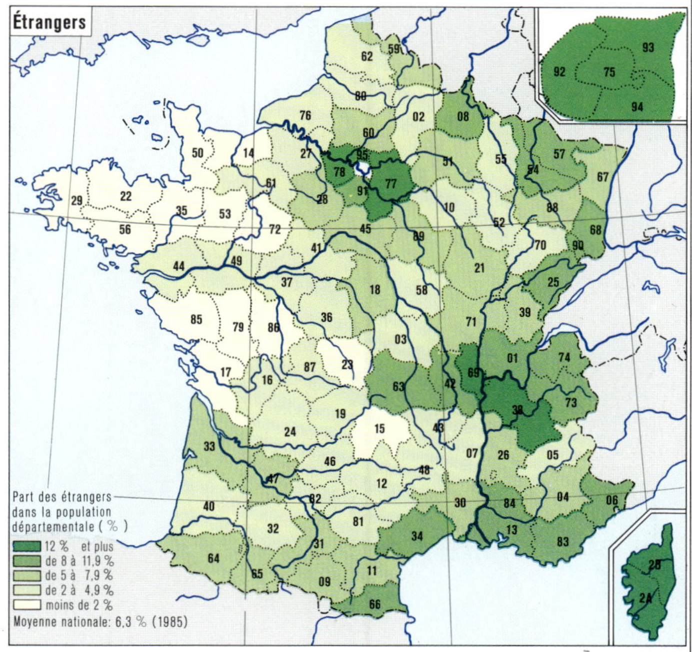

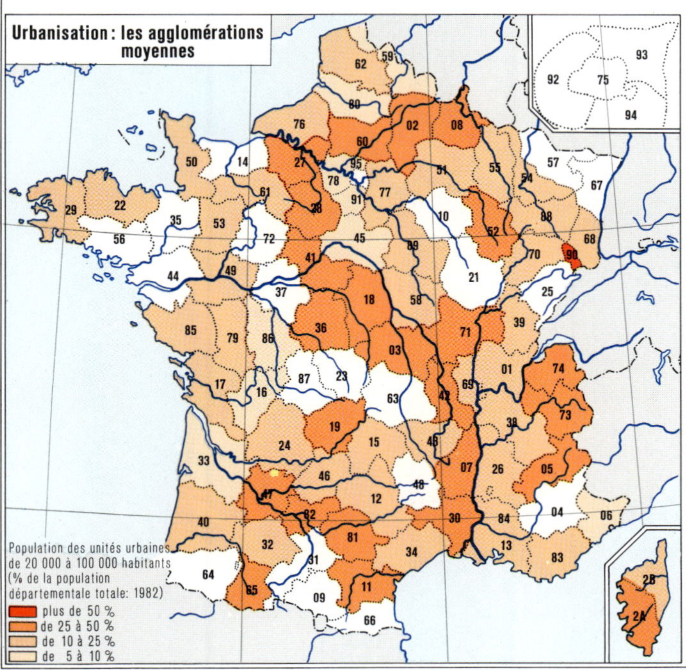

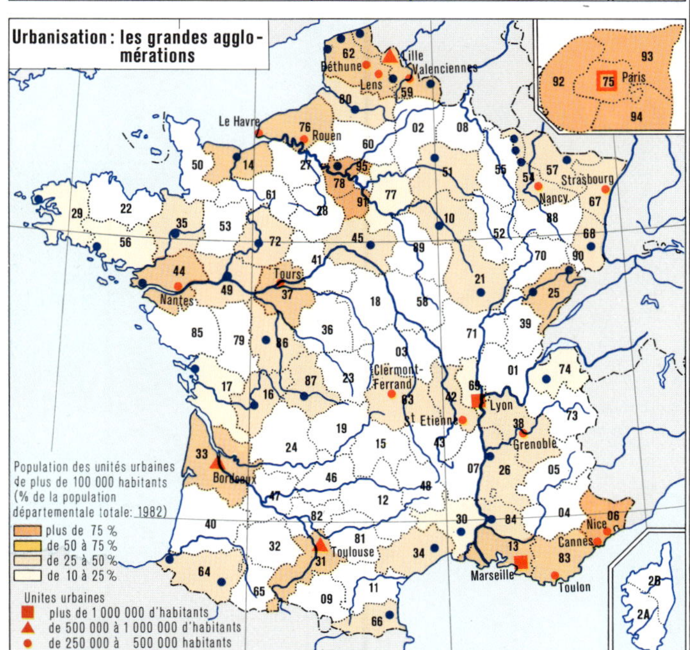

Échelle 1:12 000 000

100 0 100 200 300 400 500 km

Selon la définition de l'I.N.S.E.E., la *population rurale* est la population des communes qui ont moins de 2000 habitants agglomérés au chef-lieu et qui ne sont pas comprises dans une agglomération urbaine. La population des autres communes est considérée comme *population urbaine*

FRANCE ▸ *Carte géologique*

Projection conique modifiée

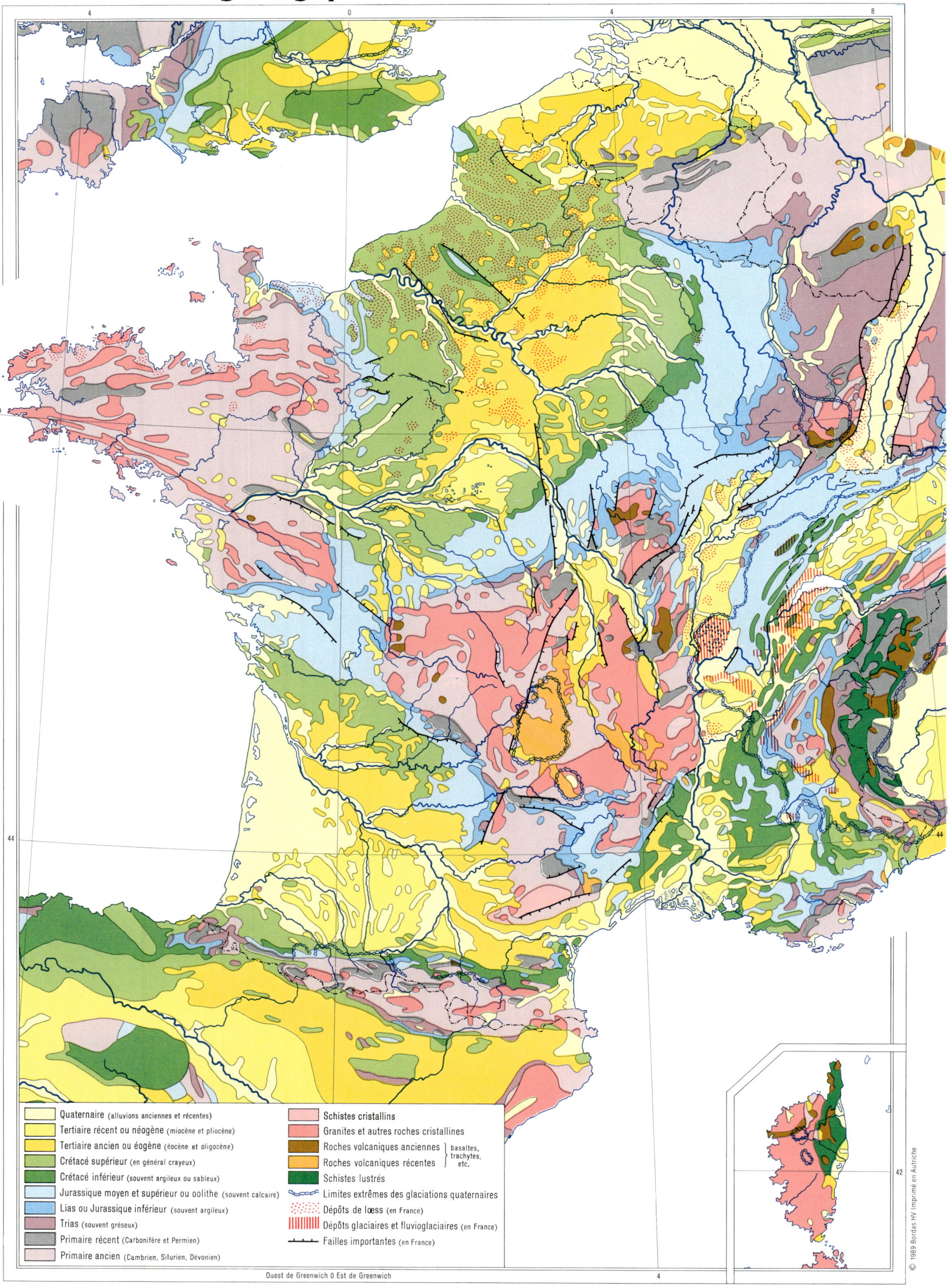

Échelle 1 : 5 000 000

50 0 50 100 150 200 km

Projection conique modifiée

2500 m
1500 m
1000 m
500 m
200 m
100 m
0 m
Dépr.
200 m
2000 m
4000 m

Ouest de Greenwich 0 Est de Greenwich

Échelle 1 : 5 000 000

50 0 50 100 150 200 km

Atlas Bordas

FRANCE ▸ *Climat*

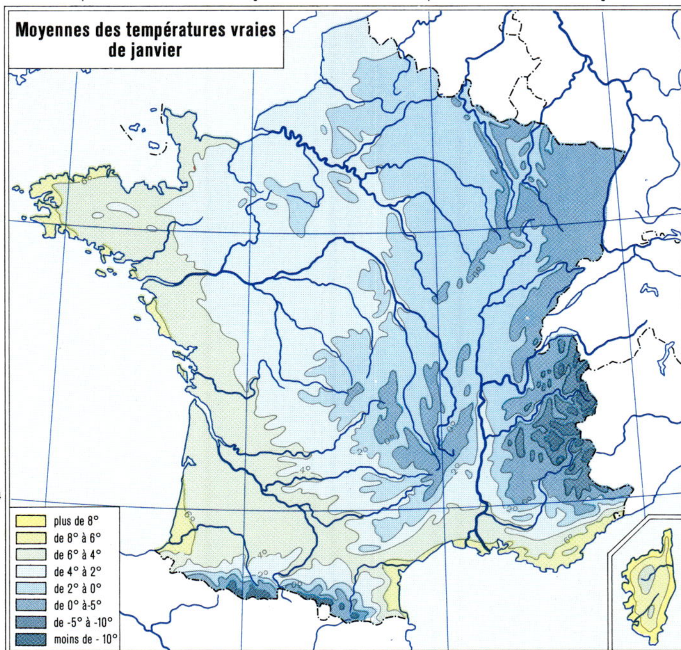

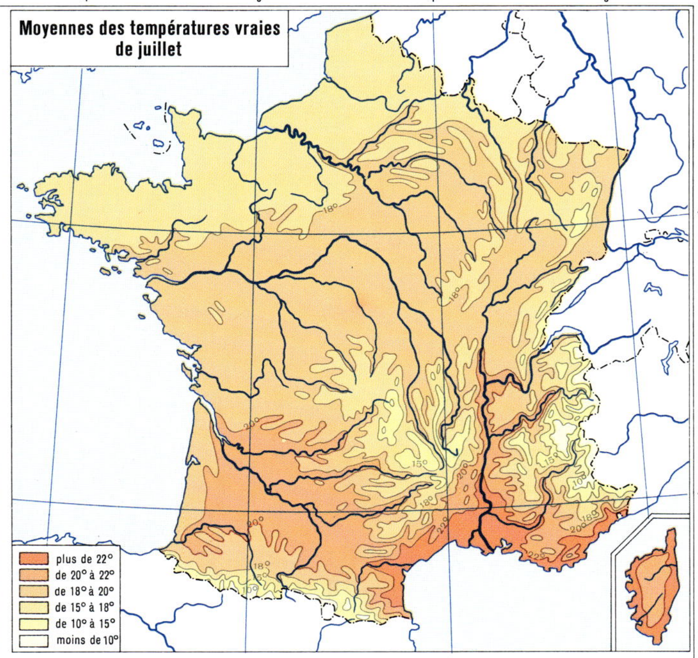

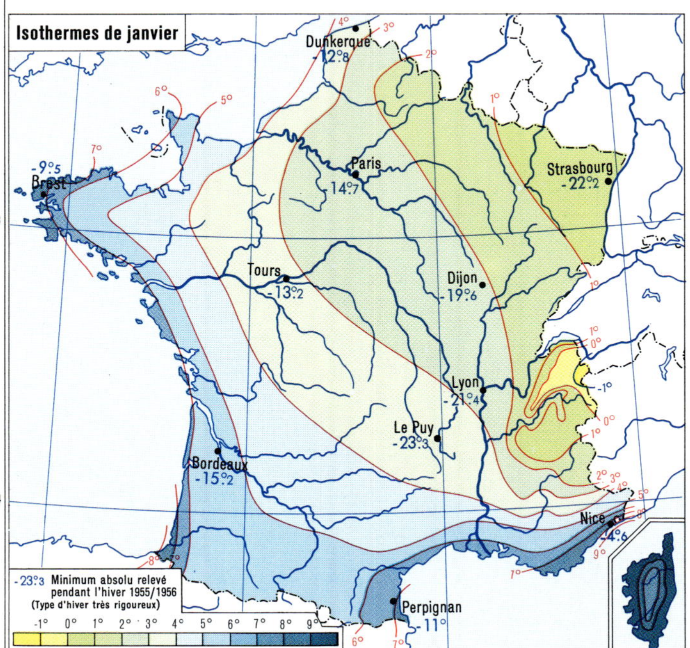

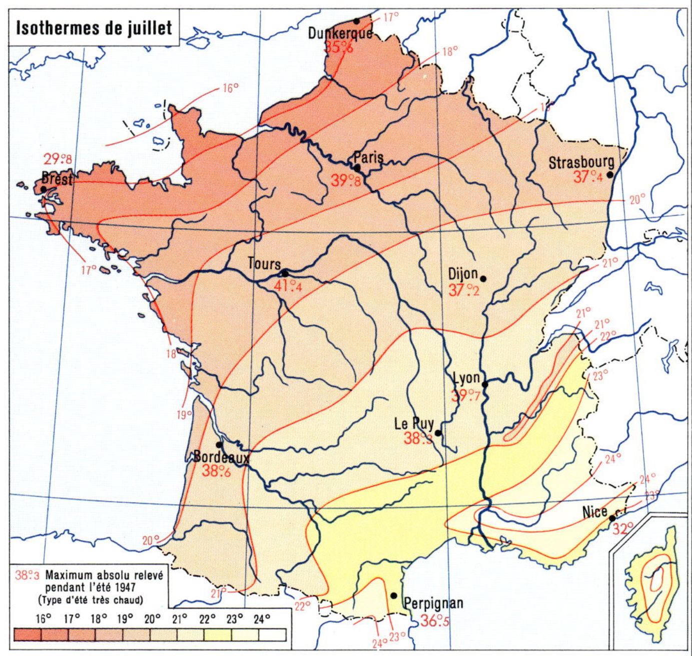

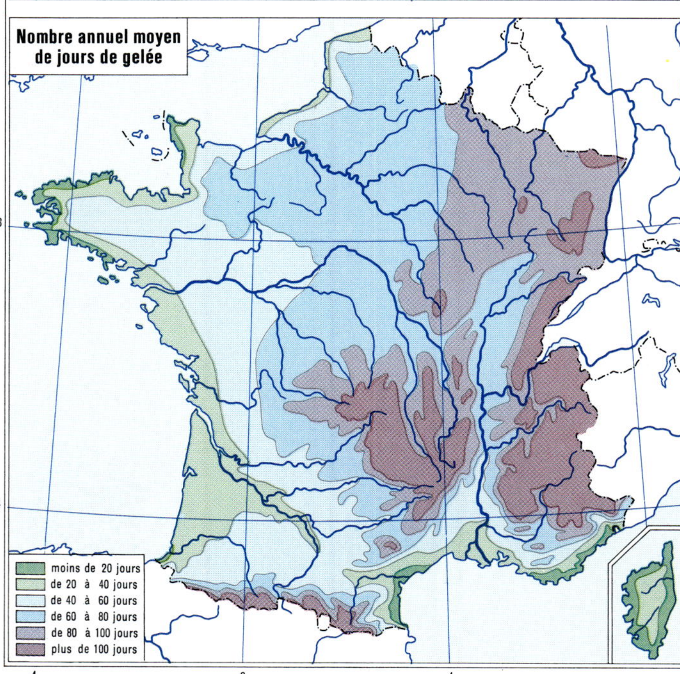

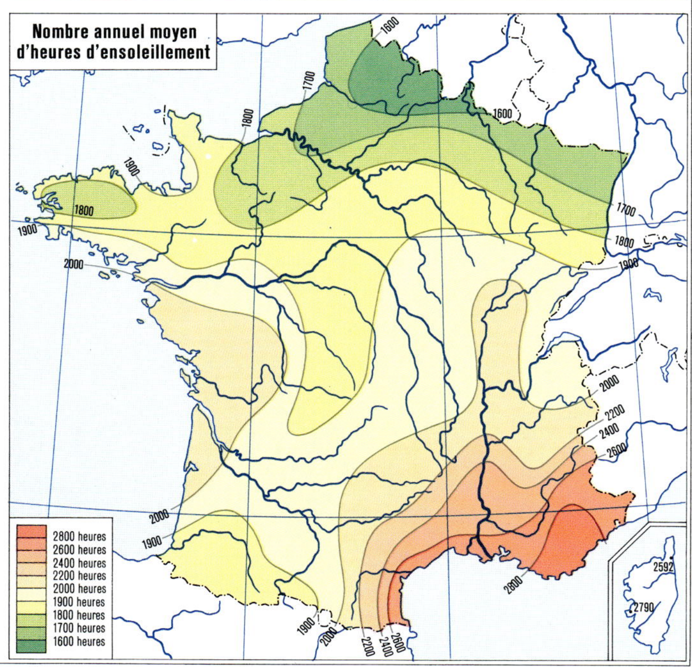

Échelle 1 : 12 000 000

100 0 100 200 300 400 500 km

Atlas Bordas

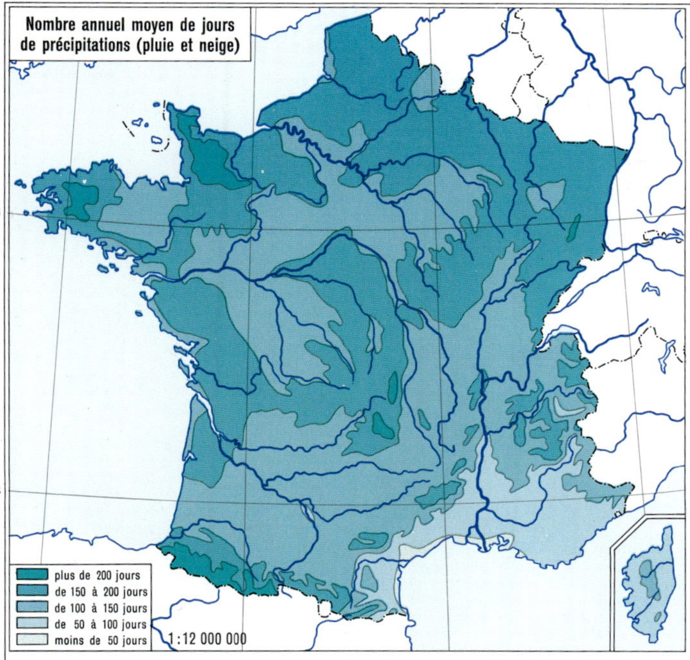
Nombre annuel moyen de jours de précipitations (pluie et neige)
plus de 200 jours
de 150 à 200 jours
de 100 à 150 jours
de 50 à 100 jours
moins de 50 jours
1:12 000 000

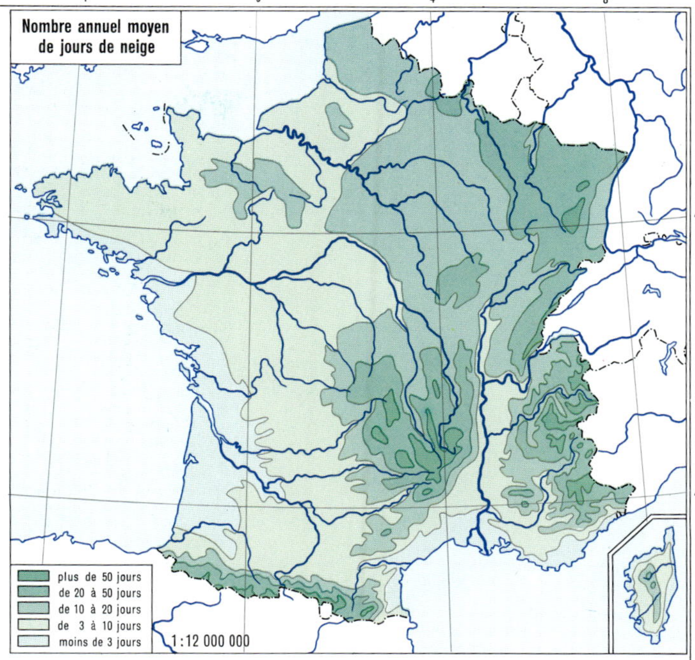
Nombre annuel moyen de jours de neige
plus de 50 jours
de 20 à 50 jours
de 10 à 20 jours
de 3 à 10 jours
moins de 3 jours
1:12 000 000

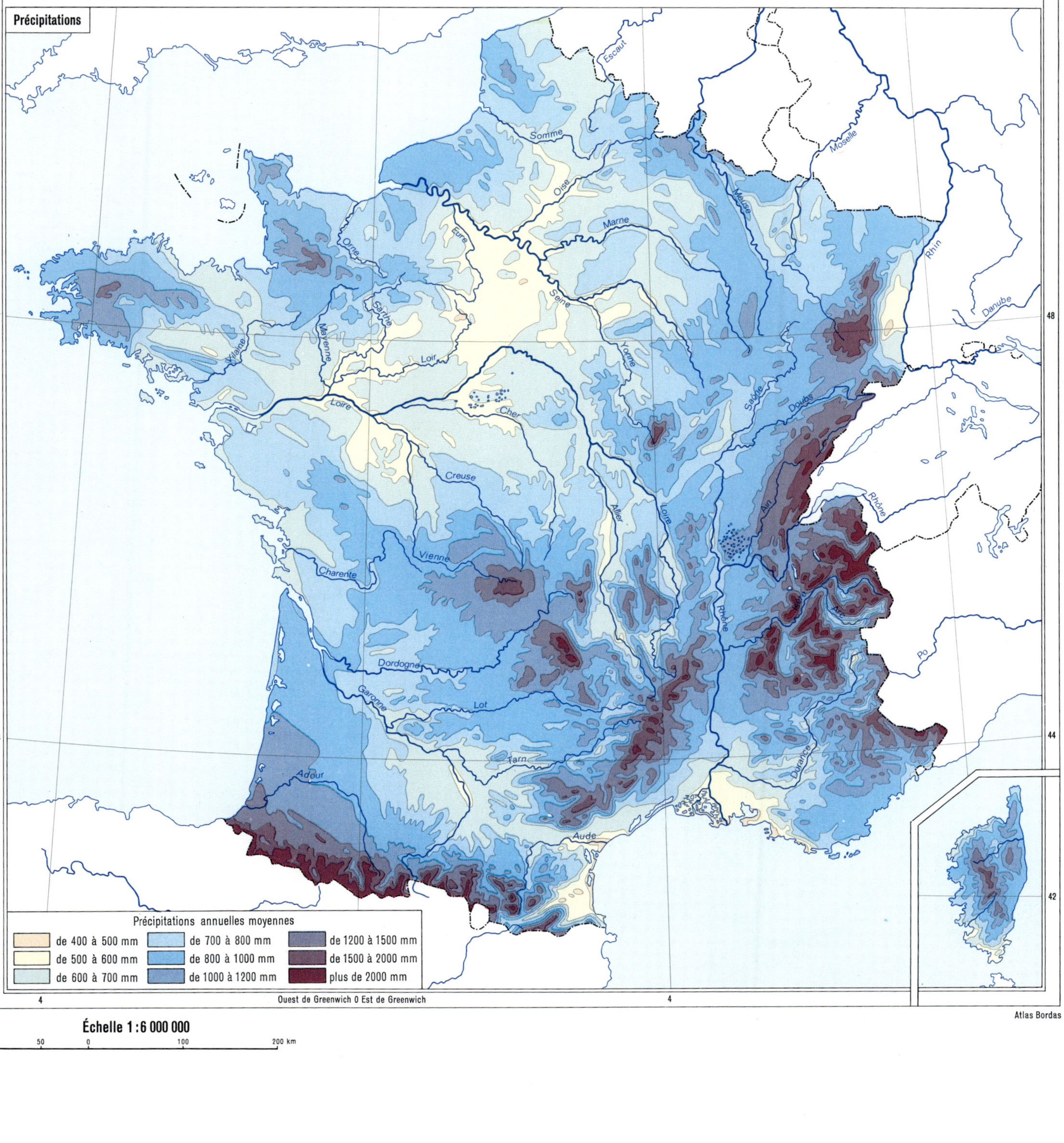
Précipitations
Escaut
Somme
Oise
Moselle
Meuse
Marne
Rhin
Danube
Orne
Eure
Seine
Sarthe
Mayenne
Vilaine
Loir
Yonne
Saône
Doubs
Loire
Cher
Creuse
Allier
Ain
Rhône
Vienne
Charente
Isère
Dordogne
Garonne
Lot
Tarn
Durance
Po
Adour
Aude
Précipitations annuelles moyennes
de 400 à 500 mm
de 500 à 600 mm
de 600 à 700 mm
de 700 à 800 mm
de 800 à 1000 mm
de 1000 à 1200 mm
de 1200 à 1500 mm
de 1500 à 2000 mm
plus de 2000 mm
Ouest de Greenwich 0 Est de Greenwich

Échelle 1 : 6 000 000

100 50 0 100 200 km

Projection conique modifiée

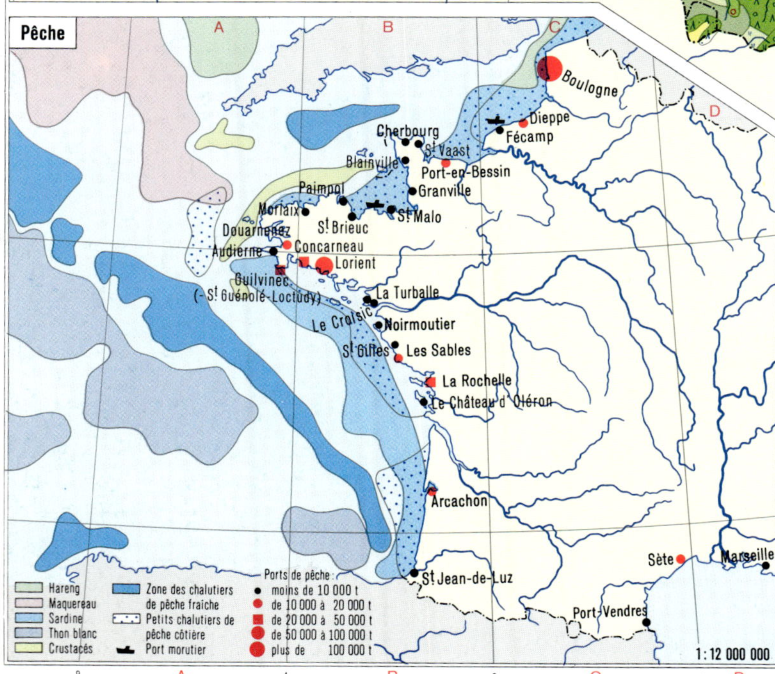

Couverture

dominante	secondaire	
		Forêts de conifères
		Fts de feuillus septentrionaux
		Fts de feuillus méridionaux
		Prairie
		Lande océanique
		Maquis, garrigue
		Labours (céréales : blé... ; cultures fourragères)
		Marais, étangs
		Hautes surfaces alpines
		Légumes
		Arbres fruitiers
		Vignes
		Limite Nord de la grande culture de la vigne
		Limite Nord et Ouest de la culture de l'olivier

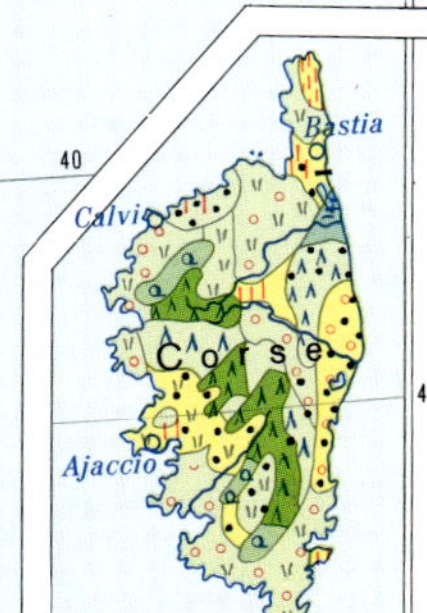

8 A 4 B 0 C 4 D

4 Est de Greenwich

Échelle 1 : 5 000 000

50 0 50 100 150 200 km

D'après R. Blasselle

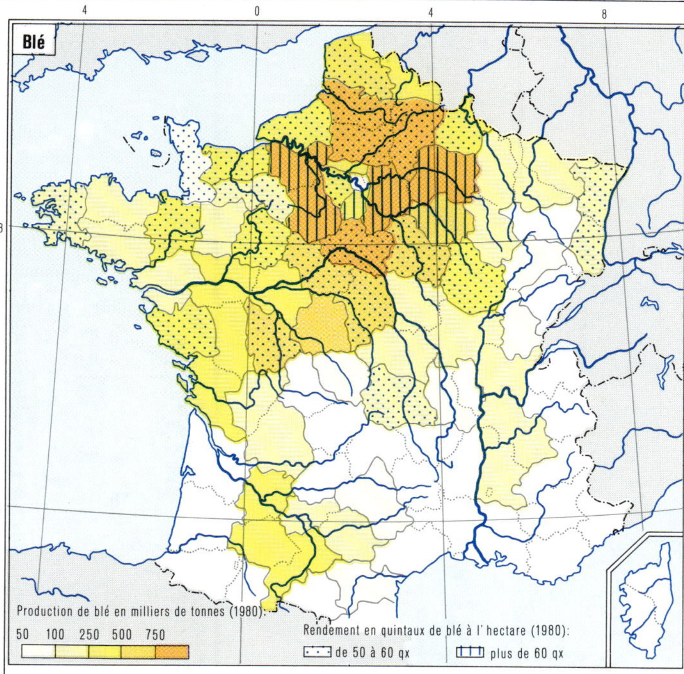
Blé
Production de blé en milliers de tonnes (1980):
50 100 250 500 750
Rendement en quintaux de blé à l'hectare (1980):
de 50 à 60 qx
plus de 60 qx

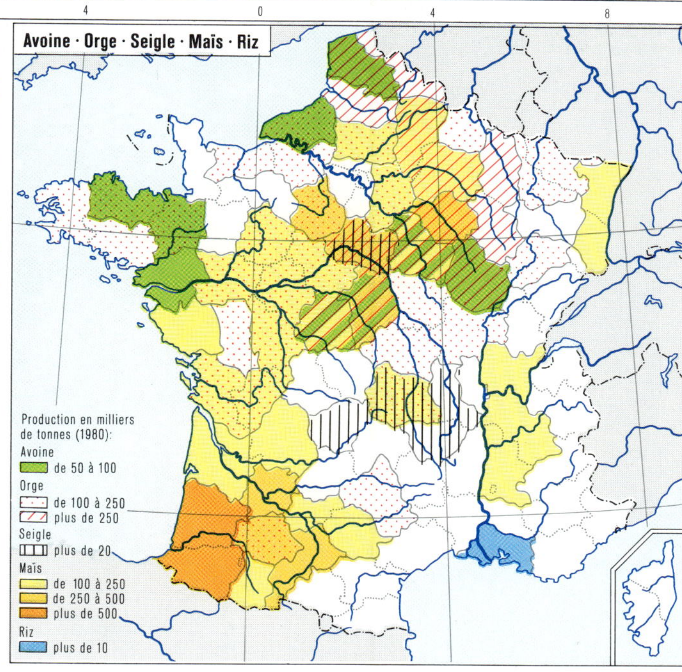
Avoine · Orge · Seigle · Maïs · Riz
Production en milliers de tonnes (1980):
Avoine
de 50 à 100
Orge
de 100 à 250
plus de 250
Seigle
plus de 20
Maïs
de 100 à 250
de 250 à 500
plus de 500
Riz
plus de 10

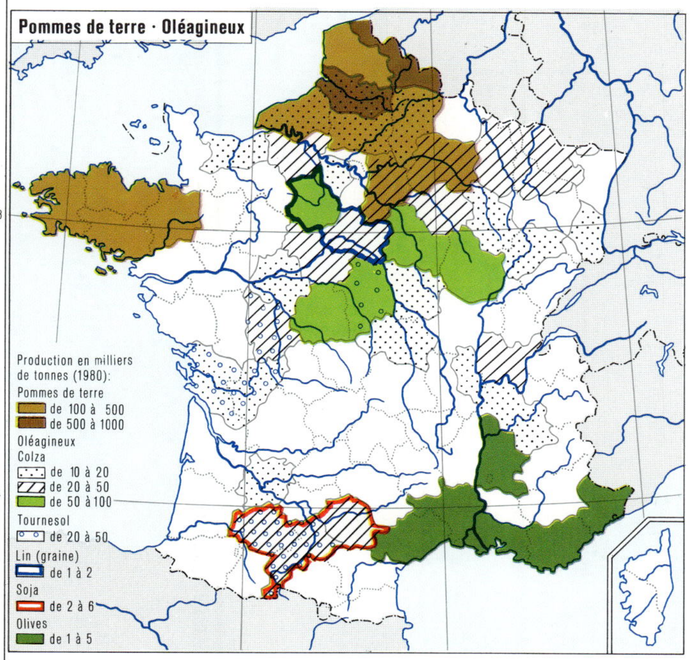
Pommes de terre · Oléagineux
Production en milliers de tonnes (1980):
Pommes de terre
de 100 à 500
de 500 à 1000
Oléagineux
Colza
de 10 à 20
de 20 à 50
de 50 à 100
Tournesol
de 20 à 50
Lin (graine)
de 1 à 2
Soja
de 2 à 6
Olives
de 1 à 5

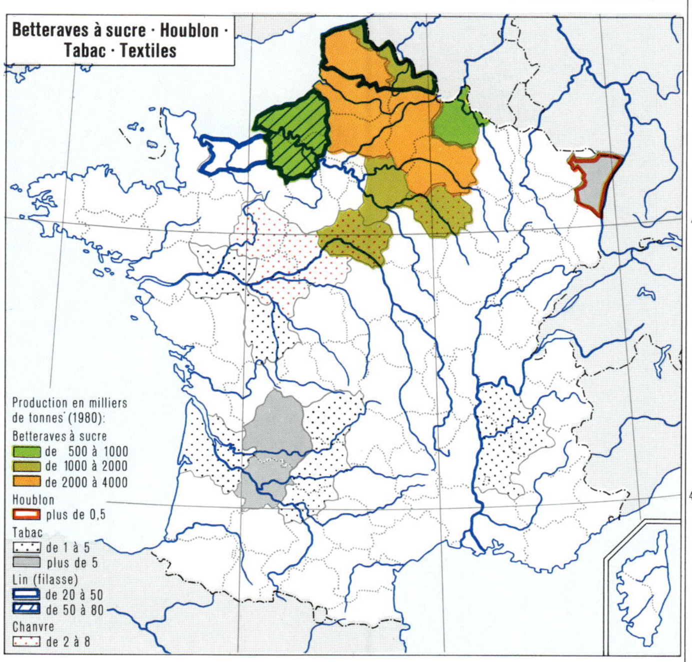
Betteraves à sucre · Houblon · Tabac · Textiles
Production en milliers de tonnes (1980):
Betteraves à sucre
de 500 à 1000
de 1000 à 2000
de 2000 à 4000
Houblon
plus de 0,5
Tabac
de 1 à 5
plus de 5
Lin (filasse)
de 20 à 50
de 50 à 80
Chanvre
de 2 à 8

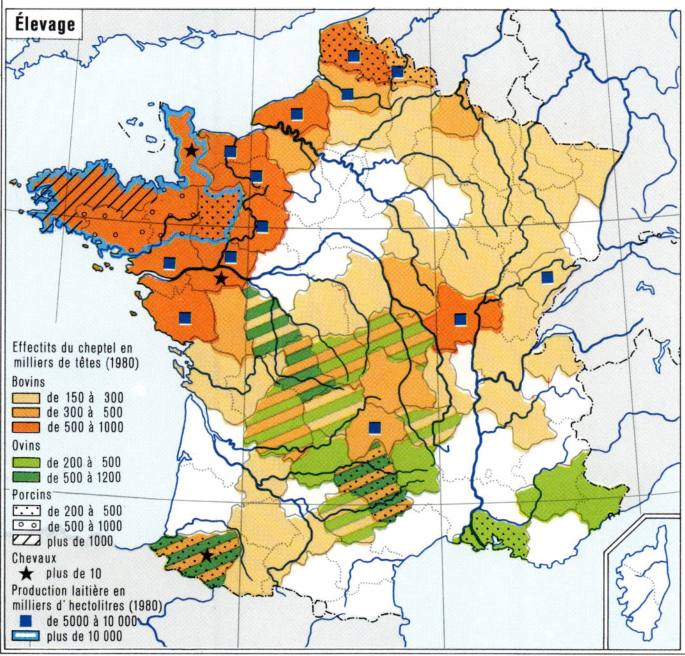
Élevage
Effectifs du cheptel en milliers de têtes (1980)
Bovins
de 150 à 300
de 300 à 500
de 500 à 1000
Ovins
de 200 à 500
de 500 à 1200
Porcins
de 200 à 500
de 500 à 1000
plus de 1000
Chevaux
plus de 10
Production laitière en milliers d'hectolitres (1980)
de 5000 à 10 000
plus de 10 000

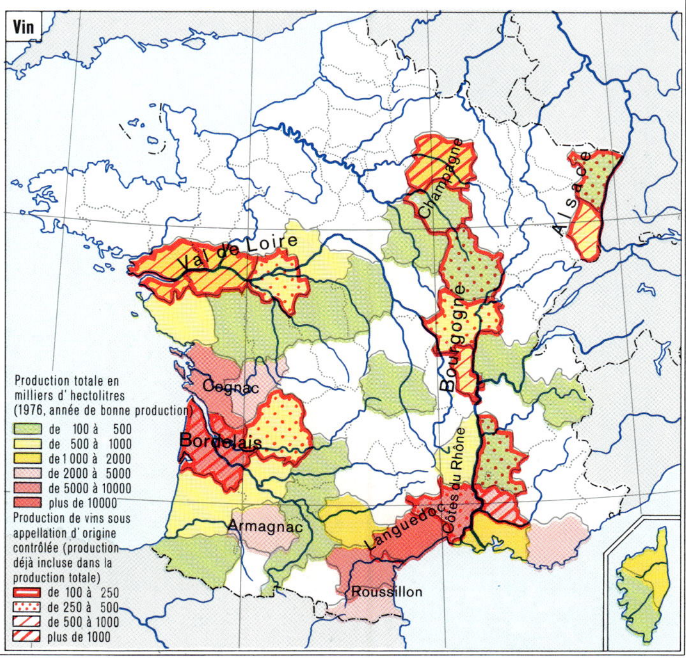
Vin
Val de Loire
Champagne
Alsace
Bourgogne
Cognac
Bordelais
Côtes du Rhône
Languedoc
Armagnac
Roussillon
Production totale en milliers d'hectolitres (1976, année de bonne production)
de 100 à 500
de 500 à 1000
de 1000 à 2000
de 2000 à 5000
de 5000 à 10000
plus de 10000
Production de vins sous appellation d'origine contrôlée (production déjà incluse dans la production totale)
de 100 à 250
de 250 à 500
de 500 à 1000
plus de 1000

Échelle 1:12 000 000

100 0 100 200 300 400 500 km

FRANCE ▶ *Énergie*

Projection conique modifiée

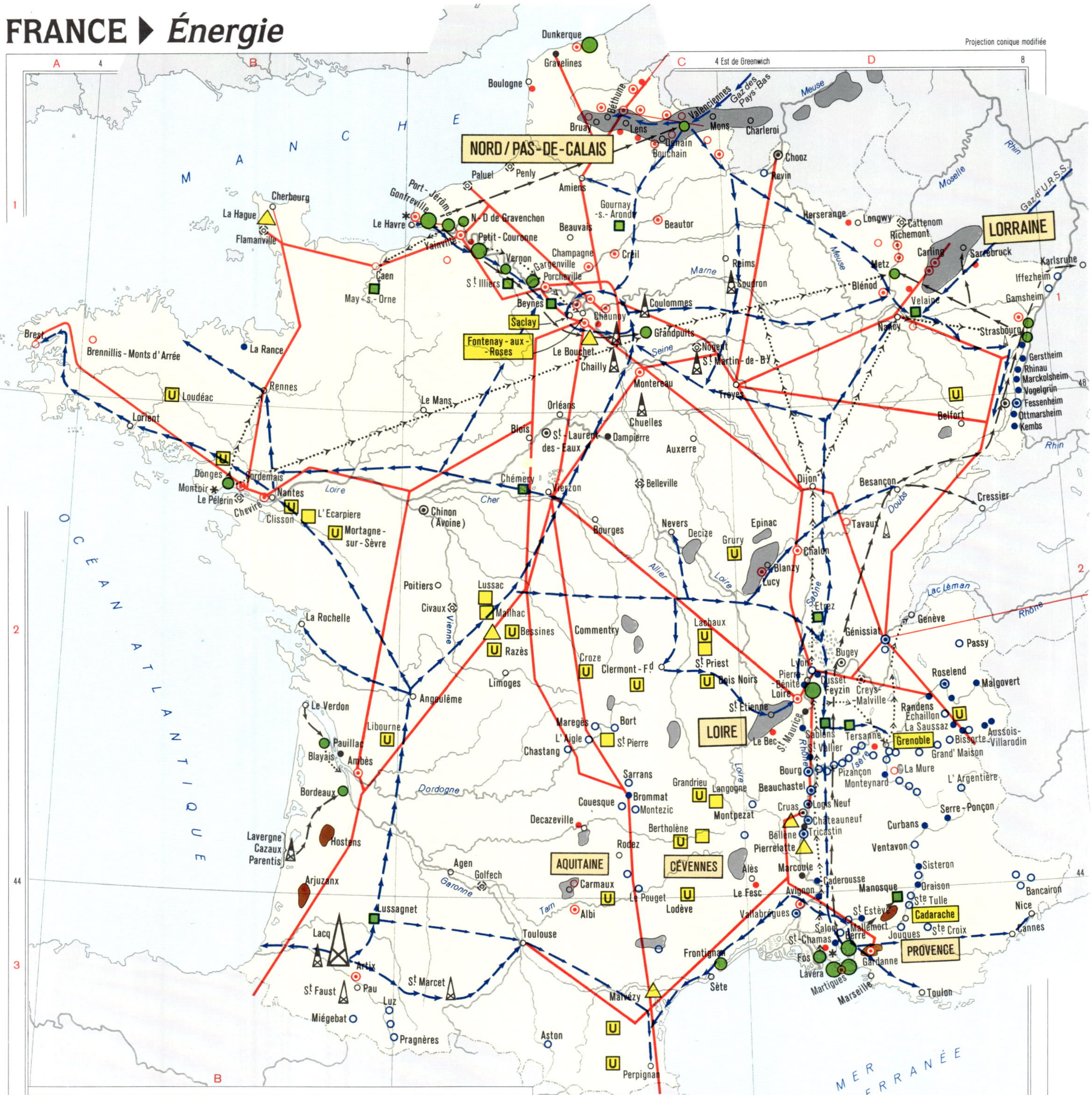

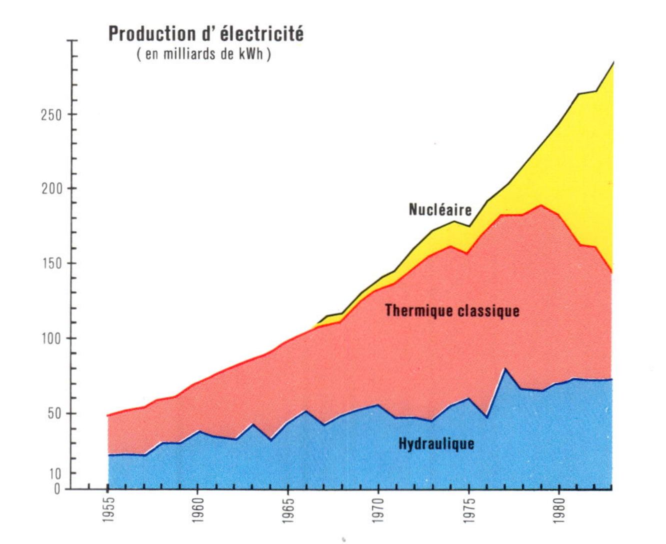

Houille
Lignite
LOIRE Bassin de houille ou de lignite
U Uranium (principales mines et carrières)
Usine de concentration du minerai
Usine d'élaboration de l'uranium ou d'extraction du plutonium
Saclay Centre de recherches nucléaires
Pétrole Gaz naturel
Oléoduc (pétrole brut)
Oléoduc (produits raffinés)
Gazoduc
(principales conduites)
Stockage souterrain de produits pétroliers
Stockage souterrain de gaz
Raffinerie de pétrole
Capacité annuelle de raffinage en millions de tonnes
moins de 5 de 5 à 10 plus de 10
* Port d'importation de gaz liquéfié
Centrale électrique
hydraulique thermique
nucléaire-Centrale nucléaire en construction ou en projet
Production moyenne annuelle
moins de 500 millions de kWh (principales centrales seulement)
de 500 millions à 1 milliard de kWh
plus de 1 milliard kWh
Lignes de transport d'énergie électrique (principales lignes à 400 kV)

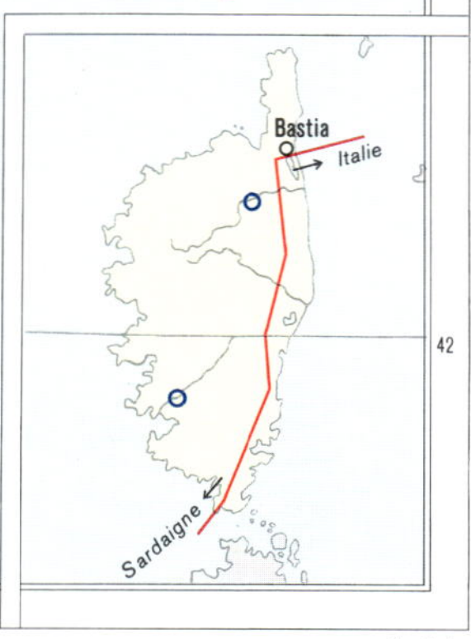

Échelle 1 : 5 000 000
50 0 50 100 150 200 km

FRANCE ▸ *Industrie*

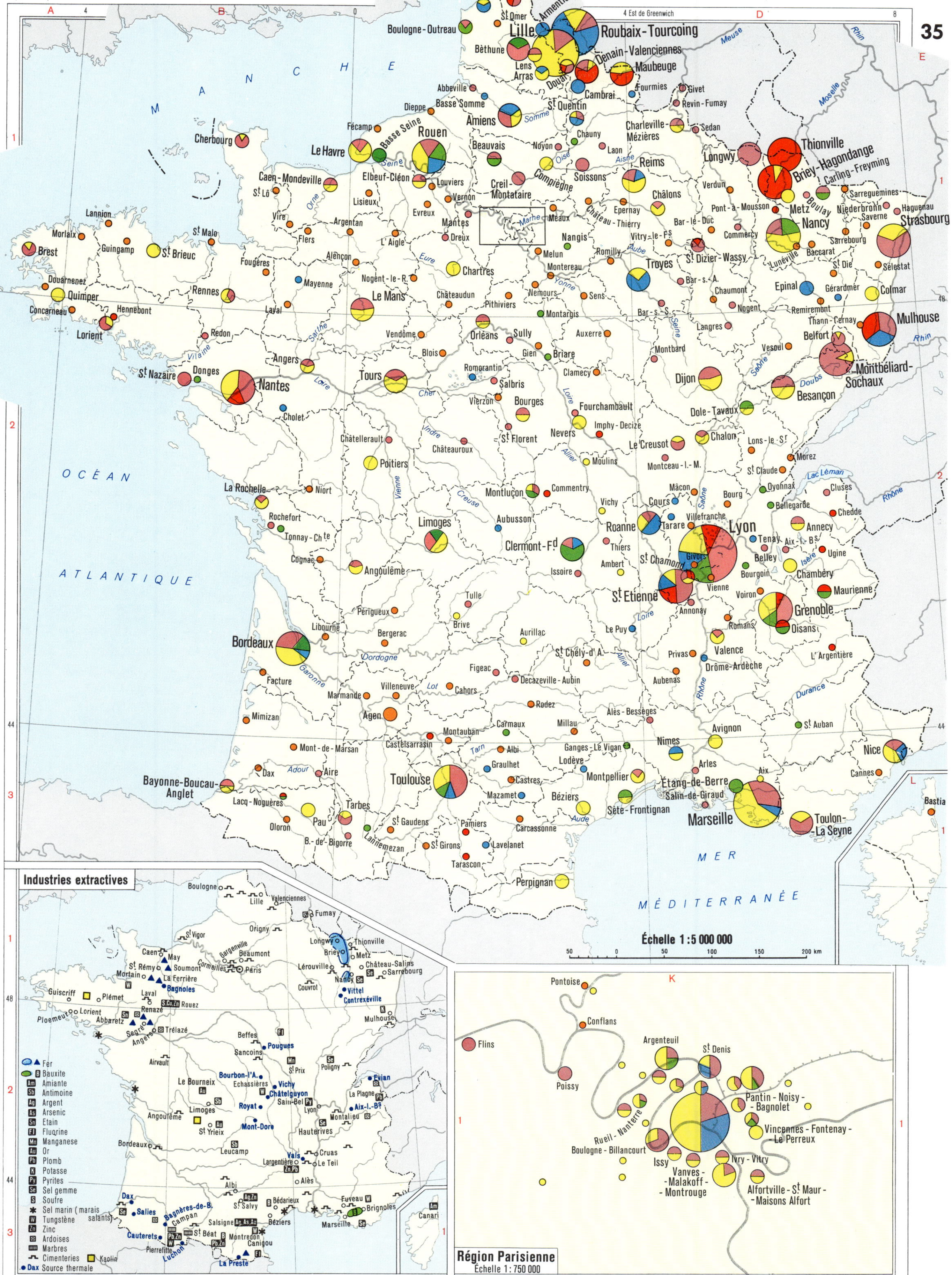

Échelle 1 : 12 000 000

100 0 100 200 300 400 500 km

Agglomérations et centres industriels

Cercles proportionnels au nombre de salariés

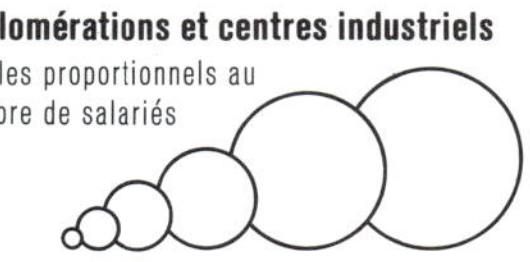

Types d'activités :

- Mines sidérurgie et grosse métallurgie
- Métallurgie de transformation et électromécanique
- Industrie chimique
- Industrie textile et industries annexes
- Autres industries de transformation trés difersifiées
- Centres secondaires à fonctions industrielles diverses

Atlas Bordas

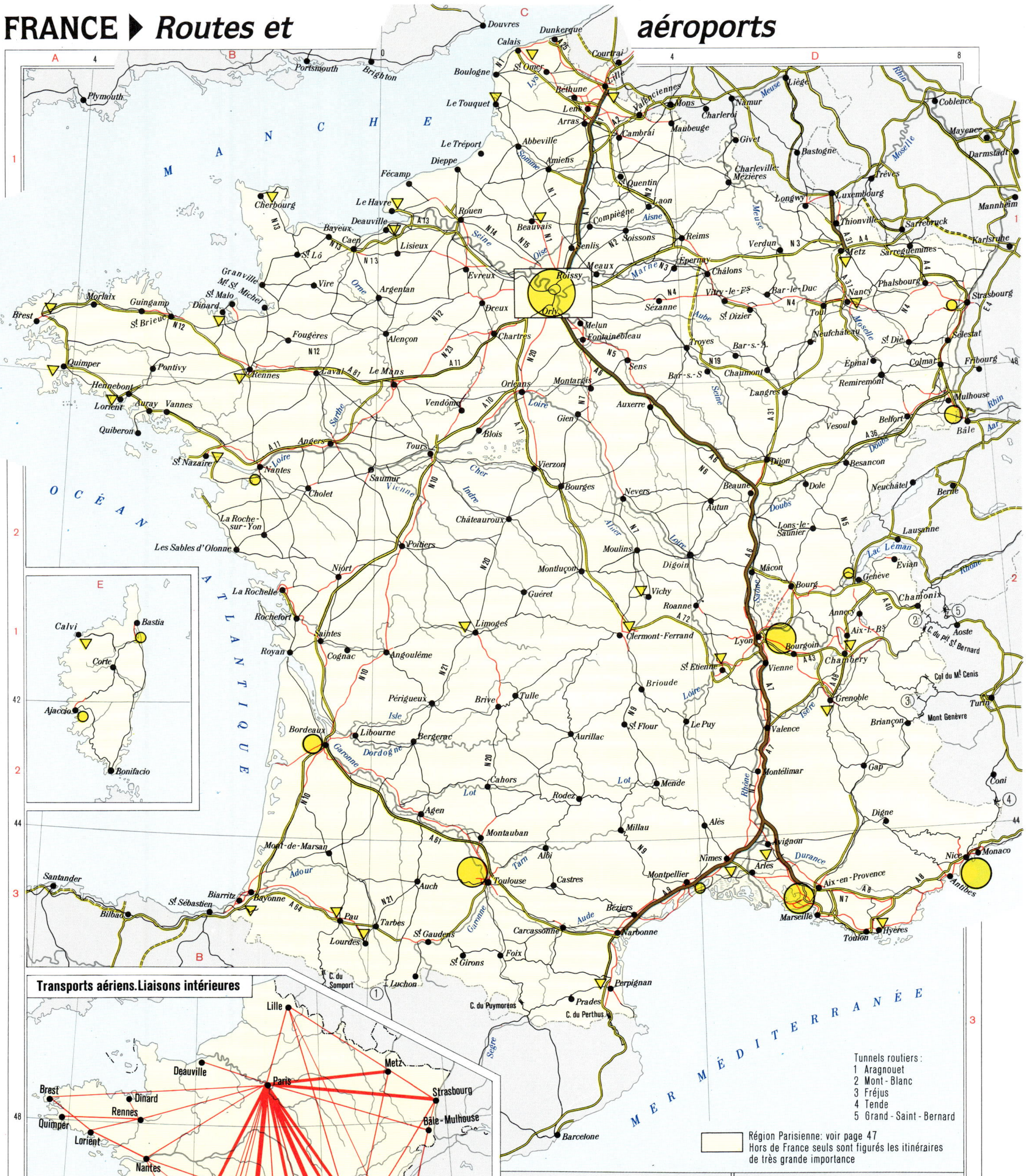

Tunnels routiers :
1 Aragnouet
2 Mont-Blanc
3 Fréjus
4 Tende
5 Grand-Saint-Bernard

Région Parisienne: voir page 47

Hors de France seuls sont figurés les itinéraires de très grande importance

Transports aériens. Liaisons intérieures

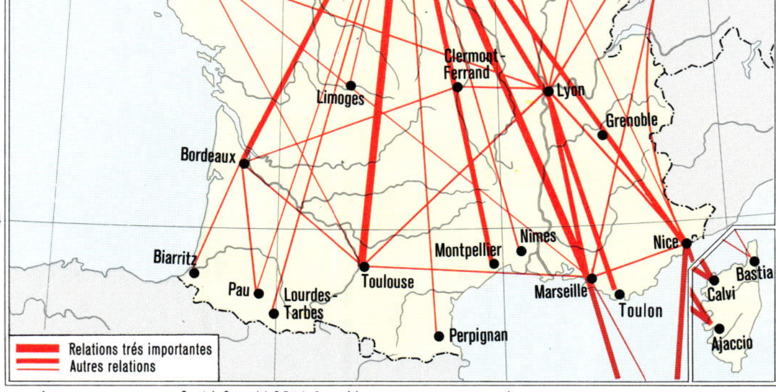

Transport intérieur de marchandises
Répartition par mode de transport
(1986)

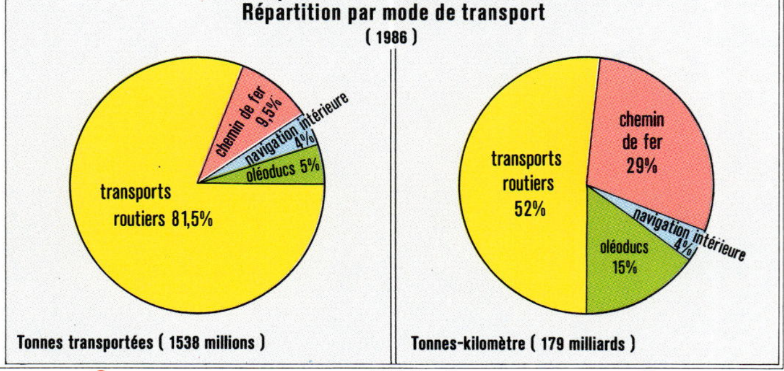

Ouest de Greenwich 0 Est de Greenwich

Échelle 1 : 12 000 000

100 0 100 200 300 400 km

Autoroutes (ou voies rapides)
- Plus de 20 000 véhicules/jour
- Autres autoroutes en service
- Autoroutes en construction ou en projet

Routes
- Plus de 10 000 véhicules/jour
- Autres routes importantes

Aéroports
Trafic annuel (millions de passagers; 1986)
- 33 (Paris: Orly et Roissy-1986)
- de 2 à 5
- de 1 à 2
- de 0,5 à 1
- moins de 0,5

Échelle 1 : 5 000 000

50 0 50 100 150 km

Atlas Bordas

FRANCE ▸ *Ports, voies navigables, voies ferrées*

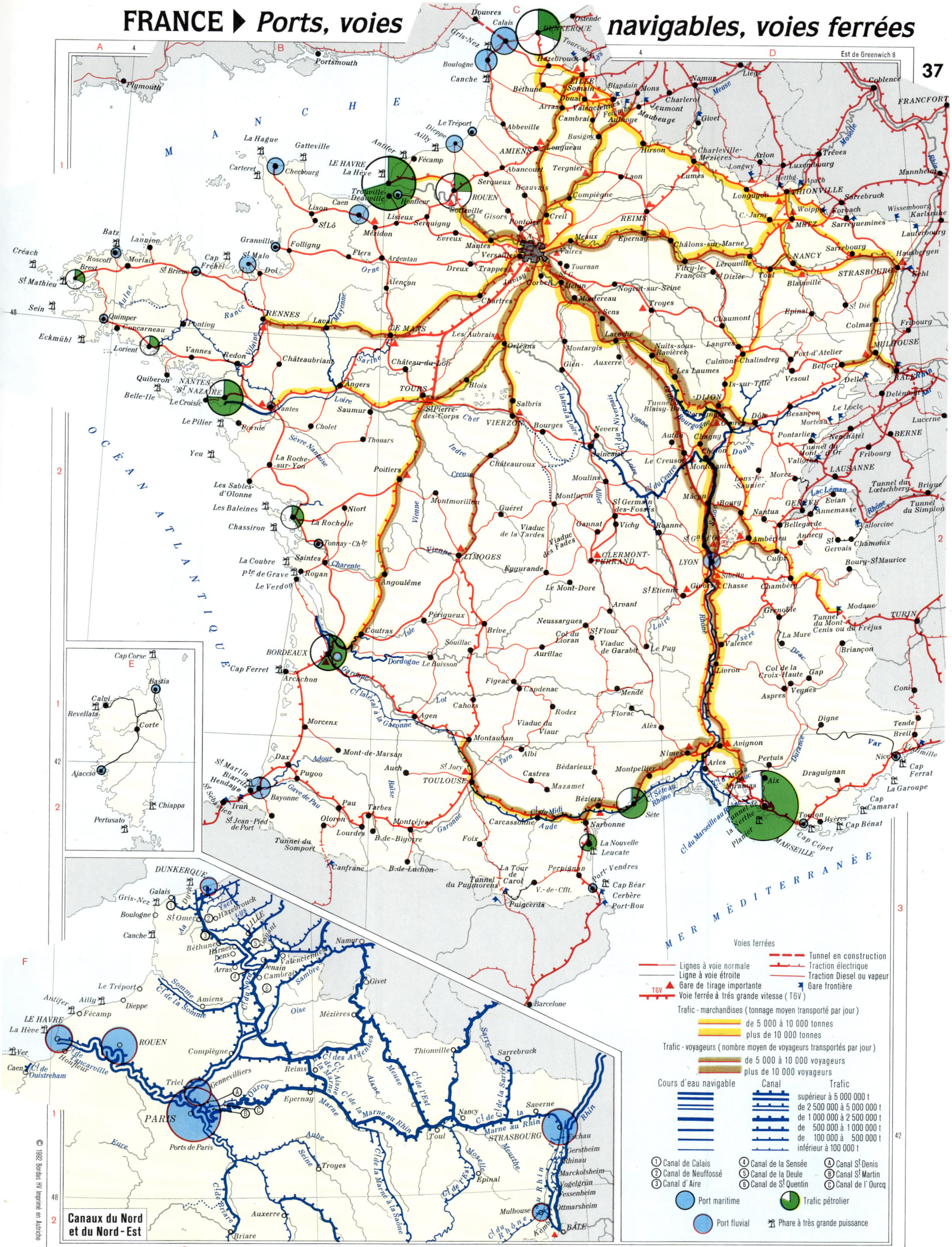

Échelle 1 : 5 000 000

50 0 50 100 150 200 km

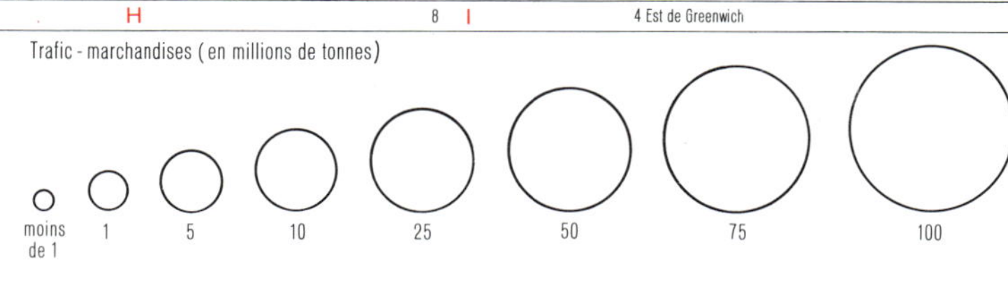

Atlas Bordas

Abréviations :

A.	Achères
St-Gn-d'Or	Saint-Germain-au-Mont-d'Or
V.-St G.	Villeneuve-Saint-Georges
V.-de-Cflt.	Villefranche-de-Conflent

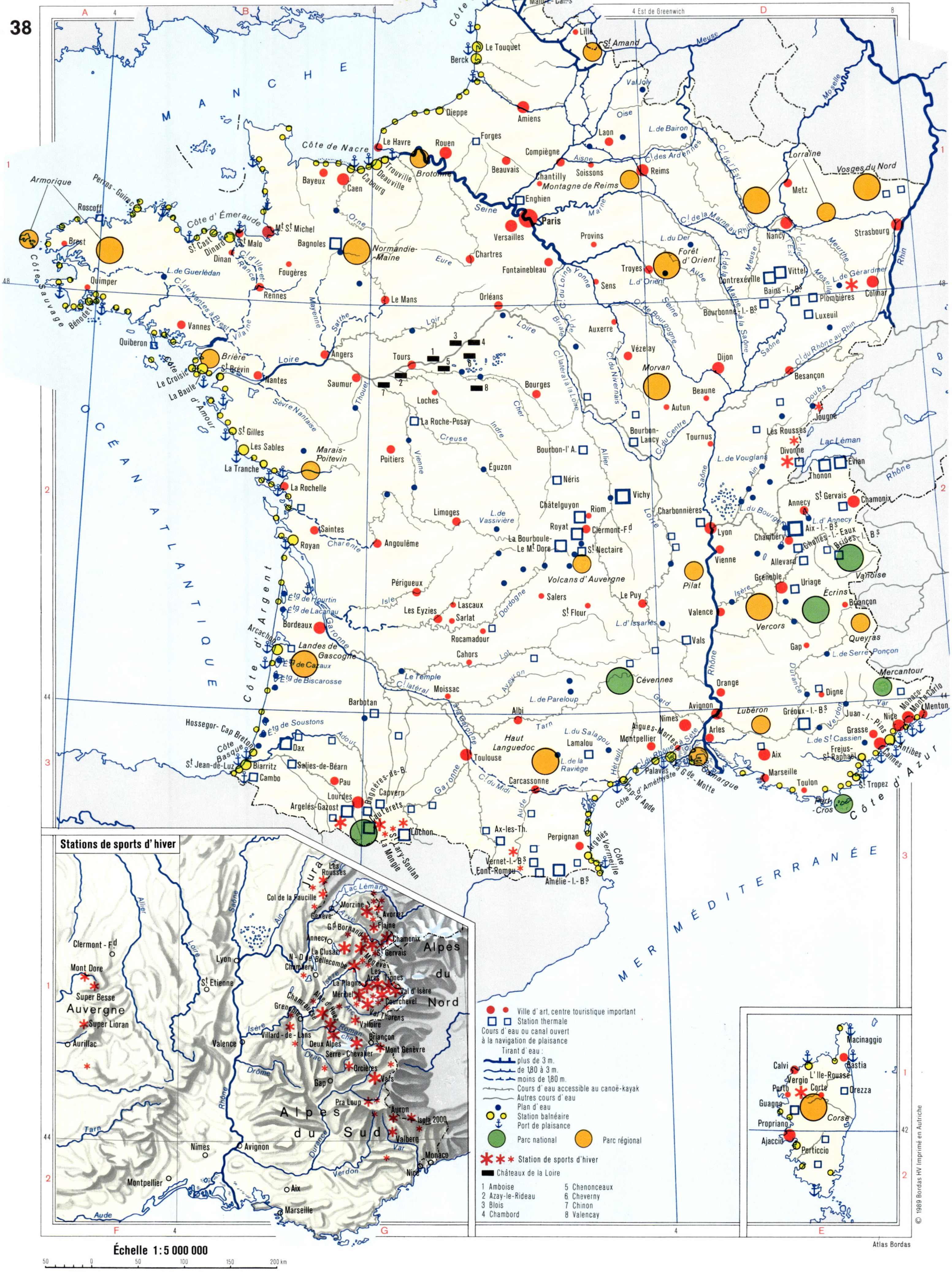

Projection conique modifiée
4 Est de Greenwich
MANCHE
OCÉAN ATLANTIQUE
MER MÉDITERRANÉE
Côte d'Opale
Malo-l.-Bains
Le Touquet
Berck
Lille
St Amand
Dieppe
Amiens
Côte de Nacre
Le Havre
Rouen
Forges
Bayeux
Caen
Trouville
Deauville
Cabourg
Brotonne
Beauvais
Compiègne
Chantilly
Soissons
Laon
Reims
Montagne de Reims
Enghien
Paris
Versailles
Provins
Armorique
Perros-Guirec
Roscoff
Côte d'Émeraude
Mt St Michel
St Malo
Dinard
Dinan
St Cast
Brest
Bagnoles
Normandie-Maine
Fougères
Chartres
Fontainebleau
Troyes
Forêt d'Orient
Sens
Quimper
Rennes
Côte Sauvage
Bénodet
Vannes
Quiberon
Le Mans
Orléans
Brière
St Brévin
La Baule
Le Croisic
Nantes
Angers
Tours
Saumur
Loches
Bourges
Auxerre
Vézelay
Morvan
Dijon
Beaune
Autun
Côte d'Amour
St Gilles
Les Sables
La Tranche
Marais-Poitevin
La Roche-Posay
Poitiers
La Rochelle
Saintes
Royan
Angoulême
Limoges
Éguzon
Bourbon-l'A.
Néris
Vichy
Châtelguyon
Riom
Royat
Clermont-Fd
La Bourboule-Le Mt Dore
St Nectaire
Volcans d'Auvergne
Salers
St Flour
Le Puy
Périgueux
Les Eyzies
Lascaux
Sarlat
Rocamadour
Bordeaux
Arcachon
Côte d'Argent
Landes de Gascogne
Cahors
Moissac
Barbotan
Albi
Haut Languedoc
Toulouse
Carcassonne
Hossegor-Cap Breton
Côte Basque
St Jean-de-Luz
Biarritz
Cambo
Dax
Salies-de-Béarn
Pau
Lourdes
Argelès-Gazost
Bagnères-de-B.
Capvern
Cauterets
St Lary-Soulan
La Mongie
Luchon
Ax-les-Th.
Vernet-l.-Bs
Font-Romeu
Amélie-l.-Bs
Perpignan
Côte Vermeille
Argelès
Cap d'Agde
Côte d'Améthyste
Montpellier
Aigues-Mortes
Palavas
Nîmes
Arles
Camargue
Avignon
Orange
Cévennes
Vals
Valence
Pilat
Vienne
Lyon
Charbonnières
Tournus
Bourbon-Lancy
Luberon
Aix
Marseille
Toulon
Gréoux-l.-Bs
Digne
Gap
Vercors
Grenoble
Uriage
Chambéry
Aix-l.-Bs
Annecy
Allevard
Challes-l.-Eaux
Brides-l.-Bs
Vanoise
Écrins
Briançon
Queyras
Mercantour
St Gervais
Chamonix
Thonon
Évian
Divonne
Les Rousses
Besançon
Jougne
Luxeuil
Plombières
Bains-l.-Bs
Contrexéville
Vittel
Nancy
Metz
Lorraine
Vosges du Nord
Strasbourg
Colmar
Grasse
Cannes
Antibes
Juan-l.-Pins
Nice
Monaco-Monte Carlo
Menton
St Raphaël
Fréjus
St Tropez
Port-Cros
Côte d'Azur
Calvi
Bastia
Macinaggio
L'Ile-Rousse
Orezza
Vergio
Porto
Corte
Corse
Ajaccio
Propriano
Porticcio
Stations de sports d'hiver
Jura
Les Rousses
Col de la Faucille
Genève
Morzine
Avoriaz
Flaine
Chamonix
Megève
La Clusaz
St Gervais
Tignes
Val d'Isère
Courchevel
Méribel
Val Thorens
Valloire
Villard-de-Lans
Deux Alpes
Serre-Chevalier
Mont Genèvre
Orcières
Vars
Pra Loup
Auron
Isola 2000
Valberg
Super Besse
Mont Dore
Super Lioran
Auvergne
Alpes du Nord
Alpes du Sud
Ville d'art, centre touristique important
Station thermale
Cours d'eau ou canal ouvert à la navigation de plaisance
Tirant d'eau :
plus de 3 m.
de 1,80 à 3 m.
moins de 1,80 m.
Cours d'eau accessible au canoë-kayak
Autres cours d'eau
Plan d'eau
Station balnéaire
Port de plaisance
Parc national
Parc régional
Station de sports d'hiver
Châteaux de la Loire
1 Amboise
2 Azay-le-Rideau
3 Blois
4 Chambord
5 Chenonceaux
6 Cheverny
7 Chinon
8 Valencay
Échelle 1 : 5 000 000
50 0 50 100 150 200 km
Atlas Bordas

MASSIF ARMORICAIN

Projection conique modifiée

Échelle 1 : 2 000 000

20 0 20 40 60 80 100 km

- plus de 250 000 hab.
- plus de 100 000 hab.
- plus de 75 000 hab.
- plus de 50 000 hab.
- plus de 20 000 hab.
- plus de 10 000 hab.
- moins de 10 000 hab.
- Voie ferrée importante
- Autoroute ou voie rapide de type autoroutier
- Canal (en construction)
- Limite de département

Atlas Bordas

BASSIN PARISIEN • RÉGIONS DU NORD ET DE L'EST

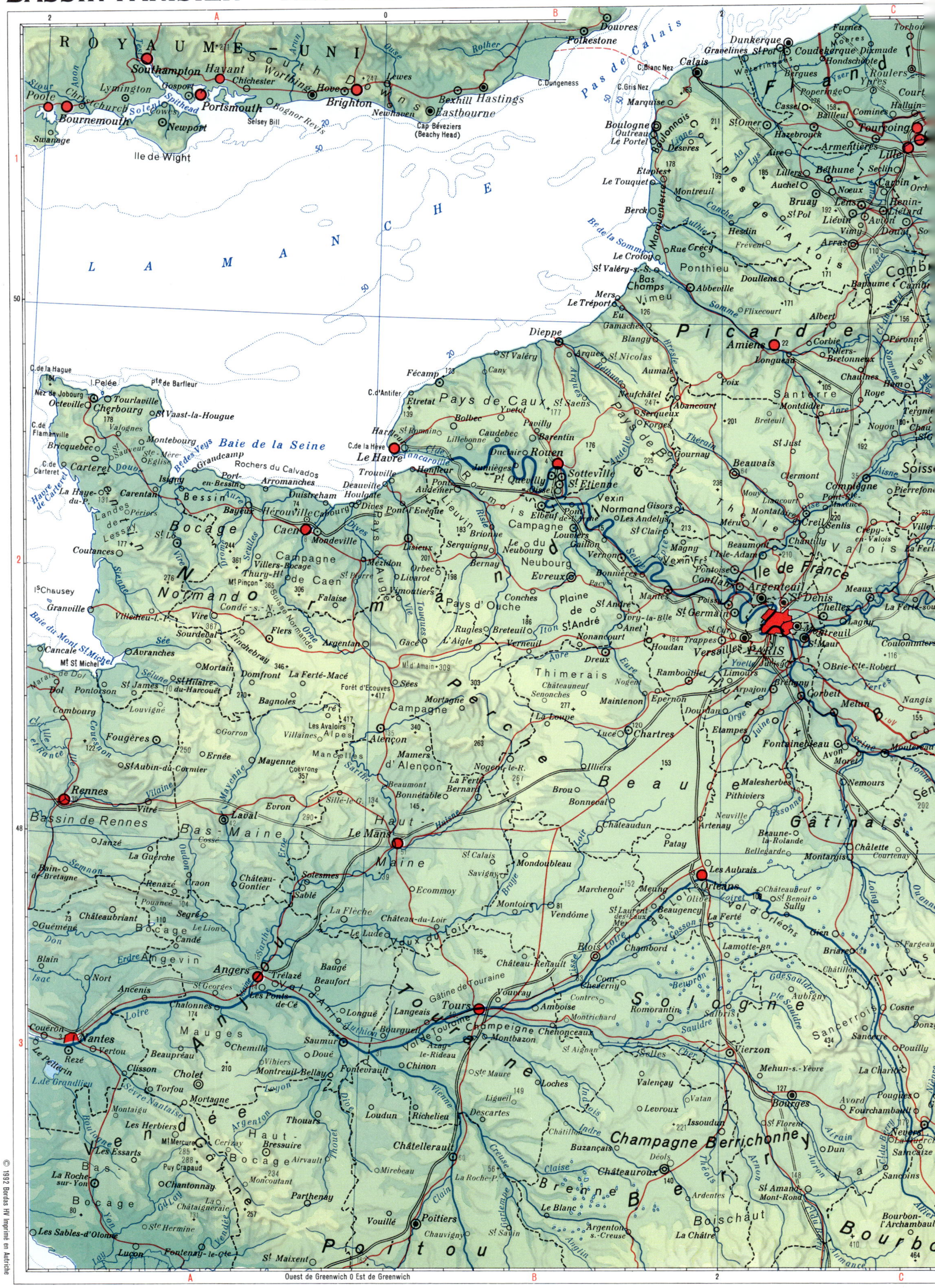

Échelle 1 : 2 000 000

20 0 20 40 60 80 100 km

- plus de 250 000 hab.
- plus de 100 000 hab.
- plus de 75 000 hab.
- plus de 50 000 hab.
- plus de 20 000 hab.
- plus de 10 000 hab.
- moins de 10 000 hab.

Projection conique modifiée

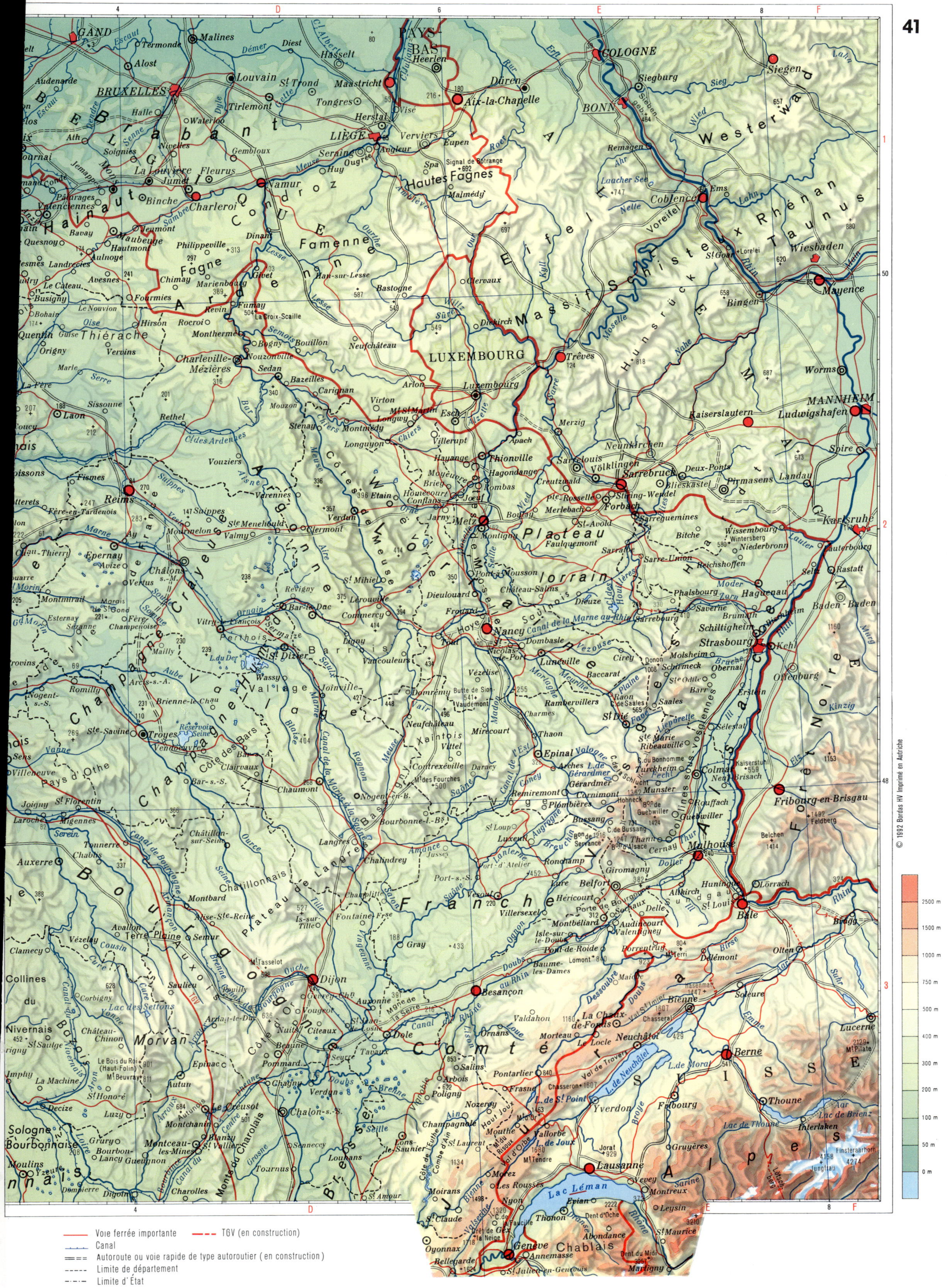
GAND
Malines
BRUXELLES
Louvain
Maastricht
Liège
Aix-la-Chapelle
COLOGNE
BONN
Siegen
Westerwald
Hautes Fagnes
Namur
Charleroi
Condroz
Famenne
Ardenne
Hainaut
Eifel
Coblence
Massif Schisteux Rhénan
Taunus
Wiesbaden
Mayence
Hunsrück
Trèves
LUXEMBOURG
Luxembourg
Worms
Kaiserslautern
MANNHEIM
Ludwigshafen
Thiérache
Charleville-Mézières
Sedan
Laon
Reims
Sarrebruck
Metz
Plateau lorrain
Côtes de Meuse
Argonne
Karlsruhe
Nancy
Strasbourg
Kehl
Vosges
Forêt Noire
Épinal
Colmar
Mulhouse
Fribourg-en-Brisgau
Bâle
Champagne
Troyes
Pays d'Othe
Langres
Plateau de Langres
Châtillonnais
Franche-Comté
Besançon
Dijon
Bourgogne
Auxerre
Morvan
Jura
Neuchâtel
Berne
Lausanne
Lac Léman
Genève
Chablais
SUISSE
Alpes
Thoune
Interlaken
Fribourg
Collines du Nivernais
Sologne
Bourbonnais
Bresse
Le Creusot
Chalon-s.-S.
2500 m
1500 m
1000 m
750 m
500 m
400 m
300 m
200 m
100 m
50 m
0 m
Voie ferrée importante
TGV (en construction)
Canal
Autoroute ou voie rapide de type autoroutier (en construction)
Limite de département
Limite d'État

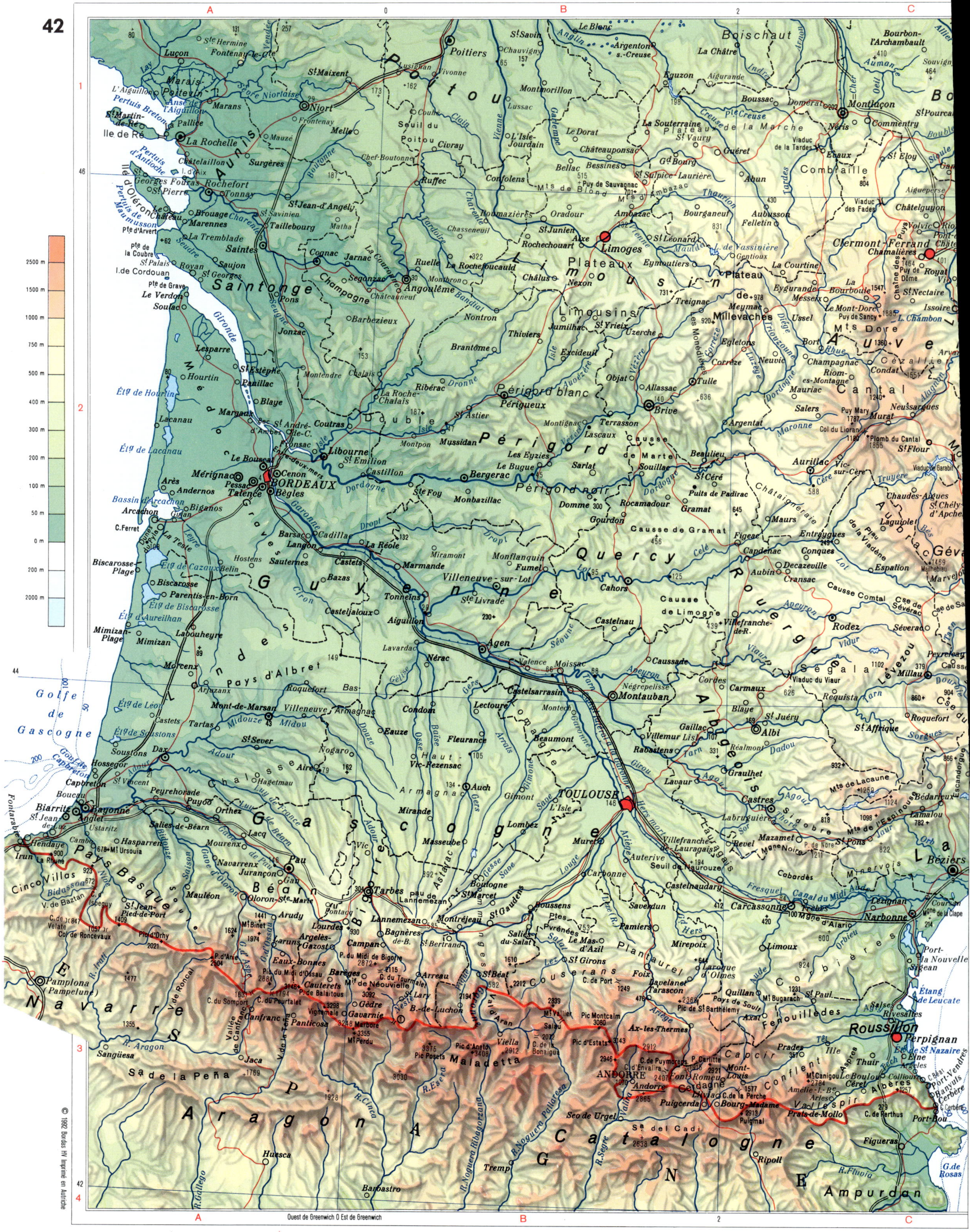

2500 m
1500 m
1000 m
750 m
500 m
400 m
300 m
200 m
100 m
50 m
0 m
200 m
2000 m

Échelle 1 : 2 000 000

20 0 20 40 60 80 100 km

- plus de 250 000 hab.
- plus de 100 000 hab.
- plus de 75 000 hab.
- plus de 50 000 hab.
- plus de 20 000 hab.
- plus de 10 000 hab.
- moins de 10 000 hab.

- Voie ferrée importante
- TGV
- Canal
- Autoroute ou voie rapide de type autoroutier (en construction)
- Limite de département
- Limite d'État

ection conique modifiée

Tunnels routiers :

① Aragnouet
② Grand-Saint-Bernard
③ Mont-Blanc
④ Frejus
⑤ Tende

FRANCE ▶ *Région de l'Est*

Projection conique modifiée

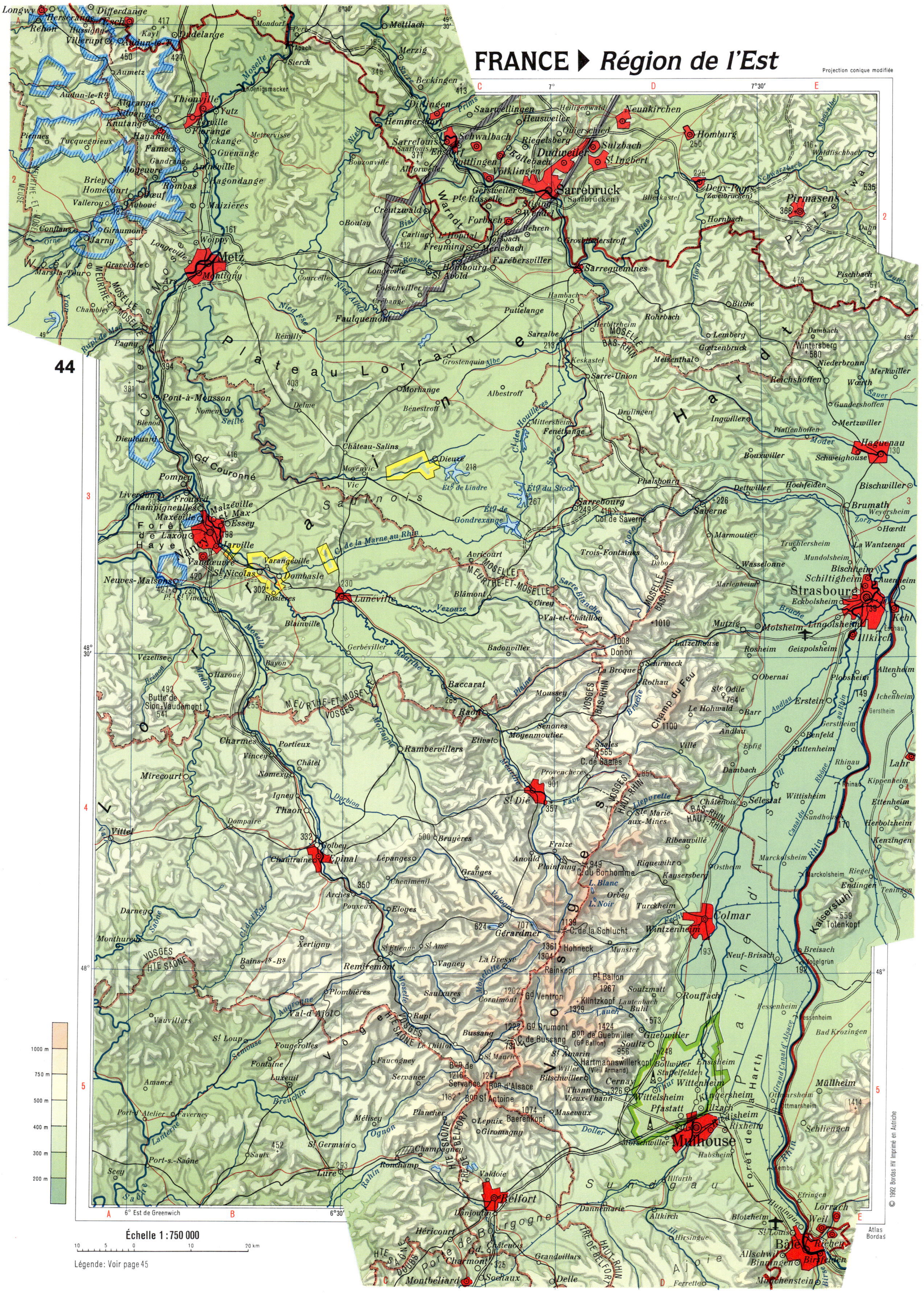

44

Échelle 1 : 750 000

Légende: Voir page 45

Atlas Bordas

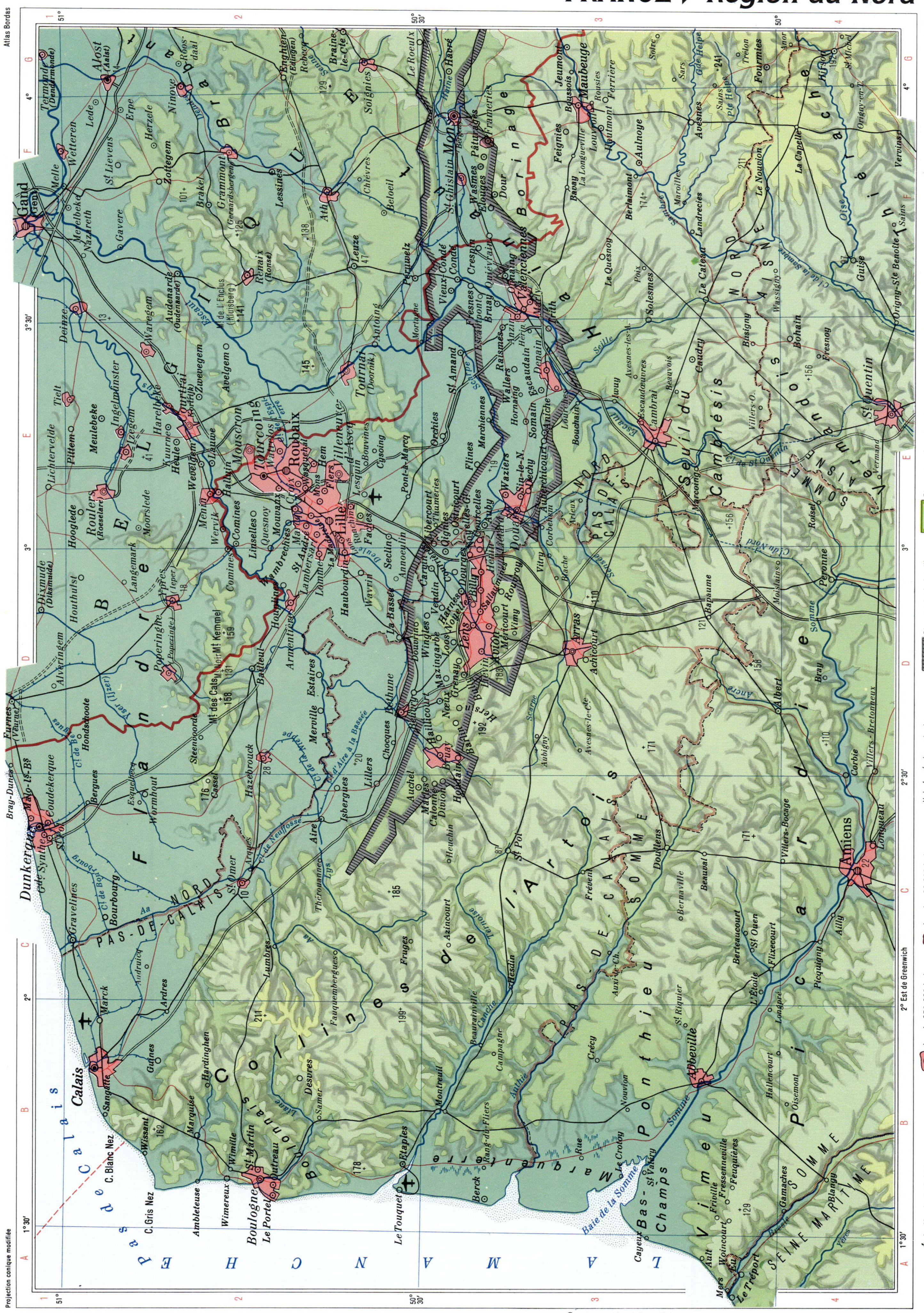
Atlas Bordas
Projection conique modifiée
Échelle 1 : 750 000
Limite de département
Limite d'État
plus de 250 000 hab.
plus de 100 000 hab.
plus de 75 000 hab.
plus de 50 000 hab.
plus de 20 000 hab.
plus de 10 000 hab.
plus de 5 000 hab.
moins de 5 000 hab.
Voie ferrée importante
Route à grand trafic
Autoroute ou voie rapide de type autoroutier (en construction)
Canal
Aéroport
Gisements de houille
Gisements de fer
Gisements de sel
Gisements de potasse
Gisements de pétrole
Ouvrages hydrauliques très importants (écluses et centrales)
en service
2° Est de Greenwich
Pas de Calais
LA MANCHE
Dunkerque
Calais
Boulogne
Lille
Roubaix
Tourcoing
Amiens
Arras
Abbeville
Valenciennes
Cambrai
Douai
Lens
St Quentin
Maubeuge
Gand
Mons
Tournai
Flandre
Artois
Boulonnais
Ponthieu
Vimeu
Picardie
Cambrésis
Thiérache
NORD
PAS-DE-CALAIS
SOMME
AISNE
SEINE-MARITIME

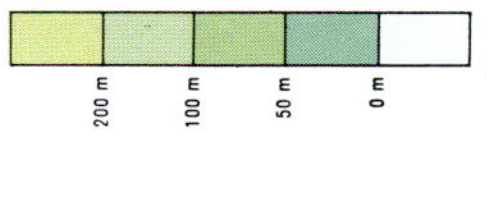
200 m
100 m
50 m
0 m

NORD-OUEST DU BASSIN PARISIEN

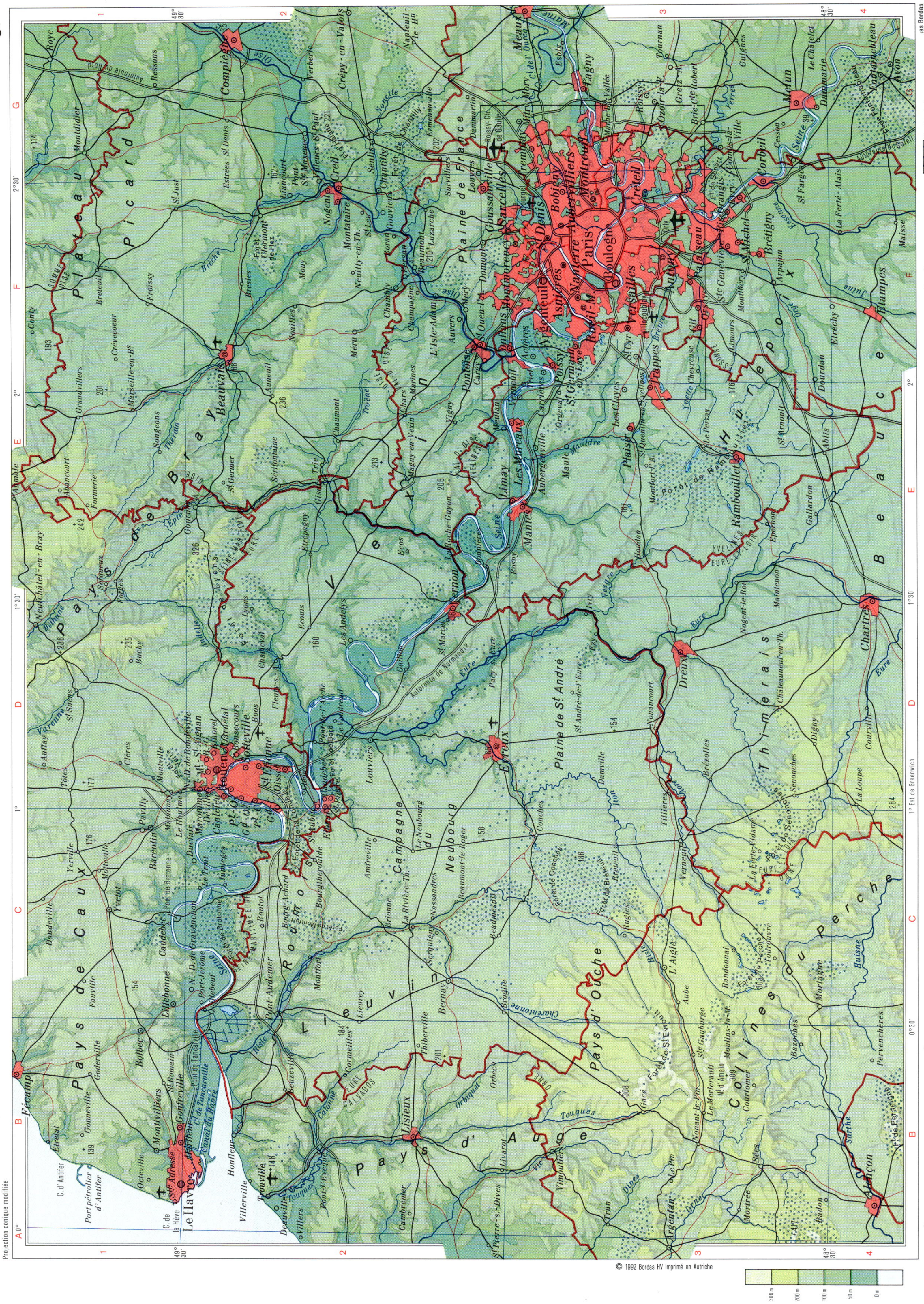

Paris
Boulogne
St-Denis
Versailles
Nanterre
Créteil
Beauvais
Compiègne
Creil
Pontoise
Meaux
Melun
Corbeil
Étampes
Rambouillet
Chartres
Dreux
Évreux
Rouen
Le Havre
Fécamp
Lisieux
Alençon
Mantes
Vernon
Louviers
Les Andelys
Elbeuf
Pont-Audemer
Honfleur
Deauville
Trouville
Plaine de France
Pays de Bray
Pays de Caux
Plateau Picard
Vexin
Roumois
Lieuvin
Campagne du Neubourg
Plaine de St André
Pays d'Ouche
Pays d'Auge
Collines du Perche
Thimerais
Beauce
Hurepoix
Forêt de Rambouillet
Seine
Oise
Eure
Touques
Risle
Canal de Tancarville
Échelle 1 : 750 000
Autoroute (en construction)
Voie ferrée importante
Aéroport
plus de 250 000 hab.
plus de 100 000 hab.
plus de 75 000 hab.
plus de 50 000 hab.
plus de 20 000 hab.
plus de 5 000 hab.
Projection conique modifiée

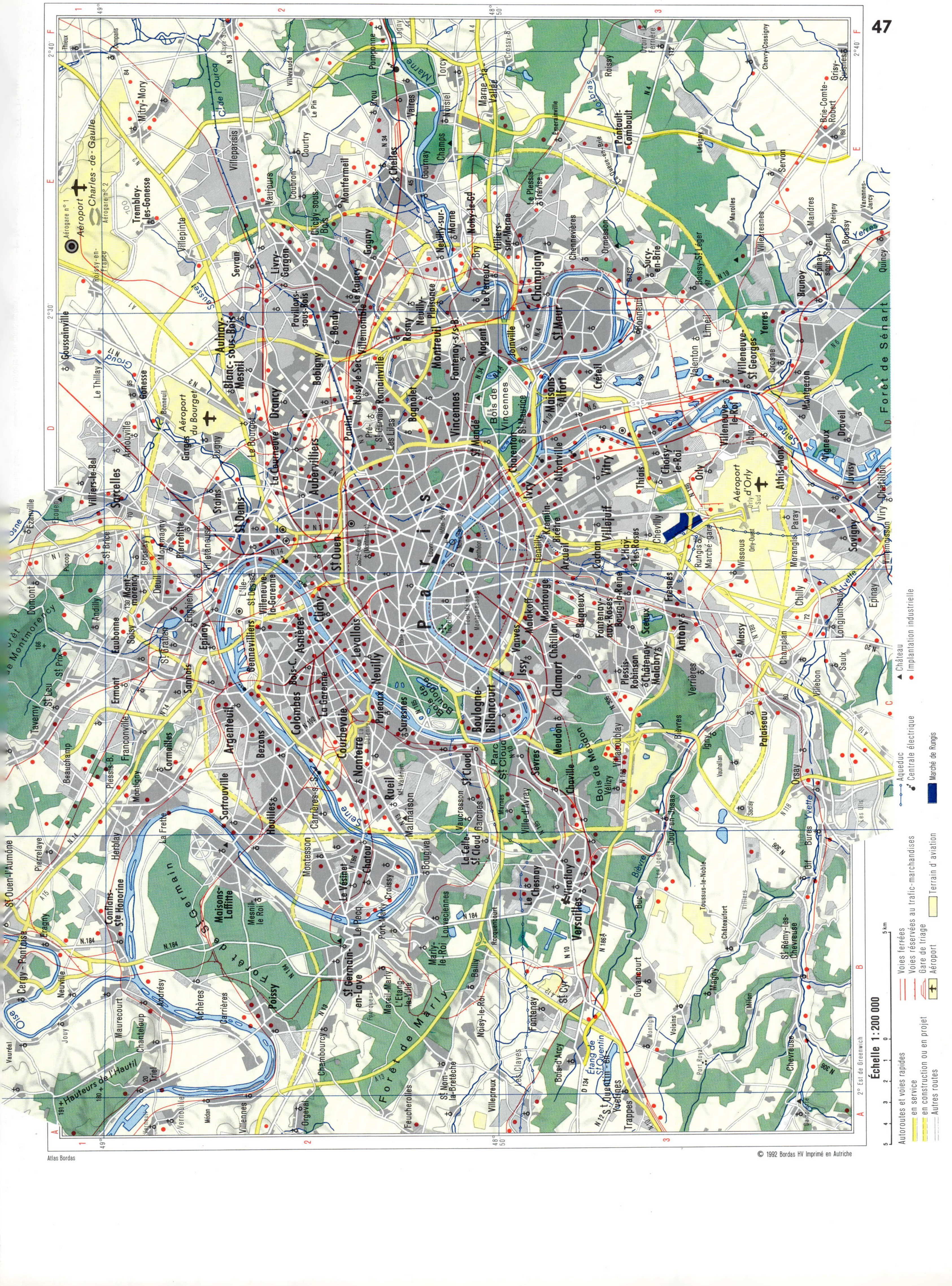

Paris
Seine
Marne
Oise
Yerres
Aéroport Charles-de-Gaulle
Aéroport du Bourget
Aéroport d'Orly
Marché de Rungis
Bois de Boulogne
Bois de Vincennes
Bois de Meudon
Forêt de Sénart
Forêt de Marly
Forêt de St-Germain
Forêt de Montmorency
Hauteurs de l'Hautil
Versailles
St Germain-en-Laye
St Denis
Argenteuil
Nanterre
Créteil
Cergy-Pontoise
St Quentin-en-Yvelines
Étang de St Quentin
Autoroutes et voies rapides
en service
en construction ou en projet
Autres routes
Voies ferrées
Voies réservées au trafic-marchandises
Gare de triage
Aéroport
Terrain d'aviation
Aqueduc
Centrale électrique
Marché de Rungis
Château
Implantation industrielle
Échelle 1: 200 000
0 1 2 3 4 5 km
2° Est de Greenwich

Atlas Bordas

Échelle 1 : 750 000

10 5 0 10 20 km

plus de 250 000 hab.	plus de 20 000 hab.	Voie ferrée importante	Canal (navigation ou adduction d'eau)
plus de 100 000 hab.	plus de 10 000 hab.	Route à grand trafic	Centrale hydroélectrique très importanse
plus de 75 000 hab.	plus de 5 000 hab.	Autoroute (en construction)	Aéroport
plus de 50 000 hab.	moins de 5 000 hab.		Limite d'Etat
			Limite de département

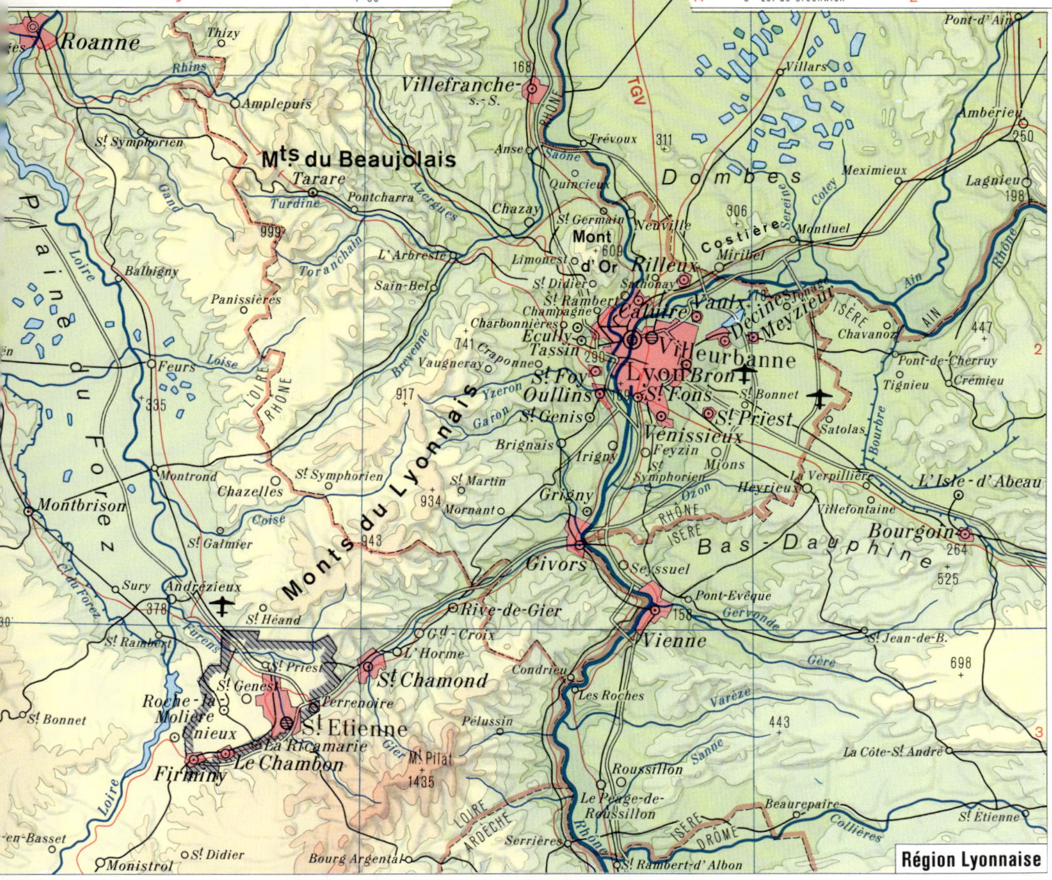

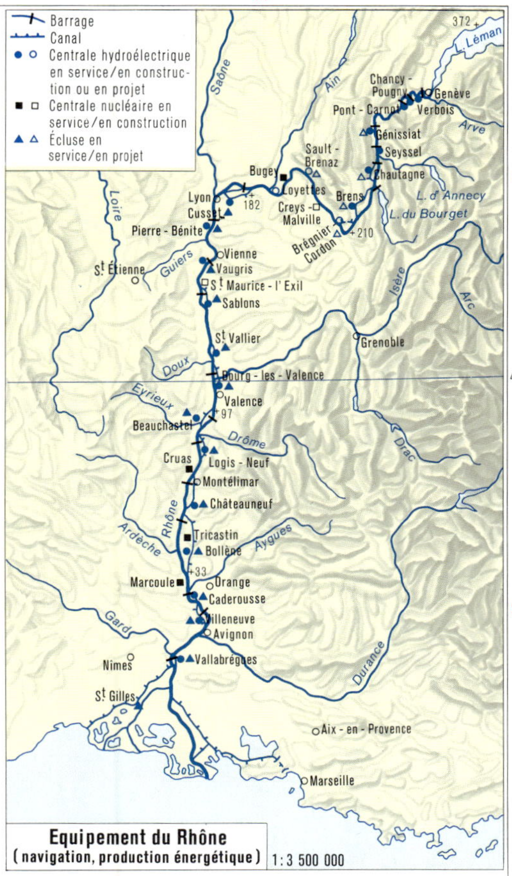

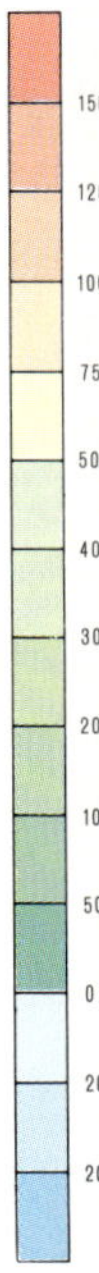

Atlas Bordas

Gisements de houille
Gisements de lignite
Gisements de bauxite

PAYS DE LA MER DU NORD

Échelle 1 : 5 000 000

50 0 50 100 150 200 km

PAYS DE LA MER DU NORD

- plus de 1 000 000 d'hab.
- plus de 500 000 hab.
- plus de 100 000 hab.
- Autres villes et localités
- Voies ferrées

ÎLES BRITANNIQUES

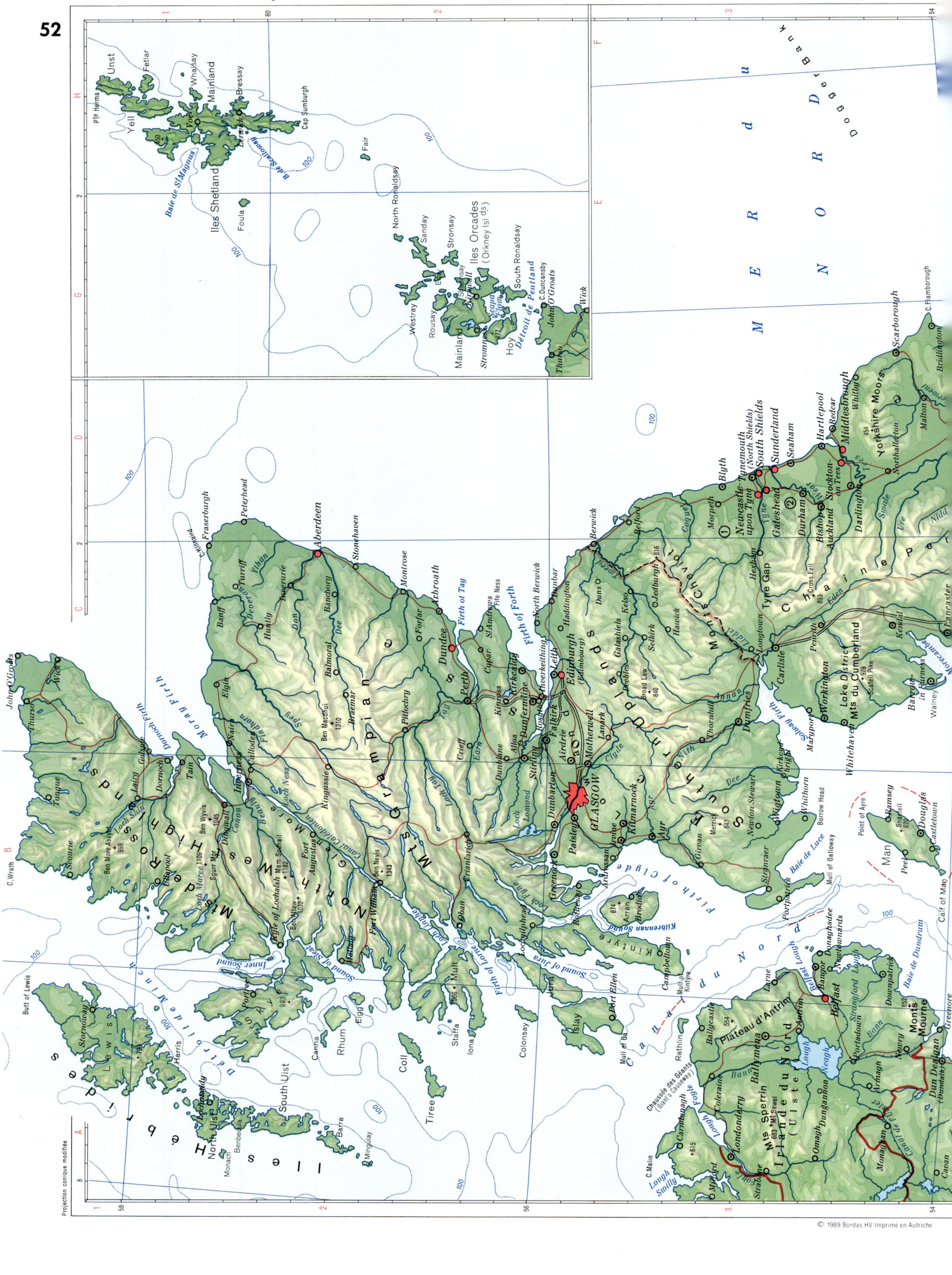

Projection conique modifiée
Iles Shetland
Unst
Yell
Fetlar
Whalsay
Mainland
Bressay
Cap Sumburgh
Fair
Foula
Baie de St Magnus
North Ronaldsay
Sanday
Stronsay
Iles Orcades
(Orkney Is)
South Ronaldsay
Westray
Rousay
Hoy
Stromness
Détroit de Pentland
C. Duncansby
John O'Groats
Wick
Thurso
M E R   D U   N O R D
Dogger Bank
Moray Firth
Dornoch Firth
Mts des Highlands
North West
Mts Grampian
Ben Nevis
1343
Ben Macdhui
1310
Canal Calédonien
Loch Ness
Inverness
Aberdeen
Fraserburgh
Peterhead
Stonehaven
Montrose
Arbroath
Dundee
Firth of Tay
Perth
St Andrews
Fife Ness
Firth of Forth
Edinburgh
(Edimbourg)
Leith
Stirling
Falkirk
Dunfermline
GLASGOW
Paisley
Dumbarton
Greenock
Kilmarnock
Ayr
Firth of Clyde
Arran
Kintyre
Campbeltown
Mull of Kintyre
Southern Uplands
Monts Cheviot
Berwick
Newcastle-upon Tyne
South Shields
Sunderland
Gateshead
Durham
Middlesbrough
Hartlepool
Darlington
Yorkshire Moors
Scarborough
C. Flamborough
Chaîne Pennine
Carlisle
Lake District
Mts du Cumberland
Solway Firth
Dumfries
Man
Douglas
Ramsey
Point of Ayre
Calf of Man
Stranraer
Portpatrick
Mull of Galloway
Canal du Nord
Belfast
Bangor
Lough Neagh
Plateau d'Antrim
Irlande du Nord
(Ulster)
Londonderry
Coleraine
Chaussée des Géants
(Giant's Causeway)
Mts Sperrin
Monts Mourne
Baie de Dundrum
Lough Foyle
Lough Swilly
C. Malin
Rathlin
Islay
Jura
Colonsay
Mull
Iona
Staffa
Tiree
Coll
Rhum
Eigg
Canna
Skye
Portree
Inner Sound
Sound of Sleat
Firth of Lorne
Sound of Jura
Oban
Fort William
Fort Augustus
Kyle of Lochalsh
Ullapool
C. Wrath
Iles Hébrides
Détroit de Minch
Lewis
Harris
Stornoway
Butt of Lewis
North Uist
South Uist
Benbecula
Barra
Mingulay
Monach

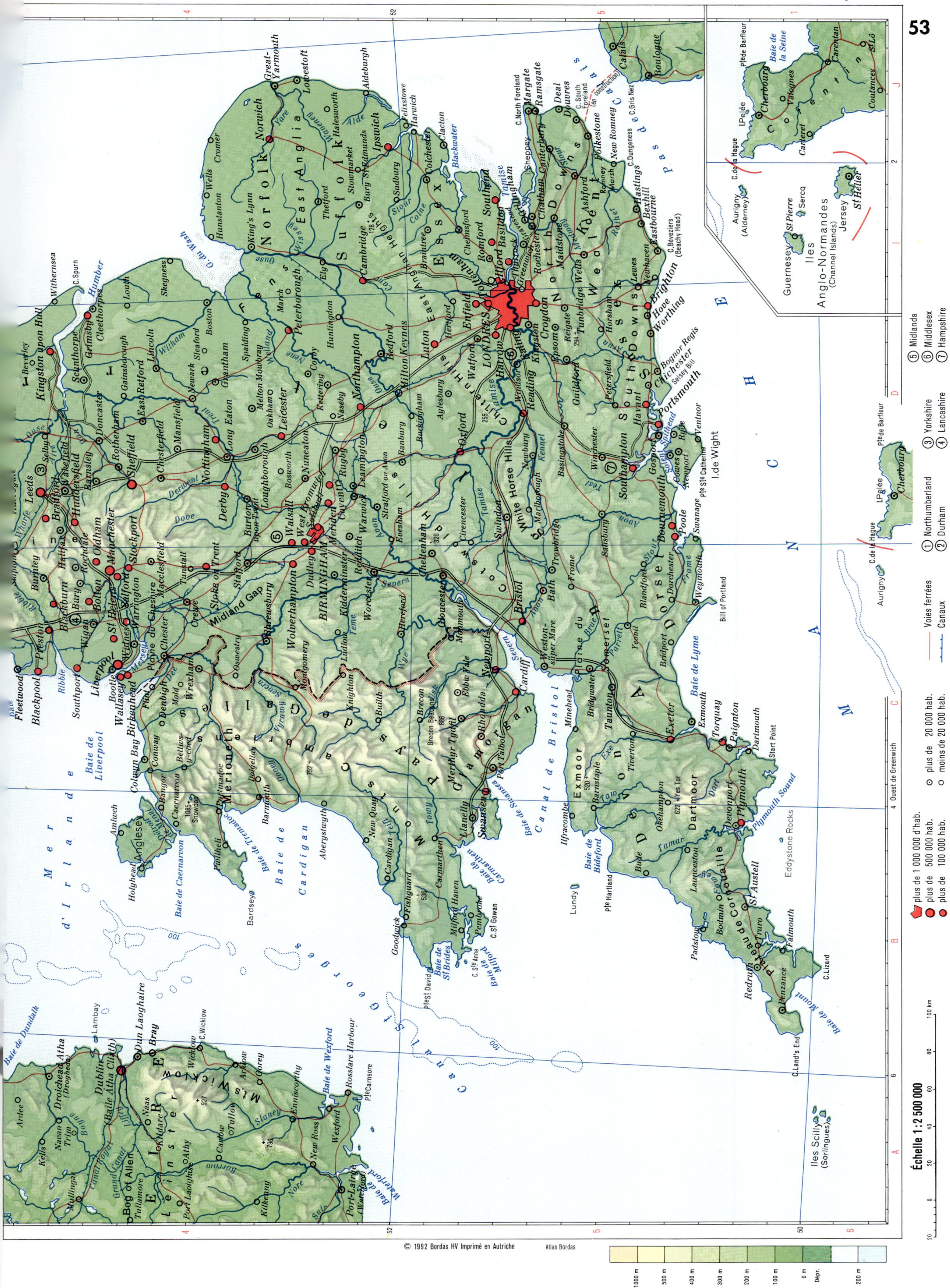

Échelle 1:2 500 000
plus de 1 000 000 d'hab.
plus de 500 000 hab.
plus de 100 000 hab.
plus de 20 000 hab.
moins de 20 000 hab.
Voies ferrées
Canaux
1 Northumberland
2 Durham
3 Yorkshire
4 Lancashire
5 Midlands
6 Middlesex
7 Hampshire
Iles Anglo-Normandes (Channel Islands)
Manche
Mer d'Irlande
Canal St-Georges
Canal de Bristol
Pas de Calais
LONDRES
BIRMINGHAM

Atlas Bordas

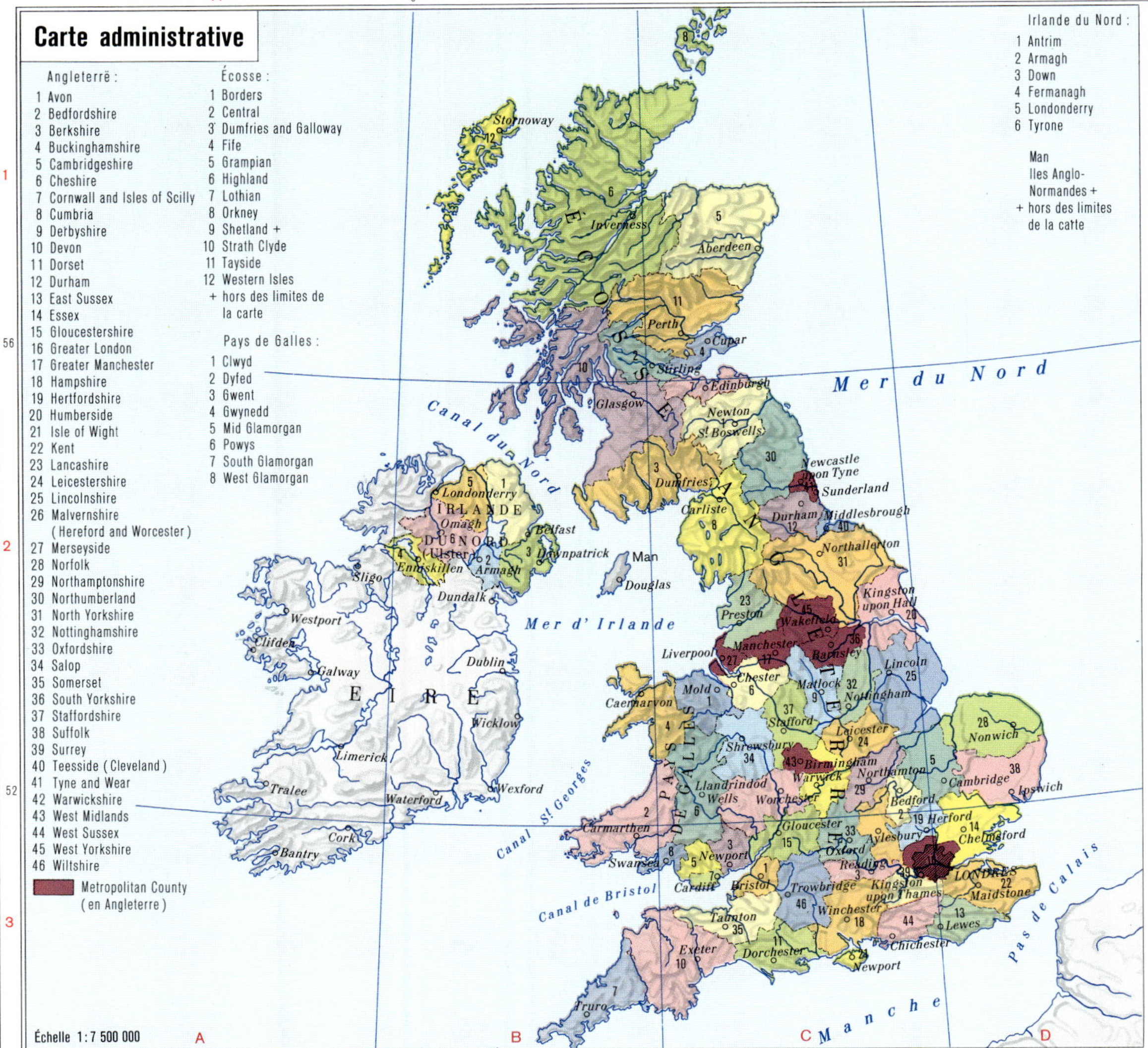

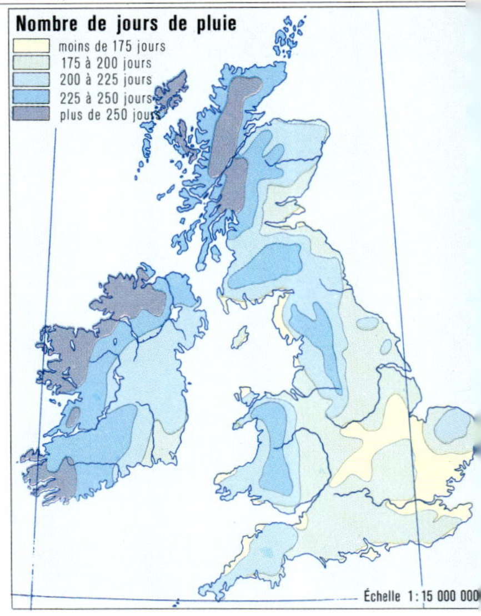

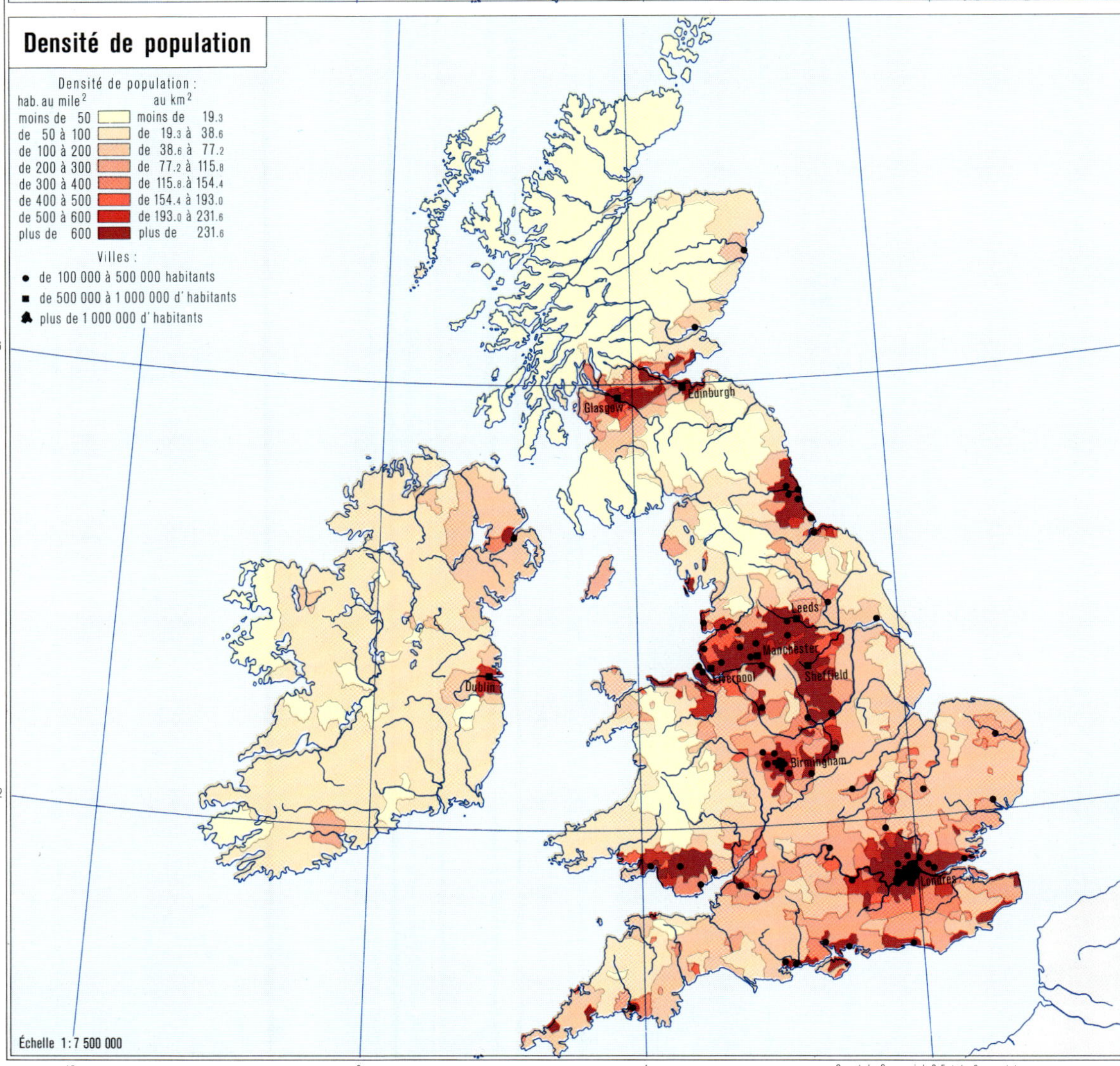

Échelle 1:5 000 000

---- Limite de zone de prospection pétrolière

Atlas Bordas

Ag Argent	Pb Plomb	Ti Titane			
Cu Cuivre	Ka Kaolin	V Vanadium			
K Potasse	Se Sel	W Tungstène			
Mo Molybdène	Sn Étain	Zn Zinc			

B.o.Z.	Bergen op Zoom	H.	Hasselt	Mön.	Mönchengladbach
Ch.	Chesterfield	Ha.	Halifax	Not.	Nottingham
Do.	Dortmund	Hu.	Huddersfield	Sh.	Sheffield
Dü.	Düsseldorf	Kr.	Krefeld	S.-R.	Solingen-Remscheid
E.P.	Ellesmere Port	M.	Manchester	Tilb.	Tilbury
Es.	Essen	Ma.	Maastricht		

BENELUX

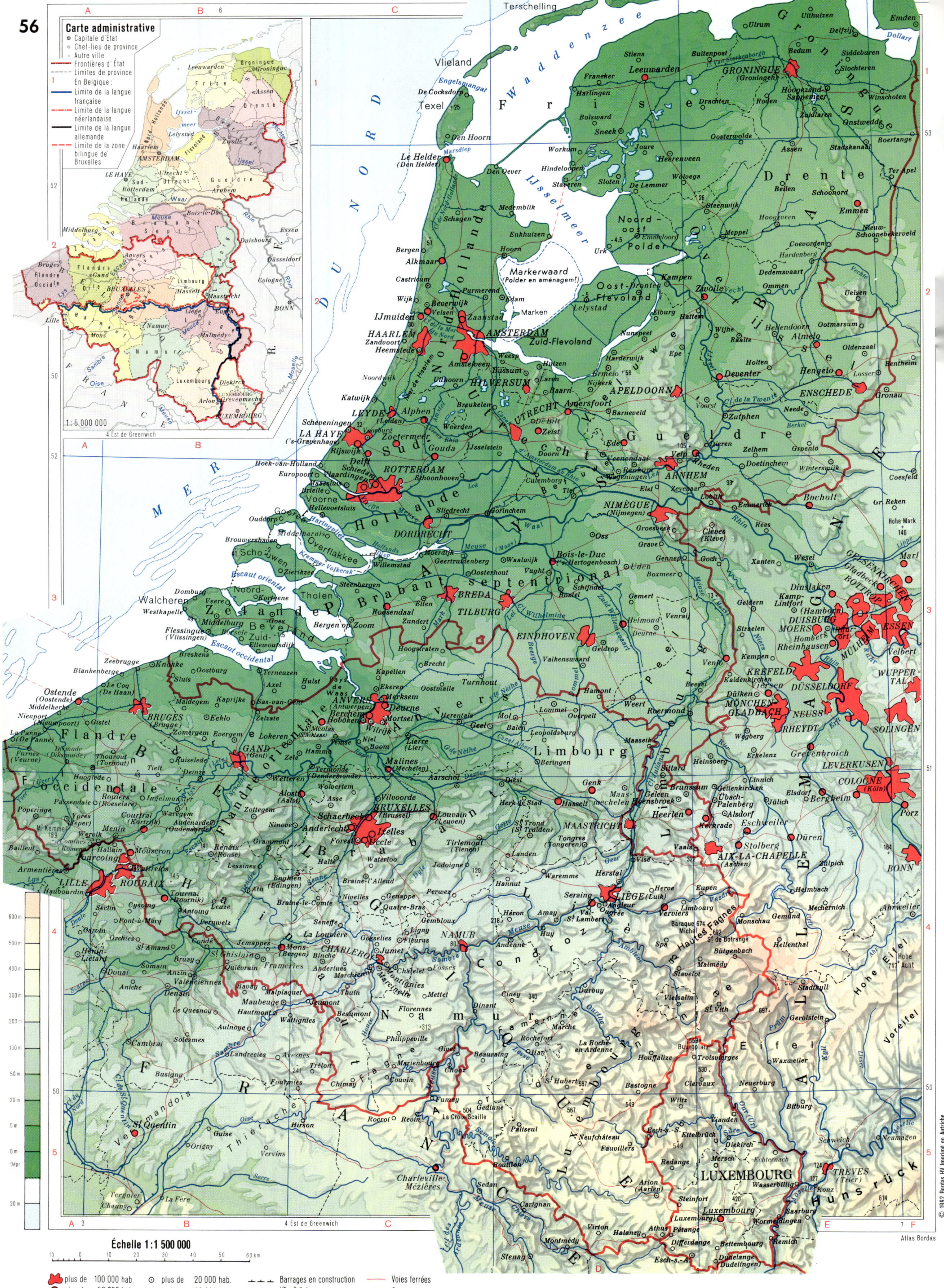

Échelle 1 : 1 500 000

0 10 20 30 40 50 60 km

plus de 100 000 hab. — plus de 20 000 hab. — Barrages en construction (Plan Delta) — Voies ferrées

plus de 50 000 hab. — moins de 20 000 hab. — Canaux

BENELUX ▶ Économie

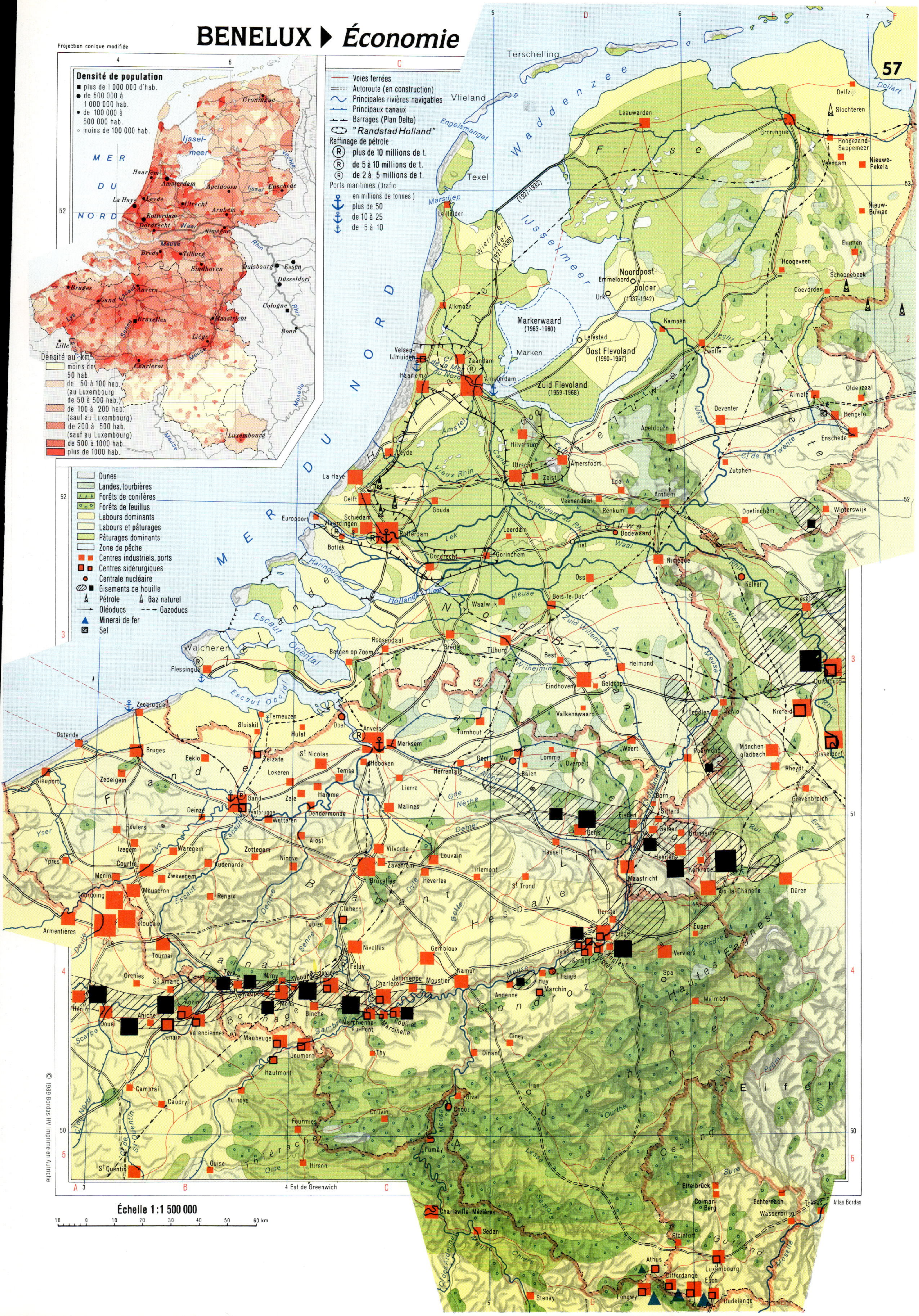
Projection conique modifiée
Densité de population
plus de 1 000 000 d'hab.
de 500 000 à 1 000 000 hab.
de 100 000 à 500 000 hab.
moins de 100 000 hab.
Densité au km²
moins de 50 hab.
de 50 à 100 hab. (au Luxembourg de 50 à 500 hab.)
de 100 à 200 hab. (sauf au Luxembourg)
de 200 à 500 hab. (sauf au Luxembourg)
de 500 à 1000 hab.
plus de 1000 hab.
Voies ferrées
Autoroute (en construction)
Principales rivières navigables
Principaux canaux
Barrages (Plan Delta)
"Randstad Holland"
Raffinage de pétrole :
plus de 10 millions de t.
de 5 à 10 millions de t.
de 2 à 5 millions de t.
Ports maritimes (trafic en millions de tonnes)
plus de 50
de 10 à 25
de 5 à 10
Dunes
Landes, tourbières
Forêts de conifères
Forêts de feuillus
Labours dominants
Labours et pâturages
Pâturages dominants
Zone de pêche
Centres industriels, ports
Centres sidérurgiques
Centrale nucléaire
Gisements de houille
Pétrole
Gaz naturel
Oléoducs
Gazoducs
Minerai de fer
Sel
MER DU NORD
Waddenzee
IJsselmeer
Markerwaard (1963-1980)
Noordoostpolder (1937-1942)
Oost Flevoland (1950-1957)
Zuid Flevoland (1959-1968)
Amsterdam
Rotterdam
La Haye
Anvers
Bruxelles
Gand
Liège
Luxembourg
Échelle 1:1 500 000
4 Est de Greenwich
© 1989 Bordas HV Imprimé en Autriche
Atlas Bordas

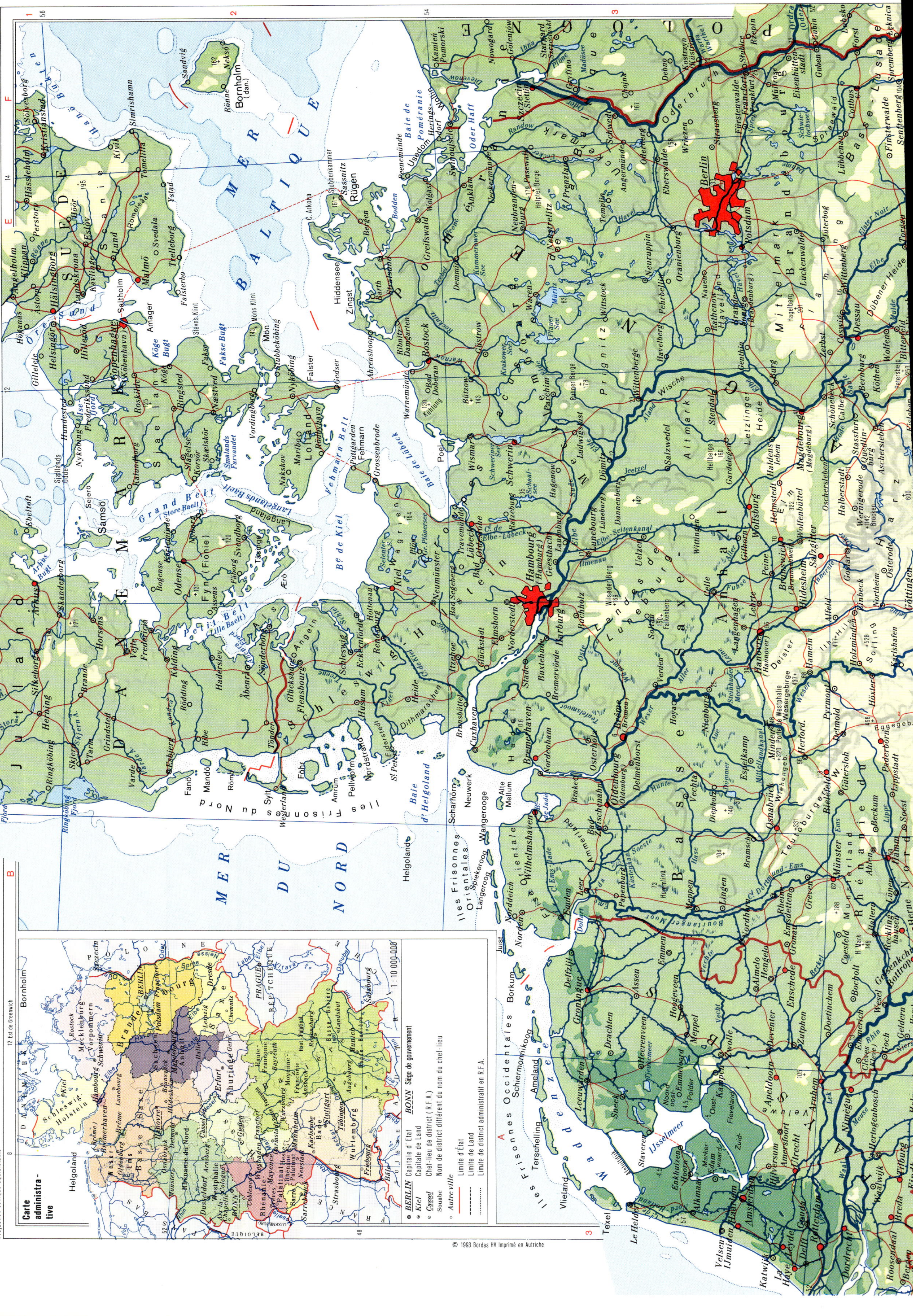

MER BALTIQUE
MER DU NORD
Berlin
Hamburg
Potsdam
Bornholm (dan.)
Rügen
Iles Frisonnes du Nord
Iles Frisonnes Orientales
Iles Frisonnes Occidentales
Waddenzee
IJsselmeer
Baie d'Helgoland
Baie de Kiel
Baie de Poméranie
Grand Belt
Petit Belt
Jutland
Carte administrative
BERLIN Capitale d'État
Kiel Capitale de Land
Cassel Chef-lieu de district (R.F.A.)
Souabe Nom de district différent du nom du chef-lieu
BONN Siège de gouvernement
Autre ville
Limite d'État
Limite de Land
Limite de district administratif en R.F.A.
1 : 10 000 000
Projection conique équidistante

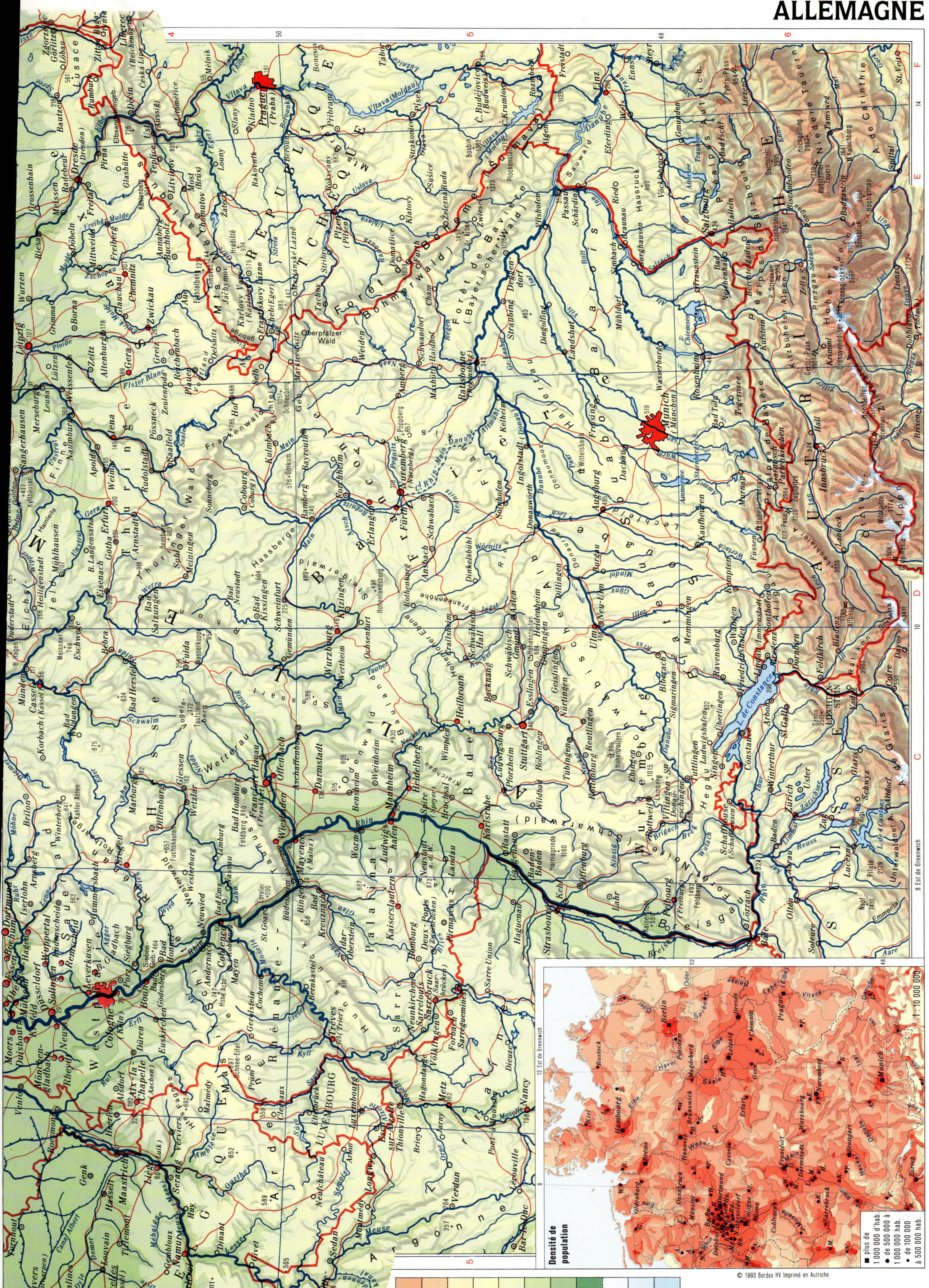
Voies ferrées
Ferry-boats
Canaux
Canaux en construction
plus de 1 000 000 d'hab.
plus de 500 000 hab.
plus de 100 000 hab.
autres villes et localités
Échelle 1:2 500 000
Densité de population
Densité au km²
moins de 25 hab.
de 25 à 50 hab.
de 50 à 100 hab.
de 100 à 200 hab.
de 200 à 1000 hab.
plus de 1000 hab.
1 : 10 000 000
2500 m
1500 m
1000 m
500 m
200 m
100 m
0 m
Dépr.
20 m
40 m

ALLEMAGNE RHÉNANE

Projection conique modifiée

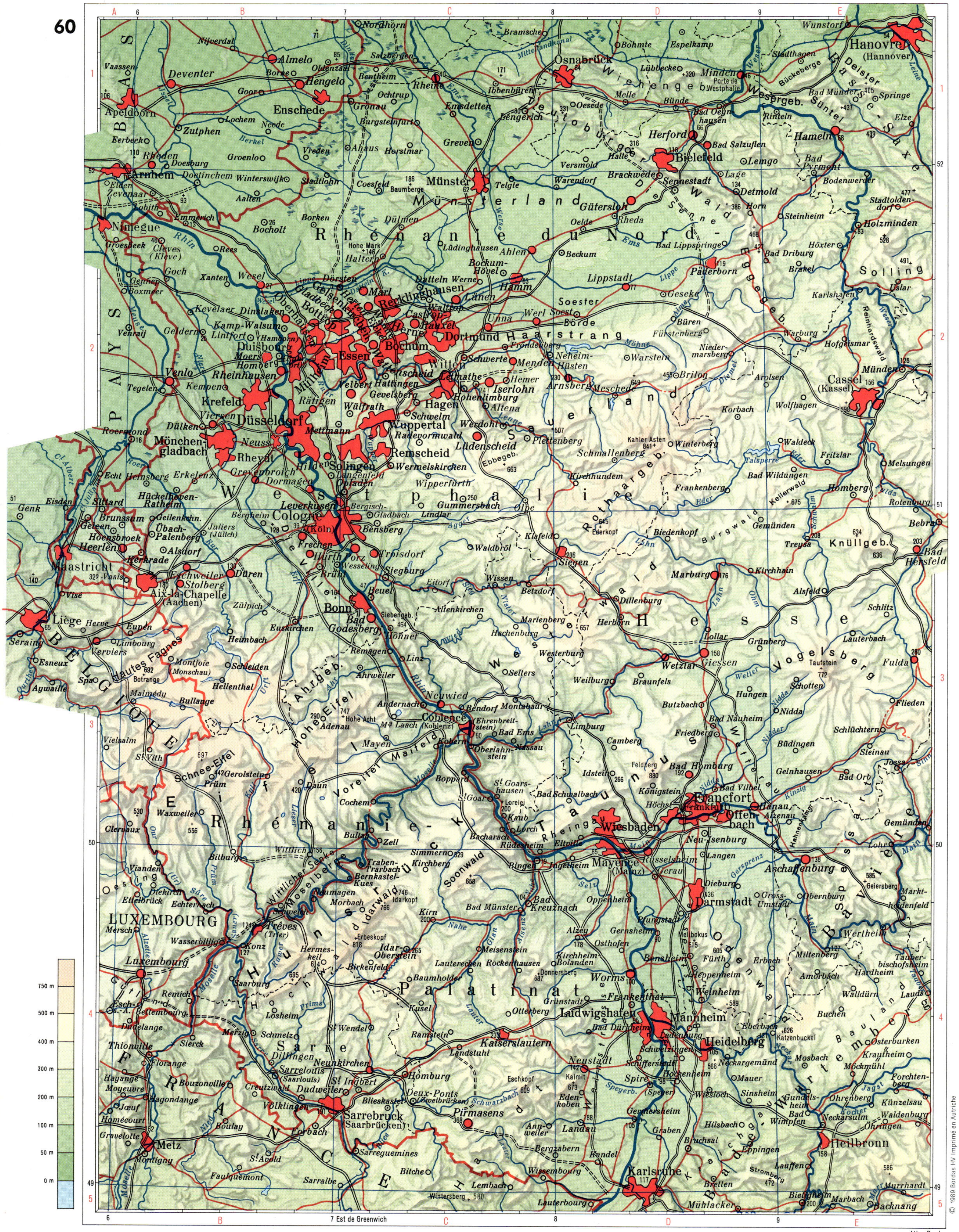

plus de 100 000 hab.
plus de 50 000 hab.
plus de 20 000 hab.
moins de 20 000 hab.
Autoroutes
Autoroutes en construction
Voies ferrées
Canaux
Barrages
Limite de Land (en République Fédérale Allemande)

Échelle 1:1 500 000

10 0 10 20 30 40 50 60 km

Atlas Bordas

Projection conique modifiée

d'après W. Rohr

Atlas Bordas

Échelle 1 : 3 000 000

50 0 50 100 km

- Centre industriel
- Centre sidérurgique
- Autres centres économiques
- Gisement de pétrole; gisement de gaz
- Pétrole Gaz naturel
- Port de débarquement d'hydrocarbures
- Oléoduc
- Gazoduc
- Raffinerie
- Gisement de houille
- Gisement de lignite
- Centrale nucléaire
- Minerai de fer
- Voies ferrées importantes
- Autoroutes
- Canaux; Canaux en construction
- Barrage; lac-réservoir
- Fleuves navigables

Ports maritimes (trafic en millions de tonnes)
- plus de 50
- de 20 à 50
- de 5 à 20

PAYS DE LA BALTIQUE • SCANDINAVIE/ISLANDE

Projection conique modifiée

Échelle 1 : 7 500 000

50 0 100 200 300 400 km

Ä = Älv (suédois)
E = Elv (norvégien) } Fleuve

- plus de 1 000 000 d'hab.
- plus de 500 000 hab.
- plus de 100 000 hab.
- Autres Villes et localités
- Voies ferrées
- Ferry-boats (principaux services)

Atlas Bordas

Échelle 1 : 7 500 000

50 0 100 200 km

- Centres industriels
- Centres sidérurgiques
- Centrale nucléaire
- Gisements de pétrole et de gaz
- Pétrole
- Gaz naturel
- Principaux oleoducs
- Principaux gazoducs
- Routes principales
- Canaux
- Flottage du bois
- Rivières navigables
- Minerai de fer
- Carrières
- Centrale électrique (plus de 150 000 kW)
- Principales voies ferrées
- Ferry-boats (principaux services)
- Ag Argent
- Au Or
- Cu Cuivre
- Mo Molybdène
- Ni Nickel
- Pb Plomb
- S Soufre
- Ti Titane
- U Uranium
- Zn Zinc

Raffinage de pétrole (capacité en millions de tonnes)

(R) plus de 10 (R) de 5 à 10 (R) de 2 à 5

Trafic portuaire (millions de tonnes)

de 25 à 50 de 10 à 25

PAYS ALPINS

LORRAINE
ALSACE
Vosges
Forêt Noire
Jura Souabe
Plateau Souabe
Bourgogne
Plateau de Langres
Côte-d'Or
Bresse
Dombes
Jura
Plateau Suisse
Alpes Bernoises
Oberland
Alpes du Valais
Alpes Pennines
Alpes de Glaris
Alpes des Grisons
Alpes Rhétiques
A. du Tessin
Alpes Bergamasques
Valteline
Préalpes du Nord
Chablais
Vanoise
Belledonne
Vercors
Pelvoux
Dévoluy
Provence
Lubéron
Plat. de Valensole
Camargue
Crau
L'Argentera
Apennin Ligure
Apennin
Lombardie
Piémont
Allgäu
Côte d'Azur
Riviera du Ponant
Riviera du Levant
Golfe de Gênes
Lac Léman
Lac de Neuchâtel
L. de Constance
Lac Majeur
L. de Côme
L. de Garde
Lac des 4 Cantons
Rhin
Rhône
Danube
Saône
Doubs
Isère
Durance
Pô
Strasbourg
Mulhouse
Bâle
Zürich
Berne
Genève
Lausanne
Lyon
Villeurbanne
Grenoble
Chambéry
Turin (Torino)
MILAN (Milano)
Gênes (Genova)
Nice
Monaco
Marseille
Toulon
Dijon
Besançon
Nancy
Metz
Stuttgart
Karlsruhe
Mannheim
Heidelberg
Ludwigshafen
Fribourg (Freiburg)
Mt Blanc 4807
Cervin (Matterhorn) 4478
Mt Rose 4634
Gd Paradis 4061
La Meije
Les Écrins 4102
Mt Viso 3841
Mt Ventoux 1909
Col du Mt Cenis
Col du Gd St Bernard
Col du Simplon
St Gothard
Col de Tende
2580
8 Est de Greenwich
A
B
C
10
1
2
3
48
46

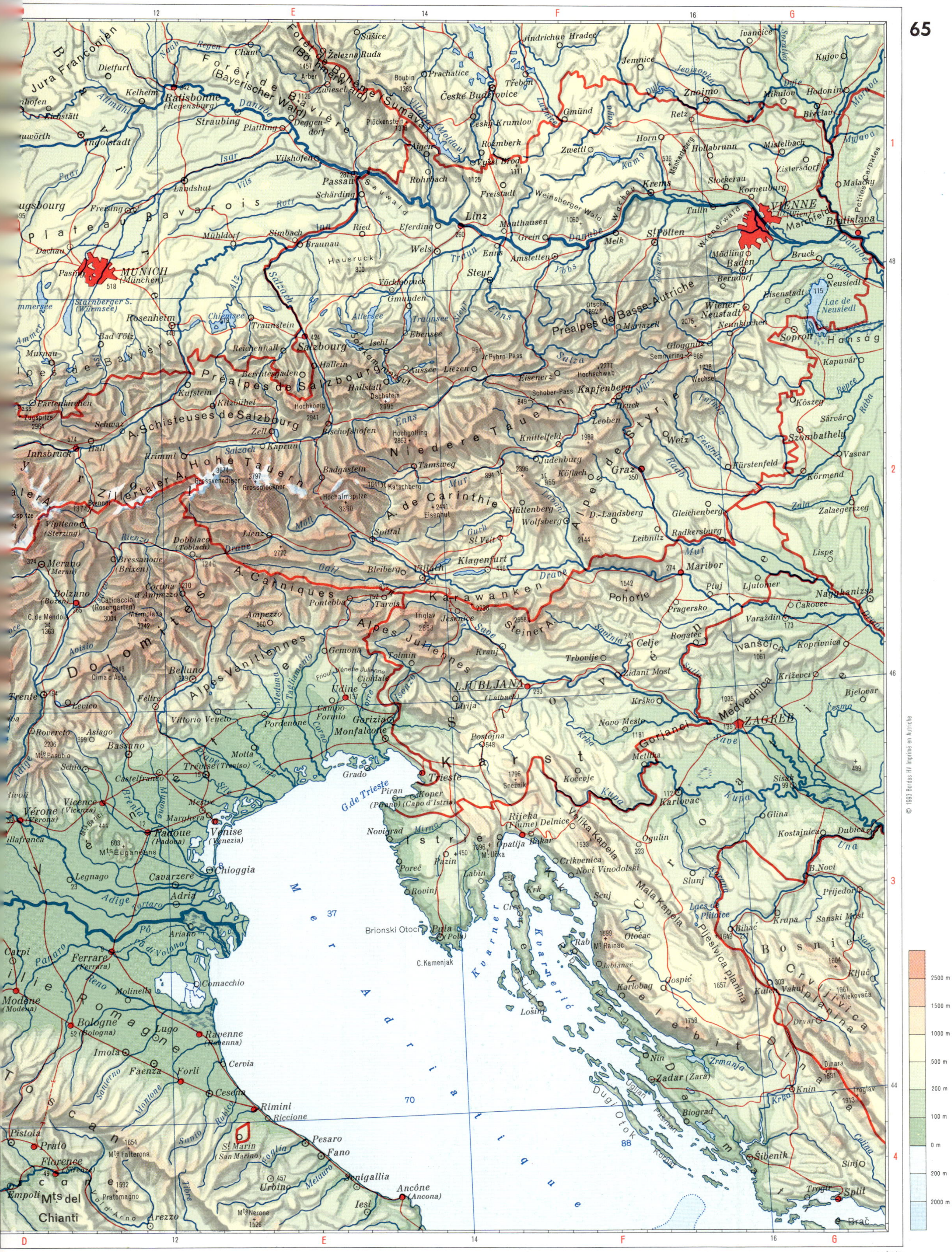

Échelle 1 : 2 500 000

20 0 20 40 60 80 100 km

- plus de 1 000 000 d'hab.
- plus de 500 000 hab.
- plus de 100 000 hab.
- plus de 20 000 hab.
- moins de 20 000 hab.
- Voies ferrées principales
- Voies ferrées en construction
- Canaux

SUISSE

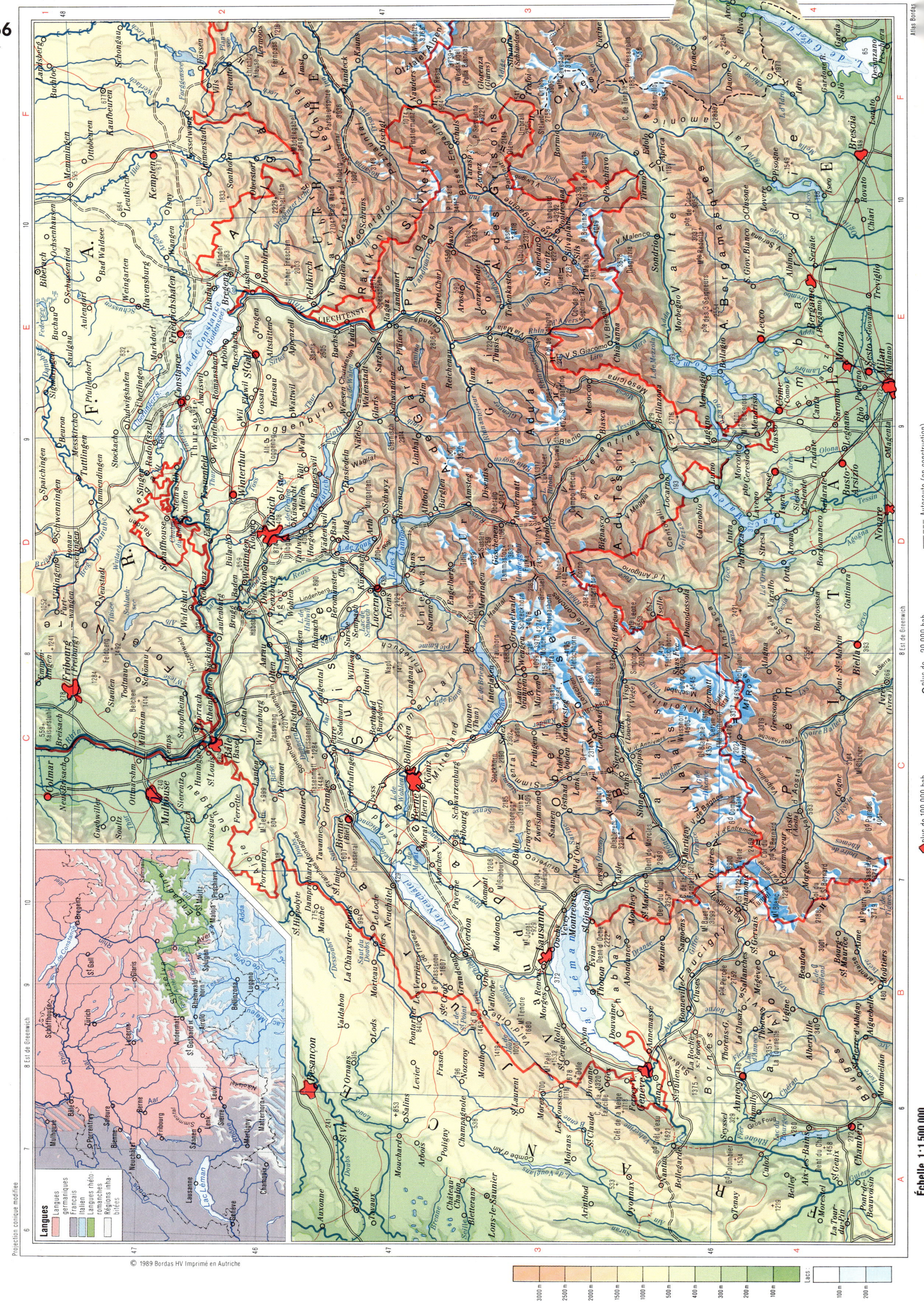
Échelle 1:1 500 000
plus de 100 000 hab.
plus de 20 000 hab.
Autoroute (en construction)
Projection conique modifiée
Langues
Langues germaniques
Français
Italien
Langues rhéto-romanches
Régions inhabitées
Lacs
Lac Léman
Lac de Constance
Lac de Neuchâtel
Lac de Garde
LIECHTENST.
Zurich
Berne
Bâle
Lucerne
Genève
Lausanne
Fribourg
Sion
Coire (Chur)
St Gall
Milan (Milano)
Besançon
Mulhouse
Annecy
Chambéry
Bergame
Brescia
Novare
Atlas Bordas

Autoroute (en construction)
Route importante
Voie ferrée importante
Autre voie ferrée
Ville d'art, centre touristique important
Station de montagne (alpinisme, sports d'hiver)
Station thermale
Station balnéaire, station touristique de la région des lacs italiens
Principaux ouvrages d'art:
Tunnel routier (en construction)
Pont-route
Tunnel ferroviaire
Échelle 1:3 000 000
Échelle 1:4 000 000
SUISSE
Divisions politiques
R.E. Rhodes extérieures
R.I. Rhodes intérieures
Obw. Obwald
Nidw. Nidwald
Golfe de Gênes
Riviera du Levant
Riviera du Ponant

ITALIE

Projection conique modifiée
Mer Adriatique
Golfe de Venise
Mer Ligurienne
Golfe de Gênes
Corse
Elbe
HONGRIE
BOSNIE
HERZÉGOVINE
AUTRICHE
SUISSE
MONACO
Marches
Ombrie
Abruzzes
Molise
Toscane
Émilie
Lombardie
Piémont
TURIN
MILAN
Venise
Trieste
Ljubljana
Zagreb
Sarajevo
Bologne
Florence
Pise
Livourne
Gênes
Rimini
Ancône
Pescara
Foggia
Bastia
Ajaccio
Nice
Dubrovnik
Split
Zadar
Rijeka
Innsbruck
Graz
Bouches de Bonifacio
Bouches de Kotor

Mer Tyrrhénienne
Mer Ionienne
Méditerranée
Sardaigne
Sicile
Canal d'Otrante
Golfe de Tarente
Détroit de Messine
Détroit de Sicile
Détroit de Malte
MALTE
TUNISIE
Échelle 1:3 500 000
plus de 1 000 000 d'habitants
plus de 500 000 habitants
plus de 100 000 habitants
autres villes et localités
Canaux
Voies ferrées
Ruines et cités antiques
Carte administrative
1 Abruzzes
2 Basilicate
3 Calabre
4 Campanie
5 Emilie-Romagne
6 Frioul-Vénétie Julienne
7 Latium
8 Ligurie
9 Lombardie
10 Marches
11 Molise
12 Ombrie
13 Piémont
14 Pouilles
15 Sardaigne
16 Sicile
17 Toscane
18 Trentin-Haut Adige
19 Val d'Aoste
20 Vénétie
Frontière d'État
Limite de région
Capitale d'État
Capitale de région
Échelle 1:12 500 000
2500 m
1500 m
1000 m
500 m
200 m
100 m
0 m
200 m
2000 m
4000 m

A. U. Bordas

Économie

Projection conique modifiée
Mer Ligurienne
Mer Adriatique
Mer Tyrrhénienne
MER MÉDITERRANÉE
Corse
Sardaigne
Sicile
Malte
Pantelleria
Alpes
Apennin
Milan
Turin
Gênes
Venise
Florence
Rome
Naples
Bari
Palerme
Catane
Messine
Cagliari
Trieste
Zagreb
Ljubljana
Split
Tarente
Brindisi
Reggio
Syracuse
Densité de population
Densité au km²
moins de 50 hab.
50 à 100 hab.
100 à 200 hab.
200 à 500 hab.
plus de 500 hab.
Villes de plus de
1 000 000 d'hab.
500 000 hab.
100 000 hab.
Échelle 1:12 500 000
Échelle 1:5 000 000
Ag Argent
Am Amiante
B Bauxite
Cu Cuivre
Hg Mercure
K Potasse
Mn Manganèse
Pb Plomb
Ph Phosphate
Py Pyrite
S Soufre
Sb Antimoine
Se Sel gemme
Sn Etain
U Uranium
Zn Zinc
Haute montagne (rochers, glaciers)
Forêt d'altitude (conifères et feuillus)
Steppe buissonnante, maquis
Steppe de graminées, steppe buissonnante
Prairie (élevage ovin et caprin)
Labours dominants (céréales, pommes de terre)
Labours dominants (maïs, betteraves sucrières)
Labours dominants (riz)
Economie agricole de subsistance
Prairie dominante (élevage bovin)
Cultures particulières (fruits, légumes)
Cultures méditerranéennes
Vignes
Zone de pêche
A Agrumes
D'après les travaux de W. Ritter
12 Est de Greenwich
Régions industrielles ; centres industriels
Centres sidérurgiques
Centres industriels, commerciaux et administratifs
Autres localités
Pétrole
Gaz naturel
Houille
Centrale nucléaire
Lignite
Minerai de fer
Oléoducs
Gazoducs
Voies ferrées importantes
Voies ferrées en construction
Ligne de navigation
Rivières navigables
Canaux
Autoroute (en construction) (relations principales)
Ports maritimes (trafic en millions de tonnes)
plus de 25
de 10 à 25
de 5 à 10
Raffinage de pétrole en millions de tonnes
plus de 10
de 5 à 10
de 2 à 5
Atlas Bordas

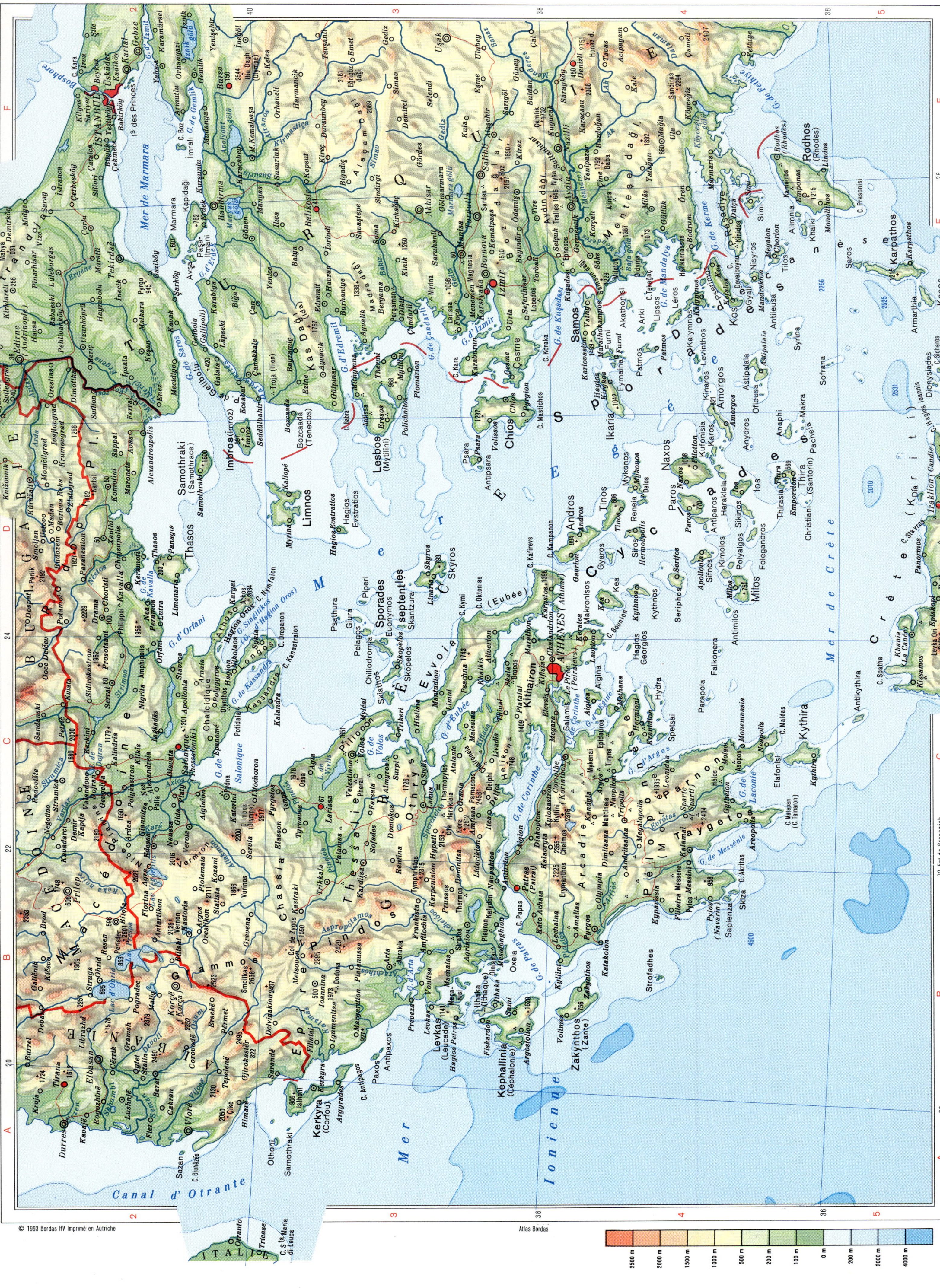

Voies ferrées
Canaux
Ruines et cités antiques
plus de 50 000 habitants
plus de 20 000 habitants
moins de 20 000 habitants
plus de 1 000 000 d'habitants
plus de 500 000 habitants
plus de 100 000 habitants
Échelle 1 : 3 500 000
Mer Égée
Mer Ionienne
Mer de Crète
Mer de Marmara
Canal d'Otrante
Crète (Kriti)
Athènes (Athinai)
Istanbul
Izmir
Thessalonique
Péloponnèse
Cyclades
Dodécanèse
Sporades septentrionales
Rhodos (Rhodes)
Karpathos
Kythira
Zakynthos (Zante)
Kephallinia (Céphalonie)
Kerkyra (Corfou)
Lesbos (Mytilini)
Chios
Samos
Limnos
Thasos
Samothraki (Samothrace)
Naxos
Andros
Milos
Evvoia (Eubée)

PÉNINSULE IBÉRIQUE

Atlas Bordas
Projection conique modifiée
Voies ferrées
Voies ferrées en construction
Canaux
plus de 1 000 000 d'hab.
plus de 500 000 hab.
plus de 100 000 hab.
autres villes et localités
Ouest de Greenwich 0 Est de Greenwich
1 Vizcaya
2 Guipozcoa
3 Alava
Échelle 1 : 5 000 000
0 50 100 150 200 km
MADRID
BARCELONE (Barcelona)
LISBONNE (Lisboa)
ALGER
MAROC
Golfe de Gascogne
(G. de Biscaye)
Golfe du Lion
Golfe de Valence
Golfe de Cádiz
G. de Setúbal
Îles Baléares
Minorque (Menorca)
Majorque (Mallorca)
Ibiza
Formentera
Cabrera
Columbretes
Alboran (esp.)
Détr. de Gibraltar
Gibraltar (br.)
Ceuta (esp.)
Tanger
Tetouan
Monts Cantabriques
Pyrénées
Sierra Nevada
Sierra Morena
Sierra de Guadarrama
Sierra de Gredos
Monts de Tolède
Serrania de Cuenca
Sierra de Guadalupe
Valence (Valencia)
Séville (Sevilla)
Saragosse (Zaragoza)
Malaga
Alicante
Murcie
Cordoue (Cordoba)
Grenade
Valladolid
Porto
Bilbao
Toulouse
Marseille

2500 m
1500 m
1000 m
500 m
200 m
100 m
0 m
200 m
2000 m
4000 m

Raffinage de pétrole en millions de tonnes
plus de 10
de 5 à 10
de 2 à 5
moins de 2
Ports maritimes (trafic en millions de tonnes)
plus de 25
de 10 à 25
de 5 à 10
Rivières navigables
Rivières
Canaux
Voies ferrées principales
Voies ferrées en construction
Ligne de navigation
Autoroutes (en construction)
Économie agricole de subsistance
Élevage bovin dominant
Cultures irriguées (huertas, vegas)
Cultures fruitières et maraîchères
Polyculture méditerranéenne : céréales, oliviers, fruits (agrumes sur les pleines littorales)
Vignes
Zones de pêche
Pâturages de montagnes
Forêts (conifères, feuillus)
Maquis
Landes océaniques, pacages
Steppe herbeuse ou buissonnante (élevage ext.) chênes - liège au sud - ouest de la péninsule
Cultures dominantes (blé, orge)
Cultures dominantes (riz)
Signes conventionnels de minerais
Argent
Or
Bauxite
Cuivre
Potasse
Mercure
Zinc
Plomb
Pyrites
Sel
Étain
Uranium
Tungstène
Houille
Lignite
Minerai de fer
Oléoduc (produits bruts)
Oléoduc en construction
Oléoduc (produits raffinés)
Gazoduc
Centres industriels
Centres sidérurgiques
Centrale nucléaire
Autres centres industriels et commerciaux
Pétrole
Gaz naturel
Ouest de Greenwich 0 Est de Greenwich
d'après W. Ritter
Atlas Bordas
Projection conique modifiée
Échelle 1 : 5 000 000
0 50 100 150 km
OCÉAN ATLANTIQUE
MER MÉDITERRANÉE
Golfe de Gascogne (G. de Biscaye)
Golfe du Lion
Golfe de Valence
G. de Cadiz
Détroit de Gibraltar
Monts Cantabriques
Pyrénées
Monts Ibériques
Cordillère Centrale
Sierra Morena
Sierra Nevada
Tierra de Campos
Tierra del Vino

PAYS DE LA MÉDITERRANÉE • PROCHE-ORIENT

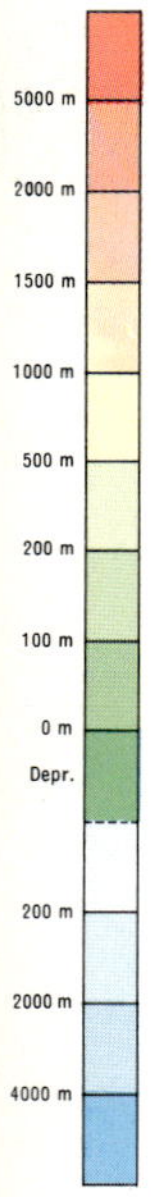

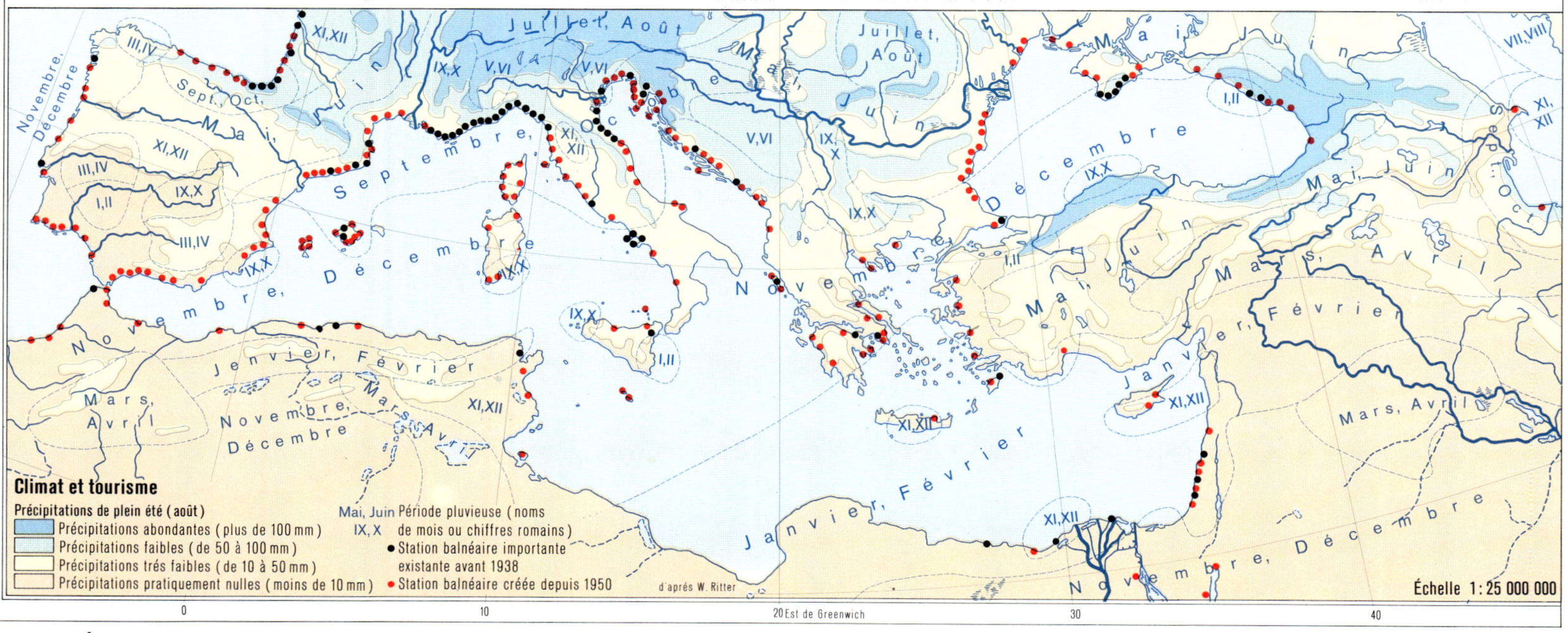

Échelle 1 : 12 500 000

100 50 0 100 200 300 400 500 km

- plus de 1 000 000 d'hab.
- plus de 500 000 hab.
- plus de 100 000 hab.
- autres villes et localités
- Sites antiques

- Voies ferrées
- Voies ferrées en construction ou en projet
- Canaux / Réservoirs
- Cours d'eau à écoulement périodique
- Cours d'eau très intermittents (oueds, ouadis, wadis)

- Lacs salés
- Dépressions argileuses salées (kewir)
- Déserts de sable

Mer Noire
Mer Caspienne
MÉDITERRANÉE
Turquie
Syrie
Irak
Iran
Arabie Saoudite
Égypte
Jordanie
Liban
Chypre
Koweït
Golfe Persique

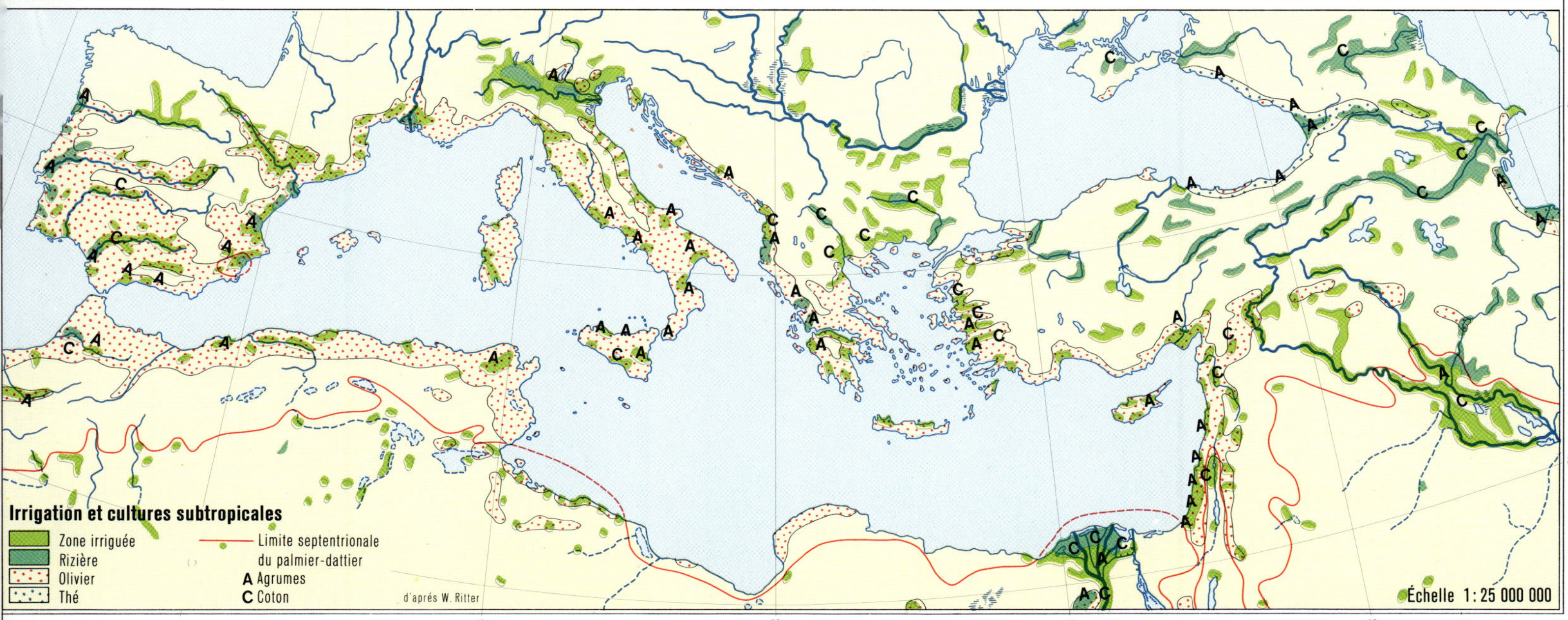
Irrigation et cultures subtropicales
Zone irriguée
Rizière
Olivier
Thé
Limite septentrionale du palmier-dattier
A Agrumes
C Coton
d'après W. Ritter
Échelle 1 : 25 000 000
0
10
20 Est de Greenwich
30
40

A. Andorre
L. Liechtenstein
M. Monaco
S.M. San Marino

EUROPE CENTRALE ET BALKANIQUE

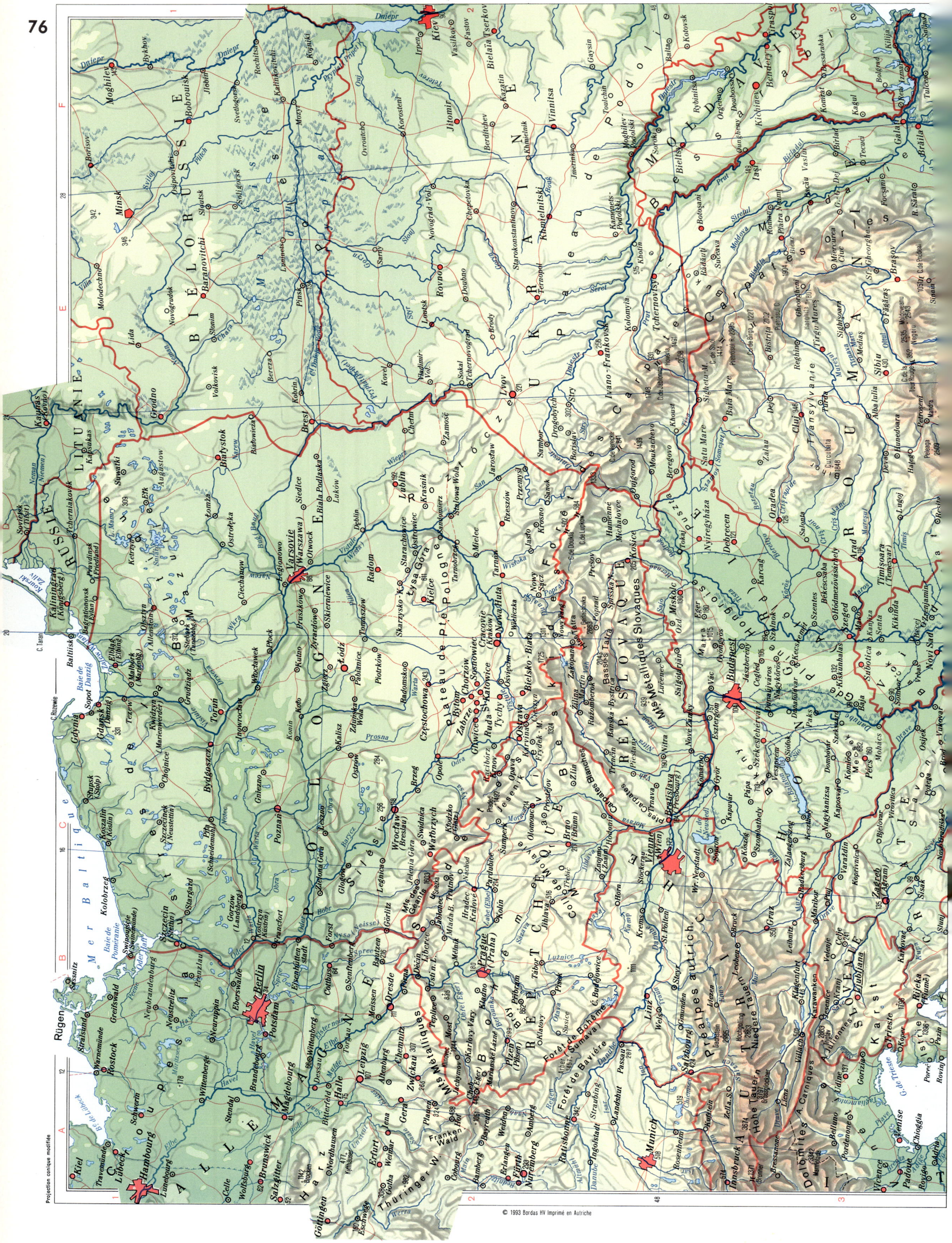

BIÉLORUSSIE
UKRAINE
POLOGNE
LITUANIE
RUSSIE
ALLEMAGNE
RÉP. TCHÈQUE
RÉP. SLOVAQUE
HONGRIE
AUTRICHE
SLOVÉNIE
CROATIE
ROUMANIE
MOLDAVIE
Mer Baltique
Varsovie (Warszawa)
Berlin
Prague (Praha)
Vienne (Wien)
Budapest
Kiev
Minsk
Munich
Hambourg
Bratislava
Zagreb
Ljubljana
Kichinev
Carpates
Plateau de Podolie
Forêt de Bohême (Šumava)
Forêt de Bavière
Monts Métalliques
Dolomites
Projection conique modifiée

EUROPE CENTRALE ET BALKANIQUE

plus de 1 000 000 d'hab.
plus de 500 000 hab.
plus de 100 000 hab.
autres villes et localités
Voies ferrées
Voies ferrées en construction
Canaux
Barrages
Marais
Ruines antiques
Échelle 1:5 000 000
Mer Méditerranée
Mer Adriatique
Mer Ionienne
Mer Tyrrhénienne
Mer Égée
Mer Noire
Mer de Marmara
Canal d'Otrante

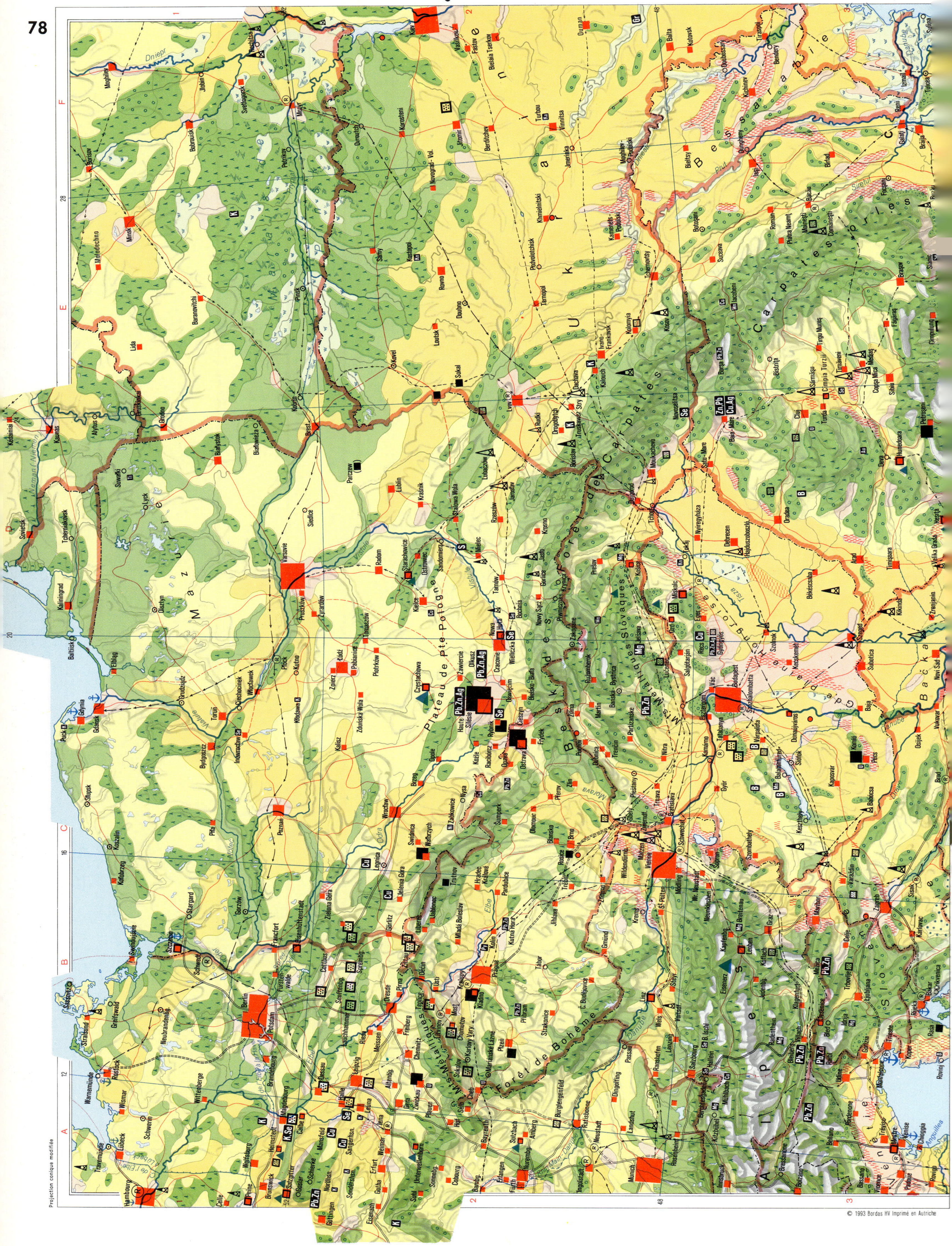

Projection conique modifiée

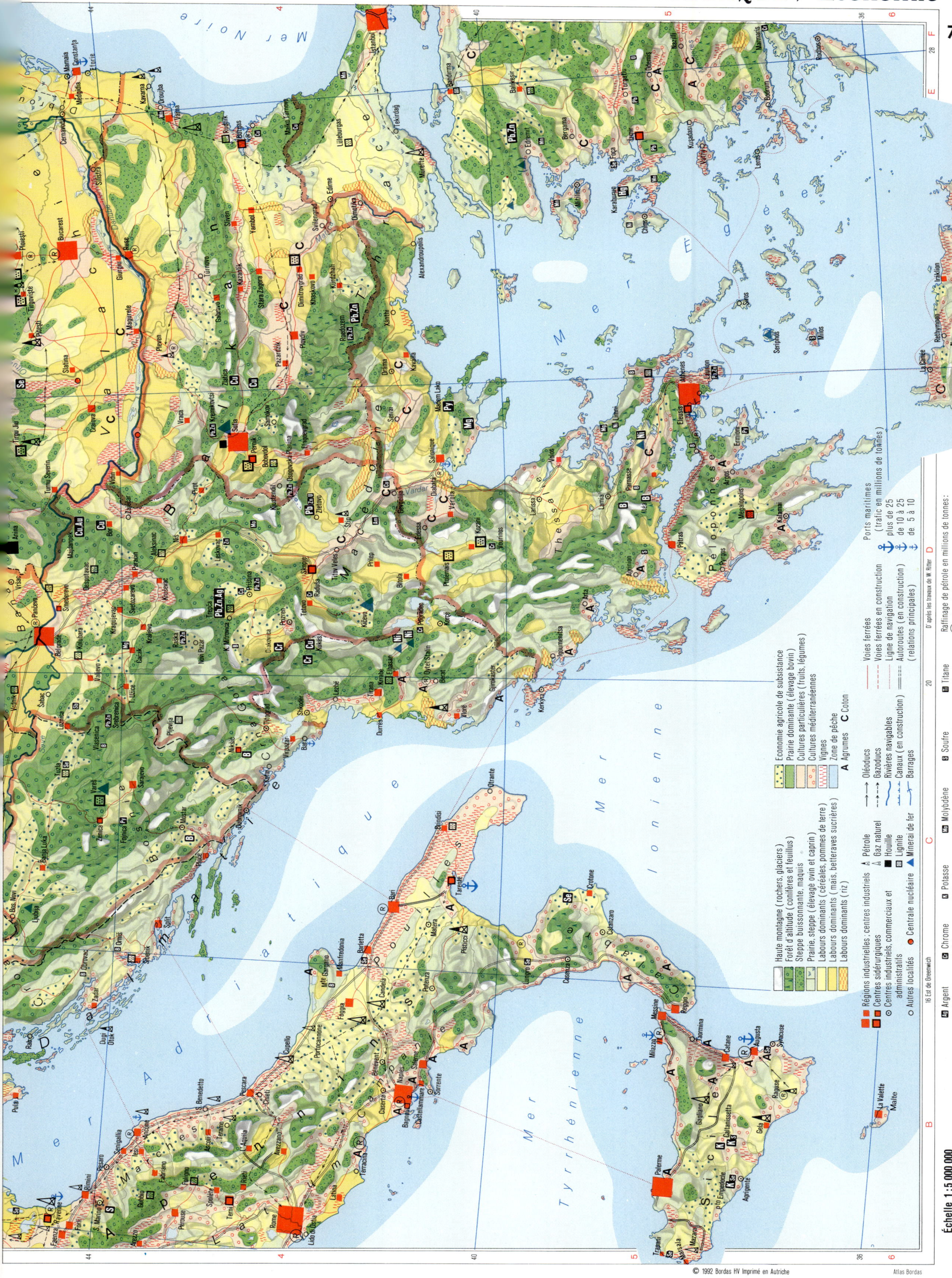

Haute montagne (rochers, glaciers)
Forêt d'altitude (conifères et feuillus)
Steppe buissonnante, maquis
Prairie, steppe (élevage ovin et caprin)
Labours dominants (céréales, pommes de terre)
Labours dominants (maïs, betteraves sucrières)
Labours dominants (riz)
Économie agricole de subsistance
Prairie dominante (élevage bovin)
Cultures particulières (fruits, légumes)
Cultures méditerranéennes
Vignes
Zone de pêche
A Agrumes
C Coton
Régions industrielles ; centres industriels
Centres sidérurgiques
Centres industriels, commerciaux et administratifs
Autres localités
Pétrole
Gaz naturel
Houille
Lignite
Minerai de fer
Centrale nucléaire
Oléoducs
Gazoducs
Rivières navigables
Canaux (en construction)
Barrages
Voies ferrées
Voies ferrées en construction
Ligne de navigation
Autoroutes (en construction) (relations principales)
Ports maritimes (trafic en millions de tonnes)
plus de 25
de 10 à 25
de 5 à 10
Argent
Amiante
Or
Bauxite
Chrome
Cuivre
Graphite
Mercure
Potasse
Kaolin
Magnésite
Manganèse
Molybdène
Nickel
Plomb
Pyrite
Soufre
Antimoine
Sel gemme
Étain
Titane
Uranium
Zinc
Raffinage de pétrole en millions de tonnes :
plus de 10
de 5 à 10
de 2 à 5
D'après les travaux de M. Ritter
Échelle 1:5 000 000

EUROPE ORIENTALE

Projection conique modifiée
Mer de Barents
Mer de Kara
Novaïa Zemlia
I. Vaigatch
I. Kolgouïev
Mer Blanche
Presqu'île de Kola
Mourmansk
Arkhangelsk
Severodvinsk
Golfe de Botnie
FINLANDE
Helsinki
Stockholm
G. de Finlande
Mer Baltique
Lac Ladoga
Lac Onega
St Petersbourg
Petrozavodsk
ESTONIE
Tallinn
Riga
LITUANIE
Vilnius
BIELORUSSIE
Minsk
POLOGNE
Varsovie
R U S S I E
Moscou
Iaroslavl
Vologda
Nijni Novgorod
Kazan
Samara
Saratov
Volgograd
Astrakhan
Perm
Oufa
Orenbourg
Monts Timan
Oural du Nord
Oural Central
Oural du Sud
Sibérie Occidentale
Plateau Central Russe
KAZAKHSTAN
Dépression Caspienne
Mer Caspienne
U K R A I N E
Kiev
Kharkov
Odessa
Dniepropetrovsk
Donetsk
Crimée
Mer d'Azov
Mer Noire
ROUMANIE
Bucarest
MOLDAVIE
BULGARIE
Istanbul
TURQUIE
GÉORGIE
Tbilissi
Erevan
AZERBAÏDJAN
Bakou
Cercle polaire arctique
30 Est de Greenwich
© 1992 Bordas
Atlas Bordas
5000 m
2500 m
1500 m
1000 m
500 m
200 m
100 m
0 m
Dépr.
200 m
2000 m
Échelle 1:12 500 000
100 0 100 200 300 km
plus de 1 000 000 d'hab.
plus de 500 000 hab.
plus de 100 000 hab.
autres villes et localités
Voies ferrées principales
Canaux
Barrages

Projection conique modifiée

Échelle 1 : 12 500 000

100 0 100 200 300 km

Abréviations (p. 80 et p. 81)

Région de Donetsk :
1 Dneprodzerjinsk
2 Gorlovka
3 Kadievka
4 Kommunarsk
5 Kramatorsk
6 Krasny Loutch
7 Lisitchansk
8 Makeïevka
9 Novochakhtinsk
10 Novomoskovsk
11 Novotcharkassk
12 Lougansk

Région de Moscou :
13 Elektrostal
14 Kaliningrad
15 Lioubertsy
16 Mytitchi
17 Noginsk
18 Oriekhovo-Zouïevo

Région de Sverdlovsk :
19 Bilimbaï
20 Nijniaïa Salda
21 Nijnie Serghi
22 Revda
23 Verkhniaïa

RUSSIE • ASIE CENTRALE

Échelle 1 : 20 000 000

100 0 200 400 600 800 1000 km

Mer d'Aral:
- étendue actuelle
- étendue en 1950

- plus de 1 000 000 d'hab.
- plus de 500 000 hab.
- plus de 100 000 hab.
- autres villes et localités

RUSSIE • ASIE CENTRALE

Voies ferrées
Voies ferrées en construction
Canaux
Canaux en construction
Barrages
Axes routiers (en Asie)
Pistes caravanières
Ⓐ Iles occupées par ex U.R.R.S. revendiquées par le Japon

RUSSIE • ASIE CENTRALE ▸ *Économie*

Projection azimutale équ

Échelle 1 : 20 000 000

100 0 200 400 600 800 1000 km

Limite méridionale du gélisol (sol gelé en profondeur ; en russe : merzlota)

- Banquise permanente
- Extension de la banquise en hiver
- Glaces terrestres
- Désert glacé, toundra arctique
- Toundra, prairies d'altitude
- Marais
- Forêt de mélèzes (taïga)
- Forêt de conifères (taïga)
- Forêt de feuillus
- Forêt buissonnante
- Élevage extensif
- Tourbières
- Steppes d'élevage extensif ovin et caprin (chevaux en Mongolie)
- Désert, steppe désertique (chameaux au Turkestan)
- Désert de sable
- Désert salé
- Cultures (blé ou seigle, pommes de terre)
- Cultures (blé, maïs, betterave sucrière, soja)
- Élevage laitier
- Cultures maraîchères et fruitières
- Cultures subtropicales (thé, coton)
- Oasis
- Vigne
- Riz
- Zone de pêche

Centres industriels
Région industrielle
Centre sidérurgique
Autres centres d'activité importants
Gisements de pétrole et de gaz
Pétrole
Gaz naturel
Oléoduc
Gazoduc
Raffinerie
Gisement de houille
Gisement de lignite
Minerai de fer
Voie ferrée importante
Voie ferrée en construction ou en projet
Route maritime du Nord-Est (Arkhangelsk - Vladivostok, 10 600 km)
Route de pénétration importante (Sibérie orientale, Mongolie)
Cours d'eau navigable
Canaux
Gisement non exploité

Amiante	Cuivre	Manganèse	Soufre	
Argent	Diamants	Molybdène	Sel	
Or	Graphite	Nickel	Antimoine	
Bauxite	Mercure	Plomb	Etain	
Cobalt	Potasse	Phosphate	Uranium	
Chrome	Magnésite	Platine	Tungstène	Zinc

Atlas Bordas

Projection azimutale équivalente

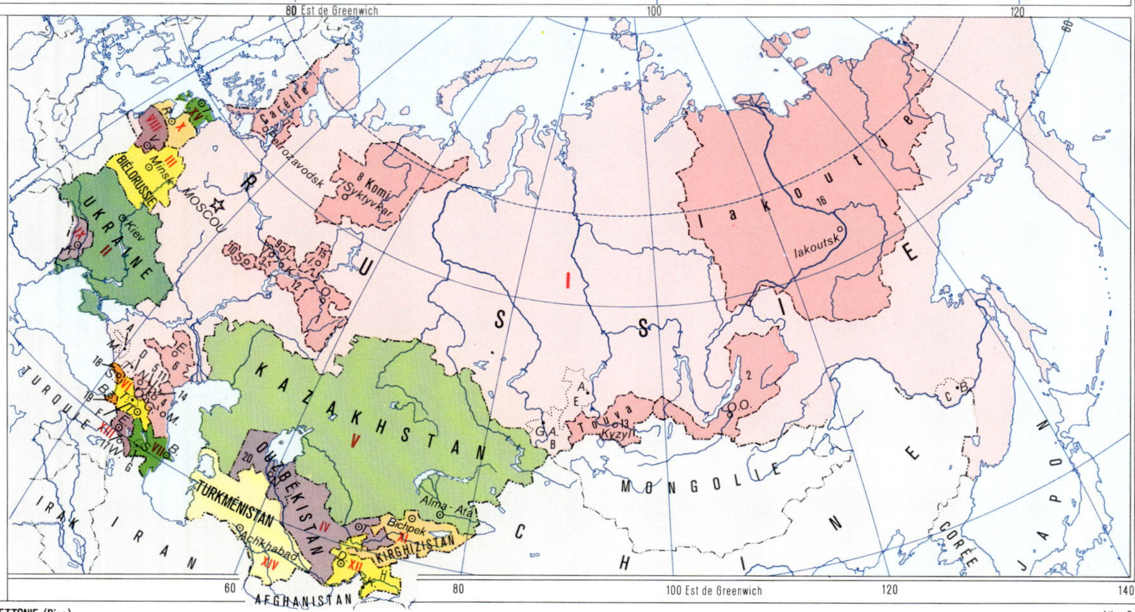

I. **RUSSIE (Moscou)**
Républiques autonomes:
1. Bach Kire (Oufa)
2. Bouriate (Oulan Oude)
3. Tchouvache (Tcheboksary)
4. Daghestan (Makhatchkala)
5. Karbadino - Balkar (Naltchik)
6. Kalmouke (Elista)
7. Carélie (Petrozavodsk)
8. Komi (Syktyvkar)
9. Mari (Iochkar - Ola)
10. Mordve (Saransk)
11. Ossète du Nord (Ordjonikidzé)
12. Tatare (Kazan)
13. Touva (Kyzyl)
14. Tchetchène - Ingouche (Grozny)
15. Oudmourte (Ijevsk)
16. Iakoutie (Iakoutsk)
Régions autonomes:
A. Adygei (Maïkop)
B. Gorno - Altaï (Gorno - Altaïsk)
C. Juifs (Birobidjan)
D. Karachaïevo - Tcherkess (Tcherkessk)
E. Khakaze (Abakan)

II. **UKRAINE (Kiev)**
III. **BIÉLORUSSIE (Minsk)**
IV. **OUZBÉKISTAN (Tachkent)**
République autonome:
20. Karakalpak (Noukous)

V. **KAZAKHSTAN (Alma - Ata)**
VI. **GÉORGIE (Tbilisi)**
Républiques autonomes:
18. Abkhazie (Soukhoumi)
19. Adjarie (Batoumi)
Région autonome:
F. Ossète du Sud (Tskhinvali)

VII. **AZERBAÏDJAN (Bakou)**
Républiques autonome:
17. Nakhitchevan (Nakhitchevan)
Région autonome:
G. Nagorno - Karabagh (Stepanakert)

VIII. **LITUANIE (Vilnius)**
IX. **MOLDAVIE (Kichinev)**
X. **LETTONIE (Riga)**
XI. **KIRGHIZISTAN (Bichpek)**
XII. **TADJIKISTAN (Douchanbé)**
Région autonome:
H. Gorno - Badakchan (Khorg)

XIII. **ARMÉNIE (Erevan)**
XIV. **TURKMÉNISTAN (Achkhabad)**
XV. **ESTONIE (Tallinn)**

⊙ Capitale des États indépendants
○ Capitale de république autonome
● Chef - lieu de région autonome

------- Frontière de l'ancienne U.R.S.S.
-·-·-·- Limite des États indépendants
— — — Limite de république autonome
·········· Limite de région autonome

Échelle 1 : 60 000 000

1000 500 0 1000 km

Atlas Bordas

Projection azimutale équivalente

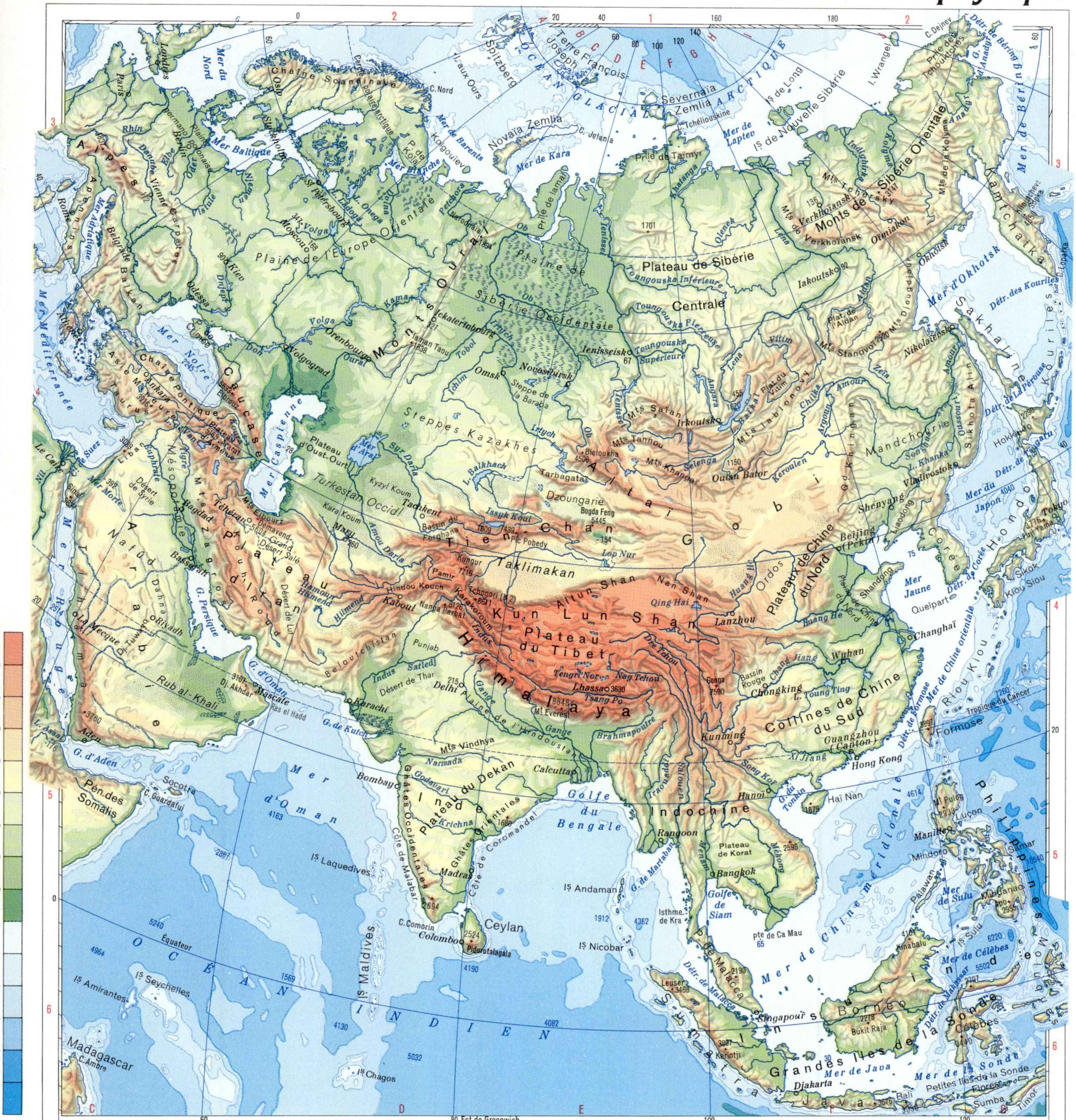

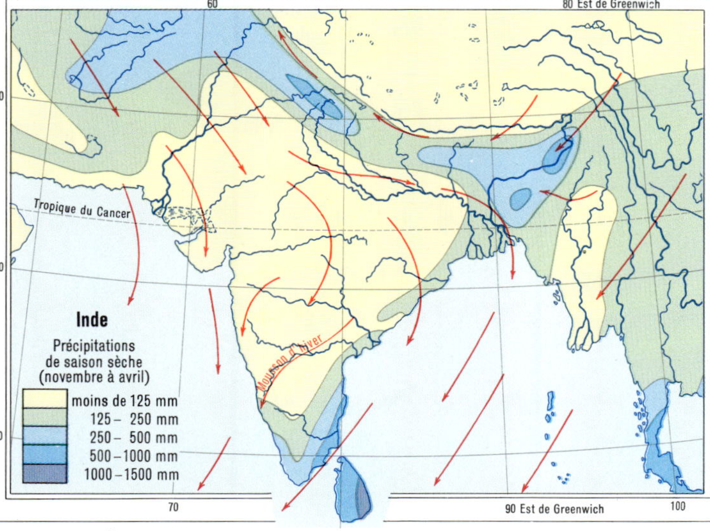

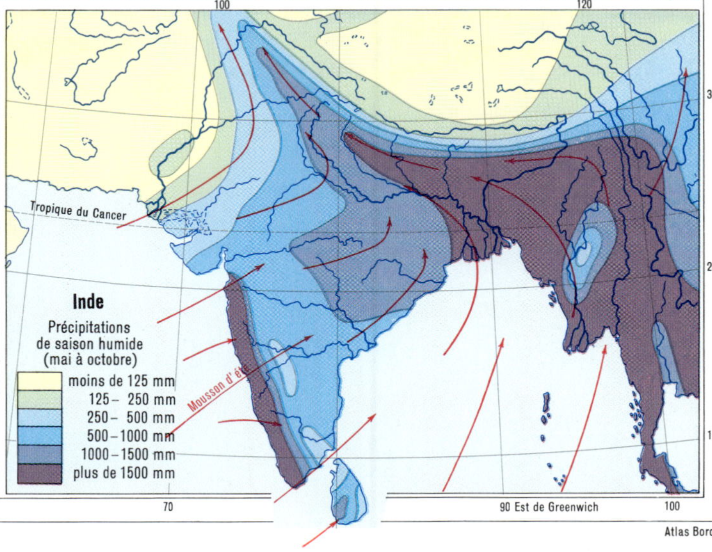

Échelle 1:50 000 000

500 0 500 1000 1500 2000 km

ASIE ▸ *Utilisation du sol*

Projection azimutale équivalente

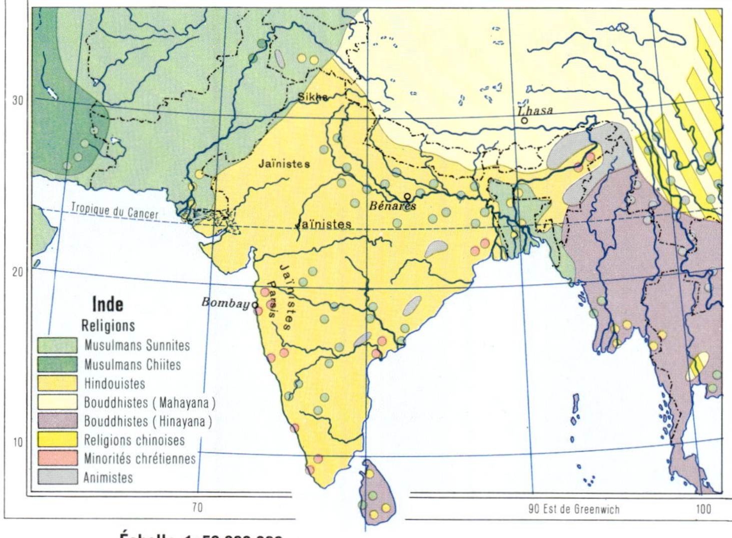

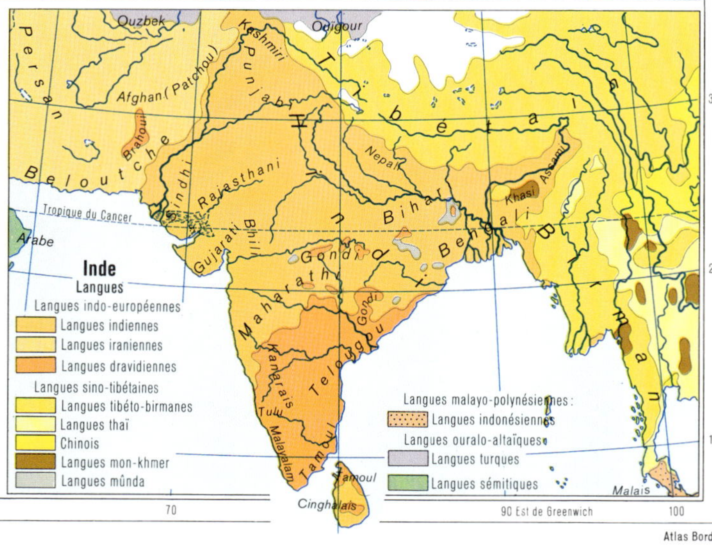

Échelle 1 : 50 000 000

500 0 500 1000 1500 2000 km

Atlas Bordas

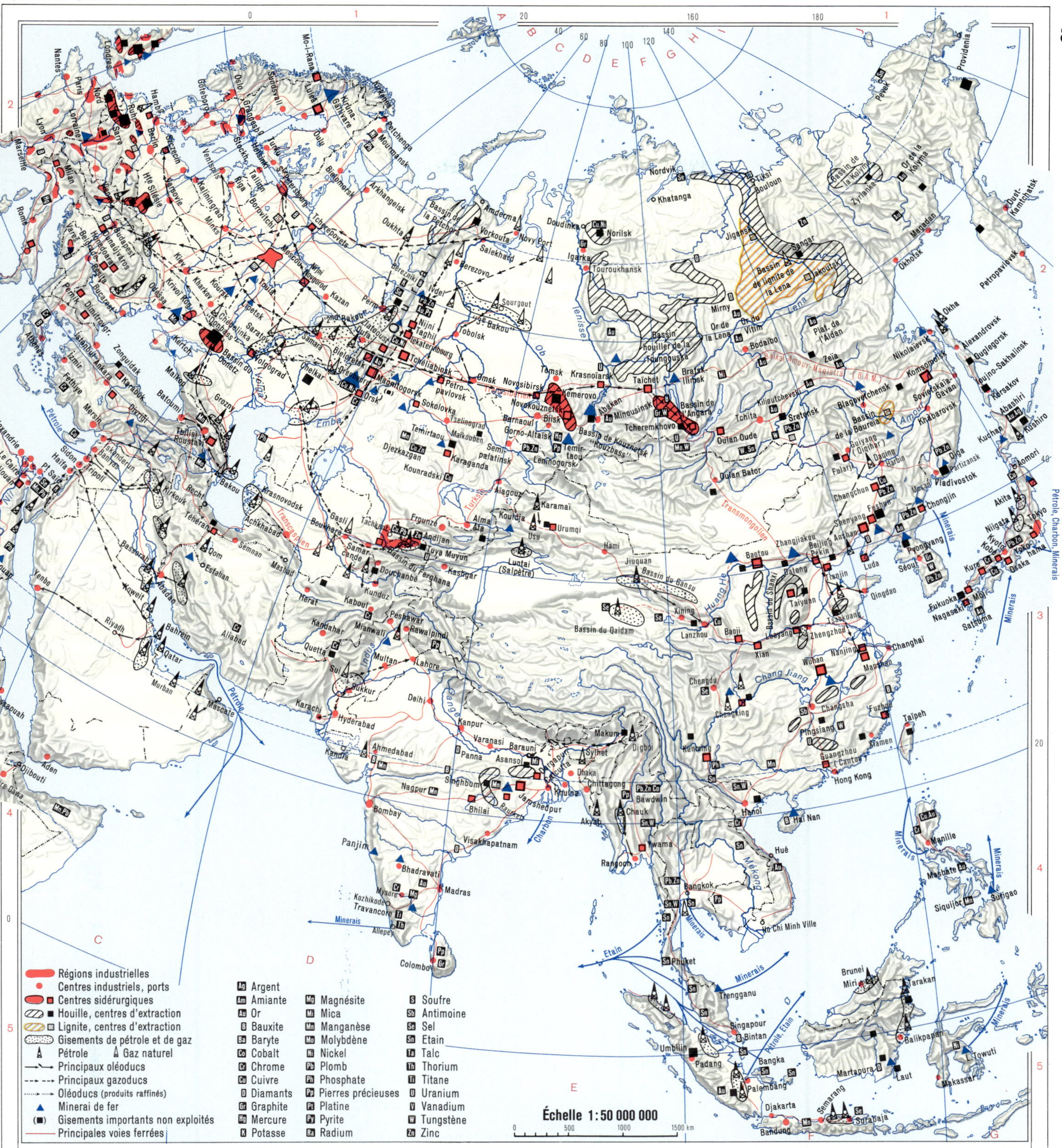
Régions industrielles
Centres industriels, ports
Centres sidérurgiques
Houille, centres d'extraction
Lignite, centres d'extraction
Gisements de pétrole et de gaz
Pétrole
Gaz naturel
Principaux oléoducs
Principaux gazoducs
Oléoducs (produits raffinés)
Minerai de fer
Gisements importants non exploités
Principales voies ferrées
Argent
Amiante
Or
Bauxite
Baryte
Cobalt
Chrome
Cuivre
Diamants
Graphite
Mercure
Potasse
Magnésite
Mica
Manganèse
Molybdène
Nickel
Plomb
Phosphate
Pierres précieuses
Platine
Pyrite
Radium
Soufre
Antimoine
Sel
Etain
Talc
Thorium
Titane
Uranium
Vanadium
Tungstène
Zinc
Échelle 1:50 000 000
0 500 1000 1500 km
Pétrole, Charbon, Minerais
Transsibérien
Transmongolien
Turksib
Bassin de la Petchora
Bassin houiller de la Toungouska
Bassin de lignite de la Lena
Bassin de Kouznetsk
Bassin de l'Angara
Bassin du Qaidam
Bassin du Sichuan
Bassin du Gansu
Minerais

JAVA Économie
Mer de Java
Crevettes
OCÉAN INDIEN
Thons
Sumatra
Krakatau
Panaitan
Karimundjawa
Bawean
Djakarta
Bandung
Semarang
Surabaja
Jogjakarta
Malang
Volcan actif
Forêt tropicale humide, forêt de montagne, zone de reboisement
Forêt de mousson, teck
Savane arborée
Plantations
Rizière irriguée
Cultures non irriguées (riz, maïs); exploitation d'hévéas
Mangrove
Pisciculture
Pêche côtière
Pêche hauturière
Centres industriels
Centres sidérurgiques
Autres centres d'activité importants
Gisement de pétrole et de gaz naturel
Pétrole
Raffinerie
Poste d'embarquement d'hydrocarbures
Minerai de fer
Voie ferrée
Argent
Manganèse
Phosphate
Soufre
Sel
D'après W. Ritter
110 Est de Greenwich
Projection conique modifiée

Échelle 1:6 000 000

100 50 0 100 km

PROCHE-ORIENT ▶ *Économie*

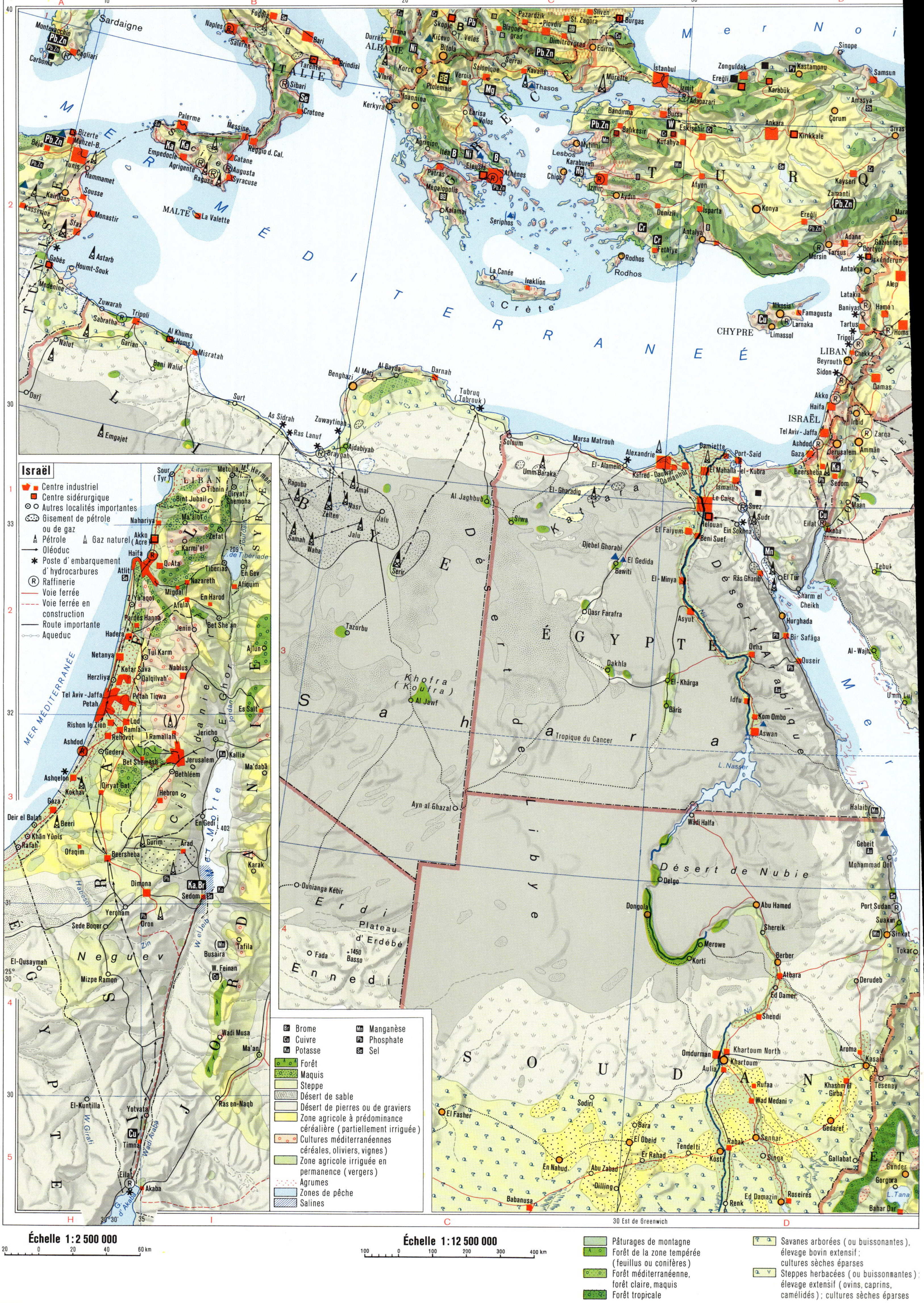
Mer Noire
MER MÉDITERRANÉE
ITALIE
ALBANIE
GRÈCE
TURQUIE
CHYPRE
LIBAN
ISRAËL
TUNISIE
LIBYE
ÉGYPTE
SOUDAN
Désert de Libye
Sahara
Désert Arabique
Désert de Nubie
Plateau d'Erdébé
Ennedi
Tropique du Cancer
Israël
Centre industriel
Centre sidérurgique
Autres localités importantes
Gisement de pétrole ou de gaz
Pétrole
Gaz naturel
Oléoduc
Poste d'embarquement d'hydrocarbures
Raffinerie
Voie ferrée
Voie ferrée en construction
Route importante
Aqueduc
Brome
Cuivre
Potasse
Manganèse
Phosphate
Sel
Forêt
Maquis
Steppe
Désert de sable
Désert de pierres ou de graviers
Zone agricole à prédominance céréalière (partiellement irriguée)
Cultures méditerranéennes céréales, oliviers, vignes)
Zone agricole irriguée en permanence (vergers)
Agrumes
Zones de pêche
Salines
Échelle 1:2 500 000
Échelle 1:12 500 000
30 Est de Greenwich
Pâturages de montagne
Forêt de la zone tempérée (feuillus ou conifères)
Forêt méditerranéenne, forêt claire, maquis
Forêt tropicale
Savanes arborées (ou buissonnantes), élevage bovin extensif ; cultures sèches éparses
Steppes herbacées (ou buissonnantes) ; élevage extensif (ovins, caprins, camélidés) ; cultures sèches éparses

on conique modifiée

Steppes désertiques ; élevage nomade	Cultures intensives (maïs, canne à sucre) partiellement irriguées	Cultures irriguées (riz)
Désert de pierres ou de graviers	Cultures sèches (blé et orge dominants, tournesol, sésame)	Cultures irriguées (céréales, légumes)
Désert de sable	Cultures sèches (millet dominant)	Oasis (palmiers-dattiers)
Dépressions salées	Cultures irriguées (coton)	Cultures méditerranéennes (céréales, oliviers, agrumes)
Lacs salés		Cultures tropicales (café)
Marais, terrains périodiquement inondés		

Vignes
Mangrove
Zones de pêche

ASIE DU SUD-EST

Échelle 1 : 20 000 000

100 0 200 400 600 800 1000 km

- plus de 1 000 000 d'hab.
- plus de 500 000 hab.
- plus de 100 000 hab.
- autres villes et localités
- Voies ferrées principales
- Voies ferrées en construction
- Principales liaisons routières
- Canaux

(A1) (A2) Territoires contestés entre la Chine et l'Inde depuis 1962

(B) Territoire administré par le Pakistan depuis 1949

tion azimutale équivalente

MONGOLIE
CHINE
CORÉE
JAPON
TAÏLANDE (SIAM)
LAOS
VIET NAM
KAMPUCHEA
FÉD. DE MALAYSIA
INDONÉSIE
PHILIPPINES
OCÉAN PACIFIQUE
Mer du Japon
Mer Jaune (Huang Hai)
Mer de Chine orientale
Mer de Chine méridionale
Golfe du Tonkin
Golfe de Siam
Mer de Sulu
Mer de Célèbes
Mer des Moluques
Mer de Seram
Mer de Banda
Mer de Flores
Mer de Java
Mer de Timor
Détr. de Formose
Détr. de Luçon
Détr. de Hainan
Détr. de Makassar
Détr. de Karimata
Détr. de Balabac
Détr. de Corée
Tropique du Cancer
Équateur
Pékin
Tianjin
Changhaï
Nanjing
Wuhan
Chongqing
Chengdu
Guangzhou
Hong Kong (br.)
Macao
Taipeh
Taïwan (Formose)
Séoul
Pusan
Tokyo
Osaka
Kyoto
Nagoya
Yokohama
Hiroshima
Kobe
Hanoï
Haiphong
Hué
Da Nang (Tourane)
Vientiane
Bangkok
Phnom Penh
Ho Chi Minh Ville (Saigon)
Manille
Luçon
Mindanao
Mindoro
Palawan
Samar
Negros
Cebu
Bornéo (Kalimantan)
Sarawak
Sabah
Brunei
Kuching
Célèbes (Sulawesi)
Halmahera
Seram
Buru
Timor
Flores
Sumba
Sumbawa
Lombok
Bali
Java (Djawa)
Djakarta
Bandung
Semarang
Surabaja
Palembang
Singapour
Kuala Lumpur
Malaisie
Hainan
Is Paracels
Is Spratley
Is Okinawa
Is Ogasawara (Is Bonin)
Is Volcano
Parece Vela
Is Palaos (Tutelle USA)
Rasa
Is Daito
5000 m
2500 m
1500 m
1000 m
500 m
200 m
100 m
0 m
Dépr.
200 m
2000 m
4000 m
6000 m
8000 m
Atlas Bordas

SUBCONTINENT INDIEN

Projection conique modifiée

Échelle 1 : 12 500 000

100 0 100 200 300 km

- plus de 1 000 000 d'habitants
- plus de 500 000 habitants
- plus de 100 000 habitants
- autres villes et localités

Voies ferrées principales
Canaux

D. Delhi
P. Pondicherry
W.B. West Bengal

(A1) (A2) Territoires contestés entre la Chine et l'Inde depuis 1962
(B) Territoire administré par le Pakistan depuis 1949

Atlas Bordas

Projection conique modifiée

Échelle 1:12 500 000

100 0 100 200 300 400 500 km

CHINE • JAPON • CORÉE

Provinces Chinoises
1 Anhui (Anhouei)
2 Fujian (Foukien)
3 Gansu (Kansou)
4 Guangdong (Kouang Toung)
5 Guizhou (Kouei Tchéou)
6 Hebei (Ho Peh)
7 Heilongjiang (Heiloung Kiang)
8 Henan (Ho Nan)
9 Hubei (Hou Peh)
10 Hunan (Hou Nan)
11 Jiangsu (Kiang Sou)
12 Jiangxi (Kiang Si)
13 Jilin (Kirin)
14 Liaoning (Liao Ning)
15 Qinghai (Tsinghai)
16 Shaanxi (Chan Si)
17 Shandong (Chan Toung)
18 Shanxi (Chan Si)
19 Sichuan (Se Tchouen)
20 Zhejiang (Tché Kiang)
21 Yunnan (Yunnan)
22 Guangxi (Kouang Si) (A)
23 Nei Mongol (Mongolie intérieure) (A)
24 Ningxia Huizu (Ningsia Houï) (A)
25 Xinjiang Uygur (Sinkiang Ouïgour) (A) (1)
26 Xizang (Tibet) (A) (1)
A Région autonome
(1) Voir page 92 (D-E 1)
plus de 1 000 000 d'habitants
plus de 500 000 habitants
Voies ferrées (en construction)
Barrage
Échelle 1:12 500 000
Projection conique modifiée
© 1989 Bordas HV Imprimé en Autriche
Atlas Bordas

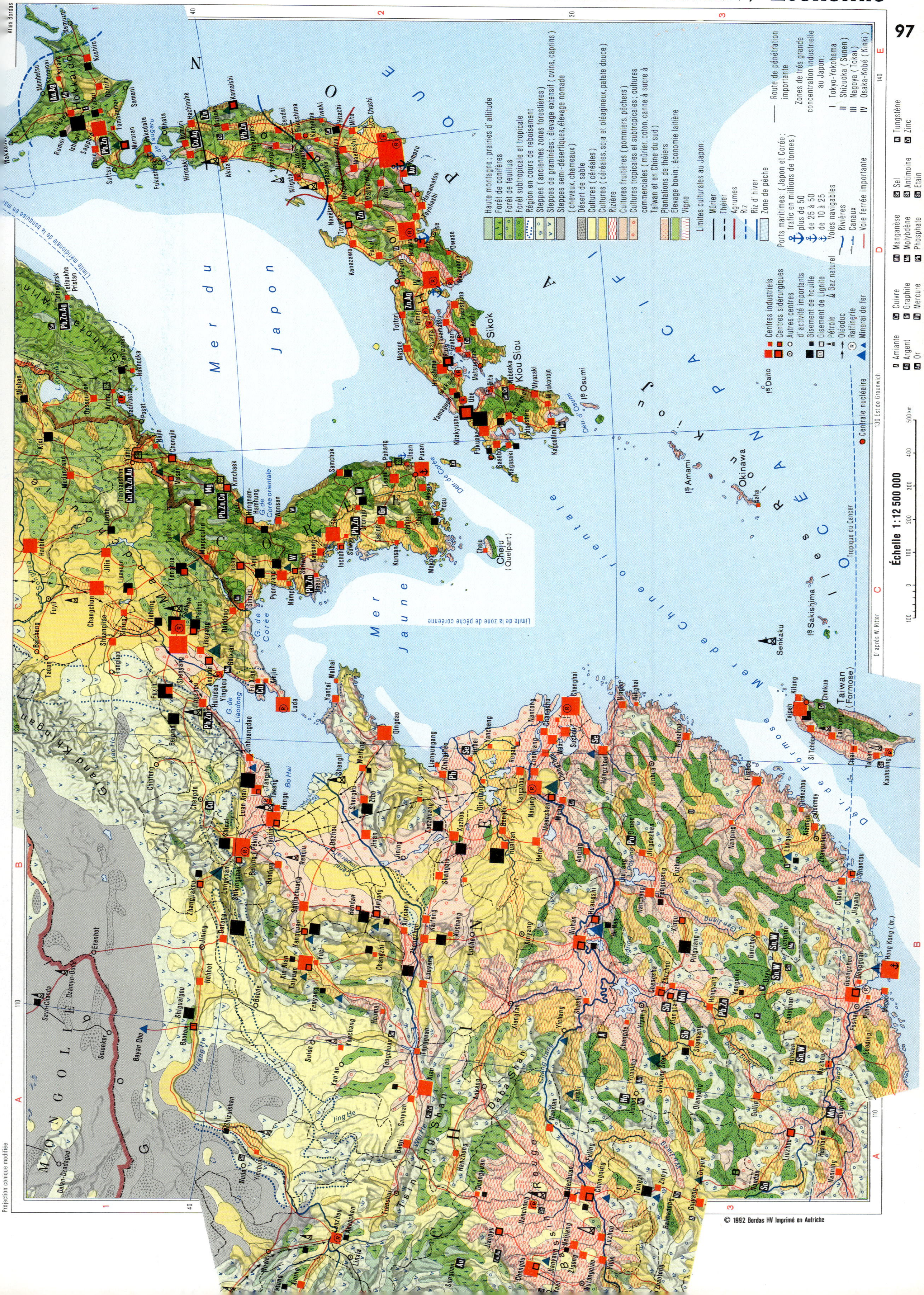
Échelle 1 : 12 500 000
Haute montagne ; prairies d'altitude
Forêt de conifères
Forêt de feuillus
Forêt subtropicale et tropicale
Région en cours de reboisement
Steppes (anciennes zones forestières)
Steppes de graminées ; élevage extensif (ovins, caprins)
Steppes semi-désertiques, élevage nomade (chevaux, chameaux)
Désert de sable
Cultures (céréales)
Cultures (céréales, soja et oléagineux, patate douce)
Rizière
Cultures fruitières (pommiers, pêchers)
Cultures tropicales et subtropicales ; cultures commerciales (mûrier, coton, canne à sucre à Taiwan et en Chine du sud)
Plantations de théiers
Élevage bovin ; économie laitière
Vigne
Limites culturales au Japon :
Mûrier
Théier
Agrumes
Riz
Riz d'hiver
Zone de pêche
Centres industriels
Centres sidérurgiques
Autres centres d'activité importants
Gisement de houille
Gisement de lignite
Pétrole
Gaz naturel
Oléoduc
Raffinerie
Minerai de fer
Centrale nucléaire
Ports maritimes : (Japon et Corée ; trafic en millions de tonnes)
plus de 50
de 25 à 50
de 10 à 25
Voies navigables
Rivières
Canaux
Voie ferrée importante
Route de pénétration importante
Zones de très grande concentration industrielle au Japon :
I Tokyo-Yokohama
II Shizuoka (Sunen)
III Nagoya (Tokai)
IV Ôsaka-Kobé (Kinki)
Amiante
Argent
Or
Bauxite
Cuivre
Graphite
Mercure
Magnésite
Manganèse
Molybdène
Phosphate
Kaolin
Sel
Antimoine
Étain
Uranium
Tungstène
Zinc
Mer du Japon
Mer Jaune
Mer de Chine orientale
Océan Pacifique
Taiwan (Formose)
Okinawa
Kiou Siou
Sikok
Cheju (Quelpart)
Hong Kong (br.)
Projection conique modifiée

JAPON

Mer d'Okhotsk
Sakhaline
Hokkaido (Yeso)
Sapporo
Asahikawa
Kushiro
Hakodate
Otaru
Muroran
Mts Hidaka
Rebun
Rishiri
Okushiri
Oshima
Aomori
Akita
Sendai
Yamagata
Tobi
Sado
Honshu
Mts Sikhote Aline
Vladivostok
Nakhodka
Oussouriisk
L. Khanka
G. de Pierre-le-Grand
Heilongjiang
Mudanjiang
COREE DU NORD
Chongjin
Hamhung
Wonsan
Hungnam
Paektu San 2744
© 1992 Bordas HV Imprimé en Autriche
Projection conique modifiée

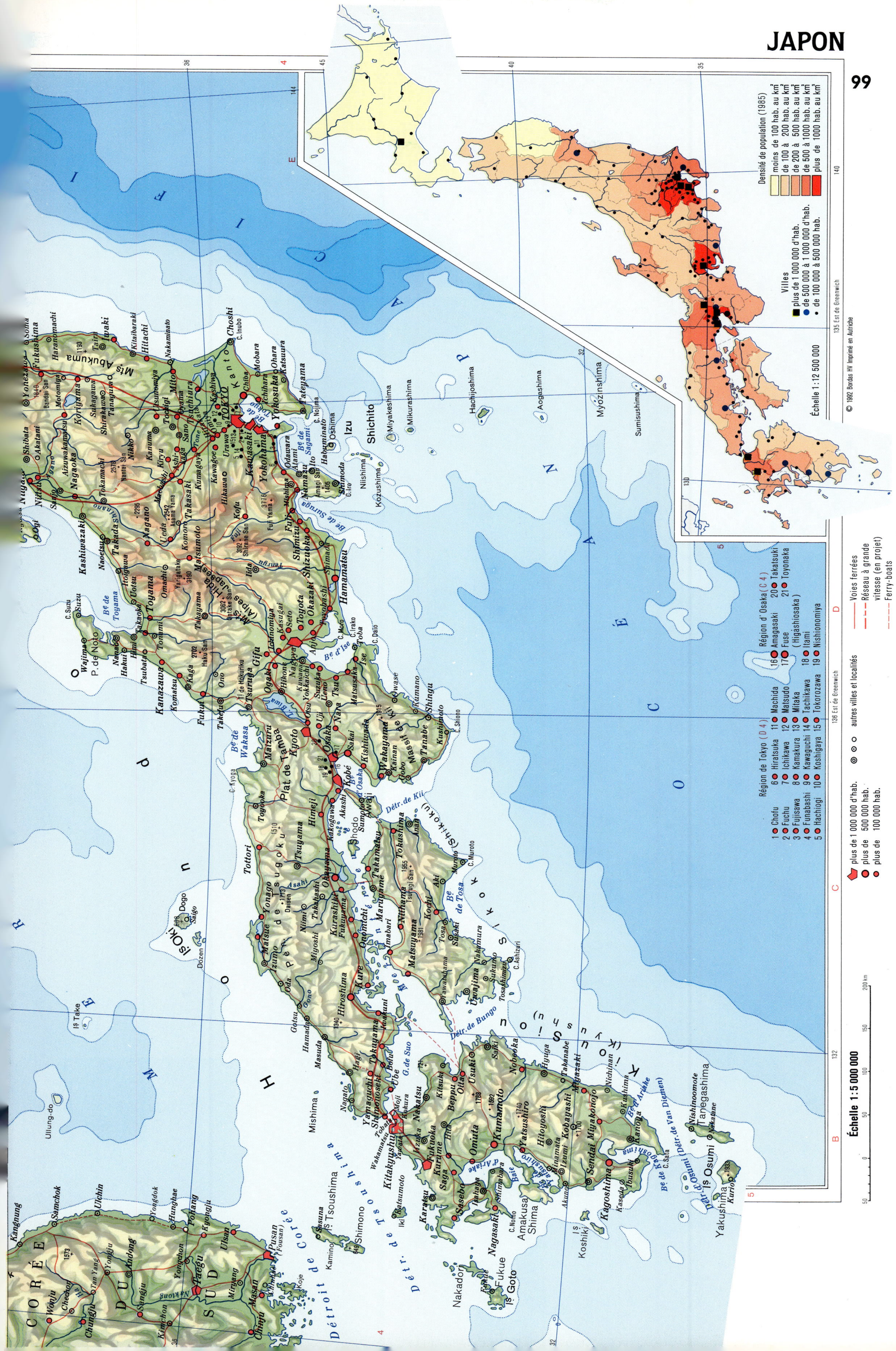
Densité de population (1985)
moins de 100 hab. au km²
de 100 à 200 hab. au km²
de 200 à 500 hab. au km²
de 500 à 1000 hab. au km²
plus de 1000 hab. au km²
Villes
plus de 1 000 000 d'hab.
de 500 000 à 1 000 000 d'hab.
de 100 000 à 500 000 hab.
Échelle 1:12 500 000
135 Est de Greenwich
© 1992 Bordas HV Imprimé en Autriche
plus de 1 000 000 d'hab.
plus de 500 000 hab.
plus de 100 000 hab.
autres villes et localités
Région de Tokyo (D 4)
1 Chofu 6 Hiratsuka 11 Machida
2 Fuchu 7 Ichikawa 12 Matsudo
3 Fujisawa 8 Kamakura 13 Mitaka
4 Funabashi 9 Kawaguchi 14 Tachikawa
5 Hachiogi 10 Koshigaya 15 Tokorozawa
Région d'Osaka (C 4)
16 Amagasaki 20 Takatsuki
17 Fuse 21 Toyonaka
(Higashiosaka)
18 Itami
19 Nishinomiya
Voies ferrées
Réseau à grande vitesse (en projet)
Ferry-boats
Échelle 1:5 000 000
O C É A N P A C I F I Q U E
M E R D U J A P O N
C O R É E D U S U D
H O N S H U
S H I K O K U
K Y U S H U
TOKYO
Osaka
Kyoto
Kobe
Nagoya
Yokohama
Hiroshima
Kitakyushu
Fukuoka
Détroit de Corée

AFRIQUE

Carte physique

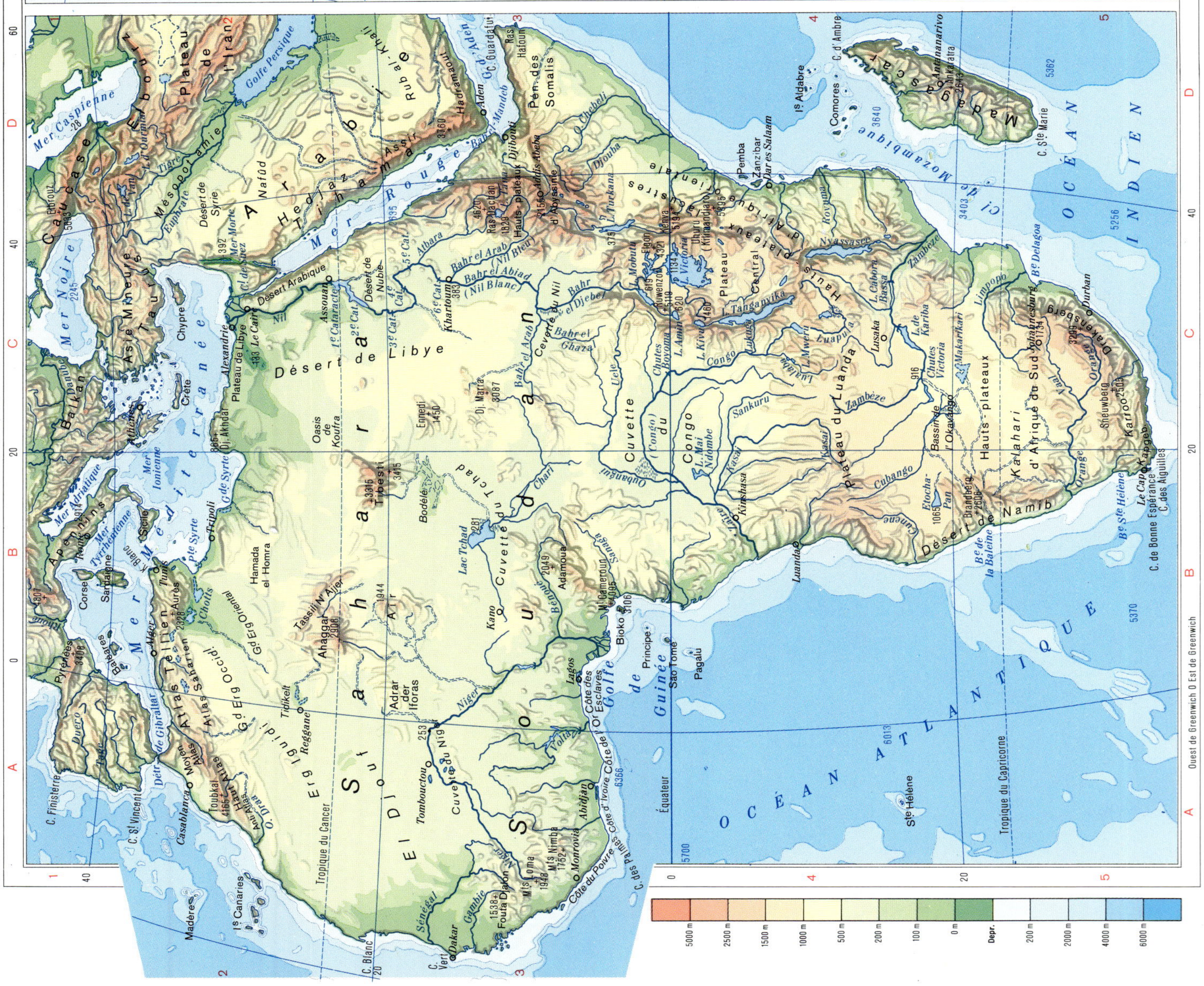
Projection azimutale équivalente
Océan Atlantique
Océan Indien
Sahara
Soudan
Désert de Libye
Mer Méditerranée
Mer Rouge
Golfe de Guinée
Cuvette du Congo
Kalahari
Madagascar
Échelle 1:50 000 000
Ouest de Greenwich 0 Est de Greenwich

Climat

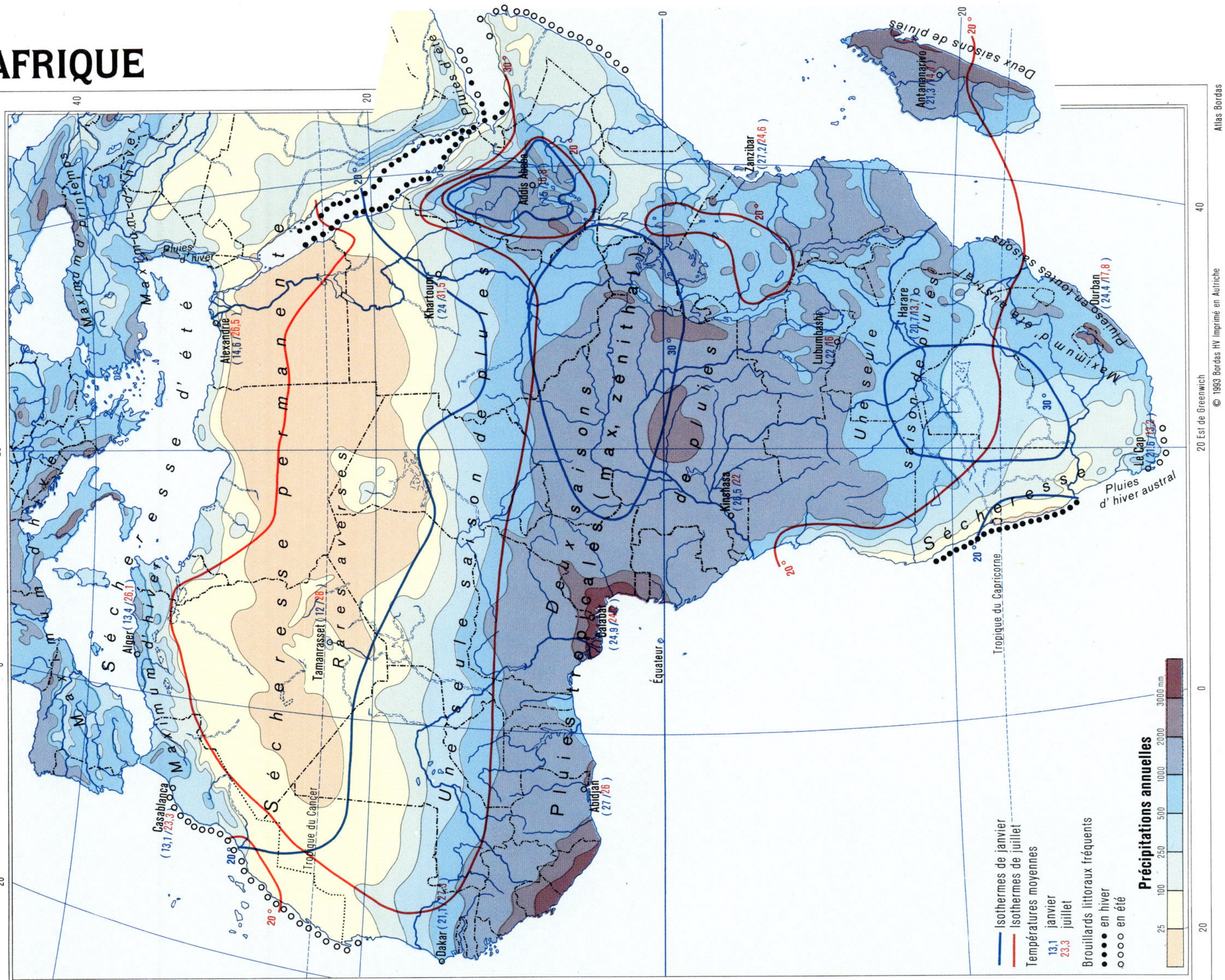
Sécheresse permanente
Une seule saison de pluies
Deux saisons (max. zénithal) de pluies
Pluies tropicales
Pluies d'hiver austral
Deux saisons de pluies
Isothermes de janvier
Isothermes de juillet
Températures moyennes
13,1 janvier
23,3 juillet
Brouillards littoraux fréquents
en hiver
en été
Précipitations annuelles
Tropique du Capricorne
Équateur
20 Est de Greenwich

Utilisation du sol

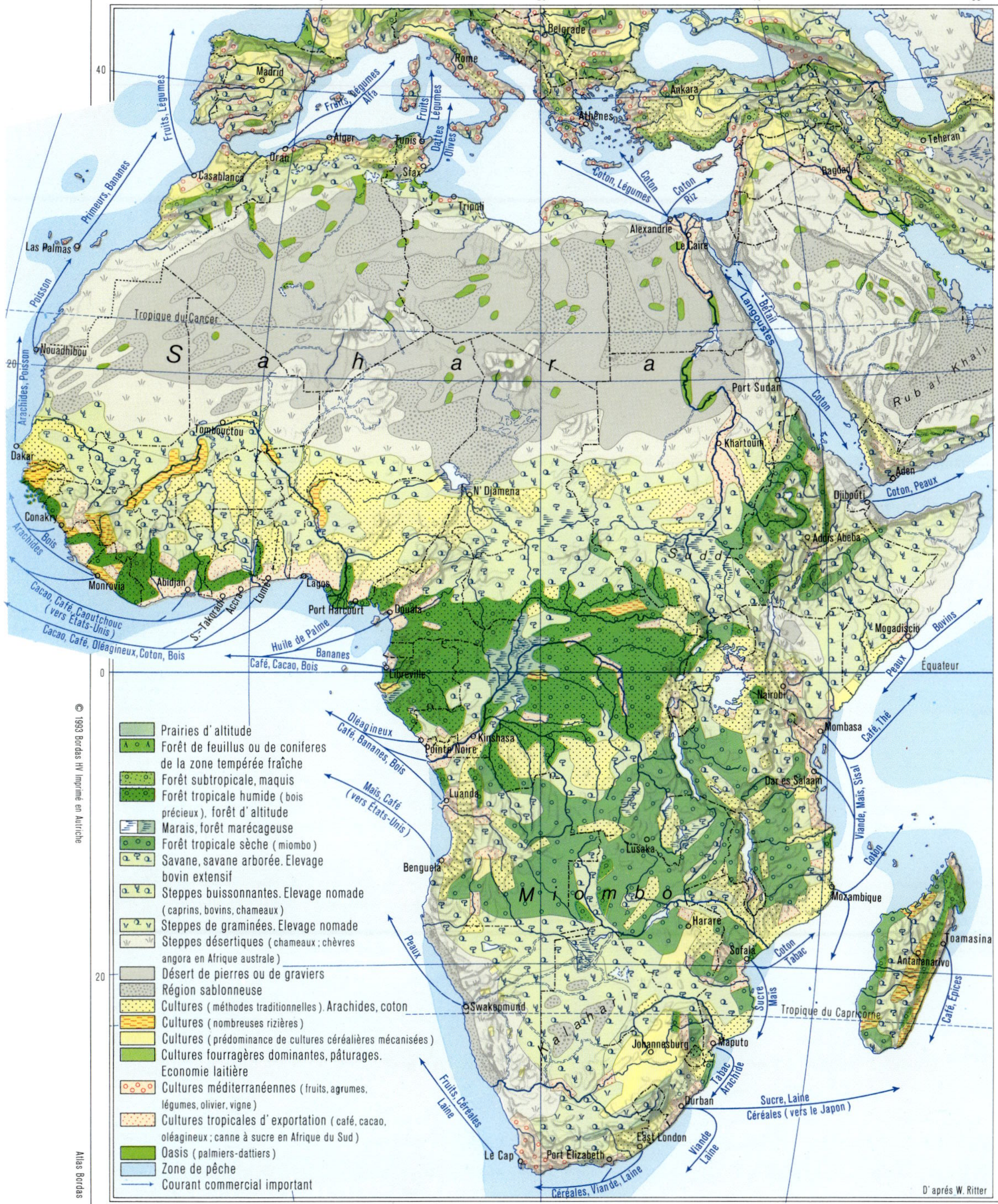

Échelle 1:50 000 000

500 0 500 1000 1500 2000 km

Mines et industrie

Projection azimutale équivalente

Géologie et tectonique

- Socle ancien (plissements précambriens)
- Sédimentation sur socle ancien
- Régions de plissements paléozoïques
- Sédimentation sur régions paléozoïques
- Plissements récents
- Sédimentation récente
- Epanchements volcaniques (tertiaires et quaternaires)
- Plateau continental

AFRIQUE

Projection azimutale équivalente
OCÉAN ATLANTIQUE
OCÉAN
Mer Méditerranée
Mer Rouge
Golfe de Guinée
Mer Caspienne
Mer Noire
Golfe Persique
ALGÉRIE
LIBYE
ÉGYPTE
SOUDAN
TCHAD
NIGER
MALI
MAURITANIE
SAHARA OCCIDENTAL
MAROC
TUNISIE
NIGERIA
CENTRAFRIQUE
CAMEROUN
ZAÏRE
GABON
CONGO
ÉTHIOPIE
SOMALIE
KENYA
OUGANDA
ARABIE SAOUDITE
YÉMEN
IRAQ
IRAN
TURQUIE
SYRIE
ESPAGNE
PORTUGAL
FRANCE
ITALIE
GRÈCE
BULGARIE
ROUMANIE
YOUGOSLAVIE
ALBANIE
SÉNÉGAL
GUINÉE
SIERRA LEONE
LIBÉRIA
CÔTE D'IVOIRE
GHANA
TOGO
BÉNIN
BURKINA
ALGER
TUNIS
TRIPOLI
LE CAIRE
ALEXANDRIE
KHARTOUM
ADDIS ABEBA
NAIROBI
MOGADISCIO
DAKAR
BAMAKO
NIAMEY
N'Djamena
ABIDJAN
LAGOS
Yaoundé
Libreville
Bangui
Kampala
Djibouti
Aden
Sanaa
Riyadh
BAGDAD
TÉHÉRAN
DAMAS
AMMAN
BEYROUTH
ANKARA
ISTANBUL
ATHÈNES
SOFIA
BUCAREST
BELGRADE
ROME
MADRID
Lisbonne
Rabat
CASABLANCA
Nouakchott
Conakry
Freetown
Monrovia
Accra
Lomé
Porto Novo
Ouagadougou
Tropique du Cancer
Équateur
Désert de Libye
Nil
Niger
Lac Tchad
Lac Victoria

Canal de Suez
1 : 2 500 000
Iles du Cap Vert
1 : 25 000 000
Açores
1 : 25 000 000
Échelle 1:25 000 000
Échelle 1:50 000 000
plus de 1 000 000 d'habitants
plus de 500 000 habitants
plus de 100 000 habitants
autres villes et localités
Voies ferrées principales
OCÉAN ATLANTIQUE
OCÉAN INDIEN
MADAGASCAR
ANGOLA
NAMIBIE
BOTSWANA
ZIMBABWE
MOZAMBIQUE
TANZANIE
ZAMBIE
ALGÉRIE
LIBYE
EGYPTE
SOUDAN
TCHAD
NIGER
NIGERIA
ZAIRE
KENYA
SOMALIE
ÉTHIOPIE
MAROC
MALI
CENTRAFRIQUE
ARABIE SAOUDITE
TURQUIE
ESPAGNE
ITALIE
FRANCE
Mer Méditerranée
Mer Rouge
Canal de Mozambique

AFRIQUE DU NORD

Échelle 1 : 5 000 000

50 0 50 100 150 200 km

- plus de 250 000 hab.
- plus de 100 000 hab.
- plus de 50 000 hab.
- plus de 25 000 hab.
- plus de 10 000 hab.
- moins de 10 000 hab.
- Ruines antiques
- Dunes, ergs
- Lacs salés, chotts
- Voies ferrées
- Principales routes et pistes transsahariennes
- Oléoducs
- Gazoducs

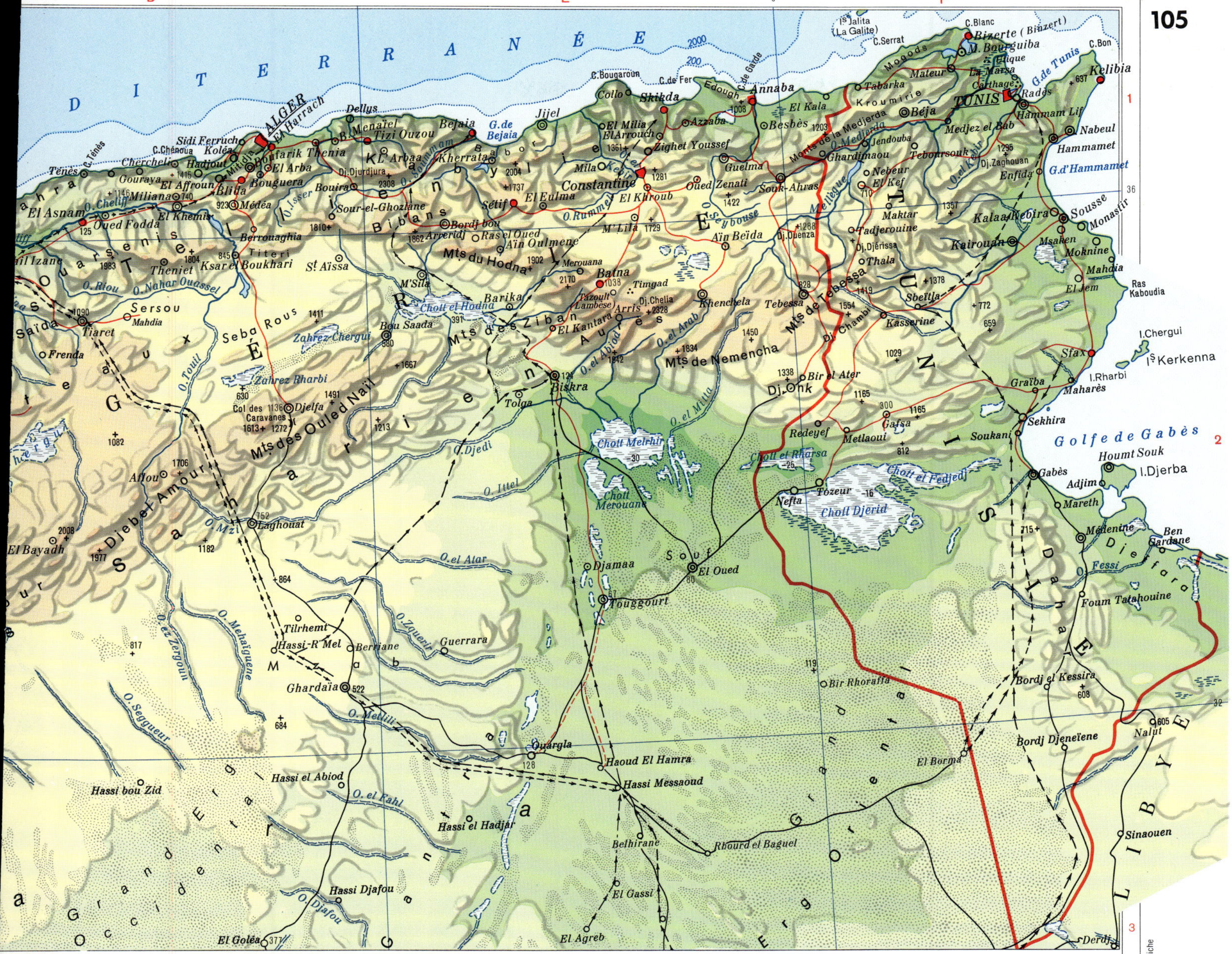

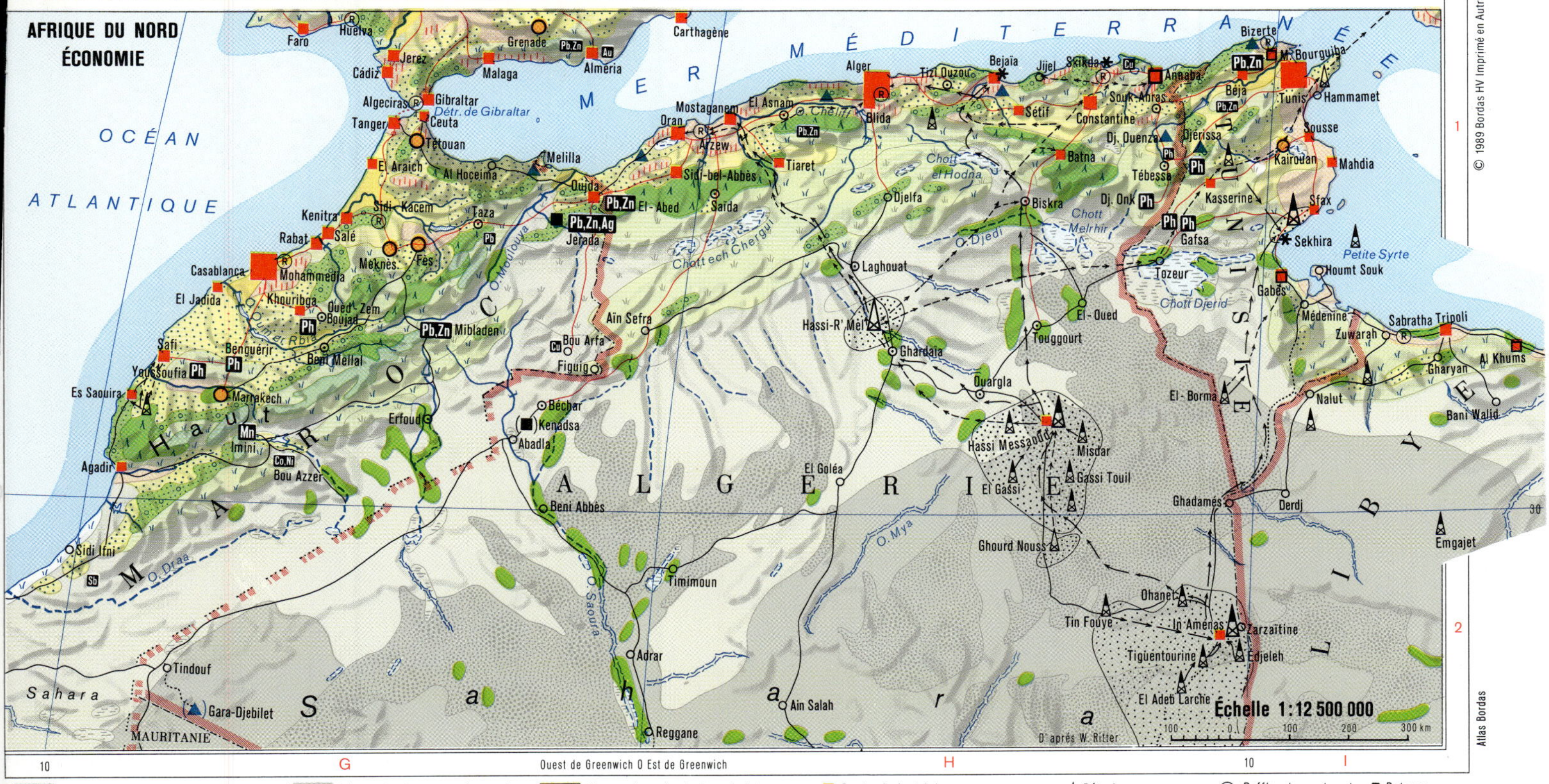

Pâturages de montagne	Désert de pierres ou de graviers	Economie agricole de subsistance	Centre industriel	Pétrole
Forêt de conifères (reboisement)	Désert de sable	Cultures méditerranéennes (céréales, vignes, oliviers, agrumes)	Centre sidérurgique	Gaz naturel
Forêt de feuillus, forêt buissonnante, maquis	Désert salé; Chott	Oasis (palmiers-dattiers)	Centre d'artisanat et de commerce	Oléoduc
Steppes; élevage extensif	Cultures céréalières extensives	Zones de pêche	Autres villes	Gazoduc
Steppes d'alfa	Culture intensive; cultures irriguées (canne à sucre, légumes)		Gisement houiller	Poste d'embarquement d'hydrocarbures
Steppes semi-désertiques; élevage nomade			Gisement non exploité	
			Gisement de pétrole et de gaz naturel	

Raffinerie; usine de liquéfaction de gaz	Potasse
Minerai de fer	Manganèse
Argent	Plomb
Or	Phosphate
Cobalt	Antimoine
Cuivre	Zinc

AFRIQUE DE L'OUEST • AFRIQUE CENTRALE ▸ *Économie*

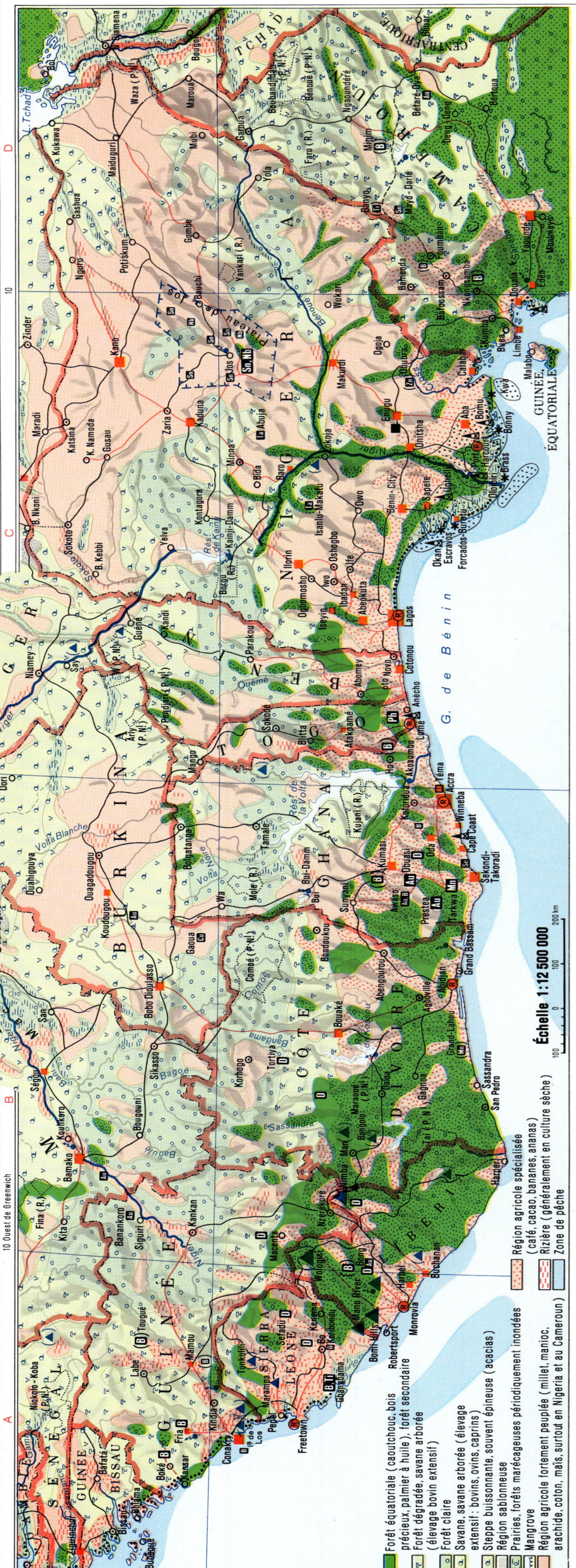
Forêt équatoriale (caoutchouc, bois précieux, palmier à huile), forêt secondaire
Forêt dégradée, savane arborée (élevage bovin extensif)
Forêt claire
Savane, savane arborée (élevage extensif : bovins, ovins, caprins)
Steppe buissonnante, souvent épineuse (acacias)
Région sablonneuse
Prairies, forêts marécageuses périodiquement inondées
Mangrove
Région agricole fortement peuplée (millet, manioc, arachide, coton, maïs, surtout en Nigeria et au Cameroun)
Région agricole spécialisée (café, cacao, bananes, ananas)
Rizière (généralement en culture sèche)
Zone de pêche
Échelle 1:12 500 000
Projection azimutale équivalente
G. de Bénin

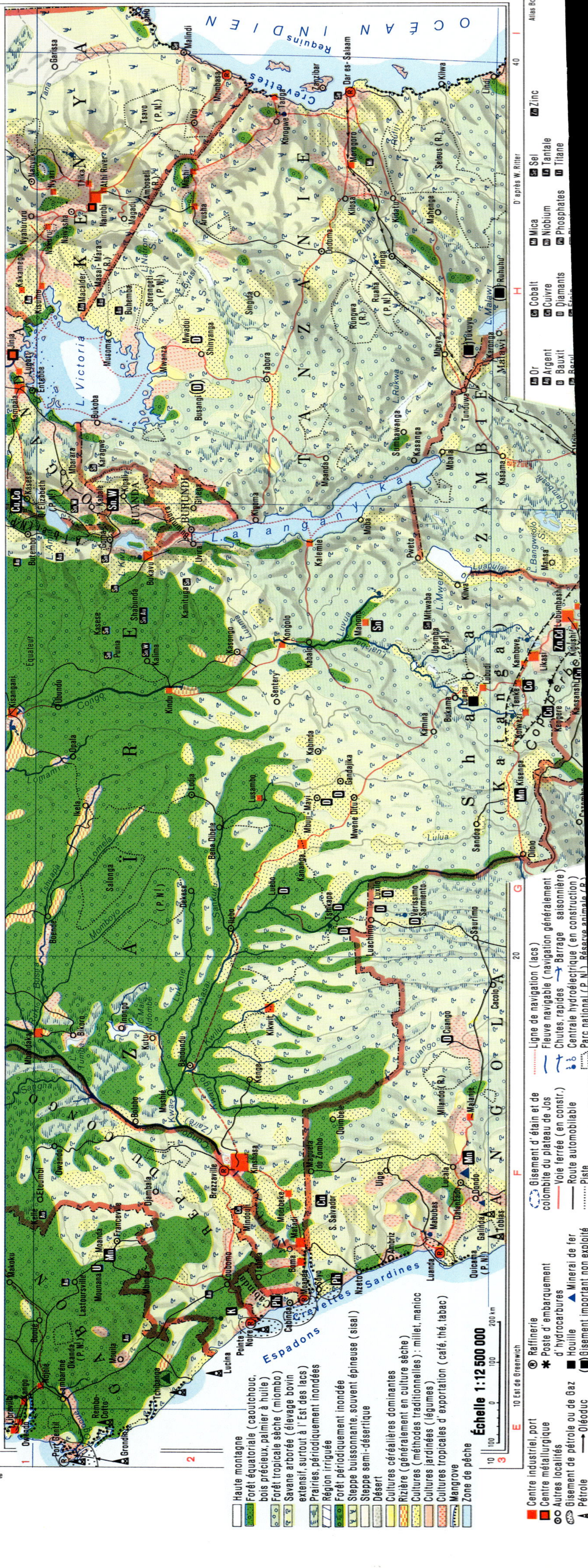
Haute montagne
Forêt équatoriale (caoutchouc, bois précieux, palmier à huile)
Forêt tropicale sèche (miombo)
Savane arborée (élevage bovin extensif, surtout à l'Est des lacs)
Prairies, périodiquement inondées
Région irriguée
Forêt périodiquement inondée
Steppe buissonnante, souvent épineuse (sisal)
Steppe semi-désertique
Désert
Cultures céréalières dominantes
Rizière (généralement en culture sèche)
Cultures (méthodes traditionnelles) : millet, manioc
Cultures jardinées (légumes)
Cultures tropicales d'exportation (café, thé, tabac)
Mangrove
Zone de pêche
Échelle 1:12 500 000
Centre industriel, port
Centre métallurgique
Autres localités
Gisement de pétrole ou de Gaz
Pétrole
Oléoduc
Raffinerie
Poste d'embarquement d'hydrocarbures
Houille
Gisement important non exploité
Minerai de fer
Gisement d'étain et de colombite du plateau de Jos
Voie ferrée (en constr.)
Route automobilable
Piste
Ligne de navigation (lacs)
Fleuve navigable (navigation généralement saisonnière)
Chutes, rapides
Barrage
Centrale hydroélectrique (en construction)
Parc national (P.N.) Réserve animale (R.)
Or
Argent
Bauxite
Cobalt
Cuivre
Diamants
Mica
Niobium
Phosphates
Sel
Tantale
Titane
Zinc
D'après W. Ritter
Atlas Bordas
OCÉAN INDIEN

AFRIQUE AUSTRALE

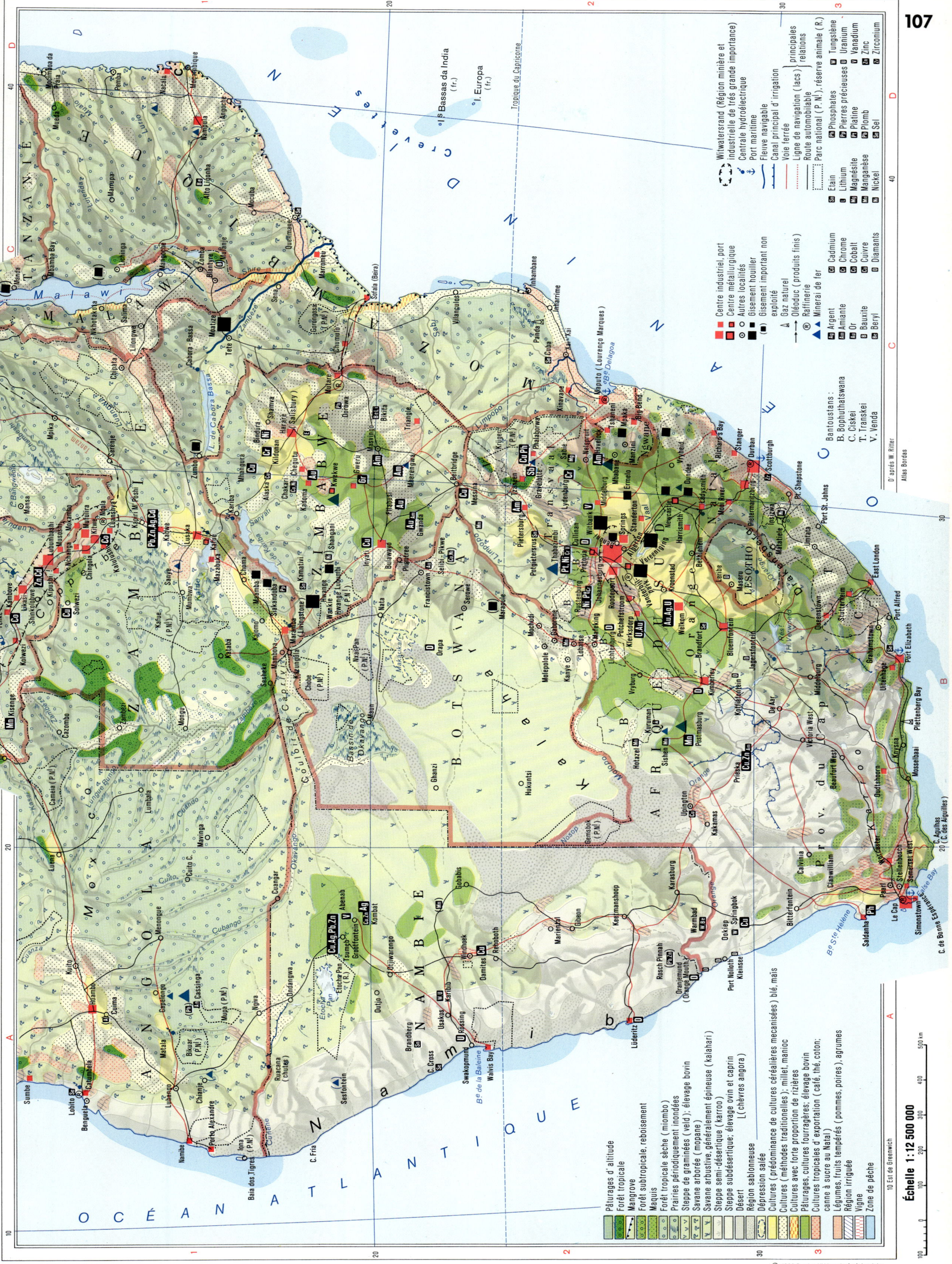

Pâturages d'altitude
Forêt tropicale
Mangrove
Forêt subtropicale, reboisement
Maquis
Forêt tropicale sèche (miombo)
Prairies périodiquement inondées
Steppe de graminées (veld); élevage bovin
Savane arborée (mopane)
Savane arbustive, généralement épineuse (kalahari)
Steppe semi-désertique (karroo)
Steppe subdésertique; élevage ovin et caprin
[(chèvres angora)
Désert
Région sablonneuse
Dépression salée
Cultures (prédominance de cultures céréalières mécanisées) blé, maïs
Cultures (méthodes traditionnelles); millet, manioc
Cultures avec forte proportion de rizières
Pâturages, cultures fourragères; élevage bovin
Cultures tropicales d'exportation (café, thé, coton; canne à sucre au Natal)
Légumes, fruits tempérés (pommes, poires), agrumes
Région irriguée
Vigne
Zone de pêche
Centre industriel, port
Centre métallurgique
Autres localités
Gisement houiller
Gisement important non exploité
Gaz naturel
Oléoduc (produits finis)
Raffinerie
Minerai de fer
Argent
Amiante
Or
Bauxite
Beryl
Cadmium
Chrome
Cobalt
Cuivre
Diamants
Witwatersrand (Région minière et industrielle de très grande importance)
Centrale hydroélectrique
Port maritime
Fleuve navigable
Canal principal d'irrigation
Voie ferrée
Ligne de navigation (lacs)
Route automobilable
principales relations
Parc national (P.N), réserve animale (R.)
Etain
Lithium
Magnésite
Manganèse
Nickel
Phosphates
Pierres précieuses
Platine
Plomb
Sel
Tungstène
Uranium
Vanadium
Zinc
Zirconium
Bantoustans :
B. Bophuthatswana
C. Ciskei
T. Transkei
V. Venda
D'après W. Ritter
Atlas Bordas
Échelle 1 : 12 500 000
OCÉAN ATLANTIQUE
OCÉAN INDIEN

AMÉRIQUE ▶ *Carte physique*

Projection de Sanson

Échelle 1 : 50 000 000

500 0 500 1000 1500 2000 km

Projection de Sanson

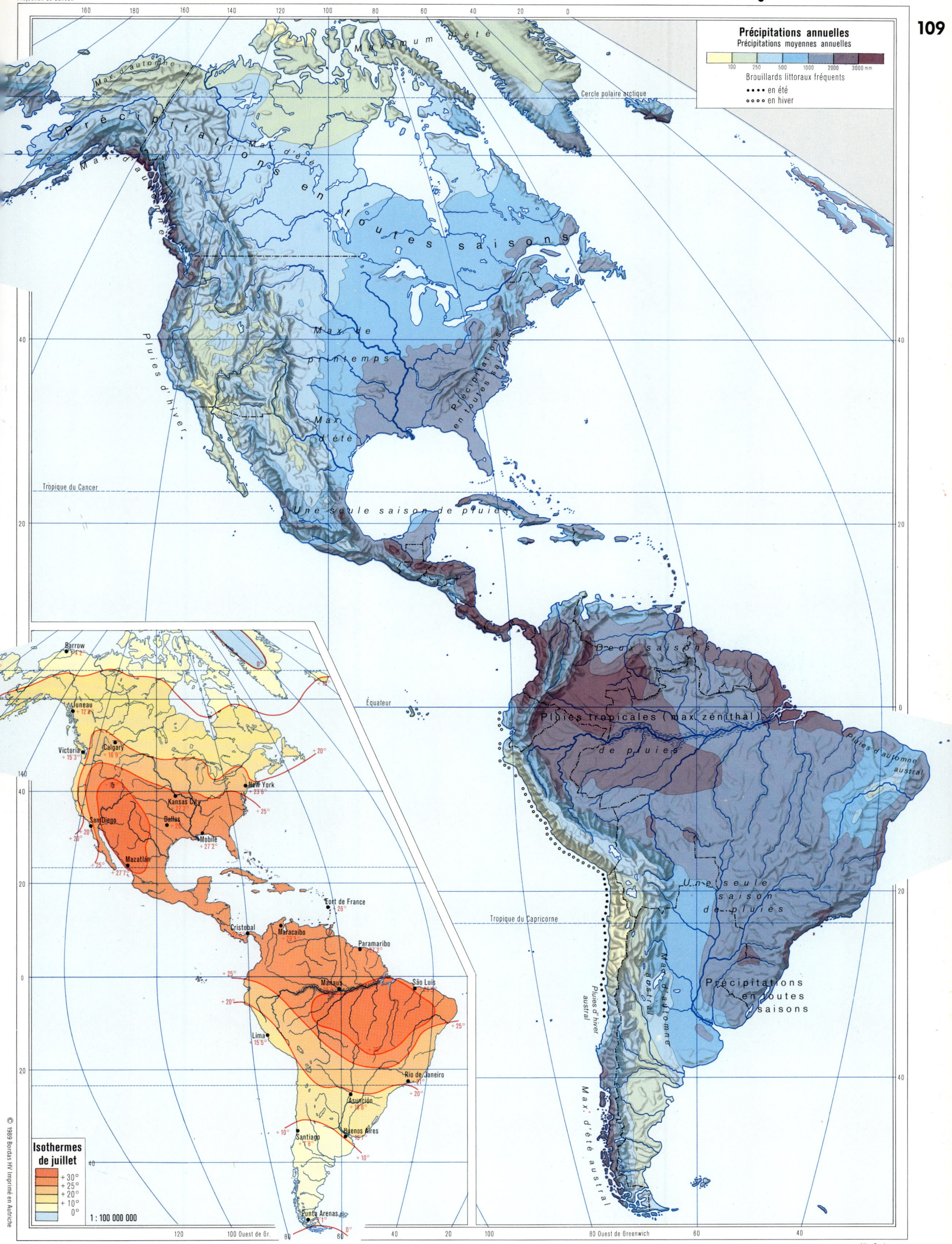

Échelle 1 : 50 000 000

500 0 500 1000 1500 2000 km

AMÉRIQUE ▶ Utilisation du sol

Projection de Sanson
Glaciers, inlandsis
Désert glacé
Toundra, pâturages d'altitude (rennes, caribous)
Paramos (hauts pâturages des Andes)
Forêt de conifères ou de feuillus de la zone tempérée fraîche (animaux à fourrures, bois, pâte de bois)
Forêt de feuillus de la zone tempérée fraîche
Forêt subtropicale
Forêt tropicale humide
Forêt tropicale sèche (chaco, caatingas)
Savane, savane arborée (campos cerrados, llanos) élevage bovin extensif (bovins)
Steppes de graminées, steppes buissonnantes ; élevage nomade
Steppes buissonnantes généralement épineuses ; élevage très extensif (bovins, ovins, caprins)
Steppes désertiques, déserts
Prairies et cultures fourragères, élevage bovin intensif, économie latière
Cultures mécanisées (céréales, soja, betterave sucrière)
Cultures (méthodes traditionnelles)
Cultures (nombreuses rizières)
Cultures maraîchères (fruits et légumes)
Cultures tropicales ou subtropicales d'exportation (agrumes, café, canne à sucre, coton)
Oasis (fruits et légumes, canne à sucre)
Marais, forêt marécageuse
Banquise permanente
Extension de la banquise en hiver
Zone de pêche
Limite de la banquise permanente
Limite de l'extension maximale de la banquise
Courant commercial important
Cercle polaire arctique
Tropique du Cancer
Équateur
Tropique du Capricorne
Barren grounds (toundra)
Selvas
Campos
Caatingas
Chaco
Pampas
Llanos
Puna
Patagonie
CANADA
ÉTATS-UNIS
MEXIQUE
Océan Atlantique
Golfe du Mexique
Mer des Caraïbes
Baie d'Hudson
Labrador
Groenland (dan.)
Alaska
plus de 1 000 000 d'hab.
plus de 500 000 hab.
plus de 100 000 hab.
autres localités
Échelle 1:50 000 000
0 500 1000 1500 2000 km
Atlas Bordas
© 1989 Bordas HV Imprimé en Autriche

AMÉRIQUE ▸ *Mines et industrie*

plus de 1 000 000 d'hab.
plus de 500 000 hab.
plus de 100 000 hab.
autres localités

Échelle 1 : 50 000 000

500 0 500 1000 1500 2000 km

AMÉRIQUE DU NORD

ISLANDE
Reykjavik
Détr. de Danemark
T. du Roi Christian IX
T. du Roi Frédéric VI.
Groenland
Détr. de Davis
Mer de Baffin
Terre de Baffin
Dét. d'Hudson
Baie d'Hudson
Baie James
Canal de Foxe
Bassin de Foxe
Pén. Melville
I. Southampton
I. Devon
I. Ellesmere
Îles de la Reine Elisabeth
I. Victoria
Terre de Banks
I. Melville
Détr. de McClure
Détr. de Melville
Détr. de Lancaster
G. de Boothia
Pén. Boothia
Détr. de Mac Clintock
Pén. Wollaston
Bé Amundsen
OCÉAN GLACIAL ARCTIQUE
Mer de Beaufort
Chaîne de Brooks
Mts Mackenzie
Alaska
Fairbanks
Anchorage
Seward
Nome
Barrow
C. Barrow
Bé Kotzebue
Arch. Alexandre
I. Vancouver
Vancouver
Seattle
Portland
Salem
Eugene
Calgary
Edmonton
Saskatoon
Regina
Winnipeg
Brandon
Lac Winnipeg
Churchill
Manitoba
Saskatchewan
Alberta
British Columbia
Yukon
Northwest Territories
District of Mackenzie
District of Keewatin
Barren Grounds
Grand Lac de l'Ours
Grand Lac des Esclaves
Lac Athabasca
Ontario
Québec
Péninsule du Labrador
Pén. d'Ungava
Baie d'Ungava
Newfoundland
I. Anticosti
Golfe du St Laurent
New Brunswick
Nova Scotia
Halifax
Fredericton
Québec
Montréal
Ottawa
Kingston
Sudbury
Sault Ste Marie
Lac Supérieur
Thunder Bay
Duluth
Fargo
Bismarck
Minot
Great Falls
Helena
Butte
Spokane
Missoula
Billings
Timmins
Cochrane
Moosonee
Chicoutimi
Trois Rivières
Sherbrooke
Sept-Îles
Schefferville
Fort Chimo
Inoucdjouac
Îs Belcher
Fort George
Uranium City
Fort Smith
Hay River
Yellowknife
Fort Providence
Fort Simpson
Norman Wells
Fort Good Hope
Coppermine
Fort McPherson
Aklavik
Inuvik
Herschel
Dawson
Whitehorse
Prince Rupert
Prince George
Îles de la Reine Charlotte
Détr. de Juan de Fuca
Projection horizontale équivalente

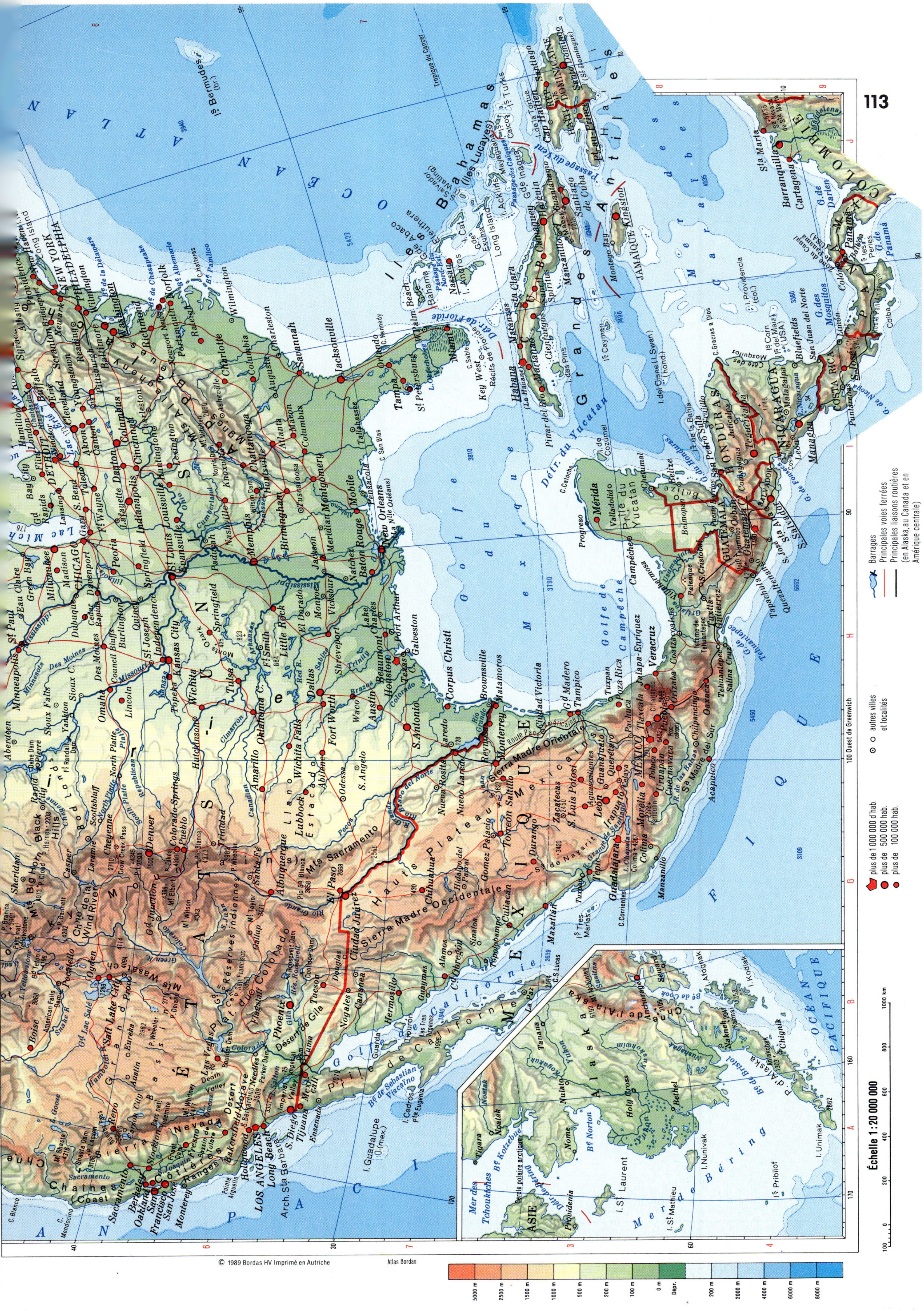
O C É A N   A T L A N T I Q U E
Golfe du Mexique
Mer des Caraïbes
Grandes Antilles
Iles Bahamas
M E X I Q U E
O C É A N   P A C I F I Q U E
Mer de Béring
Alaska
plus de 1 000 000 d'hab.
plus de 500 000 hab.
plus de 100 000 hab.
autres villes et localités
Barrages
Principales voies ferrées
Principales liaisons routières (en Alaska, au Canada et en Amérique centrale)
Échelle 1:20 000 000
5000 m
2500 m
1500 m
1000 m
500 m
200 m
100 m
0 m
Dépr.
200 m
2000 m
4000 m
6000 m
8000 m

ÉTATS-UNIS • CANADA (SUD)

Échelle 1:12 500 000
Conn. Connecticut
D.C. District of Columbia
Mass. Massachusetts
N.J. New Jersey
R.I. Rhode Island
© 1989 Bordas HV Imprimé en Autriche
Vancouver
Seattle
Portland
San Francisco
Los Angeles
San Diego
Las Vegas
Phoenix
Tucson
Salt Lake City
Denver
Calgary
Edmonton
Regina
Winnipeg
Saskatoon
El Paso
Houston
Dallas
San Antonio
Austin
Minneapolis
Kansas City
Chihuahua
Monterrey
Golfe du Mexique
Océan Pacifique

ection azimutale équivalente

plus de 1 000 000 d'hab.
plus de 500 000 hab.
plus de 100 000 hab.
autres villes et localités

N.P., Natl. Park National Park
N.M., Natl. Mon. National Monument
P.P., Prov. Park Provincial Park
I.R., Ind. Res. Indian Reserve

Principales voies ferrées
Barrages (dam)

ÉTATS-UNIS • CANADA (SUD) ▸ *Économie*

O C É A N
P A C I F I Q U E
Golfe de Californie
Golfe
Baja California
Territorio de Baja California Sur
Tropique du Cancer
Edmonton
Calgary
Saskatoon
Regina
Winnipeg
Vancouver
Victoria
Seattle
Portland
Spokane
Boise
Salt Lake City
Denver
San Francisco
Oakland
Los Angeles
San Diego
Las Vegas
Phoenix
Tucson
El Paso
Ciudad Juárez
Dallas
Fort Worth
Houston
San Antonio
Austin
Oklahoma City
Wichita
Omaha
Lincoln
Kansas City
Topeka
Des Moines
Minneapolis-St. Paul
Bismarck
Fargo
Monterrey
Chihuahua
Hermosillo
Torreón
Saltillo
Nuevo Laredo
Matamoros
Brownsville
Corpus Christi
Shreveport
Little Rock
Death Valley
Désert Mojave
Huggton Gas
Panhandle Gas
Sand Hills
Bad Lands
Échelle 1:12 500 000
100 0 100 200 300 km
© 1989 Bordas HV Imprimé en Autriche
Conn. Connecticut
D.C. District of Columbia
Mass. Massachusetts
N.J. New Jersey
R.I. Rhode Island

Projection azimutale équivalente
Baie d'Hudson
Labrador
Québec
Ontario
Terre-Neuve
Golfe du St-Laurent
Nouveau-Brunswick
Nouvelle-Écosse
L. Supérieur
L. Michigan
L. Huron
L. Érié
L. Ontario
Long Island
New York
Chicago
Boston
Philadelphia
Montréal
Toronto
Détroit
OCÉAN ATLANTIQUE
Golfe du Mexique
Toundra, haute montagne (rochers, glaciers)
Toundra boisée
Forêt de conifères
Forêt de feuillus
Forêt de pins (Sud-est des États-Unis)
Steppe boisée, savane buissonnante ; élevage extensif
Steppe de graminées ; élevage extensif
Steppe buissonnante ; élevage extensif
Prairies inondables ; élevage extensif
Régions semi-désertiques
Cultures (céréales, blé dominant)
Cultures (céréales, maïs dominant ; soja)
Cultures (prédominance de rizières)
Economie laitière (Dairy farming)
Cultures fourragères ; élevage bovin intensif (production de viande)
Cultures maraîchères et fruitières
Vigne
Cultures subtropicales (arachide, canne à sucre, agrumes, tabac, coton)
Zone de pêche
Pack et glaces flottantes (en hiver)
Centre industriel
Centre métallurgique
Autres localités
Houille
Lignite
Gisement de pétrole et de gaz
Pétrole
Gaz naturel
Oléoducs (Principales conduites)
Raffinerie de pétrole
Minerai de fer
Gisement important non exploité
Fleuve navigable
Canal
Barrage
Voies ferrées principales
Grands Lacs et Voie Maritime du St Laurent
Voie maritime du St Laurent
Duluth
183 m
L. Supérieur
Sault Ste Marie 176 m
Canal Soo
L. Michigan et L. Huron
L. Érié
173 m Welland
Canal Welland
75 m
L. Ontario
Niveau de la mer 0 m
Écluse Iroquois
Écluses Eisenhower et Snell
Écluses de Beauharnois
Écluses Lachine
Montréal
St Laurent
D'après W. Ritter
90 Ouest de Greenwich
Asphalte
Argent
Amiante
Or
Bauxite
Beryl
Chrome
Cuivre
Diamants
Mercure
Potasse
Magnésite
Manganèse
Molybdène
Niobium
Nickel
Plomb
Phosphates
Platine
Pierres précieuses
Soufre
Sel
Titane
Uranium
Vanadium
Tungstène
Zinc
Zircon

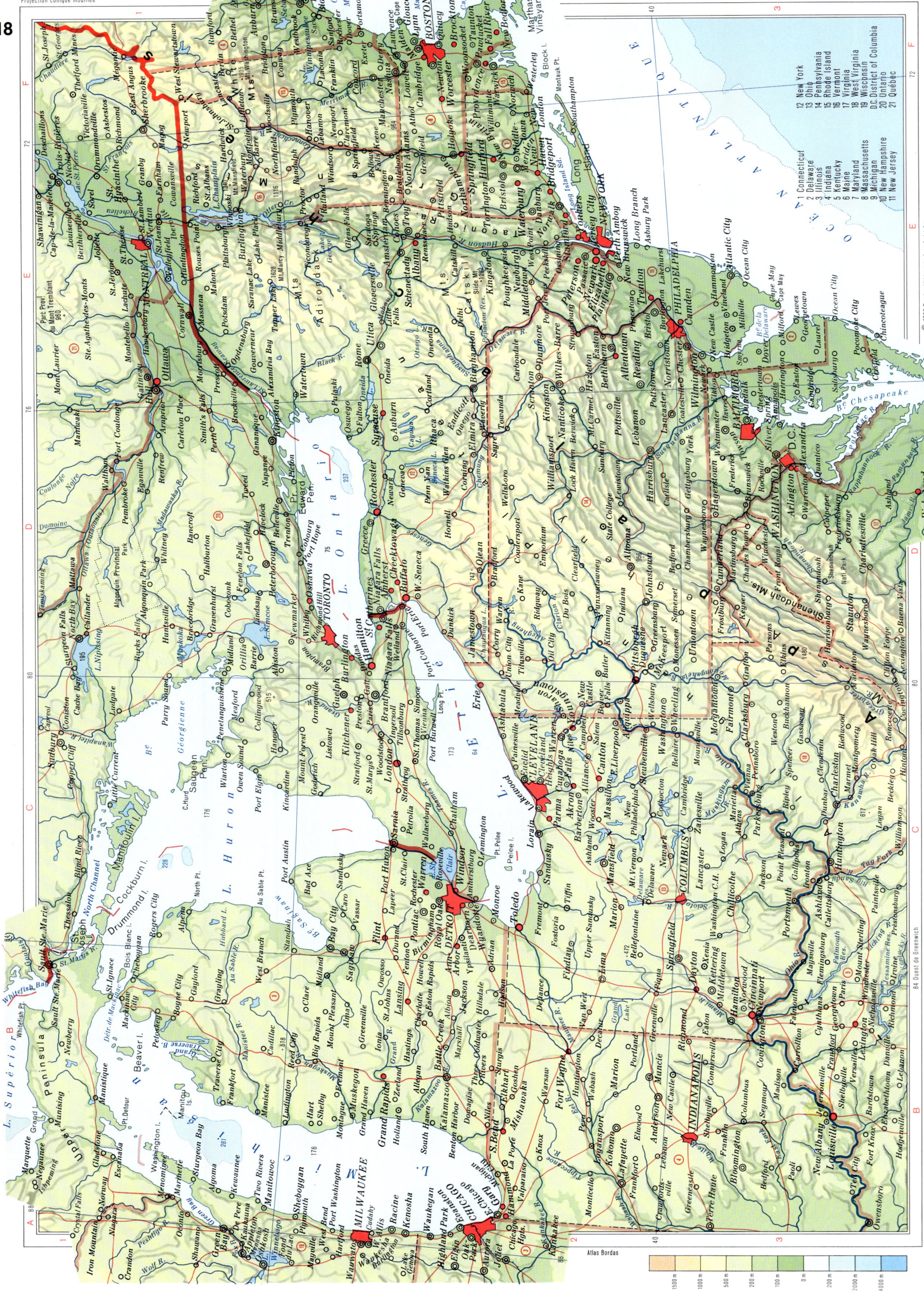
Projection conique modifiée
OCÉAN ATLANTIQUE
1 Connecticut
2 Delaware
3 Illinois
4 Indiana
5 Kentucky
6 Maine
7 Maryland
8 Massachusetts
9 Michigan
10 New Hampshire
11 New Jersey
12 New York
13 Ohio
14 Pennsylvania
15 Rhode Island
16 Vermont
17 Virginia
18 West Virginia
19 Wisconsin
D.C. District of Columbia
20 Ontario
21 Québec
L. Ontario
L. Érié
L. Huron
L. Michigan
L. Supérieur
B. Géorgienne
Bᵉ Chesapeake
Adirondack Mts
Shenandoah Mts
NEW YORK
PHILADELPHIA
BOSTON
BALTIMORE
WASHINGTON
TORONTO
MONTRÉAL
Ottawa
DETROIT
CLEVELAND
CHICAGO
MILWAUKEE
INDIANAPOLIS
COLUMBUS
Pittsburgh
Buffalo
Cincinnati
Louisville
Richmond
Windsor
Hamilton
plus de 500 000 habitants
plus de 250 000 habitants
plus de 100 000 habitants
plus de 50 000 habitants
plus de 20 000 habitants
moins de 20 000 habitants
Voies ferrées principales
Barrage (Dam)
Canal
Échelle 1:5 000 000
84 Ouest de Greenwich
© 1989 Bordas HV Imprimé en Autriche
Atlas Bordas

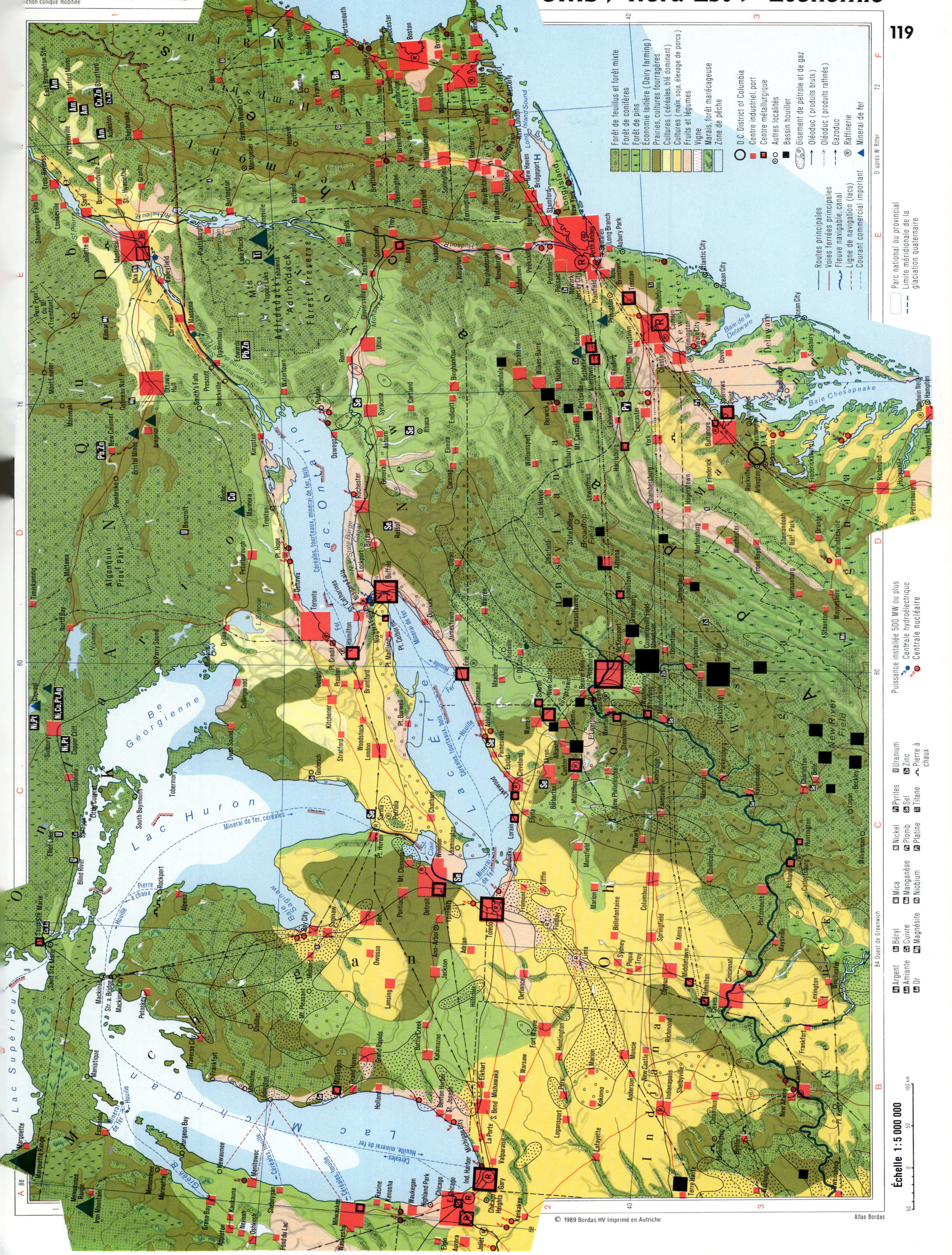
ction conique modifiée
Forêt de feuillus et forêt mixte
Forêt de conifères
Forêt de pins
Économie laitière (Dairy farming)
Prairies, cultures fourragères
Cultures (céréales, blé dominant)
Cultures (maïs, soja, élevage de porcs)
Fruits et légumes
Vigne
Marais, forêt marécageuse
Zone de pêche
D.C. District of Columbia
Centre industriel, port
Centre métallurgique
Autres localités
Bassin houiller
Gisement de pétrole et de gaz
Oléoduc (produits bruts)
Oléoduc (produits raffinés)
Gazoduc
Raffinerie
Minerai de fer
Routes principales
Voies ferrées principales
Fleuve navigable, canal
Ligne de navigation (lacs)
Courant commercial important
Parc national ou provincial
Limite méridionale de la glaciation quaternaire
Puissance installée 500 MW ou plus
Centrale hydroélectrique
Centrale nucléaire
Argent
Amiante
Or
Béryl
Cuivre
Magnésite
Mica
Manganèse
Niobium
Nickel
Plomb
Platine
Pyrites
Sel
Titane
Uranium
Zinc
Pierre à chaux
Échelle 1:5 000 000
D'après W. Ritter
Lac Ontario
Lac Érié
Lac Huron
Lac Michigan
Lac Supérieur
Baie Géorgienne
Baie Chesapeake
Baie de la Delaware

AMÉRIQUE CENTRALE

COLOMBIE VENEZUELA
Économie

- Pâturages d'altitude (páramos)
- Forêt subtropicale
- Forêt tropicale claire
- Forêt tropicale humide
- Savane inondable
- Savane (llanos); élevage bovin extensif
- Savane arborée, steppe épineuse , élevage bovin extensif
- Steppe buissonnante
- Steppe d'altitude; élevage ovin extensif
- Steppe semi-désertique
- Mangrove
- Cultures (blé, maïs, pommes de terre). Rizières dominantes
- Cultures tropicales et subtropicales (riz, maïs); plantations spécialisées (café, cacao, canne à sucre, coton)
- Petite économie rurale (polyculture, élevage de porcs)
- Fruits, légumes
- Pêche côtière, récolte de coquillages
- Pêche hauturière

Atlas Bordas

Échelle 1 : 12 500 000

100 0 100 200 300 km

- Centre industriel, port
- Centre métallurgique
- Autres localités
- Gisement houiller
- Gisement de pétrole, gisement de gaz
- Ceinture pétrolière de l'Orénoque (sables pétrolifères)
- Pétrole
- Gaz naturel
- Raffinerie de pétrole
- Poste d'embarquement d'hydrocarbures
- Minerai de fer
- Gisement ferrifère du Venezuela
- Gisement important non exploité
- Oléoduc
- Gazoduc
- Voies ferrées
- Routes principales
- Fleuve navigable
- Canal
- Barrage et réservoir
- Asphalte
- Amiante
- Or
- Bauxite
- Cuivre
- Diamants
- Manganèse
- Nickel
- Phosphates
- Pierres précieuses
- Platine
- Soufre
- Antimoine
- Sel

plus de 1 000 000 d'hab.
plus de 500 000 hab.
plus de 100 000 hab.
autres localités

Principales voies ferrées
Routes (liaisons transcontinentales)
Canal
∴ Site archéologique
Barrage et réservoir

AMÉRIQUE DU SUD

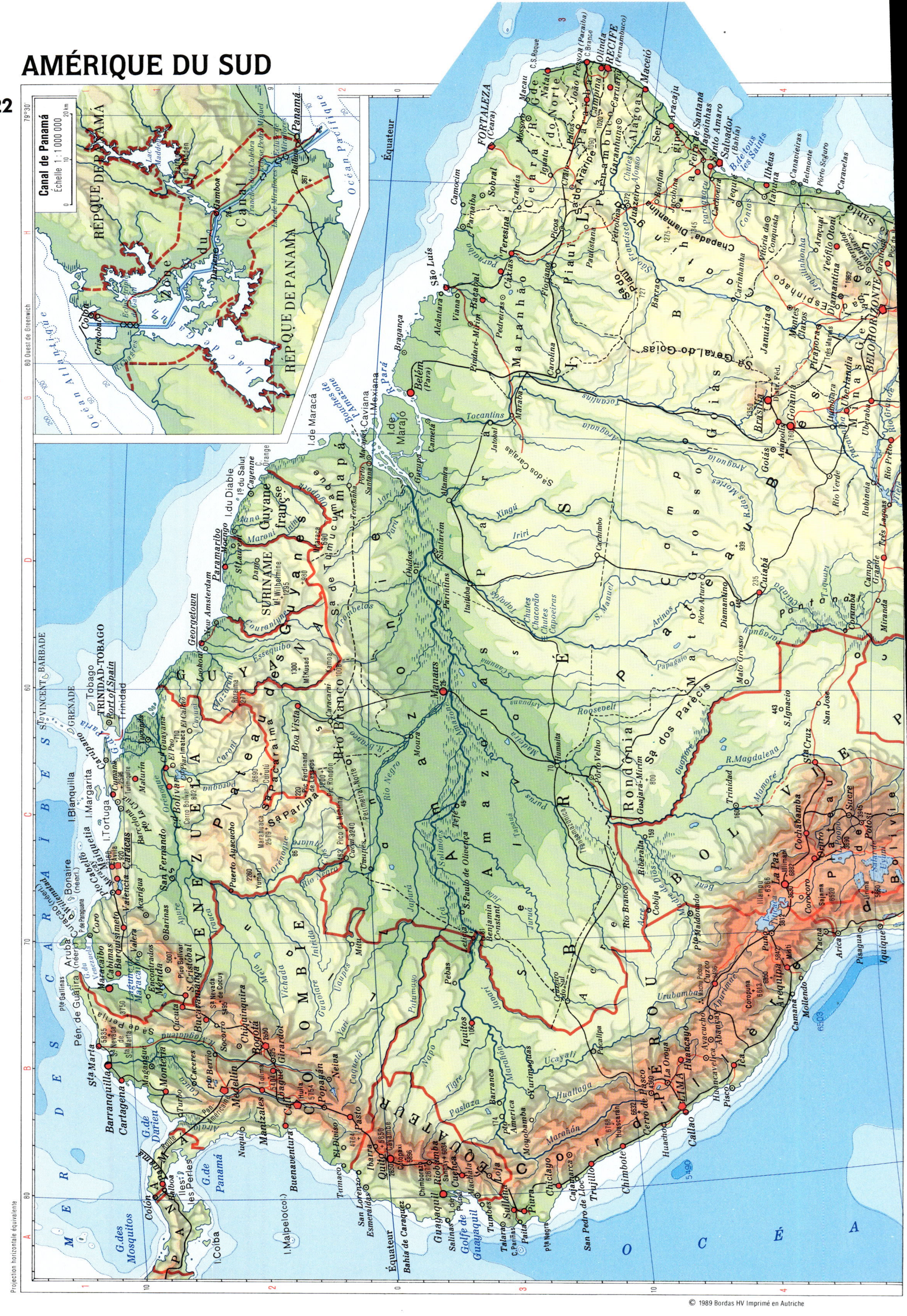
Canal de Panamá
Échelle 1 : 1 000 000
Océan Atlantique
Océan Pacifique
Projection horizontale équivalente
Équateur
Colón
Panamá
Balboa
Caracas
Bogotá
Quito
Lima
La Paz
Manaus
Belém
FORTALEZA
RECIFE
Salvador
Brasília
Georgetown
Paramaribo
Cayenne
Guayaquil
Medellín
Barranquilla
Cartagena
Maracaibo
Iquitos
Cuzco
Arequipa
Cochabamba
Sucre
Potosí
TRINIDAD-TOBAGO
Port of Spain
SURINAME
Guyane française
I. de Marajó
G. de Panamá
G. de Darien
Golfe de Guayaquil

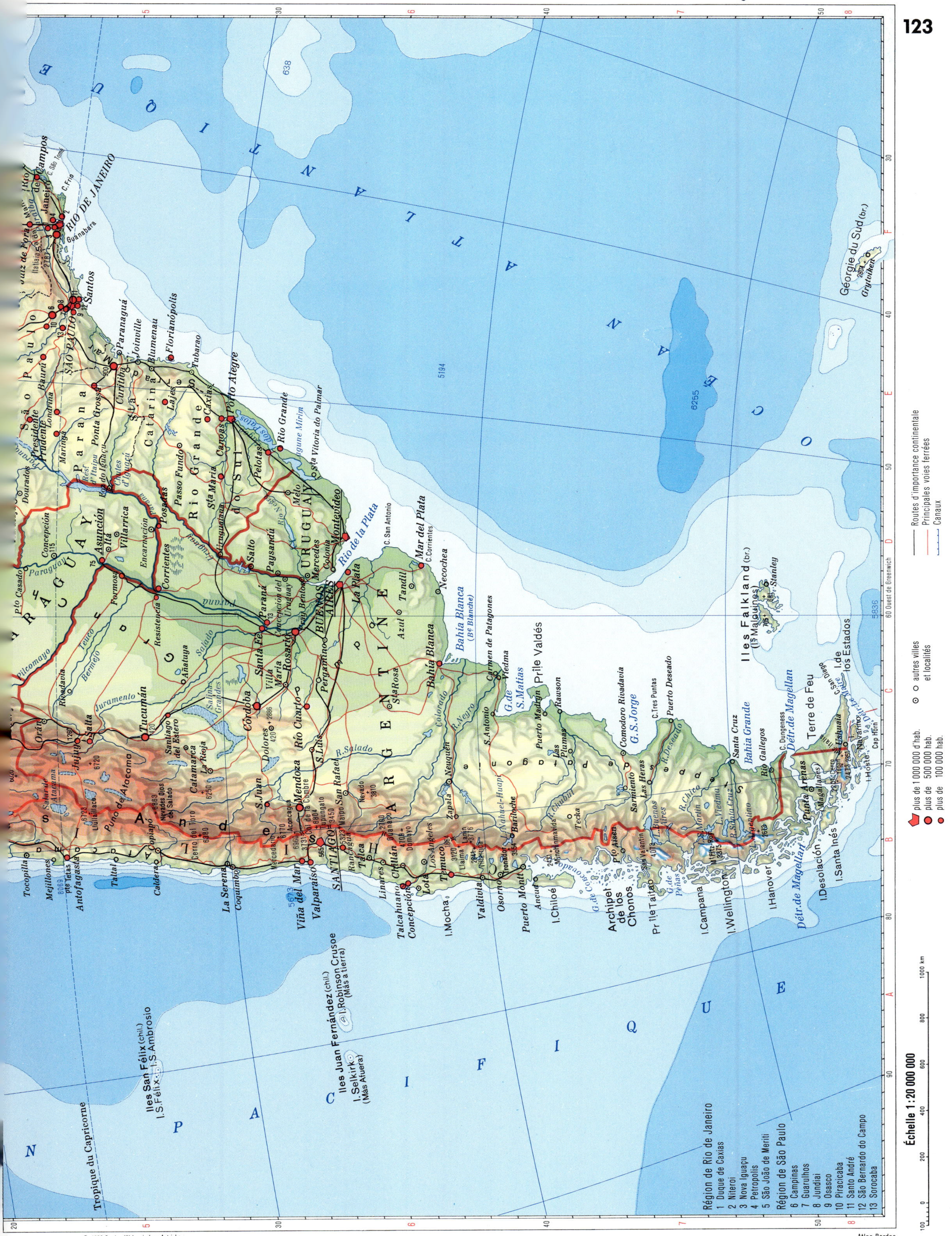

O C É A N A T L A N T I Q U E
P A C I F I Q U E
Tropique du Capricorne
Iles Falkland (br.)
Géorgie du Sud (br.)
Terre de Feu
Détr. de Magellan
Iles Juan Fernández (chil.)
Iles San Félix (chil.)
Rio de la Plata
A R G E N T I N E
U R U G U A Y
P A R A G U A Y
RIO DE JANEIRO
SÃO PAULO
SANTIAGO
BUENOS AIRES
Montevideo
Asunción
Porto Alegre
Córdoba
Mendoza
Valparaiso
Concepción
Bahia Blanca
Mar del Plata
Punta Arenas
Routes d'importance continentale
Principales voies ferrées
Canaux
plus de 1 000 000 d'hab.
plus de 500 000 hab.
plus de 100 000 hab.
autres villes et localités
Échelle 1:20 000 000
Région de Rio de Janeiro
1 Duque de Caxias
2 Niteroi
3 Nova Iguaçu
4 Petropolis
5 São João de Meriti
Région de São Paulo
6 Campinas
7 Guarulhos
8 Jundiai
9 Osasco
10 Piracicaba
11 Santo André
12 São Bernardo do Campo
13 Sorocaba

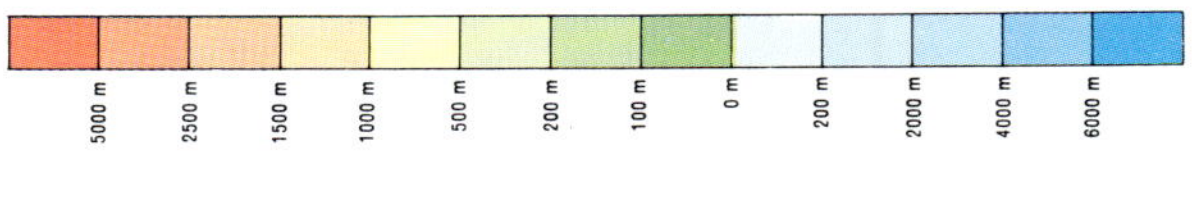

5000 m
2500 m
1500 m
1000 m
500 m
200 m
100 m
0 m
200 m
2000 m
4000 m
6000 m

CHILI • ARGENTINE • BRÉSIL (SUD) ▶ *Économie*

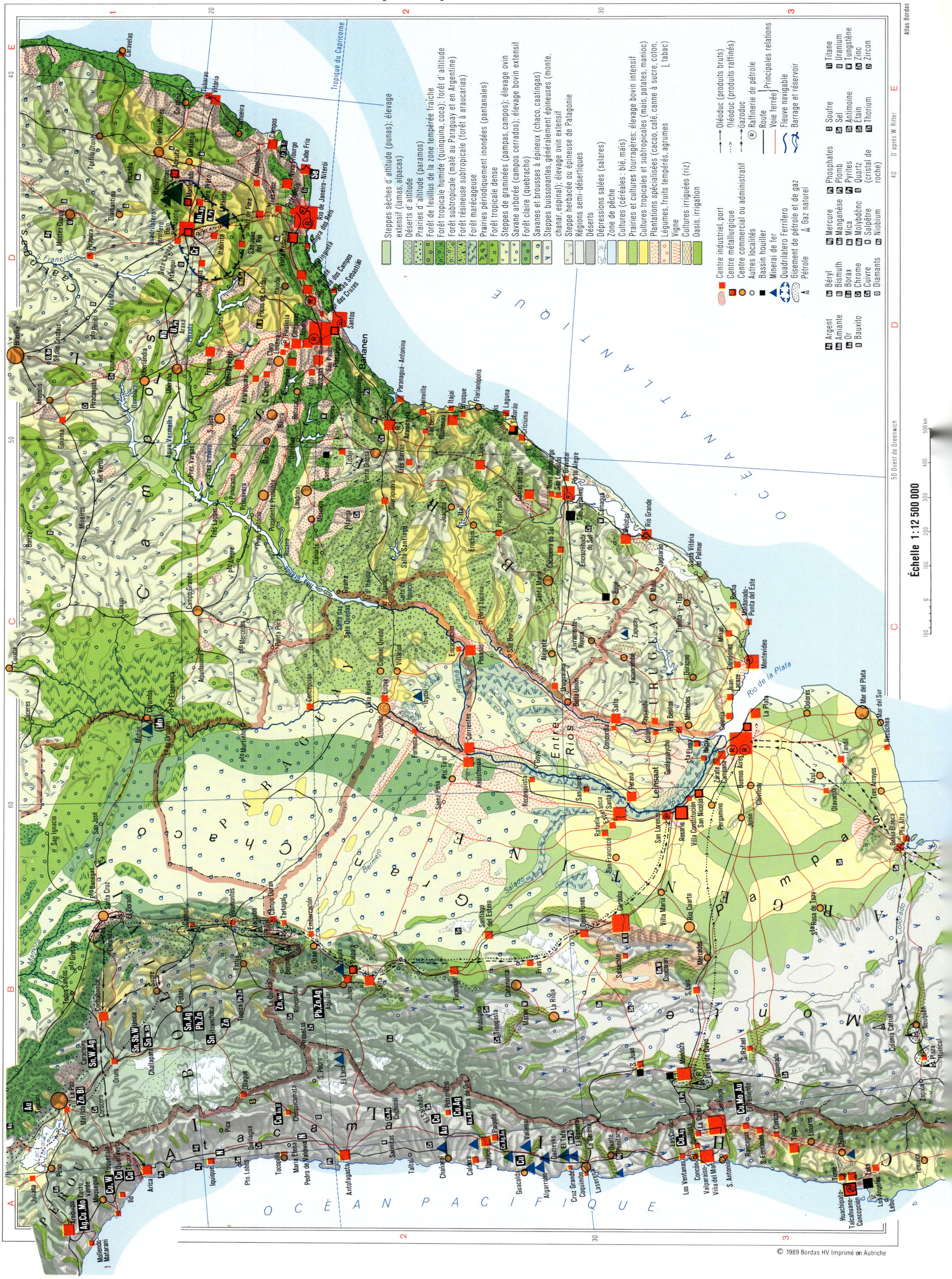
Steppes sèches d'altitude (punas); élevage extensif (lamas, alpacas)
Déserts d'altitude
Prairies d'altitude (paramos)
Forêt de feuillus de la zone tempérée fraîche
Forêt tropicale humide (quinquina, coca); forêt d'altitude
Forêt subtropicale (maté au Paraguay et en Argentine)
Forêt résineuse subtropicale (forêt à araucarias)
Forêt marécageuse
Prairies périodiquement inondées (pantanales)
Forêt tropicale dense
Steppes de graminées (pampas, campos); élevage ovin
Savane arborée (campos cerrados); élevage bovin extensif
Forêt claire (quebracho)
Savanes et brousses à épineux (chaco, caatingas)
Steppes buissonantes, généralement épineuses (monte, chanar, espinal); élevage ovin extensif
Steppe herbacée ou épineuse de Patagonie
Régions semi-désertiques
Déserts
Dépressions salées (salares)
Zone de pêche
Cultures (céréales : blé, maïs)
Prairies et cultures fourragères; élevage bovin intensif
Cultures tropicales et subtropicales (maïs, patates, manioc)
Plantations spécialisées (cacao, café, canne à sucre, coton, tabac)
Légumes, fruits tempérés, agrumes
Vigne
Cultures irriguées (riz)
Oasis, irrigation
Centre industriel, port
Centre métallurgique
Centre commercial ou administratif
Autres localités
Bassin houiller
Minerai de fer
Quadrilatero Ferrifero
Gisement de pétrole et de gaz
Pétrole
Gaz naturel
Oléoduc (produits bruts)
Oléoduc (produits raffinés)
Gazoduc
Raffinerie de pétrole
Route
Voie ferrée
Principales relations
Fleuve navigable
Barrage et réservoir
Ag Argent
Am Amiante
Au Or
B Bauxite
Be Béryl
Bi Bismuth
Bo Borax
Cr Chrome
Cu Cuivre
D Diamants
Hg Mercure
Mn Manganèse
Mi Mica
Mo Molybdène
N Salpêtre
Nb Niobium
Ph Phosphates
Pb Plomb
Py Pyrites
Q Quartz (cristal de roche)
S Soufre
Se Sel
Sb Antimoine
Sn Étain
Th Thorium
Ti Titane
U Uranium
W Tungstène
Zn Zinc
Zr Zircon
OCÉAN ATLANTIQUE
OCÉAN PACIFIQUE
Échelle 1:12 500 000
Projection azimutale équivalente
D'après W. Ritter
Atlas Bordas

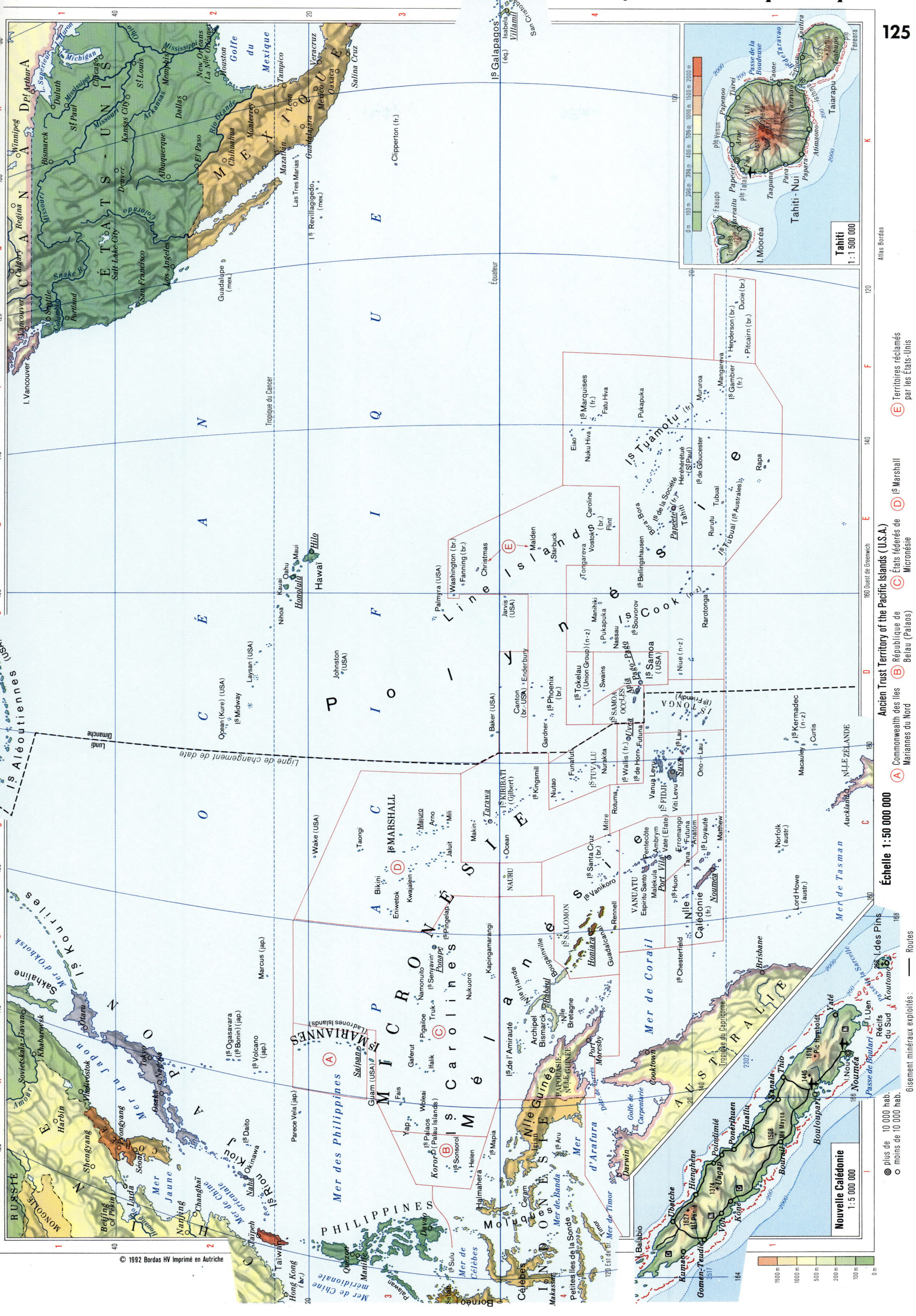

Échelle 1:50 000 000
Ancien Trust Territory of the Pacific Islands (U.S.A.)
A Commonwealth des îles Mariannes du Nord
B République de Belau (Palaos)
C États fédérés de Micronésie
D Iˢ Marshall
E Territoires réclamés par les États-Unis
Tahiti 1:1 500 000
Nouvelle Calédonie 1:5 000 000
Atlas Bordas
Planisphère Hölzel

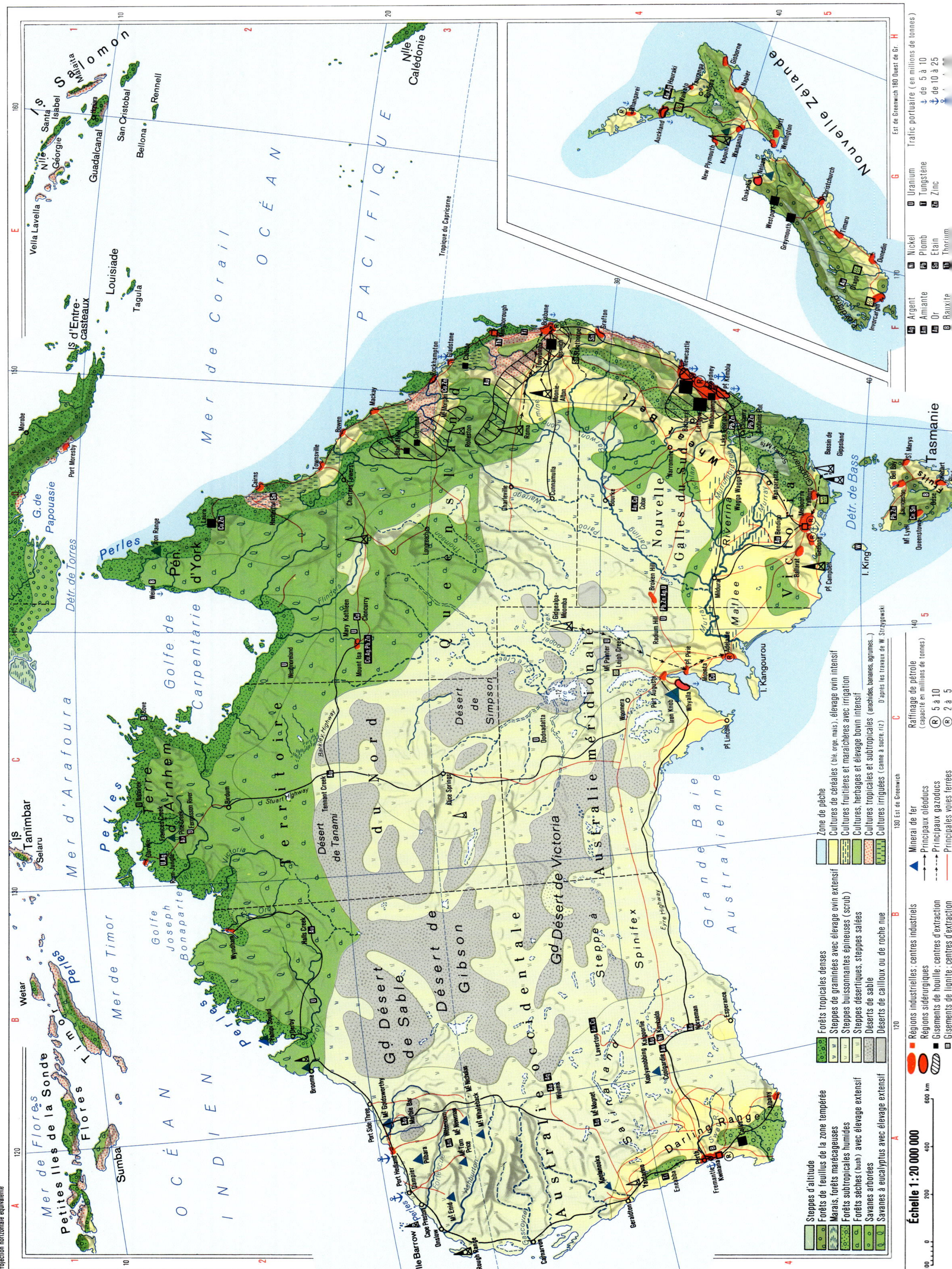
Nouvelle Zélande
Tasmanie
Mer de Corail
OCÉAN PACIFIQUE
OCÉAN INDIEN
Mer d'Arafoura
Mer de Timor
Golfe de Carpentarie
Grande Baie Australienne
Détr. de Bass
Détr. de Torres
G. de Papouasie
Nlle Calédonie
Is Salomon
Petites Iles de la Sonde
Timor
Territoire du Nord
Queensland
Nouvelle Galles du Sud
Victoria
Australie méridionale
Australie occidentale
Gd Désert de Sable
Désert de Gibson
Gd Désert de Victoria
Désert de Simpson
Désert de Tanami
Terre d'Arnhem
Pén. d'York
Darling Range
Tropique du Capricorne
Projection horizontale équivalente
Échelle 1: 20 000 000
Steppes d'altitude
Forêts de feuillus de la zone tempérée
Marais, forêts marécageuses
Forêts subtropicales humides
Forêts sèches (bush) avec élevage extensif
Savanes arborées
Savanes à eucalyptus avec élevage extensif
Forêts tropicales denses
Steppes de graminées avec élevage ovin extensif
Steppes buissonnantes épineuses (scrub)
Steppes désertiques, steppes salées
Déserts de sable
Déserts de cailloux ou de roche nue
Zone de pêche
Cultures de céréales (blé, orge, maïs), élevage ovin intensif
Cultures fruitières et maraîchères avec irrigation
Cultures, herbages et élevage bovin intensif
Cultures tropicales et subtropicales (arachides, bananes, agrumes...)
Cultures irriguées (canne à sucre, riz)
D'après les travaux de W. Strzygowski
Régions industrielles; centres industriels
Régions sidérurgiques
Gisements de houille; centres d'extraction
Gisements de lignite; centres d'extraction
Pétrole
Gaz naturel
Minerai de fer
Principaux oléoducs
Principaux gazoducs
Principales voies ferrées
Raffinage de pétrole (capacité en millions de tonnes)
5 à 10
2 à 5
Argent
Amiante
Or
Nickel
Plomb
Etain
Uranium
Tungstène
Zinc
Trafic portuaire (en millions de tonnes)
de 5 à 10
de 10 à 25

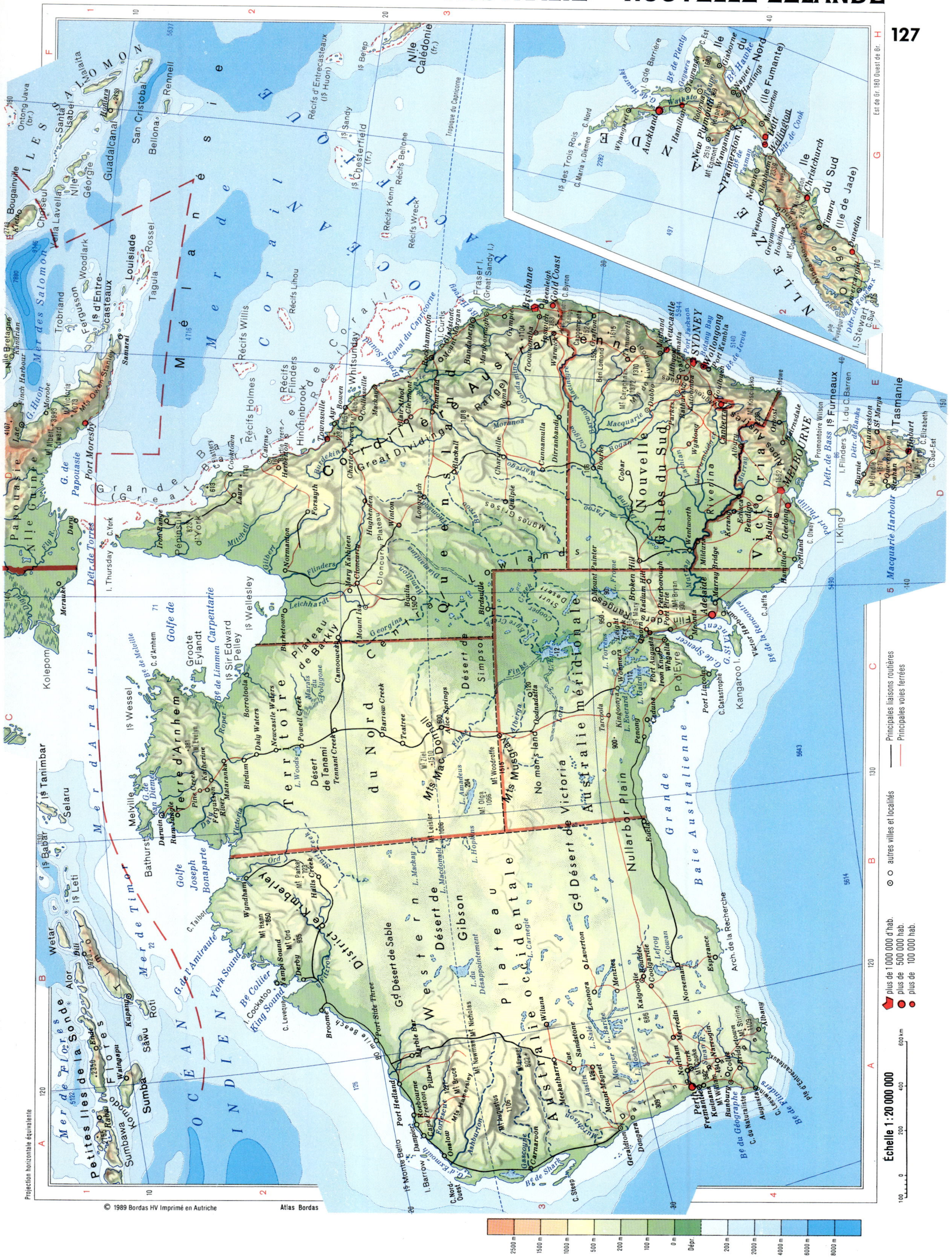
Projection horizontale équivalente
Échelle 1 : 20 000 000
plus de 1 000 000 d'hab.
plus de 500 000 hab.
plus de 100 000 hab.
autres villes et localités
Principales liaisons routières
Principales voies ferrées
Territoire du Nord
Queensland
Nouvelle Galles du Sud
Victoria
Australie méridionale
Australie occidentale
Tasmanie
Western plateau
Gd Désert de Sable
Désert de Gibson
Gd Désert de Victoria
Nullarbor Plain
Désert de Simpson
Cordillère Australienne
Great Dividing Range
Mer d'Arafura
Mer de Timor
Mer de Corail
Mer des Salomon
Mer de Tasman
Golfe de Carpentarie
Grande Baie Australienne
OCÉAN INDIEN
OCÉAN PACIFIQUE
Mélanésie
Papouasie-Nlle Guinée
ILES SALOMON
Nlle Calédonie (fr.)
Terre d'Arnhem
Péninsule d'York
Détr. de Torres
Détr. de Bass
Détr. de Cook
Perth
Adelaide
MELBOURNE
SYDNEY
Canberra
Brisbane
Hobart
Darwin
Port Moresby
Alice Springs
Townsville
Newcastle
Wollongong
Auckland
Wellington
Christchurch
Dunedin
Ile du Nord
Ile du Sud (Ile de Jade)
NLLE-ZÉLANDE
Tropique du Capricorne
Est de Gr. 180 Ouest de Gr.
Dépr.
0 m
100 m
200 m
500 m
1000 m
1500 m
2500 m
2000 m
4000 m
6000 m
8000 m

Atlas Bordas

CONTINENTS ET OCÉANS

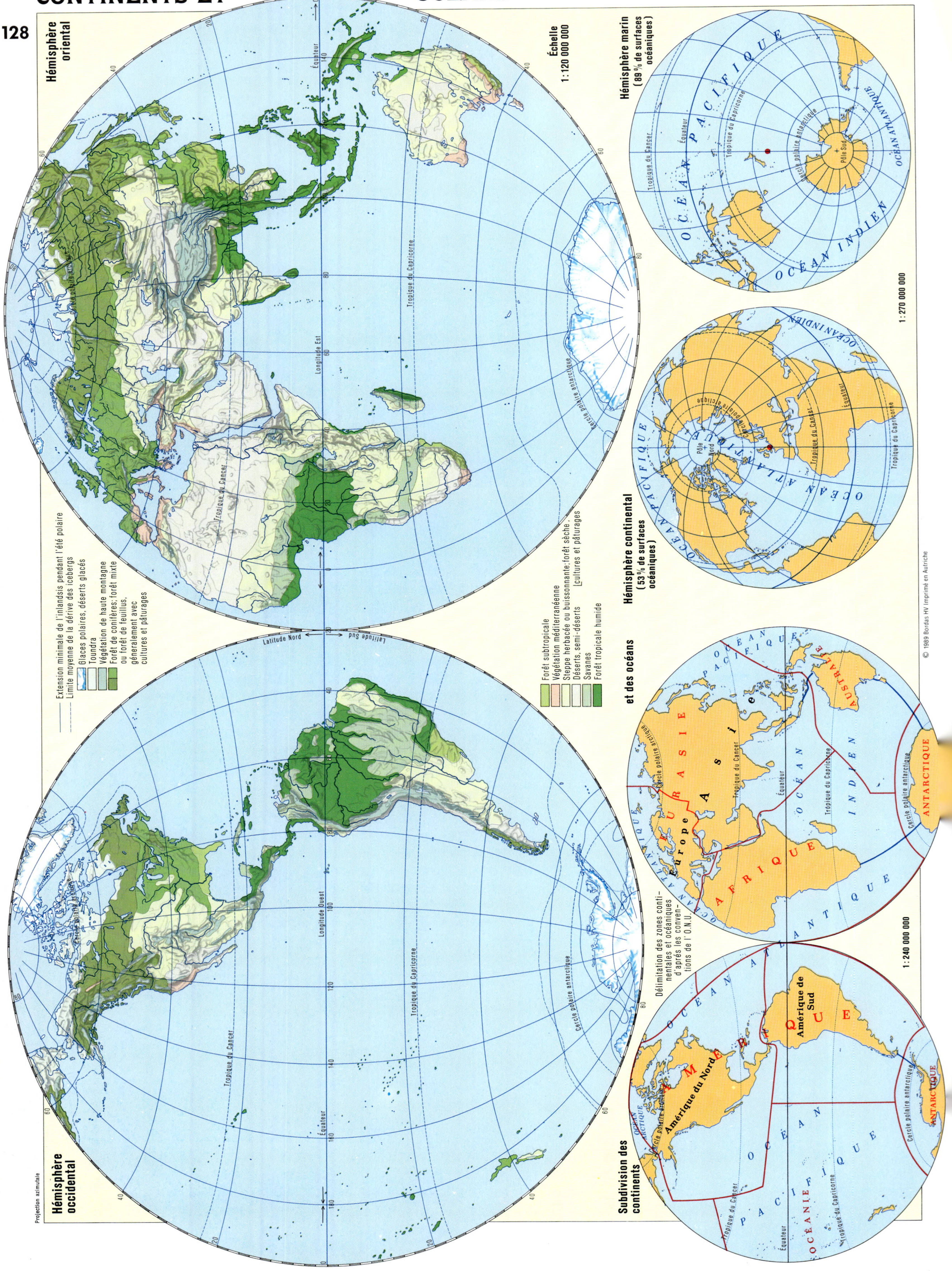
Hémisphère oriental
Échelle 1 : 120 000 000
Hémisphère occidental
Projection azimutale
Extension minimale de l'inlandsis pendant l'été polaire
Limite moyenne de la dérive des icebergs
Glaces polaires, déserts glacés
Toundra
Végétation de haute montagne
Forêt de conifères; forêt mixte ou forêt de feuillus, généralement avec cultures et pâturages
Forêt subtropicale
Végétation méditerranéenne
Steppe herbacée ou buissonnante; forêt sèche, cultures et pâturages
Déserts, semi-déserts
Savanes
Forêt tropicale humide
Latitude Nord
Latitude Sud
Longitude Est
Longitude Ouest
Équateur
Tropique du Cancer
Tropique du Capricorne
Cercle polaire antarctique
Hémisphère marin (89 % de surfaces océaniques)
OCÉAN PACIFIQUE
OCÉAN INDIEN
OCÉAN ATLANTIQUE
Pôle Sud
1 : 270 000 000
Hémisphère continental (53 % de surfaces océaniques)
Pôle Nord
Subdivision des continents et des océans
Délimitation des zones continentales et océaniques d'après les conventions de l'O.N.U.
1 : 240 000 000
EURASIE
Asie
Europe
AFRIQUE
AUSTRALIE
ANTARCTIQUE
AMÉRIQUE
Amérique du Nord
Amérique du Sud
OCÉANIE

INDEX

Note liminaire

La localisation sur la carte de chaque nom figurant dans l'Index est assurée par l'indication de la page et du secteur de la carte où se trouve le nom cherché. Ainsi, la mention «54 C 2» à la suite de «Lagny» signifie que le nom de cette ville de France se trouve dans le secteur C 2 de la carte page 54.
Afin d'alléger les cartes, certains noms ont été abrégés. Ces noms figurent dans l'Index avec, entre crochets, la partie du mot qui n'est pas reportée sur la carte. Par exemple, Audun-le-T[iche] dans l'index correspond à Audun-le-T. sur la carte.

Glossaire des termes géographiques étrangers utilisés dans l'Atlas

A	danois	Fleuve, rivière
Ab	persan	Fleuve, rivière
Adasi	turc	Ile
Adrar	berbère	Montagne
Aïn	arabe	Source, puits
Akra	arabe	Cap
Alv	suédois	Fleuve, rivière
Arroyo	espagnol	Rivière (souvent temporaire)
Ayios	grec	Mont
Baelt (Belt)	danois	Détroit
Bahr	arabe	Lac, fleuve
Baia	portugais	Baie
Bandar (Bender)	persan	Port
Batu	malais	Mont, rocher
Beach	anglais	Plage
Bei	chinois	Nord
Belt (Baelt)	danois	Détroit
Ben (Beinn)	gallois	Mont
Bender (Bandar)	persan	Port
Berg	allemand, hollandais	Montagne
Bergland	allemand	Massif montagneux
Bill	anglais	Cap
Bir	arabe	Puits, source
Bogaz	turc	Détroit
Bridge	anglais	Pont
Brücke	allemand	Pont
Bucht	allemand	Baie
Bugt	danois	Baie
Burg	allemand	Château, ville forte
Burnu	turc	Cap
Cabo	espagnol, portugais	Cap
Campo	espagnol, portugais	Plaine (au Brésil: savane)
Cape	anglais	Cap
Capo	italien	Cap
Cerro	espagnol	Mont, colline
Channel	anglais	Détroit
Chott	arabe	Étang salé
Ciudad	espagnol	Ville
Cordillera	espagnol	Chaîne de montagnes
County	anglais	Comté
Creek	anglais	Ruisseau
Dag (Daglar)	turc	Mont, montagne
Dake	japonais	Mont
Dal	norvégien, suédois	Vallée
Dale	anglais	Val
Dam	anglais	Barrage
Dao	chinois	Ile
Dar	arabe	Maison, pays
Dasht	persan	Région, plaine
Deep	anglais	Chenal
Deniz	turc	Mer
Dijk	hollandais	Digue
Djebel	arabe	Mont, montagne
Do	coréen	Ile
Dong	chinois	Est
Dzong	tibétain	Château
East	anglais	Est
Ebene	allemand	Plaine
Elf (Elv)	norvégien	Fleuve, rivière
Emi	arabe	Mont, plateau
Ennis	gaélique	Ile
Erg	arabe	Dune de sable
Este	espagnol	Est
Eylandt	hollandais	Ile
Feld	allemand	Terrain, campagne
Feng	chinois	Mont, colline
Firth	anglais	Baie, fjord
Fiume	italien	Fleuve, rivière
Fjäll (Fjället)	islandais, suédois	Mont
Fjeld (Fjell)	norvégien	Haut plateau
Fjord (Fjard)	norvégien, suédois	Baie allongée et encaissée
Fjördur	islandais	Fjord
Floi	islandais	Baie
Fluss	allemand	Fleuve, rivière
Fu	chinois	Grande ville
Gasr (Kasr, Qasr)	arabe	Château
Gat	hollandais	Chenal
Gata	japonais	Lagune
Gate	anglais	Col, défilé, seuil
Gau	allemand	Pays, région
Gawa	japonais	Fleuve, rivière
Glen	anglais	Vallée
Göl	mongol	Fleuve, rivière, lac
Göl (Gölü)	turc	Lac
Gora	bulgare, serbe	Montagne
Gorod	russe	Ville
Grad	bulgare, serbe	Ville
Haff	allemand	Lagune
Haï	chinois	Mer, grand lac
Hamada	arabe	Désert de pierre
Harbor (Harbour)	anglais	Port, baie
Hassi	arabe	Source
He	chinois	Fleuve, rivière
Head	anglais	Cap, sommet
Heide	allemand	Lande
Hill	anglais	Colline
Höhe	allemand	Hauteur, colline
Holm	suédois	Ile
Hsien	chinois	Ville
Hu	chinois	lac
Huerta	espagnol	Plaine irriguée
Inlet	anglais	Baie
Irmak	turc	Fleuve, rivière
Isla	espagnol	Ile
Island	anglais	Ile
Isola	italien	Ile
Järvi	lapon	Lac, mer
Jiang	chinois	Fleuve, rivière
Jima (Shima)	japonais	Ile
Joch	allemand	Col
Joli	lapon	Fleuve, rivière
Jökkul	islandais	Glacier
Kafr	arabe	Village
Kalat (Qalat)	arabe, persan	Château
Kasr (Gasr, Qasr)	arabe	Château
Kef	arabe	Côte, rivage
Key	anglais	Écueil, îlot
Ko	japonais	Lac
Kompong	cambodgien	Village
Körfezi	turc	Baie
Koum (Qum)	arabe	Désert de sable
Kow	chinois	Port, embouchure
Koy	turc	Golfe
Kuh (Kouh)	persan	Mont
Kulm	allemand	Sommet
Lago	italien	Lac
Lagoon	anglais	Lagune
Lake	anglais	Lac
Land	anglais, allemand	Terre, région
Ling	chinois	Sommet, chaîne de montagnes
Marina	italien	Plage
Meer	allemand, hollandais	Mer, lac
Meseta	espagnol	Plateau
Mina	arabe	Port
Misaki	japonais	Cap
Monte	italien	Mont

Moor	allemand	Marais
Moor	anglais	Lande
Mount (Mountain)	anglais	Mont, montagne
Munte (Muntii)	roumain	Mont, monts
Mys	russe	Cap
Nada	japonais	Baie, mer
Nahr	arabe	Fleuve, rivière
Nan	chinois	Sud
Nevado	espagnol	Montagne enneigée
Noord	hollandais	Nord
Norden	allemand	Nord
Norte	espagnol	Nord
North	anglais	Nord
Nur	mongol	Lac
Oeste	espagnol	Ouest
Oros	grec	Montagne
Ost	allemand	Est
Ostrov	russe	Ile
Oued (Ouadi, Wadi)	arabe	Cours d'eau temporaire
Ozero	russe	Mer
Pass	anglais, allemand	Col
Passo	italien	Col
Phnom	cambodgien	Roc, mont
Planina	serbe, bulgare	Plateau, montagne
Polje	serbe	Bassin karstique
Ponta	portugais	Pointe, cap
Porto	italien	Port
Pueblo	espagnol	Village
Puerto	espagnol	Port, baie
Punta	espagnol	Pointe, cap
Qalat (Kalat)	arabe	Château
Qasr (Gasr, Kasr)	arabe	Château
Qum (Koum)	arabe	Désert de sable
Range	anglais	Chaîne de montagnes
Ras	arabe	Cap, mont
Reef	anglais	Récif
Retto	japonais	Archipel
Ria	espagnol	Estuaire encaissé
Ridge	anglais	Chaîne de collines
Rio	espagnol	Fleuve, rivière
River	anglais	Fleuve, rivière
Roud (Rud)	persan	Fleuve, rivière
Saari	finnois	Ile
Saki	japonais	Cap
Salar	espagnol	Étang salé
Salto	espagnol	Chutes
San	japonais	Mont
San, santo	espagnol	Saint
Sankt	allemand	Saint
São	portugais	Saint
Sea	anglais	Mer
Sebkhra (Sebkha)	arabe	Étang
See	allemand	Mer, lac
Selat	malais	Détroit
Selkä	finnois	Collines
Serra	portugais	Chaîne de montagnes
Sever	russe	Nord

Shan	chinois	Mont, montagne
Shang	chinois	Ville
Shima (Jima)	japonais	Ile
Sierra	espagnol	Chaîne de montagnes
Sint	hollandais	Saint
Slieve	gaélique	Cap, mont
Sound	anglais	Détroit
South	anglais	Sud
Spitz	allemand	Pic, sommet
Spring	anglais	Source
Stad	suédois	Ville
Stadt	allemand	Ville
Strait	anglais	Détroit
Stream	anglais	Courant marin, fleuve
Ströu	norvégien, suédois	Fleuve, rivière
Süden	allemand	Sud
Suido	japonais	Détroit
Sul	portugais	Sud
Sur	espagnol	Sud
Tal	allemand	Vallée
Tandjung	malais	Cap
Telok	malais	Baie
Tierra	espagnol	Terre, région
To	japonais	Ile
Town	anglais	Ville
Träsk	finnois	Lac
Tsu	japonais	Port
Upland	anglais	Haut plateau
Vaart	hollandais	Canal
Vale	anglais	Val
Valley	anglais	Vallée
Vatn	islandais	Lac, mer
Veld	afrikander	Plateau et savane (ou steppe)
Vik	suédois	Baie
Vila	portugais	Ville
Villa	espagnol	Ville
Vostok	russe	Est
Wadi (Oued, Ouadi)	arabe	Cours d'eau temporaire
Wald	allemand	Forêt, montagne boisée
Wan	chinois	Baie, golfe
Welt	allemand	Monde
West	allemand, anglais	Ouest
Wood	anglais	Bois, forêt
World	anglais	Monde
Xi	chinois	Ouest
Yama	japonais	Montagne
Youg	russe	Sud
Zaki (Saki)	japonais	Cap
Zaliv	russe	Baie, golfe
Zapad	russe	Ouest
Zee	hollandais	Mer
Zemlia	russe	Terre, région
Zuid	hollandais	Sud

Liste des abréviations utilisées dans l'ouvrage

act. .... actuel, actuellement
Afghan. .... Afghanistan
Ala .... Alabama
Alg. .... Algérie
anc. .... anciennement
Arab. .... Arabie Saoudite
Arch. .... Archipel
Arg. .... Argentine
Ariz. .... Arizona
Ark. .... Arkansas
Autr. .... Autriche
Austral. .... Australie
B^{e} .... Baie
Barr. .... Barrage
Belg. .... Belgique
Bol. .... Bolivie
BR .... Brésil
br. .... britannique
Bulg. .... Bulgarie
C. .... Cap

Ca .... Canada
Calif. .... California
C.-d'I. .... République de Côte-d'Ivoire
CH .... Confédération helvétique
C^{l} .... Canal
Coll. .... Colline
Col. .... Colombie
Colo. .... Colorado
Conn. .... Connecticut
Cord. .... Cordillère
CR .... Costa Rica
Del. .... Delaware
Dép^{t} .... Département
Détr. .... Détroit
Dj. .... Djebel
E .... Espagne
Ég. .... Égypte
Équ .... Équateur

Étg .... Étang
Fin. .... Finlande
Fr. .... France, français
G. .... Golfe
Ga .... Georgia
Gr. .... Grèce
Hond. .... Honduras
I., I^{s} .... Ile, Iles
Ill. .... Illinois
Ind. .... Indiana
Inde .... Union Indienne
Irl. .... Irlande (Eire)
Isld. .... Islande
It. .... Italie
Jap. .... Japon
Kamp. .... Kampuchea
Kans. .... Kansas
Ky .... Kentucky
L. .... Lac
La .... Louisiana

Mad. .... Madagascar
Mass. .... Massachusetts
Maur. .... Mauritanie
Md .... Maryland
Me .... Maine
Mex. .... Mexique
Mich. .... Michigan
Minn. .... Minnesota
Miss. .... Mississippi
Mo. .... Missouri
Mong. .... Mongolie
Mont. .... Montana
M^{t}, M^{ts} .... Mont(s), montagne(s)
N.C. .... North Carolina
N. Dak. .... North Dakota
Nebr. .... Nebraska
Nev. .... Nevada
N.H. .... New Hampshire
Nicar. .... Nicaragua
Nig. .... Nigeria

N.J. .... New Jersey
N. Mex. .... New Mexico
Nor. .... Norvège
N.Y. .... New York
N.Z. .... Nouvelle-Zélande
O .... Oued, ouadi
Oc. Ind. .... Océan Indien
Oc. Pacif. .... Océan Pacifique
Oreg. .... Oregon
P. .... Péninsule, presqu'île
Pa .... Pennsylvania
Pak. .... Pakistan
Pan. .... Panama
Parag. .... Paraguay
PB .... Pays-Bas
Philip. .... Philippines
Pl. .... Plaine
Plat. .... Plateau
P.Nl .... Parc National
P.Rl .... Parc Régional

Port. .... Portugal
P.R. .... Puerto Rico
Prov. .... Province
Pte .... Pointe
R. .... Rivière, rio, fleuve
Ra. .... Range
Rég. adm. .... Région administrative
Rég. aut. .... Région autonome
Rép. Dom. .... République Dominicaine
Rés. .... Réserve
Rés. Ind. .... Réserve Indienne
RFA .... République Fédérale d'Allemagne
Rép. .... République
Rép. aut. .... République autonome
R.I. .... Rhode Island
Ro. .... Roumanie
RU. .... Royaume-Uni de Grande-Bretagne et d'Irlande du Nord

S. .... Suède
Sa .... Sierra, Serra
S. Afr. .... Afrique du Sud (République d')
Salv. .... Salvador
Sén. .... Sénégal
SL .... Sierra Leone
S.C. .... South Carolina
S. Dak. .... South Dakota
St .... Saint
Sri L. .... Sri Lanka
T. .... Terre
Tanz. .... Tanzanie
Terrre .... Territoire
Tenn. .... Tennessee
Tex. .... Texas
TS .... Tchécoslovaquie
Tu. .... Tunisie
Turq. .... Turquie
Urug. .... Uruguay

URSS .... Union Soviétique
US .... États-Unis d'Amérique
Va .... Virginia
Val .... Val, vallée
Venez. .... Venezuela
Vt .... Vermont
W. .... Wadi
Wash. .... Washington
Wis. .... Wisconsin
W. Va .... West Virginia
YS .... Yougoslavie

A

Aa (R.) 40 C1
Aachen (Aix-la-Chapelle) 60 B3
Aachen (Aix-la-Chapelle) (District) 58
Aalen 59 D5
Aalst (Alost) 45 G2
Aalten 60 B2
Aanekoski 62 D-E3
Aar (Aare) (R.) 66 C2
Aarau 66 C-D2
Aarburg 66 C-D2
Aare (Aar) (R.) 68 A1
Aarlen (Arlon) 56 D5
Aarschot 56 C3-4
Aba 102 D5
Abaco (G[ran]de) (I.) 115 F4
Abadan 75 G3
Abagnar Qi (Silinhot) 85 N5
Abadla 104 C3
Abakan 83 J4
Abancay 122 B4
Abancourt 46 E1
Aba Saud 91 E4
Abashiri 98 F2
Abashiri (Be d') 98 F1
Abaya (L.) 102 G5
Abbaretz 35 G2
Abbasanta 69 B4
Abbeville 45 B3
Abbot (Mt) 127 D3
Abd el Kader 104 C4
Abéché 102 F4
Abenab 107 A1
Abengourou 106 B2
Abenra 58 C2
Abenrå Förde (Be) 58 C2
Abeokuta 102 D5
Aber Benoit (Be) 39 A2
Aberdeen *(RU)* 52 C-D2
Aberdeen *(US, S.Dak.)* 114 D2
Aberdeen *(US, Wash.)* 114 A2
Aberdeen (L.) 112 G-H3
Aberystwyth 53 B4
Abetone 67 D3
Abha 102 H4
Abid (O. el) 104 B2
Abidjan 102 C5
Abilene 114 D3
Abiod (O. el) 105 E2
Abisko 62 C2
Ab-Istadah (L.) 94 A1
Abitibi (L.) 115 F2
Abkhazie (Rép. aut.) 86 (VI-18)
Ablis 46 E3
Ablon 47 D3
Abomey 102 D5
Abondance 66 B3
Abqaiq 75 G4
Abrakia 71 B3
Abrantes 72 A2
Abruzzes (Rég. adm.) 69 I2 (1)
Absaroka (Mts) 114 B-C2
Abu Dhabi 91 F3
Abu Hamed 102 G4
Abuja 102 D5
Abu Kemal 75 F-G3
Abukuma (Mts) 99 E3
Abu Zabad 90 C4
Abymes 121 M-N1
Abyssinie (Plat.d') 3 K-L5
Acapulco [de Juarez] 120 B-C3
Acari 111 H5
Acarigua 121 F4
Accra 102 C-D5
Acesita 124 D1
Acha 81 E3
Ache (Bregenzer) (R.) 66 E-F2
Acheloós (R.) 71 B3
Achères 47 B2
Achicourt 45 D3
Achill (I.) 50 A3
Achkhabad 82 F-G6
Acht (Hohe) (Mt) 60 C3
Acipayam 71 F4
Acireale 69 E6
Acklins (I.) 121 E2
Aconcagua (Mt) 2 F7
Açores (Is) 103 J1
Acqui 64 C3
Acre (Akko, Ptolemaïs) 90 H-I2
Acre (R.) 122 C4
Acuña 120 B2
Ada 114 D3
Adam 91 F3
Adam (Pic) 94 C4
Adam (Pont d') (Is) 92 C5
Adamaoua (Mts) 102 E5
Adamello (Mt) 64 D2
Adams (Mt) 114 A2
Adana 78 E2
Adapazari 80 B-C4
Adda (R.) 66 E3
Ad Damazin 102 G4
Ad Dammâm 91 E3
Addis Abeba 102 G5
Adelaide 127 C4
Adelaide (I.) 1 F29-30
Adelboden 66 C3
Adélie (T.ou Côte) 3 P-Q9
Aden 102 H4
Aden (G.d') 102 H-I4
Adenau 60 B3
Adige (R.) 65 D3
Adirondack (Mts) 118 E2
Adjarie (Rép. aut.) 86 (VI-19)
Adjim 105 F2
Adler 81 C-D4
Adoni 94 B3
Adour (R.) 42 A3
Adrano 69 E6
Adrar 102 C-D3
Adrar (Désert) 102 B3
Adrar (Mt) 102 D3
Adrar bou Naceur (Mt) 104 B-C2
Adrar des Iforas (Mts) 102 D4
Adria 65 D-E3
Adrian 118 B-C2
Adriatique (Mer) 18 F4
Adula (Mts) 66 D-E3
Adwa 102 G4
Adygei (Rég. aut.) 86 (I-A)
Ægades (Egadi) (Is) 69 C-D 6-5
Ærø (I.) 58 D2
Afareaitu 125 K1
Aff (R.) 39 B3
Affreville (act. El Khemis) 105 D1
Afghanistan 86 D4
Afiquim 90 I2
Afjords 62 B3
Aflou 105 D2
Afognak (I.) 113 B-C4
Afonso (Chutes) 122 F3
Afourer 104 B2
Afrique 2-3 I-K5
Afrique du Sud (Hauts Plat.d') 100 C5
Afrique du Sud (Rép.d') 103 C5
Afrique orientale (Hauts Plat. lacustres d') 100 C4
Afsluitdijk (Barr.) 58 A3
Aftout (Désert) 104 B-C4
Afula 90 I2
Afyon 75 F3
Agadem 102 E4
Agadez 102 D4
Agadir 104 A3
Agadir Tisint 104 B3
Agano (R.) 99 D3
Agartala 94 H2
Agde 43 C3
Agel (Mt) 49 G3
Agen 42 B2
Agger (R.) 60 C3
Aghinskoïe 85 N4
Agia 71 C3
Agly (R.) 42 C3
Agogna (R.) 66 D4
Agourzi (Dj.) 104 A3
Agout (R.) 42 B-C3
Agra *(Gr.)* 71 B2
Agra *(Inde)* 92 C3
Agram (Zagreb) 76 B-C3
Agri (R.) 77 C4
Agrigente (Agrigento) 69 D6
Agrigento (Agrigente) 69 D6
Agrinion 71 B3
Agro Pontino (Marais Pontins) (Région) 68 D4
Agua Caliente 111 H5
Aguadulce 121 D4
Aguanaval (R.) 114 C4
Agua Prieta 114 C3
Aguascalientes 120 B2
Aguascalientes (État) 120 B2
Agua Vermelha (Réservoir) 124 C-D1
Aguilar 124 B2
Aguilas 72 C2
Ahaggar (Hoggar) (Mts) 102 D3
Ahaus 60 C1
Ahlen 60 C2
Ahmadabad 94 B2
Ahmadnagar 94 B3
Ahr (R.) 60 B3
Ahrenshoop 58 E2
Ahrgeb[irge] (Mts) 60 B-C3
Ahrweiler 60 C3
Ahtopol 77 E-F4
Ahuachapán 120 C-D3
Ahun 42 C1
Ahvar 91 E4
Ahvaz 75 G3
Ahvenanmaa (Aland) (Is) 62 C-D3
Aïagouz 82 H5
Aïan 83 N4
Aigen 59 E5
Aigina 71 C4
Aigina (I.) 71 C4
Aiginion 71 C2
Aigion 71 C3
Aigle 66 B-C3
Aigle (L') 46 C3
Aigle (C. de l') 48 D4
Aigoual (Mt) 43 C2
Aïgoun 85 O4
Aiguebelle 66 B4
Aigueperse 42 C1
Aigues-Mortes 48 A3
Aiguilles (Bassin des) 3 J-K8
Aiguilles (C. des) 103 E-F9
Aiguillon 42 B2
Aiguillon (Anse de l') (Be) 39 C3
Aiguillon (L') 42 A1
Aigurande 42 B-C1
Aijal 94 H2
Aikawa 99 D3
Aiken 115 E3
Ailly [-sur-Somme] 45 C4
Aime 66 B4
Ain (R.) 49 L2
Ain (Combe d') (Val) 41 D3
Ain (01) (Dépt) 23 D2
Ainazi 62 D-E4
Aïn Beïda 105 E2
Aïn Benimathar 104 C2
Aïne Belbela (Sebkra) (Étg.) 104 B4
Aïn Oulmene 105 E2
Aïn Salah (In Salah) 102 D3
Aïn Sefra 104 C2
Aïn Temouchent 104 C2
Aïn Zalah 75 G3
Aïon (I.) 83 Q2-3
Aïr (Azbine) (Mts) 102 D4
Airain (R.) 40 C3
Airdrie 52 C3
Aire [-sur-l'Adour] 42 A3
Aire [-sur-la-Lys] 40 C1
Aire (R.) *(Fr.)* 41 D2
Aire (R.) *(RU)* 53 D4
Aire à la Bassée (Cl d') 45 C-D2
Airolo 66 D3
Airvault 39 C3
Aisch (R.) 59 D5
Aishalton 120 J2
Aisne (R.) 40 C2
Aisne (02) (Dépt) 23 C1
Aïssa (Dj.) 104 C2
Aït Amar 104 B2
Aïtchal 85 N3
Aitik 63 D2
Aït Melloul 104 A3
Aix (Is d') 39 C4
Aix-en-Provence 48 C3
Aixe [-sur-Vienne] 42 B2
Aix-la-Chapelle (Aachen) 60 B3
Aix-les-Bains 66 A-B4
Aizuwakamatsu 99 D3
Ajaccio 68 B4
Ajanta (Mts) 94 B2
Ajdabiyah 102 F2
Ajigasawa 98 D-E2
Ajka 68 F1
Ajlun 90 I2
Ajmer 94 B2
Ajo 116 B3
Ajoie (Région) 66 C2
Ak (R.) 71 F4
Akaba 90 I5
Akaba (G. d') 75 F4
Akabira 98 E2
Akaochen 97 A2
Akashi 99 C4
Akatani 99 D3
Akathonisi (I.) 71 E4
Akhdar (Dj.) *(Libye)* 102
Akhdar (Dj.) *(Oman)* 87 C4
Akhisar 71 E-F3
Akhtyrka 80 C3
Aki 99 C4
Akimiski (I.) 115 E1
Akita 98 E3
Akjoujt 102 B4
Akka 104 A3
Akka (O.) 104 A3
Akkeshi 98 F2
Akkeshi (Be d') 98 F2
Akko ([St-Jean-d'] Acre, Ptolemaïs) 90 H-I2
Aklavik 112 D3
Akoafim 102 E5
Akola 94 B2
Akordat 102 G4
Akosombo 106 C2
Akpatok (I.) 112 K3
Akranes 86 J1
Akritas (C.) 71 B-C4
Akron 118 C2
Aksu 82 H-I5
Aksum 102 G4
Aktioubinsk *(Russie)* 81 D4
Aktioubinsk *(Kazakhstan)* 80 E3
Aktogaï 82 H-I5
Akune 99 B4-5
Akureyri 86 K1
Akyab 92 E3
Alabama (État) 115 E3
Alabama (R.) 115 E3
Alaçam Daği (Mts) 71 F3
Ala Dag (Mt) 75 F3
Alagna 66 C-D4
Alagnon (R.) 42 C2
Alagoas (État) 122 F3
Alagoinhas 122 F4
Alaï (Mts) 92 C2
Alaïkha 1 B15
Al Ain 91 F3
Alajuela 121 D3
Alakoul (L.) 82 I5
Alamos 113 G7
Alamosa 114 C3
Aland (R.) 58 D3
Åland (Ahvenanmaa) (Is) 62 C-D3
Alaotra (L.) 103 H7
Alapaïevsk 80 F3
Al Aqaylah 74 D-E3
Alaric (M[onta]gne d') (Mt) 42 C3
Alaşehir 71 F3
Alaska 107 B1
Alaska (Chaîne de l') 112 B-C3
Alaska (État) 113 B3
Alaska (P. d') 113 A-B4
Alaska (Route de l') 112 E4
Alaska Golf 111 D1
Alassio 64 B-C3
Alatyr 81 D3
Alava (Prov.) 72 C1 (3)
Alaverdi 81 D4
Alb (R.) 66 D2
Alba 43 F2
Albacete 72 C2
Albaching 61 D-E4
Albains (Mts) 68 D4
Alba Julia 76 D3
Albanel Lake 117 F1
Albanie (Shqiprija) 22 F-G4
Albany *(Austral.)* 127 A4
Albany *(US, Ga)* 121 D1
Albany *(US, N.Y.)* 118 E2
Albany (R.) 115 E1
Al Bayda 74 E3
Albe (R.) 44 C3
Albemarle (Be) 115 F3
Alberche (R.) 72 B1
Albères (Mts) 42 C3
Alberga (R.) 127 C3
Albert 45 D3-4
Albert (Cl) 60 A2
Alberta (Prov.) 114 B1
Alberta Oil and Gas Fields (Gisement) 116 B1-2
Albert Edward (Mt) 127 D1
Alberton 107 B2
Albertville 66 B4
Albestroff 44 C3
Albi 42 C3
Albia 116 D2
Albigeois (Région) 42 B-C2-3
Albino 66 E4
Albion 118 B2
Alboran (I.) 74 B3
Alboran (I.) 104 C2
Alborg 51 F2
Albret (Pays d') (Région) 42 A2-3
Albula (Col) 66 E3
Albuquerque 114 C3
Alburquerque 72 B2
Albury 127 D4
Alcala [de Henares] 72 C1
Alcalá [la Real] 104 C1
Alcamo 69 D6
Alcañiz 72 C1
Alcântara *(BR)* 122 E3
Alcántara *(E)* 72 B2
Alcázar de S[an] Juan 72 C2
Alcazarquivir (Ksar el Kebir) 104 B2
Alcira 72 C2
Alcoy 72 C2
Aldabra (Is) 103 H6
Aldan 83 M4
Aldan (R.) 83 N3
Aldan (Plat. de l') 83 M4
Alde (R.) 53 E4
Aldeburgh 53 E4
Aldermaston 55 F4
Alderney (Aurigny) (I.) 39 B2
Alegrete 124 C2
[Alejandro] Selkirk (Más Afuera) (I.) 123 A6
Aleksinac 79 D4
Alençon 46 B4
Alençon (Campagne d') (Région) 40 A-B2
Alentejo (Prov.) 72 A-B2
Aléoutiennes (Aleutian) (Is) 2 A-B3 et 3 R-S
Aléoutiennes (Fosse des) 3 R-S3
Alep 75 F3
Aléria 68 B3
Aléria (Pl. d') 43 H2
Alès 43 D2
Alessandria (Alexandrie) 64 C3
Alesund 62 A3
Aletschhorn (Mt) 66 C-D3
Alexandra (I.) 82 D-E1
Alexandre (Arch.) 112 D4
Alexandre 1er (T.) 1 F29
Alexandria *(Ro.)* 77 E4
Alexandria *(US, La)* 114 D3
Alexandria *(US, Va)* 115 F3
Alexandria Bay 118 E1
Alexandrie *(Ég.)* 75 E-F3
Alexandrie (Alessandria) *(It.)* 64 C3
Alexandroupolis 71 D2
Alexandrov 81 C3
Alexandrovsk [Sakhalinski] 83 O4
Alfeld 58 C-D3
Alfiós (R.) 71 B4
Alfortville 47 D3
Al Fujayrah 91 F3
Alga 81 E4
Algarrobo 124 A2
Algarve (Prov.) 72 A-B2
Algeciras 72 B2
Alger 72 D2
Algérie 103 A-B2
Alghero 69 B4
Algoma 118 B1
Algonquin Park 118 D1
Algonquin Provincial Park 118 D1
Algrange 44 A-B2
Al Hadithah 75 F3
Al Hasa (Région) 75 G4
Al Hoceima (Villa Sanjurjo) 104 B-C2
Al Hudaydah 102 H4
Aliabad 91 F3
Aliakmón (R.) 71 B-C2
Alicante 72 C2
Alice Springs 127 C3
Alicudi (I.) 69 E5
Aligarh 94 B2

Alimnia (I.) 71 E4
Alinda 71 E4
Aling Kangri (Mt) *(Chine-Tibet)* 92 D2
Alipura 94 B2
Aliquippa 118 C2
Alise-Ste-Reine 41 D3
Aliverion 71 C-D3
Al Jaghbub 75 E4
Al Jahrah 75 G4
Al Jawf *(Arab.)* 75 F4
Al Jawf *(Libye)* 102 F3
Al Junaynah 102 F4
Al Khums (Homs) 74 D3
Alkmaar 56 C2
Allahabad 94 C2
Allaïka (act.Tchokurdakh) 83 O2
Allakh-Youn 85 Q3
Allard (L.) 115 G1
Allassac 42 B2
Allauch 48 D4
Allegan 118 B2
Allegheny (Mts) 118 C-D2-3
Allegheny (Plat.) 118 C-E2-3
Allegheny (R.) 118 D2
Allègre (Pte) 121 M1
Allemagne (Rép. Fédérale d') (R.F.A.) (Bundesrepublik Deutschland) 22 E3
Allemands (Massifs Moyens) 18 E-F3-4
Allenstein (Olsztyn) 76 C-D1
Allentown 118 E2
Alleppey 94 B4
Aller (R.) 58 C3
Allevard 43 E2
Allgäu (Région) 66 F2
Alliance 118 C2
Allier (R.) 40 C3
Allier (03) (Dépt) 23 C2
Alliston 118 D1
Alloa 52 C2
Allos 43 E2
Allos (Col d') 43 E2
Allschwil 44 D-E5
Alm 67 E2
Alma 118 B2
Alma Ata 82 H5
Almadén 72 B2
Al Madinah (Médine) 91 D3
Al Manamah 91 F3
Almansa 72 C2
Almanzora (R.) 72 C2
Almaraz 73 B2
Al Marj 74 E3
Almazan 72 C1
Alme (R.) 60 D2
Almeida 72 B1
Almelo 60 B1
Almenara (Sa) 72 C2
Almendralejo 72 B2
Almería 72 C2
Almetievsk 80 E3
Almina (P[un]ta) (C.) 72 B3
Al Mukha (Mokha) 91 E4
Almyros 71 C3
Alnas (P. d') 62 D1
Alor (Is) 93 H6
Alost (Aalst) 45 G2
Alouchta 81 C4
Aloupka 81 C4
Alpe-d'Huez 38 G1
Alpena 118 C1
Alpes (Mts) 18 E-F4
Alpes (Hautes-) (05) (Dépt) 23 D2
Alpes-de-Haute-Provence (04) (Dépt) 23 D2
Alpes-Maritimes (06) (Dépt) 23 D-E3
Alphen 56 C2
Alpilles (Mts) 48 B3
Al Qamishli 91 E2
Al Qatif 75 G4
Al Qatrun 102 E3
Al Quwaiyah 91 E3
Als (I.) 58 C2
Alsace (Rég. adm.) 23
Alsace (Pl. d') 44 D-E4-5
Alsace (B[all]on d') (Mt) 41 E3
Alsace (Grand Ct d') 44 E5
Alsdorf 60 B3
Alsenz (R.) 60 C4
Alsfeld 60 E3
Al Shaab 102 H4
Alta E[lf] (R.) 62 D2
Altagard 62 D2
Altagracia 121 E3
Altaï (Mts) 82 I4
Altaï mongol (Mts) 82-83 I-J5
Altamaha (R.) 115 E3
Altamira 122 D3
Altamura 69 F4
Altan Boulok (Soukhe Bator) 83 K4
Altare (C[ol] d') (C[ol] de Cadibone) 64 C3
Altata 116 C4
Altaussee 61 E5
Altdorf 66 D3
Alte Mellum (I.) 58 C3
Altena 60 C2
Altenburg *(Autr.)* 67 G1
Altenburg *(RDA)* 59 E4
Altenheim 44 E4
Altenkirchen 60 C3
Altforweiler 44 C2
Altkirch 44 D5
Altmark (Région) 58 D3
Altmühl (R.) 59 D5
Alto Ligonha 107 C1
Alton 115 D-E3
Altona 51 F3
Altoona 118 D2
Altstätten 66 E2
Alt-Toggenb[ur]g (Mt) 66 D2
Altun Shan (Mts) 92 D-E2
Alula 102 I4
Älvdalen 62 B3
Alveringem 45 D1
Ålvik 63 A3
Al Wajh 102 G3
Alwar 94 B2
Alwyn 55 G1
Alyaty 91 E2
Alytus 78 D-E1
Alz (R.) 59 E5
Alzenau 60 D-E3
Alzette (R.) 60 B4
Alzey 60 D4
Amadeus (L.) 127 C3
Amadjuak (L.) 112 J-K3
Amadora 72 A2
Amagasaki 99 C4 (16)
Amager (I.) 58 E2
Amagi San (Mt) 99 D4
Amain (Mt d') 46 B3
Amakusa Shima (I.) 99 B4
Amal 90 C3
Amalfi 69 E4
Amalias 71 B4
Amami (Is) 93 H3
Amamioshima (I.) 96 D3
Amance 44 B5
Amance (R.) 41 D3
Amapá (Terrre) 122 D2
Amarah 75 G3
Amarillo 114 C3
Amaro (Mte) 68 E3
Amasya 80 C4
Amay 56 D4
Amazonas (État) 122 C-D3
Amazone (Solimões) (R.) 2 G6
Amazone (Bouches de l') (Be) 122 E2
Amazonie (Plaine) 122 C-D3
Ambala 94 B1
Ambartchik 83 Q3
Ambazac 42 B2
Amberg 59 D-E5
Ambérieu [-en-Bugey] 43 D2
Ambert 43 C2
Ambès 34 B2
Ambès (Bec d') (C.) 42 A2
Ambleteuse 45 A2
Amblève (R.) 56 D4
Amboine (Ambon) 93 H6
Amboise 40 B3
Ambon (Amboine) 93 H6
Amboseli (Rés.) 106 I2
Ambre (C. d') 103 H7
Ambrières 39 C2
Ambriz 103 E6
Ambrym (I.) 125 C4
Amderma 80 F2
Ameca 120 B2
Ameland (I.) 56 D1
Ameland Nord 55 H3
Amélie-l[es]-B[ain]s[-Palalda] 38 C3
Amer (Grand Lac) 103 O2
American Falls Dam (Barr.) 114 B2
American Falls (Réservoir) 114 B2
Amérique (G. de l') 98 C2
Amérique (Haut Plat. d') 1 E8-9
Amérique centrale 2 E5
Amérique du Nord 2 C-E3
Amérique du Sud 2 F-G6
Amer (Petit L.) 103 O2
Amersfoort 56 D2
Amersham 55 F4
Amery (Banquise d') 1 E-F8
Amethyst 55 G3
Améthyste (Côte d') 38 C-D3
Amfilochia 71 B3
Amfissa 71 C3
Amfreville 46 C2
Amga 83 N3
Amga (R.) 83 M-N4-3
Amgoun (R.) 83 N4
Amherst 118 D2
Amherstburg 118 C2
Amhora 94 B2
Amiata (Mte) 68 C3
Amiens 45 C4
Amin (L.) 102 F6
Amindivi (Is) 94 B3
Amirantes (Is) 87 C6
Amirauté (G. de l') 127 B2
Amirauté (Is de l') 125 B4
Amisk (L.) 116 C1
Amismiz 104 A3
Amlwch 53 B4
Amman 75 F3
Ammer (R.) 59 D6
Ammerland (Région) 58 B-C3
Ammersee (L.) 59 D5
Amnéville 44 B2
Amol 91 F2
Amorbach 60 E4
Amorgos 71 D-E4
Amorgos (I.) 71 E4
Amou Daria (R.) 94 A1
Amour (Heilongjiang) (R.) 87 G3
Amour (Côte d') 38 B2
Amour (Dj.) 105 D2
Amour (G. de l') 98 B2
Amoy (Xiamen) 96 B3
Ampezzo 65 E2
Ampfing 61 E4
Amphipolis 71 C2
Amplepuis 49 J2
Ampurdan (Région) 42 C3
Amravati 94 B2
Amriswil 66 E2
Amritsar 94 B1
Amrum (I.) 58 C2
Amsteg 66 D3
Amstel (Ct) 56 C2
Amstelveen 56 C2
Amsterdam *(PB)* 56 C2
Amsterdam *(US)* 118 E2
Amsterdam (N[ouve]lle) (I.) 17 M7
Amsterdam au Rhin (Ct d') 56 D2-3
Amstetten 65 F1
Am Timan 102 E-F4
Amuay 120 H1
Amund Ringnes (I.) 112 H2
Amundsen (Mer d') 1 E26-24
Amundsen (Be) 112 E-F2-3
Amundsen-Scott (Station polaire) 1 D
Ana 75 G3
Anabar (R.) 83 L2
Anaco 121 F4
Anaconda 112 F5
Anacortes 116 A2
Anadyr 83 R3
Anadyr (R.) 83 R3
Anadyr (G. d') 87 J2
Anadyr (Mts de l') 83 R3
Anagni 68 D4
Anaheim 114 B3
Anahuac 116 C4
Anaimudi (Mt) 92 C4
Anakapalle 94 C3
Anambas (Is) 93 F5
Anan 99 C4
Anantapur 94 B3
Anantnag (Islamabad) 94 B1
Anapa 81 C4
Anaphi (I.) 71 D4
Anapolis 122 E4
Anarak 91 F2
Anarisfjällen (Mt) 62 B3
Anatolie (Région) 75 F3
Anatom (I.) 125 C4-5
Añatuya 123 C5
Ancenis 39 C3
Anchorage 112 B-C3
Ancien cours du Huang He (R.) 96 B2
Anc[ienne] embouchure du Huang He 96 C2
Ancona (Ancône) 65 E4
Ancône (Ancona) 65 E4
Ancre (R.) 45 D3
Ancud 123 B7
Andalgala 124 B2
Andalousie 72 B-C2
Andalsnes 62 A3
Andaman (Bassin des) 3 N5
Andaman (Petite) (I.) 92 E4
Andaman (Is) 94 H3
Andaman (Mer des) 92 E4-5
Andaman du Milieu (I.) 92 E4
Andaman Nord (I.) 92 E4
Andaman Sud (I.) 92 E4
Andelle (R.) 46 D2
Andelys (Les) 46 D2
Andenne 56 D4
Anderlecht 56 C4
Anderlues 56 C4
Andermatt 66 D3
Andernach 60 C3
Andernos[-les-Bains] 42 A2
Anderson *(US, Ind.)* 118 B2
Anderson *(US, S.C.)* 115 E3
Andes (Cord. des) 108 H4-7
And Fjord 62 C2
Andhra Pradesh (État) 94 F-G3
Andijan 82 H5
Andilly 47 C1
Andimeshk 91 E2
Andlau 44 D4
Andlau (R.) 44 E4
Andong 99 B3
Andorra [la Vella] (Andorre-la-Vieille) 74 C2
Andorre [-la-Vieille] (Andorra la Vella) 72 D1
A[ndorre] (Principauté d') 22 E4
Andöya (I.) 62 C2
Andreas (C.) 75 F3
Andrésy 47 B2
Andrézieux 49 J2
Andria 69 F4
Andringitra (Mt) 103 H8
Andrinople (Edirne) 77 E4
Andritsaina 71 B-C4
Andros 71 D4
Andros (I.) *(Bahamas)* 115 F4
Andros (I.) *(Gr.)* 71 D4
Andújar 72 B2
Anduze 43 C2
Anegada (Passage d') (Détr.) 121 F3
Anécho 106 C2
Anet 40 B2
Aneto (Pic d') 42 B3
Angara (R.) 83 J4
Angara (L. de l') (Mer de Bratsk) 83 K4
Angarsk 83 K4
Ange 62 B-C3
Angel de la Guarda (I.) 114 B4
Ängelholm 58 E1
Angeln (Région) 58 C2
Angerman Ä[lven] (R.) 62 C3
Angermanland (Région) 63 C3
Angermünde 58 E3
Angers 39 C3
Anges (Be) 49 G3
Angevin (Bocage) (Région) 39 C3
Angkor 93 F4
Angle Bay 55 E4
Anglesey (I.) 53 B4
Anglet 42 A3
Angleterre (England) 54 C2-3
Angleur 57 D4
Anglia (East) (Région) 53 E4
Anglian Heights (East) (Mts) 53 D-E5-4
Anglin (R.) 40 B3
Anglo-Normandes (Is) (Channel Islands) 53 I1
Angmagssalik 112 N3
Angoche 103 G-H7
Angola 103 B-C4
Angola (Bassin de l') 2 I-J7-6
Angoulême 42 B2
Angra do Heroismo 103 J1
Angren 82 G5
Angry Sea (Mer d'Iroise) 39 A2
Anguilla (I.) 121 F3
Anholt (I.) 51 F2
Anhui (Anhouei) (Prov.) 96 B2 (1)
Aniai 98 E3
Aniakchak (Mt) 113 B4
Aniche 45 E3
Anie (P[ic] d') 42 A3
Anina 79 D3
Aniouï (R.) 83 Q3
Aniva 98 E1
Aniva (Be d') 98 E1
Aniva (C.) 98 E1
Anjer 89 K1
Anjero-Soudjensk 82 I4
Anjo 99 D4
Anjou (Région) 39 C3
Anjou (Val d') (Région) 39 C3
Anju 96 C2
Ankang (Hingan) 96 A-B2
Ankara 75 F2
Ankaratra (Mt) 103 H7
Anklam 58 E3
Anklesvar 94 B2
Ankober 102 G5
Ann 55 G3
Ann (C.) 1 F6
Annaba (anc. Bône) 105 E-F1
Annaberg-Buchholz 59 E4
Annai 120 J2
An Najaf 75 G3
Annam (Mts) 93 F4
Annan (R.) 52 C3
Annapolis 115 F3
Annapurna (Mt) 94 C2
Ann Arbor 118 B-C2
Annecy 66 A-B4
Annecy (L. d') 66 B4
Annemasse 66 B3
An Nhon (Binh Dinh) 93 F-G4
Anniviers (V[al] d') 66 C3
Annobón (Pagalu) (I.) 102 D6
Annoeulin 45 D-E2
Annonay 43 D2
Annootok 112 K2
Annweiler 60 C4
Anor 45 G4
Anoual 104 C2
Anould 44 C4
Anqing 96 B2
Ansbach 59 D5
Anse 49 K2
Anse Bertrand 121 N1
Anses d'Arlet (Les) 121 K2
Anshan 96 C1
Antakya 75 F3
Antalya 75 E-F3
Antananarivo (Tananarive) 103 H7
Antarctico-Indien (Bassin) 3 N-P8-9
Antarctide Occidentale 1 E-D27-23
Antarctide Orientale 1 D-E5-9
Antarctique 2-3 E-O10
Antarctique (Bassin) 3 I-L9-8
Antarctique (P.) (T. de Palmer ou T. de Graham) 1 F-E30
Antartikon 71 B2
Antequera 72 B2
Anthéor 49 F4
Anti Atlas (Mts) 104 A-B3
Antibes 49 G3
Antibes (C. d') 49 G3
Anticosti (I.) 115 G2
Antifer (C. d') 46 B1
Antifer (Port pétrolier d') 46 B1
Antigorio (V[al] d') 66 D3
Antigua (I.) 121 F3
Antigua et Barbuda 121 F3
Antikythira (I.) 71 C5
Antileusa (I.) 71 E4
Antilles (Grandes) (Is) 108 G-H3-4
Antilles (Mer des) (Mer des Caraïbes) 121 D-E-F3
Antilles (Petites) (Is) 121 F3
Antimilos (I.) 71 C-D4
Antioche (Pertuis d') (Be) 42 A1
Antioquia 120 H2
Antipagos (C.) 71 A-B3
Antiparos (I.) 71 D4
Antipaxos (I.) 71 B3
Antipodes (Is) 1 E19-18
Antipsara (I.) 71 D3
Antirrion 71 B-C3
Antissa 71 D-E3
Anti Taurus (Mts) 75 F3
Antofagasta 123 B5
Antoing 45 E-F2
Antony 47 C3
Antrim 52 A3
Antrim (Comté) 54 B2 (1)
Antrim (Plat. d') 52 A-B3
Antsirabé 103 H8
Antsiranana (Diego Suarez) 103 H-I7
Antu 98 B2
Antwerpen (Anvers) 56 C3
Anuradhapura 94 B-C4
Anvers (Prov.) 56
Anvers (Antwerpen) 56 C3
Anvers (I.) 1 F30
Anxi 92 E1
Anyang 96 B2
Anydros (I.) 71 D4
Anza (R.) 66 D4
Anzali 82 E6
Anzasca (Val) 66 C-D4-3
Anzin 45 E3
Anzio 68 D4
Aoga (Aogashima) (I.) 99 D-E4
Aogashima (Aoga) (I.) 99 D-E4
Aomori 98 E2
Aonae 98 D2
Aorai (Mt) 125 K1
Aosta (Aoste) 66 C4
Aoste (Aosta) 66 C4
Aouinet bel Egra 104 B4
Apach 39 E2
Apalachee (Be) 115 E4
Apatity 62 F2
Apchéron (P. d') 80 E4
Apeldoorn 60 A1
Apennin Ligure (Mts) 64 C3
Apennin (Mts) 18 F4
Apennin Toscan (Mts) 77 A-B4
Apennins (Tunnel) 67 D3
Apia 125 D4
Apo (Mt) 93 H5
Apolda 59 D4
Apollonia *(Gr., Chalcidique)* 71 C2
Apollonia *(Gr., Sifnos)* 71 D4
Apolyont gölü (L.) 71 F2
Appalachen Oil a[nd] Gasfields (Gisement) 117 E-F2-3
Appalaches (Mts) 115 E-F3-2
Appenzell 66 E2
Appenzell (Canton) 67 K1
Appleton 118 A-B1
Aprica 66 F3
Apt 48 C3
Apure (R.) 121 F4
Apurimac (R.) 122 B4
Aquileia 68 D2
Aquiles Serdán 116 C4
Aquitain (Bassin) 29 B-C3
Aquitaine (Rég. adm.) 23
Arab (O. el) 105 E2
Araba (W.) 90 I5
Arabie 3 K-L4-5
Arabie Saoudite 86 B-C4
Arabique (Désert) 75 F4
Aracaju 122 F4
Aracena (Sa de) 72 B2
Arachthós (R.) 71 B3
Araçuai 122 E4
Arad *(Israël)* 90 I3
Arad *(Ro.)* 74 E2
Arafura (Mer d') 127 C1-2
Aragnouet (Tunnel d') 42 B3 (1)
Aragón (Prov.) 72 C-D1
Aragón (R.) 72 C1
Araguaia 122 E3
Arak 75 G-H3
Arakan (Mts) 92 E3-4
Aral (Mer d') 82 F-G5
Aralsk 82 G5
Aran (Val d') 42 B3
Aran (Is) 50 A3
Aranda 72 C1
Aranjuez 72 C1
Araouane 102 C4
Arar 91 E2
Araraquara 124 D2
Ararat (Mt) 80 D5
Araripe (Sa do) 122 E-F3
Aras (Araxe) (R.) 75 G2
Arauca 121 E4
Arauca (R.) 121 F4
Araucaria 124 D2
Aravalli (Mts) 94 B2
Aravis (Mts) 66 B4
Araxá 124 D1
Araxe (Aras) (R.) 75 G3
Arber (Mt) 59 E4
Arboga 51 G2
Arbois 66 A3
Arbon 66 E2
Arbresle (L') 43 D2
Arbroath 52 C2
Arc (R.) *(Fr., Alpes du Nord)* 43 E2
Arc (R.) *(Fr., Provence)* 43 D3
Arc (G[ran]d) (Mt) 43 E2
Arcachon 42 A2
Arcachon (Bassin d') (Be) 42 A2
Arcadie (Région) 71 B-C4
Arches 44 B-C4
Arcila (Asilah) 104 B2
Arcis-s[ur]-A[ube] 41 D2
Arco 66 F4
Arconce (R.) 43 D1
Arcs (Les) *(Fr., Savoie)* 38 G1
Arcs (Les) *(Fr., Var)* 49 E4
Arctic Red River 112 D3
Arcueil 47 D3
Arda (Ardas) (R.) *(Bulg.-Gr.-Turq.)* 71 D2
Arda (R.) *(It.)* 64 C3
Årdal 62 A3
Ardas (Arda) (R.) 71 E2
Ardea 71 C2
Ardebil 75 G3
Ardèche (R.) 49 K3
Ardèche (07) (Dépt) 23 D2
Ardee 53 A4
Ardenne (Région) 56 C-E5-4
Ardennes (Champagne-) (Rég. adm.) 23
Ardennes (08) (Dépt) 23 D1
Ardennes (Ct des) 41 D2
Ardentes 40 B-C3
Ardmore 114 D3
Ardres 45 B-C2
Ardrossan 52 B3
Arena (Pte) 114 A3
Arendal 51 F2
Arenys de Mar 73 D1
Areopolis 71 C4
Arequipa 122 B4
Arès 42 A2
Åreskutan (Mt) 62 B3
Arévalo 72 B1
Arezzo 68 C3
Argandab (R.) 92 B2
Argelès 42 C3
Argelès-Gazost 38 B3
Argen (R.) 66 E-F2
Argens (R.) 43 E3
Argent (Côte d') 38 B2
Argenta 68 C-D2
Argentan 46 A-B3
Argentan (R.) 39 C3
Argentario (Mte) 68 C3
Argentat 42 B-C2
Argentera (Massif de l') (Mercantour) 43 E2
Argenteuil 47 C2
Argentière [la-Bessée](L') 43 E2
Argentine 111 M4-5
Argentine (Bassin d') 2 G-H8
Argentino (L.) 123 B8
Argenton (R.) 40 A3
Argenton-sur-Creuse 40 B3
Argeşul (R.) 77 E3
Argonne (Région) 41 D2
Argos 71 C4
Argos (G. d') 71 C4
Argos Orestikon 71 B2
Argostolion 71 B3
Argoun (Ergun) (R.) 87 F3
Argovie (Région) 66 D2
Argovie (Canton) 67 J1
Arguello (Pte) 114 A3
Argyla 126 B2
Argyll 55 G2
Argyrades 71 A3
Århus 58 C-D1
Århus Bugt (Be) 58 D1
Ariadnoie 98 C1
Ariake (Be d') *(Jap., Kiou Siou-Nord)* 99 B4
Ariake (Be d') *(Jap., Kiou Siou-Sud)* 99 B5
Ariano [nel Polesine] 65 D-E3
Arica 122 B4
Ariège (R.) 42 B3
Ariège (09) (Dépt) 23 C3
Arima 121 I1
Arinos (R.) 122 D4
Arinthod 66 A3
Arizona (État) 114 B3
Arjona 120 H1-2
Arjuna 89 L1
Arjuzanx 42 A2-3
Arkadelphia 116 D3
Arkansas (État) 114-115 D3
Arkansas (R.) 113 H6
Arkhangelsk 80 D2
Arki (I.) 71 E4
Arklow 53 A4
Arkona (C.) 58 E2
Arlberg (Col) 66 F2
Arlberg (Tunnel) 67 C-D2
Arles 48 B3
Arles à Port-de-Bouc (Ct d') 48 B3
Arles [-sur-Tech] 42 C3
Arleux 45 E3
Arlington *(US, Tex.)* 114 D3
Arlington *(US, Va)* 118 D3
Arlit 102 D4
Arlon (Aarlen) 56 D5
Arly (P.Nl) 106 C1
Arly (R.) 66 B4
Armagh 52 A3
Armagh (Comté) 54 B2 (2)
Armagnac (Bas) (Région) 42 A-B2-3
Armagnac (Haut) (Région) 42 B3
Armançon (R.) 41 D3
Armand (Aven) 43 C2
Armarthia (I.) 71 E5
Armavir 75 G2
Armenia 121 E4
Arménie (Plat. d') 102 H1-2
Arménie (Rép. d') 86 (XIII)
Armentières 45 D2
Armoricain (Massif) 29 B2-3
Armorique (P.Rl d') 38 A1
Armutlu 71 F2
Arnaia 71 C2
Arnauti (C.) 75 F3
Arnay-le-Duc 41 D3
Arnes 86 J1
Arnhem 60 A1
Arnhem (T. d') 127 C2
Arnhem (C. d') 127 C2
Arno (Atoll) 125 C3
Arno (R.) 64 D4
Arno (Val d') 65 D4
Arnon (R.) 40 C3
Arnouville 47 D2
Arnöy (I.) 62 D1
Arnprior 118 D1
Arnsberg 60 C-D2
Arnsberg (District) 58
Arnstadt 59 D4
Arolsen 60 D-E2

Aroma 90 D4
Aron (R.) 41 C3
Arona 66 D4
Arosa 66 E3
Arpajon 46 F3
Arques 45 C2
Arques (R.) 40 B2
Arques [-la-Bataille] 40 B2
Ar Rachidiya 104 B3
Arrah 94 C2
Arran (I.) 52 B3
Arras 45 D3
Arrats (R.) 42 B3
Arreau 42 B3
Arrée (M[onta]gne d') 39 B2
Arreridj 105 E1-2
Arris 105 E2
Ar Riyad (Riyadh) 102 H3
Arromanches 39 C2
Arroux (R.) 41 D3
Arrowhead 114 B1
Ars 44 B2
Arseniev 98 C1
Arta 71 B3
Arta (G. d') 71 B3
Artem 96 D1
Artemovsk 80 F3
Artenay 40 B-C2
Arth 66 D2
Artix 34 B3
Artois (Région) 51 D4
Artois (Coll.de l') 40 B-C1
Artuby (R.) 43 E3
Aru (Is) 125 A4
Arua 102 G5
Aruba (I.) 121 E3
Arudy 42 A3
Arue 125 K1
Arun (R.) 40 A1
Arunachal Prodesh (État) 94 H2
Arusha 102 G6
Aruwimi (R.) 102 F5
Arvant 42 C2
Arve (R.) 66 B3
Arvert (Pte d') 39 C4
Arvida 115 F2
Arvidsjaur 62 C-D2
Arvika 51 G2
Arz (R.) 39 B3
Arzamas 80 D3
Arzew 104 C2
Aš 59 E4
Asahi (R.) 99 C4
Asahi Dake (Mt) *(Jap., Hokkaïdo)* 98 E2
Asahi Dake (Mt) *(Jap., Hondo)* 98 D3
Asahikawa 98 E2
Asama Yama (Mt) 99 D3
Asansol 94 C2
Asbest 80 F3
Asbestos 118 F1
Asbury Park 118 E2
Ascension (I.) 2 H-I6
Aschaffenburg 60 D-E4
Aschersleben 58 D4
Asco 73 D1
Ascoli Piceno 68 D3
Aseb 102 H4
Åsele 62 C3
Asenovgrad 77 E4
Ashburton 55 F3
Ashburton (R.) 127 A3
Ashdod 90 H3
Asheville 115 E3
Ashford 53 E5
Ashibetsu 98 E2
Ashikaga 99 D3
Ashizuri (C.) 99 C4
Ashland *(US, Ky)* 118 C3
Ashland *(US, Ohio)* 118 C2
Ashland *(US, Va)* 118 D3
Ashqelon 90 H3
Ashtabula 118 C2
Ashuanipi (L.) 115 G1
Asiago 65 D3
Asie 3 M-O3
Asie Mineure 75 E-F3
Asilah (Arcila) 72 B3
Asinara (I.) 69 B4
Asinara (G. d') 69 B4
Asino 82 I4
Askersund 51 G2
Askja (Mt) 86 K1
Asmera 102 G4
Åsnen (L.) 51 G2
Asni 104 A-B3
Asnières 47 C2
Asopos 71 C4
Asov (Mer d') 80 C4
Aspe (Gave d') (R.) 42 A3
Aspen 114 C3
Aspres 48 D1
Aspres (Mts) 42 C3
Aspromonte (Mt) 69 E-F5
Aspropótamos (R.) 71 B3
Assal (L.) 87 C5
As Salamiyah 102 H3
Assam (État) 94 H2
Asse 56 C4
Asse (R.) 48 D3
Assen 56 E2
Assens 58 C-D2
As Sidrah 74 D3
Assietta (Mts) 43 E2
Assiniboia 114 C2
Assiniboine (R.) 112 G4
Assiout 102 F-G3
Assir (Mts) 102 H3-4
Assise 68 D3
Assling 61 D4
Assouan 102 G3
As Sulayil 102 H3
As Summâm (Région) 75 G4
As Suwayda 75 F3
Astara 80 D5
Astarac (Région) 42 B3
Astarb 90 B2
Asti 43 F2
Astipalaia 71 E4
Astipalaia (I.) 71 E4
Aston 34 C3
Astoria 114 A2
Åstorp 58 E1
Astrakhan 80 D4
Astray (L.) 115 G1
Asturies (Prov.) 72 B1
Asunción 123 D5
Atacama (Désert d') 123 B5
Atacama (Fosse d') 2 F6-7
Atacama (Salar de) (Étg) 123 C5
Ataka (Dj.) 103 O3
Atakpamé 102 D5
Atalante 71 C3
Atami 99 D4
Atar 102 B3
Atar (O. el) 105 E2
Atbara 102 G4
Atbara (R.) 102 G4
Atbasar 82 G4
Atchafalaya (Be) 115 D4
Atchinsk 82 I-J4
Ath 45 F2
Athabasca (L.) 112 G4
Athabasca (R.) 112 F4
Athènes (Athinai) 71 C-D4
Athens *(US, Ga)* 115 E3
Athens *(US, Ohio)* 118 C3
Athinai (Athènes) 71 C-D4
Athis-Mons 47 D3
Athlone 50 B3
Athol 118 E-F2
Athos (Mt) 71 D2
Athos (P.) 71 C-D2
Athus 56 D5
Athy 53 A4
Atikonak (L.) 115 G1
Atimaono 125 K1
Atjeh (Mts) 92 E5
Atlanta 115 E3
Atlantic City 118 E3
Atlantique (Océan) 2 G-I3-7
Atlas (Anti) (Mts) 104 A-B2-3
Atlas (Haut) (Mts) 74 B3
Atlas (Moyen) (Mts) 104 B2
Atlas Saharien (Mts) 104-105 C-E3-2
Atlas Tellien (Mts) 104-105 C-E2-1
Atlit 90 H2
Atrak (Atrek) (R.) 82 F6
Atranos (R.) 71 F3
Atrato (R.) 121 E4
Atrek (Atrak) (R.) 82 F6
Attawapiskat (R.) 112 I4
Attersee (L.) 59 E6
Atula 90 I2
Aubagne 48 D4
Aube 46 C3
Aube (R.) 41 D2
Aube (10) (Dépt) 23 C-D1
Aubenas 48 A1
Auberchicourt 45 E3
Aubergenville 46 E3
Aubervilliers 47 D2
Aubigny *(Fr., Pas-de-Calais)* 45 D3
Aubigny [-sur-Nère] *(Fr., Cher)* 40 C3
Aubin 42 C2
Auboué 44 A-B2
Aubrac (Mts d') 42 C2
Aubrais ([Fleury-]les-) 40 B-C3
Auburn *(US, Me)* 118 F1
Auburn *(US, N.Y.)* 118 D2
Aubusson 42 C2
Auby 45 E3
Auch 42 B3
Auchel 45 C-D2
Auckland 125 C5
Auckland (Is) 1 G17
Aude (R.) 42 C3 42 C3
Aude (11) (Dépt) 23 C3
Audenarde (Oudenaarde) 45 E-F2
Audierne 39 A2
Audierne (Be d') 39 A2-3
Audincourt 41 E3
Audruicq 45 C2
Audun-le-R[oma]n 44 A2
Audun-le-T[iche] 44 A-B2
Aue 59 E4
Aue (R.) 58 C3
Auenheim 44 E3
Auffay 46 D1
Auge (Pays d') (Région) 46 B2-3
Augrogne (R.) 44 B5
Augsbourg 59 D5
Augusta *(Austral.)* 127 A4
Augusta *(It.)* 69 E6
Augusta *(US, Ga)* 115 E3
Augusta *(US, Me)* 115 G2
Augustow 76 D1
Augustus (Mt) 127 A3
Auk 55 G2
Aulendorf 66 E2
Aulia 90 D4
Aulnay-sous-Bois 47 D-E2
Aulne (R.) 39 B2
Aulnoye [-Aymeries] 56 B4
Ault 45 A3
Aumale (Sour el Ghozlane) *(Alg.)* 105 D-E1
Aumale *(Fr.)* 46 E1
Aumance (R.) 40 C3
Aumetz 44 A2
Auneuil 46 E-F2
Aunis (Région) 39 C3
Aurangabad *(Inde, Bihar)* 94 C2
Aurangabad *(Inde, Maharashtra)* 94 B3
Auray 39 B3
Aurdal 55 I1
Aure (R.) 39 C2
Aureilhan (Étg. d') 42 A2
Aurélien (Mt) 48 D4
Aurès (Mts) 74 C3
Aurich 58
Aurich (District) 58
Auriol 48 D4
Aurigny (Alderney) (I.) 39 B2
Aurillac 42 C2
Auron 38 G1
Auron (R.) 40 C3
Aurora *(US, Colo.)* 114 C3
Aurora *(US, Ill.)* 115 E2
Aurukun 126 D2
Au Sable P[oin]t (C.) 118 C1
Au Sable (R.) 118 B-C1
Aussig (Ustin[ad] L[abem]) 59 F4
Aussois - Villarodin 34 D2
Austfirdir (Fjord) 62 J2
Austin *(US, Nev.)* 113 F6
Austin *(US, Tex.)* 114 D3
Austin (L.) 127 A3
Austinville 117 E-F3
Australes (Tubuai) (Is) 125 E5
Australie 93 I7
Australie méridionale (État) 127 C3
Australienne (Cord.) (Great Dividing Ra.) 127 D-E2-4
Australienne (Grande Be) 127 B-C4
Austr[alienn]es (Alpes) (Mts) 127 D4
Australie occidentale (État) 127 A-B3
Austria (Détr.) 82 F-G1-2
Auterive 42 B3
Authie (R.) 45 B3
Authion (R.) 39 C-D3
Autriche (Österreich) 22 F4
Autrich[iennes] (Préalpes) 76 B3
Autun 41 D3
Autunois (Mts) 41 D3
Auvergne (Région) 42-43 C2
Auvergne (Rég. adm.) 23
Auvergre (Volcans d') (P.Rl) 38 C2
Auvers 46 F2
Auvézère (R.) 42 B2
Auxerre 41 C3
Auxi-le-Ch[âteau] 45 C3
Auxois (Mts) 41 D3
Auxonne 66 A2
Auyán Tepuy (Mt) 121 F4
Avallon 41 C-D3
Avaloirs (Les) (Mt) 39 C2
Avas 71 D2
Aveiro 72 A1
Avelgem 45 E2
Avellino 69 E4
Aven (R.) 39 B3-2
Aven Armand 43 C2
Avenches 66 B-C3
Aversa 77 B4
Aves (I.) 121 F3
Avesnes-le-C[om]te 45 D3
Avesnes-lès-A[ubert] 45 E3
Avesnes [-sur-Helpe] 41 C1
Aveyron (R.) 42 C2
Aveyron (12) (Dépt) 23 C2
Avezzano 68 D3-4
Avignon 48 B3
Ávila 72 B1
Avilés 72 B1
Avion 45 D3
Avisio (R.) 65 D2
Avize 41 C2
Avoca 55 E3
Avoine 34 C2
Avon 46 G4
Avon (Comté) 54 C3(1)
Avon (R.) *(RU, Avon)* 53 C5
Avon (R.) *(RU, Hampshire)* 53 D5
Avon (R.) *(RU, Warwickshire)* 53 D4
Avord 40 C3
Avoriaz 38 G1
Avranches 39 C2
Avre (R.) *(Fr., Normandie)* 40 B2
Avre (R.) *(Fr., Picardie)* 40 C2
Avricourt 44 C3
Avşa (I.) 71 E2
Awa (I.) 98 D3
Awaji (I.) 99 C4
Awash (R.) 102 H4
Awaso 106 B2
Axat 42 C3
Axel 56 B3
Axel Heiberg (I.) 112 H-I1-2
Axios (Vardar) (R.) 71 C2
Ax-les-Thermes 42 B3
Ay 41 D2
Ayachi (Dj.) 102 C2
Ayacucho 122 B4
Ayakkum Hu (L.) 94 C1
Aydin 71 E-F4
Aydın dağl[arı] (Mts) 71 E-F4-3
Aygues (R.) 48 B2
Aylesbury 53 D5
Ayn al Ghazal 90 C3
Ayoûn 102 C4
Ayr *(Austral.)* 127 D2
Ayr *(RU)* 52 B3
Ayr (R.) 52 B3
Ayre (Point of) (C.) 52 B3
Ayutthaya 93 F4
Ayvacik 71 E3
Ayvalık 71 E3
Aywaile 60 A3
Azan 91 E2
Azaouagh (O.) 102 D4
Azay-le-Rideau 40 B3
Azbine (Aïr) (Mts) 102 D4
Azemmour 104 A-B2
Azerbaïdjan (Rép. d') 86 (VII)
Azergues (R.) 49 K2
Azilal 104 B3
Azincourt 45 C3
Azourki (Dj.) 104 B3
Azov 80 C4
Azov (Mer d') 75 F2
Azrou 104 B2
Azrou (Mt) 104 C2
Azuero (P. d') 121 D4
Azul 123 C-D6
Azur (Côte d') 38 D3
Azzaba (Jemmapes) 105 E1

B

Baar 66 D2
Baarn 56 D2
Baba (Mt) 71 F4
Babadag 77 F3
Babaeski 71 E2
Babar (Is) 93 H-I6
Bab el Mandeb (Détr.) 102 H4
Babine (L.) 112 E4
Babócsa 78 C3
Babol 75 H3
Babor (Mts) 105 E1
Babouchkin 83 K4
Babra (C.) 71 D-E3
Babuyan (Is) 93 H4
Babylone 75 G3
Bacabal 122 E3
Bacău 76 E3
Baccarat 44 C4
Bacharach 60 C3
Bachkire (Rép. aut.) 86 (I-1)
Back (R.) 112 G3
Bačka (Région) 76 C3
Backnang 60 E5
Bacolod 93 H4
Bacton 55 G3
Badajoz 72 B2
Badalona 72 D2
Bad Aussee 67 E2
Bad Axe 118 C2
Bad Cannstadt 59 C5
Bad Doberau 58 D2
Bad Driburg 60 D-E2
Bad Dürkheim 60 D4
Bade (Nord-) (District) 58
Bade (Sud-) (District) 58
Bad Ems 60 C3
Baden *(Autr.)* 65 G1
Baden *(CH)* 66 D2
Baden-Baden 41 F2
Baden Weiler 67 B2
Bade-Wurtemberg (Land) 58
Badgastein 59 E6
Bad Godesberg 60 B-C3
Bad Goisern 67 E2
Bad Hall 67 F1
Bad Hersfeld 60 E3
Bad Homburg [von der Höne] 60 D3
[Bad] Honnef 60 C3
Bad Ischl 67 E2
Bad Kissingen 59 D4
Bad Kreuznach 60 C4
Bad Krozingen 44 E5
Bad Lands (Région) 113 G5
B[ad] Langensalza 59 D4
Bad Lippspringe 60 D2
Bad Mergentheim 61 C4
Bad Münder 60 E1
Bad Münster 60 C4
Bad Nauheim 60 D3
Bad Neustadt 59 D4
Bad Oeynhausen 60 D1
Badonviller 44 C3
Bad Orb 60 E3
Bad Pyrmont 60 E1-2
Bad Reichenhall 59 E6
Bad Salzdetfurth 61 C-D2
Bad Salzuflen 60 D-E1
Bad Salzungen 59 D4
Bad Schwalbach 60 D3
Bad Segeberg 58 C-D2-3
Bad Tölz 59 D6
Bad Vilbel 60 D3
Bad Waldsee 66 E2
Bad Wiessee 67 D2
Bad Wildungen 60 D-E2
Bad Wimpfen 60 E4
Bad Wörishofen 67 D1-2
Bad Zwischenahn 58 B-C3
Baena 72 B2
Baerenkopf (Mt) 44 C5
Bafa gölü (L.) 71 E4
Bafatá 106 A1
Baffin (Mer de) 112 J-K2
Baffin (T. de) (I.) 112 I-K2-3
Bafoussam 106 C-D2
Bafq 91 F2
Bagdad *(Irak)* 75 G3
Bagdad *(US)* 116 B3
Bagé 124 C3
Bagheria 69 D5
Baghlan 92 B2
Bagnères-de-B[igorre] 42 B3
B[agnères]-de-Luchon 42 B3
Bagnes (V[al] de) 66 C3-4
Bagneux 47 C3
Bagnoles [-de-l'Orne] 39 C2
Bagnolet 47 D2
Bagnoli 70 C2
Bagnols[-sur-Cèze] 43 D2
Bagoé (R.) 106 B1
Bagrationovsk (Eylau) 76 D1
Baguio 93 G-H4
Bagur (C. de) 72 D1
Bagzane (Mt) 102 D4
Bahama (G[ran]de) (I.) 121 E2
Bahamas (Is) (Is Lucayes) 113 J7
Bahamas (Grand Banc des) (Hauts-fonds) 121 E2
Bahariya 75 E4
Bahawalpur 94 B2
Bahía (État) 122 E-F4
Bahia (Is de) 120 D3
Bahia (Salvador) 122 F4
Bahía Blanca 123 C6
Bahía Blanca (Be Blanche) 123 C-D6
Bahia de Caraquez 122 A3
Bahia Grande (Be) 123 C8
Bahia Honda 120 H1
B[ahr] Aouk (R.) 102 F5
B[ahr] Azoum (R.) 102 F4
Bahrdar [Giyorgis] 90 D4
Bahreich 94 C2
Bahrein 91 F3
Bahr el Abiad (Nil blanc) (R.) 102 G4
Bahr el Arab (R.) 102 F4-5
Bahr el Asrak (Nil bleu) (R.) 102 G4
Bahr el Djebel (R.) 102 F-G5
Bahr el Ghazal (Soro) (O.) 102 E4
Bahr el Ghazal (Région) 102 F5
Bahr el Ghazal (R.) 102 F5
Bahrenborstel 61 C2
Baia dos Tigres 107 A1
Baia Mare 76 D-E3
Baicheng 96 C1
Baie-Comeau 115 G2
Baie-Mahault 121 M1
Baïkal (L.) 83 K4
Baïkal (Mts du) 83 K4
Baïkit 83 J3
Baïkonour 82 G5
Baile Átha Cliath (Dublin) 53 A4
Bailen 72 C2
Băileşti 77 D3
Bailleul 45 D2
Bailly 47 B2
Baimadong 97 A3
Bain-de-Bretagne 40 A3
Bains-l[e]s -B[ain]s 44 B4
Bairnsdale 127 D4
Bairon (L. de) 38 D1
Baïse (R.) 42 B3
Baiyu Shan (Mt) 93 F2
Baja 76 C3
Baja California [Norte] (État) 114 B3
Baja California Sur (Terrre de) (État) 120 A2
Bajram-Ali 84 I6
Bakal 81 E3
Bakar 65 F3
Baker 114 B2
Baker (I.) 125 D3
Baker (L.) 112 H3
Baker (Mt) 114 A2
Bakersfield 114 B3
Bakur (R.) 71 E3
Bakırköy 71 F2
Bakkaflói (Be) 62 J1
Bakkagerdi 86 L1
Bakony (Mts) 68 F1
Bakou 80 D-E4
Bakouriani 81 D4
Balabac (Détr. de) 93 G5
Balabio (I.) 125 I1
Balachov 80 D3
Balaghat 95 C2
Balagne (Région) 43 G2
Balaïtous (P[ic] de) 42 A3
Balakovo 80 D3
Balasore 94 C2
Balaton (L.) 68 F-G1
Balatonfüred 78 C3
Bal Bailadila Range 95 C3
Balbigny 49 J2
Balboa 122 H2
Balčik 77 F4
Balder 55 G2
Bâle (Basel) 66 C2
Baléares (Is) 72 D1-2
Bâle-Campagne (Canton) 67 I1
Baleï 83 L4
Baleine (Be de la) 103 E8
Baleine (G[ran]de R. de la) 115 F1
Balen 56 D3
Bali (I.) 93 G6
Balikesir 71 E-F3
Balikpapan 93 G6
Baliza 124 C1
Balkan (Mts) 80 B4
Balkan (Grand) (Mts) 77 D-E4
Balkan occid[enta]l (Mts) 77 D4
Balkan (Petit) (Mts) 77 E4
Balkh 91 G2
Balkhach 82 H5
Balkhach (L.) 82 H5
Ballarat 127 D4
Balleny (Is) 1 F17-16
Ballina 50 A3
Ballycastle 52 A3
Ballymena 52 A3
Balmoral 52 C3
Balongan 89 L1
Balotra 94 B2
Balsas (R.) 120 C3
Balsthal 66 C2
Balta 76 F3
Baltiisk 76 C1
Baltimore 118 D3
Baltique (Croupes lacustres de la) 58 D-F2-3
Baltique (Mer) 58 E-F2
Balya 71 E3
Bam 91 F3
Bamako 102 B-C4
Bamberg 59 D5
Bam Co (L.) 94 D1
Bamenda 102 D-E5
Bamian 94 A1
Bampur 92 B3
Banankoro 106 B1
Banas (R.) 92 C3
Banat (Région) 76-77 D3
Banaz (R.) 71 F3
Banbury 53 D4
Bancairon 34 D3
Banchory 52 C2
Bancroft 118 D1
Banda 94 C2
Banda (Mer de) 93 H6
Banda Atjeh 92 E5
Bandai San (Mt) 99 E3
Bandama (R.) 102 C5
Bandar 94 C3
B[andar] Abbas 91 F3
B[andar] Anzali 75 G-H3
B[andar] Bushehr 75 H4
B[andar] Dilam 75 H3-4
B[andar] Khomeini 75 G-H3
B[andar] Lengeh 91 F3
Bandar Seri Begawan (Brunei) 93 G5
B[andar] Torkaman 91 F2
Bandiagara 106 B1
Bandiat (R.) 42 B2
Bandirma 71 E-F2
Bandjar 89 L1
Bandjarmasin 93 G6
Bandol 48 D4
Bandundu 106 F2
Bandung 93 F6
Banes 121 E2
Banff *(Ca.)* 114 B1
Banff *(RU)* 52 C2
Banff (P.Nl) 114 B1
Banfora 102 C4
Bangalore 94 F3
Bangassou 102 F5
Banggai (Is) 93 H6
Bangka (I.) 93 F6
Bangkok 93 F4
B[angla] D[esh] 86 E4
Bangolo 106 B2
Bangor (Beannchar) *(RU, Ulster)* 52 B3
Bangor *(RU, Pays de Galles)* 53 B4
Bangor *(US)* 115 G2
Bangui 102 E5
Bangweolo (L.) 103 F-G7
Bani (R.) 102 C4
Bani (Dj.) 104 B3
Bani Walid 105 I1
Baniyas 90 D2
Banja Luka 68 F2
Banjul (Bathurst) 102 B4
Banjuwangi 89 N2
Banks (Détr. de) 127 D5
Banks (T. de) (I.) 112 E-F2
Bann (R.) 52 A3
Bannalec 39 B3
Banská-Bystrica 76 C2
Banswara 94 B2
Bantry (Be de) 50 A4
Banyo 106 D2
Banyuls [dels Aspres] 42 C3
Baode 97 B2
Baoding 96 B2
Baoji 96 A2
Baoshan 92 E3
Baoqing 98 C1
Baotou 96 A-B1
Baoulé (R.) 106 B1
Bapaume 45 D3
Bar 77 C4
Bar (R.) 41 D2
Bar (Le) 49 F3
Bara 90 D4
Baraba (Steppes de la) (Région) 87 D-E3
Barabinsk 82 H4
Baracaldo 72 C1
Baracoa 121 E2
Barahona 121 E3
Baranovitchi 76 E1
Baraque Michel (Mt) 56 D-E4
Barbade 111 M-N2
Barbastro 42 B3-4
Barberton 118 C2
Barbezieux ([St Hilaire]) 42 A-B2
Barbotan [-les-Thermes] 38 B-C2
Barbuda (I.) 121 F3
Barcellona 69 E5
Barcelona (Barcelone) *(E)* 72 D2
Barcelona *(Venez.)* 121 F4
Barcelone (Barcelona) 72 D2
Barcelonnette 43 E2
Barcoo (R.) 127 D3
Bardai 102 E3
Bardera 102 H5
Bardiyah 75 E3
Bardsey (I.) 53 B4
Bardstown 118 B3
Barèges 42 A-B3
Bareilly 92 D3

Barentin 46 C 1
Barents (Mer de) 62 F-G 1-2
Barfleur (Pte de) 39 C 2
Bargouzin 83 K-L 4
Bari 69 F 4
Barika 105 E 2
Bariloche ([San Carlos de]) 123 B-C 7
Barinas 121 E-F 4
Bârîs 90 D 3
Barisal 94 D 2
Barito (R.) 93 G 6
Barkerville 116 A 1
Barkly (Plat. de) 127 C-D 2
Barkol 83 J 5
Bar-le-Duc 41 D 2
Barlee (L.) 127 A 3
Barletta 68 F 4
Barlin 45 D 3
Barmouth 53 B-C 4
Barnaoul 82 I 4
Barneveld 56 D 2
Barnsley 53 D 5
Barnstaple 53 B-C 5
Baro 102 D 5
Baroda (Vadodara) 94 B 2
Baronnies (Région) 43 D 2
Barquisimeto 121 E-F 3
Barr 44 D 4
Barra 122 E 4
Barra (Is) 52 A 2
Barranca 122 B 3
Barrancabermeja 121 E 4
Barrancas 121 I 2
Barranquilla 121 E 3
Barre 118 E 1
Barreiro 72 A 2
Barrême 49 E 3
Barren Grounds (Région) 112 G-H 3
Barrie 118 D 1
Barrier Reef (Great) (Grande Barrière de Corail) 127 D-E 2-3
Barrière (G[ran]de) (I.) 127 D 1
Barrois (Région) 41 D 2
Barros (Tierra de) (Région) 73 B 2
Barrow 112 A-B 2
Barrow (C.) 112 B 2
Barrow (Détr.) 112 H 2
Barrow (R.) 53 A 4
Barrow (I.) 127 A 3
Barrow Creek 127 C 3
Barrow-in-Furness 52 C 3
Barruelo 73 B 1
Bars (Côte des) (Région) 41 D 2
Barsac 42 A 2
Bar-s[ur]-A[ube] 41 D 2
Bar-s[ur]-S[eine] 41 D 2
Barth 58 E 2
Bartica 121 J 2
Bartle Frere (Mt) 127 D 2
Bartow 117 E 4
Barú (Mt) 121 D 4
Barwon (R.) 127 D 3-4
Barycz (R.) 76 C 2
Bas (T. de) (I.) 121 M 2
Bas Armagnac (Région) 42 A-B 2-3
Bas Bocage [Vendéen] (Région) 40 A 3
Bas-Champs (Région) 45 B 3
Bas-Dauphiné (Région) 43 C 2
Basel (Bâle) 66 C 2
Bas-en-Basset 49 J 3
Basento (R.) 69 F 4
Basilan 93 H 5
Basilan (I.) 93 H 5
Basildon 53 E 5
Basilicate (Rég. adm.) 69 J 2(2)
Basingstoke 53 D 5
Bas Maine (Région) 40 A 2
Basque (Pays) (Région) 42 A 3
Basque (Côte) 38 B 3
Bas-Rhin (67) (Dépt) 23 D 1
Bas-Rhône-Languedoc (Cl du) 48 A 3
Bass (Détr. de) 127 D 4
Bassano 65 D 3
Bassas da India (Atoll) 103 G 8
Basse-Autriche (Préalpes de) (Mts) 65 F 2
Basse-Bavière (District) 58
Basse-Californie (P. de) 120 A 2
Bassée (La) 45 D 2
Basse-Engadine (Val.) 66 F 3
Basse-Franconie (District) 58
Bassein 92 E 4
Basse-Normandie (Rég. adm.) 23
Basse-Pointe 121 K 1
Basse-Saxe (Land) 58
Basses (Pte des) 121 N 2
Basses-Tatra (Mts) 76 C-D 2
Basseterre 121 F 3
Basse-Terre 121 M 2
Basse-Terre (I.) 121 M 1
Bassigny (Région) 41 D 2-3
Basso (Mt) 102 F 4
Bassorah 75 G 3
Bastan (Val. de) 42 A 2
Bastelica 43 H 3
Bastia 68 B 3
Bastion (C.) 93 F-G 4
Bastogne 56 D 4
Bata 102 D 5
Batabano (G. de) 121 D 2
Bataïsk 80 C 4
Batala 95 B 1
Batan (Is) 93 H 3
Batang 92 E 2-3
Batangas 93 G-H 4
Batang Hari (R.) 93 F 6
Bátaszék 68 G 1
Batavia (act. Djakarta) 93 F 6
Bath *(RU)* 53 C 5
Bath *(US)* 118 F 2
Batha (O.) 102 E 4
Bathurst *(Austral.)* 127 D-E 4
Bathurst *(Ca.)* 115 G 2
Bathurst (Banjul) *(Gambie)* 103 M 2
Bathurst (C.) 112 D-E 2
Bathurst (I.) *(Austral.)* 127 C 2
Bathurst (I.) *(Ca.)* 112 G-H 2
Batin (W. al) 75 G 4
Batjan (Is) 93 H 6
Batna 105 E 2
Baton Rouge 120 C-D 1
Batoumi 80 D 4
Battambang 93 F 4
Batticaloa 94 C 4
Battipaglia 69 E 4
Battle Creek 118 B 2
Battleford 114 C 1
Battle Harbour 115 H 1
Batu (Mt) 102 G 5
Batu (Is) 92 E 6
Batz (I. de) 39 A-B 2
Batz [-sur-Mer] 39 B 3
Baubau 93 H 6
Bauchi 102 D-E 4
Baud 39 B 3
Baudh 94 C 2
Baudo (Sa de) 121 E 4
Bauenstock 67 C 2
Baugé 39 C 3
Bauges (Mts) 66 B 4
Bauland (Région) 60 E 4
Bauld (C.) 115 H 1
Baule[-Escoublac] (La) 39 B 3
Baumberge (Coll.) 60 C 2
Baume-les-Dames 41 E 3
Baumholder 60 C 4
Bauru 124 D 2
Bautzen 59 F 4
Baux [-en-Provence] (Les) 43 D 3
Bavay 45 F 3
Bavella (C[ol] de) 43 H 3
Bavière (Basse-) (District) 58
Bavière (Land) 58
Bavière (Forêt de) (Bayerischer Wald) (Mts) 59 E 5
Bavière (Haute-) (District) 58
Bavière (Préalpes de) (Mts) 64-65 D-E 2
Bawdwin 89 E 3
Bawean (I.) 89 M 1
Bawiti 90 C 3
Bayamo 121 E 2
Bayamon 121 F 3
Bayan Obo 96 A 1
Bayard (Col) 43 E 2
Bay City 118 C 2
Bayerischer Wald (Forêt de Bavière) (Mts) 59 E 5
Bayeux 39 C 2
Bayındır 71 E 3
Bayon 44 B 4
Bayonne 42 A 3
Bayramiç 71 E 3
Bayreuth 59 D 5
Bayrischzell 67 D-E 2
Baza 72 C 2
Bazas 42 A 2
Bazeilles 41 D 2
Bazoches 46 B-C 3
Bazois (Région) 41 C 3
Baztan (Val. de) 42 A 3
Bazzane (Mt) 102 D 4
Beachy Head (Béveziers) (C.) 40 B 1
Beannchar (Bangor) 52 B 3
Béar (C.) 42 C 3
Béarn (Région) 42 A 3
Beaucaire 48 B 3
Beauce (Région) 46 E-F 4
Beauchamp 47 C 1
Beauchastel 49 M 2
Beaudruc (G. de) 48 B 4
Beaufort 66 B 4
Beaufort (Mer de) 112 C-D 2
Beaufort[-en-Vallée] 40 A 3
Beaufortin (Mts) 43 E 2
Beaufort West 107 B 3
Beaugency 40 B 3
Beaujeu 43 D 1
Beaujolais (Mts du) 49 J-K 2
Beaulieu[-sur-Dordogne] 42 B 2
Beaulieu[-sur-Mer] 49 G 3
Beauly (R.) 52 B 2
Beaumes (Les) 48 C 2
Beaumesnil 46 C 2
Beaumont *(Belg.)* 56 C 4
Beaumont *(US)* 114 D 3
Beaumont[-de-Lomagne] 42 B 3
Beaumont-le-Roger 46 C 2
Beaumont[-sur-Oise] 40 C 2
Beaumont[-sur-Sarthe] 40 B 2
Beaune 41 D 3
Beaune-la-Rolande 40 C 2
Beaupréau 39 C 3
Beauraing 56 C-D 4
Beaurainville 45 B-C 3
Beaurepaire 43 D 2
Beausoleil 43 E 3
Beausset (Le) 48 D 4
Beautor 34 C 1
Beauvais 46 E-F 2
Beauval 45 C 3
Beauvois 45 E 3
Beaver (I.) 118 B 1
Beaver Falls 118 C 2
Bebra 60 E 3
Bec (Le) 34 D 2
Bec d'Ambès (C.) 42 A 2
Bečej 76 D 3
Béchar (Colomb-Béchar) 104 C 3
Béchar (Dj.) 104 C 3
Beckingen 44 C 2
Beckley 118 C 3
Beckum 60 D 2
Bédarieux 42 C 3
Bédarrides 48 B 2
Beddouza (Ras) (C. Cantin) 104 A 2
Bedford *(RU)* 53 D 4
Bedford *(US, Ind.)* 118 B 3
Bedford *(US, Pa)* 118 D 2
Bedfordshire (Comté) 54 C 3(2)
Bedum 56 E 1
Beechey Point 1 B 21-22
Beenleigh 127 E 3
Beerberg (Mt) 59 D 4
Beerge (R.) 56 D 3
Beeri 90 H 3
Beersheba 90 H 3
Beesel 56 D-E 3
Beffes 35 H 2
Bégard 39 B 2
Bègles 42 A 2
Behren 44 C 2
Beian 85 O 5
Beigua (Mte) 64 C 3
Beihai 93 F 3
Beijing (Pékin) 96 B 2
Beilen 56 E 2
Beipiao 97 B-C 1
Beira (Sofala) 103 G 7
Beira (Prov.) 72 A-B 1
Beja *(Port.)* 72 B 2
Béja *(Tu.)* 105 F 1
Bejaia (anc. Bougie) 105 E 1
Bejaia (G. de) 105 E 1
Béjar 72 B 1
Bekabad 84 I 6
Bekdach 81 E 4
Békéscsaba 76 D 3
Bela 94 A 2
Bel Air (Mt) 39 B 2
Belau (Polaos) (Rép. de) 125 A 3 (B)
Belbo (R.) 64 C 3
Belchen (Mt) 66 C 2
Belcher (Détr. de) 112 G-H 2
Belcher (Is) 115 E 1
Belém (Pará) 122 E 3
Belembe 98 D 1
Belep (Is) 127 F 2
Belet Uen 102 H 5
Belfast 52 A-B 3
Belfast Lough (Be) 52 B 3
Belford 52 D 3
Belfort 44 C 5
Belgaum 94 B 3
Belgica (Mts) 1 E 4
Belgie (Belgique) 22 E 3
Belgique (België) 22 E 3
Belgrade (Beograd) 77 D 3
Belhirane 105 E 3
Belin 42 A 2
Belitung (Billiton) (I.) 93 F 6
Belize 120 D 3
Belize (anc. Honduras br.) 110 D 4
Belkov (I.) 83 N 2
Bell (I.) 117 H 1
Bellac 42 B 1
Bellagio 66 B 4
Bellaire 118 C 2
Bellary 94 B 3
Bella Unión 124 C 3
Bell Bay 126 D 5
Belle 119 C 3
Belledonne (Chaîne de) (Mts) 43 D-E 2
Belledune 117 G 2
Bellefontaine 118 C 2
Bellegarde 40 C 2-3
Bellegarde[-sur-Valserine] 41 D 3
Belle-Ile (I.) 39 B 3
Belle Isle (Détr.) 115 H 1
Belle Plaine 116 C 1
Belleterre 117 F 2
Belleville 118 D 1
Belleville [-sur-Loire] 35 H 2
Belleville[-sur-Saône] 43 D 1
Belley 66 A 4
Bellingham 116 A 2
Bellingshausen (Is) 125 E 4
Bellingshausen (Mer de) 1 F-E 28
Bellinzona 66 E 3
Bello 121 E 4
Bellona (I.) 127 E 2
Bellone (Récifs) 127 E-F 3
Bellows Falls 118 E 2
Belluno 65 E 2
Belmonte 122 F 4
Belmopan 120 D 3
Beloeil 45 E 2
Belo Horizonte 122 E 4
Beloit 115 E 2
Beloutchistan (Région) 87 D 4
Belt (G[ran]d) (Store Bælt) (Détr.) 51 F 3
Belt (P[eti]t) (Lille Baelt) (Détr.) 51 F 3
Bena Dibele 106 H 2
Benadir 102 H 5
Bénarès (Varanasi) 94 C 2
Bénat (C.) 43 E 3
Ben Attow (Mt) 52 B 2
Benavente 72 B 1
Benbecula (I.) 52 A 2
Bendai San (Mt) 96 D-E 2
Bendery 76 F 3
Bendigo 127 D 4
Bendorf 60 C 3
Benešov 59 F 5
Bénestroff 44 C 3
Bénévent (Benevento) 77 B 4
Benevento (Bénévent) 69 E 4
Benfeld 44 E 4
Bengale (Région) 92 D-E 3
Bengale (G. de) 94 C-D 2-3
Bengal (West-) (État) 94 G 2
Ben Gardane 105 F 2
Bengbu 96 B 2
Benghazi 74 D-E 3
Bengkulu 93 F 6
Benguela 103 E 7
Benguérir 104 B 2
Beni (R.) 122 C 4
Beni Abbès 104 C 3
Benicasim 72 D 1
Benidorm 72 C-D 2
Beni Mellal 104 B 2
Bénin (anc. Dahomey) 103 B 3
Bénin (G. de) 102 D 5
Bénin [City] 102 D 5
Beni Ounif 104 C 2
Beni Saf 104 C 2
B[eni] Snassène (Mts des) 104 C 2
Beni Suef 75 F 4
Benjamin Constant 122 B-C 3
Benkovac 68 E 2
Ben Lomond (Mt) 127 E 3-4
Ben Macdhui (Mt) 52 C 2
Ben More Assynt (Mt) 52 B 1
Bennett (I.) 83 O 2
Ben Nevis (Mt) 52 B 2
Bennington 118 E 2
Bénodet 39 A 3
Benoit (Aber) (Be) 39 A 2
Benoni 107 B 2
Bénaué (P.Nl) 106 D 2
Bénoué (R.) 102 D-E 5
Bensberg 60 C 3
Bensheim 59 C 5
Ben Slimane 104 B 2
Benson 117 F 2
Bentheim 56 F 2
Benton Harbor 118 B 2
Ben Wyvis (Mt) 52 B 2
Benxi 96 C 1
Beograd (Belgrade) 77 D 3
Beppu 99 B 4
Berat 71 A 2
Berau (G. de) (G. de McCluer) 93 H-I 6
Berber 102 G 4
Berbera 102 H 4
Berbérati 102 E 5
Berchem 56 C 3
Berchtesgaden 59 E 5
Berck 45 B 3
Berdiansk 80 C 4
Berditchev 76 F 2
Beregovo 76 D 2
Berelekh 85 Q 3
Berens (R.) 114 D 1
Beretau (Berettyo) (R.) 76 D 3
Berettyo (Beretau) (R.) 76 D 3
Bereza 76 E 1
Berezina (R.) 80 B-C 3
Berezniki 80 E 3
Berezovo 80 F 2
Bergama 71 E 3
Bergamasques (Alpes) (Mts) 64 C-D 2-3
Bergame (Bergamo) 66 E 4
Bergamo (Bergame) 66 E 4
Bergen (Mons) *(Belg.)* 45 F 3
Bergen *(Nor.)* 51 E 1
Bergen *(PB)* 56 C 2
Bergen *(RFA)* 58 E 2
Bergen op Zoo 56 C 3
Bergerac 42 B 2
Bergheim 60 B 3
Berg[isch] Gladbach 60 C 2
Bergstrasse (Région) 60 B 4
Bergues 45 C 2
Bergues (Cl de) 45 D 1-2
Bergzabern 60 C-D 4
Berhampur 94 C 3
Berici (Mts) 68 C 2
Béring (Détr. de) 83 Q-S 4-3
Béring (I.) 83 Q 4
Béring (Mer de) 83 Q-S 4-3
Beringen 56 D 3
Beringovskij 83 R-S 3
Berkane 104 C 2
Berkel (R.) 60 B 1
Berkeley *(RU)* 55 F 4
Berkeley *(US)* 114 A 3
Berkner (I.) 1 E-D 31-32
Berkshire (Comté) 54 C 3 (3)
Berlaimont 45 F 3
Berlengas (Is) 72 A 2
Berlin *(RFA)* 58 E-F 3
Berlin *(US)* 118 F 1
Berlin (Mt) 1 E 23
Bermejo 124 B 2
Bermejo (R.) 123 C 5
Bermeo 72 C 1
Bermudes (Is) 113 K 6
Bern (Berne) 66 C 3
Bernaville 45 C 3
Bernay 46 C 2
Bernburg 58 D-E 4
Berndorf 65 G 2
Berne (Bern) 66 C 3
Berne (Canton) 67 I 1-2
Bernina (Col. de la) 66 F 3
Bernina (P[iz]) (Mt) 66 E 3
B[ernin]-Kebbi 106 C 1
Bernkastel-Kues 60 C 4
Bernoises (Alpes) (Mts) 64 B-C 2
Beromunster 66 D 2
Beroun 59 E-F 4-5
Berounka (R.) 59 F 4-5
Berre (Étg. de) 43 D 3
Berre[-l'Étang] 43 D 3
Berriane 105 D-E 2
Berrouaghia 105 D 1-2
Berry (Région) 40 B-C 3
Berry (Cl du) 40 C 3
Bertchogour 84 H 5
Berteaucourt 45 C 3
Berthierville 118 E 1
Bertholène 34 C 2
Berthoud (Burgdorf) 66 C 2
Berwick 118 D 2
Berwick [upon Tweed] 52 C-D 3
Beryl 55 G 2
Bès (R.) 42 C 2
Besançon 66 A-B 2
Besbès (Randon) 105 E-F 1
Besbre (R.) 43 C 1
Besigheim 64 C 1
Beskides (Mts) 76 C-D 2
Bessancourt 47 C 1
Bessarabie (Région) 76 E-F 2-3
Bessarabka 76 F 3
Bessèges 43 D 2
Bessin (Région) 39 C 2
Bessines 34 C 2
Bessines[-sur-Gartempe] 42 B 1
Best 57 D 3
Betanzos 72 A-B 1
Bétaré Oya 106 D 2
Beth (O.) 104 B 2
Bethel *(US Alas.)* 113 A-B 3
Bethel *(US Me)* 118 F 1
Bethléem 90 I 3
Bethlehem *(S.Afr.)* 107 B 2
Bethlehem (US) 115 F 2
Béthune 45 D 2
Béthune (R.) 46 D 1
Bétique (Cord.) 72 B-C 2
Bet She'an 90 I 2
Bet Shemesh 90 H-I 3
Betsiboka (R.) 103 H 7
Bettembourg 60 B 4
Bettiah 94 C 2
Bettws-y-coed 53 C 4
Betul 95 B 2
Betuwe (Région) 56 D 3
Betzdorf 60 C 3
Beuel 60 C 3
Beuron 66 D-E 1
Beuvray (Mt) 41 C-D 3
Beuvron (R.) 40 B 3
Beuvry 45 D 2
Beuzeville 46 B 2
Beveland (Noord-) (I.) 56 B-C 3
Beveland (Zuid.) (I.) 56 B-C 3
Bevera (R.) 49 G 3
Beverley 53 D 4
Beverwijk 56 C 2
Béveziers (C.) 40 B 1
Bexhill 40 B 1
Beykoz 71 F 2
Beynes 34 C 1
Beynev 75 H 2
Beyrouth 75 F 3
Beyşehir gölü (L.) 75 F 3
Béziers 42 C 3
Beznau 61 C 5
Bezons 47 C 2
Bhadra 94 B 2
Bhadrak 94 C 2
Bhadravati 94 B 3
Bhag 94 A 2
Bhagalpur 94 C 2
Bhakkar 94 B 1
Bhamo 92 E 3
Bharatpur *(Inde, Madhya Pradesh)* 94 C 2
Bharatpur *(Inde, Rajasthan)* 94 B 2
Bhatgaon 94 C 2
Bhatinda 94 B 1
Bhatpara 94 C 2
Bhavnagar 94 B 2
Bhawanipatna 94 C 3
Bhera 94 B 1
Bhilai 95 C 2
Bhilwara 94 B 2
Bhima (R.) 94 B 3
Bhir 94 B 3
Bhiwani 95 B 2
Bhopal 94 B 2
Bh[outan] (Bhutan) 86 E 4
Bhubaneswar 94 C 2
Bhuj 94 A 2
Bhusawal 94 B 2
Bhutan (Bhoutan) 94 G-H 2
Bî (G[rand] Ienisseï) (R.) 83 J 4
Biache 45 D 3
Biała [Podlaska] 76 D 1-2
Bialowieza 76 D 1
Bialystok 76 D 1
Biarritz 42 A 3
Biasca 66 D-E 3
Bibai 98 E 2
Bibans (Mts) 105 E 1
Biberach 66 E 1
Biblis 61 C 4
Bicaz 76 E 3
Bida 106 C 2
Bidar 94 B 3
Bidassoa (R.) 42 A 3
Biddeford 118 F 2
Bideford (Be de) 53 B 5
Bidouze (R.) 42 A 3
Biedenkopf 60 D 3
Biel (Bienne) 66 C 2
Bielaïa (R.) 82 F 4
Bielaïa Tserkov 76 F 2
Bielefeld 60 D 1
Bielgorod *(Russie)* 80 C 3
Bielgorod[-Dniestrovski] *(Ukraine)* 80 B-C 4
Biella 66 C-D 4
Bielogorsk 83 M-N 4
Bielomorsk 62 F 3
Bieloretsk 80 E-F 3
Biélorussie (Rép. de) 86 (III)
Bieloukha (Mt) 82 I 5
Bielozersk 80 C 3
Bielski-Biata 76 C-D 2
Bieltsy 76 E 3
Biely (I.) 82 G-H 2
Biely Iar 84 K 4
Bienne (Biel) 66 C 2
Bienne (R.) 41 D-E 3
Bienne (L.de) 66 C 2
Bienville (L.) 115 F 1
Bierwang 61 E 4
Bietigheim 60 E 5
Bietschhorn (Mt) 66 C 3
Bièvre (R.) 47 B 3
Bièvres 47 C 3
Biferno (R.) 77 B 4
Biğa 71 E 2
Bigadiç 71 F 3
Biganos 42 A 2
Big Belt (Mts) 114 B 2
Big Bend (P.Nl) 114 C 4
Big Horn (Mts) 114 C 2
Bighorn (R.) 114 C 2
Bignasco 66 D 3
Bigorre (Région) 42 B 3
Big Rapids 118 B 2
Big Sandy (R.) 118 C 3
Bihać 65 F-G 3
Big Sioux (R.) 114 D 2
Big Spring 114 C 3
Big Trout (L.) 112 H-I 4
Biguglia (Étg de) 43 H 2
Bihar 94 C 2
Bihar (État) 94 G 2
Bihor (Mts) 76 D 3
Bihorel 46 D 2
Biia (R.) 82 I 4
Biisk 82 I 4
Bijapur 94 B 3
Bijawar 94 B-C 2
Bikaner 94 B 2
Bikin 83 N 5
Bikin (R.) 98 C 1
Bikini (Atoll) 3 R 5
Bikita 107 C 2
Bikoro 106 F 2
Bikuar (P.Nl) 107 A 1
Bikuni 98 E 2
Bilaspur 94 C 2
Bilbao 72 C 1
Bilibino 85 S 3
Bilisht 71 B 2
Billings 114 C 2
Billiton (Belitung) (I.) 93 F 6
Bill of Portland (C.) 53 C 5
Billom 43 C 2
Billy 45 D 3
Bilma 102 E 4
Bilo Gora (Mts) 68 F 2
Bimont (Rés[ervoi]r de) 48 D 3
Binche 56 C 4
Bindura 107 C 1
Bin el Ouidane (Barr.) 104 B 2
Binet (Mt) 42 A 3
Bingen 60 C 4
Bingham 116 B 2
Binghamton 118 E 2
Bingöl (Mt) 75 G 3
Binh Dinh (An Nhon) 93 F-G 4
Binningen 44 D-E 5
Bintan 89 F 4
Bint Jubail 90 I 1
Binzert (Bizerte) 105 F 1
Biograd 65 F 4
Bioko (F[ernando] Poo) (I.) 102 D 5
Birao 102 F 4-5
Biratnagar 94 C 2
Birdsville 127 C 3
Birdum 127 C 2
Bir el Ater 105 F 2
Bîrga (Borga) (Col de) 76 E 3
Birganj 94 C 2
Bir Hakeim 75 E 3
Birjand 92 A-B 2
Birkenfeld 60 C 4
Birkenhead 53 C 4
Bîrlad 76 E-F 3
Bîrladul (R.) 76 E 3
Birmanes (Ch[aî]nes]) 3 N 4-5
Birmanie 86 E 4
Birmingham *(RU)* 53 C-D 4
Birmingham *(US Ala.)* 115 E 3
Birmingham *(US Mich.)* 118 C 2
Bir Moghrein 102 B-C 3
Bir Natrun 102 F 4
Birni Nkoni 102 D 4
Birobidjan 83 N 5
Bir Rhoraffa 105 F 2
Bir Safâga 90 D 3
Birse (Birs) (R.) 66 C 2
Birsfelden 44 E 5
Birsilpur 94 B 2
Birsk 80 E 3
Birzai 62 D 4
Bisbee 116 B 3
Biscarosse 42 A 2
Biscarosse (Étg. de) 42 A 2
Biscarosse-Plage 42 A 2
Bisceglie 68 F 4
Bischheim 44 E 3
Bischofshofen 59 E 6
Bischofswerda 61 F 3
Bischwiller 44 E 3
Biševo (I.) 68 E-F 3
Bishnupur 95 C 2

Bishop 116 B 3
Bishop Auckland 52 D 3
Biskra 105 E 2
Bismarck 114 C 2
Bismarck (Arch.) 125 B 4
Bissagos (I^{s}) 103 M 2
Bissau 102 B 4
Bissett 116 D 1
Bissorte 34 D 2
Bist (R.) 44 C 2
Bistrița 76 E 3
Bistrița (R.) 76 E 3
Bitburg 60 B 4
Bitche 44 D 2
Bitola 71 B 2
Bitonto 69 F 4
Bitschwiller 44 C-D 5
Bitterfeld 76 A-B 2
Bitterfontein 107 A 3
Bitterroot (M^{ts}) 114 B 2
Biwa (L.) 99 C-D 4
Bizerte (Binzert) 105 F 1
Bjelovar 65 G 3
Bjurö (C.) 62 D 3
Blackall 127 D 3
Blackburn 53 C 4
Blackfeet (Rés. Ind.) 114 B 2
Black Hills (M^{ts}) 114 C 2
Blackpool 53 C 4
Black Prairie (Région) 117 E 3
Black (R.) 118 E 2
Blackwater (B^{e}) 53 E 5
Blackwater (R.) 50 A 3
Blåfjellet (M^{t}) 62 B 2
Blagoevgrad 77 D 4
Blagovetchensk 83 M-N 4
Blain 39 C 3
Blainville 32 B 1
Blainville [-sur-l'Eau] 44 B 3
Blair Athol 127 D 3
Blaise (R.) 41 D 2
Blaisy-Bas (Tunnel de) 37 D 2
Blâmont 44 C 3
Blanc (C.) *(Maroc)* 104 A 2
Blanc (C.) (Ras Nouadhibou) *(Maur.)* 102 B 3
Blanc (C.) *(Tu.)* 105 F 1
Blanc (L.) *(Fr.)* 44 D 4
Blanc (L.) *(Russie)* 80 C 2
Blanc (M^{t}) 66 B 4
Blanc (Le) 40 B 3
Blanca (Pic) 113 G 6
Blanchard (Raz) (Détr.) 39 B-C 2
Blanche (Mer) 80 C-D 2
Blanche (B^{e}) (Bahía Blanca) *(Arg.)* 123 C-D 6
Blanche (B^{e}) *(Ca.)* 115 H 2-1
Blanche (D[en]t) (M^{t}) 66 C 3
Blanc-Mesnil 47 D 2
Blanc-Nez (C.) 40 B 1
Blanco (C.) 113 E 5
Blanc Sablon 115 H 1
Blandain 37 C 1
Blandford 53 C 5
Blangy[-sur-Bresle] 40 B 2
Blankenberge 56 A-B 3
Blanquilla (I.) 121 F 3
Blansko 78 C 2
Blantyre 103 G 7
Blanzy 41 D 3
Blavet (R.) 39 B 3
Blayais 34 B 2
Blaye 42 A 2
Blaye [-les-Mines] 42 C 2-3
Bled 67 F 2
Bleiberg 65 E 2
Blekinge (Région) 51 G 2
Blenheim 127 G 2
Blenio (Val) 66 D 3
Blénod 44 B 3
Bléone (R.) 49 E 2
Bletterans 66 A 3
Bleue (M^{t}) 121 E 3
Bleues (M^{ts}) *(Austral.)* 127 D-E 4
Bleues (M^{ts}) *(US)* 113 I-J 6
Blida 72 D 2
Blies (R.) 44 D 2
Blieskastel 44 D 2
Blindenhorn (M^{t}) 66 D 3
Blind River 118 C 1
Blitar 89 M 2
Blitta 106 C 2
Block (I.) 118 F 2
Bloemfontein 103 F 8
Blois 40 B 3
Blond (M^{ts} de) 42 B 1-2
Blönduós 86 J-K 1
Bloomington *(US, Ind.)* 115 E 3
Bloomington *(US, Minn.)* 115 D 2
Blotzheim 44 D 5
Bludenz 66 E 2
Bluefield 115 E 3
Bluefields 121 D 3
Blue (M^{ts}) 114 B 2
Blumenau 123 E 5
Blümlisalp (M^{t}) 66 C 3
Blyth 52 D 3
Bo 106 A 2
Boaco 121 D 3
Boa Vista 122 C 2
Boa Vista (I.) 103 L 2
Bobigny 47 D 2
Böblingen 59 C 5
Bobo-Dioulasso 102 C 4
Bobovdol 79 D 4
Bobr (R.) 51 G 4
Bobrouisk 76 F 1
Boca Escalante 120 H 2
Bocas del Toro 121 D 4
Bochaine (M^{ts}) 43 D 2
Bocholt 60 B 2
Bochum 60 C 2
Bockstedt 61 C 2
Bockum-Hövel 60 C 2
Bodaïbo 83 L 4
Bodden (B^{e}) 58 E 2
Bode (R.) 58 D 4
Bodélé (Région) 102 E 4
Boden 62 D 2
Bodenmais 67 E 1
Bodensee (L. de Constance) 66 E 2
Bodenwerder 60 E 2
Bodmin 53 B 5
Bodö 62 B 2
Bodrog (R.) 76 D 2
Bodrum 71 E 4
Bodun Tala (Steppe) 96 B 1
Boen 49 J 2
Boertange 56 F 2
Bofors 63 B-C 4
Bofu 99 B 4
Bogan (R.) 127 D 4
Bogatynia 59 F 4
Bogda Feng (M^{t}) 82 I-J 5
Bogense 58 D 2
Boghari (Ksar el Boukhari) 105 D 2
Bognor Regis 40 A 1
Bogny 41 D 2
Bog of Allen (Région) 53 A 4
Bogoladza (M^{ts}) 98 C-D 1
Bogor 93 F 6
Bogotá 121 E 4
Bogoutchany 85 L 4
Bogra 94 C 2
Bo Hai (B^{e}) 96 B 2
Bohain 45 E 4
Bohême (Région) 76 B 2
Bohême (Forêt de) (Böhmerwald, Šumava) (M^{ts}) 59 E 5
Bohinj 67 E 2
Böhmerwald (Šumava, Forêt de Bohême) (M^{ts}) 59 E 5
Bohmte 60 D 1
Bohol (I.) 93 H 5
Bois (L. des) 112 H 5
Bois Blanc (I.) 118 B-C 1
Boischaut (Région) 40 B-C 3
Bois-C[olombes] 47 C 2
Bois-d'Arcy 47 B 3
Bois du Roi (Le) (Haut-Folin) (M^{t}) 41 C-D 3
Boise 114 B 2
B[ois]-G[uillaume] 46 D 2
Bois-le-Duc ('s Hertogenbosch) 56 D 3
Bois Noirs 34 C-D 2
Boissy-St Léger 47 E 3
Bojador (C.) 102 B 3
Bojana (R.) 77 C 4
Bokaro 95 C 2
Boké 102 B 4
Bokna Fjord (B^{e}) 51 E 2
Boksitogorsk 81 C 3
Bolbec 46 B 1
Bolchevik (I.) 83 K-L 2
Bolgatanga 102 C 4-5
Bolgrad 76 F 3
Boli 98 B 1
Boliden 80 B 2
Bolivar (Cerro) (M^{t}) 122 C 2
Bolivie 111 M 3
Bolivie (Plat. de) 122 C 4
Bollène 48 B 2
Bollingen 66 C 3
Bollnäs 62 C 3
Bollwiller 44 D 5
Bolmen (L.) 51 G 2
Bolobo 106 G 2
Bologna (Bologne) 65 D 3
Bologne (Bologna) 65 D 3
Bolsena (L. de) 68 C 3
Bolsón de Mapimi (Plat.) 120 B 2
Bolsward 56 D 1
Bolton 53 C 4
Bolzano (Bozen) 65 D 2
Boma 103 E 6
Bombay 94 F 3
Bomdila Dzong 95 D 2
Bomi Hills (M^{ts}) 102 B-C 5
Bomu 106 C 2
Bomu (R.) 102 F 5
Bon (C.) 69 C 6
Bonaigua (C[ol] de la) 42 B 3
Bonaire (I.) 121 F 3
Bonao 111 H 4
Bonavista 117 H 2
Bonavista (B^{e}) 115 H 2
Bondeno 68 C 2
Bondo 102 F 5
Bondy 47 D 2
Bône (act. Annaba) 74 C 3
Bone (G. de) 93 H 6
Bonfim [Senhor do] 122 E-F 4
Bongo (M^{t}) 102 F 5
Bongor 102 E 4-5
Bonhomme (C[ol] du) 41 E 2
Bonifacio 68 B 4
Bonifacio (Bouches de) (Détr.) 74 C-D 2
Bonin (Ogasavara) (I^{s}) 96 E 3
Bonn 60 B-C 3
Bonne Espérance (C.de) 103 E 9
Bonnétable 40 B 2
Bonneuil[-en-France] 47 D 2
Bonneuil[-sur-Marne] 47 D-E 3
Bonneval 40 B 2
Bonneville Dam (Barr.) 112 E-F 5
Bonneville[-sur-Arve] 43 E 1
Bonnières[-sur-Seine] 40 B 2
Bonny 106 C 2
Bonsecours 46 D 2
Boom 56 C 3
Boos 46 D 2
Boosted 61 D 1
Boothia (G. de) 112 H-I 2-3
Boothia (P.) 112 H 2
Bootle 53 C 4
Boroué 102 E 5-6
B[ophuthatswana] (Bantoustan) 107 B 2
Boppard 60 C 3
Bor *(Soudan)* 102 G 5
Bor *(YS)* 77 D 3
Bora-Bora (I.) 125 E 4
Borah (Pic) 114 B 2
Boran 46 F 2
Borås 51 G 2
Borazjan 75 H 4
Bord (Forêt de) 46 D 2
Bordeaux 42 A 2
Borden (I.) 112 F-G 2
Borden (P.) 112 I 2
Borders (Comté) 54 C 2 (1)
Bordeyri 86 J 1
Bordighera 49 H 3
Bordj bou Arreridj 105 E 1
Bordj Djeneïene 105 F 3
Bordj el Kessira 105 F 2
Bordj Flye Ste Marie 104 C 4
B[ordj] Menaïel 105 D-E 1
B[ordj] Omar Driss 74 C 4
Borga Fjället (M^{t}) 62 B-C 3
Borgarnes 86 J 1
Borgefjell (M^{ts}) 80 A 2
Borgholm 51 H 2
Borgne (R.) 66 C 3
Borgomanero 66 D 4
Borgosesia 66 D 4
Borgu (Rés.) 106 C 1-2
Borieva Reka 71 D 2
Borinage (Région) 45 F 3
Borislav 76 D 2
Borisoglebsk 80 D 3
Borisov 76 F 1
Borken 60 B 2
Borkou (Région) 102 E-F 4
Borkum (I.) 58 B 3
Borlänge 62 C 3
Bormes 49 E 4
Bormes (Rade de) (B^{e}) 43 E 3
Bormida (R.) 64 C 3
Bormio 66 F 3
Born 57 D 3
Borna 59 E 4
Bornand (G[ran]d-) 38 G 1
Borne 60 B 1
Borne (R.) 66 B 4-3
Bornemouth 50 C 4
Bornéo (Kalimantan) (I.) 93 F-G 5
Bornes (Région) 66 B 3
Bornholm (I.) 58 F 2
Bornova 71 E 3
Borodino (Daito) (I^{s}) 96 D 3
Borovsk 81 C 3
Borralheira 73 B 1
Borroloola 127 C 2
B[orromées] (I^{s}) 64 C 3
Borșa 78 E 3
Borsele 56 B 3
Borsia 83 L 4
Bort[-les-Orgues] 42 C 2
Borujerd 75 G 3
Bosa 69 B 4
B[osanski] Novi 65 G 3
Bosaso 102 H 4
Bosna (R.) 68 F-G 2
Bosnie Herzégovine 65 G 3
Bosphore (Détr.) 71 F 2
Bossangoa 102 E 5
Bosso 102 E 4
Bosten Hu (L.) 82 I 5
Boston *(RU)* 53 D 4
Boston *(US)* 118 F 2
Bosworth 53 D 4
Botany Bay (B^{e}) 127 E 4
Botev (M^{t}) 77 E 4
Botlek 57 C 3
Botnie (G. de) 62 C-D 3-2
Botoșani 76 E 3
Botrange (S[igna]l de) (M^{t}) 56 E 4
Botswana 103 C 5
Botte Donato (M^{t}) 69 F 5
Bottrop 60 B 2
Botucatu 124 D 2
Botwood 117 H 2
Bouaké 102 C 5
Bouar 106 D 2
Bou Arfa 104 C 2
Bou Azzer 104 B 3
Boubandjidah (P.N^{l}) 106 D 2
Boubin (M^{t}) 59 E 5
Bouble (R.) 42 C 1
Boucau 42 A 3
Bouchain 45 E 3
Bouches-du-Rhône (13) (Dép^{t}) 23 D 3
Bouchet (Le) 34 C 1
Bouclier Canadien (Région) 112 I-K 5-4
Bou Craa 101 B 2
Boudenib 104 C 3
Boudeuse (Passe de la) 125 K 1
Boufarik 105 D 1
Bou-Ficha 69 C 6
Boug Mérid[iona]l (R.) 80 C 4
Boug Occidental (Bug) (R.) 76 D 1
Bougainville (I.) 127 E 1
Bougaroun (C.) 105 E 1
Bougès (M^{t}) 43 C 2
Bougie (act. Bejaia) 74 C 3
Bougival 47 B 2
Bougoulma 80 E 3
Bougourouslan 80 E 3
Bouguera (Rovigo) 105 D 1
Bou Iblane (Dj.) 104 B-C 2
Bouillante 121 M 1
Bouillante (Pitons de) (M^{ts}) 121 M 1
Bouillon 56 D 5
Bouira 105 D 1
Boujad 104 B 2
Boukhara 82 G 5-6
Bou Ktoub 104 C-D 2
Boulari (Passe de) (Détr.) 125 J 1
Boulay[-Moselle] 41 E 2
Boulder *(Austral.)* 127 B 4
Boulder *(US)* 114 C 2
Boulder City 114 B 3
Boulder Dam (Barr.) 113 F 6
Boulia 127 C-D 3
Boulogne (R.) 39 C 3
Boulogne (Bois de) 47 C 2
Boulogne-Billancourt 47 C 2
Boulogne[-sur Gesse] 42 B 3
Boulogne[-sur-Mer] 40 B 1
Boulonnais (Région) 45 A 2
Boulou (Le) 42 C 3
Bouloun 83 M 2
Bouloupari 125 I 1
Boulouris 49 F 4
Bou Naga 101 B 3
Bounty (I^{s}) 17 R-S 8
Bouorkhaïa (B^{e} de) 83 N 2
Bourail 125 I 1
Bourbince (R.) 41 D 3
Bourbon-Lancy 41 C 3
Bourbon-l'Archambault 40 C 3
Bourbonnais (Région) 40-41 C 3
Bourbonne-l[es]-B[ain]s 41 D 3
Bourboule (La) 42 C 2
Bourbourg 45 C 2
Bourbourg (C^{l} de) 45 C 2
Bourbre (R.) 49 L 2
Boureïa (R.) 83 N 4
Bourem 102 C-D 4
Bourg-Achard 46 C 2
Bourganeuf 42 B 2
Bourg Argental 49 J-K 3
Bourg-de-Péage 43 D 2
Bourg-d'Oisans (Le) 43 E 2
Bourg[-en-Bresse] 43 D 1
Bourges 40 C 3
Bourget (Le) 47 D 2
Bourget (Aéroport du) 47 D 2
Bourget (L. du) 66 A-B 4
Bourg-la-Reine 47 C 3
Bourg[-lès-Valence] 43 D 2
Bourg-Madame 42 B-C 3
Bourgneuf (B^{e} de) 39 B 3
Bourgneuf[-en-Retz] 39 C 3
Bourgogne (Région) 41 C-D 3
Bourgogne (Rég. adm.) 23
Bourgogne (Porte de) (Défilé) 44 C 5
Bourgogne (C^{l} de) 41 D 3
Bourgoin[-Jallieu] 43 D 2
Bourg-St Andéol 48 B 2
Bourg-St-Maurice 66 B 4
Bourgtheroulde 46 C 2
Bourgueil 39 D 3
Bouriate (A.S.S.R.) 86 (I-2)
Bourke 127 D 4
Bourne (R.) 43 D 2
Bourneix (Le) 35 H 2
Bournemouth 40 A 1
Bourtanger Moor (Marais) 58 B 3
Bou Saada 105 E 2
Bouscat (Le) 42 A 2
Bousoulouk 80 E 3
Boussac 42 C 1
Boussens 42 B 3
Boussois 45 F-G 3
Boussy 47 E 3
Boutonne (R.) 39 C 3
Bouvet (I.) 2 I-J 8
Bouvines 45 E 2
Bouxwiller 44 D-E 3
Bouynaksk 75 G 2
Bouzatchi (P. de) 80 E 4
Bouzonville 44 C 2
Bow (R.) 114 B 1
Bowen 127 D 2-3
Bowling Green 115 E 3
Bowman (I.) 1 F 11
Bowron Lake Prov[incial] Park 114 A 1
Boxmeer 60 A 2
Boxtel 56 D 3
Boyne (R.) 53 A 4
Boyne City 118 B 1
Boyoma (Chutes) 102 F 5
Boz (M^{t}) 71 F 3
Boz (C.) 71 F 2
Bozcaada 71 D-E 3
Bozcaada (Tenedos) (I.) 71 D-E 3
Boz dağlar (M^{ts}) 71 E-F 3
Bozdoğan 71 F 4
Bozel 43 E 2
Bozen (Bolzano) 65 D 2
Bra 43 E 2
Brabant (Prov.) 56
Brabant Sept[entriona]l (Prov.) 56
Brač (I.) 65 G 4
Bracciano (L. de) 68 C-D 3
Bracebridge 118 D 1
Bräcke 62 C 3
Brackwede 60 D 2
Bradano (R.) 69 F 4
Bradford *(RU)* 53 D 4
Bradford *(US)* 118 D 2
Bradwell 55 G 4
Brae 55 G 2
Braemar 52 C 2
Braga 72 A 3
Bragança 122 E 3
Bragance 72 B 1
Brahmanparia 94 D 2
Brahmapoutre (Tsang Po, Zangbo Jiang, Dihang) (R.) 87 E 4
Brăila 76 E 3
Braine-l'Alleud 56 C 4
Braine-le-Comte 56 B-C 4
Braintree 53 E 5
Brake 58 C 3
Brakel *(Belg.)* 45 F 2
Brakel *(RFA)* 60 E 2
Bralorne 116 A 1
Brampton 118 D 2
Bramsche 60 C 1
Branco (C.) 122 F 3
Branco (R.) 122 C 2-3
Brandberg (M^{t}) 103 E 8
Brande 58 C 2
Brandebourg (Brandenburg) 58 E 3
Brandebourg (Région) 58 E-F 3
Brandenburg (Brandebourg) 58 E 3
Brandfort 107 B 2
Brandon 114 C 2
Brandon (M^{t}) 50 A 3
Bransfield (Détr. de) 1 F 31-32
Brantford 118 C 2
Brantôme 42 B 2
Brasilia 122 E 4
Brașov 76 E 3
Brassac[-les-Mines] 43 C 2
Bratislava (Presbourg) 76 C 2
Bratsk 83 J-K 4
Bratsk (Mer de) (L. de l'Angara) 83 K 4
Brattleboro 118 E 2
Braunau 59 E 4 59 E 5
Braunfels 60 D 3
Braunschweig (Brunswick) 58 D 3
Brava 102 H 5
Bravo del Norte (Rio Grande) (R.) 114 C 4
Brawley 114 B 3
Bray 53 A 4
Bray (Pays de) (Région) 46 D-E 1-2
Bray-Dunes 45 C-D 1
Braye (R.) 40 B 3
Braygah 74 D-E 3
Bray[-sur-Somme] 45 D 4
Brazeau 114 B 1
Brazil (Brésil) 111 M-N 3
Brazos (R.) 114 C-D 3
Brazzaville 102 E 6
Brdy (M^{ts}) 59 E-F 5
Brea (La) 120 I 1
Brèche (R.) 46 F 2
Brecht 56 C 3
Břeclav 65 G 1
Brecon 53 C 5
Brecon Beacons (M^{ts}) 53 C 5
Breda 56 C 3
Breda (R.) 43 E 2
Breg (R.) 66 D 2
Bregaglia (Val) 66 E 3
Bregenz 66 E 2
Bregenzer Ache (R.) 66 E-F 2
Brégnier-Cordon 49 M 1
Bréhat (I.) 39 B 2
Breidhafjördhur (B^{e}) 62 H 1
Breil[-sur-Roya] 43 E 3
Breisach 44 E 4
Breisgau (Région) 59 B 5-6
Breitenau 78 B 3
Brembo (R.) 66 E 4
Brême (Bremen) 58 C 3
Brême (Bremen) (Land) 58
Bremen (Brême) 58 C 3
Bremen (Brême) (Land) 58
Bremerhaven 58 C 3
Bremervörde 58 C 3
Brenne (R.) *(Fr., Auxois)* 41 D 3
Brenne (R.) *(Fr., Bresse)* 41 D 3
Brenne (Région) 40 B 3
Brenner (Col) 59 D 3
Brennillis - Monts d'Arrée 34 B 1
Brénon (R.) 44 B 4
Brens 49 M 1
Brent 55 G 1
Brenta (R.) 65 D 3
Brescia 66 F 4
Brésil (Brazil) 111 M-N 3
Brésiliens (Plat.) 2 G 6
Breskens 56 B 3
Breslau (Wrocław) 76 C 2
Bresle (R.) 40 B 2
Bresles 46 F 2
Bressanone (Brixen) 65 D 2
Bressay (I.) 52 H 1
Bresse (Région) 41 D 3
Bresse (La) 44 C 4
Bressuire 39 C 3
Brest 39 A 2
Brest (Goulet de) (Détr.) 39 A 2
Brest (Rade de) (B^{e}) 39 A 2
Brest [Litovsk] 76 D 1
Bretagne (Région) 39 B-C 3-2
Bretagne (Rég. adm.) 23
Bretagne (Sillon de) (Région) 39 C 3
Breteuil *(Fr., Eure)* 46 C 3
Breteuil *(Fr., Oise)* 46 F 1
Breteuil (Forêt de) 46 C 3
Brétigny[sur-Orge] 40 C 2
Breton (C.) 115 H 2
Breton (Marais) (Région) 39 B-C 3
Breton (Pertuis) (B^{e}) 42 A 1
Bretten 60 D 4
Bretton Woods 119 F 1
Breuchin (R.) 44 B 5
Breuil 66 C 4
Breukelen 56 C 2
Brévenne (R.) 43 D 2
Breyenne (R.) 49 K 2
Brézolles 46 D 3
Bria 102 F 5
Briançon 43 E 2
Briansk 80 C 3
Brianza (Région) 66 E 4
Briarcliffe 115 E 1
Briare 40 C 3
Briare (C^{l} de) 38 C 2
Bricquebec 39 C 2
Brides-l[es]-B[ain]s 38 D 2
Bridgeport 115 F 2
Bridgeton 118 E 3
Bridgetown 127 A 4
Bridgton 118 F 1
Bridgwater 53 C 5
Bridlington 52 D 3
Bridport 53 C 5
Brie (Région) 40-41 C 2
Brie-C[omt]e-Robert 40 C 2
Brielle 56 C 3
Brienne-le-Ch[âte]au 41 D 2
Brienz 66 C-D 3
Brienz (L.de) 66 C 3
Brière (Grande) (Région) 39 B 3
Brière (P.R^{l}) 38 B 2
Briey 44 A 2
Brig (Brigue) 66 C-D 3
Brigach (R.) 66 D 1
Brighton 40 A 1
Brignais 49 K 2
Brignoles 49 E 4
Brigue (Brig) 66 C-D 3
Brilon 60 D 2
Brimbo 55 F 3
Brindisi 69 F 4
Brionne 46 C 2
Brionski Otoci (I^{s}) 65 E 3
Brioude 43 C 2
Brisbane 127 E 3
Bristol *(RU)* 53 C 5
Bristol *(US, Conn.)* 118 E 2
Bristol *(US, Pa)* 118 E 2
Bristol (B^{e} de) 113 A-B 4
Bristol (Canal de) (B^{e}) 50 B-C 4
Bristol M[ines] 117 F 2
Britannia Beach 116 A 2
Britanniques (I^{s}) 18 C 3
British Columbia (Col. br.) (Prov.) 112 E 4
Brive[-la-Gaillarde] 42 B 2
Brixen (Bressanone) 59 D 6
Brno (Brünn) 76 C 2
Broad Law (M^{t}) 52 C 3
Broad Sound (B^{e}) 127 D-E 3
Broadtop Field (Région) 119 D 2
Brock (I.) 112 F 2
Brocken (M^{t}) 58 D 4
Brockton 118 F 2
Brockville 118 D-E 1
Brod *(Bosnie)* 76 C 3
Brod *(YS, Macédoine)* 71 B 2
Brodeur (P.) 112 I 2
Brodick 52 B 3
Brody 76 E 2
Broglie 46 C 2
Broken Hill 127 C-D 4
Brommat 34 C 2
Bron 49 K 2
Brönnöysund 62 B 2
Bronte 69 E 6
Brooks (Chaîne de) 112 B-C 3
Broome 127 B 2
Broque (La) 44 D 4
Brotonne (Pont de) 46 C 1
Brotonne (Forêt de) 46 C 2
Brotonne (P.R^{l}) 38 C 1
Brou 40 B 2
Brou[-sur-Chantereine] 47 E 2
Brouage 39 C 4
Brousse (Bursa) 80 B 4
Brouwershaven 56 B 3
Brownsville 120 C 2
Brownville 117 G 2
Brownwood 114 D 3
Broye (R.) 66 B 3
Bruay[-en-Artois] 40 C 1
Bruay[-sur-l'Escaut] 56 B 4
Bruce (M^{t}) 127 A 3
Bruche (R.) 44 E 3
Bruchsal 60 D 4
Bruck *(Autr., Basse-Autriche)* 65 G 1
Bruck *(Autr., Styrie)* 65 F 2
Brue (R.) 53 C 5
Bruges (Brugge) 56 B 3
Brugg 66 D 2
Brugge (Bruges) 56 B 3
Brühl 60 B-C 3
Brumath 44 E 3
Brunei 93 G 5
Brunei (Bandar Seri Begawan) 93 G 5
Brünig (Col de) 66 D 3
Brünn (Brno) 76 C 2
Brunnen 66 D 2-3
Brunoy 47 E 3
Brunsbüttel 58 C 3
Brunssum 60 A 3
Brunswick (Braunschweig) *(RFA)* 58 D 3
Brunswick *(US, Ga)* 115 E 3
Brunswick *(US, Me)* 118 F 2
Brunswick *(US, Md)* 118 D 3
Brunswick (District) 58

Brunswick (New) (Prov.) 112 K 5
Brusque 124 D 2
Brussel (Bruxelles) 56 C 4
Brüx (Most) 59 E 4
Bruxelles (Brussel) 56 C 4
Bruyères 44 C 4
Bruz 39 C 2
Bry 47 E 2
Bryan (Mt) 127 C 4
Bryan (Mt) 127 C 4
Bryce Canyon (P.Nl) 114 B 3
Brymbo 55 F 3
Brzeg 76 C 2
Buc 47 B 3
Bucaramanga 121 E 4
Bucarest (Bucureşti) 77 E 3
Buchanan 102 B-C 5
Buchans 117 H 2
Buchau 66 E 1
Buchen 60 E 4
Buchholz 58 C-D 3
Buchloe 66 F 1
Buchs 66 E 2
Buchy 46 D 1
Bückeberge (Mts) 60 E 1
Buckhannon 118 C 3
Buckingham 53 D 5
Buckinghamshire (Comté) 54 C 3 (4)
Bucureşti (Bucarest) 77 E 3
Budapest 76 C-D 3
Budaun 94 B 2
Bude 53 B 5
Büdingen 60 E 3
Budva 77 C 4
Budweis (Č[eske]-Budějovice) 59 F 5
Buech (R.) 48 D 2
Buenaventura 121 E 4
Buena Vista 118 D 3
Buenos Aires 2 F-G 7
Buenos Aires (L.) 123 B 7
Buet (Mt) 66 B 3
Buffalo 115 F 2
Buffalo (P. Nl) 112 F 3-4
Bug (Boug occidental) (R.) 76 D 1
Buga 121 E 4
Bugarach (Mt) 42 C 3
Bugey 49 M 1
Bugey (Région) 43 D 1-2
Bugorkan 85 M 3
Bugue (Le) 42 B 2
Bu Hasa 91 F 3
Buhemba 106 I 2
Buhl 44 D 5
Bui 106 B 2
Builth 53 C 4
Buir Nur (L.) 83 L 5
Buis[-les-Baronnies] 43 D 2
Buisson (Le) 37 C 2
Buitenpost 56 E 1
Bujumbura 102 F 6
Bukama 103 F 6
Bukavu 102 F 6
Bukit Raja (Mt) 93 G 6
Bukittinggi 92 E 6
Bukoba 106 I 2
Bukovine (Région) 76 E 2-3
Bülach 66 D 2
Bulawayo 103 F-G 8
Buldan 71 F 3
Bulgan 83 K 5
Bulgarie 22 G 4
Bulhar 102 H 4
Bullange 60 B 3
Bullay 60 C 3
Bulle 66 B-C 3
Bully 45 D 3
Bumba 102 F 5
Bum La (Col) 94 D 2
Buna 61 D 3
Bunbury 127 A 4
Bundaberg 127 E 3
Bünde 60 D 1
Bundesrepublik Deutschland (République Fédérale d'Allemagne, R.F.A.) 22 E 3
Bundi 94 B 2
Bungo (Détr. de) 99 B-C 4
Bunia 102 G 5
Buraïmi 91 F 3
Burao 102 H 5
Buraydah 75 G 4
Burdekin (R.) 127 D 2
Burdwan 94 C 2
Büren 60 D 2
Bures 47 B 3
Burg 58 D-E 3
Burgan 91 E 3
Burgas 77 E 4
Burgau 59 D 5
Burgdorf (Berthoud) 66 C 2
Burgenland (Land) 65 G 2
Burgeo 115 H 2
Burghausen 59 E 5
Bürglen 66 D 3
Burgos 72 C 1
Burgsteinfurt 60 C 1
Burgwald (Mts) 60 D 3
Burhaniye 71 E 3
Burhanpur 94 B 2
Burica (P[un]ta) (C.) 121 D 4
Burketown 127 C 2
Burkina [Faso] (anc. Haute-Volta) 103 A 3
Burks Falls 118 D 1
Burlington *(Ca.)* 118 D 2
Burlington *(US, Iowa)* 115 D 2
Burlington *(US, N.J.)* 118 E 2
Burlington *(US, Vt)* 115 F 2
Burlington *(US, Wis.)* 118 A 2
Burnie 127 D 5
Burnley 53 C 4
Burgin 84 K 5
Burrel 71 B 2
Burrow Head (C.) 52 B 3
Bursa (Brousse) 71 F 2
Bûr Sa'id (Port Saïd) 103 O 1
Bûr Taufiq (Port Taufik) 91 I 1
Burton upon Trent 53 D 4
Buru (I.) 93 H 6
Bu[rundi] 103 C 4
Bury 53 C 4
Bury St Edmunds 53 E 4
Busaira 90 I 4
Busangi 106 H 2
Bushmanland (Région) 103 E 8
Busigny 45 E-F 3
Bussang 44 C 5
Bussang (C[ol] de) 41 E 3
Bussum 56 D 2
Busto Arsizio 66 D 4
Buta 102 F 5
Butare 102 F-G 6
Butembo 106 H 1
Bütgenbach 56 E 4
Butler 118 D 2
Butte 114 B 2
Butt of Lewis (C.) 52 A 1
Butung (I.) 93 H 6
Butzbach 60 D 3
Bützow 58 D 3
Buurgplatz (Mt) 56 D-E 4
Buxtehude 58 C 3
Büyük Çekmece 71 F 2
Büyük Mahya (Mt) 71 E 2
Bü[yük] Menderes (R.) 75 E 3
Buzançais 40 B 3
Buzău 76 E 3
Buzaul (R.) 76 E 3
Bydgoszcz 76 C 1
Bygland 51 E-F 2
Bykhov 76 F 1
Bylot (I.) 112 J 2
Byrd Station 1 E-D 25-23
Byron (C.) 127 E 3
Byrranga (Chaîne) (Mts) 83 J-K 2
Byske Ä[lv] 62 C 2
Bytom 76 C 2

C

Caatingas (Région) 122 E 3-4
Cabardès (Région) 42 C 3
Cabimas 121 E 3
Cabinda 103 E 6
Cabo Frio 124 D 2
Cabora Bassa (Barr.) 103 G 7
Caborca 120 A 1
Cabot (Détr. de) 115 G-H 2
Cabourg 39 C 2
Cabre (C[ol] de) 43 D 2
Cabrera (I.) 72 D 2
Cabriel (R.) 72 C 2
Cabruta 121 F 4
Čačak 77 D 3-4
Caccia (C.) 69 B 4
Cáceres *(BR)* 124 C 1
Caceres *(Col.)* 121 E 4
Cáceres *(E)* 72 B 2
Cachan 47 D 3
Cache Bay 118 C 1
Cachimbo 122 D 3
Cachinal 124 B 2
Cachoeira 124 D 2
Cachoeira do Sul 124 C 2
Cacolo 106 G 3
Caconda 103 E 7
Cadarache 43 D 3
Caderousse 49 M 2
Cadi (Sa del) 42 B 3
Cadibone (C[ol] de) (C[ol] d'Altare) 64 C 3
Cadillac *(Fr.)* 42 A 2
Cadillac *(US)* 118 B 1
Cádiz 72 B 2
Cádiz (G.de) 72 B 2
Caen 39 C 2
Caen (Campagne de) (Région) 40 A 2
Caernarvon 53 B-C 4
Caernarvon (Be de) 53 B 4
Cagayan 93 H 5
Cagliari 69 B 5
Cagliari (G. de) 69 B 5
Cagna (Mte di) 43 H 3
Cagnes[-sur-Mer] 43 E 3
Caguas 121 F 3
Cahors 42 B 2
Caicara 121 F 4
Caicos (Is) 121 E 2
Caiques (Passage des) (Détr.) 121 E 2
Cairns 127 D 2
Cajamarca 122 B 3
Čakovec 65 G 2
Cakran 71 A 2
Çal 71 F 3
Calabar 102 D 5
Calabozo 121 F 4
Calabre (Rég. adm.) 69 J 3 (3)
Calafat 77 D 4
Calahorra 72 C 1
Calais 45 B 2
Calais (Pas de) (Détr.) 40 B 1
Calamian (Is) 93 G 4
Calanda (Mt) 66 E 3
Calanques 48 C 4
Călăraşi 77 E 3
Calatayud 72 C 1
Calbayog 93 H 4
Calcutta 94 G 2
Caldera 123 B 5
Calder Hall 55 F 3
Calédonie (Nouvelle) (I.) 125 B-C 4-5
Calédonien (Cl) 52 B 2
Calf of Man (I.) 52 B 3
Calgary 114 B 1
Cali 121 E 4
Calicut (Kozhikode) 94 B 3
California (Californie) (État) 114 A-B 2-3
Californie (California) (État) 114 A-B 2-3
Californie (G. de) 114 B-C 3-4
Californie (P. de) 113 F 6-7
Calimere (C.) 94 B-C 3
Callac 39 B 2
Callander 118 D 1
Callao 122 B 4
Calonne 45 C 3
Calonne (R.) 46 B 2
Caltagirone 69 E 6
Caltanissetta 69 E 6
Caluire[-et-Cuire] 43 D 2
Calvados (14) (Dépt) 23 B-C 1
Calvados (Rochers du) 40 A 2
Calvi 68 B 3
Calvinia 103 E 9
Cam (R.) 53 E 4
Camagüey 121 E 2
Camana 122 B 4
Camaqua 124 C 3
Camarat (C.) 43 E 3
Camaret[-sur-Mer] 39 A 2
Camargo ([Ciudad]) 114 C 4
Camargue (Région) 43 D 3
Camargue (P.Rl) 38 D 3
Camarón (C.) 121 D 3
Ca Mau (Pte de) 93 F 5
Cambay 94 B 2
Cambay (G. de) 94 B 2
Camberg 60 D 3
Cambodge (Kampuchea) 93 F 4
Cambo[-les-Bains] 42 A 3
Cambrai 45 E 3
Cambremer 46 B 2
Cambrésis (Région) 40-41 C 1
Cambrésis (Seuil du) (Région) 45 E 3
Cambridge *(RU)* 53 E 4
Cambridge *(US, Md)* 118 D-E 3
Cambridge *(US, Mass.)* 118 F 2
Cambridge *(US, Ohio)* 118 C 3
Cambridgeshire (Comté) 54 D 2(5)
Cambriens (Mts) 53 B-C 5-4
Cambui 124 C 2
Camden 115 F 3
Cameia (P.Nl) 107 B 1
Çameli 71 F 4
Cameroun 103 B 3
Cameroun (Mt) 102 D 5
Cametá 122 D-E 3
Camiri 124 B 1
Çamlik (Mt) 71 F 3
Camocim 122 E-F 3
Camonica (Val) 66 F 4-3
Camooweal 127 C-D 2-3
Camorta (I.) 92 E 5
Campagne 45 B 3
Campan 35 H 3
Campana 124 C 3
Campanie (Rég. adm.) 69 I 2 (4)
Campbell 118 C 2
Campbell (Is) 3 R-S 8
Campbell R[ive]r 114 A 1
Campbellton 117 G 2
Campbeltown 52 B 3
Campêche 120 C 3
Campêche (État) 120 C-D 3
Campêche (G. de) 120 C 2-3
Campidano (Pl.) 69 B 5
Campina 122 F 3
Campinas 123 E 5 (6)
Campine (Région) 56 C-D 3
Campobasso 68 E 4
Campo Duran 124 B 2
Campo Formio 65 E 3
Campo Grande 122 D 4-5
Campos 123 E 5
Campos (Savanes) 122 D-E 4
Campos (Tierra de) (Région) 73 B 1
Campo Tencin (Mt) 66 D 3
Camps 49 F 3
Cam Ranh 93 F-G 4
Camrose 114 B 1
Çan 71 E 2
Canada 110 B-E 1-2
Canadian (R.) 114 C 3
Canadien (Arch.) 2 C-E 2-1
Canadien (Plat. lacustre) 2 C-F 2-3
Canaima 121 F 4
Çanakkale 71 E 2
Canal de Panamá (Terre) 113 I-J 9-8
Cananea 114 B-C 3
Canari 35 J 1
Canarie (G[ran]de) (I.) 102 B 3
Canaries (Bassin des) 2 H 4
Canaries (Is) 102 B 3
Canaveral (Kennedy) (C.) 115 E-F 4
Canavieiras 122 F 4
Canazei 67 D 2
Canberra 127 D 4
Cancale 39 C 2
Cance (R.) 43 D 2
Cancer (Tropique du) 2 B-C 4
Canche (R.) 45 B-C 3
Cancún 121 D 2
Çandarli 71 E 3
Çandarli (G. de) 71 E 3
Candé 39 C 3
Candela 70 C 2
Candie (Iraklion, Heraklion) 71 D 5
Canelones 124 C 3
Canfranc 42 A 3
Canfranc (Val. de) 42 A 3
Cangas [de Norcea] 72 B 1
Cangzhou 96 B 2
Canicatti 69 D 6
Canigou (Mt) 42 C 3
Canjuers (Plan de) (Plat.) 49 E-F 3
Canna (I.) 52 A 2
Cannae (Cannes) 68 F 4
Cannes 49 G 3
Cannes (Cannae) 77 B-C 4
Cannet (Le) 49 F-G 3
Cannobio 66 D 3
Canoas 123 D 5
C[año] Makareo (R.) 121 F 4
Canossa 64 D 3
Canso 117 G 2
Canta 66 E 4
Cantabriques (Mts) 72 B-C 1
Cantal (Mts) 42 C 2
Cantal (Plomb du) (Mt) 42 C 2
Cantal (15) (Dépt) 23 C 2
Canteleu 46 C-D 2
Canterbury 53 E 5
Can Tho 93 F 5
Cantin (C.) (Ras Beddouza) 104 A 2
Canton (Guangzhou) *(Chine)* 96 B 3
Canton *(US)* 115 E 2
Canton (I.) 125 D 4
Cany 40 B 2
Canyon (G[ran]d) (Défilé) 113 F 6
Cao Bang 93 F 3
Cap (Bassin du) 2 J 7
Cap (Prov. du) 103 F 9
Capahuari 111 H 5
Capanaparo (R.) 121 F 4
Cap Barren (I. du) 127 D-E 5
Capbreton 42 A 3
Capbreton (Gouf de) (Fosse) 42 A 3
Cap Breton (I. du) 115 G-H 2
Capcir (Région) 42 C 3
Cap Corse (P.) 43 H 2
Cap-d'Agde 38 C 3
C[ap]-d'Ail 49 G 3
Cap-de-la-Madeleine 118 E 1
Capdenac 42 C 2
Cape Ann 118 F 2
Cape Charles 118 D-E 3
Cape Coast 102 C 5
Cape Cod (Be) 118 F 2
Cape Fear (R.) 115 F 3
Cape Girardeau 115 D-E 3
Capelle (La) 45 F 4
Capelongo 107 A 1
Cape May 118 E 3
Cape Preston 127 A 3
Capesterre *(Guadeloupe, Basse-Terre)* 121 M-N 1
Capesterre *(Guadeloupe, Marie-Galante)* 121 N 2
Cape Town (Le Cap) 103 E 9
Cap Haïtien 121 E 3
Capo d'Istria (Koper) 65 E 3
Capoeiras (Chutes) 122 D 3
Capoompeta (Mt) 127 E 3
Capot (R.) 121 K 1
Capoue (Capua) 69 D-E 4
Cappadoce (Région) 75 F 3
Capraia (I.) 68 B-C 3
Caprara (I.) 68 E 3
Capreol 118 C 1
Caprera (I.) 69 B 4
Capri (I.) 69 E 4
Capricorne (Canal du) (Détr.) 127 E 3
Capricorne (Tropique du) 2 C-D 7
Caprivi (Couloir de) 107 B 1
Captains Flat 126 D-E 4
Capua (Capoue) 69 D-E 4
Capvern 38 C 3
Cap Vert (Bassin du) 2 G-H 4-5
Cap Vert (Is du) 2 H 5
Cap Vert (Rép. du) 103 L 2
Caquetá (R.) 122 B 2
Caracal 77 D-E 3
Caracarai 122 C-D 2
Caracas 121 F 3
Caracoles 124 B 1
Caraghnan (Mt) 127 D-E 4
Caraïbes (Mer des) 113 I 8
Caranda 124 B 1
Caratasca (Lagune de) 121 D 3
Caratinga 124 D 1
Caravanes (Col des) 105 D 2
Caravelle (P. de la) 121 L 1
Carbet (Le) 121 K 1
Carbet (Pitons du) 121 K 1
Carbon 116 B 3
Carbonara (C.) 69 B 5
Carbonara (P[ic]) 77 B 5
Carbondale *(Ca.)* 114 B 1
Carbondale *(US)* 118 E 2
Carbonia 69 B 5
Carbonne 42 B 3
Carcassonne 23 C 3
Cardamomes (Chaîne des) 94 B 3-4
Cárdenas 121 D 2
Cardiff 53 C 5
Cardigan 53 B 4
Cardigan (Be de) 53 B 4
Carélie (Région) 80 C 2
Carélie (Rép. aut. de) 86 (I-7)
Carentan 39 C 2
Cargados (Is) 17 M 6
Carhaix[-Plouguer] 39 B 2
Cariboo (Mts) 114 A 1
Caribou (Reindeer) (L.) 114 C 1
Caribou (Mt) 114 B 2
Carignan 56 D 5
Carignano 64 B 3
Carinhanha 122 E 4
Carinthie (Alpes de) (Mts) 59 E-F 5
Caripito 121 F 4
Carleton Place 118 D 1
Carlin 116 B 2
Carling 44 C 3
Carlisle *(RU)* 52 C 3
Carlisle *(US)* 118 D 2
Carlitte (Pic) 42 B-C 3
Carlow 53 A 4
Carlsbad 114 C 3
Carlsbad Caverns (P.Nl) 114 C 3
Carmacks 111 E 1
Carmarthen 53 B 5
Carmarthen (Be de) 53 B 5
Carmaux 42 C 2
Carmen ([Ciudad del]) 120 C 3
Carmen de Patagones 123 C 7
Carmona 72 B 2
Carnac 39 B 3
Carnarvon 127 A 3
Carndonagh 52 A 3
Carnegie (L.) 127 B 3
Car Nicobar (I.) 92 E 5
Carniques (A[lpes]) (Mts) 76 B 3
Carnsore (Pte) 53 A 4
Caro 118 C 2
Carolina 122 E 3
Carolina (North) (État) 115 E-F 3
Carolina (South) (État) 115 E-F 3
Caroline (I.) 125 E 4
Carolines (Is) 3 P-Q 5
Caroni (R.) 121 F 4
Carpates (Mts) 80 B 4
Carpates Blanches (Mts) 76 C 2
Carpates (Forêt des) (Mts) 76 D-E 2-3
Carpates (P[eti]tes) (Mts) 76 C 2
Carpates Orientales (Mts) 76 E 3
Carpentarie (G. de) 127 C-D 2
Carpentras 48 C 2
Carpi 65 D 3
Carrantuohill (Mt) 50 A 3-4
Carrara (Carrare) 64 D 3
Carrare (Carrara) 64 D 3
Carrières 47 B 2
Carrières-s[ur]-S[eine] 47 C 2
Carrión (R.) 72 B 1
Carro 48 B-C 4
Carrollton 118 B 3
Carros 49 G 3
Carry-le-R[ouet] 48 C 4
Carson City 114 B 3
Cartagena *(Col.)* 121 E 3
Cartagena (Carthagène) *(E)* 72 C 2
Cartago *(Col.)* 121 E 4
Cartago *(CR)* 121 D 4
Carteret 39 C 2
Carteret (Havre de)(Be) 39 B-C 2
Carteret (C. de) 39 B-C 2
Cartersville 117 E 3
Carthage 69 C 6
Carthagène (Cartagena) 72 C 2
Cartwright 112 L 4
Caruarú 122 F 3
Carupano 121 F 3
Carvin 40 C 1
Carvoeiro (C.) 72 A 2
Casablanca (Dar el Beida) 104 A-B 2
Casale 64 C 3
Casamance (R.) 102 B 4
Casanare (R.) 121 E 4
Casas Grandes 114 C 3
Cascades (Chaîne des) 114 A-B 2
Cascina 68 C 3
Case Pilote 121 K 1
Caserta 69 E 4
Casigua 120 H 2
Casiquiare (R.) 121 F 4
Casitas (Cerro Las) (Mt) 102 A-B 2
Casper 114 C 2
Caspienne (Mer) 80 D-E 4-5
Gaspienne (Pl.) 75 G 2
Cassano 77 B-C 5
Casse (G[ran]de) (Mt) 43 E 2
Cassel *(Fr.)* 45 C 2
Cassel (Kassel) *(RFA)* 60 E 2
Cassel (District) 58
Cassinga 103 E 7
Cassino 68 D 4
Cassis 48 D 4
Castagniccia (Région) 43 H 2
Castelfranco[Veneto] 65 D 3
Casteljaloux 42 A-B 2
Castellammare (G.di) 69 D 5
Castellammare di Stabia 69 D-E 4
Castellane 49 E 3
Castellón de la Plana 72 C-D 1-2
Castelnaudary 42 B-C 3
Castelnau [-Montratier] 42 B 2
Castelo Branco 72 B 2
Castelsarrasin 42 B 2
Castelvetrano 69 D 6
Castets 42 A 3
Castets[-en-Dorthe] 42 A 2
Castille (Cl de) (R.) 72 B 1
Castille (Nouvelle) (Prov.) 72 B-C 1-2
Castille (Vieille) (Prov.) 74 B 2
Castillon 42 A-B 2
Castletown 52 B 3
Castres 42 C 3
Castricum 56 C 2
Castries 121 F 3
Castrop-Rauxel 60 C 2
C[astro] Urdiales 73 C 1
Cat (I.) 115 F 4
Çatalca 71 F 2
Catalogne (Prov.) 72 D 1
Catamarca 123 C 5
Catanduanes (I.) 93 H 4
Catane (Catania) 69 E 6
Catane (G. de) 69 E 6
Catania (Catane) 69 E 6
Catanzaro 69 F 5
Catastrophe (C.) 127 C 4
Cateau (Le) 45 F 3
Catinaccio (Rosengarten) (Mt) 65 D 2
Catlettsburg 118 C 3
Catoche (C.) 120 D 2
Cats (Mt des) 45 D 2
Catskill 118 E 2
Catskill (Mts) 118 E 2
Cattenom 34 D 1
Catumbela 107 A 1
Cauca (R.) 121 E 4
Caucase (Mts) 80 D 4
Caucasia 121 E 4
Caudebec[-en-Caux] 40 B 2
Caudebec[-lès-Elbeuf] 46 D 2
Caudry 45 E 3
Caume (Mt) 48 D 4
Caura (R.) 121 F 4
Caussade 42 B 2
Caussols (Plan de) (Plat.) 43 E 3
Cauterets 42 A 3
Caux (Pays de) (Région) 46 B-C 1
Cavaillon 48 C 3
Cavallo (I.) 43 H 3
Cavan 52 A 4
Cavarzere 65 D-E 3
Caviana (I.) 122 D-E 2
Cavite 93 G-H 4
Cavour (Cl) 64 C 3
Cáxias *(BR, Maranhão)* 122 E 3
Cáxias *(BR, Rio Grande do Sul)* 123 D-E 5
Cayeux 45 A-B 3
Cayman (Is) 113 I 8
Cayman (Grand) (I.) 121 D 3
Cayman (Little) (I.) 121 D 3
Cayuga (L.) 118 D 2
Cazaux 34 B 2
Cazaux (Étg. de) 42 A 2
Cazombo 107 B 1
Ceara (Fortaleza) 122 F 3
Ceara (État) 122 E-F 3
Cebaco (I.) 121 D 4
Cebu 93 H 4
Cebu (I.) 93 H 4
Cecerleg 83 K 5
Cedar (L.) 114 C 1
Cedar City 114 B 3
Cedar Rapids 115 D-E 2
Cedros (I.) 114 B 4
Ceduna 127 C 4
Cefalù 69 E 5-6
Cegléd 76 C 3
Čelákovice 61 F 3
Celano 77 B 4
Celaya 120 B 2
Célé (R.) 42 B 2
Célèbes (Sulawesi) (I.) 93 G-H 6
Célèbes (Mer de) (Mer de Mindanao) 93 G-H 5
Celje 65 F 2
Celle 58 D 3
Celle St Cloud (La) 47 B 2
Cengle (Mt) 48 D 3
Cenon 42 A 2
Cento 68 C 2
Centovalli (Région) 66 D 3
Centrafrique (Rép. Centrafricaine) 103 B-C 3
Central (Comté) 54 B 1(2)
Centrale (Cord.) *(Col.)* 121 E 4
Centrale (Cord.) *(E)* 18 D 4
Centrale Indienne (Crête) 3 M-N 6-8
Central Lowlands (Région) 127 C-D 3
Central (Massif) (Mts) 29 C 3
Central Oilf[ield] (Gisement) 116 D 3
Central Russe (Plat.) 80 C-D 3-4
Central S[an]ta Rita 116 C 3
Centre (Rég. adm.) 23
Centre (Cl du) 41 D 3
Cépet (C.) 48 D 4
Céphalonie (Kephallinia) (I.) 71 A-B 3
Ceppo (Mte) 49 H 3
Cer (Mts) 77 C 3
Cerbère 42 B 3
Cerbère (C.) 42 C 3
Cerdagne (Région) 42 B-C 3
Cère (R.) 42 C 2
Céret 42 C 3
Cergy-Pontoise 47 B 1
Cerignola 69 E 4
Cerizay 39 C 3
Çerkesköy 71 F 2
Cernavodă 77 E-F 3
Cernay 44 D 5
Cerralvo (I.) 120 B 2
Cërrik 71 A-B 2
Cerro de Pasco 122 B 4
Cerro Verde 124 A 1
Cervia 65 E 3

Cervin (Matterhorn) (M^{t}) 66 C3-4
Cervinia-Breuil 67 B3
Cervione 43 H2
Cervo (R.) 66 D4
Cesena 65 E3
Cesenatico 67 E3
Cesis 62 E4
Česka Lípa 59 F4
Č[eske] Budějovice (Budweis) 51 G4
Č[esky] Krumlov 59 F5
Česma (R.) 65 G3
Çeşme 71 E3
Çeşme (P.) 71 E3
Cesson 46 G3
Ceta 107 A1
Cetina (R.) 65 G4
Ceuta 72 B3
Cevedale (M^{te}) 66 F3
Cévennes (M^{ts}) 43 C-D2
Cévennes (P.N^{l}) 38 C2
Ceylan (I.) 87 E5
Ceylan (Sri Lanka) 86 E5
Cézallier (M^{ts}) 42 C2
Cèze (R.) 48 A2
Chabeuil 43 D2
Chablais (Région) 66 B3
Chablis 41 C3
Chacorão (Chutes) 122 D3
Chadrinsk 82 G4
Chadron 114 C2
Chagny 41 D3
Chagos (I^{s}) 92 C6
Chagres (R.) 122 G-H1
Chailly 34 C1
Chaironeia 71 C3
Chaise-Dieu (La) 43 C2
Chakari 107 B1
Chakhterski 85 T3
Chakhty 80 D4
Chalais 42 A-B2
Chalandrion 71 C-D3
Chalcidique (P.) 71 C2
Châlette[-sur-Loing] 40 C2
Chaleur (B^{e}) 115 G2
Chalindrey 41 D3
Chalk River 115 F2
Challans 39 C3
Challapata 124 B1
Challes-l[es]-Eaux 38 D2
Chalonnes[-sur-Loire] 40 A3
Châlons-s[ur]-M[arne] 41 D2
Chalon-s[ur]-S[aône] 41 D3
Chalosse (Région) 42 A3
Chalus 91 F2
Châlus 42 B2
Cham *(CH)* 66 D2
Cham *(RFA)* 59 E4 59 E5
Chamalières 42 C2
Chaman 95 A1
Chambal (R.) 92 C3
Chambaran (Plat. de) 43 D2
Chambersburg 118 D3
Chambéry 66 A4
Chambeshi (R.) 103 G7
Chambeyron (Aig[uil]le de) (M^{t}) 43 E2
Chambi (Dj.) 105 F2
Chambley 44 A2
Chambly 46 F2
Chambon (L.) 42 C2
Chambon[-sur-Lignon] (Le) 43 D2
Chambord 40 B3
Chambourcy 47 B2
Chamonix 66 B-C4
Chamonix[-Mont-Blanc] 43 E2
Champagnac 42 C2
Champagne [-au-Mont-d'Or] 49 K2
Champagne (Région) 42 A2
Champagne-Ardennes (Rég. adm.) 23
Champagne Berrichonne (Région) 40 B-C3
Champagne Crayeuse 41 C-D2
Champagne Humide (Région) 41 D2
Champagne Pouilleuse (Champagne Sèche) (Région) 41 C-D2
Champagne Sèche (Champagne Pouilleuse) (Région) 41 C-D2
Champagne [-sur-Oise] 46 F2
Champagney 44 C5
Champagnole 66 A3
Champaign 115 E2
Champ du Feu (M^{ts}) 44 D4
Champeigne (Région) 40 B3
Champéry 67 B2
Champigneulles 44 B3
Champigny 47 E3
Champlain (L.) 118 E1
Champlan 47 C3
Champlitte 41 D3
Champs 47 E2
Champsaur (Région) 43 E2
Champs (Bas-) (Région) 45 B3
Chamrousse 38 G1
Chancy-Pougny 49 M1
Chañaral 124 A2
Chandernagore 94 C2
Chandigarh 94 B1
Chandigarh (Terr^{re}) 94 F1
Chandrapur 94 B-C2
Changan (C.) 96 C2
Changbei Shandi (M^{ts}) 98 A-B2
Changchun 96 C1
Changde 96 B3
Changhaï 96 C2
Changhou 96 B-C3
Changhua 93 G-H3
Chang Jiang (anc. Yang Tsé Kiang) (R.) 87 F4
Changjin (L.) 98 A2
Changping 96 B1
Changsha 96 B3
Changshu 97 C2
Changyon 96 C2
Changzhi 96 B2
Changzhou 96 B-C2
Channel Islands (I^{s} Anglo-Normandes) 53 I1
Chan Si (Shanxi) (Prov.) 96 B2 (18)
Chantar (I^{s}) 83 N4
Chanteloup 47 B2
Chanthaburi 93 F4
Chantilly 46 F-G2
Chantilly (Forêt de) 46 F-G2
Chantonnay 39 C3
Chan Toung (Shandong) (Prov.) 96 B2 (17)
Chantreine 44 B4
Chaohsien 96 B2
Chao Hu (L.) 96 B2
Chaouia (Pl.) 104 B2
Chaoyang 93 G3
Chapada Diamantina (S^{a}) 122 E-F4
Chapais 117 F2
Chapala (L.) 120 B2
Chapel Cross 55 F3
Chapelle[-sur-Erdre](La) 39 C3
Chapleau 115 E2
Chapra 94 C2
Chara (R.) 76 E1
Charambira (C.) 121 E4
Charbonnières 38 D2
Charcot (I.) 1 F29
Charcot (Station polaire) 1 F14
Charef (O.) 104 C2
Charente (16) (Dép^{t}) 23 C2
Charente (R.) 42 A2
Charente-Maritime (17) (Dép^{t}) 23 B2
Charentes (Poitou-) (Rég. adm.) 23
Charenton 47 D3
Charentonne (R.) 46 C3
Chari (R.) 102 E4
Charikar 94 A1
Charité[-sur-Loire] (La) 40 C3
Charleroi 56 C4
Charles (C.) 118 E3
Charleston *(US, S.C.)* 115 F3
Charleston *(US, W.Va)* 115 E3
Charles Town 118 D3
Charleval 46 D2
Charleville 127 D3
Charleville-Mézières 56 C5
Charlieu 43 D1
Charlotte *(US, Mich.)* 118 B2
Charlotte *(US, N.C.)* 115 E3
Charlottesville 118 D3
Charlottetown 115 G2
Charmes 44 B4
Charolais (M^{ts} du) 41 D3
Charolles 43 D1
Chars 46 E2
Charters Towers 127 D3
Chartres 46 D4
Chartreuse (Grande) (M^{ts}) 43 D2
Chasse[-sur-Rhône] 43 D2
Chasseneuil 42 B2
Chasseral (M^{t}) 66 C2
Chasseron (Le) (M^{t}) 66 B3
Chassezac (R.) 43 D2
Chassia (M^{ts}) 71 B3
Chastang 34 C2
Chat (Dent du) (M^{t}) 43 D2
Châtaigneraie (Région) 42 C2
Châtaigneraie (La) 39 C3
Château (P^{te} du) 39 B2
Ch[âteau]-Arnoux 43 D-E2
Châteaubourg 39 C2
Châteaubriant 39 C3
Château-Chalon 66 A3
Château-Chinon 41 C3
Ch[âte]au d'Œx 66 B-C3
Château[-d'Oléron] (Le) 42 A2
Château-du-Loir 40 B3
Châteaudun 40 B2
Châteaufort 47 B3
Châteaugiron 39 C2
Château-Gontier 40 A3
Châteaulin 39 A2
Châteauneuf 48 C4
Châteauneuf-de-Randon 43 C2
Châteauneuf[-du-Faou] 39 B2
Châteauneuf-du-Pape 48 B2
Châteauneuf[-du-Rhône] 49 M2
Châteauneuf-en-Th[imerais] 46 D3
Châteauneuf[-sur-Charente] 42 A-B2
Châteauneuf[-sur-Loire] 40 C3
Châteauponsac 42 B1
Château-Queyras 43 E2
Châteaurenard 48 B3
Château-Renault 40 B3
Châteauroux 40 B3
Château-Salins 44 C3
Ch[âte]au-Thierry 41 C2
Châteaux (P^{te} des) 121 N1
Châtel 44 B4
Châtelaillon 42 A1
Châtelet 56 C4
Châtelet (Le) 46 G3
Châtelguyon 42 C2
Châtellerault 40 B3
Châtenay-Malabry 47 C3
Châtenois 44 D4
Châtenois[-les-Forges] 44 C5
Chatham *(Ca.)* 118 C2
Chatham *(RU)* 53 E5
Chatham *(US)* 118 F2
Chatham (I^{s}) 3 R-S8
Châtillon 47 C3
Châtillonnais (Région) 41 D3
Châtillon[-sur-Chalaronne] 43 D1
Châtillon[-sur-Indre] 40 B3
Châtillon-sur-Seine 41 D3
Chatou 47 B2
Chatrapur 94 C3
Châtre (La) 40 B3
Chatsila 95 C2
Chattahoochee (R.) 115 E3
Chattanooga 115 E3
Chaudes-Aigues 42 C2
Chaudière (R.) 118 F1
Chauffailles 43 D1
Chauk 89 E3
Chaulnes 40 C2
Chaumont 41 D2
Chaumont[-en-Vexin] 46 E2
Chaunoy 34 C1
Chauny 40 C2
Chausey (I^{s}) 39 C2
Chaussée des Géants (Giant's Causeway) 52 A3
Chautagne 49 M1
Chautauqua (L.) 118 D2
Chauvigny 42 B1
Chavanoz 49 L2
Chaville 47 C3
Chazay 49 K2
Chazelles 49 J2
Cheb (Eger) 59 E4
Cheboygan 118 B-C1
Chech (Erg) 102 C3
Chechaouen 104 B2
Chechon 99 B3
Chedde 35 D2
Cheektowaga 118 D2
Chef-Boutonne 42 A-B1
Chegutu 107 C1
Cheiron (M^{t}) 43 E3
Cheju 96 C2
Cheju (Quelpart) (I.) 96 C2
Chekka 90 D2
Chelagski (C.) 83 R2
Chelekhov (G. de) 83 P-Q3
Chelia (Dj.) 105 E2
Cheliff (O.) 105 D1
Che Ling (Col de) 96 B3
Chelles 47 E2
Chełm 76 D2
Chelmos (M^{t}) 71 C4
Chelmsford 53 E5
Cheltenham 53 C-D5
Chémery 34 C2
Chemillé 39 C3
Chemnitz (Karl-Marx-Stadt) 59 E4
Chemung (R.) 118 D2
Chenab (R.) 94 B1
Chenachane 104 B-C4
Chengde 96 B1
Chengdu 96 A2
Cheniménil 44 C4
Chennevières 47 E3
Chenonceaux 40 B3
Chénoua (C.) 105 D1
Chen Si (Shaanxi) (Prov.) 96 A2 (16)
Chen Xian 96 B3
Chepetovka 76 E2
Cher (R.) 40 B3
Cher (18) (Dép^{t}) 23 C2
Chéran (R.) 66 B4
Cherbourg 39 C2
Cherchell 105 D1
Chergui (Chott ech) 104-105 C-D2
Chergui (I.) 105 F2
Cherrapunji 94 D2
Chesapeake (B^{e} de) 115 F3
Cheshire (Comté) 54 C2(6)
Cheshire (Pl. du) 53 C4
Chesnay (Le) 47 B3
Chester *(RU)* 53 C4
Chester *(US)* 115 F3
Chesterfield 53 D4
Chesterfield (I^{s}) 127 E2-3
Chestertown 118 D-E3
Chetumal 120 D3
Chetumal (B^{e} de) 120 D3
Chevilly 47 D3
Cheriot (M^{ts}) 52 C3
Cheviré 34 B2
Chèvre (C. de la) 39 A2
Chevreuse 47 B3
Chevry-Cossigny 47 F3
Chevtchenko 80 D-E4
Chew Bahir (L.) 102 G5
Cheyenne 114 C2
Cheyenne (R.) 113 G5
Cheyenne River (Rés. Ind.) 114 C2
Cheylard (Le) 43 D2
Chhindwara 94 B2
Chiaï 96 C3
Chiana (Val di) 68 C3
Chianciano 70 B2
Chiang Mai 92 E4
Chianje 107 A1
Chianti (M^{ti} del) 65 D4
Chiapas (État) 120 C3
Chiari 66 E4
Chiasso 66 D-E4
Chiavanna 66 E3
Chiavari 68 B2
Chiavenna 64 C2
Chiba 99 E4
Chibougamau 115 F2
Chicago 118 B2
Chicago H[ei]g[h]ts 118 B2
Chichaoua 104 A3
Chichen Itzá 120 D2
Chichester 40 A1
Chichi (I.) 96 E3
Chiclayo 122 A-B3
Chico 114 A3
Chico (R.) 123 B7
Chicoutimi 115 F-G2
Chidley (C.) 112 K3
Chiemsee (L.) 65 E2
Chiers (R.) 56 D5
Chiese (R.) 66 F4
Chieti 68 E3
Chièvres 45 F2
Chigatsé (Xigaze) 94 C2
Chignik 113 B4
Chihfeng 96 B1
Chihuahua 114 C4
Chihuahua (État) 114 C4
Chikmagalur 95 B3
Chilas 94 B1
Chili 111 M4-5
Chiliodromia (I.) 71 C3
Chilka (R.) 83 L-M4
Chilko (L.) 112 E4
Chilkoot Pass (Col) 112 D3
Chillán 123 B6
Chillicothe 118 C3
Chilly 47 C3
Chiloé (I.) 123 B7
Chilpancingo [de los Bravos] 120 C3
Chiltern Hills (M^{ts}) 53 D5
Chimanovsk 83 M4
Chimay 56 C4
Chimborazo (M^{t}) 122 B3
Chimbote 122 A-B3
Chinandega 120 D3
Chincoteague 118 E3
Chindwin (R.) 92 E3
Chine 86 E-F4
Chine (Mer de) 3 P4
Chine du Nord (Plat. de) 87 F4-3
Chine du Sud (Coll. de) 87 F4
Chine Méridionale (Mer de) (Mer de Luçon) 93 F-G5-6
Chine Orientale (Mer de) 93 H3-2
Chingola 103 F7
Chinju 99 A-B4
Chinko (R.) 102 F5
Chinkolobwe 103 F7
Chinkua 97 C3
Chinomiji (Tyatino) 98 F1
Chinon 40 B3
Chioggia 65 E3
Chios 71 E3
Chios (I.) 71 D3
Chipata 107 C1
Chipka (C[ol] de) 77 E4
Chipoka 103 G7
Chippis 66 C3
Chiquinquira 122 B2
Chiriqui (G. de) 121 D4
Chirripo [Grande] (M^{t}) 121 D4
Chisone (R.) 43 E2
Chitose 98 E2
Chitral 94 B1
Chitré 121 D-E4
Chittagong 94 D2
Chittoor 94 B3
Chivasso 64 B3
Chivilcoy 124 B-C3
Choa (Région) 102 G-H5
Chobe (P.N^{l}) 107 B1
Chocques 45 D2
Chofu 99 D4 (1)
Choiceland 116 C1
Choiseul (I.) 127 E1
Choisy-le-Roi 47 D3
Chojna 58 F3
Chojnice 76 C1
Chokai San (M^{t}) 98 D-E3
Cholet 39 C3
Choluteca 120 D3
Choma 103 F7
Chomutov 59 E4
Chongjin 98 B2
Chongqing 93 F3
Chonju 96 C2
Chonos (Arch. de los) 123 B7
Cho Oyu (M^{t}) 94 C2
Chooz 56 C4
Chopda 94 B2
Chorion 71 E4
Choristi 71 D2
Chorzów 76 C2
Choshi 99 E4
Chotan 94 B2
Chota Nagpur (Plat. de) 92 D3
Choudja 81 D3
Choutchinsk 82 H4
Christchurch *(N.Z.)* 127 G5
Christchurch *(RU)* 40 A1
Christiani (I.) 71 D4
Christmas (I.) *(Oc. Ind.)* 3 N-O6
Christmas (I.) *(Oc. Pacif.)* 2 B5
Chrysupolis 71 D2
Chtchekino 81 C3
Chtchigry 81 C3
Chuauhtemoc 120 B2
Chubut (R.) 123 B-C7
Chuelles 34 C2
Chula Vista 114 B3
Chumar 94 B1
Chumulo 107 C1
Chunchon 96 C2
Chungju 99 A-B3
Chuquicamata 124 B2
Chur (Coire) 66 E3
Churchill 114 D1
Churchill Falls 115 G1
Churchill (L.) 114 C1
Churchill (P[ic]) 112 E4
Churchill (R.) *(Ca., Labrador)* 115 G1
Churchill (R.) *(Ca., Manitoba)* 114 D1
Churfirsten (M^{ts}) 66 E2
Chypre 22 H5
Cianorte 124 C2
Ciechanow 76 D1
Ciechocinek 78 C1
Ciego de Avila 121 E2
Ciénaga 121 E3
Cienfuegos 121 D2
Cieszyn 76 C2
Çikë (M^{t}) 71 A2
Cilegon 89 L1
Cilento (Région) 77 B4
Cima d'Asta (M^{t}) 65 D2
Cimarron (R.) 114 D3
Cimone (M^{te}) 64 D3
Cimpiatureii 78 E3
Cimpia Turzii 78 D-E3
Cîmpina 76 E3
Cîmpulung 78 E3
Cinarca (Région) 43 G2-3
Cinca (R.) 72 D1
Cincer (M^{t}) 68 F3
Cincinnati 118 B-C3
Cinco Villas (Région) 42 A3
Çine 71 F4
Ciney 56 D4
Cingoli 68 D3
Cinto (M^{te}) 74 C2
Ciotat (La) 48 D4
Ciotat (B^{e} de La) 48 D4
Circeo (C.) 77 B4
Circeo (M^{te}) 69 D4
Circle 112 C3
Cirencester 53 D5
Cirey[-sur-Vezouse] 41 E2
Ciron (R.) 42 A2
Cisa (La) (Col.) 64 C3
Cisjordanie 90 I3-2
Ciskei (Bantoustan) 107 B3 (C)
Cisne (I. del) (I. Swan) 121 D3
Cisneros 120 H2
Cisse (R.) 40 B3
Cîteaux 41 D3
Cité du Vatican (Città del Vaticano) 68 D3-4
Citlaltepec (M^{t}) 120 C3
Città del Vaticano (Cité du Vatican) 68 D3-4
Città di Castello 68 C-D3
Città Vecchia 69 D-E7
C[iuda]d Bolivar 121 F4
[Ciudad] Camargo 120 B2
[Ciudad de] Guatemala 120 C-D3
[Ciudad del] Carmen 120 C3
C[iuda]d de Valles 120 C2
C[iuda]d Guayana 121 F4
Ciudad Guzmán 120 B3
Ciudad Juárez 114 C3
C[iuda]d Madero 120 C2
C[iuda]d Mante 120 C2
Ciudad Obregón 114 C4
C[iuda]d Ojeda 121 E3
Ciudad Real 72 C2
Ciudad Rodrigo 72 B1
Ciudad Victoria 120 C2
Civaux 34 C2
Cividale 65 E2
Civita Castellana 68 D3
Civitavecchia 68 C3
Civitella di Tronto 68 D3
Civray 42 B1
Clabecq 57 C4
Clacton 53 E5
Claie (R.) 39 B3
Clain (R.) 42 B1
Claire (L.) 112 F4
Clairvaux 41 D2
Claise (R.) 40 B3
Clamart 47 C3
Clamecy 41 C3
Clanwilliam 107 A3
Clape (M^{t} de la) 42 C3
Clare 118 B2
Claremont 118 E-F2
Clarion (R.) 118 D2
Clarksburg 118 C3
Clarksville 115 E3
Clayes (Les) 46 E-F3
Claye-Souilly 47 F2
Claymore 55 F2
Clearfield 118 D2
Cleethorpes 53 D-E4
Clendenin 118 C3
Cléon 46 D2
Clères 46 D1
Clermont *(Austral.)* 127 D3
Clermont *(Fr.)* 40 C2
Clermont[-en-Argonne] 41 D2
Clermont-Ferrand 42 C2
Clermont-l'Hérault 43 C3
Clervaux 60 A-B3
Cleveland 115 E-F2
Cleveland (Teesside) (Comté) 54 C2(40)
Cleveland (M^{t}) 114 B2
Cleveland Heights 118 C2
Cleves (Kleve) *(RFA)* 60 B2
Cleves *(US)* 119 B3
Clichy 47 C2
Clichy-sous-Bois 47 E2
Clifton Forge 118 D3
Climax 116 C3
Clinton *(Ca.)* 114 A1
Clinton *(US)* 115 D-E2
Clinton Creek 111 E1
Clipperton (I.) 125 G3
Clisson 39 C3
Cloncurry (Plat.) 127 D3
Clonmel 50 A-B3
Cloud (Pic) 114 C2
Clovis 114 C3
Cluj 80 B4
Cluny 43 D1
Clusaz (La) 66 B4
Cluses 66 B3
Clusone 66 E-F4
Clwyd (Comté) 54 C2(1)
Clyde (R.) 52 C3
Clyde (Firth of) (B^{e}) 50 B3
Coalmont 116 C2
Coahuila (État) 114 C4
Coast (Ra.) (Chaînes Côtières) *(Ca.)* 108 E1-2
Coast (Ra.) (Chaînes Côtières) *(US)* 108 E-F2-3
Coatbridge 55 F3
Coatesville 118 D-E3
Coats (I.) 112 I3
Coats (T. de) 1 E34-35
Coatzacoalcos (anc. Puerto Mexico) 120 C3
Cobalt *(Ca.)* 115 E-F2
Cobalt *(US)* 116 B2
Cobán 120 C-D3
Cobar 127 D4
Cobh 50 A3
Cobija 122 C4
Coblence (Koblenz) 60 C3
Coboconk 118 D1
Cobourg *(Ca.)* 118 D2
Cobourg (Coburg) *(RFA)* 59 D4
Coburg (Cobourg) 59 D4
Coca (P[izzo] di) (M^{t}) 64 C-D2
Cochabamba 122 C4
Cochem 60 C3
Cochin 94 B4
Cochrane 115 E-F2
Cockatoo (I.) 127 B2
Cockburn (I.) 118 C1
Cockburn (T. de) 112 I2
Coco (R.) (R. Segovia) 121 D3
Cocos (I^{s}) *(Oc. Ind.)* 17 N6
Cocos (I.) *(Oc. Pacif.)* 16 D5
Cocuy (S^{a} Nevada del) 121 E4
Cod 55 G2
Cod (C.) 118 F2
Coesfeld 60 C2
Coëtquidan (Camp de) 39 B3
Coeur d'Alène 114 B2
Coevorden 56 E2
Coëvrons (M^{ts}) 39 C2
Cofrentes 73 C2
Coghinas (R.) 69 B4
Cognac 42 A2
Cogne 66 C4
Cogolin 49 F4
Cohoes 118 E2
Coiba (I.) 121 D4
Coimbatore 94 B3
Coimbra 72 A1
Coire (Chur) 66 E3
Coiron (Plat.) 43 D2
Coise (R.) 49 J2
Cokkarassa (M^{t}) 62 D-E1
Colchester 53 E5
Coldwater 118 B2
Coleraine 52 A3
Colibris (P^{te} des) 121 N1
Colima 120 B3
Colima (État) 120 B3
Colima (M^{t}) 120 B3
Coll (I.) 52 A2
Collie 127 A4
Collier (B^{e}) 127 B2
Collières (R.) 49 L3
Collingwood 118 C1
Collinsville 127 D3
Collioure 42 C3
Collo 105 E1
Collobrières 49 E4
Colmar 44 D4
Colmar-Berg 57 E5
Colne (R.) 53 E5
Cologne (Köln) 60 B3
Cologne (District) 58
Colomb-Béchar (Béchar) 104 C3
Colombes 47 C2
Colombie 111 M2
Colombie Britannique (British Columbia) (Prov.) 112 E4
Colombier (G[ran]d) (M^{t}) 66 A4
Colombo 94 F4
Colón *(Cuba)* 121 D2
Colon *(Pan.)* 122 H1
Colonia Catriel 124 B3
Colonia [del Sacramento] 123 D6
Colonne (Capo delle) (C.) 69 F5
Colonsay (I.) 52 A2
Colorado (État) 114 C3
Colorado (G[ran]d Canyon du) (Défilé) 108 F3
Colorado (Plat. du) 114 B-C3
Colorado (R.) *(Arg.)* 123 C6
Colorado (R.) *(US, Rocheuses)* 113 G6
Colorado (R.) *(US, Texas)* 113 H7
Colorado Springs 114 C3
Columbia *(US, Mo)* 114 D3
Columbia *(US, S.C.)* 115 E3
Columbia (C.) 112 J-K1
Columbia (Crêtes) 2 H7
C[olumbia] (D[istrict of]) 118 D3
Columbia (M^{t}) 114 B1
Columbia (Plat. de la) 114 B2
Columbia (R.) 114 B1
Columbretes (I^{s}) 72 D2
Columbus *(US, Ga)* 115 E3
Columbus *(US, Ohio)* 115 E3

Columbus *(US, Ind.)* 118 B3
Colville (R.) 112 B3
Colwyn Bay 53 B-C4
Comacchio 65 E3
Comacchio (Lagune de) 68 C-D2
Comănești 78 E3
Comayagua 120 D3
Combin (G[ran]d) (Mt) 66 C4
Combourg 39 C2
Combraille (Région) 42 C1
Combs-la-Ville 46 F-G3
Côme (Como) 66 E4
Côme (L.de) 66 E3-4
Comines (Komen) *(Belg.)* 45 D2
Comines *(Fr.)* 45 E2
Comino (I.) 69 E6
Comino (C.) 69 B-C4
Comitán 120 C3
Commandeur (Is du) 83 Q-R4
Commentry 42 C1
Commercy 41 D2
Comminges (Région) 42 B3
Communisme (Pic) 82 H6
Como (Côme) 66 E4
Comodoro Rivadavia 123 C7
Comoé (R.) 102 C5
Comores 103 D4
Comores (Arch. des) 2 L6
Comorin (C.) 92 C5
Compans 47 F2
Compiègne 46 G2
Comtal (Causse) (Plat.) 42 C2
Comtat (Région) 48 B-C2
Comté (Franche-) (Rég. adm.) 23
Conakry 102 B5
Concaran 124 B3
Concarneau 39 B3
Conceição 124 D1
Concepción *(Chili)* 123 B6
Concepción *(Parag.)* 123 D5
Concepción del Oro 120 B2
Concepción del Uruguay 123 C-D6
Conchas Dam (Barr.) 114 C3
Conches[-en-Ouche] 40 B2
Conches (Forêt de) 46 C3
Conches (V[al] de) 66 D3
Conchos (R.) 114 C4
Concón 124 A3
Concord 115 F2
Concordia 121 H2
Conda 116 B2
Condamine (R.) 127 D-E3
Condat 42 C2
Condé[-sur-l'Escaut] 41 C1
Condé-s[ur]-N[oireau] 39 C2
Condom 42 B3
Condrieu 49 K3
Condroz (Région) 56 C-D4
Coney (R.) 41 E2
Confédération Helvétique (Suisse) 22 E4
Conflans[-en-Jarnisy] 41 D2
Conflans [-Ste-Honorine] 40 B-C2
Conflent (Région) 42 C3
Confolens 42 B1
Congo (Zaïre) (R.) 102 F5
Congo (Cuvette du) 100 C3-4
Congo (Rép. du) 103 B3-4
Coni (Cuneo) 43 E2
Coniston 118 C1
Conn (L[ough]) (L.) 50 A3
Connaught (Prov.) 50 A-B3
Conneaut 119 C2
Conn[ecticut] (État) 115 F2
Connecticut (R.) 118 E2
Connemara (Région) 50 A3
Connellsville Field 119 D3
Connersville 118 B3
Conon (R.) 52 B2
Conques 42 C2
Consett 55 F3
Con Son (Poulo condore) (Is) 93 F5
Constance 66 E2
Constance (L. de) (Bodensee) 66 E2
Constanța 77 F3
Constantine 74 C3
Constantinople (act. İstanbul) 77 E-F4
Contas (R.) 122 E-F4
Contes 49 G3
Contres 40 B3
Contrexéville 41 D2
Conty 46 F1
Conway *(RU)* 53 C4
Conway *(US)* 118 F2
Cook (Détr. de) 127 G2
Cook (Is) 125 D4
Cook (Mt) 127 F-G2
Cooke (Mt) 127 A4
Cooktown 127 D2
Coolgardie 127 B4
Coolidge Dam (Barr.) 114 B3
Cooper Creek (R.) 127 C3
Coosa (R.) 115 E3
Copán 120 D3
Copenhague (København) 58 E2
Copiapó 123 B-C5
Copperbelt (Région) 106 H3
Copper Center 112 B-C3
Copper Cliff 118 C1
Copperhill 117 E3
Coppermine 112 E-F3
Coppermine (R.) 112 F3
Copperopolis 116 A3
Copșa Mică 78 D-E3
Coquet (R.) 52 D3
Coquilhatville (act. Mbandaka) 102 E-F5
Coquimbo 123 B6
Corail (Grande Barrière de) (Great Barrier Reef) 127 D-E2-3
Corail (Mer de) 127 E2
Corato 69 F4
Corbehem 45 E3
Corbeil[-Essonnes] 40 C2
Corbie 45 D4
Corbières (Région) 42 C3
Corbigny 41 C3
Corby 53 D4
Corcaigh (Cork) 50 A4
Corcovado (G. de) 123 B7
Cordemais 34 B2
Cordes 42 B2
Córdoba *(Arg.)* 123 C6
Córdoba (Cordoue) *(E)* 72 B2
Córdoba *(Mex.)* 120 C3
Cordouan (I. de) 42 A2
Cordoue (Cordoba) 72 B2
Cordova 112 C3
Corée (P.) 87 G4
Corée (Détr. de) 99 B4
Corée (G. de) 96 C2
Corée (Is de) 96 C2
Corée du Nord 86 G3-4
Corée du Sud 86 G3-4
Corée orientale (Be de) 96 C2
Corfou (Kerkyra) (I.) 71 A3
Corigliano Calabro 69 F5
Corinthe (Korinthos) 71 C4
Corinthe (Ct de) 71 C4
Corinthe (G. de) 71 C3
Cork (Corcaigh) 50 A4
Çorlu 71 E2
Cormeilles 46 B2
Cormeilles[-en-Parisis] 47 C2
Corn (Is) (Is del Maiz) 121 D3
Corneille (Merouana) 105 E2
Corner Brook 115 G-H2
Cornigliano 70 B1
Cornimont 44 C5
Corning 118 D2
Corno (Col) 66 D3
Corno (R.) 65 E3
Cornouaille (Région) 39 A-B2
Cornouaille (I. de) 112 H2
Cornouailles (Plat. de) 53 B5
Cornwall 118 E1
Cornwall and Isles of Scilly (Comté) 54 B3 (7)
Coro 121 F3
Corocoro 124 B1
Coromandel (Côte de) 94 B-C3
Coronado (G. de) (G. de Nicoya) 121 D4
Coronation (I.) 1 G-F32
Coronel Oviedo 124 C2
Coropuna (Mt) 122 B4
Corovodë 71 B2
Corozal 120 D3
Corpus Christi 114 D4
Correggio 68 C2
Corrèze 42 B-C2
Corrèze (19) (Dépt) 23 C2
Corrèze (R.) 42 B2
Corrib (L[ough]) (L.) 50 A3
Corrientes 123 D5
Corrientes (C.) *(Arg.)* 123 D6
Corrientes (C.) *(Col.)* 121 E4
Corrientes (C.) *(Mex.)* 120 B2
Corry 118 D2
Corse (C.) 43 H1
Corse (I.) 43 G3
Corse (Rég. adm.) 23
Corse (Haute-) (2 B) (Dépt) 23 E1
Corse-du-Sud (2 A) (Dépt) 23 E2
Corsicana 114 D3
Corte 68 B3
Cortemaggiore 64 C-D3
Cortina d'Ampezzo 65 D-E2
Cortland 118 D-E2
Cortone 68 D3
Coruh (R.) 75 G2
Çorum 75 F2
Corumbá 122 D4
Corvallis 114 A2
Corvo (I.) 103 J1
Corwin 112 A3
Cosenza 69 F5
Coshocton 118 C2
Cosiguina (Mt) 120 D3
Cosne[-Cours-sur-Loire] 40 C3
Cossé[-le-Vivien] 39 C2-3
Cosson (R.) 40 B3
Costa Blanca (Côte) 72 C2
Costa Brava (Côte) 74 C2
Costa de Ahazar (Côte) 72 C2
Costa de la Luz (Côte) 72 B2
Costa del Sol (Côte) 72 B-C2
Costa Dorada (Côte) 72 D1
Costa Rica 110 D4
Costière (Région) 49 K-L2
Costière (Pl.) 43 D3
Costlebar 50 A3
Coswig 58 E4
Côte d'Azur (Provence-) (Rég. adm.) 23
Côte d'Ivoire (Rép. de) 103 A3
Côte-d'Or (21) (Dépt) 23 D2
Cotentin (P.) 39 C2
Côte[St-André] (La) 43 D2
Côtes d'Armor (22) (Dépt) 23 B1
Cotey (R.) 49 L2
Côtières (Chaînes) (Coast Ranges) *(Ca.)* 108 E1-2
Côtières (Chaînes) (Coast Ranges) *(US)* 108 E-F2-3
Cotonou 102 D5
Cotopaxi (Mt) 122 B3
Cotswold Hills (Mts) 53 C-D5-4
Cottbus 58 F4
Cottbus (District) 58
Coubre (Pte de la) 42 A2
Coubron 47 E2
Coucy[-le-Château] 41 C2
Coudekerque 45 C-D1
Coudersport 118 D2
Couëron 39 C3
Couesnon (R.) 39 C2
Couesque 34 C2
Couhé 42 B1
Couillet 57 C4
Coulommes 34 C1
Coulommiers 40 C2
Coulon (R.) 48 C3
Coulonge (R.) 118 D1
Council Bluffs 114 D2
Courantyne (R.) 122 D2
Courbevoie 47 C2
Courcelles[-Chaussy] 44 B2
Courcelles[-lès-Lens] 45 E3
Courchevel 64 B3
Cour-Cheverny 40 B3
Courmayeur 66 C4
Courneuve (La) 47 D2
Couronne (La) 42 A-B2
Couronne (La) (Mt) 121 M1
Couronne (C.) 43 D3
Couronné G[ran]d (Mts) 44 B3
Couronnement (G. du) 112 F-G3
Courpière 43 C2
Courrières 45 D3
Cours 43 D1
Coursan 42 C3
Courtenay 40 C2
Courtine[-le-Trucq] (La) 42 C2
Courtomer 46 B3
Courtrai (Kortrijk) 45 E2
Courtry 47 E2
Courville 46 D4
Couserans (Région) 42 B3
Cousin (R.) 41 C3
Coutances 39 C2
Coutras 42 A2
Couvin 56 C4
Couvrot 35 I1
Coveñas 121 E4
Coventry 53 D4
Covilhã 72 B1
Covington *(US, Ky)* 118 B3
Covington *(US, Va)* 118 C-D3
Cowan (L.) 127 B4
Cowansville 118 E1
Cowes 40 A1
Coxim 124 C1
Cox's Bazar 94 D2
Cozumel (I. de) 120 D2
Cracovie (Kraków) 76 C-D2
Crailsheim 59 C-D5
Craiova 77 D-E3
Crandon 118 A1
Crans 66 C3
Cransac 42 C2
Craon 40 A3
Crapaud (Puy) (Mt) 39 C3
Craponne 49 K2
Craponne[-sur-Arzon] 43 C-D2
Crater Lake (P.Nl) 114 A2
Crateus 122 E-F3
Crato 122 F3
Crau (Région) 48 B3
Crau (P[eti]te- (Région) 43 D3
Crau (La) 49 E4
Crawfordsville 118 B2-3
Crawley 55 F4
Crécy[-en-Ponthieu] 40 B1
Cree (L.) 114 C1
Creede 116 C3
Créhange 44 C2
Creil 46 F-G3
Crema 68 B2
Crémieu 43 D2
Crémieu (Ile) (Hauteurs) 43 D2
Cremona (Crémone) 64 D3
Crémone (Cremona) 64 D3
Crépy-en-Valois 46 G2
Cres 65 F3
Cres (I.) 65 F3
Crespin 45 F3
Cressier 34 D2
Crest 48 C1
Crète (Kriti) (I.) 71 C-D5
Crète (Mer de) 71 C-D4
Créteil 47 D3
Creus (C. de) 72 D1
Creuse (R.) 42 B1
Creuse (23) (Dépt) 23 C2
Creuse (P[eti]te) (R.) 42 B-C1
Creusot (Le) 41 D3
Creutzwald 44 C2
Crèvecoeur 46 F1
Crewe 53 C4
Creys - Malville 34 D2
Crianlarich 52 B2
Criciúma 124 D2
Crieff 52 C2
Crikvenica 65 F3
Crillon (C.) 98 E1
Crillon (Shirakami) (C.) 98 D-E2
Crimée 80 C4
Crimee (P. de) 87 B3
Cripple Creek 114 C3
Criș Blanc (R.) 76 D3
Crisfield 118 E3
Criș Noir (R.) 76 D3
Criș Rapide (R.) 76 D3
Cristais (Sa dos) 124 D1
Cristal (Mts de) 102 D-E5
Cristobal 122 H1
Črna Gora (Montenegro) 77 C4
Croatie (Rép. de) 65 F-G3-2
Croisette (C.) 43 D3
Croisic (Le) 39 B3
Croissy 47 B2
Croix 45 E2
Croix (C[ol] de la) 80 D4
C[roi]x-Haute (Col de la) 43 D2
Croix-Scaille (La) (Mt) 41 D2
Cromer 53 E4
Crosne 47 D3
Cross (C.) 107 A2
Cross (R.) 102 D5
Cross Fell (Mt) 52 C3
Crossy B[eaubourg] 47 F2
Crotone 69 F5
Crotoy (Le) 40 B1
Crow Creek (Rés. Ind.) 114 C2
Crow Creek Pass (Col) 113 G5
Crowsnest Pass (Col) 114 B2
Croydon 53 D5
Croze 34 C2
Crozet (Is) 3 L8
Crozon 39 A2
Cruas 49 M2
Cruden Bay 55 F2
Cruz (C.) 121 E3
Cruzeiro do Sul 122 B3
Cruz Grande 124 A2
Črvljivica planina (Mts) 65 G3
Crystal Falls 118 A1
Cuando (R.) 103 F7
Cuangar 107 A1
Cuango 106 F2
Cuango (Kwango) (R.) 103 E6
Cuba 107 C2
Cuba 110 D-E3
Cubango (R.) 103 E7
Cucui 121 F4
Cúcuta 121 E4
Cudahy 118 B2
Cuddalore 94 B3
Cuddapah 94 B3
Cue 127 A3
Cuenca *(E)* 72 C1
Cuenca *(Équ)* 122 B3
Cuenca (Sa de) 72 C1-2
Cuenza (R.) 103 E6-7
Cuernavaca 120 B-C3
Cuers 49 E4
Cuiabá 122 D4
Cuiaba (R.) 122 D4
Cuima 107 A1
Cuito (R.) 103 E7
Cuito C[uanavale] 107 A1
Cul-de-Sac Marin (G[ran]d) (G.) 121 M1
Culebra (Tranchée de la) 122 H1
Culemborg 56 D3
Culgoa (R.) 127 D3
Culiacán [Rosales] 114 C4
Cullinan 107 B2
Culloden 52 B-C2
Culoz 66 A4
Culpeper 118 D3
Cumaná 121 F3
Cumberland 118 D3
Cumberland (Be de) 112 K3
Cumberland (Mts du) 52 C3
Cumberland (P.) 112 K3
Cumberland (R.) 115 E3
Cumbre (Col de la) 123 C6
Cumbria (Comté) 54 C2(8)
Cumbum 94 B3
Cunene (R.) 103 E7
Cuneo (Coni) 43 E2
Cunnamulla 127 D3
Cupar 52 C2
Cupello 70 C2
Curaçao (I.) 121 F3
Curbans 34 D2
Curcubăta (Mt) 75 E2
Cure (R.) 41 C3
Curiapo 121 F4
Curico 124 A3
Curitiba 123 D-E5
Curtis (I.) *(Austral.)* 127 E3
Curtis (I.) *(Kermadec)* 125 D5
Curutú (Mt) 121 F4
Cusset *(Fr. Allier)* 43 C1
Cusset *(Fr. Rhône)* 49 M1
Cutler 117 E2
Cuttack 94 C2
Cuxhaven 58 C3
Cuyahoga Falls 118 C2
Cuyuna Ra[nge] 116 D2
Cuyuni (R.) 121 F4
Cuzco 122 B4
Cyclades (Is) 71 D4
Cynthiana 118 B3
Cypress Hills (Coll.) 114 B-C2
Cyrénaïque (Région) 102 F2
Cysoing 45 E2
Cythère (Kythira) (I.) 77 D5
Czestochowa 76 C2

D

Daan 96 C1
Daba Shan (Mts) 96 A-B2
Dabo 44 D3
Dachan (Ras) (Mt) 102 G4
Dachau 59 D5
Dachava 78 E2
Dachstein (Mt) 76 B3
Dades (O.) 104 B3
Dadianjan (Mts) 98 C2
Dadou (R.) 42 C3
Dadra and Nagar Haveli 94 F2
Dadu 94 A2
Daghestan (Rép. aut. de) 86 (I-4)
Dahar (Région) 105 F2
Dahlak (Is) 102 G-H4
Dahme (R.) 58 E3
Dahn 44 E2
Dahna (Désert) 75 G4
Dahomey (act. Bénin) 103 B3
Dahra (Mts) 105 D1
Dahrar (Mts) 74 D3
Daïa (Mts de) 104 C-D2
Daio (C.) 99 D4
Daisen (Mt) 99 C4
Daito (Is) 93 I3
Daito (Is) (Is Borodino) 96 D3
Dakar 102 B4
Dakhla *(Ég.)* 102 F3
Dakhla *(Maroc)* 102 B3
Dakota (North) (État) 114 C-D2
Dakota (South) (État) 114 C-D2
Dakovo 68 G2
Dalai Nur (L.) 96 B1
Dal Ä[lv] (R.) 62 C3
Dalaman (R.) 71 F4
Dalan Dzadagad 96 A1
Dalarne (Région) 62 B3
Dalat 93 F4
Dalbandin 91 G3
Dalen 51 E-F2
Dali 96 A2
Dallas 114 D3
Dalli-Rajhara 95 C2
Dallol 91 E4
Dalmatie (Région) 68 E-F2-3
Dalmianagar 95 C2
Dalnegorsk 98 C-D1
Daloa 102 C5
Dalou Shan (Mts) 96 A3
Daltonganj 94 C2
Daly (R.) 127 C2
Daly Waters 127 C2
Dam 122 D2
Daman (Damao) 94 B2
Damanhûr 75 E-F3
Damao (Daman) 94 B2
Damara (Mts) 103 E7-8
Damas 75 F3
Dambach 44 E2
Dambach[-la-Ville] 44 D4
Damiette 90 D2
Damites 107 A2
Dammarie 46 G3
Dammartin 46 G2
Dammastock (Mt) 66 D3
Damodar (R.) 92 D3
Damoh 94 B2
Dampier 127 A3
Dampierre *(Fr. Loiret)* 34 C2
Dampierre *(Fr. Yvelines)* 47 A3
Damprichard 66 B2
Damville 46 D3
Dan 55 H3
Danakil (Région) 91 E4
Da Nang (Tourane) 93 F4
Danbury 118 E2
Dandong 96 C1
Danemark 22 E-F3
Danemark (Détr. du) 1 C33-35
Danjoutin 44 C5
Dankhar 94 B1
Dannemarie 44 D5
Dannemora 63 C3
Dannenberg 58 D3
Danube (Donau) (R.) 18 F4
Danville *(US, Ill.)* 115 E2-3
Danville *(US, Ky)* 118 B3
Danville *(US, Va)* 115 E-F3
Danzig (Gdańsk) 76 C1
Danzig (Be de) 76 C1
Daone 66 F4
Daoura (O.) 104 B3
Daourat (Barr.) 104 A2
Daphnae 103 O2
Daqing 85 O5
Darbhanga 94 C2
Dardanelles (Détr.) 71 E3-2
Dardjilling 94 C2
Dar el Beida (Casablanca) 104 A-B2
Dar es Salaam 103 G-H6
Darfo 67 D3
Darfour (Région) 102 F4
Daria-i-Nimak (Étg) 82 F6
Darien 122 H1
Darién (G. de) 121 E4
Darien (Serrania del) (Mts) 121 E4
Darj 90 B2
Darkhan 83 K5
Darling (R.) 127 D4
Darling Ra. 127 A3-4
Darlington 52 D3
Darmstadt 60 D4
Darnah (Région) 75 E3
Darnêtal 46 D2
Darney 44 A-B4
Dart (R.) 53 C5
Dartmoor (Région) 53 B-C5
Dartmouth *(Ca.)* 115 G2
Dartmouth *(RU)* 53 C5
Daru 127 D1
Darvaza 84 H5
Darwin 127 C2
Dasht i Kewir (G[ran]d Désert Salé) 75 H3
Dasht i Lut (Désert de Lut) 91 F2
Dasht-i-Margo 92 B2
Daspur (Désert) 94 C2
Datça 71 E4
Date 98 E2
Datia 94 B2
Datong 96 B1
Datong (R.) 96 A2
Datteln 60 C2
Datu (Be de) 93 G5
Datu (C.) 93 F5
Daud-Khel 95 B1
Daugavpils 62 E4
Daun 60 B3
Dauphin 114 C1
Dauphiné (Région) 43 D2
Dauphiné (Bas-) (Région) 43 C2
Davangere 94 B3
Davao 93 H5
Davenport 115 D-E2
David *(It.)* 70 C2
David *(Pan.)* 121 D4
Davis (Station polaire) 1 F8
Davis (Détr. de) 112 L3
Davis (Mts) 114 C3
Davos 66 E3
Dawâsir (W. ad) 102 H3
Dawson 112 D3
Dawson Creek 112 E-F4
Dax 42 A3
Daxian 96 A2
Dayr az Zawr 75 G3
Dayton 118 B-C3
Daytona Beach 115 E-F4
Dayu 96 B3
De Aar 103 F9
Deal 53 E5
Dean Funes 124 B3
Dearborn 118 C2
Dease (Détr. de) 112 G3
Dease Lake 112 D4
Death Valley (Val) 114 B3
Death Valley National Monument 114 B3
Deauville 46 A-B2
Debar 71 B2
Debba 102 F-G4
Debdou 104 C2
De Bilt 56 D2
Dęblin 76 D2
Dębno 58 F3
Debo (L.) 102 C4
Debrecen 76 D3
Debre Markos 102 G4-5
Decatur *(US, Ill.)* 115 E3
Decatur *(US, Ind.)* 118 B2
Decazeville 42 C2
Dechy 45 E3
Děčín 51 G4
Décines 49 K-L2
Decize 41 C3
De Cocksdorp 56 C1
Découverte (Mt de la G[ran]de) 121 M1
Dedemsvaart 56 E2
Dee (R.) *RU, Clwyd)* 53 C4
Dee (R.) *(RU, Dumfries)* 52 B3
Dee (R.) *(RU, Grampian)* 52 C2
Defiance 118 B2
Deggendorf 59 E5
De Haan (Le Coq) 56 B3
Dehra Dun 92 C2
Deinze 45 E-F1-2
Deir el Balah 90 H3
Deister (Mts) 60 E1
Dej 76 D3
Dejnev (C.) 83 S-T3
Dekan (Plat.) 94 B-C2-3
Dekemhare 91 D4
Dekese 106 H2
Delagoa (Be) 103 G8
Delano (P[ic]) 113 F6
Delaware 118 C2
Delaware (Be de la) 115 F3
Delaware (État) 115 F3
Delaware (Réservoir) 118 C2
Delaware (R.) 118 E2
Delaware City 119 E3
Delbrück 60 D2
De Lemmer 56 D2
Delémont 66 C2
Delfoi 71 C3
Delft 56 C2-3
Delfzijl 56 E1
Delgado (C.) 103 H7
Delgo 90 D3-4
Delhi *(Inde)* 94 B2
Delhi *(US)* 118 E2
Delhi (État) 94 F2
Delicias 120 B2
Delitzsch 58 E4
Delle 44 D5
Dellys 72 D-E2
Delme 44 B3
Delmenhorst 58 C3
Delnice 65 F3
De Long (Détr.) 83 R-S2-3
De Long (Is) 83 P-Q2
Delos 71 D4
Delos (I.) 77 E5
Delphes ((Delphi)) 77 D5
Delphi (Delphes) 71 C3
Del Rio 114 C4
Delvinakion 71 B3
Demanda (Sa de la) 72 C1
Demavend (Mt) 75 H3
Demer (R.) 56 C4-3
Deming 114 C3
Demirci 71 F3
Demir Kapija 71 C2
Demirköy 71 E-F2
Demmin 58 E3
Dempo (Mt) 93 F6
Denain 45 E3
Denbigh 53 C4
Dendermonde (Termonde) 45 F-G1
Dendre (R.) 45 F-G2
Deng-Deng 106 D2
Den Helder (Le Helder) 56 C2

Den Hoorn 56 C1
Denia 72 D2
Denizli 71 F4
Den Oever 56 C-D2
Denpasar 93 G6
Denver 114 C3
Deogarh 94 C2
Déols 40 B3
De Panne (La Panne) 56 A3
De Pere 118 A-B1
Depue 117 E2
Depósito 120 I2
Deputatski 85 P-Q3
Der (L. du) 41 D2
Dera Bugti 94 A2
Dera Ghazi-Khan 94 A-B1
Dera Ismail Khan 94 B1
Derbent 80 D4
Derby *(Austral.)* 127 B2
Derby *(RU)* 53 D4
Derbyshire (Comté) 54 C2 (9)
Derdj 105 I1
Dergh (L[ough]) (L.) 50 A3
Déroute (Passage de la) (Détr.) 39 B-C2
Derry 118 F2
Derudeb 90 D4
Derval 39 C3
Derwent (R.) *(RU, Derbyshire)* 53 D4
Derwent (R.) *(RU, N.Yorkshire)* 52 D3
Désappointement (L. du) 127 B3
Descartes (anc. La Haye - Descartes) 40 B3
Deschaillons 118 E-F1
Desé 102 G-H4
Deseado (R.) 123 C7
Desenzano[del Garda] 64 D3
Désirade (La) (I.) 121 N1
Des Moines 114 D2
Des Moines (R.) 114 D2
Desna (R.) 80 C3
Desolación (I.) 123 B8
Despeñaperros (Défilé) 72 C2
Despotovac 79 D3
Dessau 58 E4
Dessoubre (R.) 66 B2
Desvres 40 B1
Detmold 60 D-E2
Detmold (District) 58
Detour (Pte) 118 B1
Detroit 118 C2
Dettifoss (Geyser) 62 I1
Detwiller 44 D3
Deuil 47 C2
Deule (R.) 45 D2
Deurne 56 D3
D[eutsch]-Landsberg 65 F2
Deux Alpes (Les) 38 G1
Deux-Ponts (Zweibrücken) 59 B5
Deux-Sèvres (79) (Dépt) 23 B2
Deva 76 D3
Develboynu (C.) 71 E4
Deventer 60 A-B1
Deveron (R.) 52 C2
Devès (Mts) 43 C2
Déville 46 C-D2
Devil's Hole (Trou du Diable) 55 G2
Devodi (Mt) 94 C3
Devoll (R.) 71 B2
Dévoluy (Mt) 43 D2
Devon (Comté) 54 C3 (10)
Devon (I.) 112 H-I2
Devonport 53 B-C5
Dezful 75 G3
Dezhou 96 B2
Dhahrân 75 G4
Dhaka 94 G-H2
Dhanbad 94 C2
Dhankuta 94 C2
Dhaulagiri (Mt) 94 C2
Dhera Dun 94 B1
Dheune (R.) 41 D3
Dholpur 94 B2
Dhubri 94 C-D2
Dhulia 94 B2
Dhulian 95 B1
Día (I.) 71 D5
Diable (I. du) 122 D2
Diablerets (Mt) 66 C3
Diakopton 71 C3
Diakovica 77 D4
Diamant (Rocher du) (I.) 121 K2
Diamantina 122 E4
Diamantina (R.) 127 D3
Diamantino 122 D4
Diano Marina 67 C4
Diavata 71 C2
Dibrugarh 92 E3
Dickinson 114 C2
Dickson 82 I2
Dicle (Tigre) (R.) 75 G3
Didbiran 85 P4
Didicas (Mt) 93 H4
Didyma 71 E4
Die 48 C1
Dieburg 60 D4
Diège (R.) 42 C2
Diego Garcia (Atoll) 92 C6
Diego Suarez (Antsiranana) 103 H7
Diekirch 60 B4
Diemel (R.) 60 D2
Diepholz 58 C3
Dieppe 40 B2
Dieren 56 E2
Die Senne (Région) 60 D2
Diest 56 D4
Dietikon 66 D2
Dieulefit 48 C1
Dieulouard 44 A-B3
Dieuze 44 C3
Dievenow (R.) 58 F3
Die Ville (Coll.) 60 B3
Diffah (Région) 75 E3
Differdange 56 D-E5
Digari 95 A2
Digboi 89 E3
Digne 49 E2
Digny 46 D3
Digoin 41 C3
Digul (R.) 127 C-D1
Dihang (Brahmapoutre) (R.) 92 E3
Dijon 41 D3
Dikili 71 E3
Diksmuide (Dixmude) 56 A3
Dili 93 H6
Dillenburg 60 D3
Dilling 90 C4
Dillingen *(RFA, Bavière)* 59 D5
Dillingen *(RFA, Sarre)* 44 C2
Dilolo 103 F7
Dimitrovgrad *(Bulg.)* 71 D1
Dimitrovgrad *(Russie)* 80 D-E3
Dimitsana 71 B-C4
Dimona 90 H-I3
Dimotika 71 E2
Dinajpur 94 C2
Dinan 39 B2
Dinant 56 C-D4
Dinara (Alpes Dinariques) (Mts) 65 G3-4
Dinara (Mt) 65 G3
Dinard 39 B2
Dinariques (Alpes) (Dinara) (Mts) 74 D2
Dindigul 94 B3
Dingle (Be de) 50 A3
Dingolfing 59 E5
Dingwall 52 B2
Dinkel (R.) 60 B-C1
Dinkelsbühl 59 D5
Dinosaur N[ational] M[onument] 114 C2
Dinslaken 60 B2
Diois (Région) 48 C1
Diomède (Is) 83 T3
Dionysiades (Is) 71 E5
Diourbel 102 B4
Dire Dawa 102 H4
Dirranbandi 127 D3
Disentis 66 D3
Disgrazia (Mte) 66 E3
Disko (I.) 112 L3
Dispur 94 H2
Dithmarschen (Région) 58 C2
Diu 94 B2
Dive (R.) 39 C3
Dives (R.) 39 C2
Dives[sur-Mer] 40 A2
Dividing Ra. (Great) (Cord. australienne) 127 D-E2-3
Divinópolis 124 D2
Divion 45 C3
Divonne [-les-Bains] 38 D2
Divriği 89 B2-3
Diwâniyah 75 G3
Dixence (G[ran]de) (L.) 66 C3
Dixmude (Diksmuide) 56 A3
Diyarbakir 75 F-G3
Dja (R.) 102 E5
Djado 102 E2
Djafou (O.) 105 D3
Djailolo (Halmahera) (I.) 93 H-I5
Djakarta (anc. Batavia) 93 F6
Djalalabad 94 B1
Djamaa 105 E2
Djambala 102 E6
Djambi 93 F6
Djamboul 82 H5
Djanet 102 D3
Djarkak 91 G2
Djatibarang 89 L1
Djawa (Java) (I.) 93 F-G6
Djebakiri-Khaïa 85 P3
Dj[ebel] Dhannah 91 F3
Djebel Ghorabi 90 C3
Djebilet (Mts) 104 A-B2
Djedda (Jiddah) 91 D3
Djedi (O.) 105 E2
Djeffara (Région) 105 F2
Djelam (R.) 92 C2
Djelfa 105 D2
Djember 89 M2
Djemmal 69 C7
Djerada 74 B3
Djerba (I.) 105 F2
Djerid (Chott) 74 C3
Djerissa (Dj.) 105 F2
Djetygara 82 G4
Djezkazgan 82 G5
Djibouti 102 H4
Djibouti 102 D3
Djidjelli (act. Jijel) 105 E1
Djikindé 85 O4
Djinta 89 L1
Djofra (Oasis) 74 D4
Djougdjour (Mts) 83 N-O4
Djoulfa 81 D5
Djurdjura (Dj.) 105 D-E1
Djuwana 89 M1
Dmitri Laptev (Détr. de) 83 N-O2
Dniepr (R.) 18 H3
Dniepr-Boug (Cl) 76 E1-2
Dnieprodzerzinsk 80 C4 (1)
Dniepropetrovsk 75 F2
Dniestr (R.) 18 G4
Dobbiaco (Toblach) 59 E5
Döbeln 59 E4
Doboj 68 G2
Dobrogea (Dobroudja) (Région) 76-77 E-F4-3
Dobroudja (Dobrogea) (Région) 76-77 E-F4-3
Doce (R.) 122 E-F4
Dodabetta (Mt) 94 B3
Dodécanèse (Is) 71 E4-5
Dodewaard 57 D3
Dodge City 114 C-D3
Dodoma 103 G6
Dodona 71 B3
Doel 57 C3
Doesburg 60 B1
Doetinchem 60 B2
Dogger Bank (Hauts-fonds) 51 D-E3
Dogo (I.) 99 C3
Doğubayazit 91 E2
Doha 102 I3
Dohad 94 B2
Doire Baltée (R.) 66 C4
Doire de Rhèmes (R.) 66 C4
Doire Ripaire (R.) 43 E2
Dojran 71 C2
Dojran (L. de) 71 C2
Dol (Marais de) (Région) 39 C2
Dol[-de-Bretagne] 39 C2
Dôle 66 A2
Dolgellau 53 C4
Dolinsk 83 O5
Dollart (Be) 56 F1
Doller (R.) 44 D5
Dolo 102 H5
Dolomites (Alpes Dolomitiques) (Mts) 65 D-E2
Dolomitiques (Alpes Dolomites) (Mts) 65 D-E2
Dolorès *(Arg., Córdoba)* 123 C6
Dolorès *(Arg., Buenos Aires)* 124 C3
Dom (Mt) 66 C3
Domažlice 59 E5
Dombas 62 A-B3
Dombasle[sur-Meurthe] 41 E2
Dombes (Région) 49 K-L2
Dombovár 68 F-G1
Domburg 56 B3
Dôme (Puy de) (Mt) 42 C2
Domérat 42 C1
Domeyko 124 A2
Domfront 39 C2
Dominica (Dominique) (I.) 121 F3
Dom[inicaine] (Rép.) 111 M2
Dominique 111 M-N2
Dominique (Dominica) (I.) 121 F3
Dominique (Pass[age] de) (Détr.) 121 F3
Dömitz 58 D3
Domme 42 B2
Dommel (R.) 56 D3
Domnarvet 63 C3
Domnitsa 71 B-C3
Domodossola 66 D3
Domokos 71 C3
Domont 47 C1
Dompaire 44 B4
Dompierre 41 C3
Domrémy[-la-Pucelle] 41 D2
Domuyo (Mt) 123 B6
Don (R.) *(Fr.)* 39 C3
Don (R.) *(RU, Grampian)* 52 C2
Don (R.) *(RU, South Yorkshire)* 53 D4
Don (R.) *(Russie)* 80 C3
Donaghadee 52 B3
Donau (Danube) (R.) 18 F4
Donaueschingen 66 D1-2
Donaumoos (Région) 59 D5
Donauried (Région) 59 D5
Donauwörth 59 D5
Donbas (Région) 80 C4
Don Benito 72 B2
Doncaster 53 D4
Dondo 106 G2
Dondra Head (C.) 94 C4
Donegal (Be de) 50 A3
Donetsk 80 C4
Donetz (R.) 80 C4
Dongara 127 A3
Dongchuan 93 F3
Donges 39 B-C3
Dongguan 97 B3
Dongning 98 B1
Dongola 102 F-G4
Dongting (L.) 96 B3
Dönna (I.) 62 B2
Donner P[ass] (Col) 114 A3
Donnersberg (Mt) 60 C4
Donon (Mt) 44 D3
Donzère 48 B2
Donzy 40 C3
Doorn 56 D2
Doornik (Tournai) 45 E2
Dorat (Le) 42 B1
Dorchester 53 C5
Dordogne (R.) 42 A-B2
Dordogne (24) (Dépt) 23 C2
Dordrecht 56 C3
Dore (R.) 43 C2
Doré (L.) 114 C1
Dore (Mts) 42 C2
Dorgali 69 B4
Dori 102 C-D4
Dormagen 60 B2
Dornbirn 66 E2
Dornoch 52 B2
Dornoch Firth (Be) 52 C2-1
Doron[de Bozel] (R.) 43 E2
Dorowa 107 C1
Dorset (Comté) 54 C3(11)
Dorsten 60 B2
Dortmund 60 C2
Dortmund-Ems (Cl) 58 B3
Dortyol 90 D2
Doshi 94 A1
Dospat 71 D2
Dothan 115 E3
Dotty 55 G3
Douai 45 E3
Douala 102 D5
Douarnenez 39 A2
Douarnenez (Be de) 39 A2
Double (Région) 42 A-B2
Doubna 81 C3
Doubno 76 E2
Doubs (R.) 41 E3
Doubs (Saut du) (Barr.) 66 B2
Doubs (25) (Dépt) 23 D2
Douchanbé (anc. Stalinabad) 82 G6
Doudeville 46 C1
Doudinka 82 I3
Doué[-la-Fontaine] 40 A3
Douglas *(RU)* 52 B3
Douglas *(US)* 113 F-G6
Doukla (C[ol] de) 76 D2
Doullens 45 C3
Dounai 98 C2
Doundaga 62 D4
Dour 45 F3
Dourados 123 D5
Dourbie (R.) 42 C2
Dourdan 46 E-F3
Dourges 45 D3
Douro (Prov.) 72 A1
Douro (Duero) (R.) 18 D4
Douvaine 66 B3
Douve (R.) 39 C2
Douvres 40 B1
Douvrin 45 D2
Doux (R.) 43 D2
Douze (R.) 42 A-B3
Dove (R.) 53 D4
Dove Creek 116 C3
Dover *(US, Del.)* 118 E3
Dover *(US, N.H.)* 118 F2
Dovey (R.) 53 C4
Dovrefjell (Mts) 62 A3
Dowagiac 118 B2
Down (Comté) 54 B2(3)
Downpatrick 52 B3
Downs (North) (Coll.) 53 D-E5
Downs (South) (Coll.) 53 D5
Dozen (I.) 99 C3
Draa (Hamada du) 102 C3
Draa (O.) 104 B3
Drac (R.) 43 D2
Drachten 56 E1
Draguignan 49 E-F3
Drake (Détr. de) 2 F-G9-8
Drakensberg (Mts) 103 F-G9-8
Drama 71 D2
Drammen 51 F2
Drance (R.) 66 C3
Drancy 47 D2
Drangajökull (Mt) 62 H1
Dranse (R.) 66 B3
Drau (Drave, Dráva) (R.) 59 E6
Dráva (Drave, Drau) (R.) 76 C3
Drave (Dráva, Drau) (R.) 76 C3
Draveil 47 D3
Drente (Prov.) 56
Drepanon (C.) 71 C-D3
Dresde (Dresden) 59 E-F4
Dresde (District) 58
Dresden (Dresde) 59 E-F4
Dreux 46 D3
Drina (R.) *(YS)* 77 C3
Drin blanc (R.) 77 D4
Drin noir (R.) 77 D4
Drniš 70 D2
Dröbak 51 F2
[Drobeta-]Turnu Severin 77 D3
Drogheda (Droichead Atha) 53 A4
Drogobytch 76 D-E2
Droichead Atha (Drogheda) 53 A4
Drome (R.) *(Fr., Bessin)* 40 A2
Drôme (R.) *(Fr., Alpes)* 43 D2
Drôme (26) (Dépt) 23 D2
Dronne (R.) 42 B2
Dronten 56 D2
Dropt (R.) 42 A-B2
Drosh 95 B1
Droujba *(Bulg.)* 79 F4
Droujba *(Russie)* 82 I5
Droujina 83 O3
Drulingen 44 D3
Drumheller 114 B1
Drummond (I.) 118 C1
Drummondville 118 E-F1
Drumont (G[ran]d) (Mt) 44 C-D5
Drush 95 B1
Druskinkai 78 E1
Drvar 65 G3
Drweca (R.) 76 C1
Drygalski (I.) 1 F10
Dry Tortugas (Is) 121 D2
Dubai 91 F3
Dubawnt (L.) 112 G3
Dubawnt (R.) 112 G3
Dubbo 127 D4
Dübener Heide (Landes) 58 E4
Dubica 65 G3
Dublin (Baile Átha Cliath) 53 A4
Du Bois 118 D2
Dubrovnik (Raguse) 68 F-G3
Dubuque 115 D2
Duchcov 59 E-F3
Duchess 126 D3
Ducie (I.) 125 F5
Duclair 46 C2
Ducos 121 L1
Dudelange (Dudelingen) 56 E5
Dudelingen (Dudelange) 56 E5
Duderstadt 59 C-D4
Dudley 53 C4
Dudweiler 60 C4
Duenray 55 F2
Duero (Douro) (R.) 18 D4
Dufour (Pic) 66 C4
Dugi Otok (Is) 68 E2-3
Dugny 47 D2
Dugo Selo 70 D1
Duisbourg 60 B2
Duitama 120 H2
Dukhan 91 F3
Dulauan 93 H5
Dülken 60 B2
Dülmen 60 C2
Duluth 114 D2
Dumaguete 93 H5
Dumfries 52 C3
Dumfries and Galloway (Comté) 54 C2 (3)
Dümmer (L.) 58 C3
Dumoine (R.) 118 D1
Dumont d'Urville (Station polaire) 1 F14
Duenreay 55 E-F2
Dunaföldvar 76 C3
Dunajec (R.) 76 D2
Dunaújváros 68 G1
Dunbar *(RU)* 52 C3
Dunbar *(US)* 118 C3
Dunbarton 52 B3
Dunblane 52 B-C2
Duncansby (C.) 52 G2
Dundalk (Dun Dealgan) *(RU)* 52 A3-4
Dundalk *(US)* 118 D-E3
Dundalk (Be de) 53 A-B4
Dundas 118 D2
Dun Dealgan (Dundalk) 52 A3-4
Dundee *(RU)* 52 C2
Dundee *(S.Afr.)* 107 C2
Dunderland 63 B2
Dundrum (Be de) 52 B3
Dunedin 127 G2
Dungannon 52 A3
Dunfermline 52 C2
Dungarpur 94 B2
Dungeness 55 G4
Dungeness (C.) *(Arg.)* 123 C8
Dungeness (C.) *(RU)* 40 B1
Dunhua 98 B2
Dunkerque 45 C1
Dunkirk 118 D2
Dun Laoghaire 53 A-B4
Dunmore 118 E2
Dunmore (C.) 50 A3
Dünnern (R.) 66 C2
Duns 52 C3
Dun[-sur-Auron] 40 C3
Duolun 96 B1
Duque de Caxias 123 E5 (1)
Duquesne 118 D2
Durance (R.) 43 D-E2
Durand 118 C2
Durango 72 C1
Durango (État) 120 B2
Durango ([Victoria de]) 120 B2
Durazno 124 C3
Durban 103 G9
Durbion (R.) 44 B-C4
Durbuy 56 D4
Düren 60 B3
Durg 94 C2
Durgapur 94 C2
Durham *(RU)* 52 D3
Durham *(US)* 115 F3
Durham (Comté) 54 C2(12)
Durmitor (Mt) 77 C4
Dürrës 74 D2
Dursunbey 71 F3
Durtal 39 C3
Dushan 96 A3
Düsseldorf 60 B2
Duyun 96 A3
Dvarka 94 A2
Dvina (Be de la) 80 C2
Dvina de l'Ouest (R.) 80 B3
Dvina du Nord (R.) 80 D2
Dyfed (Comté) 54 B2 (2)
Dyle (R.) 56 C4
Dzamyn-Oude 96 B1
Dzerjinsk 80 D3
Dzoungarie (Région) 87 E3
Dzoun Mod 85 M5
Dzun Bulak 85 N5

E

Eagle (Mts) 116 B3
Eagle Pass 114 C-D4
Ealing 53 D5
Earn (R.) 52 C2
East Anglia (Région) 53 E4
East Anglian Heights (Mts) 53 D-E5-4
East Angus 118 F1
Eastbourne 40 B1
East Broughton St[atio]n 119 F1
E[ast] Chicago 118 B2
Easter Island (I. de Pâques) 125 G5
East Fork (R.) 118 B3
East Kilbride 55 F3
E[ast] Liverpool 118 C2
East London 103 F-G9
Eastmain 115 F1
Eastmain (R.) 115 F1
Easton *(US, Md)* 118 D-E3
Easton *(US, Pa)* 118 E2
East Point (C.) 115 G2
East Retford 53 D4
E[ast] St Louis 115 D-E3
East Sussex (Comté) 54 D3(13)
Eaton 118 B3
Eaton Rapids 118 B2
Eau (G[ran]d Crêt d') (Mt) 43 D1
Eaubonne 47 C2
Eau Claire 115 D2
Eau Claire (L. à l') 112 J4
[Eau d'] Heure (R.) 56 C4
Eaux-Bonnes 42 A3
Eauze 42 B3
Ebbegeb[irge] (Mts) 60 C2
Ebbw Vale 53 C5
Ebeltoft 58 D1
Ebensee 65 E-F2
Eberbach 60 D-E4
Eberswalde 58 E3
Ebingen 59 C5
Ebi Nor (L.) 82 I5
Eboli 69 E4
Èbre (Ebro) (R.) 72 C1
Ebro (Èbre) (R.) 72 C1
Ecarpière (L') 34 B2
Eccica (Pte d') 43 G3
Eceabat 71 E2
Échaillon 34 D2
Echassières 35 H2
Echo Bay 112 F3
Echt 60 A2
Echternach 60 B4
Echuca 127 D4
Écija 72 B2
Eckbolsheim 44 E3
Eckernförde 58 C2
Eckmühl (Phare) 37 A2
Écommoy 40 B3
Ecos 46 E2
Écosse (Scotland) 54 B-C1-2
Écosse (N[ouve]lle) (Nova Scotia) (Prov.) 108 H2
Écouen 47 D1
Écouis 46 D2
Écouves (Forêt d') 40 A-B2
Écrehou (I.) 39 B-C2
Écrins ([Barre des]) (Mt) 43 E2
Écrins (Les) (P.Nl) 38 D2
Ecuador (Équateur) 111 L-M3
Ecully 49 K2
Edam 56 D2
Eday (I.) 52 G2
Ed Damer 90 D4
Ed Dueim 102 G4
Eddystone Rocks (Is) 53 B5
Ed Dzong 94 D1
Ede 56 D2
Edéa 102 E5
Eden (R.) 52 C3
Edenkoben 60 D4
Eder (R.) 60 D2
Ederkopf (Mt) 60 D3
[Eder-]Talsperre (L.) 60 D-E2
Edessa 71 B-C2
Edfou 102 G3
Edge (I.) 82 C2
Edgemont 116 C2
Edimbourg (Edinburgh) 52 C3
Edinburgh (Edimbourg) 52 C3
Edingen (Enghien) 45 G2
Edirne (Andrinople) 77 E2
Edith Ronne (T.) 1 D29-33
Edjeleh 74 C4
Edmonton 114 B1
Edmundston 115 G2
Edolo 66 F3
Edough (Mts) 105 E1
Edremit 71 E3
Edremit (G. d') 71 E3
Edwards 117 F2
Edwards (Plat.) 120 B-C1
Eeklo 56 B3
Eel (R.) 118 B2
Eemshaven 61 B2
Eerbeck 60 A-B1
Efate (Vate) (I.) 125 C4
Eferding 59 E-F4
Eforie 77 F3
Efringen 44 E5
Egadi (Ægades) (Is) 69 C-D6-5
Eganville 118 D1
Egedesminde 112 L3
Égée (Mer) 71 D-E3-4
Eger *(Hong.)* 76 D3
Eger (Cheb) *(TS)* 59 E4
Eger (Ohře) 59 E-F4
Egersund 51 E2
Eggegeb[irge] (Mts) 60 D-E2
Égine (G. d') 71 C4
Egletons 42 B-C2
Eglisau 66 D2
Egmont (Mt) 127 G1
Egremont 55 F3
Eğridir gölü (L.) 75 F3
Eğriğöz daği (Mt) 71 F3
Eguilles (Mts) 48 C3
Éguzon 42 B1
Égypte 103 C2
Ehrenb[er]g[er] Klause (Col) 66 F2
Ehrenbreitstein 60 C3
Eiao (I.) 125 F4
Eibar 72 C1
Eichsfeld 59 C-D4
Eichstätt 65 D1
Eider (R.) 58 C2

Eiderstedt (P.) 58 C2
Eidsvoll 62 B3
Eifel (Région) 60 B-C3
Eifel (Hohe) (Mts) 60 B-C3
Eiffel (Tour) 47 C2
Eiger (Mt) 66 D3
Eigg (I.) 52 A2
Eights (Côte) 1 E29-27
Eights St[ati]on 1 E28
Eighty Miles Beach (Côte) 127 A-B2
Eil 102 H-I5
Eilat 90 H5
Eindhoven 56 D3
Einsiedeln 66 D2
Ein Sokhna 90 D3
Eire (Rép. d'Irlande) 22 D3
Eiriksjökull (Mt) 62 H2
Eisden 60 A2
Eisenach 59 D4
Eisenerz 65 F2
Eisenhut (Mt) 59 E-F5
Eisenhüttenstadt 58 F3
Eisenstadt 65 G2
Eisleben 58 D4
Eitorf 60 C3
Ekeren 56 C3
Ekibastouz 82 H4
Ekimchan 85 P4
Eklara 95 B2
Ekofisk 55 G2
Ekwan (R.) 115 E1
El Aaiun 102 B3
El Abed 105 G1
El Adeb Larche 105 H2
El Affroun 105 D1
Elafonisi (I.) 71 C4
El Agreb 105 E3
El Aioun 104 C2
El Alamein 75 E3
El Araich (Larache) 74 B3
El Arba 105 D1
El Arich 75 F3
El Arrouch 105 E1
El Asnam 74 C3
Elasson 71 C3
Elaziğ 75 F3
Elbasan 71 A-B2
El Bayadh (anc. Géryville) 105 D2
Elbe (I.) 68 C3
Elbe (Labe) (R.) 18 F3
Elbert (Mt) 114 C3
Elbe-Lübeck (Cl de) 58 D3
Elbe-Seitenkanal (Cl) 58 D3
Elbeuf 46 C2
Elbing (Elblag) 76 C1
Elblag (Elbing) 76 C1
El Borma 105 F3
Elbourz (Mts) 75 G-H3
Elbrouz (Mt) 80 D4
Elbsandsteingeb[irge] (Mts) 59 F4
Elburg 56 D2
El Callao 121 F4
El Capitán (Mt) 120 B1
Elche 72 C2
Elda 72 C2
Elde (R.) 58 D-E3
Elden 60 A2
Eldfisk 55 G2
Eldikan 85 P3
El Diviso 122 B2
El Dorado *(Bol.)* 124 B1
El Dorado *(US)* 114 D3
El Dorado *(Venez.)* 121 F4
Eldoret 102 G5
El Eglab (Plat.) 104 B4
Elephant (I.) 1 F31
Elephant Butte (Rés[ervoir]) 114 C3
Elea 69 E4
Elektrostal 80 C3 (13)
El Escorial 72 B-C1
El Eulma (anc. St-Arnaud) 105 E1
Eleuthera (I.) 115 F4
Elevsis 71 C3
El Faiyum 75 E-F4
El Fasher 102 F4
El Ferrol 72 A1
El Gassi 105 E3
El Gedida 90 C3
El Gezirah (Région) 102 G4
El Gharadig 90 C2
El Ghor (Val) 90 I2-3
Elgin *(RU)* 52 C2
Elgin *(US)* 118 A-B2
El Giza (Guizeh) 75 E-F3
El Goléa 105 D3
Elgon (Mt) 102 G5
El Hajeb 104 B2
El Haouaria 69 C6
El Harrach 72 D2
Elisenvaara 62 E-F3
Elista 80 D4
Elizabeth 118 E2
Elizabeth (C.) 127 D5
Elizabethtown 118 B3
El Jadida (Mazagan) 104 A2
El Jem 105 F2
Elk 76 D1
El Kala (anc. La Calle) 105 F1
El Kantara 105 E2
El Kef 105 F1
El Khârga 102 F-G3
Elkhart 118 B2
El Khemis (anc. Affreville) 105 D1
El Khroub 105 E1
Elkins 118 D3
Elko 114 B2
Elkton 118 D-E3
El-Kuntilla 90 H5
El Laco 124 B2
Ellé (R.) 39 B2
Ellef Ringnes (I.) 112 G-H2
Ellesmere (T.) 1 A-B28-29
E[llesmere] P[ort] 55 F3
Ellewoutsdijk 56 B3
Ellice (Tuvalu) (Is) 125 C-D4
Elliot L[ake] 117 E2
Ellsworth (Haut-Plat. d') 1 E30-26
Ellsworth (Mts) 1 E-D27-28
Ellsworth St[ati]on (Station polaire) 1 E31-32
Elm 66 E3
Elm (Mts) 58 D3
El Mahalla el Kubra 90 D2
El Malah 104 C2
El Mansurah 75 F3
El Mecki 101 C3
El Menzaleh 103 N-O1
El Milia 105 E1
El Minya 75 F4
Elmira 118 D2
El Mouilek 104 C4
Elmshorn 58 C3
El Muglad 102 F-G4
Elne 42 C3
El Obeid 102 F-G4
Elorn (R.) 39 A2
Elotta 55 F2
El Oued 105 E2
Elouges 45 F3
Eloyes 44 C4
El Pao 122 C2
El Pardo 72 C1
El Paso 120 B1
El Qantara 103 O2
El-Qusaymah 90 H4
El Romeral 124 A2
El Salado 114 C4
El Salvador 124 B2
Elsdorf 56 E4
Elseneur (Helsingör) 51 F-G2
El Shatt 103 O3
[El] Sosneado 124 B3
Elst 56 D3
Elster Blanc (R.) 59 D-E4
Elstergebirge (Mts) 59 E4
Elster Noir (R.) 58 E4
El Suweis (Suez) 103 O3
El Teniente 124 A-B3
El Tigre 121 F4
El-Tîh (Région) 75 F3-4
El Tina 103 O1
El Tofo 124 A2
El Tûr 90 D3
El Turbio 111 H7
Eltville 60 D3
Eluru 94 C3
Elvas 72 B2
Elverum 63 B3
Elwood 118 B2
Ely *(RU)* 53 E4
Ely *(US)* 114 B3
Elyria 119 C2
Elz (R.) 41 E2
Elze 60 E1
Emba (R.) 80 E4
Embiez (Is des) 48 D4
Embrun 43 E2
Emden 56 F1
Émerainville 47 E3
Emerald 127 D3
Émeraude (Côte d') 38 B1
Emet 71 F3
Emgajet 105 I2
Emi Koussi (Mt) 102 E4
Émilie-Romagne (Rég. adm.) 68 I2 (5)
Emine (C.) 77 E-F4
Émirats Arabes [Unis] 86 C4
Emme (G[ran]de) (R.) 66 C3
Emme (P[eti]te) (R.) 66 D3
Emmeloord 56 D2
Emmen 56 E2
Emmendingen 66 C1
Emmental (Val) 66 C2-3
Emmerich 60 B2
Empoli 65 D4
Emponas 71 E-F4
Emporeion 71 D4
Emporium 118 D2
Ems (R.) 60 C1
Emsdetten 60 C1
Ems-Jade (Cl) 58 B3
Encarnación 123 D5
Enchastraye (Mt) 43 E2
Enclus (Mt de l') (Kluisberg) 45 E-F2
Encontrados 121 E4
Encruzilhada do Sul 124 C3
Endako 116 A1
Ende 93 H6
Enderbury (I.) 125 D4
Enderby (T. d') 1 E-F5-6
Endicott 118 D2
Endicott (Mts) 112 B3
Endingen 44 E4
Eneabba 126 A4
Enez 71 E2
Enfer (Pte d') 121 L2
Enfida 69 C6
Enfield 53 D5
Engadine (Basse-) (Val) 66 F3
Engadine (Haute-) (Val) 66 E-F3
Engaru 98 E1
En Gedi 90 I3
Engelberg 66 D3
Engels 80 D3
Engelsmangat (Détr.) 56 C1
En Gev 90 I2
Enggano (I.) 93 F6
Enghien (Edingen) *(Belg.)* 45 G2
Enghien *(Fr.)* 38 C1
England (Angleterre) 54 C2-3
English Bazar 94 C2
En Harod 90 I2
Enid 114 D3
Enid (Mt) 126 A3
Eniwetok (Atoll) 125 C3
Enkhuizen 56 D2
Enna 69 E6
En Nahud 102 F4
Ennedi (Mts) 102 F4
Ennis 50 A3
Enniscorthy 53 A4
Enniskillen 55 E3
Enns 65 F1
Enns (R.) 76 B3
Enontekio 62 D2
Enschede 60 B1
Ensdorf 44 C2
Ensenada 113 F6
Enshi 96 A2
Ensisheim 44 D5
Entebbe 102 G5
Entlebuch (Région) 66 C-D3-2
Entraygues[-sur-Truyère] 42 C2
Entrecasteaux (Récifs d') (Is Huon) 127 F2
Entrecasteaux (Is d') 127 E1-2
Entrecasteaux (Pte d') 127 A4
Entre-Deux-Mers (Région) 42 A2
Entremont (V[al] d') 66 C4
Entre Rios (Région) 124 C2-3
Enugu 102 D5
Envalira (C[ol] d') 42 B3
Enz (R.) 59 C5
Enza (R.) 64 D3
Eochaill 50 B4
Epanomé 71 C2
Epe 56 D2
Épernay 41 C2
Épernon 46 E3
Epfig 44 D4
Éphèse (Ephesos) 77 E5
Ephesos (Éphèse) 71 E4
Épidaure (Epidavros) 77 D5
Epidavros (Épidaure) 71 C4
Épinac[-les-Mines] 41 D3
Épinal 44 B-C4
Épinay-sous-Sénart 47 E3
Épinay[-sur-Orge] 47 C3
Épinay[-sur-Seine] 47 C2
Épire (Région) 71 B3
Episkopi 71 D5
Eppingen 60 D4
Epsom 53 D5
Epte (R.) 46 E1
Équateur (Ecuador) 111 L-M3
Éragny 47 B1
Erbach 60 D-E4
Erbeskopf (Mt) 60 C4
Erbil 75 G3
Erciyas dağı (Mt) 75 F3
Erdao Jiang (Erhtao Kiang) (R.) 96 C1
Erdébé (Plat. d') 90 C4
Erdek 71 E-F2
Erdek (G. d') 71 E2
Erden Tchagan 85 N5
Erdi (Région) 90 C4
Erdre (R.) 39 C3
Erebus (Mt) 1 E17-16
Erechim 124 C2
Ereğli *(Turq., Asie Centre-Sud)* 75 F3
Ereğli *(Turq., Asie Nord-Ouest)* 75 F2
Erenhot 96 B1
Eresos 71 D-E3
Erevan 80 D4
Erfoud 104 B3
Erft (R.) 60 B3
Erfurt 59 D4
Erfurt (District) 58
Ergene (R.) 71 E2
Ergheni (Mts) 80 D4
Ergun (Argoun) (R.) 83 L4-5
Erhtao Kiang (Erdao Jiang) (R.) 98 A2
Erie 118 C2
Erié (Cl) 115 F2
Erié (L.) 118 C2
Erimo (C.) 98 E2
Erkelenz 60 B2
Erlangen 59 D5
Ermelo *(PB)* 56 D2
Ermelo *(S.Afr.)* 107 C2
Ermenonville 46 G2
Ermioni 79 D5
Ermont 47 C2
Ernakulam 94 B3
Erne (L[ough]) (L.) 50 B3
Ernée 39 C2
Erode 94 B3
Erongo (Mt) 103 E8
Erpe 45 F2
Erquy 39 B2
Er Rif (Rif) (Mts) 104 B2
Errigal (Mt) 50 A3
Erromango (I.) 125 C4
Ersekë 71 B2
Erstein 44 E4
Erve (R.) 40 A2-3
Erymanthos (Mt) 71 B4
Érythrée (Région) 102 G-H4
Erzen (R.) 71 A2
Erzgebirge (Mts Métalliques) 74 D1
Erzincan 75 F-G3
Erzurum 75 G2
Esan (C.) 98 E2
Esashi *(Jap., Hokkaïdo Nord)* 98 E1
Esashi *(Jap., Hokkaïdo Sud)* 98 D-E2
Esbjerg 58 C2
Esbly 46 G3
Escalón 114 C4
Escanaba 118 B1
Escandorgue (Massif de l') 42 C3
Escarène (L') 49 G3
Escatrón 73 C1
Escaudain 45 E3
Escaudœuvres 45 E3
Escaut (R.) 45 E3
Escaut occidental (R.) 56 B3
Escaut oriental (R.) 56 B3
Escautpont 45 E-F3
Eschau (Barr.) 44 E3
Eschkopf (Mt) 60 C4
Esch-sur-Alzette 59 A-B5
Esch-s[ur-la]-S[ûre] 56 D5
Eschwege 59 C-D4
Eschweiler 60 B3
Esclaves (Côte des) 102 D5
Esclaves (G[ran]d L. des) 112 F3
Esclaves (P[eti]t L. des) 112 F4
Esclaves (R. des) 112 F3-4
Escravos 106 C2
Escuintla 120 C3
Ese-Khadja 85 P3
Esera (R.) 42 B3
Esfahan (anc. Ispahan) 75 H3
Eskilstuna 51 H2
Eskişehir 75 F3
Esla (R.) 72 B1
Eslöv 58 E2
Eşme 71 F3
Esmeraldas 121 H2
Esneux 60 A3
Espagne (España) 22 D5
Espalion 42 C2
España (Espagne) 22 D5
Espanola 119 C1
Espelkamp 60 D1
Esperança 124 B3
Esperance *(Austral.)* 127 B4
Esperance *(US)* 116 B3
Espierre (Cl de l') 45 E2
Espiguette (Pte de l') 43 C-D3
Espinhaço (Sa do) 122 E4
Espinouse (Mts de l') 42 C3
Espirito Santo (État) 122-123 E-F4-5
Espiritu Santo (I.) 125 C4
Espoo 62 D3
Espuña (Mt) 72 C2
Esquelbecq 45 C-D2
Es Salt 90 I2
Es Saouira (Mogador) 104 A3
Essarts (Les) 39 C3
Essen 59 B4
Essequibo (R.) 122 D2
Essex (Comté) 54 D3 (14)
Essey 44 B3
Esslingen 59 C5
Essonne (R.) 46 F3
Essonne (91) (Dépt) 23 C1
Est (C.) 127 G1
Est (Cl de l') 44 B4
Estaca de Vares (Pte) 72 B1
Estados (I. de los) 123 C8
Estaires 45 D2
Estaque (L') (Région) 48 C4
Estats (Pic d') 42 B3
Estella 72 C1
Esterel (Mts) 49 F3-4
Esterel (Corniche de l') 49 F4
Esterhazy 116 C1
Esternay 41 C2
Estéron (R.) 43 E3
Estevan 116 C2
Estonie (Rép. d') 86 (XV)
Estoril 72 A2
Estrada (La) 72 A1
Estrées-St-Denis 46 F-G2
Estrelha (Sa da) 72 A-B1
Estremadura (Prov.) 72 A2
Esztergom 76 C3
Etah 112 J-K2
Étain 41 D2
Étampes 46 F4
Étang-la-Ville (L') 47 B2
Étaples 45 A2
États-Unis [d' Amérique] (United States of America) 110 C-D2-3
Etawah 94 B2
Etawney (L.) 112 H4
Étel (Rivière d') (G.) 39 B3
Éthiopie 103 C-D3
Étival 44 C4
Etna (Mt) 69 E6
Étoile (Chaîne de l') 43 D3
Étoile (L') 45 C3
Etorofu (Iturup) (I.) 83 O5
Etosha Pan (Étg) 103 E7
Etosha Pan (Rés.) 107 A1
Etoumbi 106 G2
Etréchy 46 F4
Étrépagny 46 E2
Etretat 46 B1
Etrez 34 D2
Etropole 77 E4
Ettelbrück 60 B4
Etten 56 C3
Ettenheim 44 E4
Eu 45 A3
Eubée (Evvoia) (I.) 71 C-D3
Eubée (G. d') 71 C3
Eucla 127 B4
Euclid 118 C2
Euganéens (Mts) 65 D3
Eugene 114 A2
Eugenia (P[un]ta) (C. Sta Eugenia) 113 F7
Euonymos (I.) 71 D3
Eupatoria 80 C4
Eupen 60 A-B3
Euphrate (R.) 75 F3
Euphrate Occ[identa]l (R.) 75 F3
Euphrate Or[ienta]l (R.) 75 F-G3
Eure (R.) 40 B2
Eure (27) (Dépt) 23 C1
Eure-et-Loir (28) (Dépt) 23 C1
Eureka *(US, Calif.)* 114 A2
Eureka *(US, Nev.)* 114 B3
Europa (I.) 103 H8
Europabrücke (Pont de l'Europe) 67 D2
Europe 2-3 J-L3
Europe orientale (Pl. de l') 87 B-C3-2
Europe (Port de l') (Europabrücke) 67 D2
Europoort 56 B-C3
Euskirchen 60 B3
Euthe (Côte de l') (Hauteurs) 41 D3
Evans (L.) 115 F1
Evanston 118 B2
Evansville 115 E3
Évaux[-les-Bains] 42 C1
Evelyn (Mt) 127 C2
Evensk 85 R3
Everard (L.) 127 C4
Everest (Tschomolungma) (Mt) 94 C2
Everett 114 A2
Evergem 56 B3
Everglades (P.N.) 115 E4
Everton 120 J2
Evesham 53 D4
Évian [-les-Bains] 66 B3
Evisa 43 G2
Evje 51 E2
Évora 72 A-B2
Évreux 46 D2
Évron 39 C2
Evros (Mariça, Meriç) (R.) 71 E2
Evrótas (R.) 71 C4
Évry 46 F3
Evvoia (Eubée) (I.) 71 C-D3
Excideuil 42 B2
Exe (R.) 53 C5
Exeter *(RU)* 53 C5
Exeter *(US)* 118 F2
Exmoor (Région) 53 C5
Exmouth 53 C5
Exmouth (G. d') 127 A3
Extremadura (Rég. adm.) 72 B1-2
Exuma (G[ran]de) (I.) 121 E2
Exuma Sound (Détr.) 121 E2
Eyasi (L.) 106 I2
Eygurande 42 C2
Eyjafjördur (Be) 62 I1
Eylau (Bagrationovsk) 76 D1
Eymoutiers 42 B2
Eyre (L.) 127 C3
Eyre (P. d') 127 C4
Eyre Creek (R.) 127 C3
Eyrieux (R.) 48 B1
Eyvia (G[ran]d) (R.) 66 C4
Eyzies[-de-Tayac] (Les) 42 B2
Ézanville 47 D1
Ezgueret (O.) 102 D4
Ezine 71 E3
Ézy 46 D3

F

Faa 125 K1
Faaupo (C.) 125 K1
Fåborg 58 D2
Fabriano 68 D3
Faches 45 E3
Fachoda (Kodok) 102 G5
Facture 35 B2
Fada 102 F4
Faddeïev (I.) 83 O-P2
Fades (Viaduc des) 42 C2
Faenza 65 D3
Faeroe (Färöer, Faer Øerne) (Is) 18 D2
Faer Øerne (Faeroe, Färöer) (Is) 18 D2
Făgăraş 76 E3
Fagersta 63 C4
Fagne (Région) 56 C4
Fagnes (Hautes) (Région) 56 D-E4
Faguibine (L.) 102 C4
Fahl (O. el) 105 D-E3
Faial (I.) 103 J1
Faim (Steppes de la) 82 G-H5
Fair (I.) 52 H2
Fairbanks 112 C3
Fairmont 118 C3
Fais (Is) 125 A-B3
Faizabad *(Afghan.)* 94 B1
Faizabad *(Inde)* 94 C2
Fajou (I. à) 121 M1
Fakfak 93 I6
Fakse 58 E2
Fakse Bugt (Be) 58 E2
Falaise 39 C2
Falam 92 E3
Falcon (C.) 104 C2-1
Falcon (Rés[ervoir]) 120 C2
Falkenberg (Mt) 58 C-D3
Falkenberg 51 F-G2
Falkirk 52 C3
Falkland (Malouines) (Is) 123 C-D8
Falkonera (I.) 71 C4
Falköping 51 G2
Fall Line (Région) 115 E-F3
Fall River 118 F2
Falmouth *(RU)* 53 B5
Falmouth *(US)* 118 B3
Falmouth (Rés[ervoir]) 118 C3
False Bay (Be) 103 E9
Falso (C.) (C. San Lucas) 120 A-B2
Falster (I.) 58 D-E2
Falsterbo 58 E2
Falterona (Mte) 65 D4
Falun 62 C3
Famagusta 75 F3
Fameck 44 B2
Famenne (Région) 56 D4
Fango (R.) 43 G2
Fang Shan (Mts) 93 G2
Fangzheng 96 C-D1
Fanning (I.) 125 E3
Fanö (I.) 58 C2
Fano 65 E4
Fao 75 G4
Faone 125 K1
Faouët (Le) 39 B2
Faradofay (Fort Dauphin) 103 H8
Farafra 102 F3
Farah 92 B2
Farah Roud (R.) 92 B2
Farallon (P[un]ta) (Pte) 120 B3
Farasan (Is) 102 H4
Fare (La) 48 C3
Fareara (Pte) 125 K1
Farébersviller 44 C2
Farewell (C.) 112 M4
Fargo 114 D2
Faridabad 95 B2
Faridpur 95 C2
Farnborough 55 F4
Farnham 118 E1
Faro 72 A2
Faro (Rés.) 106 D2
Färö (I.) 62 C4
Färöer (Faeroe, Faer Øerne) (Is) 18 D2
Färöer (Fosse des) 55 E1
Faron (Mt) 48 D4
Farrukhabad 94 B-C2
Farsala 71 C3
Farsund 51 E2
Farumad 91 F2
Fasano 69 F4
Fastov 76 F2
Fateh 91 F3
Fátima 72 A2
Fatu Hiva (I.) 125 F4
Faucigny (Région) 43 E1
Faucille (C[ol] de la) 43 E1
Faucogney 44 C5
Faulhorn (Mt) 66 C-D3
Faulquemont 44 C2
Fauquembergues 45 B-C2
Fauske 63 B-C2
Fauville 46 C1
Fauvillers 56 D5
Fave (R.) 44 D4
Faverney 44 B5
Favignana (I.) 69 D6
Fawley 57 F4
Faxaflói (Be) 62 H2
Faya (Largeau) 102 E-F4
Fayence 49 F3
Fayetteville *(US, Ark.)* 114 D3
Fayetteville *(US, N.C.)* 115 F3
Fayid 103 O2
Fayoum 102 F-G3
Fazilka 94 B1
Fdérik 102 B3
Fear (C.) 115 F3
Fécamp 46 B1
Fecht (R.) 44 D4
Fedala (Mohammedia) 104 B2
Federsee (L.) 66 E1
Fedjedj (Chott el) 105 F2
Fehmarn (I.) 58 D2
Fehmarn Belt (Détr.) 58 D2
Feignies 45 F3
Fei Huang He [Kou] (anc. embouchure du Huang He) (R.) 96 B-C2
Feira de Santana 122 F4
Feistritz (R.) 65 F-G2
Fekete Viz (R.) 68 F1
Felber Tauern 67 E2
Felber Tauern (Tunnel) 67 E2
Feldberg 67 B2
Feldberg (Mt) *(RFA, Forêt Noire)* 66 C-D2
Feldberg ([Grosser]) (Mt) *(RFA, Taunus)* 60 D3
Feldkirch 66 E2
Felixstowe 53 E5
Felletin 42 C2
Feltre 65 D2
Feluy 57 C4
Femund (L.) 62 B3
Fenchuganj 95 D2
Fenelon Falls 118 D1
Fenétrange 44 C-D3
Fenghsien 96 A2
Fengjieh 96 A2
Fengzhen 96 B1
Fen He (R.) 96 B2
Fenouillèdes (Région) 42 C3
Fens (Région) 53 D-E4
Fenton 118 B-C2
Fenyang 97 B2
Feodosia 80 C4
Fer (Portes de) (Défilé) 77 D3
Fer (C. de) 105 E1
F[erdinand] de Lesseps (Pic) 121 F4
Fère (La) 41 C2
Fère-Champenoise 41 C-D2
Fère-en-Tardenois 41 C2
Ferghana 82 H5
Ferghana (Bassin du) 87 D3-4
Fergus Falls 114 D2
Fergusson (I.) 127 E1

Fergusson River 127 C2
Fermanagh (Comté) 54 B2(4)
Fermo 68 D3
Fernando de Noronha (I.) 16 H6
F[ernando] Poo (Bioko) (I.) 102 D5
Ferney-V[oltaire] 66 A-B3
Fernpass (Col) 66 F2
Ferrai 71 E2
Ferrara (Ferrare) 65 D3
Ferrare (Ferrara) 65 D3
Ferrat (C.) *(Alg.)* 104 C2-1
Ferrat (C.) *(Fr.)* 43 E3
Ferret (Val) 66 B-C4
Ferret (C.) 42 A2
Ferrette 44 D5
Ferrière 45 F-G3
Ferrière (La) 35 G-H1
Ferryville (act. M[enzel] Bourguiba) 105 F1
Ferté-Alais (La) 46 F4
Ferté-Bernard (La) 40 B2
Ferté-Macé (La) 39 C2
Ferté-Milon (La) 40 C2
Ferté[-Saint-Aubin] (La) 40 B-C3
Ferté-sous-Jouarre (La) 40 C2
Ferté-Vidame (La) 46 C3
Fès (Fez) 104 B2
Fesc (Le) 34 C-D2-3
Fessenheim 44 D-E5
Fessenheim (Barr.) 44 E5
Fessi (O.) 105 F2
Feteşti 77 E3
Fethiye 71 F4
Fethiye (G. de) 71 F4
Fetlar (I.) 52 H1
Feu (Champ du) (Mt) 44 D4
Feu (T. de) (I.) 123 C8
Feucherolles 47 A-B2
Feuilles (R. aux) 112 J4
Feuquières 45 B3
Feurs 49 J2
Feyzin 49 K2
Fez (Fès) 104 B2
Fezzan (Région) 102 E3
Fianarantsoa 103 H8
Fichtelberg (Mt) 59 E3
Fichtel-Geb[irge] (Mts) 59 D4-5
Fidji (Bassin des) 3 R7
Fidji (Is) 125 C4
Fier 71 A2
Fier (R.) 66 A-B4
Fife (Comté) 54 C1(4)
Fife Ness (C.) 52 C2
Figeac 42 C2
Figueira da Foz 72 A1
Figueras 42 C3
Figuig 104 C2
Filabusi 107 B2
Filchner (Banquise de) 1 E30-31
Filiatai 71 B3
Filiatra 71 B4
Filicudi (I.) 69 E5
Filipstad 51 G2
Fillmore 116 D2
Filotion 71 D4
Fimi (R.) 102 E6
Fin 91 F3
Fina (Rés.) 106 B1
Finale Ligure 67 B-C3
Finch Harbour 127 D1
Findhorn (R.) 52 C2
Findlay 118 C2
Finistère (29) (Dépt) 23 A-B1
Finisterre (C.) 72 A1
Finke (R.) 127 C3
Finlande (Suomi) 22 G2
Finlande (G. de) 18 G2-3
Finmark (Région) 62 D-E2-1
Finne (Mts) 59 D4
Finnois (Plat. Lacustre) 18 G2
Finsteraarhorn (Mt) 66 D3
Finstermünz (Col) 66 F3
Finsterwalde 58 E-F4
Fionie (Fyn) (I.) 58 D2
Fiordland 126 G5
Firenze (Florence) 65 D4
Firminy 49 J3
Firozabad 94 B2
Firozpur 94 B1
Firth of Clyde (Be) 52 B3
Firth of Forth (Be) 52 C2
Firth of Lorne (Détr.) 52 A-B2
Firth of Tay (Be) 52 C2
Fischbach 44 E2
Fisher Bank (Great) 55 H2
Fishguard 53 B4-5
Fiska Fjället (Mt) 62 B-C3
Fiskardon 71 B3
Fiskenæsset 112 L3
Fismes 41 C2
Fitri (L.) 102 E4
Fitz-Roy (Mt) 123 B7
Fitzroy (R.) 127 B2
Fiume (Rijeka) 65 F3
Fiumicino 68 C-D4
Fium Orbo (R.) 43 H2-3
Flagstaff 114 B3
Flaine 38 G1
Flakstadöya (I.) 62 B2
Flamanville 34 B1
Flamanville (C. de) 39 B-C2
Flamborough (C.) 52 D-E3
Fläming (Coll.) 58 E3-4
Flaming Gorge Nat[ional] Rec[reation] Area 114 B-C2
Flandre (Région) 45 C-D2
Flandre Occid[enta]le (Prov.) 56
Flandre Or[ienta]le (Prov.) 56
Flattery (C.) 127 D2
Flawil 66 E2
Flèche (La) 39 C-D3
Fleetwood 53 C4
Flekkefjord 51 E2
Flemingsburg 118 C3
Flensbourg 51 F3
Flensburg 58 C2
Flers 40 A2
Flers[-lez-Lille] 45 E2
Flessingue (Vlissingen) 56 B3
Fletschhorn (Mt) 66 C-D3
Fleurance 42 B3
Fleurus 56 C4
[Fleury-]les-Aubrais 40 B-C3
Fleury-s[ur]-A[ndelle] 46 D2
Flevoland (Prov.) 56
Flevoland (Oost[elijk]) (Polder) 56 D2
Flevoland (Zuid[elijk]) (Polder) 56 D2
Flieden 60 E3
Flims 67 C2
Flinders (R.) 127 D2
Flinders (Be de) 127 A4
Flinders (I.) 127 D4-5
Flinders (Récifs) 127 D2
Flinders Ra. 127 C4
Flines 45 E3
Flin Flon 114 C1
Flins 35 K1
Flint *(RU)* 53 C4
Flint *(US)* 118 C2
Flint (I.) 125 E4
Flint (R.) 115 E3
Flix 73 D1
Flixecourt 45 C3
Florac 43 C2
Florange 44 B2
Florence (Firenze) *(It.)* 65 D4
Florence *(US, Ala.)* 115 E3
Florence *(US, S.C.)* 115 F3
Florennes 56 C4
Flores 120 D3
Flores (I.) *(Açores)* 103 J1
Flores (I.) *(Indo.)* 93 H6
Flores (Mer de) (Mer de la Sonde) 127 A-B1
Floriano 122 E3
Florianópolis 123 E5
Florida 121 E2
Florida (État) 115 E3-4
Florida Keys (Is) 115 E4
Floride (P.) 2 E4
Florida (Be de) 121 D2
Floride (Détr. de) 115 E-F4
Floride (Récifs de) 113 I7
Florina 71 B2
Flüela (Col) 66 E3
Flumendosa (R.) 69 B5
Fluvia (R.) 42 C3
Fly (R.) 127 D1
Foça *(Turq.)* 71 E3
Foča *(YS)* 77 C4
Focşani 76 E3
Foggia 74 D2
Foglia (R.) 65 E4
Fogo (I.) 103 L2
Föhr (I.) 58 C2
Foix 42 B3
Fojnica 79 C4
Folda Fjord (Be) 62 B-C2
Foldfj[ord] (Be) 62 B3
Folgefonna (Mts) 51 E2-1
Folegandros (I.) 71 D4
Foligno 68 D2
Folkestone 40 B1
Folldal 63 A-B3
Folschviller 44 C2
Fond du Lac 118 A2
Fond du Lac (R.) 112 G4
Fonseca (G. de) 120 D3
Fontaine 44 B5
Fontainebleau 46 G4
Fontainebleau (Forêt de) 46 G4
Fontaine-Fr[ançai]se 41 D3
Fontana 116 B3
Fontarabie (Fuentarabia) 42 A3
Fontenay-aux-Roses 47 C3
Fontenay-le-Comte 39 C3
Fontenay[-le-Fleury] 47 B3
Fontenay-s[ou]s-B[ois] 47 D2
Fontevrault[-l'Abbaye] 39 C-D3
Font-Romeu 38 C3
Forbach 44 C2
Forcados-Burutu 106 C2
Forcalquier 43 D3
Forchheim 59 D5
Forchtenberg 60 E4
Forclaz (C[ol] de la) 66 B3
Ford 116 B2
Förde 63 A3
Forel (Mt) 112 N3
Foreland (North) (C.) 53 E5
Foreland (South) (C.) 53 E5
Forest 56 C4
Forest of Dean 55 F4
Forez (Bassin du) (Pl.) 43 D2
Forez (Ct du) 49 J2
Forez (Mts du) 43 C2
Forfar 52 C2
Forges[-les-Eaux] 40 B2
Forggensee (L.) 66 F2
Forli 65 E3
Formentera (I.) 74 C3
Formentor (C.) 72 D1-2
Formerie 46 E1
Formosa 123 D5
Formose (I.) 87 G4
Formose (Taïwan) 86 G4
Formose (Détr. de) 96 B-C3
Fornæs (C.) 58 D1
Forsayth 127 D2
Forst 58 F4
Fort Albany 115 E1
Fortaleza (Ceara) 122 F3
Fort Apache (Rés. Ind.) 114 B-C3
Fort-Archambault (act. Sahr) 102 E5
Fort Augustus 52 B2
Fort Belknap (Rés. Ind.) 114 C2
Fort Berthold (Rés. Ind.) 114 C2
Fort-Chevtchenko 75 G-H2
Fort Chipewyan 112 F-G4
Fort Collins 114 C2
Fort Coulonge 118 D1
Fort Dauphin (Faradofay) 103 H-I8
Fort-de-France 121 K1
Fort Dodge 114 D2
Fortescue (R.) 127 A3
Fort Frances 114 D2
Fort George 115 F1
Fort Good Hope 112 E3
Forth (Firth of) (Be) 52 C2
Fort Hope 115 E1
Forties 55 G2
Fort Knox 118 B3
Fort-Lamy (act. N'Djamena) 102 E4
Fort Lauderdale 121 D-E2
Fort Liard 112 E3
F[or]t M[a]c Murray 112 F-G4
Fort M[a]c Pherson 112 C-D3
F[or]t Meade 117 E4
Fort Myers 115 E4
Fort-National (act. L'Arbaa) 105 E1
Fort Peck Dam (Barr.) 112 G5
Fort Peck (Réservoir de) 114 C2
Fort Peck (Rés. Ind.) 114 C2
F[or]t Providence 112 E-F3
Fort Randall Dam (Barr.) 114 C-D2
F[or]t Resolution 112 F-G3
Fort Rupert 115 F1
F[or]t St John 111 F2
F[or]t Sandeman 95 A1
Fort Saskatchewan 114 B1
Fort Selkirk 112 C-D3
Fort Severn 112 I4
Fort Simpson 112 E3
Fort Smith *(Ca.)* 112 F4
Fort Smith *(US)* 114 D3
Fort Totten (Rés. Ind.) 114 D2
Fortune (Be) 115 H2
Fort Wayne 118 B2
Fort William 52 B2
Fort Worth 114 D3
Fort Yukon 112 C3
Fos 48 B4
Fos (G. de) 48 B4
Foshan 96 B3
Fossano 68 A2
Fosses 56 C4
Fostoria 118 C2
Fouesnant 39 A-B3
Foug (Gros) (Région) 66 A4
Fougères 39 C2
Fougerolles 44 B5
Fou Kien (Fujian) (Prov.) 96 B3 (2)
Foula (I.) 52 G1
Foumban 102 E5
Foum Tatahouine 105 F2
Foum Zguid 104 B3
Four (Chenal du) (Détr.) 39 A2
Fouras 39 C4
Fourchambault 40 C3
Fourches (Mt des) 41 D2
Fourmanovo 98 C1
Fourmies 45 G3
Fousan (Pusan) 99 B4
Fouta Djalon (Mts) 102 B4
Foveaux (Détr. de) 127 F2
Fowey (R.) 53 B5
Foxe (Bassin de) 1 C29
Foxe (Détr.de) (Canal de Foxe) 1 C29
Foxe (P.) 112 J3
Fox (R.) 118 A1
Foyle (R.) 52 A3
Foyle (Lough) (Be) 52 A3
Foz do Iguaçu 123 D5
Fraize 44 C-D4
Frameries 45 F3
Franca 124 D2
Francavilla [Fontana] 69 F4
France 22 D-E4
France (Pl. de) 46 F-G2
Frances Creek 126 C2
Franceville 102 E6
Francfort[-sur-le-Main] (Frankfurt [am Main]) 60 D3
Francfort[-sur-l'Oder] (Frankfurt [an der Oder]) 58 F3
Franche-Comté (Région) 41 D-E3
Franche-Comté (Rég. adm.) 23
Franches-Montagnes (Mts) 66 B-C2
Francistown 107 B2
François (Le) 121 L1
Francois-Joseph (T.) 1 A4-6
Franconie (Basse-) (District) 58
Franconie (Haute-) (District) 58
Franconie (Moyenne-) (District) 58
Franconville 47 C2
Franeker 56 D1
Frankenberg 60 D2
Frankenhöhe (Mts) 59 D5
Frankenthal 60 D4
Frankenwald (Mts) 59 D4
Frankfort *(US, Ind.)* 118 B2
Frankfort *(US, Ky)* 118 B3
Frankfort *(US, Mich.)* 118 B1
Frankfurt [am Main] (Francfort[-sur-le-Main]) 60 D3
Frankfurt [an der Oder] (Francfort[-sur-l'Oder]) 58 F3
Fränkische Alb (Mts) 59 D5
Frankista 71 B3
Franklin *(US, Ind.)* 118 B3
Franklin *(US, N. H.)* 118 F2
Franklin (District of) 112 E-J2
Franklin (Détr. de) 112 H2
Franklin D[elano] Roosevelt (Réservoir) 114 B2
Františkovy Lázně 59 E4
Frasca (C. de) 69 B5
Frascati 68 D4
Fraser (Mt) 127 A3
Fraser (R.) 114 A1
Fraserburgh 52 C2
Fraser (Great Sandy) (I.) 127 E3
Frasne 66 B3
Frauenfeld 66 D2
Fray Bentos 124 C3
Frechen 60 B3
Fredericia 58 C2
Frederick 118 D3
Fredericksburg 118 D3
Fredericktown 117 D3
Fredericton 115 G2
Frederikshåb 112 L3
Frederikshavn 51 F2
Frederikssund 58 D-E2
Frederiksvaerk 63 B4
Fredrikstad 62 B4
Freels (C.) 115 H2
Freeport 116 D4
Freetown 102 B5
Fréhel (C.) 39 B2
Freiberg 59 E4
Freib[erger] Mulde (R.) 59 E4
Freiburg [im Breisgau] (Fribourg[-en-Brisgau]) 59 B-C5-6
Freising 59 D5
Freistadt 59 F5
Freital 59 E4
Fréjus 49 F4
Fréjus (Tunnel du) (Tunnel du Mt-Cenis) 43 E2(4)
Fremantle 127 A4
Fremont *(US, Calif.)* 114 A3
Fremont *(US, Colo.)* 116 C3
Fremont *(US, Mich.)* 118 B2
Fremont *(US, Nebr.)* 114 D2
Fremont *(US, Ohio)* 118 C2
Frenchman (R.) 114 C2
Frenda 105 D2
Fresnes 47 C3
Freschen (Hoher) (Mt) 66 E2
Fresnes[-sur-Escaut] 45 F3
Fresnillo [de Gonzalez Echeverria] 120 B2
Fresno 114 A-B3
Fresnoy 45 E4
Fresquel (R.) 42 C3
Fressenneville 45 B3
Frette[-sur-Seine] (La) 47 B-C2
Freudenstadt 64 C1
Frévent 45 C3
Freyming 44 C2
Fria 106 A1
Fria (C.) 103 E7
Friant Dam (Barr.) 113 E-F6
Frias 124 B2
Fribourg (Canton) 67 H-I2
Fribourg 41 E3
Fribourg-en-Brisgau (Freiburg [im Breisgau]) 41 E-F3
Fridtjof Nansen (Mt) 1 D21-17
Friedberg 60 D3
Friedland (Pravdinsk) 76 D1
Friedrichshafen 66 E2
Friendly (Tonga) (Is) 125 D5-4
Frigg 55 G2
Frioul-Vénétie Julienne (Rég. adm.) 69 I1 (6)
Frise (Prov.) 56
Frise (Is de) 51 E3
Frise Orientale (Région) 58 B3
Frisonnes du Nord (Is) 58 C2
Frisonnes Occidentales (Is) 58 A-B3
Frisonnes Orientales (Is) 58 B3
Fritzlar 60 E2
Friville 45 B3
Frobisher Bay 112 J-K3
Frobisher Bay (Be) 112 K3
Frodingham 55 F3
Froissy 46 F1
Frome 53 C5
Frome (R.) 53 C5
Frome (L.) 127 C-D4
Fromentine (Goulet de) (Détr.) 39 B3
Fröndenberg 60 C-D2
Fronsac 42 A2
Frontenay 39 C3
Frontignan 43 C3
Front Range (Mts) 114 C2-3
Front Royal 118 D3
Frosinone 68 D4
Frostburg 118 D3
Frouard 44 B3
Frounzé 82 H5
Fröya (I.) 62 A3
Fruges 45 C2
Fruška Gora (Mts) 77 C-D3
Frutigen 66 C3
Frýdek-M[ístek] 76 C2
Fuchskauten (Mt) 59 C4
Fuchu 99 D4(2)
Fucin (L.) (Lago di Fucino) 68 D4
Fucine 66 F3
Fudai 98 E2
Fuentarabia (Fontarabie) 72 C1
Fuerte (R. del) 114 C4
Fuerteventura (I.) 103 K1-2
Fuhse (R.) 58 D3
Fuji 99 D4
Fuji (R.) 99 D4
Fujian (Fou Kien) (Prov.) 96 B3 (2)
Fujisawa 99 D4(3)
Fuji Yama (Mt) 99 D4
Fujon (L.) 98 A2
Fukaura 98 D2
Fukue 99 B4
Fukue (I.) 99 B4
Fukui 99 C-D3
Fukuoka 99 B4
Fukushima *(Jap., Hokkaïdo)* 98 E2
Fukushima *(Jap., Hondo)* 99 E3
Fukuyama (Matsumae) *(Jap., Hokkaïdo)* 98 D2
Fukuyama *(Jap., Hondo)* 99 C4
Fularji 89 G2
Fulda 60 E3
Fulda (R.) 60 E2
Fuling 97 A3
Fulmar 55 G2
Fulton 118 D2
Fumante (I.) (I. du Nord) 127 G1-2
Fumay 56 C5
Fumel 42 B2
Funabashi 99 D-E4(4)
Funafuti (Atoll) 125 C-D4
Funakawa (Oga) 98 D3
Funchal 102 B2
Fundy (Be de) 115 G2
Funiu Shan (Mts) 96 B2
Furano 98 E2
Furens (R.) 43 D2
Furka (Col) 66 D3
Furnas (Barr.) 124 D2
Furneaux (Is) 127 D-E4-5
Furnes (Veurne) 45 D1
Furni 71 E4
Furni (I.) 71 E4
Fürstenberg 60 D2
Fürstenfeld 65 G2
Fürstenwalde 58 F3
Furth 59 E5
Fürth *(RFA, Bavière)* 59 D5
Fürth *(RFA, Hesse)* 60 D4
Furtwangen 66 D1-2
Furukawa 98 E3
Fury and Hecla (Détr. de) 112 I-J3
Fuse (Higashiosaka) 99 C4(17)
Fushun 96 C1
Fusong 96 C1
Füssen 66 F2
Futa (Col) 68 C2
Futuna (I.) *(Vanuatu)* 125 C4
Futuna (I.) *(Wallis)* 125 D4
Fuveau 48 D4
Fu Xian 97 C2
Fuxin 96 C1
Fuyang 96 B2
Fuyü 96 C1
Fuzhou *(Chine, Fujian)* 96 B3
Fuzhou *(Chine, Jiangxi)* 96 B3
Fymaina (I.) 71 E4
Fyn (Fionie) (I.) 58 D2
Fyne (Loch) (Estuaire) 52 B3-2

G

Gabès 105 F2
Gabès (G. de) 105 F2
Gabon 103 B4
Gaborone 103 F8
Gabrovo 77 E4
Gacé 46 B3
Gach Saran 75 H3
Gacko 77 C4
Gadag 94 B3
Gadsden 115 E3
Gaeta (Gaete) 69 D4
Gaeta (G. de) 69 D4
Gaete (Gaeta) 69 D4
Gaferut (I.) 125 B3
Gafsa 105 F2
Gagliano [del Capo] 70 C3
Gagnoa 106 B2
Gagnon 115 G1
Gagny 47 E2
Gagra 75 F-G2
Gail (R.) 65 E2
Gaillac 42 B3
Gaillimh (Galway) 50 A3
Gaillon 46 D2
Gainesville 115 E4
Gainsborough 53 D4
Gairdner (L.) 127 C4
Galápagos (Is) 125 H3
Galashiels 52 C3
Galata 71 E2
Galaţi 76 E-F3
Galdhöpiggen (Mt) 82 A3
Galena 117 D2
Galesburg 115 D-E2
Galibier (Col du) 43 E2
Galice (Rég. adm.) 72 A-B1
Galičnik 71 B2
Galinda 106 F2
Galion (R.) 121 L1
Galitch 81 D3
Gallabat 90 D4
Gallarate 66 D4
Gallardon 46 E3
Galle 92 C5
Gallego 114 C4
Gállego (R.) 72 C1
Galles (Pays de) 54 C2-3
Galles du Sud (Nouvelle) (État) 127 D4
Gallinas (Pte) 121 E3
Gallipoli *(It.)* 69 G4
Gallipoli (Gelibolu) *(Turq.)* 71 E2
Gallipolis 118 C3
Gällivare 62 D2
Galloway (Mull of) (C.) 52 B3
Gallup 114 C3
Galt 118 C2
Galveston 114 D4
Galveston (Be de) 114 D4
Galway (Gaillimh) 50 A3
Galway (Be de) 50 A3
Gamaches 45 B4
Gambie (R.) 102 B4
Gambie 103 A3 (G)
Gambier (Is) 125 F5
Gamboa 122 H1
Gamboma 102 E6
Gamova (C.) 98 B2
Gamsheim 34 D1
Gamvik 62 E1
Gan 42 A3
Gan (I.) 17 M5-6
Ganale (Giuba) (R.) 102 H5
Gand (Gent) 45 F1
Gand (R.) 49 J2
Gandajika 103 F6
Gandak (R.) 94 C2
Gander 115 H2
Gandhinagar 94 F2
Gandia 72 C-D2
Gandisé (Mts) 94 C1
Gandrange 44 B2
Ganga (Gange) (R.) 94 C2
Ganganagar 94 B2
Gange (Ganga) (R.) 87 E4
Gange (Bouches du) 94 C-D2
Ganges 43 C3
Gangtok 94 G2
Gan Jiang (R.) 93 G3
Gannat 42 C1
Gannett (Pic) 114 C2
Gansu (Bassin du) 89 E-F2-3
Gansu (Kan Sou) (Prov.) 96 A2 (3)
Gantra (Région) 105 D-E3-2
Ganzhou 96 B3
Gao 102 C-D4
Gaod-i-Zirreh (Étg.) 92 B3
Gaou (Mt) 102 E5
Gaoua 106 B1
Gap 43 E2
Gapeau (R.) 48 D4
Gapençais (Région) 43 D-E2
Gar 94 B-C1
Garabit (Viaduc de) 42 C2
Gara Djebilet 105 G2
Garanhuns 122 F3
Garches 47 C2
Gard (R.) 48 B3
Gard (Pont du) 48 B3
Gard (30) (Dépt) 23 D2
Garda 66 F4
Gardanne 43 D3
Garde (C. de) 105 E1
Garde (L. de) 64 D3
Garde (La) 48 D-E4
Gardelegen 58 D3
Gardez 94 A1
Gardiner 118 F1
Gardiole (Mt de la) 43 C3
Gardner (I.) 125 D4
Gardo 102 H5
Gardon (R.) 43 C-D2
Gardon d'Alès (R.) 48 A3
Gardone R[iviera] 66 F4
Garenne (La) 47 C2
Gargano (Mte) 68 E4
Gargenville 34 C1
Garges 47 D2
Garibaldi (P. Provincial) 114 A1
Garigliano (R.) 68 D4
Garissa 106 I-J2
Garland 114 D3
Garmisch-Partenkirchen 59 D6
Garon (R.) 49 K2
Garonne (R.) 42 B3
Garonne (Haute-) (31) (Dépt) 23 C3
Garonne (Ct latéral à la) 42 B3
Garoua 102 E5
Garrigues (Mts) 43 C-D2-3
Garrison Dam (Barr.) 112 G-H5
Garrison (Réservoir de) 114 C2
Garry (R.) 112 G-H3
Garry (L.) 112 G-H3
Gartempe (R.) 40 B3
Gartok (Garyarsa) 94 C1
Garut 89 L1
Gary 118 B2
Garyarsa (Gartok) 94 C1
Garzón 120 H2
Gascogne (Région) 42 A-B3
Gascogne (G. de) 42 A3
Gascoyne (R.) 127 A3
Gas Hills 116 C2
Gashua 106 D1
Gasli 82 G5

Gaspé (C.) 115 G2
Gaspésie (Parc Prov[incia]l) 115 G2
Gaspésie (P. de) 115 G2
Gassaway 118 C3
Gassi Touil 105 H1
Gastonia 117 E3
Gata (C. de) 72 C2
Gata (Sa de) 72 B1
Gatchina 62 E4
Gateshead 52 D3
Gâtinais (Région) 40 C2
Gatineau 118 E1
Gâtine de Touraine (Région) 40 B3
Gâtine [de Vendée] (Région) 39 C3
Gattinara 66 D4
Gatun (Écluse triple de) 122 H1
Gatun (L. de) 122 G-H1
Gauhati 94 D2
Gauss (Mt) 1 F9
Gausta (Mt) 51 F2
Gavarnie 42 A-B3
Gavdos (I.) 77 E6
Gavere 45 F2
Gävle 62 C3
Gavrion 71 D4
Gaya 94 C2
Gaylord 118 B1
Gaysin 76 F2
Gaza 90 H3
Gaza (Pl.) 103 G8
Gaziantep 75 F3
Gaziköy 71 E2
Gbangbama 106 A2
Gbely 78 C2
Gdańsk (Danzig) 76 C1
Gdańsk (Be de) 62 C5
Gdov 62 E4
Gdynia 76 C1
Géants (Mts des) 76 B2
Gebeit 90 D3
Gebze 71 F2
Gedaref 102 G4
Gedera 90 H3
Gedinne 56 C-D5
Gediz 71 F3
Gediz (Hermos) (R.) 71 E3
Gèdre 42 B3
Gedser 58 D-E2
Geel 56 C3
Geelong 127 D4
Geer (R.) 56 D4
Geertruidenberg 56 C3
Geesthacht 58 D3
Geevor 55 E4
Geiersberg (Mt) 60 E4
Geikie (R.) 114 C1
Geilenk[ir]ch[e]n 60 B3
Geiranger 63 A3
Geiseltal 61 D3
Geislingen 59 C5
Geismar 117 D3
Geispolsheim 44 E3
Gejiu 93 F3
Gela 69 E6
Gela (G. de) 69 D-E6
Geldern 60 B2
Geldrop 56 D3
Geleen 60 A3
Gelendjik 81 C4
Gelibolu (Gallipoli) 71 E2
Gelibolu (P. de) 71 E2
Gélise (R.) 42 B2
Gelnhausen 60 D-E3
Gelsenkirchen 60 B-C2
Gembloux 56 C4
Gemert 56 D3
Gemlik 71 F2
Gemlik (G. de) 71 F2
Gemmi (Col) 66 C3
Gemona [di Friuli] 65 E2
Gemsbok (P. Nl) 107 B2
Gemünd 56 E4
Gemünden *(RFA, Bavière)* 60 E3
Gemünden *(RFA, Hesse)* 60 D3
Genappe 56 C4
Generoso (Mte) 66 D-E4
Gênes (Genova) 64 C3
Gênes (G. de) 64 C4
Genesee (R.) 118 D2
Geneva *(US, N. Y.)* 118 D2
Geneva *(US, Utah)* 116 B2
Genève 66 B3
Genève (Canton) 67 H2
Genevois (Région) 43 E1
Genil 72 B2
Genil (R.) 72 B2
Génissiat (Barr. de) 43 D1
Genk 60 A3
Gennargentu (Monti del) (Mts) 69 B4
Gennep 60 A-B2
Gennevilliers 47 C2
Genova (Gênes) 64 C3
Gensan (Wonsan) 93 H2
Gent (Gand) 45 F1
Genthin 58 D-E3
Gentilly 47 D3
Gentioux[-Pigerolles] 42 B-C2
Géographe (Be du) 127 A4
Geok Tepe 91 F2
George (L.) 118 E2
Georges (I.) 82 D-E1
George Town 121 D3
Georgetown *(Guyana)* 122 D2
Georgetown *(Malaysia)* 93 F5
Georgetown *(US, Del.)* 118 E3
Georgetown *(US, Ky)* 118 B3
Georgetown *(US, S.C.)* 117 F3
George V (Côte) 1 E-F16-14
Georgia (État) 115 E3
Géorgie (Détr. de) 114 A2
Géorgie (Rép. de) 86 (VI)
Géorgie du Sud (Is) 2 G-H8
Géorgienne (Be) 118 C1
Georgina (R.) 127 C3
Georgsdorf 61 B2
Gera 59 E4
Gera (District) 58
Gera (R.) 59 D4
Geraardsbergen (Grammont) 45 F2
Geral do Goias (Sa) 122 E4
Geraldton 127 A3
Gérardmer 44 C4
Gérardmer (L. de) 41 E2
Gerau 60 D4
Gerbéviller 44 C3
Gerbier de Jonc (Mt) 43 D2
Gère (R.) 49 L3
Gerlachovka (Mt) 76 D2
Gerlafingen 66 C2
Gerlos 67 E2
Gerlospass (Col) 59 D-E6
Germano-Polonaise (Pl.) 18 E-F3-4
Germencik 71 E4
Germersheim 60 D4
Germiston 103 F-G8
Gernsheim 60 D3
Gerolstein 60 B3
Gerona (Gérone) 72 D2
Gérone (Gerona) 23 C3
Gers (R.) 42 B2
Gers (32) (Dépt) 23 C3
Gersprenz (R.) 60 D4
Gerstheim 44 E4
Gerstheim (Barr.) 44 E4
Gersweiler 44 C2
Gervonde (R.) 49 K-L2
Géryville (act. El Bayadh) 105 D2
Geseke 60 D2
Gesse (R.) 42 B3
Getafe 72 C1
Gette (R.) 56 D4
Gettysburg 118 D3
Getz (Banquise de) 1 E24-23
Gévaudan (Région) 42-43 C2
Gevelsberg 60 C2
Gevgelija 71 C2
Gevrey-Ch[amberti]n 41 D3
Gex 66 B3
Ghadamès 74 C-D3
Ghaghara (Gogra) (R.) 94 C2
Ghana 103 A3
Ghani Abad 91 F2-3
Ghanzi 107 B2
Ghardaïa 105 D2
Ghardimaou 105 F1
Ghar el Melh 69 C6
Gharyan 74 D3
Ghat 102 E3
Ghâtes Occidentales (Mts) 87 D4-5
Ghâtes Orientales (Mts) 87 D-E5
Ghavar 91 E3
Ghazaouet (anc. Nemours) 104 C2
Ghazni 94 A1
G[heorghe]-G[heorghiu]-Dej 76 E3
Gheorgheni 76 E3
Gheorgiu-Dej 80 C-D3
Ghisonaccia 43 H2
Ghourd Mériem 104 C3
Ghourd Nouss 105 H2
Giamama 102 H5
Giannitsa 71 C2
Giannutri (I.) 68 C3
Giant's Causeway (Chaussée des Géants) 52 A3
Giantsé (Gyangze) 94 C2
Gibeon 107 A2
Gibloux (Mt) 66 B-C3
Gibraltar 72 B2
Gibraltar (Détr. de) 18 D5
Gibson (Désert de) 127 B3
Gida 71 C2
Gidgealpa-Moomba 126 D3
Gien 40 C3
Giens (P. de) 43 E3
Gier (R.) 43 D2
Giessen 60 D3
Gif 47 B3
Giffre (R.) 66 B3
Gifhorn 58 D3
Gifu 99 D4
Giganta (Cerro) (Mt) 120 A2
Giglio (I.) 68 C3
Giguela (R.) 72 C2
Gijón 72 B1
Gila (R.) 114 B3
Gila (Désert de) (Sonoran Desert) 113 F6
Gila River (Rés. Ind.) 114 B3
Gilbert (R.) 127 D2
Gilbert (Kiribati) (Is) 125 C4
Gilgit 94 B1
Gilleleje 58 E1
Gillingham 53 E5
Gimone (R.) 42 B3
Gimont 42 B3
Gineifa 103 O2
Ginir 102 H5
Gioia (G. de) 69 E5
Gioia del Colle 69 F4
Giovi (Col de) 64 C3
Gippsland (Région) 126 D4
Gippsland (Bassin de) 126 D4
Girafi (W.) 90 H5
Girardot 121 E4
Giraumont 44 A2
Giresun 75 F2
Giridih 95 C2
Girishk 91 G2
Giromagny 44 C5
Gironde (R.) 42 A2
Gironde (33) (Dépt) 23 B2
Girou (R.) 42 B3
Girvan 52 B3
Gisborne 127 G1
Gisors 46 E2
Gistel 56 A-B3
Giuba (Ganale) (R.) 102 H5
Giudicaria (Giudicarie) (Val) 64 D3
Giudicarie (Giudicaria) (Val) 66 F4-3
Giura (I.) 71 D3
Giurgeni 77 E3
Giurgiu 77 D3-4
Givet 56 C4
Givors 49 K2
Gjirokastër 71 A-B2
Gjovik 62 A-B3
Gjuhëzës (C.) 71 A2
Glace Bay 115 H2
Glacial Antarctique (Océan) 2 A-G2-1
Glacier (Mt) 66 C4
Gladbeck 60 B2
Gladstone *(Austral.)* 127 E3
Gladstone *(US)* 118 B1
Glåma (R.) 51 F2-1
Glamorgan (Mid) (Comté) 54 C3 (5)
Glamorgan (South) (Comté) 54 C3 (7)
Glamorgan (West) (Comté) 54 C3 (8)
Glan (R.) 60 C4
Glaris 66 E2
Glaris (Canton) 67 K2
Glaris (Alpes de) (Mts) 66 D-E3
Glärnisch (Mt) 66 D-E2-3
Glasgow 52 B3
Glashütte 59 E4
Glatz (Kłodzko) 76 C2
Glauchau 59 E4
Glazov 80 E3
Gleichenberg 65 F2
Glenan (Is de) 39 A-B3
Glen Canyon Dam (Barr.) 114 B3
Glendale *(US, Ariz.)* 114 B3
Glendale *(US, Calif.)* 114 B3
Glen More (Val) 52 B2
Glenner (R.) 66 E3
Glen of Aherlow 54 D3
Glens Falls 118 E2
Glina 65 G3
Glittertind (Mt) 62 A3
Gliwice 76 C2
Globe 114 B3
Globe Superior 116 B3
Gloggnitz 65 F2
Głogów 76 B2
Glomfjord 63 B2
Glorenza (Glurns) 66 F3
Glorieuses (Is) 103 H7
Gloucester *(RU)* 53 C5
Gloucester *(US)* 118 F2
Gloucester (Is de) 125 E5
Gloucestershire (Comté) 54 C3(15)
Gloversville 118 E2
Glückstadt 58 C3
Glurns (Glorenza) 66 F3
Gmünd 65 F1
Gmunden 59 E-F6
Gniezno 76 C1
Goa (Panjim) 94 B3
Goa (État) 94 F3
Goalpara 94 D2
Goba 102 G-H5
Gobabis 103 E8
Gobi (Désert) 87 E-F3
Gobo 99 C4
Goce Delčev 71 C2
Goch 60 B2
Godafoss (Chutes) 62 I1
Godavari (R.) 87 D4-5
Goderich 118 C2
Goderville 46 B1
Godhavn 112 L3
Godhra 94 B2
Gods (L.) 114 D1
Godthåb 112 L3
Goëland (L.) 115 F1
Goeree (I.) 56 B-C3
Goes 56 B3
Gœtzenbruck 44 D3
Gogebic R[ange] 117 D-E2
Gogra (Ghaghara) (R.) 94 C2
Goiânia 122 E4
Goiás 122 D4
Goiás (État) 122 E4
Gois (Chaussée) 39 B3
Gol 55 I1
Golbey 44 B-C4
Gold Coast 127 E3
Goldene Aue (Val) 59 D4
Golden Thone (Mt) 94 B1
Goldsboro 115 F3
Goldsworthy (Mt) 126 B3
Goleniów 58 F3
Golfech 34 C2
Golf Oilfield 116 D4
Gölmarmara 71 E-F3
Golo (R.) 43 H2
Golpayegan 75 H3
Golspie 52 B-C1-2
Goltchikha 82 I2
Gombe 106 D1
Gomel 80 C3
Gomen-Teudié 125 I1
Gomez Palacio 120 B2
Gonaïves 121 E3
Gonaïves (G. de) 121 E3
Gonam (R.) 83 M4
Gonave (I. de la) 121 E3
Gonda 94 C2
Gonder 102 G4
Gondia 94 C2
Gondrexange (Étg de) 44 C3
Gondwana (Plat. de) 72 C2
Gönen 71 E2
Gonesse 47 D2
Gonfreville 46 B1
Gonga (Mt) 87 F4
Gonneville 46 B1
Gono (R.) 99 C4
Gonzaga 64 D3
Goodwick 53 B4
Goodwin Neck 119 D-E3
Goor 60 B1
Goose Bay 112 K4
Göppingen 59 C4
Gora 85 N4
Gorakhpur 94 C2
Gorda (P[un]ta) (Pte) 121 D3
Gördes 71 F3
Gordes 48 C3
Gordon L[ake] 116 C2
Gorey 53 A4
Gorgân 82 F6
Gorgona (I.) 68 B3
Gorgora 90 D4
Gori 80 D4
Gorinchem 56 C-D3
Gorizia 65 E3
Gorjanci (Mts) 65 F3
Gorki (Nishnij Novgorod) 80 D3
Gorki (L. de) 82 E4
Gorkum (Mt) 59 D4
Gorlice 78 D2
Görlitz 59 F4
Gorlovka 80 C4 (2)
Gorner Grat (Mt) 66 C3-4
Gornji Vakuf 68 F3
Gorno-Altaï (Rég. aut.) 86 (I-B)
Gorno-Altaïsk 82 I4
Gorno-Badakchan (Rég. aut.) 86 (XII-H)
Gornozavodsk 98 E1
Gorodok 83 K4
Gorongosa (P. Nl) 107 C1
Gorontalo 93 H5
Gorron 39 C2
Gortdrum 54 D3
Goryn (R.) 76 E2
Gorzów [Wielkopolski] (Landsberg) 76 B1
Göschenen 66 D3
Goshen 118 B2
Goshogawara 98 E2
Goslar 58 D4
Gospić 65 F3
Gosport 40 A1
Gossau 66 E2
Gosselies 56 C4
Gostivar 77 D4
Göta (Cl de) 51 G2
Göta Ä[lv] (R.) 51 G2
Götaland (Région) 51 G-H2
Göteborg 62 B4
Gotha 59 D4
Gotland (I.) 62 C4
Goto (Is) 96 C2
Gotska Sandön (I.) 62 C4
Gotsu 99 B-C4
Göttingen 58 C-D4
Gottwaldov 76 C2
Goubakha 80 E3
Goubkinskoïe 84 J-K3
Gouda 56 C2
Goudaouta 81 D4
Gouet (R.) 39 B2
Gough (Is) 16 I8
Gouin (Rés[ervoi]r) 117 F2
Goulais (R.) 118 B-C1
Goulburn 127 D-E4
Goulven (Anse de) (Be) 39 A2
Gourara (Région) 104 C-D3
Gouraya 105 D1
Gourdon 42 B2
Gouré 102 E4
Gouriev 80 E4
Gourin 39 B2
Gournay 47 E2
Gournay[-en-Bray] 40 B2
Gournay-s[ur]-Aronde 34 C1
Goussainville 46 F-G2
Gouverneur 118 E1
Gouvieux 46 F2
Governador Valadares 122 E4
Gowganda 117 E2
Goya 124 C2
Goyave 121 M1
Goyaves (G[ran]de R. à) 121 M1
Gozo (I.) 69 E6
Graben 60 D4
Gracias a Dios (C.) 121 D3
Gracioso (I.) 103 J1
Gradle (Mt) 127 D5
Grado 65 E3
Grafton *(Austral.)* 127 E3
Grafton *(US)* 118 D3
Graham (T. de) (P. Antarctique, T. de Palmer) 2 F9
Graham Bell (I.) 82 G-H1
Grahamstown 107 B3
Graïba 105 F2
Gramat 42 B2
Gramat (Causse de) (Plat.) 42 B2
Grammont (Geraardsbergen) 45 F2
Grammont (Mt) 49 H3
Grammos (Mts) 71 B2
Grampian (Comté) 54 C1(5)
Grampian (Mts) 52 B-C2
Gramsh 71 B2
Granada 121 D3
Granby 118 E1
Gran Canaria (I.) 103 K2
Gran Chaco (Région) 122-123 C-D5
Grand (I.) 118 B1
Grand (L.) *(Ca.)* 115 H2
Grand (L.) *(US)* 118 B2
Grand (R.) *(Ca.)* 118 C2
Grand (R.) *US, Mich.)* 118 B2
Grand (R.) *(US, S.Dak.)* 114 C2
G[ran]d Abaque (Pte du) 121 N1
Grand-Arc (Mt) 43 E2
Grand Balkan (Mts) 77 D-E4
G[ran]d Ballon (Ballon de Guebwiller) (Mt) 44 D5
Grand Banc des Bahamas (Hauts-fonds) 121 E2
Grand Bassam 106 B2
Grand Bassin (Région) 114 B2-3
G[ran]d Belt (Store Baelt) (Détr.) 58 D2
G[ran]d-Bornand 38 G1
G[ran]d Bourg 121 N2
Grand-Bourg (Le) 42 B1
Grandcamp[-les-Bains] 39 C2
Grand Canal (Cl) 53 A4
G[ran]d Canyon (Défilé) 113 F6
G[ran]d Canyon (P.Nl) 114 B3
Grand Cayman (I.) 121 D3
G[ran]d Charmont 44 C5
G[ran]d Colombier (Mt) 66 A4
Grand Combe (La) 43 D2
G[ran]d Combin (Mt) 66 C4
Grand Coulee Dam (Barr.) 114 A-B2
G[ran]d-C[ouronne] 46 C-D2
G[ran]d Couronné (Mts) 44 B3
G[ran]d Crêt d'Eau (Mt) 43 D1
G[ran]d-Croix 49 K3
G[ran]d Cul-de-Sac Marin (G.) 121 M1
G[ran]d Désert Salé (Dasht i Kewir) 75 H3
G[ran]d Drumont (Mt) 44 C-D5
Grande (I.) 39 B2
Grande (Rio Bravo del Norte) (R.) 114 C-D4
Grande (R.) *(BR)* 122 E4
Grande (R.) *(Nicar.)* 121 D3
Grande (R.) *(Venez.)* 121 F4
G[ran]de Abaco (I.) 121 E2
G[ran]de Anse 121 N1
G[ran]de Bahama (I.) 121 E2
Grande Baie Australienne 127 B-C4
G[ran]de Barrière (I.) 127 G1
Grande Barrière de Corail (Great Barrier Reef) 127 D-E2-3
Grande-Bretagne [et Irlande du Nord] (Royaume-Uni de) (United Kingdom) 22 D-E3
Grande Brière (Région) 39 B3
G[ran]de Canarie (I.) 102 B3
G[ran]de Casse (Mt) 43 E2
G[ran]de Chartreuse (Mts) 43 D2
G[ran]de Découverte (Mt de la) 121 M1
Grande de Santiago (R.) 120 B2
G[ran]de Dixence (L.) 66 C3
G[ran]de Emme (R.) 66 C3
G[ran]de Exuma (I.) 121 E2
G[ran]de Helpe (R.) 45 G3
G[ran]de Inagua (I.) 113 J7
G[ran]de Liakhov (I.) 83 O2
G[ran]de-Motte (La) 38 D3
Grande Muraille (de Chine] 93 F-G2
G[ran]de Nèthe (R.) 56 C3
G[ran]de Nicobar (I.) 92 E5
Grandeon 66 B3
G[ran]de Plaine Hongroise (Région) 76 C-D3-2
Grande Prairie 114 B1
Grand Erg Occidental 105 D3
Grand Erg Oriental 105 E-F3-2
G[ran]de Riv[ière] de la Baleine (R.) 115 F1
Grande Riv[ière] à Goyaves (R.) 121 M1
Grandes Antilles (Is) 108 G-H3-4
G[ran]de Sassière (Mt) 66 B-C4
G[ran]de Sauldre (R.) 40 C3
Grandes Iles de la Sonde 87 F-G6
Grandes Plaines (Région) 2 D3-4
G[ran]des-Rousses (Mts) 43 E2
G[ran]de Synthe 45 C1
Grande Syrte (Be) 102 E2
Grande-Terre (I.) 121 N1
G[ran]de Vigie (Pte de la) 121 M-N0
G[ran]d Eyvia (R.) 66 C4
Grand Falls 115 H2
Grand Forks 114 D2
Grand Haven 118 B2
G[ran]d Hers (Hers Vif) (R.) 42 B3
G[ran]d Ienissei (Bî) (R.) 83 J4
Grand Island 114 D2
Grand Junction 114 C3
G[ran]d Khingan (Mts) 83 L-M5-4
Grand Lac Amer 103 O2
G[ran]d Lac de l'Ours (L.) 112 E-F3
G[ran]d Lac des Esclaves (L.) 112 F3
G[ran]d Lac Salé (L.) 114 B2
Grand Lahou 106 B2
G[ran]d Lay (R.) 39 C3
Grandlieu (L. de) 39 C3
Grand' Maison 34 D2
G[ran]d Mont Sans Toucher (Mt) 121 M1
G[ran]d Morin (R.) 41 C2
G[ran]d Paradis (Mt) 66 C4
Grandpuits 34 C1
G[ran]d-Q[uevill]y 46 C-D2
Grand Rapids *(Ca.)* 114 D1
Grand Rapids *(US)* 118 B2
Grand Rhône (R.) 43 D3
Grandrieu 34 C2
G[ran]d Rivière 121 K1
G[ran]d-St Bernard (Col) 43 E2
G[ran]d-St Bernard (Tunnel du) 43 E2(2)
Grands Causses (Plat.) 29 C3
Grands Lacs 2 E3
Grand Teton (Mt) 114 B2
Grand Teton (P.Nl) 114 B-C2
G[ran]d Ventron (Mt) 44 C-D5
[Grand] Veymont (Mt) 43 D2
Grandvillars 44 C-D5
Grandvillers 46 E-F1
Gr[and] Zab (R.) 75 G3
Granges *(CH)* 66 C2
Granges *(Fr.)* 44 C4
Grängesberg 51 G1
Granite (Pic) 114 C2
Granitola (C.) 69 D6
Gran Sabana (Mts) 121 F4
Gran Sasso d'Italia (Mts) 68 D3
Grant (T. de) 112 I-K1
Grantham 53 D4
Granville 39 C2
Granville (L.) 112 G-H4
Grasse 49 F3
Grau du-Roi (Le) 48 A3
Graulhet 42 B-C3
Gravataí 124 C-D2-3
Grave 56 D3
Grave (Pte de) 42 A2
Grave (La) 43 E2
Gravelines 45 C2
Gravelotte *(Fr.)* 44 A-B2
Gravelotte *(S.Afr.)* 107 B-C2
Gravenhurst 118 D1
Graves (Région) 42 A2
Gravesend 53 E5
Gravia 71 C3
Gravina [in Puglia] 69 F4
Gravone (R.) 43 G3-2
Gray 41 D3
Grayling 118 B1
Graz 65 F2
Great Barrier Reef (Grande Barrière de Corail) 127 D-E2-3
Great Dividing Ra. (Cord. Australienne) 127 D-E2-3
Greater London (Comté) 54 C-D3 (16)
Greater Manchester (Comté) 54 C2 (17)
Great Falls 114 B-C2
Great Fisher Bank 55 H2
Great Sandy (Fraser) (I.) 127 E3
Great Whale River 115 F1
Great Yarmouth 53 F4
Greboun (Mt) 102 D3
Grèce (Hellas) 22 G5
Gredos (Sa de) 72 B1
Greece 118 D2
Greeley 114 C2
Green (Be) 118 B1
Green (R.) 114 B-C2
Green Bay *(Ca.)* 117 H1
Green Bay *(US)* 118 A1
Greenbrier (R.) 118 C-D3
Greencastle 118 B3
Greenfield 118 E2
Greenock 52 B3
Greenore 52 A-B4
Greensboro 115 E-F3
Greensburg 118 D2
Greenvale 126 D2
Greenville *(US, Mich.)* 118 B2
Greenville *(US, Miss.)* 115 D-E3
Greenville *(US, Ohio)* 118 B2
Greenville *(US, S.C.)* 115 E3
Greenwich 53 E5
Greifen (L. de) 66 D2
Greifswald 58 E2
Grein 65 F1
Greiz 59 E4
Grenå 58 D1
Grenade 72 C2
Grenade 111 M-N2
Grenade (I.) 121 F3
Grenay 45 D3
Grenen (Skagen) (C.) 62 B4
Grenoble 43 D2
Gréoux-l[es]-B[ain]s 38 D3
Gresik 89 M1
Grésivaudan (Région) 43 D2
Gressoney 66 C4
Gretz-A[rmainv lliers] 46 G3
Greven 60 C1
Grevená 71 B2
Grevenbroich 60 B2
Grevenmacher 56
Greymouth 127 F-G2
Grigny 49 K2
Grijalva (R.) 113 H8
Grimaud 49 F4

Grimma 59 E4
Grimsby 53 D4
Grimsel (Col) 66 D3
Grimstad 51 F2
Grimsvötn (Mt) 62 I2
Grindelwald 66 D3
Grindsted 58 C2
Grises (Mts) 127 D3
Gris Nez (C.) 40 B1
Grisons (Canton) 67 K-L2
Grisons (Alpes des) (Alpes Rhétiques) (Mts) 64 C-D2
Grisy-Suisnes 47 E3
Grodekovo 98 B1
Gröditz 61 E3
Grodno 76 D-E1
Groenland 2 G-H2
Groenland (Mer du) 1 C3
Groenlo 60 B1
Groesbeek 60 A2
Groix 39 B3
Groix (I. de) 39 B3
Grombalia 69 C6
Gronau 60 C1
Grondin 106 E2
Groningen (Groningue) 56 E1
Groningue (Prov.) 56
Groningue (Groningen) 56 E1
Groote Eylandt (I.) 127 C2
Grootfontein 103 E7
Grosbliederstroff 44 D2
Gros Foug (Région) 66 A4
Groslay 47 D2
Gros-Morne 121 K1
Grosne (R.) 41 D3
Grossenbrode 58 D2
Grossenhain 59 E4
Grosse Pointe (C.) 121 N1
Gr[osser] Plöner See (L.) 58 D2
Grosseto 68 C3
[Grosser] Feldberg (Mt) 60 D3
Grossglockner (Mt) 59 E6
Gr[oss] Plönersee (L.) 58 D2
Gr[oss] Reken 56 E-F3
Gross Umstadt 60 D-E4
Grossvenediger (Mt) 59 D-E6
Grostenquin 44 C3
Grou (O.) 104 B2
Groud (R.) 47 D2
Grouin (Pte du) 39 B-C2
Grouz (Dj.) 104 C2
Grozny 80 D4
Grudziądz 76 C1
Grünberg 60 D-E3
Grünstadt 60 C-D4
Grury 41 C3
Gruyère (Val) 66 C3
Gruyères 66 C3
Grytviken 123 F8
Gstaad 66 C3
Guacanayabo (G. de) 121 E2
Guacolda 124 A2
Guadalajara *(E)* 72 C1
Guadalajara *(Mex.)* 120 B2
Guadalcanal (I.) 127 E1
Guadalimar (R.) 72 C2
Guadalquivir (R.) 72 B2
Guadalupe 114 C3
Guadalupe (I.) 114 B4
Guadalupe (Massif de) 114 C3-4
Guadalupe (Sa de) 72 B2
Guadarrama (Sa de) 72 B-C1
Guadeloupe (I.) 121 F3
Guadiana (R.) 72 B2
Guadix 72 C2
Guagno 38 E1
Guainia (R.) 121 F4
Guaira 124 C2
Guajarà-Mirim 122 C4
Guajira (P. de) 121 E3
Gualeguaychú 124 C3
Guam (I.) 3 Q5
Guamo 120 H2
Guanabacoa 121 D2
Guanabara (I.) 123 E5
Guanaco (Col) 123 B6
Guanajuato 120 B-C2
Guanajuato (État) 120 B2
Guananoque 118 D1
Guanare 121 F4
Guangdong (Kouang Toung) (Prov.) 96 B3 (4)
Guangxi (Kouang Si) (Rég. aut.) 96 A3 (22)
Guangyuan 96 A2
Guangzhou (Canton) 96 B3
Guantánamo 121 E2
Guarda 72 B1
Guaporé (R.) 122 C4
Guarapuava 124 C2
Guaratinguetà 124 D2
Guardafui (C.) 102 I4
Guárico (R.) 121 F4
Guarulhos 123 E5 (7)
Guasave 114 C4
Guascama (C.) 121 E4
Guatemala 110 D4
Guatemala ([Ciudad de]) 120 C-D3
Guaviare (R.) 121 E4
Guayaquil 122 A-B3
Guayaquil (G. de) 122 A3
Guaymas 114 B4
Gubbio 68 D3
Guben (Wilhelm-Pieck-Stadt) 58 F4
Gubin 58 F3-4
Gudbrandsdalen (Région) 62 A-B3
Gudvangen 55 H1
Guebwiller 44 D5
Guebwiller (B[all]on de) (G[ran]d Ballon) (Mt) 44 D5
Gueldre (Prov.) 56
Guelma 105 E1
Guelph 118 C2
Gueltet el Atrouss 104 B4
Guéméné[-Penfao] 39 C3
Guéméné[-sur-Scorff] 39 B2
Guénange 44 B2
Guéné 106 C1
Guer 39 B3
Guérande 39 B3
Guerche[-de-Bretagne] (La) 39 C3
Guerche[-sur-l'Aubois] (La) 40 C3
Guercif 104 C2
Guéret 42 B-C1
Guérigny 40-41 C3
Guerlédan (L. de) 38 B1
Guernesey (I.) 39 B2
Guerrara 105 E2
Guerrero (État) 120 B-C3
Gueugnon 41 C-D3
Guiers (R.) 66 A4
Guignes 46 G3
Guigou (O.) 104 B2
Guijiga 83 Q3
Guil (R.) 43 E2
Guildford 53 D5
Guilin 96 A-B3
Guillestre 43 E2
Guilvinec 39 A3
Guimaraes 72 A-B1
Guinée 103 A3
Guinée (G. de) 102 D5-6
Guinée (Nouvelle-) (I.) 3 Q-P6
G[uinée] B[issau] 103 A3
G[uinée] É[quatoriale] 103 B3
Guines 45 A2
Guingamp 39 B2
Guiping 97 A-B3
Guipuzcoa (Prov.) 72 C1 (2)
Guir (Hamada du) 104 C3
Guir (O.) 104 C3
Guiscriff 35 F-G1
Guise 45 F4
Gui Xian 96 A3
Guiyang *(Chine, Guizhou)* 93 F3
Guiyang (Qiqihar) *(Chine, Heilongjiang)* 83 M5
Guizeh (El Giza) 102 F-G2
Guizhou (Kouei Tchéou) (Prov.) 96 A3 (5)
Gujan[-Mestras] 42 A2
Gujarat (État) 94 E-F2
Gujranwala 94 B1
Gujrat 94 B1
Gulbahar 95 A1
Gulbarga 94 B3
Gulf Oilfield (Gisement) 111 G3
Gulf Port 115 E3
Gullfoss (Geyser) 63 G-H2
Güllük 71 E4
Gülpinar 71 E3
Gumal (R.) 94 A-B1
Gummersbach 60 C2-3
Guna (Mt) 102 G4
Gundelsheim 60 E4
Gundershoffen 44 E3
Gundremmingen 61 D4
Güney 71 F3
Guntakar 94 B3
Guntersville (L.) 115 E3
Guntur 94 B-C3
Gunung Patuha 89 L1
Günz (R.) 59 D5
Guri (Rés[ervoi]r de) 121 F4
Gurim 90 I3
Gurk (R.) 59 F6
Gurla Mandhata (Mt) 94 C1
Gurupa 122 D3
Guru Sikhar (Mt) 94 B2
Gus 81 D3
Gusau 106 C1
Guspini 69 B5
Güstrow 58 E3
Gütersloh 60 D2
Guyana 111 M-N2
Guyancourt 47 B3
Guyane Fr[ançaise] 111 N2
Guyanes (Plat. des) 121 F4
Guyenne (Région) 42 A-B2
Gwadar 92 B3
Gwalior 94 B2
Gwanda 107 B2
Gwent (Comté) 54 C3(3)
Gweru 103 F7
Gwynedd (Comté) 54 C2(4)
Gyali (I.) 71 E4
Gyangze (Giantsé) 94 C2
Gyaros (I.) 71 D4
Gyda 84 J2
Gyda (Be de) 82 H2
Gyda (P. de) 82 H-I3-2
Gympie 127 E3
Gyöngyös 76 C-D3
Györ 76 C3
Gypsumville 114 D1
Gytheion 71 C4

H

Ha (R.) 99 B3
Haapsalu 62 D4
Haarlem 56 C2
Haarlem (Mer de) (Polder) 56 C2
Haarstrang (Coll.) 60 C-D2
Habana (La Havane) 121 D2
Habbaniyah 91 E2
Habermehl (Pic) 1 E1-2
Habesor (W.) 90 H3-4
Habomai (Is) 96 E1
Haboro 98 E1
Habsburg 66 D2
Habsheim 44 D5
Habuminato 99 D4
Hachenburg 60 C3
Hachijoshima (I.) 99 D-E4
Hachinohe 96 E1
Hachiogi 99 D4(5)
Hachirogata (Be) 98 E2
Hadd (Ras el) (C.) 87 D4
Haddington 52 C3
Hadejia (R.) 102 E4
Hadera 90 H2
Haderslev 58 C2
Hadibu 91 F4
Hadithah 75 G3
Hadjout (Marengo) 105 D1
Hadramaout (Région) 102 H4
Hadramaout (W.) 102 H4
Haeju 96 C2
Hafar 75 G4
Hafnarfjördur 62 H2
Haft Kel 91 E-F2
Hafun 102 I4
Hafun (Ras) (C.) 102 I4
Hageland (Région) 56 C-D4
Hagelberg (Mt) 58 E3
Hagen 60 C2
Hagenow 58 D3
Hagerstown 118 D3
Hagetmau 42 A3
Hagfors 63 B3
Hagi 99 B4
Hagion Nikolaos 71 C2
Hagion Öros (G. de) (G. Singitikos) 71 C-D2-3
Hagion Öros (Terre autonome du Mt Athos) 71 C-D2
Hagios Eustratios (Hagios Evstratios) (I.) 77 E5
Hagios Evstratios 71 D3
Hagios Evstratios (I.) 71 D3
Hagios Georgios (I.) 71 C-D4
Hagios Ioannis (C.) 71 D-E5
Hagios Kirykos 71 E4
Hagios Nikolaos 71 D5
Hagios Petros 71 B3
Hagondange 44 B2
Hague (La) 34 B1
Hague (C. de la) 39 C2
Haguenau 44 E3
Haha (I.) 96 E3
Hahnenkamm (Mt) 60 E3
Haïfa 90 H-I2
Haïkou 93 G4
Haïl 75 G4
Hailar 83 L-M5
Haillicourt 45 D2-3
Hailong 96 C1
Hailuoto (I.) 62 D2
Haimen 96 C3
Haïnan (I.) 93 F-G4
Haïnan (Détr. de) 93 G3
Hainaut (Prov.) 56
Hainaut (Région) 45 E-F2-3
Haine (R.) 45 F-G3
Hainleite (Mts) 59 D4
Haiphong 93 F3
Haitan (I.) 96 B-C3
Haïti (I.) 121 E-F3
Haïti 111 M2
Hajduszoboszló 78 D3
Hajigak 95 A1
Hakkâri 75 G3
Hakodate 98 E2
Hakui 99 D3
Haku San (Mt) 99 D3
Halaib 90 D3
Halanzy 56 D5
Halar 95 A-B2
Halatte (Forêt d') 46 G2
Halberstadt 58 D4
Halden 51 F2
Haldensleben 58 D3
Halesworth 53 E4
Haleys 117 F2
Haliburton 118 D1
Halifax *(Ca.)* 115 G2
Halifax *(RU)* 53 C-D4
Halikarnassos 71 E4
Hall 59 D6
Hall (P.) 112 K3
Hall (T.) 112 K-L1
Halland (Région) 51 G2
Halle *(Belg.)* 56 C4
Halle *(RFA)* 58 D4
Halle *(RFA)* 60 D1
Halle (District) 58
Hallein 59 E6
Hallencourt 45 B3
Hallett St[ati]on (Station polaire) 1 E19-18
Halley Bay (Station polaire) 1 E33-34
Hallingskarvet (Mt) 62 A3
Hallsberg 51 G2
Halls Creek 127 B2
Hallstatt 65 E2
Halluin 45 E2
Hallwil (L. de) 66 D2
Halmahera (Djailolo) (I.) 93 H-I5
Halmahera (Mer d') 93 H-I6
Halmstad 51 G2
Hälsingborg 58 E1
Haltern 60 C2
Haltiatunturi (Mt) 62 D2
Haltuvaara 63 F3
Halul 91 F3
Ham 40 C2
Hamada 99 B-C4
Hamadan 75 G-H3
Hamaguir 104 C3
Hamah 75 F3
Hamamasu 98 E2
Hamamatsu 99 D4
Hamar 62 B3
Hambach 44 D2
Hamborn 56 E3
Hambourg (Hamburg) 58 D3
Hambourg (Land) 58
Hamburg (Hambourg) 58 D3
Hamd (W. el) 102 H3
Hämeenlinna 62 D3
Hameln 60 E1
Hamersley (Mts) 127 A3
Hamgyong S[annaek] (Mts) 98 B2
Hamhung 98 A2-3
Hami 92 E1
Hamilton *(Austral.)* 127 C-D4
Hamilton *(Bermudes)* 115 G3
Hamilton *(Ca.)* 118 D2
Hamilton *(N.Z.)* 127 G1
Hamilton *(US)* 115 E3
Hamilton ([North]) 55 G2
Hamilton ([South]) 55 G2
Hamilton (R.) 127 D3
Hamilton (Be de) 115 H1
Hamina 62 E3
Hamm 60 C2
Hammamet 105 F1
Hammamet (G. de) 105 F1
Hammam Lif 105 F1
Hamme 56 C3
Hammerfest 62 D1
Hammond 115 E2
Hammonton 118 E3
Hamont 56 D3
Hamoun Hilmend (Étg) 92 B2
Hamoun Mashked (Étg) 92 B3
Hampshire (Comté) 54 C3(18)
Hampton 115 F3
Hamra (O. el) 104 A4
Hanamaki 98 E3
Hanau 60 D-E3
Hancheng 96 B2
Hancock 115 E2
Handan 96 B2
Handeggfall (Chutes) 66 D3
Hanford 114 B2
Hangö (Hanko) 62 D4
Hangu 96 B2
Hangzhou 96 B2
Hangzhou (Be de) 96 C2
Hankensbüttel 61 D2
Hanko (Hangö) 62 D4
Hanle 94 B1
Hann (Mt) 127 B2
Hannibal 115 D3
Hannover (Hanovre) 60 E1
[Hannoversch-] Münden 59 C4
Hannut 56 D4
Hanö Bukten (Be) 58 F2
Hanoï 93 F3
Hanover *(Ca.)* 118 C1
Hanover *(US)* 118 F2
Hanover (I.) 123 B8
Hanovre (Hannover) 60 E1
Hanság (Région) 65 G2
Han [-sur-Lesse] 56 D4
Han Shui (R.) 96 B2
Hanzhong 96 A2
Haoud El Hamra 105 E3
Haouz (Pl.) 104 A-B3
Haparanda 62 D2
Hapsu 98 B2
Haradh 91 E3
Haranomachi 99 E3
Harare 103 G7
Hara Usa Nur (L.) 83 J5
Harbel 106 A-B2
Harbin 96 C1
Hardangerfjell (Mts) 62 A4-3
Hardanger Fjord (Be) 62 A4-3
Hardanger Vidda (Mts) 62 A3
Hardenberg 56 E2
Harderwijk 56 D2
Hardheim 60 E4
Hardinghen 45 A2
Hardt (Mts) 41 E2
Hardwick 118 E1
Harelbeke 45 E2
Harer 102 H5
Harfleur 46 B2
Hargeisa 102 H5
Harghita (Mt) 76 E3
Haringvliet (Détr.) 56 C3
Harlingen *(PB)* 56 D1
Harlingen *(US)* 114 D4
Harlow 55 G4
Harmancik 71 F3
Harnes 45 D3
Harney (P[ic]) 114 C2
Härnösand 62 C3
Haroué 44 B4
Harout Roud (R.) 92 B2
Harper 102 C5
Harricanaw (R.) 115 F1-2
Harrington 118 D-E3
Harris (P.) 52 A2
Harrisburg 115 F2
Harrismith 107 B2
Harrisonburg 118 D3
Harrogate 53 D4
Harrow 53 D5
Harsprånget 63 C2
Harstad 62 C2
Hart 118 B2
Harta 91 E2
Hartford *(US, Conn.)* 118 E2
Hartford *(US, Wisc.)* 118 A-B2
Harth (Forêt de la) 44 D5
Hartland (Pte) 53 B5
Hartlepool 50 C3
Hartmannswillerkopf (Vieil Armand) (Mt) 44 D5
Harwell 55 F4
Harwich 53 E5
Haryana (État) 94 F2
Harz (Mts) 58 D4
Hasakah 75 G3
Hase (R.) 58 B3
Hasenmatt (Mt) 66 C2
Haslital (Val) 66 D3
Hasparren 42 A3
Hassan 94 B3
Hassberge (Mts) 59 D4
Hasselt 56 D4
Hassi bou Zid 105 D3
Hassi Djafou 105 D-E3
Hassi Djebilet 104 B4
Hassi el Abiod 105 D3
Hassi el Hadjar 105 E3
Hassi Messaoud 105 E3
Hassi R'Mel 105 D2
Hässleholm 58 E-F1
Hastings *(N.Z.)* 127 G1-2
Hastings *(RU)* 40 B1
Hastings *(US, Mich.)* 118 B2
Hastings *(US, Nebr.)* 114 D2
Haţeg 76 D3
Hatgal 85 L-M4
Ha Tien 93 F4
Ha Tinh 93 F4
Hattem 56 D-E2
Hatteras (C.) 115 F3
Hattiesburg 115 E3
Hattingen 60 C2
Haubourdin 45 D2
Hauenstein (Mt) 66 C2
Hauenstein (Tunnel) 67 B-C2
Haugesund 51 E2
Hauki (L.) 62 E3
Hauraki (G. de) 127 G4
Hausruck (Mts) 65 E1
Haut (T. de) (I.) 121 M2
Haut Armagnac (Région) 42 B3
Haut Atlas (Mts) 74 B3
Haut Bocage [Vendéen] (Région) 40 A3
Haute Bavière (District) 58
Haute-Corse (2 B) (Dépt) 23 E1
Haute-Engadine (Val) 66 E-F3
Haute-Franconie (District) 58
Haute-Garonne (31) (Dépt) 23 C3
Haute-Loire (43) (Dépt) 23 C2
Haute-Marne (52) (Dépt) 23 D1-2
Haute-Normandie (Rég. adm.) 23
Hautes-Alpes (05) (Dépt) 23 D2
Haute-Saône (70) (Dépt) 23 D2
Haute-Savoie (74) (Dépt) 23 D2
Hautes Fagnes (Région) 56 D-E4
Haute Silésie (Région) 78 C2
Hautes-Pyrénées (65) (Dépt) 23 C3
H[au]tes Tatra (Mts) 76 C-D2
Haute-Vienne (87) (Dépt) 23 C2
Haute-Volta (act. Burkina Faso) 102 C-D4
Haut-Folin (Le Bois du Roi) (Mt) 41 C-D3
Hautil (Hauteurs de l') 47 A-B1-2
Haut Joux (Mts) 41 E3
Haut-Languedoc (P.R) 38 C3
Haut Maine (Région) 40 B2-3
Hautmont 45 F3
Haut-Palatinat (District) 58
Haut-Rhin (68) (Dépt) 23 D1-2
Hauts-de-Seine (92) (Dépt) 23 C1
Hauts Plateaux 74 B-C3
Havant 40 A1
Havasu (L.) 114 B3
Havel (R.) 58 E3
Havelberg 58 E3
Havelland (Région) 58 E3
Havelock *(Ca.)* 118 D1
Havelock *(S.Afr.)* 107 C2
Haverhill 119 F2
Havran 71 E3
Havre [de Grace] *(US, Md)* 118 D3
Havre *(US, Mont.)* 114 C2
Havre (Ct du) 46 B2
Havre (Le) 46 B2
Havré 45 G3
Havre S[ain]t Pierre 115 G1
Havsa 71 E2
Hawaï (I.) 125 E3
Hawick 52 C3
Hawke (Be) 127 G1
Hawkesbury 118 E1
Hay (R.) 112 F4
Hayange 60 A-B4
Haye (Forêt de) 41 D-E2
Haye-Descartes (La) (act. Descartes) 40 B3
Haye-du-P[uits] (La) 39 C2
Hayes (Mt) 112 C3
Hayes (P. de) 112 K-L2
Hayes (R.) 114 D1
Haÿ-les-Roses (L') 47 D3
Hayrabolu 71 E2
Hay River 112 F4
Hazaribagh 94 C2
Hazebrouck 45 C-D2
Hazleton 118 E2
Heard (I.) 3 M-N8
Hearst 115 E2
Heather 55 G1
Hebei (Ho Peh) (Prov.) 96 B2 (6)
Hébrides (Is) 52 A2-1
Hébrides (Nouvelles) (Is) 3 R6-7
Hebron *(Ca.)* 112 K4
Hebron *(Cisj.)* 90 I3
Hechi 96 A3
Hechuan 96 A2
Hede 62 B3
Hedin (Mts) (Transhimalaya) 92 D2-3
Hedjaz (Région) 102 G3
Heemstede 56 C2
Heerenveen 56 D-E2
Heerlen 60 A-B3
Hefei 96 B2
Hegang 83 N5
Hegau (Région) 66 D2
Heide 58 C2
Heidelberg 60 D4
Heidenheim 59 C-D5
Hei He (R.) 83 K5
Heilbronn 60 E4
Heiligenstadt 59 D4
Heiligenwald 44 D2
Heilongjiang (Amour) (R.) 87 G3
Heilongjiang (Heiloung Kiang) (Prov.) 96 C1 (7)
Heiloung Kiang (Heilongjiang) (Prov.) 96 C1 (7)
Heimbach 60 B3
Heimdal 55 G2
Heinsberg 60 B2
Hekla (Mt) 62 I2
Helen (I.) 125 A3
Helena *(US, Ark.)* 115 D3
Helena *(US, Mont.)* 114 B2
Helgoland (Be d') 58 C2
Helgoland (I.) 58 B2
Helikon (Mts) 71 C3
Hellas (Grèce) 22 G5
Hellberge (Mt) 58 D3
Hellendoorn 56 E2
Hellenthal 60 B3
Hellevoetsluis 56 C3
Hellin 72 C2
Helme (R.) 59 D4
Helmond 56 D3
Helmstedt 58 D3
Hélos 71 C4
Helpe (G[ran]de) (R.) 45 G3
Helpe (P[eti]te) (R.) 45 F-G3
Helpter Berge (Coll.) 58 E3
Helsingör (Elseneur) 51 F-G2
Helsinki 62 D-E3
Hem 45 E2
Hemer 60 C2
Hemmersdorf 44 C2
Henan (Ho Nan) (Prov.) 96 B2 (8)
Henares (R.) 72 C1
Hendaye 42 A3
Henderson (I.) 125 F5
H[endrik] Verwoerd (Réservoir) 107 B3
Hengchun 96 B-C3
Hengelo 60 B1
Hengstlage 61 B-C2
Hengyang 96 B3
Henin-Liétard 56 A-B4
Hennebont 39 B3
Henningsdorf 61 E2
Henningsvaer 63 B2
Henriette (I.) 83 P-Q2
Henry (Mts) 114 B3
Henzada 92 E4
Heppenheim 60 D4
Heradsflói (Be) 62 J1
Heraklea 69 F4
Herakleia 71 C3
Herakleia (I.) 71 D4
Heraklion (Candie, Iraklion) 71 D5
Herat 92 B2
Hérault (R.) 43 C3
Hérault (34) (Dépt) 23 C3
Herberton 127 D2
Herbiers (Les) 39 C3
Herbitzheim 44 D2
Herblay 47 B2
Herbolzheim 44 E4
Herborn 60 D3
Hercegnovi 68 G3
Hereford 53 C4
Hereford and Worcester (Malvernshire) (Comté) 54 C2 (26)
Héréhérétué (St Paul) (Atoll) 125 E4
Herentals 56 C3
Herford 60 D1
Héricourt 44 C5
Herin 45 E3
Heringsdorf 58 F2-3
Heri Roud (R.) 92 B2
Herisau 66 E2
Herk de Stad 56 D4
Herma (Pte) 52 H1
Hermeskeil 60 B-C4
Hermioni 71 C4
Hermon (Mt) 90 I1
Hermos (Gediz) (R.) 77 E-F5
Hermosillo 114 B4
Hermoupolis 71 D4
Hernad (R.) 76 D2
Herne 60 C2
Herning 58 C1
Héron 56 D4
Hérouville [-St-Clair] 40 A2
Heröva 63 A4
Hers (G[ran]d) (Hers Vif) (R.) 42 B3
Herschel (I.) 112 D3
Herserange 44 A1
Hersin 45 D3
Hers Mort (R.) 42 B3
Herstal 56 D4

Hers Vif (G[ran]d Hers) (R.) 42 B 3
Herten 60 C 2
Hertford 53 D 5
Hertfordshire (Comté) 54 C 3(19)
Herve 60 A 3
Herve (Pays de) (Région) 56 D 4
Hervey (Be) 127 E 3
Herzele 45 F 2
Herzliya 90 H 2
Herzogenaurach 61 D 4
Hesbaye (Région) 56 C-D 4
Hesdin 45 C 3
Heshan 97 A 3
Hesse (Land) 58
Hesse-Rhénane-Palatinat (District) 58
Heuchin 45 C 3
Heule 45 E 2
Heure ([Eau d']) (R.) 56 C 4
Heusweiler 44 C-D 2
Hève (C. de la) 46 B 1
Heverlee 57 C 4
Hewett 55 G 3
Hexham 52 C 3
Heyrieux 49 K-L 2
Heysham 55 F 3
Hez (Forêt de) 46 F 2
Hialeah 115 E 4
Hibbing 114 D 2
Hida (Mts) (Alpes Jap[onai]ses) 99 D 4-3
Hidaka (Mts) 98 E 2
Hidalgo (État) 120 C 2
Hidalgo del Parral 114 C 4
Hiddensee (I.) 58 E 2
Hienghène 125 I 1
Hierro (I.) 103 K 2
Higashiosaka (Fuse) 99 C 4(17)
Highland (Comté) 54 B 1(6)
Highland Park 118 A-B 2
Highlands (North-West) (Mts) 52 B 1-2
Hiiumaa (I.) 62 D 4
Hikawa 99 D 4
Hikone 99 D 4
Hilden 60 B 2
Hildesheim 58 C-D 3
Hillah 75 G 3
Hilleröd 58 E 2
H[illet] Abbas 90 D 4
Hills (Black) (Mts) 114 C 2
Hillsdale 118 B 2
Hilmend (R.) 87 D 4
Hilo 125 E 3
Hilsbach 60 D 4
Hilversum 56 C-D 2
Himachal Pradesh (État) 94 F 1
Himalaya (Mts) 87 D-E 4
Himarë 71 A 2
Himeji 99 C 4
Himi 99 D 3
Hinchinbrook (I.) 127 D 2
Hindelang 67 D 2
Hindeloopen 56 D 2
Hindou Kouch (Mts) 87 D 4
Hindoustan (Pl. de l') 87 D-E 4
Hindu Bagh 95 A 1
Hines Creek 116 B 1
Hinkley Point 55 F 4
Hinnöya (I.) 62 C 2
Hinton 118 C 3
Hirakata 99 D 4-3
Hiratsuka 99 D 4 (6)
Hiroo 98 E 2
Hirosaki 98 D-E 2
Hiroshima 99 C 4
Hirsingue 44 D 5
Hirson 45 G 4
Hisar 94 B 2
Histiaia 71 C 3
Hit 75 G 3
Hita 99 B 4
Hitachi 99 E 3
Hitoyoshi 99 B 4
Hitra (I.) 62 A 3
Hjälmaren (L.) 51 G-H 2
Hjörring 51 F 2
Ho 106 C 2
Hoa Binh 93 F 3
Hobart 127 D 5
Hobbs 114 C 3
Hoboken 56 C 3
Hochalmspitze (Mt) 59 E 5
Hochfelden 44 E 3
Hochfilzen 61 E 5
Hochgolling (Mt) 59 E 6
Ho Chi Minh Ville (Saigon) 93 F-G 4-5
Hochkönig (Mt) 59 E 6
Hochschwab (Mt) 65 F 2
Höchst 59 C 4
Hochwald ([Schwarzwälder]) (Mts) 60 B-C 4
Hockenheim 60 D 4
Hodgenville 118 B 3
Hódmezővásárhely 76 D 3
Hodna (Chott el) 105 E 2
Hodna (Mts du) 105 E 2
Hodonín 65 G 1
Hœdic (I.) 39 B 3
Hoek van Holland 51 D 4
Hoensbroek 60 A-B 3
Hœrdt 44 E 3
Hof 59 D 4
Hofgeismar 60 E 2
Höfn 62 I-J 2
Hofsjökull (Glacier) 62 I 2
Höganäs 58 E 1
Hoggar (Ahaggar) (Mts) 102 D 3
Hohe Acht (Mt) 60 C 3
Hohe Eifel (Mts) 60 B-C 3
Hohe Mark (Mt) 60 C 2
Hohenlandsberg (Mt) 59 D 5
Hohenlimburg 60 C 2
Hohenschwangau 59 D 5
Hohenstaufen 59 C-D 5
Hohenzollern 59 C 5
Hohenzollern (Sud-Wurtemberg) (District) 58
Hoher Freschen (Mt) 66 E 2
Hoher Ifen (Mt) 66 F 2
Hohe Tauern (Mts) 65 E 2
Hohhot 96 B 1
Hohneck (Mt) 44 D 4
Hohsien 97 B 3
Hohwald (Le) 44 D 4
Höjärvi 63 D 3
Hokitika 127 F-G 2
Hokkaïdo (Yeso) (I.) 98 E 1
Hoko (C.) 98 E 3
Hokuriku (T[unne]l de) 99 D 4
Holguin 121 E 2
Hollabrunn 65 F-G 1
Holland 118 B 2
Hollande (Nord-) (Prov.) 56
Hollande (Sud-) (Prov.) 56
Hollandia (Kota Banı, Sukarnapura) 17 Q 6
Hollands[che] Diep (Chenal) 56 C 3
Hollywood 115 E-F 4
Holmes (Récifs) 127 D 2
Holstebro 58 C 1
Holten 56 E 2
Holtenau 58 C-D 2
Holy Cross 113 A-B 3
Holyhead 53 B 4
Holyoke 118 E 2
Holzminden 58 C 4
Homberg *(RFA, Hesse)* 60 E 2
Homberg *(RFA, Rhénanie-Westphalie)* 60 B 2
Hombori (Mts) 102 C 4
Hombourg 44 C 2
Homburg 44 D 2
Homécourt 44 A 2
Homra (Hamada el) 102 E 3
Homs (Al Khums) *(Libye)* 74 D 3
Homs *(Syrie)* 75 F 3
Ho Nan (Henan) (Prov.) 96 B 2 (8)
Honavar 94 B 3
Honaz d[ağı] (Mt) 71 F 4
Honda 121 E 4
Hondo (Honshu, Nippon) (I.) 99 B-D 4-2
Hondschoote 45 D 2
Honduras 110 D 4
Honduras (G. de) 120 D 3
Honduras britannique (act. Belize) 110 D 4
Honfleur 46 B 2
Hong Kong 93 G 3
Hongrie 22 F-G 4
Hongroise (G[ran]de Pl.) 76 C-D 3-2
Hongshui He (R.) 93 F 3
Honiara 127 E-F 1
Honjo 98 D 3
Honnef ([Bad]) 60 C 3
Honningsvåg 63 E 1
Honolulu 125 D-E 2
Honshu (Hondo, Nippon) (I.) 99 B-D 4-2
Hood (Mt) 114 A 2
Hoogeveen 56 E 2
Hoogezand-Sappemeer 56 E 1
Hooglede 45 E 2
Hoogstraten 56 C 3
Höör 58 E 2
Hoorn 56 D 2
Hoouar (O.) 102 F 4
Hoover Dam (Barr.) 114 B 3
Ho Pa Shan (Mts) 96 A 2
Hopedale 112 K-L 4
Ho Peh (Hebei) (Prov.) 96 B 2 (6)
Hopewell 118 D 3
Hopi (Rés. Ind.) 114 B 3
Hopital (L') 44 C 2
Hôpitaux (Cluse des) 43 D 2
Hopkins (L.) 127 B 3
Horgen 66 D 2
Horme (L') 49 K 3
Hormoz (Ormuz) 91 F 3
Horn *(Autr.)* 65 F 1
Horn *(RFA)* 60 D-E 2
Horn (R.) 44 D 2
Horn (C.) *(Chili)* 2 F 8
Horn (C.) (C. Nord) *(Isld.)* 62 H 1
Horn (Is de) 125 C-D 4
Horn (Big) (Mt) 114 C 2
Hornaing 45 E 3
Hornavan (L.) 62 C 2
Hornbach 44 D 2
Hornell 118 D 2
Hornisgrinde (Mt) 59 C 5
Horonobe 98 E 1
Horoshiri (Mt) 98 E 2
Horsens 58 C 2
Horsham 53 D 5
Horstmar 60 C 1
Horta 103 J 1
Hoshangabad 94 B 2
Hosokura 97 E 2
Hospitalet 72 D 1
Hossegor 42 A 3
Hoste (I.) 123 B-C 8
Hostens 42 A 2
Hotan (Khotan) 92 C-D 2
Hotan He (R.) 92 D 2
Hotazel 107 B 2
Hoting 62 C 3
Hot Springs 114 D 3
Hotzenwald (Mts) 66 C-D 2
Houalien 96 C 3
Houat (I.) 39 B 3
Houdain 45 C-D 3
Houdan 46 E 3
Houffalize 56 D 4
Houillères (Cl des) 41 E 2
Houilles 47 C 2
Houlgate 39 C-D 2
Houlme (Le) 46 C-D 1
Houma 96 B 2
Houmt Souk 105 F 2
Hou Nan (Hunan) (Prov.) 96 B 3 (10)
Hou Peh (Hubei) (Prov.) 96 B 2 (9)
Houplines 45 D 2
Hourtin 42 A 2
Hourtin (Étg.de) 42 A 2
Houston 114 D 3
Houthulst 45 D 2
Hove 53 D 5
Hoverla (Mt) 76 E 2
Howe (Be) 114 A 2
Howe (C.) 127 E 4
Howell 118 B-C 2
Howrah 94 C 2
Höxter 60 E 2
Hoy (I.) 52 G 2
Hoya 58 C 3
Höyanger 55 H 1
Hoyerswerda 59 E-F 4
Höytiainen (L.) 62 E-F 3
Hradec Králové 76 B 2
Hradiště (Mt) 59 E 4
Hron (R.) 76 C 2
Huachipato 124 A 3
Huacho 122 B 4
Huaian 96 B-C 2
Huai He (R.) 96 B 2
Huaïlu 125 I 1
Huainan 96 B 2
Huallaga (R.) 122 B 3
Hualpai (Rés. Ind.) 114 B 3
Huambo 103 E 7
Huancavelica 122 B 4
Huancayo 122 B 4
Huanchaca 124 B 2
Huang He (R.) 87 F 4
Huang He (anc. cours du) (R.) 93 G 2
Huang He (anc. embouchure du) (Fei Huang He [Kou]) 96 C 2
Huangshi 96 B 2
Huascarán (Mt) 122 B 3
Hubbard (L.) 118 C 1
Hubei 97 B-C 2
Hubei (Hou Peh) (Prov.) 96 B 2 (9)
Hubli 94 B 3
Hückelhoven-Ratheim 60 B 2
Huddersfield 53 D 4
Hudiksvall 62 C 3
Hudson *(US, Mich.)* 118 B 2
Hudson *(US, N.Y.)* 118 E 2
Hudson (Be d') 115 E-F 1
Hudson (Détr. d') 112 J-K 3
Hudson (R.) 115 F 2
Hué 93 F 4
Huehuetenango 120 C-D 3
Huelgoat 39 B 2
Huelva 72 B 2
Huerta (La) (Région) 72 C 2
Huesca 42 A 3
Huez (Alpe d') 38 G 1
Hufhûf 75 G 4
Hughenden 127 D 3
Hugoton Gasf[ield] (Gisement) 116 C-D 3
Huila ([Nevada de]) (Mt) 121 E 4
Huimin 96 B 2
Huisne (R.) 46 C 4
Huit Degrés (Chenal des) (Détr.) 92 C 5
Huizen 56 D 2
Hukuntsi 107 B 2
Hull 118 E 1
Hulst 56 C 3
Huludao 97 C 1
Hulun Nur (L.) 83 L 5
Humaita 122 C 3
Humber (Estuaire) 53 E 4
Humberside (Comté) 54 C-D 2 (20)
Humboldt 116 B 3
Humboldt (Pic) 125 J 1
Humboldt (R.) 114 B 2
Humenné 76 D 2
Hümmling (Coll.) 58 B 3
Hûn 74 D 4
Hunaflói (Be) 62 H 1
Hunan (Hou Nan) (Prov.) 96 B 3 (10)
Hunchun 96 D 1
Hundested 58 D 1
Hunedoara 76 D 3
Hungen 60 D-E 3
Hunghae 99 B 3
Hungnam 98 A-B 3
Huningue 44 E 5
Hunjiang 96 C 1
Hunsrück (Mts) 60 B-C 4-3
Hunstanton 53 E 4
Hunte (R.) 58 C 3
Hunterston 55 E 3
Huntingdon *(Ca.)* 118 E 1
Huntingdon *(RU)* 53 D 4
Huntington *(US, Ind.)* 118 B 2
Huntington *(US, W. Va)* 118 C 3
Huntington B[each] 116 B 3
Huntly 52 C 2
Huntsville *(Ca.)* 118 D 1
Huntsville *(US)* 115 E 3
Hunza 94 B 1
Huon (G.) 127 D 1
Huon (Is) (Récifs d'Entrecasteaux) 127 F 2
Hurd (C.) 118 C 1
Hurepoix (Région) 46 E-F 3
Hurghada 102 G 3
Huron (L.) 115 E 2
Hürth 60 B-C 3
Husavik 62 I 1
Huskvarna 51 G 2
Husnes 55 H 1
Hussigny 44 A 2
Husum *(RFA)* 58 C 2
Husum *(S)* 63 C 3
Hutchinson 113 G-H 6
Hutt 127 G 2
Hüttenberg 65 F 2
Huttenheim 44 E 4
Huttwil 66 C 2
Hutuo He (R.) 96 B 2
Huveaune (R.) 48 C 4
Huy 56 D 4
Hvar 77 C 4
Hvar (I.) 77 C 4
Hwange 103 F 7
Hyannis 118 F 2
Hyderabad *(Inde)* 94 F-G 3
Hyderabad *(Pak.)* 94 A 2
Hydra (I.) 71 C 4
Hyères 49 E 4
Hyères (Is d') 43 E 3
Hyesan 96 B 1
Hypati 71 C 3
Hyuga 99 B 4
Hyvinkaa 62 D 3

I

Iabès (Erg) 104 C 4
Iablonovy (Mts) 83 K-L 4
Iacobeni 78 E 3
Iagodnoïe 85 Q-R 3
Iakoutie (Rép. aut. de) 86 (I-16)
Iakoutie (Région) 83 L-O 3
Iakoutsk 83 M 3
Ialomița (R.) 77 E 3
Iamal (P. de) 82 H 2-3
Iaman Taou (Mt) 80 E 3
Iamsk 83 P 4
Iana (R.) 83 N 3
Iana (Be de la) 83 N 2
Iaroslavl 80 C-D 3
Iași 76 E 3
Ibadan 102 D 5
Ibagué 121 E 4
Ibar (R.) 77 D 4
Ibarra 120 H 2
Ibbenbüren 60 C 1
Ibérique (Bassin) 2 I 3
Ibériques (Mts) 72 C 1
Iberville 118 E 1
Ibicuy 124 C 3
Ibiza 72 C-D 2
Ibiza (I.) 72 D 2
Iblane (Dj. bou) 104 B-C 2
Iblei (Mti) 69 F 6
Ibusuki 99 B 5
Ibycui 124 C 2
Ica 122 B 4
Içá (R.) 122 C 3
Içana (R.) 121 F 4
Ice Mountain (Mt) 114 A 1
Ichang 96 B 2
Ichenheim 44 E 4
Ichihara 99 D-E 4
Ichikawa 99 D 4 (7)
Ichim 82 G 4
Ichim (R.) 87 D 3
Ichim (Steppes de l') 82 G-H 4
Ichinohe 98 E 2
Ichinomiya 99 D 4
Ichinoseki 98 E 3
Ida (Idi) (Mt) 71 D 5
Ida (Kas Dağı) (Mts) 71 E 3
Idaho (État) 114 B 2
Idaho Falls 114 B 2
Idarkopf (Mt) 60 C 4
Idar-Oberstein 60 C 4
Idarwald (Mts) 60 C 4
Idi (Ida) (Mt) 71 D 5
Idlib 75 F 3
Idria 116 A 3
Idrija 65 F 3
Idro 66 F 4
Idro (L.d') 66 F 4
Idsas 91 E 3
Idstein 60 D 3
Ieisk 80 C 4
Ielabouga 81 E 3
Ielets 80 C 3
Ielgava 62 D 4
Iena 59 D 4
Ienissei (R.) 87 E 2
Ienissei (Be de l') 82 H-I 2
Ienissei (G[ran]d) (Bî) (R.) 83 J 4
Ienissei (P[eti]t) (Ka) (R.) 83 J 4
Ienisseisk 83 J 4
Ieper (Ypres) 45 D 2
Iesi 65 E 4
Iesseï 83 K 3
Ievlakh 75 G 2
Ifalik (I.) 125 B 3
Ifen (Hoher) (Mt) 66 F 2
Iffezheim 34 D-E 1
Ifrane 104 B 2
Igarka 82 I 3
Igharghar (O.) 102 D 3
Ighil Izane (Relizane) 105 D 2
Iglesias 69 B 5
Igli 104 C 3
Ignace 117 D 2
Iğneada (C.) 71 F 2
Igney 44 B 4
Igny 47 C 3
Igoumenitsa (Igumenitsa) 79 D 5
Igrim 81 F 2
Iguaçu (Chutes d') 123 D 5
Iguaçu (Salto do) (Barr.) 124 C 2
Iguala 120 C 3
Igualada 72 D 2
Iguatu 122 F 3
Iguéla 102 D 6
Iguidi (Erg) 104 B-C 4-3
Igumenitsa (Igoumenitsa) 71 B 3
Ihna (R.) 58 F 3
Iida 99 D 4
Iijärvi 62 E 2
Iisalmi 62 E 3
Iizuka 99 B 4
Ijevsk 80 E 3
Ijma (R.) 80 E 2
IJmuiden 56 C 2
IJssel (R.) 60 B 1
IJsselmeer (L.) 58 A 3
IJsselstein 56 C-D 2
IJzer (Yser) (R.) 45 D 2
Ikaria (I.) 71 D 4
Ikeda 98 E 2
Ikela 106 H 2
Ikelemba 102 E 5
Iki (I.) 99 B 4
Ilagan 93 H 4
Ilanz 66 E 3
Ilebo 102 F 6
Ilek (R.) 80 E 3
Ile-de-France (Région) 40 C 2
Ile-de-France (Rég. adm.) 23
Ile-de-France (Côte de l') (Hauteurs) 40-41 C-D 2
Ile-Rousse (L') 43 G 2
Ile-St-Denis (L') 47 C 2
Iles Cayman (Fosse des) 121 D-E 3
Ilesha 102 D 5
Ilford 53 E 5
Ilfracombe 53 B 5
Ilha Grande (L.) 124 C 2
Ilhéus 122 F 4
Ili (R.) 82 H 5
Ilica 71 E 3
Ilimaussaq 111 I-J 1
Ilion (Troie,Troja) 71 E 3
Ill (R.) *(Autr.)* 66 E 2
Ill (R.) *(Fr.)* 44 E 4
Ille 42 C 3
Ille (R.) 39 C 2
Ille et Rance (Cl d') 39 B-C 2
Ille-et-Vilaine (35) (Dépt) 23 B 1
Iller (R.) 66 F 2
Illfurth 44 D 5
Illiers[-Combray] 40 B 2
Illimani (Mt) 122 C 4
Illinois (État) 115 D-E 3
Illinois (R.) 113 H-I 5
Illinois (B[assin]) 117 E 3
Illkirch 44 E 3
Illzach 44 D 5
Ilmen (L.) 62 F 4
Ilmenau (R.) 58 D 3
Ilo 124 A 1
Iloilo 93 H 4
Ilöjärvi 63 D 3
Ilorin 102 D 5
Ilova (R.) 68 F 2
Imabari 99 C 4
Iman (Ville) 98 C 1
Iman (R.) 98 C 1
Imandra (L.) 62 F 2
Imataca (Sa) 122 C 2
Imatra 62 E 3
Imatra (Chutes d') 62 E 3
Imbros (İmroz) (I.) 71 D-E 2
Im' Fout 104 A-B 2
Imini 105 G 1
Imi N'Taoute 104 A 3
Immendingen 66 D 2
Immenstadt 66 F 2
Imola 65 D 3
Imotski 68 F 3
Imperia 49 H-I 3
Impérial (Cl) 93 G 2
Imperial (Val.) 113 F 6
Impfondo 102 E 5
Imphal (Manipur) 92 E 3
Imphy 41 C 3
Imralı (I.) 71 F 2
İmroz (Ville) 71 D 2
Imroz (Imbros) (I.) 71 D-E 2
Imst 66 F 2
Inagua (G[ran]de) (I.) 113 J 7
In Amenas 74 C 4
Inaouene (O.) 104 B 2
Inari 62 E 2
Inari (L.) 62 E 2
Inca 72 D 2
Inca de Oro 124 B 2
Inchon 96 C 2
Incudine (L') (Mt) 43 H 3
Indals Ä[lv] (R.) 62 C 3
Inde (Union Indienne) 86 D-E 4
Indefatigable 55 G 3
Independence 114 D 3
Indiana 118 D 2
Indiana (État) 115 E 3
Indianapolis 118 B 3
Indian ([Southern]) (L. Indien) 114 C-D 1
Ind[ian] Harbor 119 B 2
Indien (Océan) 3 M-N 6-7
Indien (L.) ([Southern] Indian L.) 114 C-D 1
Indienne (Crête Centrale) 3 M-N 6-8
Indighirka (R.) 83 O 3
Indochine (P.) 87 E-F 5
Indonésie 86 F-G 6
Indore 94 B 2
Indravati (R.) 94 C 3
Indre (R.) 40 B 3
Indre (36) (Dépt) 23 C 2
Indre-et-Loire (37) (Dépt) 23 C 2
Indrois (R.) 40 B 3
Indus (R.) 87 D 4
Indus (Bouches de l') (Be) 94 A 2
İnebolu 75 F 2
İnecik 71 E 2
İnegöl 71 F 2
Inezgane 104 A 3
Infiernillo (L. del) 120 B 3
Ingelheim 60 C-D 4
Ingelmunster 56 B 4
Ingersoll 118 C 2
Ingoda (R.) 83 L 4
Ingolstadt 59 D 5
Ingwiller 44 D 3
Inhambane 103 G 8
Inharrime 107 C 2
Inini (R.) 122 D 2
Inirida (R.) 121 F 4
Inn (R.) 18 F 4
Inner Sound (Détr.) 52 B 2
Innerste (R.) 58 D 3-4
Innsbruck 59 D 6
Inongo 102 E 6
Inoucdjouac 112 J 4
Inowrocław 76 C 1
In Salah (Aïn Salah) 74 C 4
Insizwa 107 B 3
Insulinde (Arch.) 3 O-P 5-6
Inta 80 E-F 2
Intérieure (Mer) 99 C 4
Interlaken 66 C 3
International Falls 116 D 2
Intra 66 D 4
Inubo (C.) 99 E 4
Inuvik 112 D 3
Invercargill 127 F 2
Inverkeithing 52 C 2
Invermere 116 B 1
Inverness 52 B-C 2
Inverurie 52 C 2
Inyati 107 B 1
Ioannina 71 B 3
Iochkar Ola 80 D 3
Iona (I.) 52 A 2
Iona (P.Nl) 107 A 1
Ionia 118 B 2
Ionienne (Mer) 18 F 5
Ioniennes (Is) 77 C-D 5
Ios 71 D 4
Ios (I.) 71 D 4
Ioudoma (R.) 83 N 4
Iougor (Détr. de) 82 F-G 3-2
Ioujno-Sakhalinsk 83 O 5
Iourga 82 I 4
Iowa (État) 114-115 D 2
Iowa C[it]y 115 D 2
Ipoh 93 F 5
Ipsala 71 E 2
Ipswich *(Austral.)* 127 E 3
Ipswich *(RU)* 53 E 4
Iquique 122 B 5
Iquitos 122 B 3
Irak 86 C 4
Iraklion (Candie,Heraklion) 71 D 5
Irako (C.) 99 D 4
Iran 86 C 4
Iran (Plat. d') 87 C-D 4
Iraouaddi (R.) 92 E 3
Irapuato 120 B 2
Irati (R.) 42 A 3
Irbid 75 F 3
Irbit 82 G 4
Iremel (Mt) 80 E 3
Iren Tala 96 B 1
Irhil M'Goun (Mt) 104 B 3
Irian 125 A 4
Irigny 49 K 2
Iringa 103 G 6
Iriomote (I.) 96 C 3
Iriri (R.) 122 D 3
Irkoutsk 83 K 4
Irlande (Ireland) (I.) 18 D 3
Irlande (Mer d') 18 D 3
Irlande (Rép. d') (Eire) 22 D 3
Irlande du Nord (Ulster) 54 B 2
Iro (C.) 99 D 4
Iroise (Mer d') 18 D 4
Iron (Mt) 114 B 3
Iron Knob 127 C 4
Iron Mountain 118 A 1
Iron Ore Hills 95 C 2
Iron Ore Range 95 C 2
Iron Range 127 D 2
Iron Springs 116 B 3
Ironton 118 C 3
Ironwood 115 E 2
Irpen 76 F 2
Irtych (R.) 82 H 4
Irtych Noir (R.) 82 I 5
Irún 42 A 3
Irva 71 F 2
Irvine *(RU)* 52 B 3
Irvine *(US)* 118 C 3
Irving 114 D 3
Isabella (Cord.) 121 D 3
Isac (R.) 39 C 3
Isachsen (C.) 112 G 2
Isafjardardjúp (Fjord) 62 H 1
Isafjördur 62 H 1
Isahaya 99 B 4
Isanlu-Makatu 106 C 2
Isar (R.) 59 E 5
Isarco (R.) 59 D 5

Isbergues 45 C2
Ischgl 66 F2
Ischia (I.) 69 D4
Ise 99 D4
Ise (Be d') 99 D4
Isefjord (Be) 58 D2
Isel (R.) 59 E6
Iselle 66 D3
Iseo 66 F4
Iseo (L.d') 66 F4
Iseran (Col de l') 64 B3
Isère (38) (Dépt) 23 D2
Isère (R.) 43 E2
Iserlohn 60 C2
Iset (R.) 82 G4
Iseyin 106 C2
Ishigaki (I.) 96 C3
Ishikari 98 E2
Ishikari (R.) 98 E2
Ishinomaki 98 E3
Ishinomaki (Be d') 98 E3
Ishpeming 118 B1
Ishpushta 95 A1
Isigny[-sur-Mer] 39 C2
Isiro 102 F5
İskenderun 75 F3
Iskenderun (G. d') 75 F3
Isker (R.) 77 D4
Islamabad (Anantnag) *(Kashmir)* 94 B1
Islamabad *(Pak.)* 94 B1
Island (L.) 114 D1
Islande 22 B-C2
Islande (I.) 18 B-C2
Islay (I.) 52 A3
Isle (R.) 42 A2
Isle-Adam (L') 40 C2
Isle-d'Abeau (L') 43 D2
Isle-Jourdain (L') *(Fr., Gers)* 42 B1
Isle-Jourdain (L') *(Fr., Vienne)* 42 B1
Isle of Grain 55 G4
Isle of Wight (Comté) 54 C3 (21)
Isle Royale (I.) 115 E2
Isle-[-sur-la-Sorgue] (L') 48 C3
Isle-sur-le-Doubs (L') 41 E3
Ismaïlia 75 F3
Isna 91 I2
Isny 66 F2
Isola 2000 38 G1
Isonzo (R.) 65 E2
Ispahan (act. Esfahan) 75 H3
İsparta 75 E-F3
Ispeguy (C[ol] d') 42 A3
Ispra 66 D4
I[sraël] 86 B4
Issarlès (L. d') 38 C-D2
Isser (O.) 105 D1
Issoire 42 C2
Issole (R.) 49 E4
Issoudun 40 B-C3
Is-sur-Tille 41 D3
Issyk-Koul (L.) 87 D-E3
Issy [-les-Moulineaux] 47 C3
İstanbul (anc. Constantinople) 71 F2
Isthoni (Mt) 71 A3
İstranca 71 F2
İstrandja (Mts) 71 E2
Istres 48 B3
Istrie (P.) 65 E-F3
Itá 123 D5
Ita (L.) 124 C2
Itabira 124 D1
Itabirita 124 D2
Itabuna 122 E-F4
Itaipu (Rés[ervoi]r d') 123 D5
Itaituba 122 D3
Itajai 124 D2
Itajuba 124 D2
Italia (Mt) 123 C8
Italie 22 F4
Itami 99 C4(18)
Itapeva 124 D2
Itarsi 94 B2
Itatiaia (Mt) 123 E5
Itea 71 C3
Ithaca 118 D2
Ithaka 71 B3
Ithaka (Ithaque) (I.) 71 B3
Ithaque (Ithaka) (I.) 71 B3
Ith Hils (Coll.) 58 C3-4
Ito 99 D4
Itoigawa 99 D3
Iton (R.) 46 D3
Ittel (O.) 105 E2
Itterbeck 61 B2
Itumbiara 122 E4
Itumbiara (L.) 124 D1
Ituni 120 J2
Iturup (Etorofu) (I.) 83 O5
Itzehoe 58 C2-3
Iultin 85 T-U3
Ivajlovgrad 71 D-E2
Ivalo 62 E2
Ivalo (R.) 62 E2
Ivančice 65 G1
Ivaničgrad 68 F2
Ivano-Frankovsk 76 D-E2
Ivanovo 80 C-D3
Ivanščica (Mts) 65 G2
Ivdel 80 F2
Ivindo (R.) 102 E5
Ivoire (Côte de l') 102 C5
Ivrea (Ivrée) 66 C4
Ivrée (Ivrea) 66 C4
İvrindi 71 E3
Ivry-la-Bataille 40 B2
Ivry[-sur-Seine] 47 D3
Ivugivik 112 J3
Iwaki 99 E3
Iwakuni 99 C4
Iwamizawa 98 E2
Iwanai 98 E2
Iwanuma 98 E3
Iwate Yama (Mt) 98 E3
Iwo 102 D5
Iwon 98 B2
Iwoshima (I.) 96 E3
Iwuy 45 E3
Ixelles 56 C4
Izegem 45 E2
Izioum 81 C4
Izmaïl 76 F3
Izmir (Smyrne) 71 E3
Izmir (G. d') 71 E3
İzmit 75 E2
İzmit (G. d') 71 F2
İznik 71 F2
İznik gölü (L.) 71 F2
Izoard (Col d') 43 E2
[Izucar de] Matamoros 120 C3
Izumi 99 B4
Izumo 99 C4
Izu Shichito (Is) 96 D-E2

J

Jabalpur 94 B-C2
Jablanać 65 F3
Jablanica 68 F3
Jablonec [nad Nisou] 76 B2
Jablonica C[ol] de) 76 D-E2
Jaca 72 C1
Jáchymov 76 B2
Jackson *(US, Mich.)* 118 B2
Jackson *(US, Miss.)* 115 D-E3
Jackson *(US, Ohio)* 118 C3
Jackson *(US, Tenn.)* 115 E3
Jackson (Mt) 1 E30-31
Jacksonville 115 E-F3
Jacobabad 94 A2
Jacobina 122 E-F4
Jacques Cartier (Mt) 115 G2
Jacupiringa 124 D2
Jade (Be de) 58 C3
Jade (I. de) (I. du Sud) 127 G2
Jæggevarre (Mt) 62 C-D2
Jaén 72 C2
Jaffa (C.) 127 C4
Jaffna 94 C4
Jagdalpur 94 C3
Jagersfontein 107 B2
Jagst (R.) 60 E4
Jaguarão 124 C3
Jaipur 94 F2
Jaisalmer 94 B2
Jajce 68 F2
Jalapa-Enriquez 120 C3
Jalgaon 94 B2
Jalisco (État) 120 B2
Jalita (La Galite) (Is) 105 F1
Jalna 94 B3
Jalpaiguri 94 C2
Jalu 74 E4
Jaluit (Atoll) 3 R5
Jamaïque 110 D-E4
Jamaïque (Canal de la) (Détr.) 121 E3
Jamalpur 94 C-D2
James (R.) *(US, N.Dak.-S.Dak.)* 114 D2
James (R.) *(US, Va)* 115 F3
James (Be de) 115 E-F1
Jamestown *(US, N.Dak.)* 114 C-D2
Jamestown *(US, N.Y.)* 118 D2
Jammu 94 F1
Jammu-et-Kashmir (État) 94 F1
Jamnagar 94 B2
Jamshedpur 94 C2
Jämtland (Région) 62 B-C3
Janja Lipa 70 D1
Janjira 94 B3
Jan Mayen (I.) 1 B35-36
Jantra (R.) 77 E4
Januária 122 E4
Janzé 39 C3
Japon (Nippon) 86 G-H3-4
Japon (Fosse du) 3 Q4
Japon (Mer du) 87 G3-4
Jap[onai]ses (Alpes) (Mts Hida) 99 D4-3
Japurá (R.) 122 C3
Jaqué 120 H2
Jari (R.) 122 D3
Jarnac 39 C4
Jarny 44 A2
Jarosłav 76 D2
Jarville 44 B3
Jarvis (I.) 125 D4
Jasenovac 68 F2
Jashpurnagar 94 C2
Jask 91 F3
Jaslo 76 D2
Jasper 116 B1
Jasper (P.Nl) 114 B1
Jassaro 81 B3
Jászberény 76 C3
Jat (O. el) 102 B3
Jatobal 122 E3
Jaun (Col) 66 C3
Jaune (Mer) 87 G4
Jaunpur 95 C2
Jaur (R.) 42 C3
Java (Djawa) (I.) 93 F-G6
Java (Mer de) 87 F6
Javalambre (Sa de) 72 C1
Javań (R.) 122 B3
Jdanov 80 C4
Jeannette (I.) 83 P-Q2
Jedburgh 52 C3
Jeetze (R.) 58 D3
Jefferson (Mt) 114 A2
Jefferson City *(US, Mo)* 114 D3
Jefferson City *(US, Tenn.)* 117 E3
Jefferson Salem 117 E3
Jeffersonville 118 B3
Jeffreys (Bassin de) 3 P7-8
Jeib (W. el) 90 I4
Jēkabpils 62 D-E4
Jelania (C.) 82 G-H2
Jelenia Góra 76 B-C2
Jeleznogorsk 81 C3
Jelšava 78 C-D2
Jemappes 56 B4
Jemeppe 57 D4
Jemmappes (Azzaba) 105 E1
Jemmeppe [-sur-Sambre] 57 C4
Jemnice 65 F1
Jendouba (Souk el Arba) 105 F1
Jenin 90 I2
Jequié 122 E-F4
Jequitinhonha (R.) 122 E4
Jerada 104 C2
Jérémie 121 E3
Jerez de la Frontera 72 B2
Jericho 90 I3
Jermak 82 H4
Jerome 114 B3
Jersey (I.) 39 B2
Jersey City 118 E2
Jerusalem 90 I3
Jervis (Be de) 127 E4
Jesenice 65 E-F2
Jesenik (Mts) 76 C2
Jessamine (Rés[ervoir]) 118 C3
Jesselton (act. Kota Kinabalu) 93 G5
Jessore 94 C2
Jeumont 45 G3
Jevišovka (R.) 65 F-G1
Jhabua 95 B2
Jhang 94 B1
Jhansi 94 B2
Jharia 95 C2
Jhelum 94 B1
Jialing Jiang (R.) 96 A2
Jiamusi 83 N5
Jian 96 B3
Jiangmen 96 B3
Jiangsu (Kiang Sou) (Prov.) 96 B2 (11)
Jiangxi (Kiang Si) (Prov.) 96 B3 (12)
Jiangyu 97 A2
Jianyang 97 A2
Jiaohe 98 A2
Jiaxing 96 C2
Jicarilla Apache (Rés. Ind.) 114 C3
Jiddah (Djedda) 91 D3
Jieyang 97 B3
Jigansk 83 M3
Jiggitai Tso (L.) 94 C1
Jihlava 76 B2
Jihlava (R.) 76 C2
Jijel (anc. Djidjelli) 105 E1
Jilin 96 C1
Jilin (Kirin) (Prov.) 96 D1 (13)
Jima 102 G5
Jimenez 120 B2
Jinan 96 B2
Jindřichuv Hradec 65 F1
Jingdezhen 96 B3
Jing He 96 A2
Jingyuan 96 A2
Jingzhou 83 L-M5
Jinhua 96 B3
Jining *(Chine, Nei Monggol)* 96 B1
Jining *(Chine, Shandong)* 96 B2
Jinja 102 G5
Jinotega 121 D3
Jinsha Jiang (R.) 92 E2
Jishou 97 A3
Jin Xian 96 C2
Jitomir 76 F2
Jiujiang 96 B3
Jiul (R.) 77 D3
Jiuquan 92 E1-2
Jiushan (Is) 96 C2
Jixi 96 D1
Jizan 102 H4
Jizera (R.) 51 G4
Jlobin 76 F1
Jmerinka 76 E-F2
Joacaba 124 C2
João Pessoa (Paraiba) 122 F3
[João] Monlevade 124 D1
Jobourg (Nez de) (C.) 39 B-C2
Jodhpur 92 C3
Jodoigne 56 C4
Joensuu 62 E3
Joeuf 44 B2
Jogjakarta 93 F-G6
Johannesburg 103 F-G8
John O'Groat's 52 C1
Johnston (I.) 125 D3
Johnstown 118 D2
Johore Bharu 93 F5
Joigny 41 C2-3
Joinville *(BR)* 123 E5
Joinville (Fr.) 41 D2
Joinville [-le-Pont] 47 D3
Joinville (I.) 1 31C
Jokkmokk 62 C2
Jökulsá á Fjöllum (R.) 62 I1
Joliet 118 A-B2
Joliette 118 E1
Jonage 49 L2
Jones (Détr. de) 112 I2
Jonesboro 115 D3
Jönköping 51 G2
Jonquière 115 F2
Jonte (R.) 43 C2
Jonzac 42 A2
Joplin 114 D3
Jorat (Mt) 66 B3
Jordan (Jourdain) (R.) 90 I3-2
J[ordanie] 86 B4
Jörpeland 55 H2
Jos 102 D5
Joseph Bonaparte (G.) 127 B2
Josephine 55 G2
Joshua Tree Nat[ional] Monument 114 B3
Jossa 60 E3
Josselin 39 B3
Jostedalsbreen (Mts) 62 A3
Jotunheimen (Mts) 62 A3
Jougne 38 D2
Jouques 48 D3
Jourdain (Jordan) (R.) 90 I2-1
Joure 56 D2
Joux (Haut-) (Région) 41 E3
Joux (L. de) 66 B3
Jouy 47 B1
Jouy-en-Josas 47 C3
Juan (G.) 43 E3
Juan de Fuca (Détr. de) 114 A2
Juan de Nova (I.) 103 H7
Juan Fernandez (Is) 2 E-F7
Juan-Lacaze 124 C3
Juan-les-Pins 49 G3
Juázeiro 122 E-F3
Juba 102 G5
Jubail 102 H3
Juby (C.) 102 B3
Júcar (R.) 72 C2
Juchitán [de Zaragoza] 120 C3
Judenburg 65 F2
Jugoslavija (Yougoslavie) 22 F-G4
Juifs (Rég. aut.) 86 (I-C)
Juigalpa 121 D3
Juine (R.) 46 F4
Juist (I.) 58 B3
Juiz de Fora 123 E5
Jujuy ([San Salvador de]) 123 C5
Julia (R.) 66 E3
Juliaca 124 A1
Juliana (Ct) 60 A2-3
Julianehåb 112 M3
Jülich (Juliers) 60 B3
Juliennes (Alpes) (Mts) 65 E-F2
Julier (Col) 66 E3
Juliers (Jülich) 60 B3
Jullundur 92 C2
Jumet 56 C4
Jumièges 46 C2
Jumilhac[-le-Grand] 42 B2
Jumla 94 C2
Junagadh 95 B2
Jundiai 123 E5 (8)
Juneau 112 D4
Jungfrau (Mt) 66 C-D3
Junin 124 B3
Jura (Canton) 67 I1
Jura (39) (Dépt) 23 D2
Jura (I.) 52 A-B3
Jura (Mts) 29 D3
Jura (Sound of) (Détr.) 52 B3-2
Jura Franconien (Mts) 65 D1
Juramento (R.) 123 C5
Jurançon 42 A3
Jura Souabe (Schwäbische Alb) (Mts) 64 C-D1
Jurmala 62 D4
Juruá (R.) 122 C3
Jussarã 63 D4
Jussey 41 D3
Jüterbog 58 E4
Juticalpa 121 D3
Jutland (Jylland) (Région) 58 C-D1
Juventud (Pinos, I. des Pins) 121 D2
Juvisy 47 D3
Jylland (Jutland) (Région) 62 A4
Jyväskylä 62 D-E3

K

K2 (Tchogori) (Mt) 87 D-E4
Ka (Petit Iénisseï) (R.) 83 J4
Kabale 106 H-I2
Kabalo 103 F6
Kabardino-Balkar (Rép. aut.) 86 (I-5)
Kabinda 103 F6
Kaboudia (Ras) (C.) 105 F2
Kaboul 94 A1
Kabwe 103 F7
Kabylie (Mts) 72 E2
Kabylie (Région) 105 E1
Kachin (État) 92 E3
Kach Roud (R.) 92 B2
Kadievka 75 F-G2
Kadıköy 71 F2
Kadoma 107 B1
Kaduna 102 D4
Kadur 94 B3
Kaedi 102 B4
Kaesong 96 C2
Kafirevs (C.) 71 D3
Kafred Dauwar 90 C-D2
Kafue 107 B1
Kafue (P.Nl) 107 B1
Kafue (R.) 103 F7
Kafuka 98 E1
Kaga 99 D3
Kaga Bandoro 102 E-F5
Kagoshima 99 B5
Kagoshima (Be de) 99 B5
Kagul 76 F3
Kahal Tabelbala (Désert) 104 C3
Kahl 60 E3
Kahlenberg (Mt) 59 E4
Kahler Asten (Mt) 60 D2
Kaifeng 96 B2
Kaili 96 A3
Kailu 96 C1
Kainan 99 C4
Kainji (Rés[ervoi]r de) 106 C1
Kainji Dam 106 C2
Kaira 95 B2
Kairouan 105 F2
Kaiseregg (Mt) 66 C3
Kaiserslautern 60 C-D4
Kaiserstuhl (Mts) 44 E4
Kajaani 62 E3
Kajan (R.) 93 G5
Kakamas 107 B2
Kakamega 106 I1
Kakinada 94 C3
Kakogawa 99 C4
Kakror 94 B2
Kalaa Kebira 69 C7
Kalabagh 95 B1
Kalahari (Désert du) 103 F8
Kalakan 83 L4
Kalamai 71 C4
Kalamás (R.) 71 B3
Kalamazoo 118 B2
Kalamazoo (R.) 118 B2
Kalandra 71 C3
Kalat 94 A2
Kalatch 80 D4
Kalat-i-Ghilzai 94 A1
Kalavryta 71 B-C3
Kaldenkirchen 56 E3
Kale 71 F4
Kalemie 103 F6
Kalevala 62 F2
Kalgoorlie 127 B4
Kaliakra (C.) 77 F4
Kalima 102 F6
Kalimantan (Bornéo) (I.) 93 G6
Kalindria 71 C2
Kalinin (Tver) 80 C3
Kaliningrad (anc. Königsberg) *(Russie, Baltique)* 76 D1
Kaliningrad *(Russie, Moscou)* 80 C3 (14)
Kalinkovitchi 76 F1
Kaliopé 71 D3
Kalispell 114 B2
Kalisz 76 C2
Kalix Ä[lv] 62 C2
Kalkar 57 E3
Kalla (L.) 62 E3
Kallia 90 I3
Kall Sjön (L.) 62 B3
Kalmar 51 G-H2
Kalmar Sund (Détr.) 51 H2
Kalmit (Mt) 60 D4
Kalmouke (Rép. aut.) 86 (I-6)
Kalomo 107 B1
Kalouch 78 E2
Kalouga 80 C3
Kalpa 94 B1
Kalulushi 107 B1
Kalundborg 58 D2
Kalydon 71 B3
Kalymnos 71 E4
Kalymnos (I.) 71 E4
Kama (R.) 80 E2-3
Kamaishi 98 E3
Kamakura 99 D4 (8)
Kamaran (Is) 102 H4
Kamativi 107 B1
Kambalda 126 B4
Kambove 106 H3
Kamcija (R.) 77 E4
Kameiros 71 E-F4
Kamen 82 H-I4
Kamenets-Podolski 76 E2
Kamenjak (C.) 65 E3
Kamenskoïe 85 S3
Kamensk-Ouralski 80 F3
Kamešnica (Mt) 68 F3
Kamień [Pomorski] 58 F3
Kamijärvi 62 E2
Kamina 103 F6
Kamino (I.) 99 B4
Kamishihoro 98 E2
Kamituga 106 G2
Kamloops 114 A-B1
Kamp (R.) 65 F1
Kampala 102 G5
Kampanon (C.) 71 D3
Kampar (R.) 93 F5
Kampen 56 D-E2
Kamp-Lintfort 60 B2
Kampot 93 F4
Kamptee 94 B2
Kampuchea (Cambogde) 86 F5
Kamp-Walsum 60 B2
Kamsock 116 C1
Kamtchatka (P.) 83 Q-P4
Kamychin 80 D3-4
Kan (R.) 83 J4
Kanala 125 I-J1
Kananga 103 F6
Kanastraion (C.) 71 C-D3
Kanawha (R.) 115 E3
Kanazawa 99 C-D3
Kanchenjunga (Mt) 94 C2
Kanchipuram 94 B3
Kandagatch (Oktiabrsk) 80 E4
Kandahar 92 B2
Kandalakcha 62 F2
Kandalakcha (G. de) 62 F2
Kandel 60 D4
Kander (R.) 66 C3
Kandersteg 66 C3
Kandi 106 C1
Kandla 94 B2
Kandrian 127 D-E1
Kandy 94 C4
Kandyla 71 C4
Kane 118 D2
Kangan 91 F3
Kangaroo (I.) 127 C4
Kangding 93 F3
Kangean (Is) 93 G6
Kanggye 96 C1
Kangiqsuk 112 J-K3-4
Kangnung 99 B3
Kango 106 F1
Kangra 94 B1
Kangto (Mt) 94 D2
Kaniapiskau (R.) 115 G1
Kaniapiskau (L.) 115 F1
Kanin (C.) 80 D2
Kanin (P. de) 80 D2
Kanjiža 76 D3
Kankakee 118 B2
Kankakee (R.) 118 B2
Kankan 102 C4-5
Kanker 94 C2
Kano 102 D4
Kanoya 99 B5
Kanpur 94 B-C2
Kansanshi 106 G3
Kansar 102 B4
Kansas (État) 114 C-D3
Kansas (R.) 113 H6
Kansas City *(US, Kans.)* 114 D3
Kansas City *(US, Mo.)* 114 D3
Kansk 83 J4
Kansong 98 B3
Kan Sou (Gansu) (Prov.) 96 A2 (3)
Kanto (Pl.) 99 E4
Kanuma 99 D3
Kanye 103 F8
Kaohsiung 96 B-C3
Kaolack 102 B4
Kapadwanj 95 B2
Kapela (Mts) 68 E2
Kapellen 56 C3
Kapfenberg 65 F2
Kapidaği (P.) 71 E-F2
Kapingamarangi (Atoll) 125 B-C3
Kapiri 103 F7
Kapos (R.) 68 F-G1
Kaposvár 68 F1
Kaprijke 56 B3
Kaprun 65 E2
Kapsukas 76 D1
Kapuas (R.) 93 G6
Kapuni 126 G4
Kapuskasing 115 E2
Kapuvár 65 G2
Kará (R.) 71 C2
Kara (Mer de) 87 C-D2
Kara (C.) *(Turq., Mer Égée)* 71 E3
Kara (C.) *(Turq., Mer Noire)* 71 F2
Kara (Détr. de) 80 E1
Karabiga 71 E2
Kara-Bougaz (G. de) 80 E4
Karabük 80 C4
Karaburun 71 E3
Karacabey 71 F2
Karacasu 71 F4
Karachaievo-Tcherkess (Rég. aut.) 86 (I-D)
Karachi 94 E2
Karaganda 82 H5
Karaguinski (I.) 83 Q4
Karagwe 106 H2
Karak 90 I3
Karakalpak (Rép. aut.) 86 (IV-20)
Kara Kash (Ywungkax He) (R.) 94 B1
Karakoroum (Mts) 87 D4
Karakoroum (P[asse] du) 94 B1
Karaköse 81 D5
Karakoul 82 G6
Kara Koum (Désert) 82 F-G6
Kara Koum (Ct du) 82 G6
Karamaï 82 I5
Karamürsel 71 F2
Karangbolong 89 L1
Karangnunggal 89 L1
Karanpura 95 C2
Karaoul 84 K2
Karas (Mts) 103 E8
Karas (R.) 62 D2
Karasburg 103 E8
Karasjok 62 D-E2
Kara Su (R.) 75 H3
Karatchok 91 E2
Karatsu 99 B4
Karauli 94 B2
Karawanken (Mts) 65 E-F2
Karawanken (Tunnel) 67 E-F2
Karbalah 75 G3
Karcag 76 D3
Karchi 82 G6
Karditsa 71 B3
Karen (État) 92 E4
Karesuando 62 D2
Kargil 94 B1
Kariba 107 B1
Kariba (L. de) 103 F7
Karibib 107 A2
Karikal 94 B-C3
Karima 102 G4
Karimata (Détr. de) 93 F6
Karimundjawa (Is) 89 M1
Karisimbi (Mt) 102 F6
Karkaralinsk 82 H5

Karkheh (R.) 75 G3
Karl-Marx-Stadt (Chemnitz) 59 E4
Karlobag 65 F3
Karlovac 65 F3
Karlovasion 71 E4
Karlovo 77 E4
Karlovy Vary (Karlsbad) 59 E4
Karlsbad (Karlovy Vary) 59 E4
Karlsborg 51 G2
Karlshafen 60 E2
Karlshamn 51 G2
Karlskoga 51 G2
Karlskrona 51 G2
Karlsruhe 60 D4
Karlstad 51 G2
Karmi'el 90 I2
Karmöy (I.) 62 A4
Karnal 94 B2
Karnataka (État) 94 F3
Karnatuli 95 D2
Karonga 103 G7
Karos (I.) 71 D4
Karpathos 71 E5
Karpathos (I.) 71 E5
Karpenision 71 B3
Karpinsk 81 E3
Karroo (Plat.) 103 F9
Kars 80 D4
Karsakpaï 82 G5
Karsiyaka 71 E3
Karst (Région) 65 E-F3
Kårsto 55 H2
Kartal 71 F2
Kartal (M[t]) 71 D2
Kartaly 80 E-F3
Kartun 98 C1
Karwar 94 B3
Karyai 71 D2
Karymskoïe 83 L4
Karystos 71 D3
Kasai (R.) 102 E6
Kasala 102 G4
Kasama 103 F-G6
Kasanga 103 G6
Kasba Tadla 104 B2
Kas Dağı (Ida) (M[ts]) 71 E3
Kaseda 99 B5
Kasese *(Ouganda)* 106 I1
Kasese *(Zaïre)* 106 G2
Kashabowie 117 D2
Kashan 82 F6
Kashi 82 H6
Kashiwa 99 E4
Kashiwazaki 99 D3
Kashmir 86 D4
Kashm el Girba 90 D4
Kasimov 80 D3
Kaskinen 62 C-D3
Kasongo 106 H2
Kasos (I.) 71 E5
Kassandra (P.) 71 C2-3
Kassandra (G. de) 71 C2-3
Kassel (Cassel) 60 E2
Kasserine (Qasserine) 105 F2
Kastamonu 90 D1
Kastellion 71 D5
Kastoria 71 B2
Kastraki 71 B3
Kasugai 99 D4
Kasur 94 B1
Kataba 103 F7
Katahdin (M[t]) 115 G2
Katakolon 71 B4
Kata Kourgan 91 G1-2
Katanga (Shaba) (Prov.) 103 F6
Katangli 83 O4
Katchoug 83 K4
Katerini 71 C2
Katherina (Dj.) 75 F4
Katherine 127 C2
Kathiavar (P.) 94 B2
Kathmandu (Khatmandu) 94 G2
Katlajökull (M[t]) 62 I2
Katmai (M[t]) 113 B4
Katni 95 C2
Kato Achaia 71 B3
Katoomba 127 D-E4
Katouni (R.) 82 I4
Katowice 76 C2
Katrineholm 63 C4
Katschberg (Col) 65 E2
Katschberg (Tunnel) 67 E2
Katsina 102 D4
Katsuki 98 D3
Katsumoto 99 B4
Katsuura 99 E4
Kattara (Qattara) (Dépr.) 102 F3-2
Kattegat (Détr.) 51 F-G2
Katwijk [aan Zee] 56 C2
Katzenbuckel (M[t]) 60 E4
Kauai (I.) 125 E2
Kaub 60 C3
Kaufbeuren 66 F2
Kaukauna 118 A-B1
Kaukopaa Tainionkoski 63 E-F3
Kaunas (Kovno) 76 D-E1
Kaunisvaara 63 D2
Kauns 66 F2
Kausankoski-Voikaa 63 E3
Kautokeino 63 D2
Kavadarci 71 B-C2
Kavajë 71 A2
Kavak 71 E2
Kavalerovo 98 C1
Kavali 94 C3
Kavâlla 71 D2
Kavalla (G. de) 71 D2
Kavaratti (I.) 94 B3-4
Kavarna 79 F4
Kaveri (R.) 92 C4
Kävlinge 58 E2
Kawagoe 99 D4
Kawaguchi 99 D4 (9)
Kawai 98 E3
Kawanoishi 99 B-C4
Kawasaki 99 D4
Kaxgar He (R.) 92 C2
Kaya 102 C-D4
Kayah (État) 92 E4
Kayes 102 B4
Kayl 44 B2
Kayseri 75 F3
Kaysersberg 44 D4
Kazakhes (Steppes) 82 G-H5
Kazakhstan (Rép.) 86 (V)
Kazan 80 D-E3
Kazan (Volcano) (I[s]) 93 I-J3
Kazanlik 77 E4
Kazatche 83 N2
Kazatchinskoïe 85 L4
Kazatin 76 D3
Kazbek (M[t]) 80 D4
Kazungula 107 B1
Kea 71 D4
Kea (I.) 71 D4
Keban (L. de) 75 F3
Kebir (O. el) *(Alg.)* 105 E1
Kebir (O. el) *(Tu.)* 105 F1
Kebnekaise (M[t]) 62 C2
Kechma 85 L-M4
Kecskemét 76 C-D3
Kedia Idjil 101 B2
Kediri 93 G6
Keele (Pic) 112 D3
Keene 118 E2
Keeper (M[t]) 50 A3
Keetmanshoop 103 E-F8
Keewatin (District of) 112 G-I3
Kef (R.) 82 I4
Kefalos 71 E4
Kefar Sava 90 H-I2
Keflavik 86 J2
Kehl 44 E3
Kelbia (Sebkha) 69 C7
Keles 71 F3
Kelheim 59 D5
Kelibia 69 C6
Kelkit (R.) 75 F2-3
Kellé 106 G1-2
Keller-Wald (M[ts]) 60 E2
Kellogg 116 B2
Kells 53 A4
Kelowna 114 B1-2
Kelso 52 C3
Kem 62 F2
Kemalpaşa 71 E3
Kemano 112 D-E4
Kembs (Barr.) 34 D2
Kemerovo 82 I4
Kemi 62 D-E2
Kemi (R.) 62 E2
Kemmel (M[t]) 45 D2
Kempen 60 B2
Kempten 66 F2
Kenadsa 104 C3
Kendal 52 C3
Kendyrlik 84 K5
Kenge 106 G2
Kengere 106 H3
Kenitra (anc. Port-Lyautey) 104 B2
Kenmare (B[e] de) 50 A4
Kenn (Récifs) 127 E3
Kennedy (Canaveral) (C.) 113 I-J7
Kennet (R.) 53 D5
Kennicott 112 C3
Kenora 114 D2
Kenosha 118 B2
Kent (Comté) 54 D3(22)
Kentai Alin (M[ts]) 98 B1
Kentaou 82 G5
Kentucky (État) 115 E3
Kentucky (R.) 115 E3
Kenya (M[t]) 102 G6
Kenya 103 G3
Kenzingen 44 E4
Keonjhar 95 C2
Kephallinia (Céphalonie) (I.) 71 A-B3
Kepsut 71 F3
Kerala (État) 94 F3-4
Keramoti 71 D2
Kerang 127 D4
Keratea 71 C-D4
Keremeos 116 A-B2
Keren 91 D4
Kerguelen (I[s]) 17 M8
Kerguelen (Bassin des) 3 M7-8
Kerintji (M[t]) 93 F6
Kerkenna (I[s]) 105 F2
Kerki 82 G6
Kerkini 71 C2
Kerkrade 60 A-B3
Kerkyra 71 A-B3
Kerkyra (Corfou) (I.) 71 A3
Kermadec (Fosse des) 3 S7
Kermadec (I[s]) 125 D2
Kerman 91 F2
Kermanshah 75 G3
Kerme (G. de) 71 E4
Keroulen (R.) 83 L5
Kerry (M[ts] de) 50 A3-4
Kert (O.) 104 C2
Kertch 80 C4
Kertch (Détr. de) 75 F2
Kerteminde 58 D2
Kerzaz 104 C3
Keşan 71 E2
Kesch (P[ic]) 66 E3
Kesenuma 98 E3
Keskastel 44 D3
Kestenga 62 F2
Keszthely 76 C3
Ket (R.) 82 I4
Ketchikan 112 D4
Ketrzyn 76 D1
Kettering *(RU)* 53 D4
Kettering *(US)* 118 B-C3
Kevelaer 60 B2
Kewaunee 118 B1
Keweenaw (P[te] de) 115 E2
Key Largo 117 E-F4
Keyser 118 D3
Key West 115 E4
Khabarovo 80 E-F2
Khabarovsk 83 N5
Khaibar 102 G-H3
Khaiber (P[asse] de) 92 B-C2
Khairpur 95 A2
Khakaze (Rég. aut.) 86 (I-E)
Khaldan 91 E1
Khaldia 95 C2
Khalki (I.) 71 E4
Khalkis 71 C3
Khalkonde 95 C3
Khalmer-Iou 80 F2
Khamis Mushayt 91 E4
Khanaqin 75 G3
Khandwa 94 B2
Khangai (M[ts]) 87 E-F3
Khania (La Canée) 71 C-D5
Khanka (L.) 87 G3
Khanpur 94 B2
Khanty-Mansiisk 82 G3
Khān Yūnis 90 H3
Khaptcheranga 85 N4-5
Kharagpur 94 C2
Kharan 94 A2
Kharg (I.) 91 E-F3
Kharkov 80 C4
Kharmanli 71 D-E2
Khartoum 102 G4
Khasan 98 B2
Khasi (M[ts]) 92 E3
Khaskovo 71 D2
Khatanga 83 K2
Khatanga (R.) 83 K2
Khatanga (B[e] de la) 83 K-L2
Khatmandu (Kathmandu) 92 D3
Khemisset 104 B2
Khenchela 105 E2
Khenifra 104 B2
Kherrata 105 E1
Kherson 80 C4
Kheta (R.) 83 J-K2
Khetri 95 B2
Khibiny (M[t]) 80 C2
Khingan (G[ran]d) (M[ts]) 83 L-M5-4
Khingan (Petit) (M[ts]) 83 M-N5
Khiva 82 F-G5
Khmielnik 76 F2
Khmielnitski 76 E2
Khodjak (P[asse] de) 94 A1
Khofra (Koufra) (Oasis) 90 C3
Kholmsk 83 O5
Khon Kaen 93 F4
Khonou 83 O3
Khoper (R.) 80 D3
Khorasan (Région) 92 A-B2
Khorb el Ethel (O.) 104 B3
Khorog 92 C2
Khorramabad 75 G3
Khorramchar 75 G3
Khotan (Hotan) 92 C-D2
Khotin 76 E2
Khouribga 104 B2
Khoust 76 D2
Khovd (R.) 82 I-J5
Khrom Taou 84 H5
Khuff 91 E3
Khulna 94 C2
Khunjerab (Col) 94 B1
Khurai 94 B2
Khurays 91 E3
Khutsin 98 D1
Khuzdar 94 A2
Khvoi 75 G3
Kiakhta 83 K4
Kiang Si (Jiangxi) (Prov.) 96 B3 (12)
Kiang Sou (Jiangsu) (Prov.) 96 B2 (11)
Kianta (L.) 62 E2
Kičevo 71 B2
Kichinev 76 F3
Kicking Horse Pass (Col) 114 B1
Kidatu 106 H2
Kidderminster 53 C4
Kiel 58 D2
Kiel (B[e] de) 58 D2
Kiel (C[l] de) 58 C2
Kielce 76 D2
Kieler Förde (B[e]) 58 D2
Kieta 127 E1
Kiev 76 F2
Kifisia 71 C3
Kifisós (R.) 71 C3
Kigali 102 G6
Kigoma 103 F-G6
Kii (Massif de) 99 C-D4
Kii (Détr. de) 99 C4
Kikinda 76 D3
Kikonai 98 E2
Kikwit 103 E-F6
Kilbrennan Sound (Détr.) 52 B3
Kilchu 98 B2
Kildare 53 A4
Kildonan 107 C1
Kilfors 63 C3
Kilija 76 F3
Kilimandjaro (Uhuru) (M[t]) 102 G6
Kilkenny 53 A4
Kilkis 71 C2
Killarney 50 A3
Killinek (I.) 112 K3
Killini (M[t]) 77 D5
Kilmar 119 E1
Kilmarnock 52 B3
Kilosa 106 H2
Kilung 96 C3
Kilwa 103 G6
Kilyos 71 F2
Kimberley *(Ca.)* 114 B2
Kimberley *(S.Afr.)* 103 F8
Kimberley (District de) 127 B2
Kimchaek 98 B2
Kimchon 96 C2
Kimito (I.) 62 D3
Kimolos (I.) 71 D4
Kinabalu (M[t]) 93 G5
Kinaros (I.) 71 E4
Kincardine 118 C1
Kindia 102 B4
Kindu 102 F6
Kinechma 80 D3
King (I.) 127 D4-5
Kingersheim 44 D5
Kingissep 62 D4
Kingoonya 127 C4
Kings (Pic) 114 B-C2
King's Lynn 53 E4
Kingsmill (I[s]) 125 C4
King Sound (B[e]) 127 B2
Kingsport 115 E3
Kingston *(Ca.)* 118 D1
Kingston *(Jam.)* 121 E3
Kingston *(RU)* 53 D5
Kingston *(US, N.Y.)* 118 E2
Kingston *(US, Pa)* 118 D-E2
Kingston upon Hull 53 D4
Kingstown 121 F3
Kingsville 120 C2
Kingussie 52 B2
Kinidos 71 E4
Kinik 71 E3
Kinnaird (C.) 52 C-D2
Kinross 52 C2
Kinshasa (Léopoldville) 102 E6
Kintyre (P.) 52 B3
Kintyre (Mull of) (C.) 52 B3
Kinzig (R.) *(RFA, Affl[t] du Main)* 59 C4
Kinzig (R.) *(RFA, Affl[t] du Rhin)* 59 C5
Kiona (M[t]) 71 C3
Kiou Siou (Kyushu) (I.) 99 B-C5-4
Kippenheim 44 E4
Kipushi 106 H3
Kiraz 71 F3
Kirchberg 60 C4
Kirchdorf 67 E2
Kirchhain 60 D-E3
Kirchheim 61 C4
Kirchheimbolanden 60 C-D4
Kirchhundem 60 D2
Kireç 71 F3
Kirensk 83 K-L4
Kirghizistan (Rép. de) 86 (XI)
Kiribati (Gilbert) (I[s]) 125 C4
Kirichi 81 C3
Kirikkale 75 F3
Kirin (Jilin) (Prov.) 96 D1 (13)
Kırkağaç 71 E3
Kirkcaldy 52 C2
Kirkcudbright 52 B-C3
Kirkee 94 B3
Kirkenes 62 E-F2
Kirkland Lake 115 E2
Kırklareli 71 E2
Kirkouk 75 G3
Kirkwall 52 G2
Kirmastiça (R.) 71 F3
Kirn 60 C4
Kirov 80 D-E3
Kirov (I[s]) 83 I-J2
Kirovabad 80 D4
Kirovakan 80 D4
Kirovograd 80 C4
Kirovsk 62 F2
Kirovskij 98 C1
Kirsehir 75 F3
Kiruna 62 C-D2
Kiryu 99 D3
Kisangani 102 F5
Kiselevsk 82 I4
Kisenga 106 H3
Kishiwada 99 C4
Kisimaio 102 H6
Kiskunhalas 76 C3
Kislovodsk 80 D4
Kissamos 71 C5
Kiste Fjeld (M[t]) 62 C-D2
Kistna (Krichna, Krishna) (R.) 92 C4
Kisumu 102 G6
Kita (I.) 96 D3
Kitab 91 G2
Kitaibaraki 99 E3
Kitakami (R.) 98 E3
Kitakami (M[ts]) 98 E3
Kitakyushu 99 B4
Kitami 98 E2
Kitchener 118 C2
Kitega 102 F-G6
Kithairon (M[ts]) 71 C3
Kitimat 112 E4
Kitsuki 99 B4
Kittanning 118 D2
Kittilä 62 E2
Kitty 89 L1
Kitwe 103 F7
Kitzbühel 65 E2
Kitzbüheler Alpen (M[ts]) 59 E6
Kitzingen 59 D4
Kivalo (Région) 62 E2
Kivik 58 F2
Kivu (Prov.) 102 F6
Kivu (L.) 102 F6
Kiwalik 112 A3
Kizel 80 E3
Kizi (L.) 83 N4
Kizilirmak (R.) 75 F2
Kizil Ouzen (R.) 75 G3
Kizlyard 80 D4
Kjüstendil 77 D4
Kladno 59 F4
Klafeld 60 C-D3
Klagenfurt 65 F2
Klaipeda (Memel) 80 A-B3
Klamath (R.) 114 A2
Klamath (Rés. Ind.) 114 A2
Klamath (Upper-) (L.) 114 A2
Klamath Falls 114 A2
Klar Ä[lven] (R.) 51 G1
Klatovy 59 E5
Kleinsee 107 A2
Klekovača (M[t]) 65 G3
Klerksdorp 107 B2
Kleve (Cleves) 60 B2
Kliazma (R.) 82 D-E4
Klin 81 C3
Klinovec (M[t]) 59 E4
Klintzkopf (M[t]) 44 D5
Klioutchevskaïa Sopka (M[t]) 83 Q4
Klioutchevski 85 N4
Klippan 58 E1
Ključ 65 G3
Kłodawa 78 C1
Kłodzko (Glatz) 76 C2
Klondike (Région) 1 C23-22
Klosters 67 C2
Klostertal (Val) 66 E-F2
Kloten 66 D2
Kluisberg (M[t] de l' Enclus) 45 E-F2
Knavgruva 55 H2
Knighton 53 C4
Knin 65 G3-4
Knittelfeld 65 F2
Knižovnik 71 D2
Knjaževac 77 D4
Knob Lake (Schefferville) 112 J-K4
Knokke[-le-Zoute] 56 B3
Knossos 71 D5
Knox 118 B2
Knox (Côte de) 1 F11
Knoxville 115 E3
Knüllgeb[irge] (M[ts]) 60 E3
Knutange 44 A-B2
Knysna 107 B3
Koartac 112 J-K3
Kobayashi 99 B4
Kobdo 85 L5
Kobe 99 C4
København (Copenhague) 58 E2
Kobern 60 C3
Koblenz *(CH)* 66 D2
Koblenz (Coblence) *(RFA)* 60 C3
Kobrin 76 E1
Kočevje 65 F3
Kocher (R.) 60 E4
Kochi 99 C4
Kodari P[ass] (Col) 95 C2
Kodiak (I.) 113 B4
Kodok (Fachoda) 102 G5
Koenigsmacker (Barr.) 44 B2
Kofcaz 71 E1
Koffiefontein 107 B2
Köflach 65 F2
Koforidua 106 B2
Kofu 99 D4
Köge 58 E2
Köge Bugt (B[e]) 58 E2
Kohat 94 B1
Koh i Baba (M[ts]) 92 B2
Koitere (L.) 62 F3
Koje (I.) 99 B4
Kojniki 76 F2
Kojo 98 A-B3
Kokand 82 G-H5
Kokhav 90 H3
Kokkola 62 D3
Kokomo 118 B2
Koktchetav 82 G-H4
Kokura 99 B4
Kola 62 F2
Kola (P.de) 82 D3
Kolar 94 B3
Kolari 63 D2
Kolding 58 C2
Koléa 105 D1
Kolepom (I.) 127 C1
Kolgouïev (I.) 80 D2
Kolhapur 94 B3
Kolín 51 G4
Kolind 58 D1
Kolkas (C.) 62 D4
Köllebach 44 C2
Köln (Cologne) 60 B3
Koło 76 C1
Kołobrzeg 51 G3
Kolomna 80 C-D3
Kolomyia 76 E2
Kolpachevo 82 I4
Kolpino 81 C3
Kolubara 79 D3
Kolwezi 103 F7
Kolyma (R.) 83 P3
Kolyma (M[ts] de la) 83 P-Q3
Komárno 76 C3
Komatsu 99 D3
Kombat 107 A2-3
Komen (Comines) 56 A4
Komi (Rép. aut.) 86 (I-8)
Komló 68 G1
Kommunarsk 80 C4 (4)
Komodo (I.) 127 A1
Kom Ombo 90 D3
Komoro 99 D3
Komotini 71 D2
Komrat 76 F3
Komsomolets 81 F3
Komsomolets (B[e]) 75 H2
Komsomolets (I.) 83 J-L1
Komsomolsk 83 N4
Komsomolskaïa (Station polaire) 1 E10
Konda (R.) 82 G3-4
Kondoa 103 G6
Koné 125 I1
Konge Å (R.) 58 C2
Kongkemul (M[t]) 93 G5
Kongolo 106 H2
Kongsberg 62 A-B4
Kongsvinger 51 F1
Königsberg (act. Kaliningrad) 76 D1
Königstein 60 D3
Konin 76 C1
Köniz 66 C3
Konjakovski Kamen (M[t]) 80 E-F3
Konjic 68 F3
Könkämä Ä[lv] (Muonio Älv, Torne Ä[lv]) 62 D2
Konocha 80 C-D2
Konotop 80 C3
Kontagora 106 C1
Konya 75 F3
Konz 60 B4
Koolanooka 126 B3
Koolyanobbing 126 B4
Kootenai (R.) 114 B2
Kootenay (L.) 112 F5
Kopaonik (M[ts]) 77 D4
Kópavogur 62 H2
Kopeïsk 80 F3
Koper (Capo d'Istria) 65 E3
Koprivnica 65 G2
Koraka (C.) 71 E3
Korana (R.) 65 F3
Korat (Plat. de) 87 F5
Korba 69 C6
Korbach 60 D2
Korça (Korçë) 71 B2
Korcalı 71 E4
Korçë (Korça) 71 B2
Korčula (I.) 68 F3
Kordofan (Prov.) 102 F-G4
Korea 95 C2
Korfa 92 D1
Korhogo 102 C5
Koriakski (M[ts]) 83 Q-R3
Koriavskaïa Sopka (M[t]) 83 P-Q4
Koribundu 106 A2
Korinthos (Corinthe) 71 C4
Koriyama 99 D-E3
Körmend 65 G2
Kornat (I[s]) 65 F4
Korneuburg 65 G1
Korogwe 106 I2
Koror 125 A3
Körös (R.) 76 D3
Korosteni 76 F2
Korsakov 98 E1
Korsør 58 D2
Kortgene 56 B3
Korti 90 D4
Kortrijk (Courtrai) 45 E2
Kos 71 E4
Kos (I.) 71 E4
Kosciusko (M[t]) 127 D-E4
Koshigaya 99 D4(10)
Koshiki (I[s]) 99 B5
Kosi (R.) 92 D3
Košice 76 D2
Koslan 81 D2
Köslin (Koszalin) 76 C1
Kosong 98 B3
Kosov 78 E2
Kosovopolje (Région) 77 D4
K[osovska] Mitrovica 77 D4
Kossou (Rés[ervoi]r de) 106 B2
Kosta 63 C4
Kostajnica 65 G3
Kostchaguyl (act. Koulsary) 82 F5
Kosti 102 G4
Kostomouchkoïe 81 C2
Kostopol 78 E2
Kostroma 80 D3
Kostrzyn (Küstrin) 58 F3
Koszalin (Köslin) 76 C1
Köszeg 65 G2
Kota Baru (Sukarnapura, Hollandia) 17 Q6
Kota Bharu 93 F5
Kotah 94 B2
Kota Kinabalu (anc. Jesselton) 93 G5
Kotelnitch 80 D3
Kotelny (I.) 83 N2
Kothagudem 94 E-C3
Köthen 58 D-E4
Kotka 62 E3
Kotlas 80 D2
Kotor 68 G3
Kotor (Bouches de) (B[e]) 68 G3
Kotoriba 68 F1
Kotouï (R.) 83 J3
Kotovsk 76 F3
Kotto (R.) 102 F5
Kotzebue (B[e]) 112 A3
Kouang Si (Guangxi) (Rég. aut.) 96 A3 (22)
Kouang Toung (Guangdong) (Prov.) 96 B3 (4)
Kouba 75 G2
Kouban (R.) 80 C4
Kouchka 82 G6
Kouchmouroun 84 I4
Kouchmouroun (L. de) 82 G4
Koudougou 102 C4

Koueï Tchéou (Guizhou) (Prov.) 96 A3 (5)
Koufra (Khofra) (Oasis de) 102 F3
Kouh-Roud (Mts) 87 C4
Kouibychev 82 F4
Kouibychev (L. de) 82 E-F4
Kouilou (R.) 102 E6
Kouito (L.) 62 F2
Koulaï (Is) 75 G-H2
Kouldja (Yining) 89 E2
Koulebaki 81 D3
Koulikoro 106 B1
Koulounda 82 H-I4
Koulounda (Steppes de) 82 H-I4
Koulsary (anc. Kostchaguyl) 82 F5
Koulyab 82 G-H6
Kouma (R.) 80 D4
Koumak 81 E-F3
Koungour 81 E3
Koungrad 82 F5
Kounradski 82 H5
Koupiansk 80 C4
Koura (R.) 80 D4
Koureïka (R.) 83 I-J3
Kourgan 82 G4
Kouriles (Is) 87 H3
Kouriles (Fosse des) 3 Q-R3
Kouriles (Détr. des) 87 H3
Koursk 80 C3
Kourski Zaliv (Étg) 76 D1
Koussougol Palai (L.) 83 K4
Koustanaï 82 G4
Koutaïsi 80 D4
Koutomo 125 J1
Kouvola 62 E3
Kouzbass (Région) 82 I4
Kouznetsk 80 D3
Kovdor 81 C2
Kovel 76 E2
Koverskär 63 D3-4
Kovno (Kaunas) 76 D-E1
Kovrov 80 C-D3
Koweit 75 G4
K[oweit] 17 L4
Kowloon 96 B3
Köyceğiz 71 F4
Köyceğiz gölü (L.) 71 F4
Koyukuk (R.) 112 B3
Kozani 71 B2
Kozelsk 81 C3
Kozhikode (Calicut) 94 B3
Kozim 81 E2
Koźle 78 C2
Kozushima (I.) 99 D4
Kozyrevsk 85 R4
Kpalimé 102 D5
Kra (Isthme de) 92 E4
Kragerö 51 F2
Kragujevac 77 D3
Kraichgau (Région) 59 C5
Krakatau (I.) 93 F6
Kraków (Cracovie) 76 C-D2
Krakower See (L.) 58 E3
Kralendijk 120 I1
Kraljevo 77 D4
Kralovice 59 E4
Kralupy 78 B2
Kramatorsk 80 C4 (5)
Kramfors 62 C3
Krammer (Détr.) 56 C3
Krångede 63 C3
Kranidion 71 C4
Kranj 65 F2
Kranjska Gora 67 E2
Kraskino 98 B2
Kraśnik 76 D2
Krasnodar 80 C4
Krasnoïarsk 83 J4
Krasnokamsk 80 E3
Krasnooufimsk 81 E3
Krasnoouralsk 80 F3
Krasnoselkop 84 K3
Krasnovodsk 80 E4
Krasny Loutch 80 C4 (6)
Kr[asny] Soulin 81 D4
Kratie 93 F4
Krautheim 60 E4
Krefeld 60 B2
Krementchoug 80 C4
Kremikovtsi 79 D4
Kremlin-Bicêtre (Le) 47 D3
Krems 65 F1
Krepost 85 S3
Kreuztal 61 B3
Kribi 102 E5
Krichna (Krishna, Kistna) (R.) 92 C4
Kriens 66 D2
Krimml 59 E6
Krios (C.) 71 C5
Krishna (Krichna, Kistna) (R.) 92 C4
Kristiansand 51 E2
Kristianstad 58 F1
Kristiansund 62 A3
Kristiinankaupunki 62 D3
Kristineberg 63 B3
Kristinehamn 51 G2
Kriti (Crète) (I.) 71 D5
Krivaja (R.) 68 G2
Krivoï Rog 80 C4
Križevci 65 G2
Krk 65 F3
Krk (I.) 65 F3
Krka (R.) *(Croatie)* 65 G3-4
Krka (R.) *(Slovénie)* 65 F3
Krnov 76 C2
Kronach 61 D3
Kronstadt 62 E4
Kroonstad 103 F8
Kropotkin 80 C-D4
Krosno 76 D2
Kroumirie (Région) 105 F1
Krrabë 79 C-D4
Krško 65 F3
Kruger (Parc) 103 G8
Kruja 71 A2
Krumovgrad 71 D2
Krün 67 D2
Krupa 65 G3
Krupanj 77 C3
Kruševac 77 D4
Krynica 78 D2
Ksabi 104 C3
Ksar el Boukhari (Boghari) 105 D2
Ksar el Kebir (Alcazarquivir) 104 B2
Ksour (Mts des) 104-105 C-D2
Ksour-es-Saf 69 C7
Kuala Lumpur 93 F5
K[uara] Namoda 106 C1
Kuban (R.) 75 F2
Kuching 93 G5
Kudat 93 G5
Kudo 98 D-E2
Kudus 89 M1
Kufonisia (I.) 71 D4
Kufstein 59 E6
Kuhak 91 G3
Kuh-i-Dinar (Mt) 102 I2
[Kuh-i-]Savalan (Mt) 75 G3
Kuh-i-Taftan (Mt) 92 B3
Kuhlung (Coll.) 58 D2
Kuhmo 62 E-F3
Kuito 103 E7
Kujani (Rés.) 106 B2
Kuji 98 E2
Kukawa 106 D1
Kula 71 F3
Kula Gangri (Mt) 94 D2
Kulata 71 C2
Kuldiga 62 D4
Kulen Vakuf 65 F-G3
Kulmbach 59 D4
Kumac 125 I1
Kumagaya 99 D3
Kumamoto 99 B4
Kumano 99 D4
Kumanovo 77 D4
Kumasi 102 C5
Kumba 106 C2
Kumbakonam 94 B3
Kumchon 99 A-B3
Kummerower See (L.) 58 E3
Kumo (R.) 62 D3
Kunashiri (I.) 83 O5
Kunda 62 E4
Kunduz 94 A1
Kungsbacka 51 F-G2
Kungur (Mt) 82 H6
Kun Lun Shan (Mts) 87 D-E4
Kunming 93 F3
Kunsan 96 C2
Künzelsau 60 E4
Kuolajärvi 62 E-F2
Kuopio 62 E3
Kupa (R.) 65 F3
Kupang 127 B1-2
Kuqa 92 D1
Kurashiki 99 C4
Kurdistan (Région) 75 G3
Kŭrdžali 71 D2
Kure 99 C4
Kure (Ocean) (I.) 125 D2
Kuriate (Is) 69 C7
Kurio 99 B5
Kurnool 94 B3
Kuroiwa 98 E2
Kurşunlu 71 F2
Kuruman 107 B2
Kurume 99 B4
Kurunegala 94 B4
Kusad (Mt) 122 D2
Kuşadası 71 E4
Kuşadası (G. de) 71 E4
Kusel 60 C4
Kushima 99 B5
Kushimoto 99 C-D4
Kushiro 98 F2
Kuskokwim (R.) 113 B3
Kusma 94 C2
Küsnacht 66 D2
Küstenkanal 58 B3
Küstrin (Kostrzyn) 58 F3
Kût 75 G3
Kütahya 90 C2
Kutch (Marais) 92 B-C2
Kutch (G. de) 87 D4
Kutchan 98 E2
Kutcharo (L.) 98 E-F2
Kutina 68 F2
Kutná Hora 78 B2
Kutno 76 C1
Kutu 106 G2
Kuujuaq 112 K4
Kuurne 45 E2
Kuusamo 62 E2
Kuusankoski [Voikaa] 62 E3
Kuwana 99 D4
Kuyucak 71 F4
Kvalöy (I.) 62 C2
Kvarner (Détr.) 65 F3
Kvarnerić (Détr.) 65 F3
Kvarnsweden 63 B-C3
Kwa 106 C2
Kwa (R.) 106 G2
Kwajalen (Kwajalein) (Atoll) 125 C3
Kwakwani 120 J2
Kwangju 96 C2
Kwango (Cuango) (R.) 103 E6
Kwekwe 103 F7
Kwidzyn (Marienwerder) 76 C1
Kwilu (R.) 103 E6
Kwinana 127 A4
Kwoka (Mt) 93 I6
Kyelang 94 B1
Kyffhäuser (Mt) 59 D4
Kyjov 65 G1
Kyle of Lochalsh 52 B2
Kyll (R.) 60 B3
Kyllini 71 B4
Kyllini (Mt) 71 C4
Kymi (C.) 71 D3
Kyoga (C.) 99 C4
Kyoga (L.) 102 G5
Kyongju 99 B4
Kyoto 99 C4
Kyousyour 85 O-P2
Kyparissia 71 B4
Kyrös (L.) 62 D3
Kythira 71 C4
Kythira Cythère (I.) 71 C4
Kythnos 71 D4
Kythnos (I.) 71 D4
Kyushu (Kiou Siou) (I.) 99 B-C5-4
Kyzyl 83 J4
Kyzyl Arvat 84 H6
Kyzyl Koum (Désert) 82 G5
Kzyl-Orda 82 G5

L

Seuls les noms de France métropolitaine ou DOM-TOM précédés de l'article Le, La, Les ou L', sont classés d'après l'initiale du mot principal. Par exemple: Le Havre = voir Havre (Le).

Laacher See (L.) 41 E1
Laagen (R.) 51 F1-2
La Asunción 121 F3
Labadis Bank (Hauts-fonds) 50 A-B4
Labe (Elbe) (R.) 76 B2
Labé 102 B4
Labin 65 F3
Labouheyre 42 A2
Labrador (P.) 2 F3
Labrador (Bassin du) 2 G-H3
Labrador City 112 K4
La Brea 120 I1
Labruguière 42 B-C3
Labuan (I.) 93 G5
Labuhan 89 K1
Labytnangui 82 G3
La Calle (act. El Kala) 105 F1
La Calera 124 A-B3
La Campiña (Pl.) 72 B2
Lacanau 42 A2
Lacanau (Étg. de) 42 A2
La Canée (Khania) 77 D6
La Carolina 72 C2
Lacaune (Mts de) 42 C3
La Ceiba 120 D3
Lachaux 43 C2
La Chaux-de-Fonds 66 B2
Lachlan (R.) 127 D4
Lachute 118 E1
La Cisa (Col) 68 B2
Lac La Ronge (Parc prov.) 114 C1
Lacombe 114 B1
Laconia 118 F2
Laconie (Région) 77 D5
Laconie (G. de) 71 C4
La Corogne (La Coruña) 72 A1
La Coruña (La Corogne) 72 A1
La Côte (Coll.) 64 B2
Lacq 42 A3
La Crosse 115 D-E2
La Cruz 114 C4
Ladakh (Mts) 94 B1
Ladenburg 60 D4
Ladoga (L.) 62 F3
La Dôle (Mt) 66 B3
La Dorada 121 E4
Ladrones Mariannes (Is) 125 B2-3
Ladysmith 107 B-C2
Lae 127 D1
Laesö (I.) 51 F2
La Estrada 72 A1
Lafaiete 124 D2
Lafayette *(US, Ind.)* 115 E2
Lafayette *(US, La)* 114 D3
Lafnitz (R.) 65 F-G2
Lagan Å[lv] (R.) 51 G2
La Galite (Jalita) (Is) 105 F1
Lage 60 D2
Lagen (R.) 62 B3
Laghouat 105 D2
Lagkadās 71 C2
Lagnieu 49 L2
Lagny 47 F2
Lagoa dos Patos (Lagune) 123 D6
La Gonave (I. de la) 121 E3
Lagos *(Nig.)* 102 D5
Lagos *(Port.)* 72 A2
Lagosta (Lastovo) (I.) 68 F3
La Grande (R.) 112 J4
La Guaira 121 F3
Laguiole 42 C2
Laguna 124 D2
Lahat 93 F6
La Havane (Habana) 121 D2
La Haye ('s-Gravenhage) 56 B-C2
Lahij 102 H4
Lahn (R.) 60 C3
Laholm 51 G2
Laholm (Be de) 62 B4
Lahore 94 F1
Lahr 44 E4
Lahti 62 D-E3
La Huerta (Région) 72 C2
Laibach (Ljubljana) 65 F2-3
Lainio (Rastö Å[lv]) (R.) 62 D2
Lairg 52 B1
Lajes 124 C-D2
Lak Dera (R.) 102 H5
Lake Charles 114 D3
Lake District (Région) 52 C3
Lakefield 118 D1
Lake Genova 118 A2
Lake George 126 D4
Lakehurst 118 E2
Lakeland 115 E4
Lake Mc Leod 126 A3
Lake Placid 118 E1
Lake Superior (Parc prov.) 115 E2
Lakewood 118 C2
Lakhpat 94 A2
Lakrdar (Dj.) 104 C2
Lakse Fjord 62 E1
Lakshadweep (Laquedives) (Is) 94 F3-4
Lalapaşa 71 E2
Lalibela 91 D4
La Línea 72 B2
Lalin Ho (R.) 98 A1
Lalitpur 94 B2
La Louvière 56 C4
La Maddalena 69 B4
Lamalou[-les-Bains] 42 C3
La Marsa 105 F1
La Martre (L.) 112 E-F3
Lamastre 43 D2
Lamballe 39 B2
Lambaréné 102 E6
Lambay (I.) 53 A-B4
Lambersart 45 D-E2
Lambert (Glacier) 3 M9
Lambesc 48 C3
Lambèse (Tazoult) 105 E2
Lambro (R.) 66 E4
La Mecque (Makkah) 102 H3
Lamentin 121 M1
Lamentin (Le) 121 K-L1
Lamia 71 C3
Lamotte-Beuvron 40 C3
Lampedusa 69 D7
Lampedusa (I.) 69 D7
Lampione (I.) 69 D7
Lamu 106 J2
Lanark 52 C3
Lancang Jiang (Mékong, Za Ou) (R.) 92 E3
Lancashire (Comté) 54 C2(23)
Lancaster *(RU)* 52 C3
Lancaster *(US, N.H.)* 118 F1
Lancaster *(US, Ohio)* 118 C3
Lancaster *(US, Pa)* 118 D2
Lancaster (Détr. de) 112 I-J2
Lanciano 68 E3
Lançon 48 C3
Lancy 66 B3
Landau 41 E-F2
Landeck 66 F2
Landen 56 D4
Landerneau 39 A2
Landes (40) (Dépt) 23 B2
Landes [de Gascogne] (Région) 42 A2-3
Landes de Gascogne (P.R) 38 B2
Landi Kotal 95 B1
Landivisiau 39 A-B2
Landquart 66 E3
Landquart (R.) 66 E3
Landrecies 45 F3
Lands (Bad) (Région) 113 G5
Landsberg 66 F1
Landsberg (Gorzów) 76 B1
Land's End (C.) 50 B4
Landshut 59 E5
Landskrona 58 E2
Landstuhl 60 C4
Landwasser (R.) 66 E3
Lanester 39 B3
Langanes (P.) 62 I-J1
Langeac 43 C2
Langeais 40 B3
Langeland (I.) 58 D2
Langelands Baelt (Détr.) 58 D2
Langemark 45 D2
Langen 60 D4
Langenfeld 60 B-C2
Langenhagen 58 C-D3
Langental 66 C2
Langeroog (I.) 58 B3
Langesund Fjord (Be) 51 F2
Langjökull (Glacier) 62 H-I2
Langlade (Ct de) 48 B3
Langnau 66 C3
Langogne 43 C2
Langon 42 A2
Langöya (I.) 62 B-C2
Langreo 72 B1
Langres 41 D3
Langres (Plat. de) 41 D3
Langsa 92 E5
Lang Son 93 F3
Languard (P[ic]) 66 E-F3
Languedoc (Pl. du) 29 C-D4
Languedoc (Région) 42-43 C-D3
Languedoc (Haut-) (P.R) 38 C3
Languedoc-Roussillon (Rég. adm.) 23
Languidic 39 B3
Lan Hsu (Lan Yu) (I.) 93 H3
Lanin (Mt) 123 B6
Lannemezan 42 B3
Lannemezan (Plat. de) 42 B3
Lannilis 39 A2
Lannion 39 B2
La N[ouve]lle-Orléans (New Orleans) 115 E4
Lansing 118 B2
Lanterne (R.) 44 B5
Lanvaux (Landes de) (Région) 39 B3
Lan Yu (Lan Hsu) (I.) 96 C3
Lanzhou 96 A2
Lanzo [Torinese] 64 B3
Laoag 93 G-H4
Lao Kay 93 F3
Laon 41 C2
La Oroya 122 B4
Laos 86 F5
Lapalisse 43 C1
La Palma 121 E4
La Palma (I.) 103 K2
La Panne (De Panne) 56 A3
La Paragua 121 F4
La Paz *(Bol.)* 122 C4
La Paz *(Col.)* 121 E3
La Paz *(Mex.)* 120 A-B2
Lapeer 118 C2
La Pérouse (Détr. de) 98 E1
La Plata 123 D6
La Plato (Rio de) (Be) 123 D6
Laponie (Région) 62 C-F2
La Porte 118 B2
Lappeenranta 62 E3
Lâpseki 71 E2
Laptev (Mer de) 87 F-G2
Laquedives (Lakshadweep) (Is) 94 F3-4
La Quiaca 124 B2
L'Aquila 68 D3
Lar 91 F3
Larache (El Araich) 74 B3
Laragne 48 D2
Laramie 114 C2
L'Arbaa (anc. Fort-National) 105 E1
Larche (Col de) (Passo della Maddalena) 43 E2
Larderello 68 C3
Larder L[ake] 117 E-F2
Laredo *(E)* 72 C1
Laredo *(US)* 114 D4
Laren 56 D2
Largeau (Faya) 102 E-F4
Largentière 43 D2
Largue (R.) 48 D3
La Rioja 123 C5
La Rioja (Pl.) 72 C1
Larissa *(Gr.)* 71 C3
Larissa *(Turq.)* 71 E3
La Rivière-Th[ibouville] 46 C2
Larkana 94 A2
Larnaka 75 F3
Larne 52 B3
La Roche-en-Ardenne 56 D4
Laroche [-St-Cydroine] 41 C3
La Romana 121 F3
La Ronge (L.) 114 C1
Laroque d'Olmes 42 B-C3
Larsen (Banquise de) 1 F30-31
Laruns 42 A3
Larvik 51 F2
Larzac (Causse du) (Plat.) 42-43 C2-3
La Sagra (Mt) 72 C2
Las Balsas (R. de) 113 G-H8
Las Casitas (Cerro) (Mt) 114 B-C4
Lascaux 42 B2
Las Condes 124 A3
Las Cruces 114 C3
La Serena 124 A3
La Serra (Mts) 66 C4
Las Heras 123 B-C7
Lashio 92 E3
Lashkargah 91 G2
La Sila (Mts) 69 F5
Laško 67 F2
Las Marismas (Marais) 104 B1
Læsö (I.) 62 B4
Las Palmas 102 B3
La Spezia 64 C3
Las Plumas 123 C7
Lassen (Pic) 114 A2
Lassen Volcanic (P.N) 114 A2
Last Mountain (L.) 114 C1
Lastoursville 106 G2
Lastovo (Lagosta) (I.) 68 F3
[Las] Tres Marias (Is) 120 B2
Las Tres Virgenes (Mt) 114 B4
Las Tunas ([Victoria de]) 121 E2
Las Vegas *(US, Nev.)* 114 B3
Las Vegas *(US, N.Mex.)* 114 C3
Latakia 75 F3
Latina 68 D4
Latium (Lazio) (Rég. adm.) 69 I2 (7)
La Tuque 115 F2
Lau (Is) 125 D4
Lauch (R.) 44 D5
Lauchhammer 58 E4
Lauda 60 E4
Laufen 66 C2
Laufenburg 66 D2
Lauffen *(CH)* 66 D2
Lauffen *(RFA)* 60 D-E4
Launceston *(Austral.)* 127 D5
Launceston *(RU)* 53 B5
La Unión 72 C2
Laura 127 D2
Lauragais (Région) 42 B-C3
Lauragais (Seuil du) (Seuil de Naurouze) (Région) 42 B3
Laurel 118 E3
Laurentides (Parc prov. des) 115 F2
Lauria 69 E-F4
Laurion (Lávrion) 77 E5
Lausanne 66 B3
Lautaret (Col du) 43 E2
Lautenbach 44 D5
Lauter (R.) *(Fr.-RFA)* 41 F2
Lauter (R.) *(RFA)* 60 C4
Lauterbach 60 E3
Lauterbourg 41 F2
Lauterbrunnen 66 C3
Lauterecken 60 C4
Laut Ketjil (Is) 93 G6
Lauwe 45 E2
Laval 39 C2
La Valette 69 E7
Lavandou (Le) 49 E4
Lavant (R.) 65 F2
Lavardac 42 B2
Lavaur 42 B2
La Vega (Région) 104 B-C1
Lavelanet 42 B3
Laveno 66 D4
Lavéra 34 D3
La Verendrye (Parc prov.) 115 F2
Lavergne 34 B2
Laverton 127 B3
Lávrion (Laurion) 71 C-D4
Lawdar 91 E4
Lawit (Mt) 93 G5
Lawqah 75 G4
Lawrence *(US, Kans.)* 114 D3
Lawrence *(US, Mass.)* 118 F2
Lawton 114 D3
Laxou 44 B3
Lay (R.) 39 C3
Lay (G[ran]d-) (R.) 39 C3
Layla 91 E3
Layon (R.) 39 C3
Laysan (I.) 125 D2
Lazio (Latium) (Rég. adm.) 69 I2 (7)
Lazo 98 C2
Lead [-Deadwood] 114 C2
Leamington *(RU)* 53 D4
Leamington *(US)* 118 C2
Lebanon *(US, Ind.)* 118 B2-3
Lebanon *(US, Ky)* 118 B3
Lebanon *(US, N.H.)* 118 E-F2
Lebanon *(US, Pa)* 118 D2
Lebedos 71 E3
Lebesby 62 E1
Lebu 124 A3
Le Caire 75 F4
Le Cap (Cape Town) 103 E9
Lecce 69 G4
Lecco 66 E4
Lech (R.) 66 F2
Lechaina 71 B4
Le Chasseron (Mt) 66 B3
Lechfeld (Région) 59 D5
Lechtaler A[lpen] (Mts) 66 F2
Le Coq (De Haan) 56 B3
Lectoure 42 B3-2
Lede 45 F2
Leduc 114 B1
Lee (R.) 50 A3-4
Leech (L.) 114 D2
Leeds 53 D4
Leer 58 B3
Leerdam 57 D3
Leeuwarden 56 D1
Leeuwin (C.) 127 A4
Leeward (Is) 121 F3
Lefroy (L.) 127 B4
Leganes 72 B-C1
Legaspi 93 H4
Legionowo 76 D1
Legnago 65 D3
Legnano 66 D-E4
Legnica 76 B-C2
Léguer (R.) 39 B2
Leh 94 B1
Le Helder (Den Helder) 56 C2
Lehrte 58 C-D3
Lei (R.) 56 D3
Leiah 94 B1
Leibnitz 65 F2
Leicester 53 D4
Leicestershire (Comté) 54 C2 (24)
Leichhardt (R.) 127 C-D2
Leiden (Leyde) 56 C2
Leie (Lys) (R.) 56 B4-3
Leight Creek 127 C4
Leine (R.) 58 C3
Leinster (Prov.) 50 B3
Leipzig 59 E4
Lei Tchéou (P. de) 93 G3
Leith 52 C3
Leitha (R.) 65 G1-2
Leixoes 73 A1
Leiyang 96 B3
Lek (R.) 56 C3
Łeknica 58 F4
Leksvik 62 A-B3
Le Locle 66 B2
Lelystad 56 D2
Le Maire (Détr.) 123 C8
Léman (L.) 66 B3
Leman Bank 55 G3
Lembach 60 C4
Lemberg 44 D2
Lemberg (act. Lvov) 76 E2
Lemberg (Mt) 59 C4
Lemgo 60 D-E1
Lemhi (Mts) 114 B2
Lemvig 58 C1
Lena (R.) 83 M3
Lengerich 60 C1
Lenggries 67 D2
Lenghu 85 L6
Leninabad 82 G5-6
Leninakan 80 D4

Lénine (Pic) (Mt) 82 H6
Leningradskaïa (Station polaire) 1 E 18-17
Lenino 98 C1
Leninogorsk 82 I4
Leninsk-Louznetski 82 I4
Lenk 66 C3
Lenkoran 80 D5
Lenne (R.) 60 C2
Lens 45 D3
Lensk (anc. Moukhtouïa) 83 L3
Lentini 69 E6
Lenvis 62 C2
Lenzburg 66 D2
Lenzerheide 66 E3
Lenzing 61 E5
Leoben 65 F2
León *(E)* 74 B2
León *(Mex.)* 120 B2
León *(Nicar.)* 120 D3
Léon (Étg. de) 42 A3
Léon (Pays de) (Région) 39 A-B2
Leone (Mte) 66 D3
Leonidon 71 C4
Leonora 127 B3
Léopold et Astrid (Côte de) 1 E-F8-9
Leopoldina 124 D2
Leopoldsburg 56 D3
Léopoldville (Kinshasa) 102 E-F6
Lépanges 44 C4
Le Pirée (Peiraievs) 71 C4
Lepok 89 M1
Leptis Magna 74 D3
Lepuix 44 C5
Léré 102 E5
Leribe 107 B2
Lerida 72 D2
Lérins (Is de) 49 F-G3
Lerma 72 C1
Lermo (R.) 120 B2
Lermoos 66 F2
Léros (I.) 71 E4
Lérouville 41 D2
Lerwick 52 H1
Lesbos (Mytilini) (I.) 71 D3
Les Cayes 121 E3
Lésigny 47 E3
Lesima (Mte) 64 C3
Lesina (L. de) 68 E4
Leskovac 77 D4
Lesneven 39 A2
Le[sotho] 103 C5
Lesozavodsk 98 C1
Lesparre [-Médoc] 42 A2
Lesquin 45 E2
Lessay (Landes de) (Région) 39 C2
Lesse (R.) 56 D4
Lessines 45 F2
Les Verrières 66 B3
Leszno 76 C2
Lethbridge 114 B2
Lethem 120 J2
Leti (Is) 93 H6
Leticia 122 B-C3
Letmathe 60 C2
Lettonie (Rép. de) 86 (X)
Letzlinger Heide (Landes) 58 D3
Leucade (Levkas) (I.) 71 B3
Leucamp 35 H2
Leucade (Levkas) (I) 71 B3
Leucate (Étg. de) 42 C3
Leuk (Louèche) 66 C3
Leukerbad 66 C3
Leuser (Mt) 92 E5
Leutkirch 66 F2
Leuven (Louvain) 56 C4
Leuze 45 F2
Levallois 47 C2
Levanger 62 B3
Levant (Riviera du) 64 C-D3-4
Levant (I. du) 49 E4
Levens 49 G3
Leventina (Val) 66 D3
Leveque (C.) 127 B2
Leverkusen 60 B2
Lévezou (Mts) 42 C2
Levick (Mt) 1 E17-16
Levico 65 D2
Levie 43 H3
Levier 66 B3
Levinthos (I.) 71 E4
Lévis 115 F2
Levka Ori (Mt) 71 C-D5
Levkas 71 B3
Levkas (Leucade) (I.) 71 B3
Levroux 40 B3
Lewes *(RU)* 53 E5
Lewes *(US)* 118 E3
Lewis (I.) 52 A1
Lewis (Butt of) (C.) 52 A1
Lewis (Mts) 114 B2
Lewiston *(US, Idaho)* 114 B2
Lewiston *(US, Me)* 115 F-G2
Lewistown *(US, Mont.)* 114 C2
Lewistown *(US, Pa)* 118 D2
Lexington *(US, Ky)* 118 B3
Lexington *(US, Va)* 118 D3
Leyde (Leiden) 56 C2
Leyre (R.) 42 A2
Leysin 66 B-C3
Leyte (I.) 93 H4
Lez (R.) *(Fr., Languedoc)* 43 C3
Lez (R.) *(Fr., Préalpes)* 43 D2
Lez (R.) *(Fr., Pyrénées)* 42 B3
Lézarde (R.) 121 K-L1
Lézardrieux 39 B2
Lèze (R.) 42 B3
Lezhë 77 C4
Lézignan [-Corbières] 42 C3
Lezoux 43 C2
Lhasa (Lhassa) 92 D-E3
Lhassa (Lhasa) 87 E4
Lhaze 94 C2
Liakhov (G[ran]de) (I.) 83 O2
Liakhov (P[eti]te) (I.) 83 O2
Liamone (R.) 43 G2
Liancourt 46 F-G2
Liane (R.) 45 A2
Lianyungang 96 B-C2
Liaocheng 96 B2
Liaodong (P.) 83 M6-5
Liaodong (G. de) 93 H1-2
Liao He (R.) 83 M5
Liaoning (Liao Ning) (Prov.) 96 B—C1 (14)
Liao Ning (Liaoning) (Prov.) 96 B-C1 (14)
Liaoyang 96 C1
Liaoyuan 96 C1
Liard (R.) 112 E4
L[iban] 86 B1
Liban (Massif) 87 B4
Libengué 102 E-F5
Libercourt 45 E3
Liberec (Reichenb[er]g) 59 F4
Liberia 121 D3
Liberia 103 A3
Libourne 42 A2
Librazhd 71 B2
Libreville 102 D5
Libye 103 B-C2
Libye (Plat. de) 75 E3
Libye (Désert de) 102 F3-4
Licata 69 D-E6
Lichinga 103 G7
Lichtenburg 107 B2
Lichtenfels 59 D3
Lichtervelde 45 E1
Licking (R.) 118 C3
Licosa (C.) 69 E4
Lida 76 E1
Liddel (R.) 52 C3
Lidköping 51 G2
Lido di Roma 68 C-D4
Lido [di Venezia] 67 E3
Lidorikion 71 B-C3
L[iechtenstein] 22 E4
Liège (Luik) 56 D4
Liège (Prov.) 56
Lieksa (L.) 62 F3
Lienz 59 E6
Liepaja 62 D4
Liepvrette (R.) 44 D4
Lier (Lierre) 56 C3
Lierre (Lier) 56 C3
Lieser (R.) 60 B3
Liestal 66 C2
Liétard 45 E3
Lieurey 46 B-C2
Lieuvin (Région) 46 B-C2
Liévin 45 D3
Liezen 59 F6
Liffey (R.) 53 A4
Lignano 67 E3
Lignite 116 C2
Lignon du Sud (R.) 43 D2
Ligny 56 C4
Ligny [-en-Barrois] 41 D2
Ligueil 40 B3
Ligures (Alpes) (Mts) 68 A-B2-3
Ligurie (Rég. adm.) 69 H2 (8)
Ligurienne (Mer) 74 C2
Lihou (Récifs) 127 E2
Likasi 103 F7
Lilas (Les) 47 D2
Liliang Shan (Mts) 96 B2
Lille 45 E2
Lille Baelt (P[eti]t Belt) (Détr.) 58 C2
Lillebonne 46 C1
Lillehammer 62 A-B3
Lillers 45 C-D2
Lilongwe 103 G7
Lim (R.) 77 C4
Lima *(Pérou)* 122 B4
Lima *(US)* 115 E2
Limagne (Région) 42-43 C2
Limassol 75 F3
Limay 46 E2
Limbara (Mte) 69 B4
Limbe 106 C2
Limbourg 60 A-B3
Limbourg (Prov.) *(Belg.)* 56
Limbourg (Prov.) *(PB)* 56
Limburg [an der Lahn] 60 D3
Limeil 47 D3
Limeira 124 D2
Limenaria 71 D2
Limerick (Luimneach) 50 A-B3
Lim Fjorden (Détr.) 62 A-B4
Limmat (R.) 66 D2
Limmen (Be de) 127 C2
Limni 71 C3
Limnos (I.) 71 D3
Limoges 42 B2
Limogne (Causse de) (Plat.) 42 B2
Limón 121 D3-4
Limonest 49 K2
Limours 46 F3
Limousin (Région) 42 B-C2
Limousin (Rég. adm.) 23
Limousins (Plat.) 42 B2
Limoux 42 C3
Limpopo (R.) 103 G8
Linard (P[ic]) 66 F3
Linares *(Chili)* 124 A3
Linares *(E)* 72 C2
Linares *(Mex.)* 114 D4
Linaria 71 D3
Linas (Mte) 69 B5
Lincoln *(RU)* 53 D4
Lincoln *(US)* 114 D2
Lincoln (Mer de) 1 A31-34
Lincolnshire (Comté) 54 C2 (25)
Lindau 66 E2
Lindenberg (Mt) 66 D2
Lindesnes (C.) 62 A4
Lindi 103 G6
Lindlar 60 C2
Lindos 71 F4
Lindre (Étg de) 44 C3
Lindsay 118 D1
Line (Is) 125 D-E3-4
Linfen 96 B2
Lingayen 93 G-H4
Lingen 58 B3
Lingga (Is) 93 F5-6
Linghe (Loch) (G.) 52 B2
Lingling 96 B3
Lingolsheim 44 E3
Linhai 96 C3
Linhe 96 A1
Linjiang 98 A2
Linköping 62 C4
Linkou 98 B1
Linn (Mt) 114 A2-3
Linnich 56 E4
Linosa (I.) 69 D7
Linqing 96 B2
Linselles 45 D-E2
Lintao 108 A2
Lintfort 60 B2
Linth (Ct) 66 D-E2
Linth (R.) 66 E3
Linthal 66 D-E3
Linxi 96 B1
Linxia 96 A2
Linyi 96 B2
Linz *(Autr.)* 59 F5
Linz *(RFA)* 60 C3
Lion (G. du) 43 C-D3
Lion [-d'Angers] (Le) 40 A3
Lioran (Col du) 42 C2
Lioubertsy 80 C3 (15)
Lipari (Is) 74 D3
Lipetsk 80 C-D3
Lippe (R.) 60 D2
Lippstadt 60 D2
Lipsós (I.) 71 E4
Liri (R.) 68 D4
Lirima (Mt) 122 C4
Liro (R.) 66 E3
Lisala 102 F5
Lisboa (Lisbonne) 72 A2
Lisbonne (Lisboa) 72 A2
Lishui 96 B-C3
Lisieux 46 B2
Lisitchansk 80 C4 (7)
Lisle [-sur-Tarn] 42 B3
Lison (R.) 41 D3
Lispe [Szentadorján] 68 F1
Lista 55 H2
Lister (Mt) 1 E17-16
Listowel 118 C2
Litang 93 F-G3
Litani (W.) 90 I1
Litchfield P[ark] 116 B3
Lithgow 127 E4
Lithinon (C.) 77 E6
Litochoron 71 C2
Little Belt (Mts) 114 B2
Little Cayman (I.) 121 D3
Little Current 118 C1
Little Falls 118 E2
Lit[tle] Missouri (R.) 114 C2
Little Rock 114 D3
Littleton 118 F1
Lituanie (Rép. de) 86 (VIII)
Litvinov 59 E4
Liuan 96 B2
Liuzhou 96 A-B3
Livadia 71 C3
Livarot 46 B2
Livenza (R.) 65 E3
Liverdun 44 A-B3
Liverpool 53 C4
Liverpool (Be de) 53 C4
Liverpool (Mts de) 127 D-E4
Livigno (Val) 66 F3
Livingston 114 B-C2
Livingstone (Chutes) 103 E6
Livno 77 C4
Livorno (Livourne) 64 D4
Livourne (Livorno) 64 D4
Livradois (Massif du) 43 C2
Livramento-Rivera 124 C3
Livron 48 B1
Livry-Gargan 47 E2
Liwa 91 F3
Lizard (C.) 50 B4
Lizuka 99 B4
Ljubija 79 C3
Ljübimec 71 E2
Ljubljana (Laibach) 65 F2-3
Ljungan (R.) 62 C3
Ljusdal 62 C3
Ljusnan (R.) 62 C3
Ljutomer 65 G2
Llaima (Mt) 123 B6
Llandudno 55 F3
Llanelly 53 B5
Llanes 72 B1
Llano Estacado (Région) 114 C3
Llanos (Savanes) *(Col.-Venez.)* 122 B-C2
Llanos (Savanes) *(BR)* 122 C2-3
Llivia 42 B-C3
Llobregat (R.) 72 D1
Llullaillaco (Mt) 123 C5
Loange (R.) 103 E-F6
Lobatse 107 B2
Lobith 56 E3
Lobito 103 E7
Locarno 66 D3
Loch (R.) 39 B3
Lochem 60 B1
Loches 40 B3
Lochgilphead 52 B2
Lochmaddy 52 A2
Lock Haven 118 D2
Lockport 119 D2
Lockton 55 F3
Locminé 39 B3
Locri 69 F5
Loctudy 32 A2
Lod 90 H3
Lodève 43 C3
Lodi 64 C3
Lodja 106 H2
Lods 66 B2
Łódź 76 C2
Lofoten (Is) 62 B2
Logan *(US, Ohio)* 118 C3
Logan *(US, Utah)* 114 B2
Logan *(US, W.Va)* 118 C3
Logan (Mt) *(Ca., Mts Mackenzie)* 112 D-E3
Logan (Mt) *(Ca., Mts St Elias)* 112 C-D3
Logansport 118 B2
Loges (Les) 47 B3
Logis-Neuf 49 M2
Logone (R.) 102 E5
Logroño 72 C1
Lohardagga 95 C2
Lohja 62 D3
Lohjan (L.) 62 D3
Lohr 60 E3
Loibl 67 F2
Loikaw 92 E4
Loing (R.) 40 C3
Loing (Ct du) 38 C1-2
Loir (R.) 40 B2
Loir (Vaux du) 40 B3
Loire 34 D2
Loire (R.) 29 B3
Loire (Haute-) (43) (Dépt) 23 C2
Loire (Val de) 40 B3
Loire (42) (Dépt) 23 C-D2
Loire (Ct latéral à la) 38 C2
Loire-Atlantique (44) (Dépt) 23 B2
Loiret (R.) 40 B-C3
Loiret (45) (Dépt) 23 C1-2
Loir-et-Cher (41) (Dépt) 23 C2
Loise (R.) 49 J2
Loja *(E)* 72 B2
Loja *(Éqr)* 122 B3
Lokeren 56 B3
Lökken 63 A3
Lokoja 106 C2
Lolland (I.) 58 D2
Lollar 60 D3
Lom 77 D4
Loma (Mts) 102 B5
Loma de Hierro 120 I2
Lomagne (Région) 42 B3
Lomami (R.) 103 F6
Lombardie (Lombardia) (Rég. adm.) 69 H1 (9)
Lombez 42 B3
Lombok (I.) 93 G6
Lomé 102 D5
Lomela (R.) 106 H2
Lomme 45 D2
Lommel 56 D3
Lomond 55 G2
Lomond (Loch) (L.) 52 B2
Lomonosov (Dorsale de) 3 M-O1
Lomont (Mt) 41 E3
Lomża 76 D1
Lonato 66 F4
Londe (Forêt de la) 46 C-D2
London *(Ca.)* 118 C2
London (Londres) *(RU)* 22 D-E3
London (Greater-) (Comté) 54 C3 (16)
Londonderry 52 A3
Londonderry (Comté) 54 B2 (5)
Londres (London) 53 D5
Londrina 123 D5
Lone Star 116 D3
Long (Is de) 87 H2
Long (Pte) 118 C2
Longan 96 A3
Long Beach 114 B3
Long Branch 118 E2
Long Eaton 53 D4
Longeville [-lès-Metz] 44 B2
Longeville [-lès-St-Avold] 44 C2
Longfellow (Mts) 115 F-G2
Long Forties Bank 55 F-G2
Long Island (I.) *(Bahamas)* 121 E2
Long Island (I.) *(US)* 118 E2
Long Island S[oun]d (Détr.) 118 E2
Longjumeau 47 C3
Longlac 115 E2
Longos (P.) 71 C2-3
Longpré 45 B-C3-4
Longreach 127 D3
Longs (Pic) 114 C2
Longtown 52 C3
Longué 39 C-D3
Longueau 45 C4
Longueville (La) 45 F3
Longuyon 41 D2
Longview *(US, Oreg.)* 116 A2
Longview *(US, Tex.)* 114 D3
Longwy 44 A1
Longxi 96 A2
Long Xuyen 93 F5-4
Longyan 96 B3
Longyearbyen 82 B-C2
Löningen 61 B2
Lons-le-Saunier 41 D3
Lookout 122 D2
Loop (C.) 50 A3
Loos *(Fr., Nord)* 45 E2
Loos *(Fr., Pas-de-Calais)* 45 D3
Lopatka (C.) 83 P4
Lopez (C.) 102 D6
Lop Nur (L.) 92 D1
Lora (R.) *(Afghan.)* 92 B2
Lora (R.) *(Austral.)* 127 C3
Lorain 118 C2
Lorca 72 C2
Lorch 60 C3
Lord Howe (I.) 125 C5
Lorelei (Rocher) 60 C3
Loreto 68 D3
Lorient 39 B3
Loriol 48 B1
Lorne (Firth of) (Détr.) 52 B2
Lörrach 44 E5
Lorrain (Le) 121 K1
Lorrain (Plat.) 41 E2
Lorraine (Région) 44 B-C2-4
Lorraine (Rég. adm.) 23
Lorraine (P.Rl) 38 D1
Los Adobes 111 H7
Los Alamos 114 C3
Los Angeles *(Chili)* 124 A3
Los Angeles *(US)* 114 A-B3
Losheim 60 B4
Lošinj 65 F3
Lošinj (I.) 65 F3
Los Mochis 114 B-C4
Los Roques (I.) 121 F3
Losser 56 E2
Los Teques 120 I1-2
Los Ventanas 124 A3
Lot (R.) 42 B2
Lot (46) (Dépt) 23 C2
Lota 124 A3
Lot-et-Garonne (47) (Dépt) 23 C2
Lothian (Comté) 54 C2 (7)
Lötschberg (Col) 66 C3
Lötschberg (Tunnel) 67 B2
Lötschental (Val) 66 C3
Lot's Wife (Sofu Gan) (I.) 96 E3
Lotta (R.) 62 E2
Loubomo 102 E6
Loudéac 39 B2
Loudun 40 B3
Loue (R.) 66 A2
Louèche (Leuk) 66 C3
Louga *(Sén.)* 102 B4
Louga *(Russie)* 62 E4
Lougansk (Vorochilovgrod) 80 C4 (12)
Louge (R.) 42 B3
Loughborough 53 D4
Louhans 43 D1
Louiseville 118 E1
Louis-Gentil (Youssoufia) 104 A2
Louisiade (Is) 127 E2
Louisiana (État) 114 D3
Louisiana Oilf[ield] (Gisement) 116-117 D-E4
Louisville 115 E3
Loung Ching 98 B2
Louny 59 E4
Loup (R.) 49 F3
Loupe (La) 46 D4
Lourches 45 E3
Lourdes 42 A3
Lourenço Marques (act. Maputo) 103 G8
Louth 53 E4
Loutsk 76 E2
Louvain (Leuven) 56 C4
Louveciennes 47 B2
Louviers 46 D2
Louvigné 39 C2
Louvres 46 F-G2
Louvroil 45 F3
Louxor 102 G3
Louza (R.) 80 D2
Lovat (R.) 80 C3
Lovere 66 E-F4
Lovili (Mt) 103 E7
Lovisa 62 E3
Lowell 118 F2
Lower Arrow (L.) 114 B1
Lower Brule (Rés. Ind.) 114 C-D2
Lowestoft 53 E4
Lowlands (Région) 52 B-C3
Loyauté (Is) 125 C5
Loyettes 49 M1
Lozère (Mt) 43 C2
Lozère (48) (Dépt) 23 C2
Lualaba (R.) 103 F6
Luama (R.) 106 H2
Luanshya 107 B1
Luanda 103 E6
Luanda (Plat. du) 100 B-C4
Luang Prabang 93 F4
Luangwa (R.) 103 G7
Luan Xian 97 B2
Luarca 72 B1
Lubaczów 78 D2
Lubango 103 E7
Lübbecke 60 D1
Lübbenau 58 E4
Lubbock 114 C3
Lübeck 58 D3
Lübeck (Be de) 76 A1
Lubéron (Mts) 48 C-D3
Lubéron (P.Rl) 38 D3
Lublin 76 D2
Lubsko 58 F4
Lubudi 106 H2-3
Lubumbashi 103 F-G7
Lubumbi 107 B1
Luc 48 C1
Luc (Le) 49 E4
Lucala 106 G2
Lucayes (Is) (Is Bahamas) 113 J7
Lucca (Lucques) 64 D4
Lucé 40 B2
Luce (Be de) 52 B3
Lucena 72 B2
Lučenec 76 C2
Lucera 68 E4
Lucerne 66 D2
Lucerne (Canton) 67 I-J2-1
Luchon (B[agnères]-de-) 42 B3
Lucina 106 G2
Luckenwalde 58 E3
Lucknow 94 F-G2
Luçon 39 C3
Luçon (I.) 93 H4
Luçon (Mer de) (Mer de Chine méridionale) 93 F-G4-5
Luçon (Détr. de) 93 G-H3
Lucques (Lucca) 64 D4
Lucy 34 D2
Luda 96 C2
Lude (Le) 40 A-B3
Lüdenscheid 60 C2
Lüderitz 103 E8
Ludgate 118 C1
Ludhiana 94 B1
Lüdinghausen 60 C2
Ludington 118 B2
Ludlow 53 C4
Ludlowville 117 F2
Ludvika 62 B-C3
Ludwigsburg 59 C5
Ludwigsfelde 61 E2
Ludwigshafen *(RFA, Bade-Wurtemberg)* 66 E2
Ludwigshafen *(RFA, Rhénanie-Palatinat)* 60 D4
Ludwigslust 58 D3
Luebo 106 H2
Luena *(Angola)* 103 F7
Luena *(Zaïre)* 106 G2
Lugano 66 D-E3
Lugano (L. de) 66 D-E3-4
Lugazi 106 H1
Lugo *(E)* 74 B2
Lugo *(It.)* 65 D-E3
Lugoj 76 D3
Luik (Liège) 56 D4
Luimneach (Limerick) 50 A-B3
Luino 66 D3
Lujan de Cuyo 124 B3
Lujenda (R.) 103 G7
Lukenie (R.) 102 E-F6
Lukmanier (Col) 66 D3
Łukow 76 D2
Lukuga (R.) 103 F6
Luleå 62 D2
Lule Ä[lv] (R.) 80 B2
Lüleburgas 71 E2
Lulevatten (R.) 62 C2
Lu Ling (Muling) (R.) 98 B1
Lulonga (R.) 102 F5
Lulua (R.) 103 F6
Lumadjang 87 M2
Lumbala 107 B1
Lumbres 45 C2
Lund 58 E2
Lundy (I.) 50 B4
Lunebourg (Lüneburg) 58 D3
Lunebourg (Landes de) 58 C-D3
Lüneburg (Lunebourg) 58 D3
Lunel 43 D3
Lünen 60 C2
Lunéville 44 C3
Lungkuan 97 B1
Lungro 70 D3
Lungue Bungo (R.) 103 E-F7
Luni (R.) 94 B2
Luninets 76 E1
Luntai 89 E2
Luoding 97 B3
Luo He (R.) 96 A2
Luoyang 96 B2
Lupkow (C[ol] de) 76 D2
Luque 124 C2
Lure 44 B5
Lure (M[onta]gne de) 43 D2
Luri 43 H2
Lurio (R.) 103 G7
Lusaka 103 F-G7
Lusambo 106 H2
Lushnjë 71 A2
Lusignan 42 B1
Lussac 34 C2
Lussac [-les-Châteaux] 42 B1
Lussagnet 34 B-C3
Lustenau 66 E2
Lût (Désert de) (Dasht-i-Lût) 91 F2
Luton 53 D5
Lutra 71 D2
Lutzelhouse 44 D3
Lützow-Holm (Be) 1 F4-5
Luvua (R.) 103 F6
Luxembourg (Luxemburg) 56 E5
Luxembourg (Prov.) 56
Lux[embourg] (Grand-Duché de) 22 E4
Luxemburg (Luxembourg) 56 E5
Luxeuil [-les-Bains] 41 E3
Luy de Béarn (R.) 42 A3
Luy de France (R.) 42 A3
Luz 34 B-C3
Luzarche 46 F2
Luzège (R.) 42 C2
Luzhou 96 A3
Lužnice (R.) 59 F5
Luzy 41 C3
Lvov (anc. Lemberg) 76 E2

Lyallpur 94 B1
Lycksele 62 C3
Lydenburg 107 B-C2
Lyell (Mt) 126 D5
Lyme (Be de) 53 C5
Lydie (Région) 77 E-F5
Lymington 40 A1
Lynchburg 115 E-F3
Lynn 118 F2
Lynn Lake 112 G4
Lyon 43 D2
Lyonnais (Mts du) 43 D2
Lyons 46 D-E2
Lyons (Forêt de) 46 D-E2
Lys (Leie) (R.) *(Fr.-Belg.)* 56 B4-3
Lys (R.) *(It.)* 66 C4
Lysa Gora (Mts) 76 D2
Lyse Fjord (Be) 51 E2
Lysekil 51 F2
Lyss 66 C2
Lysva 80 E3

M

Ma (O. el) 104 A-B3
Ma'alot 90 I1
Maamba 107 B1
Ma'an 90 I4
Maanselkä (Coll.) 62 D-E2
Maanshan 96 B2
Maares Tunturit (Mt) 62 D-E2
Maarianhamina (Marienhamn) 62 C-D3-4
Maas (Meuse) (R.) 56 C-D3
Maaseik 56 D3
Maasmechelen 56 D4
Maassluis 56 C3
Maastricht 56 D4
Mabruk 74 D4
Mabubas 106 F2
Macalder 106 H2
Macao 96 B3
Macapá 122 D2
Macau 122 F3
Macauley (I.) 125 C-D5
Macclesfield 53 C-D4
Mac Donald (Is) 17 M8
Macdonald (L.) 127 B3
Mac Donnell (Mts) 127 C3
Macédoine (Makedonija) (Rép.) 77 D4
Macédoine (Région) 71 B-C2
Maceió 122 F3
Macenta 106 B2
Macerata 68 D3
Machala 122 A-B3
Machalas 71 B3
Machecoul 39 C3
Machida 99 D4(11)
Machine (La) 41 C3
Machiques 121 E3-4
Machu Picchu 122 B4
Macina (Plat.) 106 B1
Macinaggio 38 E1
Macintyre (R.) 127 D-E3
Mackay 127 D3
Mackay (L.) *(Austral.)* 127 B3
Mackay (L.) *(Ca.)* 112 F-G3
Mackenzie 120 J2
Mackenzie (District of) 112 E-G3
Mackenzie (Mts) 112 D-E3
Mackenzie (R.) *(Austral.)* 127 D3
Mackenzie (R.) *(Ca.)* 112 D-E3
Mackenzie King (I.) 112 F-G2
Mackenzie Delta 111 D-E1
Mackinac (Détr. de) 118 B1
Mackinaw City 118 B1
Macomer 69 B4
Macon *(US)* 115 E3
Mâcon *(Fr.)* 43 D1
Mâconnais (Mts du) 43 D1
Macouba 121 K1
Macpherson Ra. 127 E3
Macquarie (Is) 17 Q-R8
Macquarie (R.) 127 D4
Macquarie Harbour (Be) 127 D5
Mac Robertson (Côte de) 1 F7-8
Macugnaga 67 C3
Ma'dabā 90 I3
Madagascar (I.) 3 L7-6
Madagascar (Bassin de) 3 L7
Madagascar (Plat. de) 3 L7
Madagascar (Rép. de) 103 D5-4
Madain Salih 91 D3
Madan 71 D2
Madaripur 94 C-D2
Madawaska (R.) 118 D1
Maddalena (Is) 68 B4
Maddalena (La) 69 B4
Maddalena (Passo della) (Col de Larche) 43 E2
Madden (Barr. de) 122 H1
Madden (L.) 122 H1
Madeira (Chutes) 122 C3
Madeira (R.) 122 C3
Mädelegabel (Mt) 66 F2
Madeleine (La) 45 D-E2
Madeleine (I. de la) 115 G2
Madeleine (Mts de la) 43 C1-2
Madère (I.) 102 B2
Madhya Pradesh (État) 94 F-G2
Madison *(US, Ind.)* 118 B3
Madison *(US, Wisc.)* 115 D-E2
Madiun 89 M1
Madon (R.) 44 B4
Madonie (Mts) 69 D-E6
Madonna di C[ampiglio] 67 D2
Madra daği (Mts) 71 E3
Madras 94 G3
Madre (Lagune) *(Mex.)* 120 C2
Madre (Lagune) *(US)* 120 C2
Madre (Sa) 120 C3
Madre de Dios (R.) 122 C4
Madre del Sur (Sa) 120 B-C3
Madre Occidentale (Sa) 120 B1-3
Madre Orientale (Sa) 120 B-C2
Madrid 72 B-C1
Madura (I.) 93 G6
Madurai 94 B4
Madüsee (L.) 58 F3
Maebashi 99 D3
Maeklong (R.) 92 E4
Maestra (Sa) 121 E2
Mafeking 103 F8
Mafia (I.) 103 G-H6
Magadan 83 O-P4
Magadi 106 I2
Magallanes (Punta Arenas) 123 B-C8
Magangué 121 E4
Magdalena (R.) *(Bol.)* 122 C4
Magdalena (R.) *(Col.)* 121 E4
Magdalena (R.) *(Mex.)* 120 A1
Magdebourg (Magdeburg) 58 D3
Magdeburg (Magdebourg) 58 D3
Magelang 89 M1
Magellan (Détr. de) 123 B-C8
Magenta 66 D4
Mageröya (I.) 62 E1
Maggia (Val) 66 D3
Maggiorasca (Mte) 64 C3
Maghnia (Marnia) 104 C2
Mágina (Mt) 72 C2
Magnesia 71 E3
Magnet (Mt) 126 A3
Magnitnaïa (Mt) 80 E-F3
Magnitogorsk 80 E-F3
Magnus 55 G1
Magny 47 B3
Magny-en-Vexin 46 E2
Magog 118 E-F1
Maguela do Zombo 106 G2
Magwe 92 E3
Mahabad 75 G3
Mahabalipuram 94 C3
Mahajan 94 B2
Mahajanga 103 H7
Mahakam (R.) 93 G5-6
Mahalla 102 F-G2
Mahanadi (R.) 92 D3
Maharashtra (État) 94 F3-2
Maharès 105 F2
Mahbubnagar 94 B3
Mahdia *(Alg.)* 105 D2
Mahdia *(Tu.)* 105 F2
Mahe 94 F3
Mahenge 106 I2
Mahi (R.) 94 B2
Mahón 72 E2
Mahuva 94 B2
Maïa (R.) 83 N4
Maîche 66 B2
Maidstone 53 E5
Maïduguri 102 E4
Maifeld (Région) 60 C3
Maïkop 80 C4
Maïkouban 84 J4
Mailhac 34 C2
Mailhebiau (Mt) 42 C2
Mailland 127 E4
Mailly 41 D2
Main (R.) 60 D3-4
Mai Ndombe (L.) 102 E-F6
Maine (État) 115 F-G2
Maine (R.) 39 C3
Maine (Bas-) (Région) 40 A2
Maine (Haut-) (Région) 40 B2-3
Maine (G. du) 118 F2
Maine-et-Loire (49) (Dépt) 23 B2
Mainland (I.) *(RU, Orcades)* 52 G2
Mainland (I.) *(RU, Shetland)* 52 H1
Maintenon 46 D-E3
Mainz (Mayence) 60 D4
Maio (I.) 103 L2
Maipo (Mt) 123 B-C6
Maiquetia 121 F3
Máira (R.) 43 E2
Maire (I.) 48 C4
Maisons-Alfort 47 D3
Maisons-Laffitte 47 B2
Maisse 46 F4
Maiz (Is del) (Corn Is) 121 D3
Maizières 44 B2
Maizuru 99 C4
Majalaja 89 L1
Majdanpek 77 D3
Majeur (L.) 66 D3-4
Majia He (R.) 96 B2
Majmaah 91 E3
Majorque (Mallorca) (I.) 72 C-D2
Majuro (Atoll) 125 C3
Makarikari (Étg) 103 F8
Makarska 68 F3
Makarwal 95 B1
Makassar (act. Ujung Pandang) 93 G6
Makassar (Détr. de) 87 F-G6-5
Makat 80 E3
Makedonija (Macedoine) (Rép. fédérée) 77 D4
Makeïevka 80 C4 (8)
Makhatchkala 80 D4
Makin (I.) 125 C3
Makkah (La Mecque) 102 H3
Makkovik 115 G-H1
Makó 76 D3
Makokou 102 E5
Makra (I.) 71 D-E4
Makronisos (I.) 71 D4
Maktar 105 F2
Makum 89 E3
Makurdi 102 D-E5
Malabar (Côte de) 92 C4
Malabo 102 D5
Malacca 93 F5
Malacca (Détr. de) 92-93 E-F5
Malacca (P. de) (Malaisie) 92-93 E-F5
Malacky 65 G1
Maladetta (Mts) 42 B3
Málaga 72 B2
Malaisie (P.) (P. de Malacca) 93 F5
Malaita (I.) 127 F1
Malakal 102 F-G5
Mala Kapela (Plat.) 65 F3
Malakoff 47 C3
Malang 89 M1
Malange 103 E6
Mälaren (L.) 62 C4
Malartic 117 F2
Malaspina (Glacier) 112 C4
Malatya 75 F3
Malaunay 46 C-D1
Malawi 103 C4
Malawi (L.) 103 G7
Malayer 75 G3
Malaysia (Féd[eratio]n de) 86 F5
Malbork (Marienb[ur]g) 76 C1
Maldegem 56 B3
Malden 118 F2
Malden (I.) 125 E4
Maldives (Is) 87 D5
Maldonado Punta del Este 124 C3
Maldonado (P[un]ta) (Pte) 120 C3
Maléas (C.) 71 C4
Malebo (L.) 102 E6
Malegaon 94 B2
Maleh Kuh 91 E2
Malekula (I.) 125 C4
Malenco (Val) 66 E3
Malesherbes 40 C2
Malesina 71 C3
Malestroit 39 B3
Malgovert 34 D2
Mali (Rép. du) 103 A-B3
Malin (C.) 52 A3
Malindi 106 I-J2
Malines (Mechelen) 56 C3
Maling (Mt) 93 H5
Malinmore (C.) 50 A3
Maliq 71 B2
Malkara 71 E2
Malko Tŭrnovo 71 E1
Mallaig 52 B2
Mallee (Région) 126 D4
Mallemort 34 D3
Mallorca (Majorque) (I.) 72 D2
Malmaison 47 C2
Malmberget 62 D2
Malmédy 60 B3
Malmö 51 G3
Maloja (Col) 66 E3
Malo-l[e]s-B[ain]s 45 C1
Malone 118 E1
Malouines (Falkland) (Is) 123 C-D8
Malpelo (I.) 121 D4
Malplaquet 56 B-C4
Mals E[lv] (R.) 62 C2
Malte 22 F5
Malte (I.) 18 F5
Malte (Détr. de) 69 E6
Malton 52 D3
Malvernshire (Hereford and Worcester) (Comté) 54 C2 (26)
Malvézy 34 C3
Malwa (Plat. de) 92 C3
Malzéville 44 B3
Mama 85 N4
Mamaia 77 F3
Mambéré (R.) 102 E5
Mambova 107 B1
Mamers 40 B2
Mamona 120 H1-2
Mamora (Forêt de la) 104 B2
Mamoré (R.) 2 F6
Mamou 106 A1
Mamry (L.) 62 D5
Mam Sodhail (Mt) 52 B2
Man 102 C5
Man (I.) 54 B-C2
Man (Calf of) (I.) 52 B3
Mana (R.) 122 D2
Manacor 72 C-D2
Manado 93 H5
Managua 120 D3
Managua (L. de) 120 D3
Manakara 103 H-I8
Mananjary 103 H-I8
Manantiales 111 H7
Manapire (R.) 121 F4
Manasarovar (Mapam Yumco) (L.) 94 C1
Manaus 122 C-D3
Mancelles (Alpes) (Coll.) 40 A2
Manche (Mer) 18 D4-3
Manche (Prov.) 72 C2
Manche (50) (Dépt) 23 B1
Manchester *(RU)* 53 C-D4
Manchester *(US)* 118 F2
Manchester (Greater-) (Comté) 54 C2(17)
Manda 107 C1
Mandal 62 A4
Mandalay 92 E3
Mandalya (G. de) 71 E4
Mandchourie (Région) 83 L-M5
Mandelieu 49 F3
Mandi 94 B1
Mandla 94 C2
Mandö (I.) 58 C2
Mandra (Mt) 76 D3
Mandrakion 71 E4
Mandres 47 E3
Mandrioli (Col de) 68 C-D3
Mandsaur 94 B2
Mandúria 69 F-G4
Mandvi 94 A3
Manfredonia 68 E-F4
Manfredonia (G. de) 68 E-F4
Mangalia 77 F4
Mangalore 94 B3
Mangareva (I.) 125 F5
Mangkalihat (C.) 93 G5
Mango 106 C1
Mangoche 107 C1
Mangrol 94 A-B3
Manguylchak (P. de) 75 H2
Manhartsberg (Mt) 65 F1
Manicouagan (R.) 115 G1-2
Manicouagan (L.) 115 G1
Manihiki (Atoll) 125 D4
Manille 93 G-H4
Manipur (Imphal) 92 E3
Manipur (État) 94 H2
Manisa 71 E3
Manistee 118 B1
Manistee (R.) 118 B1
Manistique 118 B1
Manitoba (Prov.) 114 D1
Manitoba (L.) 114 D1
Manitou (Is) 118 B1
Manitoulin (I.) 115 E2
Manitouwadge 117 E2
Manitowoc 118 B1
Maniwaki 118 D1
Manizales 121 E4
Mankato 114 D2
Mannar (G. de) 92 C5
Mannheim 60 D4
Mannu (R.) 69 B5
Mannu (C.) 69 B4
Manono 103 F6
Mano River 106 A2
Manosque 48 D3
Manpodshin 97 C1
Manresa 72 D1
Mans (Le) 40 A-B2
Mansa 106 H3
Mansel (I.) 112 I-J3
Mansfield *(RU)* 53 D4
Mansfield *(US)* 118 C2
Mansfield (Mt) 118 E1
Mantes [-la-Jolie] 40 B2
Mantineia 71 C4
Mantiqueira (Sa da) 123 E5
Mantoue (Mantova) 64 D3
Mantova (Mantoue) 64 D3
Mantudion 71 C3
Mäntyluoto 62 D3
Manuane (L.) 115 F-G1
Manyas 71 E-F2-3
Manyas gölü (L.) 71 E-F2
Manytch (Dépr. du) 80 D4
Manytch Occid[enta]l (R.) 80 D4
Manytch Orien[ta]l (R.) 80 D4
Manzanares 72 C2
Manzanillo *(Cuba)* 121 E2
Manzanillo *(Mex.)* 120 B3
Manzhouli 83 L5
Manzini 107 C2
Manzovka 98 B-C1
Maoming 93 G3
Mapam Yumco (L. Manasarovar) (L.) 94 C1
Mapia (Is) 125 A3
Mapimi 116 C4
Mapimi (Bolsón de) (Plat.) 120 B2
Maputo (anc. Lourenço Marques) 103 G8
Maquia 111 H5
Mar (Sa do) 123 E5
Maraba 122 E3
Maracá (I. de) 122 D-E2
Maracaibo 121 E3
Maracaibo (L. de) 121 E4
Maracaju 123 D5
Maracay 121 F3
Maradi 102 D4
Maragheh 91 E2
Marahuaco (Mt) 121 F4
Marais Poitevin (P.Rl) 38 B2
Marajó (I. de) 122 D-E3
Maramba 103 F7
Marampa 106 A2
Maranhão (État) 122 E3
Maranon (R.) 2 F6
Marans 39 C3
Maraoué (P.Nl) 106 B2
Marapule 107 B2
Maraş 75 F3
Marathokampos 71 E4
Marathon *(Ca.)* 115 E2
Marathon *(Gr.)* 71 C-D3
Marbach 60 E5
Marbella 104 B1
Marble Bar 127 A-B3
Marbore (Mt) 42 A-B3
Marburg 60 D3
March 53 D-E4
Marchand (Rommani) 104 B2
Marche [-en-Famenne] 56 D4
Marche (Plat. de la) 42 B-C1
Marchenoir 40 B3
Marches (Rég. adm.) 69 I2 (10)
Marchfeld (Région) 65 G1
Marchienne [-au-Pont] 56 C4
Marchiennes 45 E3
Marchin 57 D4
Marcinelle 56 C4
Marck 45 B-C2
Marckolsheim 44 D-E4
Marckolsheim (Barr.) 44 E4
Marcoing 45 E3
Marco Polo (Mts de) 94 D1
Marcoule 49 M2
Marcq 45 E2
Marcus (I.) 3 Q4
Marcy (Mt) 118 E1
Mardan 94 B1
Mar del Plata 123 D6
Mar del Sur 124 C3
Mardin 75 F-G3
Maree (Loch) (L.) 52 B2
Marèges 34 C2
Mareil-Marly 47 B2
Maremme (Région) 68 C3
Marengo (Hadjout) 105 D1
Marennes 42 A2
Mareth 105 F2
Marettimo (I.) 69 C-D6
Margarita (I.) 121 F3
Margarition 71 B3
Margate 53 E5
Margaux 42 A2
Margeride (Mts de la) 42-43 C2
Marghera 65 D-E3
Mari 95 A2
Mari (A.S.S.R.) 86 (I-9)
Maria Elena 124 A-B2
M[ari]a Laach 60 C3
Marianao 121 D2
Mariannes (Ladrones) (Is) 125 B2-3
Mariannes du Nord (Commonwealth des Is) 125 B3A
Mariannes (Fosse des) 3 Q4-5
Mariánské Lázně 59 E5
Marias Pass (Col) 114 B2
Mariato (Pte) 121 D4
Maria v[an] Diemen (C.) 127 F-G1
Mariazell 65 F2
Maribo 58 D2
Maribor 65 F2
Mariborsko P[ohorje] 67 F2
Marica 71 D-E1
Marica (Meriç, Évros) (R.) 71 E2
Marie Byrd (T.) 1 D-E23-21
Marie-Galante (I.) 121 N2
Marie-Galante (Ct de) (Détr.) 121 N2-1
Marienberg 60 C-D3
Marienbourg 56 C4
Marienburg (Malbork) 76 C1
Marienhamn (Maarianhamina) 62 C-D3-4
Mariental 107 A2
Marienwerder (Kwidzyn) 76 C1
Marietta 118 C3
Marignane 48 C4
Mariinsk 82 I4
Marilia 124 C-D2
Marin (Le) 121 L2
Marina di Pisa 64 D4
Marines 46 E-F2
Marinette 118 B1
Maringa 123 D5
Marion *(US, Ind.)* 118 B2
Marion *(US, Ky)* 117 E3
Marion *(US, Ohio)* 118 C2
Mark (R.) 56 C3
Mark (Hohe) (Mt) 60 C2
Märkäjärvi 62 E2
Markdorf 66 E2
Marken (I.) 56 D2
Markerwaard (Polder) 56 D2
Markha (R.) 83 L3
Markham (Mt) 1 D17-15
Markhinskoïe 85 N3
Markovo 83 Q-R3
Marktheidenfeld 60 E4
Marktredwitz 59 E4-5
Marl 60 C2
Marlborough 53 D5
Marle 41 C2
Marlenheim 44 D3
Marles 45 C2-3
Marlinton 118 D3
Marly 45 F3
Marly (Forêt de) 47 B2
Marly (Port-) 47 B2
Marly-le-Roi 47 B2
Marmande 42 B2
Marmara (I.) 71 E-F2
Marmara (Mer de) 71 E-F2
Marmara gölü (L.) 71 E-F3
Marmaris 71 E-F4
Marmet 118 C3
Marmolada (Mt) 65 D2
Marmora 119 D1
Marmoutier 44 D3
Marne (R.) 47 E2
Marne (Haute-) (52) (Dépt) 23 D1-2
Marne (51) (Dépt) 23 C-D1
Marne à la Saône (Ct de la) 41 D2-3
Marne au Rhin (Ct de la) 41 E2
Marne-La-Vallée 46 G3
Marnes 47 C3
Marnia (Maghnia) 104 C2
Maroc 103 A2
Maroilles 45 F3
Marolles 47 E3
Maromme 46 C-D2
Maroneia 71 D2
Maroni (R.) 122 D2
Maronne (R.) 42 C2
Maros (Mureşul) (R.) 76 D3
Maroua 102 E4
Marquenterre (Région) 45 B3
Marquette 118 B1
Marquette Ra. (Mts) 117 E2
Marquise 45 A2
Marquises (Is) 125 F4
Marra (Dj.) 102 F4
Marrakech 104 B3
Marromeu 107 C1
Marroqui (Pte) 104 B1
Marrupa 107 C1
M[arsa]-b[en]-Mhidi 104 C2
Marsa Fatma 91 E4
Marsala 69 D6
Marsa Matrouh 75 E3
Marschen (Région) 61 B-C2
Marsdiep (Détr.) 56 C1-2
Marseille 48 C4
Marseille-en-B[eauvaisi]s 46 E-F1
Marseille (Rade de) (Be) 48 C4
Marseilleveyre (Mt) 48 C4
Mars Fjället (Mt) 62 B-C2
Marshall 118 B2
Marshall (Is) 125 C3
Marshalltown 114 D2
Mars-la-Tour 44 A2
Marstrand 51 F2
Martaban (G. de) 87 E5
Martapura 89 F5
Martel (Causse de) (Plat.) 42 B2
Martha's Vineyard (I.) 118 F2
Martigné 39 C3
Martigny 66 C3
Martigues 43 D3
Martin 78 C2
Martinique (I.) 121 F3
Martinique (Passage de la) (Détr.) 121 F3
Martinsburg 118 D3
Martos 72 B2
Marugame 99 C4
Marv Dasht 91 F3
Marvejols 42 C2
Marx 81 D3
Mary (Merv) 82 G6
Mary (Puy) (Mt) 42 C2
Maryborough 127 E3
Mary Kathleen 127 D3
Maryland (État) 115 F3
Maryport 52 C3
Más Afuera ([Alejandro] Selkirk) (I.) 123 A6
Masai-Mara (Rés.) 106 H2
Masan 99 B4
Más a Tierra (Robinson Crusoe) (I.) 123 B6
Masaya 121 D3
Masbate (I.) 93 H4
Mascara 104 C-D2
Mascareignes (Is) 3 L-M7
Mascareignes (Dorsale des) 3 L-M6
Mascate 87 C-D4
Mas-d'Azil (Le) 42 B3
Maseru 103 F8
Masevaux 44 D5
Mashad 91 F-G2
Mashike 98 E2
Masjed Soleyman 91 E-F2
Mask (L.) 50 A3
Masker (Dj.) 104 B2
Mason City 114 D2
Massa 68 B-C2-3
Massa (O.) 104 A3
Mass[achusetts] (État) 115 F2
Massachusetts (Be) 118 F2
Massaouah (Mitsiwa) 102 G-H4
Massena 118 E1
Masseube 42 B3
Massillon 118 C2
Massy 47 C3
Masterton 127 G2
Mastichos (C.) 71 D-E3
Masuda 99 B4
Masvingo 107 C1-2
Matadi 103 E6
Matagalpa 121 D3
Matagami Lake 117 F1
Matala 107 A1
Matamoros *(Mex., Puebla)* 120 C3
Matamoros *(Mex., Tamaulipas)* 120 C2
Matanzas *(Cuba)* 121 D2
Matanzas *(Venez.)* 120 I2
Matapan (Tainaron) (C.) 71 C4
Matara 94 C4
Matarani 124 A1
Mataranka 127 C2
Mataró 72 D1
Matatiele 107 B3
Matehuala 120 B2
Matera 69 F4
Matese (Mt) 68 E4
Matésine (Matheysine) (Région) 43 D2
Mateur 105 F1
Matha 42 A2
Matheson 117 E2
Mathews Ridge 120 I-J2
Matheysine (Matésine) (Région) 43 D2
Mathura 94 B2
Matilda 124 B1
Matimckosh 112 K4
Matlock 54 C2
Mato (Cerro) (Mt) 121 F4
Mato Grosso 122 D4

Mato Grosso (État) 122 D4
Mato Grosso (Plat. du) 108 H5
Matosinhos 72 A1
Matotchkin Char (Détr. de) 82 F-G2
Matra (Mts) 76 C-D3
Matsu (I.) 96 C3
Matsudo 99 D4(12)
Matsue 99 C4
Matsumae (Fukuyama) 98 D2
Matsumoto 99 D3
Matsusaka 99 D4
Matsuyama 99 C4
Mattagami (R.) 115 E2
Mattawa 118 D1
Matterhorn (Cervin) (Mt) 66 C3-4
Matthew (I.) 125 C5
Maturin 121 F4
Matzen 78 C2
Maubeuge 45 F-G3
Maudheim (Station polaire) 1 E35
Mauer 60 D4
Mauges (Région) 39 C3
Mauguio (Étg de) 43 D3
Maui (I.) 125 E2
Maulde (R.) 42 B2
Mauldre (R.) 46 E3
Maule 46 E3
Mauléon 39 C3
Mauléon [-Licharre] 42 A3
Maumee (R.) 118 B2
Maumere 93 H6
Maumusson (Pertuis de) (Détr.) 42 A2
Maun 103 F7
Mauna Kea (Mt) 2 B5
Maurecourt 47 B2
Maureen 55 G2
Maures (Massif des) 49 E-F4
Mauriac 42 C2
Maurice 17 L6
Maurice (I.) 3 L6
Maurienne (Région) 43 E2
Mauritanie (Rép. Islamique de) 103 A3-2
Mauron 39 B2
Maurs 42 C2
Mauthausen 65 F1
Mauzé [-sur-le-Mignon] 39 C3
Mavinga 107 B1
Mawshij 91 E4
Mawson (Station polaire) 1 F7
Maxcanú 120 C2
Maxéville 44 B3
Maxhütte-Haidhof 59 D-E5
May (C.) 118 E3
Maya (Mts) 120 D3
Mayaguana (I.) 121 E2
Mayaguez 121 F3
Maydi 91 E4
Mayen 60 C3
Mayence (Mainz) 60 D4
Mayen Ho (R.) 98 B1
Mayenne 40 A2
Mayenne (R.) 40 A2
Mayenne (53) (Dépt) 23 B1
Mayo (R.) 120 B2
Mayo-Darlé 106 D2
Mayon (Mt) 93 H4
Mayotte (I.) 103 H7
Mayoumbé (Mts de) 102 D-E6
Mayrhofen 67 D2
May-s[ur]-Orne 34 B1
Maysville 118 C3
Mayville 118 A2
Mazabuka 107 B1
Mazagan (El Jadida) 104 A2
Mazamet 42 C3
Mazan 124 B2
Mazara del Vallo 69 D6
Mazar-i-Sharif 94 A1
Mazaruni (R.) 122 C-D2
Mazatlán 114 C4
Mazingarbe 45 D3
Mazurie (Région) 76 D1
Mbabane 103 G8
Mbala 103 G6
Mbamba Bay 107 C1
Mbandaka (anc.Coquilhatville) 102 E-F5
M[banza] Ngungu 103 E6
Mbarara 106 I2
Mberengwa 107 B-C2
Mbeya 103 G6
Mbuji-Mayi 103 F6
McAllen 114 D4
McClintock (Détr. de) 112 G2
McClintock (Mt) 1 D17-15
McCluer (G. de) (G. de Berau) 93 H-I6
McClure (Détr. de) 112 E-F2
McCook 114 C2
McDermit 116 B2
Mcherrah (Désert) 104 B-C4
McKeesport 118 D2
McKinley (Mt) 112 B-C3
McLeod 114 B2
McMurdo (Station polaire) 1 E19-18
McMurray 114 B1
McNary Dam (Barr.) 112 F5
Mead (L.) 114 B3
Meadow Lake (Parc prov.) 114 C1
Meadville 118 C2
Meaford 118 C1
Méandre (Menderes) (R.) 71 E-F4
Meaux 46 G3
Mecatina (Petit) (R.) 115 G1
Mechdouretchenski 84 I4
Mechelen (Malines) 56 C3
Mécheria 104 C2
Mechernich 56 E4
Mecidiye 71 E2
Mecklembourg (Région) 58 D-E3
Mecsek (Mts) 68 G1
Medan *(Indo.)* 92 E5
Médan *(Fr.)* 47 A2
Mède (La) 48 C4
Médéa 72 D2
Mededsiz (Mt) 75 F3
Medellin 121 E4
Medelpad (Région) 62 C3
Medemblik 56 D2
Médenine 105 F2
Medford 114 A2
Medgidia 77 F3
Mediaş 76 E3
Medicine Hat 114 B-C2
Medinaceli 72 C1
Medina del Campo 72 A2
Medina de Ríoseco 72 A2
Medina Sidonia 72 B2
Médine (Al Madinah) 102 G-H3
Méditerranée (Mer) 74-75
Medjerda (O.) 105 F1
Medjerda (Mts de la) 105 F1
Medjez el Bab 105 F1
Mednogorsk 81 E3
Medny (I.) 83 Q4
Médoc (Région) 42 A2
Meduna (R.) 65 E2
Medvednica (Mts) 65 F-G3-2
Medvejegorsk 80 C2
Medway (R.) 53 E5
Meekatharra 127 A3
Meerut 94 B2
Mées (Les) 48 D-E2
Mégal (Mt) 43 D2
Megalon Chorion 71 E4
Megalopolis 71 C4
Meganisi (Mt) 71 B3
Mégantic 118 F1
Megara 71 C3-4
Megève 66 B4
M[eghalaya] (État) 94 H2
Mehadia 77 D3
Méhaigne (R.) 59 A4
Mehaïguene (O.) 105 D2
Mehun-sur-Yèvre 40 C3
Meighen (I.) 112 G-H1
Meihsien 96 B3
Meije (La) (Mt) 43 E2
Meiktila 92 E3
Meilen 66 D2
Meiling (Ta Yu Ling) (Col de) 96 B3
Meiningen 59 D4
Meiringen 66 D3
Meisenstein 60 C4
Meisenthal 44 D3
Meissen 76 B2
Meissner (Mt) 59 C4
Méjan (Causse) (Plat.) 43 C2
Mejillones 123 B5
Mekele 102 G-H4
Meknès 104 B2
Mékong (Lancang Jiang, Za Ou) (R.) 87 F5
Melah (O.) 104 B2
Mélanésie (Is) 127 D-F2
Melbourne *(Austral.)* 127 D4
Melbourne *(US)* 115 E-F4
Melchor Múzquiz 116 C4
Melekess 81 D-E3
Melezza (R.) 66 D3
Melfort 114 C1
Melibokus (Mt) 60 D4
Melik (O.) 102 F-G4
Melilla 74 B3
Mélisey 44 C5
Melitopol 75 F2
Melk 65 F1
Melković 77 C4
Mella (R.) 66 F4
Melle *(Belg.)* 45 F1
Melle *(Fr.)* 39 C3
Melle *(RFA)* 60 D1
Mellègue (O.) 105 F1
Mellerud 51 F-G2
Mělnik 59 F4
Melo 124 C3
Melrhir (Chott) 74 C3
Melsungen 60 E2
Melton Mowbray 53 D4
Melun 46 G3
Melville 114 C1
Melville (I.) *(Austral.)* 127 C2
Melville (I.) *(Ca.)* 112 F-G2
Melville (Mer de) 1 B26
Melville (Be de) 127 C2
Melville (Détr. de) 112 F-G2
Melville (L.) 115 H1
Melville (P.) 112 I3
Mé Maoya (Mt) 125 I1
Memel (Klaipeda) 80 A-B3
Memmingen 66 F1
Memphis 115 E3
Menaggio 66 E3
Menai (Détr. de) 50 B3
Menakeb (Désert) 104 C4
Menam (R.) 87 E-F5
Menasha 118 A-B1
Mende 43 C2
Menden 60 C2
Menderes (Méandre) (R.) 71 E-F4
Mendocino (C.) 114 A2
Mendola (C[ol] de) 65 D2
Mendoza 123 C6
Mendrisio 66 E4
Méné (Landes du) (Région) 39 B2
Menemen 71 E3
Ménerville (Thenia) 105 D1
Menez-Hom (Mt) 39 A2
Menin 45 E2
Menominee 118 B1
Menominee Ra. (Mts) 117 E2
Menongue 103 E-F7
Menorca (Minorque) (I.) 72 E1
Mentavei (Is) 92-93 E-F6
Menteşe dağl[arı] (Mts) 71 E-F4
Menton 49 H3
Menuires (Les) 67 B3
Menzaleh (L.) 103 N-O1
M[enzel] Bourguiba (anc. Ferryville) 105 F1
Menzel-Temime 69 C6
Menzies 127 B3
Menzies (Mt) 1 E7
Meppel 56 E2
Meppen 58 B3
Mer 40 B3
Mera (R.) 66 E3
Meran (Merano) 65 D2
Merano (Meran) 65 D2
Merauke 127 C-D1
Merca 102 H5
Mercantour (Massif de l'Argentera) 43 E2
Mercantour (P.Nt) 38 D2
Mercara 94 B3
Mercedario (Mt) 123 B6
Mercedes 124 B3
Mercoire (Mt) 43 C2
Mercure (Mt) 39 C3
Merdrignac 39 B2
Mer du Nord (Ct de la) 56 C2
Merelbeke 45 F2
Mergui 92 E4
Mergui (Is) 92 E4
Méribel 38 G1
Meriç 71 E2
Meriç (Marica, Evros)(R.)71 E2
Mericourt 45 D3
Mérida *(E)* 72 B2
Merida *(Mex.)* 120 D2
Mérida *(Venez.)* 121 E4
Merida (Sa Nevada de) 121 E-F4
Meriden *(RU)* 53 D4
Meriden *(US)* 118 E2
Meridian 115 E3
Mérignac 42 A2
Meringa 124 C2
Merioneth (Région) 53 B-C4
Merksem 56 C3
Merkwiller 44 E3
Merlebach 44 C2
Merlerault (Le) 46 B3
Merouana (Corneille) 105 E2
Merouane (Chott) 105 E2
Merowe 102 G4
Merredin 127 A4
Merrick (Mt) 52 B3
Merrimac (R.) 118 F2
Merritt 116 A1
Mers 45 A3
Mersch 60 A-B4
Merseburg 59 D-E4
Mers el Kebir 104 C2
Mersey (R.) 53 C4
Merseyside (Comté) 54 C2 (27)
Mersin 75 F3
Merthyr Tydfil 53 C5
Mertzwiller 44 E3
Méru 46 F2
Merv (Mary) 82 G6
Merville 45 D2
Méry 46 F2
Merzig 44 C2
Mesa 114 B3
Mesabi Ra. (Mts) 114-115 D2
Mesa Verde (P.Nt) 114 C3
Mescalero Apache (Rés. Ind.) 114 C3
Meschede 60 D2
Mesken 75 F3
Mesnil-le Roi 47 B2
Mesocco 66 E3
Mesoïacha 84 K3
Mesolcina (Val) 66 E3
Mesolonghion 71 B3
Mésopotamie (Région) 102 H2
Messaoud (O.) 104 C4
Messeix 42 C2
Messène 71 B4
Messénie (G. de) 71 C4
Messina 103 F-G8
Messine 69 E5
Messine (Détr.de) 69 E5-6
Messini 71 B4
Messkirch 66 D-E2
Mesta (Néstos) (R.) 77 D4
Mestre 65 E3
Meta (R.) 121 F4
Metaline 116 B2
Métalliques (Mts) (Erzgebirge) 51 G4
Métalliques Slovaques (Mts) 76 C-D2
Metangula 103 G7
Metaponto 77 C4
Metauro (R.) 65 E4
Methana 71 C4
Metkovic 68 F3
Metlaoui 105 F2
Metlika 68 E2
Metlili (O.) 105 D-E2
Metsovon 71 B3
Mettet 56 C4
Mettlach 44 C1-2
Mettmann 60 B-C2
Metu 102 G5
Metulla 90 I1
Metz 44 B2
Metzervisse 44 B2
Meu (R.) 39 B2
Meudon 47 C3
Meudon (Bois de) 47 C3
Meulan 46 E2
Meulebeke 45 E2
Meung [-sur-Loire] 40 B3
Meurthe (R.) 44 C3-4
Meurthe-et-Moselle (54) (Dépt) 23 D1
Meuse (Maas) (R.) 56 C-D3
Meuse (55) (Dépt) 23 D1
Meuse (Côtes de) (Hauteurs) 41 D2
Meuse (Vieille) (R.) 56 C3
Mexiana (I.) 122 E2-3
Mexicains (Hauts-Plat.) 108 F3
Mexicali 114 B3
Mexico 120 C3
Mexico (État) 120 C3
Mexico (Mexique) 110 C-D3
Meximieux 49 L2
Mexique (Mexico) 110 C-D3
Mexique (Fosse du) 2 D-E4-5
Mexique (G. du) 114-115 D-E4
Meyadin 75 F-G3
Meymac 42 B-C2
Meymaneh 92 B2
Meyrargues 48 D3
Meyzieur 49 K-L2
Mezarif (Dj.) 104 C3
Mèze 43 C3
Mezen 80 D2
Mezen (R.) 80 D2
Mezen (Be du) 80 D2
Mézenc (Mt) 43 D2
Mežica 78 B3
Mézidon [-Canon] 39 C2
Mezzola (L. de) 66 E3
Mhangura 107 B-C1
Mhow 94 B2
Miakit 83 P3
Miami 115 E-F4
Miami (R.) 118 C3
Miami Beach 115 E-F4
Miandowab 91 E2
Mianeh 75 G3
Mianwali 94 B1
Miass 80 E-F3
Mibladen 105 G1
Mica (Rés[ervoir]) 114 B1
Michalovce 76 D2
Michelson (Mt) 112 C3
Michigan (État) 115 E2
Michigan (L.) 115 E2
Michigan City 118 B2
Michigan Oilf[ield] (Gisement) 117 E2
Michipicoten 115 E2
Michipicoten (I.) 115 E2
Michoácan (État) 120 B3
Micronésie (Is) 3 Q-R4-5
Micronésie (États fédérés de) 125 B3 (C)
Midar 104 C2
Midcontinent Oil a[nd] Gasf[ield] (Gisement) 116 D3
Middelburg *(PB)* 56 B3
Middelburg *(S.Afr., Prov. du Cap)* 107 B3
Middelburg *(S.Afr., Transvaal)* 107 B-C2
Middelharnis 56 B-C3
Middelkerke 56 A3
Middleback Range 126 C4
Middlebury 118 E1
Middlesbrough 52 D3
Middlesex (Région) 53 D5 (6)
Middletown *(US, Conn.)* 118 E2
Middletown *(US, N.Y.)* 118 E2
Middletown *(US, Ohio)* 118 B-C3
Midelt 104 B2
Mid Glamorgan (Comté) 54 C3 (5)
Midi (Ct du) 42 C3
Midi (Dent du) (Mt) 43 E1
Midi de Bigorre (P[ic] du) (Mt) 42 A-B3
Midi d'Ossau (Pic du) 42 A3
Midi-Pyrénées (Rég. adm.) 23
Midland *(Ca.)* 118 D1
Midland *(US, Mich.)* 118 B2
Midland *(US, Tex.)* 114 C3
Midland Gap (Région) 53 C4
Midlands (Région) 53 D4 (5)
Midlands (West-) (Comté) 54 C2 (43)
Midnapur 94 C2
Midou (R.) 42 A3
Midouze (R.) 42 A3
Mid Texas Oilf[ield] (Gisement) 116 D3-4
Midway (Is) 125 D2
Midye 71 E-F2
Midžor (Mt) 77 D4
Miégebat 34 B3
Mielec 76 D2
Miercurea Ciuc 76 E3
Mieres 72 B1
Migdal 90 I2
Migennes 41 C3
Mijares (R.) 72 C1
Mikhaïlovgrad 77 D-E4
Mikhaïlovka 81 D3
Mikkeli 62 E3
Mikulov 65 G1
Mikurashima (I.) 99 D-E4
Mila 105 E1
Milan (Milano) 64 C3
Milando (Rés.) 106 F2
Milano (Milan) 64 C3
Milâs 71 E4
Milazzo 69 E5
Mildura 127 D4
Miles City 114 C2
Miletos 71 E4
Miletto (Mte) 77 B4
Milford *(Irl.)* 52 A3
Milford *(US)* 118 E3
Milford (Be de) 53 B5
Milford Haven 53 B5
Mili (Atoll) 125 C3
Miliana 72 D2
Milk (R.) 114 C2
Millau 42 C2
Mille Lacs (L.) 114 D2
Millevaches (Plat. de) 42 B-C2
Millom 55 F3
Millstatt 67 E2
Millville 118 E3
Milon 47 B3
Milos 71 D4
Milos (I.) 71 D4
Miltenberg 60 E4
Milton Keynes 55 F3
Milwaukee 118 B2
Mimizan 42 A2
Mimizan Plage 42 A2
Mina (O.) 105 D2
Minab 91 F3
M[ina] Abdullah 91 E3
Mina el Ahmadi 91 E3
Minahasa (P. de) 93 H5
Minamata 99 B4
Minami (I.) 96 D3
Mina Saûd 75 G4
Minas 124 C3
Minas de Riotinto 72 B2
Minas Gerais (État) 122 E4
Minatitlán 120 C3
Minch (Détr. de) 52 A-B2-1
Minchinmavida (Mt) 123 B7
Mincio (R.) 64 D3
Mindanao (I.) 93 H5
Mindanao (Mer de) (Mer de Célèbes) 93 G-H5
Mindel (R.) 59 D5
Minden 60 D1
Mindoro (I.) 93 G-H4
Mindouli 106 G2
Minehead 53 C5
Mineiros 124 C1
Mineralnye Vody 81 D4
Minervois (Région) 42 C3
Mineville 119 E1
Minfeng 94 C1
Mingan 115 G1
Mingan (Détr. de) 115 G1-2
Minguetchaour 75 G2
Mingulay (I.) 52 A2
Minho (Prov.) 72 A1
Minho (Miño) (R.) 72 A1
Minicoy (I.) 92 C5
Minim 106 D2
Miniota 114 C1
Min Jiang (R.) 93 F2
Minna 102 D5
Minneapolis 114 D2
Minnesota (État) 114 D2
Minnesota (R.) 114 D2
Miño (Minho) (R.) 72 B1
Minorque (Menorca) (I.) 72 E1
Minot 114 C2
Minousinsk 83 J4
Minquiers (Plat. des) 39 B-C2
Min Shan (Mts) 96 A2
Minsk 76 E1
Minto 117 G2
Minto (L.) 115 F1
Min Xian 96 A2
Mions 49 K2
Miquelon (I.) 115 H2
Mirabellou (G. de) 77 E6
Miraflores (Écluse de) 122 H1-2
Miraflores (L. de) 122 H1-2
Miraj 94 B3
Miramas 48 C3
Miramont [-de-Guyenne] 42 B2
Miranda 122 D5
Miranda de Ebro 72 C1
Mirande 42 B3
Miravalles (Mt) 121 D3
Mirebeau 40 B3
Mirecourt 44 B4
Mirepoix 42 B3
Miri 93 G5
Miribel 49 K-L2
Mirim (Lagune) 123 D6
Mirna (R.) 65 E3
Mirny 83 L3
Mirny (Station polaire) 1 F10
Mirpur Khas 94 A-B2
Miryang 99 B4
Mirzapur 94 C2
Mischabel (Mts) 66 C3
Misdar 105 H1
Mishan 98 B1
Mishawaka 118 B2
Mishima 99 D4
Mishima (I.) 99 B4
Miskolc 76 D2
Misoöl (I.) 93 H6
Misratah (Misurata) 74 D3
Mississippi (État) 115 E3
Mississippi (R.) 108 G3
Miss[issippi] Bottoms (Région) 117 D3
Missoula 114 B2
Missour 104 C2
Missouri (État) 114 D3
Missouri (R.) 108 F2
Mistaken Point (C.) 115 H2
Mistassini 115 F2
Mistassini (L.) 115 F1
Mistelbach 65 G1
Misti (Mt) 122 B4
Misurata (Misratah) 74 D3
Mitaka 99 D4 (13)
Mitaraca (Mt) 122 D2
Mitchell (R.) 127 D2
Mitchell (Mt) 115 E3
Mitchourinsk 80 D3
Mithymna 71 E3
Mitidja (Pl.) 105 D1
Mitla 120 C3
Mito 99 E3
Mitre (I.) 125 C4
Mitry-Mory 47 E2
Mitsiwa (Massaouah) 102 G-H4
Mitta (O. el) 105 E2
Mittelberg 67 C-D2
Mittelland (Région) 66 C3
Mittellandkanal (Ct) 60 C-D1
Mittelmark (Région) 58 E3
Mittenwald 67 D2
Mittersheim 44 C-D3
Mittersill 61 E5
Mittweida 59 E4
Mitú 121 E4
Mitwaba 106 H2
Miyakeshima (I.) 99 D-E4
Miyako 98 E3
Miyako (I.) 96 C3
Miyakonojo 99 B5
Miyazaki 99 B4-5
Miyoshi 99 C4
Miyun 96 B1
Mizen (C.) 50 A4
Mi[zoram] (État) 94 H2
Mizpe Ramon 90 H4
Mizusawa 98 E3
Mlada B[oleslav] 76 B2
Mladenovac 77 D3
M'Lila 105 E1-2
Mliniště 68 F2
Mljet (I.) 68 F3
Moab 116 C3
Moanda 106 G2
Moatize 107 C1
Moba 106 H2
Mobara 99 E4
Mobile 115 E3
Mobuto (L.) 102 F-G5
Moçambique 103 H7
Moçamedes (Namibe) 107 A1
Mocha (I.) 123 B6
Mochudi 107 B2
Mocimboa da Fraia 107 D1
Möckmühl 60 E4
Mocoa 120 H2
Mocuba 107 C1
Modane 43 E2
Modena (Modène) 65 D3
Modène (Modena) 65 D3
Moder (R.) 44 E3
Modesto 114 A-B3
Modica 77 B5
Modjokerto 89 M1
Mödling 65 G1
Modoc 119 D1
Moengo 122 D2
Moerdijk 56 C3
Moeres (Polder) 40 C1
Mœrs 60 B2
Moesa (R.) 66 E3
Mogadiscio 102 H5
Mogador (Es Saouira) 104 A3
Mogami (R.) 98 D-E3
Moghilev 76 F1
Moghilev-Podolski 76 E-F2
Mogi das Cruzes 124 D2
Mogods (Mts) 105 F1
Mogotcha 83 L-M4
Mohács 68 G2
Mohammadia (Perrégaux) 104 C-D2
Mohammedia (Fedala) 104 B2
Möhne (R.) 60 D2
Moinesti 78 E3
Moirans 43 D2
Moirans [-en-Montagne] 43 D1
Moisie (R.) 115 G1
Moislains 45 D3
Moissac 42 B2
Mojave (Désert) 113 F6
Moji 99 B4
Mokambo 107 B1
Mokha (Al Mukha) 91 E4
Moknine 105 F2
Mokpo 96 C2
Mol 56 D3
Mola di Bari 69 F4
Molaoi 71 C4
Molara (I.) 69 E4
Molard de Don (Mt) 43 D2
Mold 53 C4
Moldau (Vltava) (R.) 59 E5
Moldavie (Région) 76 E3
Moldavie (Rép. de) 86 (IX)
Molde 62 A3
Moldory 84 J4
Moldova (R.) 76 E3
Moldoveanu (Mt) 76 E3
Mole (Rés.) 106 B2
Molène (I.) 39 A2
Moléson (Mt) 66 B-C3
Molfetta 69 F4
Molinella 65 D3
Molise (Rég. adm.) 68 I2 (11)
Möll (R.) 59 E6
Mollendo 122 B4
Mölndal 62 B4
Molodechnaïa (Station polaire) 1 F5-6
Molodechno 62 E5
Molodetchnoïe 85 N4
Molopo (R.) 103 F8
Moloundou 102 E5
Molsheim 44 D-E3
Moluques (Is) 87 G5-6
Moluques (Mer des) 93 H6

Mombasa 102 G-H 6
Mombetsu 98 E 1
Momboyo (R.) 106 H 2
Momčilgrad 71 D 2
Mön (I.) 58 E 2
Mona (Passage de) (Détr.) 121 F 3
Monach (I.) 52 A 2
Monaco 74 C 2
M[onaco] (Principauté de) 22 E 4
Monaghan 52 A 3
Monastir 105 F 2
Monbazillac 42 B 2
Moncayo (Sa del) 72 C 1
Mönch (Mt) 66 C-D 3
Mönchengladbach 60 B 2
Monchique (Sa de) 72 A 2
Monclova 114 C 4
Moncorvo 73 B 1
Moncoutant 39 C 3
Moncton 115 G 2
Mondego (R.) 72 B 1
Mondeville 39 C 2
Mondorf [-les-Bains] 44 B 1-2
Mondoubleau 40 B 3
Mondovi 43 E 2
Mondragon 48 B 2
Monédières (Les) (Mts) 42 B 2
Monemvasia 71 C 4
Moneron (I.) 98 E 1
Monessen 118 D 2
Monfalcone 65 E 3
Monflanquin 42 B 2
Monforte [de Lemos] 72 B 1
Mongala (R.) 102 F 5
Mongalla 102 G 5
Monger (L.) 127 A 3
Monghyr 94 C 2
Mongie (La) 38 C 3
Mongolie (Rép. de) 86 E-F 3
Mongolie Intérieure (Nei Monggol) (Rég. aut.) 96 B 1 (23)
Mongu 103 F 7
Monistrol [-d' Allier] 43 C 2
Monlevade ([João]) 124 D 1
Monmouth 53 C 5
Monna (Passage de) (Détr.) 121 F 3
Mono (L.) 114 B 3
Monogiri 89 M 1
Monolithos 71 E 4
Monongahela (R.) 118 D 3-2
Monopoli 69 F 4
Monreale 69 D 5
Monroe *(US, La)* 114 D 3
Monroe *(US, Mich.)* 118 C 2
Monrovia 102 B 5
Mons (Bergen) *(Belg.)* 45 F 3
Mons *(Fr.)* 45 E 2
Monschau (Montjoie) 60 B 3
Möns Klint (C.) 58 E 2
Montabaur 60 C 3
Montafon (Val) 66 E-F 2-3
Montagne de Reims (P.R1) 38 C 1
Montague 118 B 2
Montaigu 39 C 3
Montalieu 35 I 2
Montana 67 B 2
Montana (État) 114 B-C 2
Montargis 40 C 3
Montataire 46 F 2
Mont Athos (Terrre autonome du) (Hagion Ôros) 71 C-D 2
Montauban 42 B 2
Montauban [-de-Bretagne] 39 B-C 2
Montauk (Pte) 118 F 2
Montbard 41 D 3
Montbazon 40 B 3
Montbéliard 44 C 5
Mont Blanc (Massif du) 43 E 2
Mont Blanc (Tunnel du) 43 E 2 (3)
Montbrison 49 J 2
Montbron 42 B 2
Montcalm (Pic) 42 B 3
Montceau-les-Mines 41 D 3
Mont-Cenis (C[ol] du) 43 E 2
Mont-Cenis (Fréjus) (Tunnel du) 37 D 2
Montchanin 41 D 3
Montchegorsk 62 F 2
Mont-de-Marsan 42 A 3
Montdidier 46 G 1
Mont-d'Or (Tunnel) 67 A-B 2
Mont Dore (Le) 42 C 2
Monte (Région) 124 B 3
Monte Amiata 70 B 2
Monte Bakhuis 120 J 2
Montebello 118 E 1
Monte Bello (Is) 127 A 2-3
Montebourg 39 C 2
Monte-Carlo 64 B 4
Montecatini 67 D 4
Montech 42 B 3-2
Montecristo (I.) 68 C 3
Montego Bay 121 E 3
Montélimar 48 B 1
Montendre 42 A 2
Montenegro (Črna Gora) (Rép. fédérée) 77 C 4
Monteponi 70 B 3
Montereau [-Faut-Yonne] 40 C 2
Monterey 114 A 3
Monterey (Be de) 114 A 3
Monteria 121 E 4
Monterrey 114 C-D 4
Monte Sant'Angelo 68 F 4
Montes Claros 124 D 1
Montesson 47 B 2
Montevecchio 70 B 3
Montevideo 123 D 6
Monteynard 34 D 2
Montezic 34 C 2
Montfermeil 47 E 2
Montferrat (Mt) 68 A-B 2
Montfort [-sur-Meu] 39 B-C 2
Montfort [-sur-Risle] 46 C 2
Montfort (Forêt de) 46 C 2
Montfort-l'A[maury] 46 E 3
Mont-Genèvre (Col du) 43 E 2
Montgeron 47 D 3
Montgomery *(RU)* 53 C 4
Montgomery *(US, Ala.)* 115 E 3
Montgomery *(US, W.Va)* 118 C 3
Monthermé 41 D 2
Monthey 66 B 3
Monthureux 44 A-B 4
Monticello 118 B 2
Montignac 42 B 2
Montignies [-sur-Sambre] 56 C 4
Montigny [-le-Bretonneux] 47 B 3
Montigny [-lès-Cormeilles] 47 C 2
Montigny [-lès-Metz] 41 E 2
Montijo 72 B 2
Montivilliers 46 B 1
Montjoie (Monschau) 60 B 3
Mont Joli 115 G 2
Mont Laurier 118 E 1
Montlhéry 46 F 3
Mont-Louis 42 C 3
Montluçon 42 C 1
Montluel 49 L 2
Montmagny 47 D 2
Montmédy 56 D 5
Montmélian 66 B 4
Montmirail 41 C 2
Montmorency 47 C 2
Montmorency (Forêt de) 47 C 1
Montmorillon 42 B 1
Montoir 34 B 2
Montoire [-sur-le-Loir] 40 B 3
Montone (R.) 65 D 3
Montoro 72 B 2
Montpelier *(US, Vt)* 118 E-F 1
Montpellier 43 C 3
Montpezat 34 C-D 2
Montpon 42 B 2
Montréal 118 E 1
Montredon 35 H 3
Montréjeau 42 B 3
Montreuil 47 D 2
Montreuil-Bellay 39 C 3
Montreuil [-sur-Mer] 40 B 1
Montreux 66 B 3
Montrichard 40 B 3
Montrond 49 J 2
Montrose *(Mer du Nord)* 55 G 2
Montrose *(RU)* 52 C 2
Montrouge 47 C 3
M[on]t-St-Aignan 46 D 2
M[on]t-St-Martin 41 D 2
M[on]t-S[ain]t-Michel (Be du) 39 C 2
Mont-S[ain]t-Michel (I.) 39 C 2
Montserrat (I.) 121 F 3
Montserrat (Mt) 72 D 1
Monts Great Smoky (P.N.1) 115 E 3
Mont Tremblant (Parc prov. du) 118 E 1
Mt Valerien 47 C 2
Montville 46 D 1
Monza 66 E 4
Mooi River 107 B-C 2
Moonie-Alton 126 E 3
Moonta 127 C 4
Moore (L.) 127 A 3-4
Mooréa (I.) 125 K 1
Moorslede 45 E 2
Moosach 61 D 4
Moosalbe (R.) 44 E 2
Moosburg 61 D 4
Moose (L.) 114 C-D 1
Moose Jaw 114 C 1
Moosehead (L.) 115 G 2
Moosonee 115 E 1
Mopti 102 C 4
Moquegua 124 A 1
Mora 62 B 3
Moradabad 94 B 2
Morangis 47 D 3
Moranoa (R.) 127 D 3
Morat 66 C 3
Morat (L. de) 66 C 3
Moratuwa 92 C 5
Morava (R.) *(Autr.-TS)* 74 D 2
Morava (R.) *(YS)* 77 D 3
Morava occid[enta]le (R.) 77 D 4
Morava or[ienta]le (R.) 77 D 4
Moravie (Région) 76 B-C 2
Moravie (Coll. de) 76 B-C 2
Moray Firth (Be) 52 C 2
Morbach 60 B-C 4
Morbegno 66 E 3
Morbihan (56) (Dép1) 23 B 2
Morbihan (G. du) 39 B 3
Morbras (R.) 47 E 3
Morcenx 42 A 2
Morcles (Dent de) (Mt) 66 C 3
Morcote 66 D 4
Mordelles 39 B-C 2
Mordve (A.S.S.R.) 86 (I-10)
Morecambe (Be de) 52-53 C 3-4
Morée (Péloponnèse) (P.) 71 C 4
Morelia 120 B 3
Morelos (État) 120 C 3
Morena (Sa) 72 B-C 2
Morenci 116 C 3
Morestel 66 A 4
Moret [-sur-Loing] 40 C 2
Morez 66 A-B 3
Morgan (Mt) 126 D 3
Morgantown 118 C 3
Morgarten 66 D 2
Morges 66 B 3
Morgex 66 C 4
Morgins 67 B 2
Morgornit (Mt) 72 C 1
Morhange 44 C 3
Mori 98 E 2
Morin (G[ran]d) (R.) 41 C 2
Morin (P[eti]t) (R.) 41 C 2
Morioka 98 E 3
Morlaix 39 B 2
Mornant 49 K 2
Morne-à-l'Eau 121 M-N 1
Morne Rouge (Le) 121 K 1
Moro (C.) 99 D 4
Morobe 127 D 1
Morogoro 106 I 2
Morón *(Cuba)* 121 E 2
Morón *(E)* 72 B 2
Mörön (Mong.) 83 K 5
Morón *(Venez.)* 120 I 1
Morondava 103 H 8
Moroni 103 H 7
Morotai (I.) 93 H-I 5
Morpeth 52 D 3
Morris 114 D 2
Morrisburg 118 E 1
M[orris] Jesup (C.) 1 A 34-36
Mors (I.) 62 A 4
Morsbach 44 C 2
Morschwiller 44 D 5
Mortagne 45 E-F 2
Mortagne (R.) 44 C 4
Mortagne-au-Perche 40 B 2
Mortagne [-sur-Sèvre] 39 C 3
Mortain 39 C 2
Mortara 64 C 3
Morte (Mer) 87 B 4
Morteau 66 B 2
Mortes (R. das) 122 D 4
Mortrée 46 B 3
Mortsel 56 C 3
Morvan (Région) 41 D 3
Morvan (P.R1) 38 C-D 2
Morzine 66 B 3
Mös (L.) 51 E 2
Mosbach 60 E 4
Moscou (Moskva) 80 C 3
Moscow 114 B 2
Moselberge (Mts) 60 B-C 4
Moselle (R.) 18 E 4
Moselle (57) (Dép1) 23 D 1
Moselle (Côtes de) (Hauteurs) 41 E 2
Moselotte (R.) 44 C 4-5
Moshi 102 G 6
Mosjöen 62 B 2
Moskva (Moscou) 80 C 3
Mosquitos (Côte des) (Région) 121 D 3
Mosquitos (G. des) 121 D 4
Moss 51 F 2
Mosselbaai 107 B 3
Mossoro 122 F 3
Mossoul 75 G 3
Most (Brük) 59 E 4
Mostaganem 104 C-D 2
Mostar 68 F-G 3
Mostoles 72 B-C 1
Mostyn 55 F 3
Motagua (R.) 120 D 3
Motala 51 G 2
Motherwell 52 C 3
Motilla del Palancar 72 C 2
Motomiya 99 E 3
Motril 72 C 2
Motta 65 E 3
Motteville 46 C 1
Mouans 49 F 3
Mouchard 66 A 3
Moudon 66 B 3
Mougins 49 G 3
Mougodjar (Mts) 82 F 5
Mouïla 102 E 6
Mouilah 104 C 4
Moukachevo 76 D 2
Moukden (Shengyang) 96 C 1
Moukhtouïa (act. Lensk) 83 L 3
Moulay Indriss 104 B 2
Moule 121 N 1
Moulins 41 C 3
Moulins-la-M[arche] 46 B-C 3
Moulmein 92 E 4
Moulouya (O.) 104 B 2
Mounana 106 F 2
Moundou 102 E 5
Moundsville 118 C 3
Mounier (Mt) 43 E 2
Mount (Be de) 53 B 5-6
M[oun]t Carmel 118 D 2
M[oun]t Clemens 119 C 2
Mount Forest 118 C 2
Mount Isa 127 C 3
Mount Lavinia 94 B 4
Mount Magnet 127 A 3
Mount Morgan 127 E 3
Mount Painter 127 C-D 3-4
Mount Pleasant *(US, Mich.)* 118 B 2
M[oun]t Pleasant *(US, Tenn.)* 117 E 3
Mount Sterling 118 C 3
M[oun]t Taylor (Rés. Ind.) 114 C 3
M[oun]t Vernon 118 C 2
Moura 122 C 3
Mourenx 42 A 3
Mourgab (R.) 82 H 6
Mourmane (Côte) 80 C-D 2
Mourmansk 62 F 2
Mourmelon [-le-Grand] 41 D 2
Mourne (Mts) 52 A-B 3
Mourom 80 D 3
Mouscron 45 E 2
Moussey 44 C-D 4
Moussoro 102 E 4
Moustier 57 C 4
Mou Tan Kiang (R.) 98 B 1
Mouthe 66 B 3
Moutier 66 C 2
Moûtiers 66 B 4
Mouvaux 45 E 2
Mouy 46 F 2
Mouzon 41 D 2
Moyale 102 G 5
Moyens Allemands (Massifs) 18 E-F 3-4
Moyen Atlas (Mts) 104 B 2
Moyenmoutier 44 C-D 4
Moyenne-Franconie (District) 58
Moyenvic 44 C 3
Moyeuvre [-Grande] 41 D-E 2
Moyobamba 122 B 3
Mozambique 103 C 5-4
Mozambique (C[ana]l de) (Détr.) 3 K-L 7-6
Mozyr 76 F 1-2
Mpaka 107 C 2
Mpanda 103 G 6
Mpika 103 G 7
Msaken 105 F 2
M'Sila 105 E 2
Mualo (R.) 107 C 1
Mubarek 91 F 3
Mubi 106 D 1
Muchinga (Mts) 103 G 7
Mudanjiang 83 M-N 5
Mudanya 71 F 2
Mueda 107 C 1
Mufulira 103 F 7
Muğla 71 F 4
Muhammad Qol 102 G 3
Mühlacker 60 D 5
Mühlbach 78 B 3
Mühldorf 59 E 5
Mühlhausen 59 D 4
Mukalla 102 H-I 4
Mukawa 98 E 2
Muko (I.) 96 E 3
Mulahacen (Mt) 104 C 1
Mulan 98 B 1
Mulanje (Mt) 103 G 7
Mulde (R.) 59 E 4
Mulde (Freib[er]g[e]r) (R.) 59 E 4
Mulgrave 115 G 2
Mülheim 60 B 2
Mulhouse 44 D 5
Muling (Lu Ling) (R.) 96 D 1
Mull (I.) 50 B 2
Mullet (P.) 50 A 3
Müllheim 44 E 5
Mullingar 50 B 3
Mull of Galloway (C.) 52 B 3
Mull of Kintyre (C.) 52 B 3
Mull of Oa (C.) 52 A 3
Müllrose 58 F 3
Multan 94 B 1
Mulu (Mt) 93 G 5
Mumbwa 107 B 1
München (Munich) 59 D 5
Münchenstein 44 D-E 5
Muncie 118 B 2
Münden ([Hannoversch-]) 59 C 4
Mundolsheim 44 E 3
Mungbere 102 F-G 5
Munich (München) 59 D 5
Munising 118 B 1
Munkfors 63 B 4
Munster 44 D 4
Munster (Prov.) 50 A 3
Münster 60 C 2
Münsterland (Région) 60 C-D 2
Munténie (Région) 77 E 4-3
Muonio 62 D 2
Muonio Älv (Könkämä Ä[lv], Torne Ä[lv]) 62 D 2
Mupa (P.N1) 107 A 1
Mur (R.) 59 F 6
Muraille [de Chine] (Grande) 93 F-G 2
Murakami 98 D 3
Murat 42 C 2
Muratli 71 E 2
Murayama 98 E 3
Murban 91 F 3
Murchison (R.) 127 A 3
Murchison (C.) 112 H-I 2
Murcie (Rég. adm.) 72 C 2
Murcie 72 C 2
Mur [-de-Bretagne] 39 B 2
Murdochville 117 G 2
Mureaux (Les) 46 E 3
Mure [-d'Isère] (La) 43 D 2
Mürefte 79 E 4
Mureşul (Maros) (R.) 76 D 3
Muret 42 B 3
Murg (R.) 41 F 2
Murgab (R.) 92 B 2
Murgul 81 D 4
Müritzsee (L.) 51 G 3
Murnau 59 D 5
Muroran 98 E 2
Muroto 99 C 4
Muroto (C.) 99 C 4
Murphy 55 G 2
Murr (R.) 60 E 5
Murray (R.) 127 D 4
Murray Bridge 127 C-D 4
Mürren 66 C 3
Murrhardt 60 E 4-5
Murrumbidgee (R.) 127 D 4
Murud 95 B 3
Mururoa (Atoll) 125 F 5
Murwara 94 C 2
Mürz (R.) 65 F 2
Murzuq 102 E 3
Musan 98 B 2
Musgrave (Mts) 127 C 3
Mushié 106 G 2
Musi (R.) 93 F 6
Muskegon 118 B 2
Muskegon (R.) 118 B 2
Muskingum (R.) 118 C 3
Muskogee 114 D 3
Muskoka (L.) 118 D 1
Musoma 106 I 2
Musone (R.) 65 D 3
Musoshi 106 H 3
Muss Alla (Mt) 77 D 4
Musselshell (R.) 114 C 2
Mussidan 42 B 2
M[ustafa] Kemalpaça 71 F 2
Mus-Tau (Mt) 82 I 5
Musu Dan (C.) 98 B 2
Mutare 103 G 7
Mutsu (Be de) 98 E 2
Mutún 124 C 1
Mutzig 44 D 3
Muy (Le) 49 F 4
Muzaffarabad 95 B 1
Muzaffarnagar 95 B 2
Muzaffarpur 94 C 2
Muzillac 39 B 3
Muzo 120 H 2
Múzquiz 114 C 4
Muztag (Mt) 92 C-D 2
Muztag Ata (Mt) 92 C 2
Mwadui 106 H 2
Mwanza 102 G 6
Mwene Ditu 103 F 6
Mweru (L.) 103 F 6
Mycènes (Mykenai) 77 D 5
Myingyan 92 E 3
Myitkyina 92 E 3
Myjava (R.) 65 G 1
Mykenai (Mycènes) 71 C 4
Mykonos 71 D 4
Mykonos (I.) 71 D 4
Myléai 71 C 3
Mymensingh 94 D 2
Myozinshima (I.) 99 D-E 5
Mýrdalsjökull (Glacier) 62 I 2
Myrina 71 E 3
Myrtle Beach 117 F 3
Mysore 94 B 3
My Tho 93 F 4
Mytilini 71 E 3
Mytilini (Lesbos) (I.) 71 D 3
Mytitchi 80 C 3 (16)
Myvatn (L.) 62 I 1
Mzab (Région) 105 D-E 2
Mzi (O.) 105 D 2

N

Naab (R.) 59 E 5
Naantali 62 D 3
Naas 53 A 4
Nabarlek 126 C 2
Naberejnye 80 E 3
Nabeul 105 F 1
Nablus 90 I 2
Nacala 103 H 7
Nachana 94 B 2
Náchod 76 B-C 2
Nacozari 116 B-C 3
Nacre (Côte de) 38 B 1
Nadiad 94 B 2
Nador 104 C 2
Nadym 84 J 3
Næstved 58 D-E 2
Näfels 66 D-E 2
Nafûd (Désert) 75 G 4
Nafusah (Dj.) 74 D 3
Naga 93 H 4
Naga (Mts) 92 E 3
N[agaland] (État) 94 H 2
Nagano 99 D 3
Nagaoka 99 D 3
Nagappattinam 94 B-C 3
Nagar 94 B 1
Nagasaki 99 B 4
Nagato 99 B 4
Nagaur 94 B 2
Nagercoil 94 B 4
Nagina 94 B 2
Nagod 94 C 2
Nagorno-Karabagh (Rég. aut.) 86 (VII-G)
Nagoya 99 D 4
Nagpur 94 B 2
Nagqu 95 D 1
Nag Tchou (R.) 87 E 4
Nagykanizsa 65 G 2
Nagykőrös 76 C 3
Naha 96 C 3
Nahariya 90 H-I 1
Nahar Ouassel (O.) 105 D 2
Nahe (R.) 60 C 4
Nahuel-Huapi (L.) 123 B-C 7
Naïakhan 83 P 3
Nain *(Ca.)* 112 K 4
Nain *(Iran)* 91 F 2
Naini Tal 95 B 2
Nain Singh (Mts) 94 C 1
Nairn 52 C 2
Nairobi 102 G 6
Naivasha 106 I 2
Najd (Nedjed) (Désert) 102 H 3
Najin 98 B 2
Najran 91 E 4
Nakadori (I.) 99 B 4
Nakaminato 99 E 3
Nakamura 99 C 4
Nakatane 99 B 5
Nakatsu 99 B 4
Nakazato 98 E 2
Nakfa 91 D 4
Nakhitchevan 80 D 5
Nakhitchevan (Rép. aut.) 86 (VII-17)
Nakhl 91 I 2
Nakhodka 98 C 2
Nakhon Ratschasima 93 F 4
Nakhon Sawan 92 E 4
Nakhon Si Thammarat 93 F 5
Naknek 113 B 4
Nakskov 58 D 2
Naktong (R.) 99 B 4-3
Nakuru 102 G 6
Nalaïkha 83 K 5
Nalón (R.) 72 B 1
Naltchik 80 D 4
Nalut 105 F 3
Namaksar (L.) 92 A-B 2
Namangan 82 H 5
Nam Co (Tengri Nor) (L.) 94 D 1
Nam Dinh 93 F 3
Namib (Désert de) 103 F 6
Namibe (Moçamedes) 107 A 1
Namibie 103 B 5
Namjagbarwa Feng (Mt) 92 E 3
Namonuito (Atoll) 125 B 3
Namous (O.) 104 C 3
Nampo 96 C 2
Nampula 103 G-H 7
Namsen E[lv] 62 B 3
Namsos 62 B 3
Namtsy 85 O 3
Namu 114 A 1
Namuli (Mt) 103 G 7
Namur 56 C 4
Namur (Prov.) 56
Nanaimo 114 A 2
Nanam 98 B 2
Nanao 99 D 3
Nan Chan (Nan Shan, Richthofen) (Mts) 96 A 2
Nanchang 96 B 3
Nanchong 96 A 2
Nancy 44 B 3
Nanda Devi (Mt) 92 C-D 3
Nandan 97 A 3
Nander 94 B 3
Nandod 94 B 2
Nandoma 80 D 2
Nanfeng 96 B 3
Nanga Parbat (Mt) 87 D 4
Nangis 40 C 2
Nanjing 96 B 2
Nanling (Mts) 96 B 3
Nanning 96 A 3
Nanping 96 B 3
Nanpo (Is) 93 I-J 2
Nansen (Détr. de) 112 H 1
Nan Shan (Nan Chan, Richthofen) (Mts) 92-93 E-F 2
Nantai San (Mt) 99 D 3
Nanterre 47 C 2
Nantes 39 C 3
Nantes à Brest (Cl de) 38 B 1-2
Nanteuil-le-H[audoui]n 46 G 2
Nanticoke 118 D 2
Nantong 97 C 2
Nantua 66 A 3
Nantucket 118 F 2
Nantucket (I.) 115 G 2
Nantucket Sound (Détr.) 118 F 2
Nanyang 96 B 2
Nanyuki 106 I 1
Nao (C.de la) 72 D 2
Naoetsu 99 D 3
Naokokan (L.) 115 F 1
Napa 116 A 3
Napanee 118 D 1
Napf (Mt) 66 C 2
Napier 127 G 1
Napier (Mts) 1 F 6
Naples (Napoli) 69 D-E 4
Naples (G.de) 69 D 4
Napo (R.) 122 B 3
Napoli (Naples) 69 D-E 4
Napoule (G.de la) 49 F-G 3
Nara 99 C-D 4
Narayanganj 94 D 2
Narbonne 42 C 3
Nares Strait (Détr.) 112 K 1
Narew (R.) 76 D 1
Narian Mar 80 E 2
Narmada (R.) 94 B 2
Narnaul 94 B 2
Narni 68 D 3
Narodnaïa (Mt) 80 E-F 2
Narrogin 127 A 4
Narromine 126 D 4
Narsarssuak 112 M 3
Narsimhampur 94 B 2
Nartuby (R.) 49 E 3
Narva 62 E 4
Narva (R.) 62 E 4
Narvik 62 C 2
Naryn 84 J 5
Naryn (R.) 82 H 5
Naseby 53 D 4
Nashua 118 F 2
Nashville 115 E 3
Näsi (L.) 62 D 3
Nasik 94 B 2-3
Nasiriyah 75 G 3
Nasr 90 C 3
Nassandres 46 C 2
Nassau *(Bahamas)* 115 F 4
Nassau *(RFA)* 60 C 3
Nassau (I.) 125 D 4
Nasser (L.) 102 G 3
Nässjö 51 G 2

Nata 107 B2
Natal (Prov.) 103 G8
Natal (Bassin du) 3 K-L7
Natashquan (R.) 115 G1
Natashquan (Pte) 115 G-H2
Natchez 115 D3
Natih 91 F3
Natron (L.) 102 G6
Natuna (Is) 93 F5
Naturaliste (C.du) 127 A4
Nauders 66 F3
Nauen 58 E3
Naumburg 59 D4
Naurouze (Seuil de) (Seuil du Lauragais) (Région) 42 B3
Nauru (I.) 125 C4
Nausaki 95 C2
Naussa 71 C2
Nautsi 62 E2
Navajo (Rés. Ind.) 114 B-C3
Navan 53 A4
Navarin (Pylos) 71 B4
Navarin (C.) 83 R3
Navarino (I.) 123 C8
Navarre (Rég. adm.) 72 C1
Navarrenx 42 A3
Navio (Sa do) 111 I4
Navoï 82 G5-6
Navojoa 114 C4
Navpaktos 71 B-C3
Navplion 71 C4
Navsari 94 B2
Nawsker 55 F3
Naxos 71 D4
Naxos (I.) 71 D4
Nayarit (État) 120 B2
Nayarit (Sa de) 120 B2
Nayoro 98 E1
Nazaré 72 A2
Nazareth *(Belg.)* 45 F2
Nazareth *(Israël)* 90 I2
Nazas (R.) 120 B2
Naze 96 C3
Nazilli 71 F4
Nchanga 107 B1
N'Dalantado 106 G2
Ndélé 102 E5
N'Djamena (anc. Fort-Lamy) 102 E4
Ndjolé 106 F2
Ndola 103 F7
Nea Alexandreia 71 C2
Neagh (Lough) (L.) 52 A3
Nea Peramos 71 D2
Neapolis 71 C4
Nebbio (Région) 43 H2
Nebeur 105 F1
Nebit-Dag 75 H3
Neblina (P[unta] da) (Mt) 121 F4
Nebraska (État) 114 C-D2
Nébrodes (Mts) 69 E6
Nechako (R.) 114 A1
Neches (R.) 114 D3
Neckar (R.) 59 C5
Neckargemünd 60 D-E4
Neckarsulm 60 E4
Neckarwestheim 61 C4
Necochea 123 D6
Nederland (Pays-Bas) 22 E3
Nedjed (Najd) (Désert) 102 H3
Neede 60 B1
Needles 113 F6
Neenah 119 A1
Neepawa 116 D1
Nefta 105 E2
Nefte-Iougansk 82 H3
Neftekamsk 80 E3
Neftetchala 80 D-E5
Negaunee 118 B1
Negoiu (Mt) 76 E3
Negombo 94 B4
Negotin 77 D3
Negotino 71 C2
Negra (Pte) 122 A3
Négrepelisse 42 B2
Negro (R.) *(Arg.)* 123 C6
Negro (R.) *(BR)* 122 C3
Negro (R.) *(Urug.)* 123 D6
Negros (I.) 93 H5
Neguev (Désert) 90 H-I4
Neheim-Hüsten 60 C-D2
Neige (Crêt de la) (Mt) 41 D-E3
Neijiang 96 A3
Nei Monggol (Mongolie Intérieure) (Rég. aut.) 96 B1 (23)
Neisse (Nysa) (R.) 76 B2
Neiva 121 E4
Nejin 81 C3
Neksö 58 F2
Nelidovo 81 C3
Nelkan 83 N4
Nellore 94 B-C3
Nelson *(Ca.)* 114 B2
Nelson *(N.Z.)* 127 G2
Nelson (R.) *(Ca., Col.br)* 112 E4
Nelson (R.) *(Ca., Manitoba)* 112 H4
Nelspruit 107 C2
Neman (Niemen) (R.) 76 D1
Nemawar 94 B2
Nemencha (Mts de) 105 E2
Nemours (act. Ghazaouet) *(Alg.)* 104 C2
Nemours *(Fr.)* 40 C2
Nemuro 98 F2
Nemuro (Be de) 98 F2
Nemuro (Détr. de) 98 F2-1
Nen (R.) 83 M5
Nene (R.) 53 D4
Nenjiang 83 M5
Néouvielle (Massif de) 42 A-B3
Néo-Zéland[ais]es (Alpes) (Mts) 127 F-G2
Nepal 94 G2
Nepalganj 94 C2
Nephin (Mt) 50 A3
Nera (R.) 68 D3
Nérac 42 B2
Neretva (R.) 68 G3
Néris [-les-Bains] 42 C1
Nerone (Mte) 65 E4
Nertchinsk 83 L4
Nertchinsk Zavod 85 N4
Nerthe (Mt) 43 D3
Nervi 64 C3
Nervión (R.) 72 C1
Neskaupstadur 62 I-J1
Nesque (R.) 48 C2
Ness (Loch) (L.) 52 B2
Nesseby 63 E1
Nesselwang 66 F2
Neste (R.) 42 B3
Néstos (Mesta) (R.) 77 E4
Netanya 90 H2
Nèthe (G[ran]de) (R.) 56 C3
Nèthe (P[eti]te) (R.) 56 C-D3
Netiou (Mt) 80 F2
Nette (R.) 60 C3
Nettilling (L.) 112 I-J2
Neubourg (Campagne du) (Région) 40 B2
Neubourg (Le) 46 C-D2
Neubrandenburg 58 E3
Neuchâtel 66 B2
Neuchâtel (Canton) 67 H2-1
Neuchâtel (L.de) 66 B3
Neuerburg 56 E4
Neuf-Brisach 41 E2
Neufchâteau *(Belg.)* 56 D5
Neufchâteau *(Fr.)* 41 D2
Neufchâtel-en-Bray 46 D-E1
Neuf degrés (Chenal des) (Détr.) 92 C5
Neuffossé (Cl de) 45 C2
Neuilly-en-Th[elle] 46 F2
Neuilly-Plaisance 47 D-E2
Neuilly-sur-Marne 47 E2
Neuilly [-sur-Seine] 47 C2
Neu-Isenburg 60 D3
Neumagen 60 B-C4
Neumarkt 61 D4
Neumünster 58 D2
Neunkirchen *(Autr.)* 65 G2
Neunkirchen *(RFA)* 44 D2
Neuquén 123 C6
Neuruppin 58 E3
Neusiedl 65 G2
Neusiedl (L. de) 65 G2
Neuss 60 B2
Neussargues [-Moissac] 42 C2
Neustadt a[n] d[er] W[einstrasse] 59 B-C5
Neustadt [an der Wutach] 66 D2
Neustadt [an-der-Donau] 61 D4
Neustettin (Szczecinek) 76 C1
Neustrelitz 58 E3
Neu-Ulm 59 D5
Neuves-Maisons 44 A-B3
Neuvic 42 C2
Neuville [-aux-Bois] 40 B-C2
Neuville [-sur-Oise] 47 B1
Neuville [-sur-Saône] 43 D2
Neuwerk (I.) 58 C3
Neuwied 60 C3
Neva (R.) 62 F4
Nevada (État) 114 B3
Nevada (Sa) *(E)* 72 C2
Nevada (Sa) *(US)* 114 A-B3
Nevades Ojos del Salado (Mt) 123 C5
Nevado (Mt) 123 C6
Nevelsk 98 E1
Never 83 M4
Nevers 40 C3
Nevis (I.) 121 F3
New Albany 118 B3
New Amsterdam 122 D2
Newark *(RU)* 53 D4
Newark *(US, Del)* 118 E3
Newark *(US, N.J.)* 118 E2
Newark *(US, N.Y.)* 118 D2
Newark *(US, Ohio)* 118 C2
New Bedford 118 F2
Newberry 118 B1
New Britain 118 E2
New Brunswick 118 E2
New Brunswick (Prov.) 115 G2
Newburgh 118 E2
Newbury 53 D5
New Calumet 117 F2
New Castle *(US, Del.)* 118 E3
New Castle *(US, Ind.)* 118 B3
New Castle *(US, Pa)* 118 C2
Newcastle *(Austral.)* 127 E4
Newcastle *(Ca.)* 115 G2
Newcastle *(S.Afr.)* 103 G8
Newcastle [upon Tyne] 52 D3
Newcastle Waters 127 C2
New Delhi 94 B2
Newfoundland (Terre-Neuve) (I.) 112 L5
Newfoundland et Labrador (Région) 112 K-L4
New Glasgow 115 G2
Newguay 55 E4
New Hampshire (État) 115 F2
New Haven 118 E2
Newhaven 53 E5
N[ew] J[ersey] (État) 115 F2
New London 118 F2
Newman (Mt) 127 A3
Newmarket 118 D1
New Mexico (État) 114 C3
New Orleans (La N[ouve]lle Orleans) 115 E4
New Philadelphia 118 C2
New Plymouth 127 G1
Newport *(RU, Gwent)* 53 C5
Newport *(RU, I. of Wight)* 53 D5
Newport *(US, Ky)* 118 B3
Newport *(US, N. H.)* 118 E-F2
Newport *(US, Vt)* 118 E-F1
Newport News 115 F3
New Quay 53 B4
New River Field (Gisement) 119 C3
New Romney 53 E5
New Ross 53 A4
Newry 52 A3
Newton 118 F2
Newton Stewart 52 B3
Newtownards 52 B3
New Westminster 114 A-B2
New York 118 E2
New York (État) 115 F2
N[ew] Y[ork] State Barge (Cl) 119 D2
Nexon 42 B2
Neyveli 95 B3
Nez de Jobourg (C.) 39 B-C2
Nfis (O.) 104 B3
Ngami (L.) 103 F8
Ngaoundéré 102 E5
Ngiva 107 A1
Ngoring Hu (Tsaring Nor) (L.) 92 E2
N'Guigmi 102 E4
N'Guru 102 E4
Nha Trang 93 F-G4
Niagara 118 A-B1
Niagara (Chutes du) 113 I-J5
Niagara Falls *(Ca.)* 118 D2
Niagara Falls *(US)* 118 D2
Niamey 102 D4
Niangara 102 F5
Nias (I.) 92 E5
Niazepetrovsk 81 E3
Nicarágua 110 D4
Nicaragua (L.de) 121 D3
Nicaro 111 H3
Nicastro 69 F5
Nice 49 G3
Niče Planina (Mts) 71 B-C2
Nichinan 99 B5
Nicholas (Mt) 127 B3
Nicholasville 118 B-C3
Nicobar (Is) 92 E5
Nicobar (G[ran]de) (I.) 92 E5
Nicolet 118 E1
Nicosia 69 E6
Nicoya (G. de) (G. de Coronado) 113 I9
Nicoya (P. de) 121 D3
Nidd (R.) 52 D3
Nidda 60 E3
Nidda (R.) 60 D3
Nidder (R.) 60 D-E3
Nidw[alden] (Canton) 67 J2
Nied (R.) 44 C2
Nied All[eman]de (R.) 44 B-C2
Nied F[rançai]se (R.) 44 B2
Niederaichbach 61 E4
Niederbronn 44 E3
Niedere Tauern (Mts) 65 E-F2
Niedermarsberg 60 D2
Niederlausitz (Région) 58 E-F4
Niel 56 C3
Niemen (Neman) (R.) 76 D1
Nienburg 58 C3
Nien Chen Tang (Mt) 94 D1
Nien Chen Tang La (Nyainqentangla) (Mts) 94 C-D1-2
Nieppe (Cl de la) 45 C-D2
Niers (R.) 60 B2
Niesen (Mt) 66 C3
Nieuport (Nieuwpoort) 56 A3
Nieuw-Buinen 57 E-F2
Nieuwe Pekela 57 E-F1
Nieuweveld (Plat.) 103 E-F9
Nieuwpoort (Nieuport) 56 A3
Nieuw-Schoonebekerveld 56 E-F2
Nièvre (R.) 40 C3
Nièvre (58) (Dépt) 23 C2
Niger (R.) 102 D4
Niger 103 B3
Niger (Cuvette du) 100 A3
Nigeria 103 B3
Nigrita 71 C2
Nihoa (I.) 125 D2
Niigata 99 D3
Niihama 99 C4
Niimi 99 C4
Niishima (I.) 99 D4
Niitsu 99 D3
Nijkerk 56 D2
Nijmegen (Nimègue) 56 D3
Nijne-Angarsk 83 K4
Nijnekamsk 80 D-E3
Nijne-Kolymsk 83 P-Q3
Nijne-Oudinsk 83 J-K4
Nijne Vartovskoïe 82 H-I3
Nijni Taghil 82 F-G4
Nijverdal 60 B1
Nikel 62 E-F2
Nikeltaou 84 H4
Nikko 99 D3
Nikolaïev 80 C4
Nikolaïevsk 83 N-O4
Nikolaïtal (Val) 66 C3
Nikopol *(Bulg.)* 77 E4
Nikopol *(Ukraine)* 80 C4
Nikosia 75 F3
Nikšić 77 C4
Nil (R.) 102 G3
Nil (Cuvette du) 100 C3
Nil Blanc (Bahr el Abiad) (R.) 102 G4
Nil bleu (Bahr el Asrak) (R.) 102 G4
Niles *(US, Mich.)* 118 B2
Niles *(US, Ohio)* 118 C2
Nileswaram 95 B3
Nilgiri (Mts) 94 B3
Nilvange 44 A-B2
Nimba (Mts) 102 C5
Nimègue (Nijmegen) 56 D3
Nîmes 43 D3
Nimule 102 G5
Nimy 57 B4
Nin 65 F3
Ningan 98 B1
Ningbo 96 C3
Ningde 96 B3
Ningdu 96 B3
Ninghai 96 C3
Ningsia Huizu (Ningsia Houï) (Rég. aut.) 96 A2 (24)
Ningsia Houï (Ningsia Huizu) (Rég. aut.) 96 A2 (24)
Ninian 55 G1
Ninive 75 G3
Ninove 45 F-G2
Niobrara (R.) 114 C-D2
Niokolo-Koba (P.Nl) 106 A1
Niolo (Région) 43 G-H2
Nioro 102 C4
Niort 39 C3
Nipigon 115 E2
Nipigon (L.) 115 D-E2
Nipissing (L.) 118 D1
Nippon (Japon) 86 G-H4-3
Nippon (Hondo, Honshu) (I.) 99 B-D4-2
Niš 77 D4
Nishapur 92 A2
Nishino (I.) 96 E3
Nishinoomote 99 B5
Nishionomiya 99 C4 (19)
Nishnij Novgorod (Gorki) 80 D3
Nissan Ä[lv] (R.) 62 B4
Nissedal 51 F2
Nissum Fjord (Be) 58 C1
Nister (R.) 60 C3
Nisyros (I.) 71 E4
Niteroi 123 E5 (2)
Nith (R.) 52 C3
Nitra 76 C2
Nitra (R.) 76 C2
Niue (I.) 125 D4
Niutao (I.) 125 C4
Nive (R.) 42 A3
Nivelles 56 C4
Nivernais (Cl du) 41 C3
Nivernais (Coll. du) 41 C3
Nizamabad 94 B3
Nkhotakota 107 C1
N'Kongsamba 102 D-E5
Noailles 46 F2
Noakhali 94 D2
Noatak 112 A3
Noatak (R.) 112 A-B3
Nobeoka 99 B4
Noce (R.) 66 F3
Noeux [-les-Mines] 45 D3
Nogal (O.) 102 H5
Nogales *(Mex.)* 114 B3
Nogales *(US)* 114 B3
Nogaro 42 A3
Nogent-en-B[assigny] 41 D2
Nogent-le-Roi 46 D-E3
Nogent-le-R[otrou] 40 B2
Nogent[-sur-Marne] 47 D2
Nogent [-sur-Oise] 46 F2
Nogent-s[ur]-S[eine] 41 C2
Noginsk 80 C3 (17)
Noginski 85 L3
Noguera Pallaresa (R.) 42 B3
Noguera Ribagorzana (R.) 42 B3
Noheji 98 E2
Noir (L.) 44 D4
Noir (Mt) 45 D2
Noir (Causse) (Plat.) 42-43 C2
Noire (R.) 118 D1
Noire (Mer) 18 G-H4
Noire (Montagne) (Mts) *(Fr., Massif Armoricain)* 39 B2
Noire (Montagne) (Mts) *(Fr., Massif Central)* 42 C3
Noire (Forêt) (Schwarzwald) (Mts) 59 B-C6-5
Noirétable 43 C2
Noirmoutier 39 B3
Noirmoutier (I.de) 39 B3
Noisiel 47 E2
Noisy-le-G[ran]d 47 E2
Noisy-le-Roi 47 B2
Noisy-le-Sec 47 D2
Nojima (C.) 99 D-E4
Nokia 62 D3
Nok Kundi 91 G3
Nola 102 E5
No man's land (Désert) 127 C3
Nome 113 A3
Nomeny 44 B3
Nomexy 44 B4
Nomo (C.) 99 B4
Nonancourt 46 D3
Nonant-le-Pin 46 B3
Nonette (R.) 46 G2
Nontron 42 B2
Nonza 43 H2
Noord Beveland (I.) 56 B-C3
Noordwijk 56 C2
Noranda 115 F2
Norberg 63 C3
Norbotten (Région) 62 D2
Nord (Alpes du) (Mts) 38 G1
Nord (Cl du) 56 A5
Nord (Canal du) (Détr.) 52 A-B3
Nord (Horn) (C.) *(Isld.)* 62 H1
Nord (C.) *(Nor.)* 62 E1
Nord (C.) *(N.Z.)* 127 G1
Nord (I. du) (I. Fumante) 127 G1-2
Nord (Mer du) 18 D-E3
Nord (Préalpes du) (Mts) 64 A-B3-2
Nord (Terrre du) 127 C2-3
Nord (59) (Dépt) 23 C1
Nord-Américain (Bassin) 2 F-G4
Nord-Américaine (Cord.) 2 B-D2-4
Nord-Atlantique (Seuil) 2 H-G5-4
Nord-Bade (District) 58
Nord Baltique (Cl du) 62 A5
Nord-Brésilien (Bassin) 2 H6
Norden 58 B3
Nordenham 58 C3
Nordenskiöld (Is) 83 I-J2
Norderney (I.) 58 B3
Norderstedt 58 C3
Nord-Est (Passage du) (Détr.) 121 E2
Nord-Est (T. du) 82 C2
Nord Fjord (Be) 62 A3
Nordhausen 59 D4
Nord-Hollande (Prov.) 56
Nord-Hollande (Cl de) 58 A3
Nordhorn 60 C1
Nordkvalöy (I.) 62 C1
Nord Kyn (C.) 62 E1
Nord Kyn (P. de) 62 E1
Nord Norge (Région) 63 C2
Nord-Pas-de-Calais (Rég. adm.) 23
Nord-Quest (C.) 127 A3
Nordstrand (P.) 58 C2
Nordvik 83 L2
Nord-Wurtemberg (District) 58 H2
Nore (P[ic] de) 42 C3
Nore (R.) 53 A4
Norefjell 51 F1
Norfolk *(US, Nebr.)* 114 D2
Norfolk *(US, Va)* 115 F3
Norfolk (Comté) 54 D2 (28)
Norfolk (I.) 125 C5
Norge (Norvège) 22 E-G2-1
Norilsk 83 I-J3
Norman 114 D3
Normand (Bocage) (Région) 39 C3
Normandia 120 I-J2
Normandie (Région) 39 C2
Normandie (Basse-) (Rég. adm.) 23
Normandie (Haute-) (Rég. adm.) 23
Normandie-Maine (P.Rl) 38 B-C2
Normanton 127 D2
Norman Wells 112 E3
Normetal 117 F2
Norra Storfjället (Mt) 62 B-C2
Norris Dam (Barr.) 113 I6
Norristown 118 E2
Norrköping 51 H2
Norrland (Région) 62 C-D3
Norrtalje 62 C4
Norseman 127 B4
Nort [-sur-Erdre] 39 C3
North Adams 118 E2
Northallerton 52 D3
Northam 127 A4
Northampton *(RU)* 53 D4
Northampton *(US)* 118 E2
Northamptonshire (Comté) 54 C2 (29)
North Battleford 114 C1
North Bay 115 E-F2
North Berwick 52 C2
North Canadian (R.) 114 C-D3
North Carolina (État) 115 E-F3
North Channel (Détr.) 118 C1
N[orth] Dakota Oilf[ield] (Gisement) 116 C2
North Downs (Coll.) 53 D-E5
Northeim 58 C-D4
Northfield 118 E1
North Foreland (C.) 53 E5
[North] Hamilton 55 G2
North Loup (R.) 114 C-D2
North Platte 114 C2
North Platte (R.) 114 C2
North P[oin]t (C.) 118 C1
North Ronaldsay (I.) 52 G-H2
North Saskatchewan (R.) 114 B-C1
North Shields (Tynemouth) 52 D3
North Uist (I.) 52 A2
Northumberland (Comté) 54 C2 (30)
Northumberland (Détr. de) 115 G2
North West Highlands (Mts) 52 B1-2
Northwest Territories (Terrre) 112 E-H3
North Yorkshire (Comté) 54 C2 (31)
Norton (Be) 113 A3
Norvège (Norge) 22 E-G2-1
Norvège (Fosse de) 55 G-H1-2
Norvège (Mer de) 18 E2
Norvegia (C.) 1 E35
Norwalk 118 E2
Norway 118 B1
Norway House 114 D1
Norwich *(RU)* 53 E4
Norwich *(US)* 118 F2
Norwood 118 B-C3
Noshiro 98 E2
Nosob (O.) 103 E8
Nosy Bé (I.) 103 H7
Nota (L.) 62 F2
Notec (R.) 51 G3
Noto 69 E6
Noto (P.de) 99 D3
Notodden 51 F2
Notre Dame (Be) 115 H2
N[otre]-D[ame] de Bellecombe 38 G1
N[otre]-D[ame]-de-Bondeville 46 D1-2
N[otre]-D[ame]-de Gravenchon 46 C2
Nottingham 53 D4
Nottingham (I.) 112 J3
Nottinghamshire (Comté) 54 C2 (32)
Nou (I.) 125 J1
Nouadhibou 102 B3
Nouadhibou (Ras) (C. Blanc) 102 B3
Nouakchott 102 B4
Noukous 82 F-G5
Nouméa 125 J1
Noura (R.) 82 H4
N[ouve]lle Amsterdam (I.) 17 M7
N[ouve]lle-Bretagne (I.) 125 B4
N[ouve]lle-Calédonie (I.) 125 B-C4-5
Nouvelle Castille (Prov.) 72 B-C1-2
N[ouve]lle Écosse (Nova Scotia) (Prov.) 108 H2
Nouvelle Galles du Sud (État) 127 D4
N[ouve]lle Géorgie (I.) 127 E1
Nouvelle-Guinée (I.) 3 Q-P6
N[ouve]lle-Irlande (I.) 125 B4
Nouvelles-Hébrides (Vanuatu) 125 C4
Nouvelles-Hébrides (Is) 3 R6-7
N[ouve]lle Sibérie (I.) 83 P2
Nouvelle Sibérie (Is de) 83 N-O2
Nouvelle-Zélande 17 R8-7
N[ouve]lle-Zemble (Novaïa Zemlia) (Is) 82 F-G2
Nouvion 45 B3
Nouvion [-en-Thiérache] (Le) 41 C1-2
Nouzonville 41 D2
Nova Friburgo 124 D2
Nova Goriça 68 D-E1
N[ova] Gradiska 68 F2
Novaïa Zemlia (N[ouve]lle-Zemble) (Is) 82 F-G2
Nova Iguaçu 123 E5 (3)
Nova Olinda 111 I5
Novara (Novare) 64 C3
Novare (Novara) 64 C3
Nova Scotia (Nouvelle Écosse) (Prov.) 112 K5
Nova Zagora 77 E4
Nové Zámky 76 C2
Novgorod 80 C3
Novigrad (Poreč) 65 E3
Novi Ligure 68 B2
Novi Pazar 77 C-D4
Novi Sad 76 C-D3
Novi Vinodolski 65 F3
Novochakhtinsk 80 C4 (9)
Novo Gradiška 76 C3
Novograd Vol[ynski] 76 E2
Novogrudok 76 E1
Novo Hamburgo 124 C-D2
Novo Kazalinsk 82 G5
Novokouznetsk 80 D-E3
Novolazarevskaïa (Station polaire) 1 E-F2-4
Novo Mesto 65 F3
Novomoskovsk *(Russie)* 80 C-D3
Novomoskovsk *(Ukraine)* 80 C4 (10)
Novorossiisk 80 C4
Novoselitsa 78 D2
Novosibirsk 82 H-I4
Novotcherkassk 75 G2
Novotroïtsk 80 E3
Novy Ouzen 75 H2
Novy Port 82 G-H3
Nowa Huta 76 D2
Nowgong 94 D2
Nowogard 58 F3
Nowy Sącz 76 D2
Nowy Targ 76 D2
Noyelles G[odaul]t 45 D-E3
Noyelles [-sous-Lens] 45 D3
Noyon 40 C2
Nozay 39 C3
Nozeroy 66 B3
Nubie (Désert de) 102 G3-4
Nueces (R.) 114 D4
Nueltin (L.) 112 G-H3
Nueva Rosita 114 C4
Nueva S[an] Salvador 120 C-D3
Nuevitas 121 E2
Nuevo Laredo 114 C-D4
Nuevo León (État) 120 B-C2
Nufenen (Col) 66 D3
Nugssuaq (P.) 112 L-M2-3
Nuits [-St-Georges] 41 D3
Nu Jiang (Salouen) (R.) 92 E2
Nukheila 102 F4
Nuku Hiva (I.) 125 E4
Nukuoro (Atoll) 125 B3
Nulato 112 A-B3
Nullarbor Plain (Région) 127 B-C4
Numazu 96 D2

Nuneaton 53 D 4
Nunivak (I.) 113 A 4
Nunspeet 56 D 2
Nuoro 69 B 4
Nuqui 121 E 4
Nurakita (I.) 125 C-D 4
Nure (R.) 64 C 3
Nuremberg (Nürnberg) 59 D 5
Nurmes 63 E 3
Nürnberg (Nuremberg) 59 D 5
Nurra (Région) 69 B 4
Nürtingen 59 C 5
Nushagak (R.) 113 B 4-3
Nxai Pan (P.Nl) 107 B 1
Nyahururu 106 H 1
Nyainqentangla (Nien Chen Tang La) (Mts) 94 C-D 1-2
Nyala 102 F 4
Nyanda 103 G 8
Nyari 106 I 2
Nyborg 58 D 2
Nye 116 C 2
Nyíregyháza 76 D 3
Nyiru (Mt) 102 G 5
Nykarleby 63 D 3
Nyköbing *(DK, Jylland)* 51 F 2
Nyköbing *(DK, Lolland)* 58 D-E 2
Nyköbing *(DK, Sjaelland)* 58 D 2
Nyköping 51 H 2
Nymfaion (C.) 71 D 2-3
Nynäshamn 51 H 2
Nyon 66 B 3
Nyons 48 C 2
Nysa 71 F 4
Nysa (Neisse) (R.) 76 B 2
Nysa [Orientale] (R.) 76 C 2
Nzérékoré 102 C 5
Nzeto 103 E 6

O

Oa (Mull of) (C.) 52 A 3
Oahe Dam (Barr.) 113 G-H 5
Oahu (I.) 125 E 2
Oakengates 55 F 3
Oakham 53 D 4
Oak Hill 118 C 3
Oakland 114 A 3
Oak Park 118 A-B 2
Oak Ridge 115 F 3
Oates (Côte de) 1 E-F 17-16
Oaxaca (État) 120 C 3
Oaxaca [de Juarez] 120 C 3
Oaxaca (Sa de) 120 C 3
Oazis (Station polaire) 1 F 11-10
Ob (R.) 80 F 2
Ob (G. de l') 82 H 3-2
Oban 52 B 2
Obando 121 F 4
Obbia 102 H 5
Obchtchii Syrt (Mts) 18 I-J 3
Oberalp (Col) 66 D 3
Oberhausen 60 B 2
Oberlahnstein 60 C 3
Oberland (Région) 66 C-D 3
Oberland [Bernois] (Pl.) 43 E 1
Oberlausitz (Région) 59 F 4
Obernai 44 D-E 4
Obernburg 60 D-E 4
Oberpfälzer Wald (Mts) 59 E 5
Oberstdorf 64 D 2
Obi (Is) 93 H 6
Óbidos 122 D 3
Obihiro 98 E 2
Obiou (Mt) 48 D 1
Obira 98 E 1
Objat 42 B 2
Obloutchie 85 P 5
Obock 91 E 4
Obonai 98 E 3
Obourg 57 C 4
Obra (R.) 51 G 3
Obrigheim 61 C 4
Obrovac 79 B 3
Obuasi 106 B 2
Obubra 106 C 2
Obw[ald]en (Canton) 67 J 2
Ocaña *(Col.)* 121 E 4
Ocaña *(E)* 72 C 2
Occidental (Grand Erg) 105 D 3
Occidentale (Banquise) 1 F 9
Occident[ale] (Cord.) 121 E 4
Occ[identa]les (Samoa) 125 D 4
Ocean (Kure) (Atoll) 125 D 2
Ocean (I.) 125 C 4
Ocean City *(US, Md)* 118 E 3
Ocean City *(US, N.J.)* 118 E 3
Ocean Falls 114 A 1
Oceanside 116 B 3
Och 82 H 5
Oche (Dent d') (Mt) 41 E 3
Ochsenfurt 59 C-D 5
Ochsenhausen 66 E-F 1
Ochtarino 84 K 2
Ochtrup 60 C 1
Ocmulgee (R.) 115 E 3
Oconee (R.) 115 E 3
Oconto 118 A-B 1
Octeville 46 B 1
Oda *(Ghana)* 106 B 2
Oda *(Jap.)* 99 C 4
Ódádahraun (Plat.) 62 I 1
Odate 98 E 2
Odawara 99 D 4
Odda 51 E 1
Ödemiş 71 E 3
Odense 58 D 2
Odenwald (Mts) 60 D-E 4
Oder (Ordra) (R.) 18 F 3
Oderberg 58 E-F 3
Oderbruch (Région) 58 F 3
Oder Haff (Be) 58 F 3
Odessa *(US)* 114 C 3
Odessa *(Ukraine)* 80 C 4
Odet (R.) 39 A 3
Odra (Oder) (R.) 18 F 3
Œil (R.) 42 C 1
Oelde 60 D 2
Oelsnitz 59 E 4
Oesede 60 D 1
Oesling (Région) 60 A-B 4
Ofanmäki 63 E 3
Ofanto (R.) 77 B 4
Ofaqim 90 H 3
Ofen (Col) 66 F 3
Offenbach 60 D 3
Offenburg 41 E-F 2
Ofidusa (I.) 71 D-E 4
Ofot (Fjord) 62 C 2
Oga (Funakawa) 98 D 3
Oga (P.d') 98 D 3
Ogaden 102 H 5
Ogaki 99 D 4
Ogasavara (Is) (Is Bonin) 93 J 3
Ogbomosho 102 D 5
Ogden 114 B 2
Ogdensburg 118 E 1
Ogi 99 D 3
Ogilvie (Mts) 112 D 3
Oglio (R.) 66 F 4
Ognon (R.) 44 C 5
Ogoja 106 C 2
Ogooué (R.) 102 E 5-6
Ogourtchinski (I.) 75 H 3
Ogulin 65 F 3
Ohanet 105 H 2
Ohara 99 E 4
Ohata 98 E 2
Ohio (État) 115 E 2
Ohio (R.) 115 E 3
Ohm (R.) 60 D 3
Ohře (Eger) (R.) 59 E-F 4
Ohrenberg 60 E 4
Ohrid 71 B 2
Ohrid (L.d') 71 B 2
Öhringen 60 E 4
Oignies 45 D-E 3
Oil City 118 D 2
Oïmiakon 83 O 3
Oiniadai 71 B 3
Oisans (Région) 43 D-E 2
Oise (R.) 40 C 2
Oise (60) (Dépt) 23 M 1
Oisemont 45 B 4
Oissel 46 D 2
Oita 99 B 4
Ojos del Salado (Mt) 108 H 6
Oka 119 E 1
Oka (R.) 80 C 3
Okak (Is) 112 K-L 4
Okan 106 C 2
Okanagan (L.) 112 E-F 4
Okanda (P.Nl) 106 G 2
Okarem 84 H 6
Okawango (Bassin de l') 103 F 7
Okayama 99 C 4
Okazaki 99 D 4
Okeechobee (L.) 115 E-F 4
Okehampton 53 B-C 5
Oker (R.) 58 D 4
Okha *(Inde)* 94 A 3
Okha *(Russie)* 83 O 4
Okhotsk 83 O 4
Okhotsk (Mer d') 98 E-F 1
Okhtéour 84 K 3
Oki (Is) 99 C 3
Okinawa (I.) 96 C 3
Okinawa (Is) 96 C 3
Okino (I.) 96 D 3
Oklahoma (État) 114 D 3
Oklahoma City 114 D 3
Okoppe 98 E 1
Okstinderne (Mt) 62 B 2
Oktiabrsk (Kandagatch) 82 F 5
Oktiabrski 80 E 3
Oktonias (C.) 71 D 3
Okushiri (I.) 98 D 2
Olafsvík 62 H 2
Öland (I.) 51 H 2
Olavarria 124 B 3
Olbia 69 B 4
Oldbury 55 F 4
Oldenbourg (Oldenburg) 58 C 3
Oldenburg (Oldenbourg) 58 C 3
Oldenzaal 60 B-C 1
Oldham 53 C-D 4
Olean 118 D 2
Olekma (R.) 83 M 4
Olekminsk 83 L-M 3
Olenegorsk 62 F 2
Olenek 83 L 3
Olenek (R.) 87 F 2
Olenek (Be de l') 83 L-M 2
Oléron (I.d') 39 C 4
Olga 98 C 2
Olga (Mt) 127 C 3
Olib (Is) 68 E 2
Ólimbos (Olympe) (Mt) 71 C 2
Olinda 122 F 3
Olioutorski 85 S-T 3
Olioutorski (C.) 83 Q-R 4
Olivenza 72 B 2
Olivet 40 B 3
Olkusz 78 C 2
Ollague 124 B 2
Ollioules 48 D 4
Oloibiri 106 C 2
Olomouc 76 C 2
Olon 98 C 1
Olona (R.) 66 D 4
Oloron (Gave d') (R.) 42 A 3
Oloron-Ste-Marie 42 A 3
Olpe 60 C 2
Olsztyn (Allenstein) 76 C-D 1
Olt (R.) 75 E 2
Olten 66 C 2
Olténie (Région) 77 D-E 4
Olteniţa 77 E 3
Oltul (R.) 77 E 3
Olympe (Ólimbos) (Mt) *(Gr.)* 71 C 2
Olympe (Ulu Dagh) (Mt) *(Turq.)* 71 F 2-3
Olympia *(Gr.)* 71 B 4
Olympia *(US)* 114 A 2
Olympic (P.Nl) 114 A 2
Olympie 77 D 5
Olympus (Mt) 114 A 2
Olynthe (Olynthos) 77 D 4
Olynthos (Olynthe) 71 C 2
Oma (C.) 98 E 2
Omachi 99 D 3
Omagari 98 E 3
Omagh 52 A 3
Omaha 114 D 2
Oman 86 C 5-4
Oman (Mer d') 94 A-B 3
Oman (G.d') 87 C-D 4
Omatako (R.) 103 E 7
Ombrie (Umbria) (Rég. adm.) 69 I 2 (12)
Ombrone (R.) 68 C 3
Omdurman 102 F-G 4
Ometepe (I.) 121 D 3
Ominato 98 E 2
Omiš 68 F 3
Omiya 99 D 4-3
Ommen 56 E 2
Omo (R.) 102 G 5
Omolon (R.) 83 P 3
Omoto 98 E 3
Omoutninsk 81 E 3
Omsk 82 H 4
Omsouktchan 85 R 3
Omu 98 E 1
Omuta 99 B 4
Onakaka 126 G 5
Ondangwa 107 A 1
Onega 80 C 2
Onega (Be de l') 80 C 2
Onega (L.) 80 C 2
Onega (R.) 80 C 2
Oneida 118 E 2
Oneida (L.) 118 E 2
Oneonta 118 E 2
Ongole 94 C 3
Onitsha 102 D 5
Onk (Dj.) 105 E-F 2
Onnaing 45 F 3
Ono 99 D 4
Ono-i-Lau (I.) 125 C-D 5
Onomichi 99 C 4
Onon (R.) 83 L 4
Onslow 127 A 3
Onstwedde 56 E-F 1
Ontake San (Mt) 99 D 4
Ontario (Prov.) 115 D-E 1
Ontario (L.) 115 F 2
Ontong Java (Atoll) 127 E-F 1
Oodnadatta 127 C 3
Ookiep 107 A 3
Oostburg 56 B 3
Oost[elijk] Flevoland (Polder) 56 D 2
Oostende (Ostende) 56 A 3
Oosterhout 56 C-D 3
Oosterwolde 56 E 1
Oostmalle 56 C 3
Ootmarsum 56 E 2
Opal 114 C 4
Opala 106 G 2
Opale (Côte d') 38 C 1
Opatija 65 F 3
Opava 76 C 2
Opladen 60 C 2
Opole 76 C 2
Oppenheim 60 D 4
Oppland (Région) 63 A 3
Or (Côte d') (Coll.) 41 D 3
Or (Mont d') *(Fr.)* 49 K 2
Or (Mont d') *(Fr.-CH)* 66 B 3
Or (Côte de l') 102 C-D 5
Oradea 76 D 3
Oradour[-sur-Glane] 42 B 2
Öræfajökull (Glacier) 62 I 2
Oraison 48 D 3
Oran *(Alg.)* 104 C 2
Orán *(Arg.)* 123 C 5
[Oran] (Sebkhra d') (Étg) 104 C 2
Orange *(Fr.)* 48 B 2
Orange *(US)* 118 D 3
Orange (C.) 122 D 2
Orange (R.) 103 E 8
Orange (Prov.) 103 F 8
Orange Mouth (Oranjemund) 107 A 2
Orangeville 118 C 2
Oranienburg 58 E 3
Oranjemund (Orange Mouth) 107 A 2
Orapa 107 B 2
Orb (R.) 42 C 3
Orbe 66 B 3
Orbe (R.) 66 B 3
Orbe (Val d') 66 B 3
Orbec 46 B 2
Orbetello 68 C 3
Orbey 44 D 4
Orbieu (R.) 42 C 3
Orbiquet (R.) 46 B 2
Orbost 127 D 4
Orcades (Is) (Orkney Islands) 50 C 2
Orcades du Sud (Is) 1 F-G 32-33
Orcha 80 B-C 3
Orchies 45 E 3
Orchila (I.) 121 F 3
Orcières 38 G 1
Orco (R.) 64 B 3
Ord (R.) 127 B 2
Ord (Mt) 127 B 2
Ordjonikidzé (Vladikavkas) 82 E 5
Ordos (Plat.) 93 F-G 2
Örebro 51 G 2
Oregon (État) 114 A-B 2
Öregrund 62 C 3
Orel 80 C 3
Orem 114 B 2
Ören 71 E 4
Orenbourg 80 E 3
Orénoque (Orinoco) (R.) 121 F 4
Orense 72 B 1
Orestias 71 E 2
Öre Sund (Détr.) 58 E 1-2
Orezza 38 E 1
Orfani 71 C 2
Orfani (G.d') 71 C-D 2
Organ Pipe Cactus N[ational] M[onument] 114 B 3
Orge (R.) 46 F 3
Orgeiev 76 F 3
Orgeval 47 A 2
Orhaneli 71 F 3
Orhangazi 71 F 2
Orhy (Pic d') 42 A 3
Oriekhovo Zouievo 80 C 3 (18)
Orient (Forêt d') (P.Rl) 38 D 1
Orient (L.d') 38 C-D 1
Oriental (Grand Erg) 105 E-F 3-2
Orientale (Cord.) 121 E 4
Origny 35 H 1
Origny-Ste Benoîte 45 E-F 4
Origny-en-T[hiérache] 45 F-G 4
Orihuela 72 C 2
Orijärvi 63 D 4
Orillia 118 D 1
Orinoco (Orénoque) (R.) 121 F 4
Orissa (État) 94 G 2-3
Oristano 69 B 5
Oristano (G.d') 69 B 5
Orito 120 H 2
Orizaba 120 C 3
Orjen (Mt) 77 C 4
Orkhon (R.) 83 K 5
Orkla (R.) 62 B 3
Orkney (Comté) 54 C 1 (8)
Orkney Isl[an]ds (Is Orcades) 52 G 2
Orlando 115 E 4
Orléans 40 B-C 3
Orléans (Val d') 40 C 3
Orly 47 D 3
Orly (Aéroport d') 47 D 3
Ormesson 47 E 3
Ormoc 93 H 4
Ormont (R.) 66 C 3
Ormuz (Hormoz) 91 F 3
Ormuz (Détr. d') 91 F 3
Ornain (R.) 41 D 2
Ornans 66 B 2
Orne (R.) *(Fr., Lorraine)* 41 D 2
Orne (R.) *(Fr., Normandie)* 40 A 2
Orne (61) (Dépt) 23 B-C 1
Orniš 79 C 4
Örnsköldsvik 62 C 3
Oro (Mte d') 43 G-H 2
Orohena (Mt) 125 K 1
Oron 90 I 4
Oron (R.) 43 D 2
Orontes (R.) 75 F 3
Oropos 71 C 3
Orosei (G. d') 69 B 4
Orotoukan 83 P 3
Orsa 62 B-C 3
Orsay 47 C 3
Orsières 66 C 3
Orsk 80 E 3
Orşova 77 D 3
Orta 66 D 4
Orta (L.d') 66 D 4
Ortegal (C.) 72 A-B 1
Orthez 42 A 3
Ortigueira 74 B 2
Ortisei 67 D 2
Ortles (Mts) 66 F 3
Ortles (Mt) 66 F 3
Ortona a Mare 68 E 3
Orumieh 90 D 2
Oruro 122 C 4
Orust (I.) 51 F 2
Orvieto 68 D 3
Osa (P.de) 121 D 4
Osaka 99 C 4
Osaka (Be d') 99 C 4
Osasco 123 E 5 (9)
Oschersleben 58 D 3
Oshamanbe 98 E 2
Oshawa 118 D 2
Oshima (I.) *(Jap., Hokkaido)* 98 D 2
Oshima (I.) *(Jap., Hondo)* 99 D 4
Oshkosh 118 A-B 1
Oshogbo 102 D 5
Osijek 68 G 2
Ósimo 68 D 3
Osinniki 82 I 4
Osipenko 83 N 4
Osipovitchi 76 E-F 1
Oskarshamn 51 G-H 2
Osle Fjord (Be) 62 B 4
Oslo 51 F 2
Osmanabad 94 B 3
Osnabrück 60 D 1
Osogovska Planina 79 D 4
Osor 77 B 3
Osore (Mt) 98 E 2
Osorno 123 B 7
Oss 56 D 3
Ossa (Mt) 71 C 3
Ossa (Sa d') 72 B 2
Ossau (Gave d') (R.) 42 A 3
Osse (R.) 42 B 3
Ossète du Nord (Rég. aut.) 86 (I-11)
Ossète du Sud (Rég. aut.) 86 (VI-F)
Ossining 118 E 2
Ossora 83 Q 4
Oste (R.) 58 C 3
Ostende (Oostende) 56 A 3
Osterbotten (Région) 63 E-D 3
Ostersburken 60 E 4
Osterdalen (Région) 62 B 3
Osterode [am Harz] 58 D 4
Österreich (Autriche) 22 F 4
Östersund 62 B 3
Ostheim 44 D 4
Osthofen 60 D 4
Ostia Antica (Ostie) 68 C-D 4
Ostie (Ostia Antica) 68 C-D 4
Östlandet (Région) 63 A-B 3
Ostrava 76 C 2
Ostricourt 45 E 3
Ostroleka 76 D 1
Ostrov 62 E 4
Ostrów 76 C 2
Ostrowiec 76 D 2
Ostuni 69 F 4
Osum (R.) *(Alb.)* 71 B 2
Osŭm (R.) *(Bulg.)* 77 E 4
Osumi (Détr. d') (Détr. de Van Diemen) 96 C-D 2
Osumi (Is) 99 B 5
Osuna 72 B 2
Oswego 118 D 2
Oswestry 53 C 4
Oświęcim 76 C 2
Ota 98 F 2
Öta (Mt) 71 C 3
Otago (Région) 127 F-G 2
Otaru 98 E 2
Otaru (Be d') 96 E 1
Otava (R.) 59 E 5
Otchamchiré 81 D 4
Othe (Pays d') (Région) 41 C 2
Othoni (I.) 71 A 3
Othrys (Mts) 71 C 3
Otish (Mts) 115 F 1
Otjiwarongo 107 A 2
Otocac 65 F 3
Otrante (Otranto) 69 G 4
Otrante (Cl d') (Détr.) 71 A 2
Otranto (Otrante) 71 A 2
Ötscher (Mt) 65 F 2
Otsego (L.) 118 E 2
Otsu *(Jap., Hokkaido)* 98 E 2
Otsu *(Jap., Hondo)* 99 C-D 4
Otta 62 A-B 3
Ottawa (Outaouais) 115 F 2
Ottawa (Outaouais) (R.) 118 D 1
Ottenby 51 H 2
Otterberg 60 C 4
Otter Cr[eek] (R.) 118 E 1-2
Ottmarsheim 44 E 5
Ottmarsheim (Barr.) 44 E 5
Ottobeuren 66 F 2
Ottumwa 114 D 2
Otway (C.) 127 D 4
Otwock 76 D 1
Ötztaler Alpen (Mts) 66 F 3
Ouachita (Mts) 114 D 3
Ouachita (R.) 120 C 1
Ouadda 102 F 5
Ouaddaï (Région) 102 E-F 4
Ouagadougou 102 C 4
Ouahigouya 102 C 4
Ouahila (Désert) 104 B 4
Oualidia 104 A 2
O[uanda] Djallé 102 F 5
Ouanne (R.) 40 C 3
Ouaran (Erg) 102 B-C 3-4
Ouargla 105 E 2-3
Ouarkziz (Dj.) 104 A-B 3
Ouarsenis (Mts) 105 D 1-2
Ouarzazate 104 B 3
Ouat (Désert) 104 C-D 4
Oubangui (Ubangi) (R.) 102 E 5
Oubsa Nur (L.) 83 J 4
Ouchakov (I.) 82 G-H 1
Ouche (R.) 41 D 3
Ouche (Pays d') (Région) 40 B 2
Ouchy 66 B 3
Ouda (R.) 83 N 4
Ouddorp 56 B 3
Oudenaarde (Audenarde) 45 E-F 2
Oudmourte (Rép. aut.) 86 (I-15)
Oudokan 85 N 4
Oudon (R.) 39 C 2-3
Oudtshoorn 107 B 3
Oued Fodda 105 D 1
Oued Zem 104 B 2
Oued Zenati 105 E 1
Ouelen 83 S 3
Ouenza (Dj.) 105 E-F 2
Ouerrha (O.) 104 B 2
Ouessant (I. d') 39 A 2
Ouesso 102 E 5
Ouezzane 104 B 2
Oufa 80 E 3
Oufa (R.) 80 E 3
Ouganda 103 C 4-3
Ouglegorsk 83 O 5
Ougleouralsk 80 E 3
Ouglitch 81 C 3
Ougra (R.) 80 C 3
Ougrée 56 D 4
Oui (R.) 82 G 4
Ouïedinenia (I.) 82 H-I 2
Ouistreham 39 C 2
Ouj (R.) 76 F 2
Oujda 104 C 2
Oujgorod 76 D 2
Oukhta 82 F 3
Oulan Bator 83 K 5
Oulan Gom 83 J 5
Oulan Oude 83 K-L 4
Ouldsa (R.) 83 L 5
Ouled Naïl (Mts des) 105 D 2
Oulianovsk 80 D 3
Ouliastaï 83 J 5
Oullins 49 K 2
Oulu 62 E 2
Oulu (L.) 62 E 3
Oulu (R.) 80 B 2
Ouman 78 F 2
Oum er Rbia (O.) 104 B 2
O[um] Saoura (O.) 104 C 3
O[um] Sous (R.) 104 A 3
O[um] Tensift (O.) 104 A 3
O[um] Ziz (O.) 104 B 2
Ounas (R.) 62 D 2
Ounasselkä (Région) 62 D-E 2
Oungheny 76 E-F 3
Oun[ianga] Kébir 102 F 4
Ounja (R.) 80 D 3
Our (Ur) (R.) 60 B 3
Oural (R.) 80 E 4
Oural (Mts) 86 C-D 3-2
Oural Central (Mts) 80 E 2-3
Oural du Nord (Mts) 80 E-F 2
Oural du Sud (Mts) 80 E 3
Oural Métallifère (Mts) 80 E-F 2-3
Oural Polaire (Mts) 80 F 2
Ouralsk 80 E 3
Ouray 116 C 3
Ource (R.) 41 D 3
Ourcq (R.) 40-41 C 2
Ourcq (Cl de l') 47 E 2
Ourengoï 84 J-K 3
Ourgal 83 N 4
Ourgentch 82 G 5
Ourinhos 124 C-D 2
Ourjoum 80 D-E 3
Ouroumtchi (Urumqi) 82 I 5
Ouro Prêto 124 D 2
Ours (G[ran]d L. de l') 112 E-F 3
Ours (I. aux) 82 B-C 2
Ours (Is des) 83 Q 2
Ourthe (R.) 56 D 4
Ousa (R.) 80 E 2
Ouse 126 D 5
Ouse (R.) *(RU, East Sussex)* 40 A-B 1
Ouse (R.) *(RU, Norfolk)* 53 D-E 4
Ouse (R.) *(RU, North Yorkshire)* 50 C 3
Ousolie-Sibirskoïe 83 K 4
Oussouri (G. de l') 98 B-C 2
Oussouri (R.) 98 C 1
Oussouriisk 98 B 2
Oust (R.) 39 B 3
Oust-Bolcheretsk 83 P 4
Oust-Ilimsk 83 K 4
Oust-Kamenogorsk 82 H-I 5
Oust-Kamtchatsk 83 Q-P 4
Oust-Kout 83 K 4
Oust-Maïa 83 N 3
Oust-Nera 83 N-O 3
Oust-Olenek 83 L 2
Oust-Ordynski 85 M 4
Oust-Ourt (Plat. d') 82 F 5
Oust-Ousa 80 E 2
Oust-Port 82 I 2
Oust-Tchaoun 83 Q-R 3
Oust-Yansk 85 P 2
Outakoski 62 E 2
Outaouais (Ottawa) 115 F 2
Outaouais (Ottawa) (R.) 118 D 1
Outchour (R.) 83 N 4
Outjo 107 A 2
Outokompu 63 E-F 3
Outreau 45 A 2
Ouvèze (R.) 48 C 2
Ouzbékistan (Rép. d') 86 (IV)
Ouzboï (R.) 82 F 5-6
Ovalle 124 A 3
Overflakkee (I.) 56 C 3
Overijssel (Prov.) 56
Overpelt 56 D 3
Övertornea 62 D 2
Oviedo 74 B 2
Ovroutch 76 F 2
Owando 102 E 6
Owase (Owashi) 99 D 4
Owashi (Owase) 99 D 4
Owego 118 D 2
Owendo 106 F 1
Owens (L.) 113 F 6
Owensboro 118 B 3
Owen Sound 118 C 1
Owen Stanley (Mts) 127 D 1-2
Owosso 118 B 2
Owyhee (Mts) 114 B 2
Owyhee (Rés[ervoir]) 114 B 2
Oxeia (I.) 71 B 3
Oxelösund 63 C 4
Oxford 53 D 5
Oxfordshire (Comté) 54 C 3 (33)
Oxnard 116 B 3
Oyama 99 D-E 3
Oyapock (R.) 122 D 2
Oyem 102 E 5
Oyonnax 66 A 3
Ozark (Mts) 113 H 6
Ozark (Plat.) 114-115 D 3
Ozarks (L. of the) 114 D 3
Ózd 76 D 2
Ozernovski 85 R 4
Ozieri 69 B 4

Ozoir-la-Ferrière 47 F3
Ozon (R.) 49 K2

P

Paar (R.) 59 D5
Paarl 107 A3
Pabianice 76 C2
Pabna 94 C2
Pacaraima (Sa) 121 F4
Pachbhadra 95 B2
Pacheia (I.) 71 D4
Pachuca 120 C2
Pacifique (Océan) 2 B-D4-8 et 3 P-R5
Pacifique-Antarctique (Bassin) 2 C-E8-9
Pacifique Austral (Bassin du) 2 B-C7-8
Pacifique Oriental (Seuil du) 2 B-D9-6
Pacifique Septentrional (Bassin du) 2 B-C4 et 3 Q-R4
Pacy-s[ur]-Eure 46 D2
Padang 93 F6
Padaran (C.) 93 F-G4
Paderborn 60 D2
Paderno 66 E4
Padirac (Puits de) 42 B-C2
Padoue (Padova) 65 D-E3
Padova (Padoue) 65 D-E3
Padstow 53 B5
Paducah 115 E3
Paea 125 K1
Paektu San (Mt) 98 A-B2
Paestum 69 E4
Pag (I.) 65 F3
Pagai Selatan (I.) 92 E6
Pagai Utara (I.) 92 E6
Pagalu (Annobón) (I.) 102 D6
Pagánico 68 C3
Pagny 44 A-B3
Pagong Tso (L.) 94 B1
Pago-Pago 125 D4
Pai Er (Mt) 80 F2
Paignton 53 C5
Pai Ho (R.) 96 B1
Päijänne (L.) 62 E3
Paijunopo 83 K5
Paillon (R.) 49 G3
Paimbœuf 39 B-C3
Paimpol 39 B2
Painesville 118 C2
Painter (Mt) 126 C4
Paintsville 118 C3
Paipote 124 A-B2
Paisley 52 B3
Paita 122 A3
Pajala 62 D2
Pajares (C[ol] de) 72 B1
Pakanbaru 93 F5
Pakistan 86 D4
Paks 68 G1
Paksé 93 F4
Palagruža (I.) 68 F3
Palaikastron 71 E5
Palais (Le) 39 B3
Palaiseau 47 C3
Palamas 71 B-C3
Palana *(Inde)* 95 B2
Palana *(Russie)* 83 P4
Palanpur 94 B2
Palaos (Palau Is) 125 A3
Palaos (Belau) (Rép. de) 125 A3 (B)
Palatinat (Haut-) (District) 58
Palau (Is) (Is Palaos) 125 A3
Palavas[-les-Flots] 43 C3
Palawan (I.) 93 G5-4
Palayankottai 94 B4
Paldiski 62 D4
Palembang 93 F6
Palencia 72 B1
Palenque 120 C3
Palerme 69 D5
Palerme (G. de) 69 D5
Palghat 94 B3
Pali 94 B2
Palikao (Tighennif) 104 C-D2
Paliseul 56 D5
Paljakka 62 E3
Palk (Détr. de) 92 C-D5-4
Palla Bianca (Weisskugel) (Mt) 66 F3
Pallanza[-Verbiana] 67 C2-3
Pallastunturi (Mt) 62 D-E2
Pallice (La) 39 C3
Palma 72 C-D2
Palmarejo 120 H1
Palmarola (I.) 69 D4
Palmer (Is) 1 F30
Palmer (T. de) (T. de Graham, P. Antarctique) 1 E-F30
Palmerston N[orth] 127 G2
Palmes (C. des) 102 C5
Palmi 69 E-F5
Palmira 121 E4
Palm Springs 116 B3
Palmyra (I.) 125 D-E3
Palmyre 91 D2
Palo Alto 114 A3
Palos (C. de) 72 C2
Palos [de la Frontera] 104 B1
Palpa 94 C2
Palpala 124 B2
Paluel 34 C1
Pamekasan 89 M1
Pamiers 42 B3
Pamir (Mts) 82 H6
Pamir (R.) 94 B1
Pamlico (Be) 115 F3
Pampa 114 C3
Pampa (Région) 123 C6
Pampelune (Pamplona) 72 C1
Pamplona *(Col.)* 120 H2
Pamplona (Pampelune) *(E)* 72 C1
Pamunkey (R.) 118 D3
Pan (Tierra de) (Région) 73 B1
Panagia 71 D2
Panagjurište 77 D-E4
Panaitan (I.) 89 K1
Panamá 122 H-I2
Panama (Isthme de) 121 E4-3
Panamá (Rép. de) 110 D-E4
Panama (G. de) 121 E4
Panamá (Zone du Cl de) 121 D3-4
Panama City 115 E3
Pan-Américaine (Route) 113 I9
Panarea (I.) 69 E5
Panaro (R.) 65 D3
Panasqueira 73 B1
Panay (I.) 93 H4
Pančevo 77 D3
Panda 107 C2
Pandharpur 94 B3
Panevézys 62 D4
Pangkalpinang 93 F6
Panhandle Gasf[ield] (Région) 116 C-D3
Panié (Mt) 125 I1
Panipat 95 B2
Panissières 49 J2
Panjgur 91 G3
Panjim (Goa) 94 B3
Panmunjon 96 C2
Panna 95 B-C2
Panorama 124 C2
Panormos 71 D5
Pantelleria 69 C-D6
Pantelleria (I.) 69 D6
Panticosa 42 A3
Pantin 47 D2
Panyu 97 B3
Paola 77 B-C5
Paoli 118 B3
Paouli 84 J3
Pápa 76 C3
Papago (Rés. Ind.) 114 B3
Papara 125 K1
Papas (C.) 71 B3
Papeete 125 K1
Papenburg 58 B3
Papenoo 125 K1
Papouasie (G. de) 127 D1
Papouasie-N[ouve]lle Guinée 125 B4
Papuk (Mts) 68 F-G2
Pâques (I. de) (Easter Island) 125 G5
Pará (Belém) 122 E3
Pará (État) 122 D3
Pará (Rio) (Be) 122 E3
Paraburdoo 126 A3
Paracels (Is) 93 G4
Parachinar 94 A-B1
Paraćin 77 D4
Paradis (G[ran]d) (Mt) 66 C4
Paragua (R.) 121 F4
Paraguaçu (R.) 122 E-F4
Paraguana (P. de) 121 E3
Paraguay (R.) 2 G7
Paraguay 111 M-N4
Paraíba (Joaõ Pessoa) 122 F3
Paraíba (État) 122 F3
Paraíba (R.) 123 E5
Parakou 102 D5
Paramaribo 122 D2
Paramouchir (I.) 83 P4
Paraná 124 B-C3
Parana (État) 123 D5
Parana (R.) 2 G7
Paranaguá-Antonina 124 D2
Paranaiba (R.) 122 D-E4
Paranestion 71 D2
Parapola (I.) 71 C4
Paray 47 D3
Paray-le-Monial 43 D1
Parchim 58 D3
Pardes Hanna 90 H-I2
Pardubice 76 B-C2
Parece Vela (I.) 93 I3
Parecis (Sa dos) 122 C4
Pareloup (L. de) 38 C2
Parentis-en-Born 42 A2
Paria (G. de) 121 F3
Paria (P. de) 121 F3
Paricutin (Mt) 120 B3
Parima (Sa) 121 F4
Parintins 122 D3
Paris *(Ca.)* 118 C2
Paris *(Fr.)* 47 C-D2
Paris *(US, Ky)* 118 B3
Paris *(US, Tex.)* 114 D3
Paris (75) (Dépt) 23 C1
Parisien (Bassin) 29 C2
Park City 116 B2
Parker (Mt) 127 B2
Parker Dam (Barr.) 114 B3
Parkersburg 118 C3
Parkes 127 D4
Parma (Parme) *(It.)* 64 D3
Parma *(US)* 118 C2
Parma (R.) 64 D3
Parme (Parma) 64 D3
Parnaíba 122 E3
Parnaíba (R.) 122 E3
Parnasse (Parnassos) (Mt) 77 D5
Parnassos (Parnasse) (Mt) 71 C3
Parnon (Mts) 71 C4
Pärnu 62 D-E4
Paroo (R.) 127 D3-4
Paros 71 D4
Paros (I.) 71 D4
Parpaillon (Mt) 43 E2
Parrachée (Dent) (Mt) 43 E2
Parramatta 127 E4
Parras 116 C4
Parrett (R.) 53 C5
Parry (Is) 112 E-H2
Parry Sound 118 C1
Parseierspitze (Mt) 66 F2
Parsons *(US, Kans.)* 114 D3
Parsons *(US, W. Va)* 118 D3
Parthenay 39 C3
Partinico 69 D5
Partizanske 78 C2
Paru (R.) 122 D3
Pasadena *(US, Calif.)* 114 B3
Pasadena *(US, Tex.)* 114 D4
Pasajes 72 C1
Paşalimani (I.) 71 E2
Pascagoula 117 E3
Pas-de-Calais (Nord-) (Rég. adm.) 23
Pas-de-Calais (62) (Dépt) 23 C1
Pasewalk 58 E3
Pasing 65 D1
Pašman (I.) 65 F4
Pasni 91 G3
Passaic 118 E2
Passarowitz (act. Požarevac) 77 D3
Passau 59 E5
Passendale 56 A4
Passero (C.) 69 E6
Passo Fundo 123 D5
Passwang (Mt) 66 C2
Passy 34 D2
Pastaza (R.) 122 B3
Pasto 121 H2
Pasubio (Mte) 65 D3
Pasuruan 89 M1
Patagonie (Steppes de) 123 B-C6-8
Patan *(Inde)* 94 B2
Patan *(Nepal)* 94 C2
Patay 40 B2
Paterno 69 E6
Paterson 118 E2
Pathankot 95 B1
Pathfinder (Réservoir) 114 C2
Pathketa 95 B2
Patiala 94 B1
Patmos 71 E4
Patmos (I.) 71 E4
Patna 94 G2
Patom (Hauteurs de la) (Mts) 83 L4
Patos 122 F3
Patos (Lagoa dos) 123 D6
Pátrai (Patras) 71 B3
Patras (Pátrai) 71 B3
Patras (G. de) 71 B3
Patuca (R.) 121 D3
Pâturages 45 F3
Pau 42 A3
Pau (Gave de) (R.) 42 A3
Pauillac 42 A2
Paulinia 124 D2
Paulistana 122 E3
Pauto (R.) 121 E4
Pavia (Pavie) 64 C3
Pavie (Pavia) 64 C3
Pavillons-sous-Bois 47 D-E2
Pavilly 46 C1
Pavlodar 82 H4
Pawtucket 118 F2
Paxos (I.) 71 A-B3
Payer (Mer de) 82 F-G1
Payerne 66 B3
Payne (L.) 112 J4
Paysandú 123 D6
Pays-Bas (Nederland) 22 E3
Pays de Galles (Wales) 54 C3-2
Pays de la Loire (Région) 23
Pazardzik 77 D-E4
Paz del Rio 120 H2
Pazin 65 E3
Paznauntal (Val) 66 F3-2
Peace (R.) 112 F4
Peace Cr[eek] (R.) 115 E4
Peace River 114 B1
Peace (R.) 112 F4
Péage-de-Roussillon (Le) 49 K3
Pearl (R.) 115 D-E3
Peary (T. de) 1 A33
Pebas 122 B3
Peć 77 D4
Pêcheurs (P. des) 62 F2
Pecos 120 B1
Pecos (R.) 114 C3
Pecq (Le) 47 B2
Pécs 68 G1
Pedreiras 122 E3
Pedro de Valdivia 124 A-B2
Pedro Miguel (Écluse) 122 H-I1
Peebles 52 C3
Pee Dee (R.) 115 F3
Peekskill 118 E2
Peel 52 B3
Peel (Région) 56 D3
Peel (R.) 112 D3
Peene (R.) 58 E3
Peenemünde 58 E-F2
Pegnitz (R.) 59 D5
Pegu 92 E4
Pehlivanköy 71 E2
Peine 58 D3
Peïpous (L.) 80 B3
Peira Cava 49 G2
Peiraievs (Le Pirée) 71 C4
Peixoto (Barr.) 124 D1-2
Pekalongan 93 F-G6
Pékin (Beijing) 96 B2
Pelagos (I.) 71 C-D3
Pelat (Mt) 43 E2
Pelé (Mt) 66 B3
Peleaga (Mt) 76 D3
Pelée (M[onta]gne) (Mt) 121 K1
Pelée (I.) 39 C2
Pelee (I.) 118 C2
Pelee (P[oin]t) (C.) 118 C2
Pèlerin (Le) 34 B2
Peljesak (P.) 68 F3
Pelkosenniemi 62 E2
Pella 71 C2
Pellerin (Le) 39 C3
Pellice (R.) 43 E2
Pellworm (I.) 58 C2
Pelly (Mts) 112 D3
Pelly (R.) 112 D3
Péloponnèse (Morée) (P.) 71 B-C4
Péloritains (Mts) 69 E5-6
Pelotas 123 D6
Pelusium 103 O1
Pélussin 49 K3
Pelvoux (Massif du) 43 E2
Pematangsiantar 92 E5
Pemba 103 G-H7
Pemba (I.) 103 G-H6
Pembina 116 B1
Pembroke *(Ca.)* 118 D1
Pembroke *(RU)* 53 B5
Peña (Sa de la) 42 A3
Peñalara (P[ic] de) 72 C1
Peña Nevada (C[erro]) (Mt) 120 B-C2
Peñarroya 72 B2
Peñarroya (Mt) 72 C1
Peñas (C.) 72 B1
Peñas (C. de) 123 B7
Pendjab (Punjab) (État) 94 F1
Pendjari (P.Nl) 106 C1
Penetanguishene 118 C-D1
Penfeld (R.) 39 A2
Peng Hu (Pescadores) (Is) 96 B3
Penglai 96 B-C2
Peniche 72 A2
Penjina (R.) 83 Q3
Penjina (Be de la) 83 Q3
Penjino 83 Q3
Penly 34 C1
Penmarc'h 39 A3
Penmarc'h (Pte de) 39 A3
Penna (Penner) (R.) 94 B3
Penne (La) 48 D4
Penner (Penna) (R.) 92 C4
Pennes-Mirabeau (Les) 48 C3
Pennine (Chaîne) 52-53 C-D3-4
Pennines (A[lpes]) (Alpes du Valais) (Mts) 64 B2-3
Pennsboro 118 C3
Pennsylvania (État) 115 F2
Penn Yan 118 D2
Penong 127 C4
Penrith 52 C3
Pensacola 115 E3
Pensacola (Mts) 1 D34-30
Pentecôte (I.) 125 C4
Penthièvre (Région) 39 B2
Penticton 114 B2
Pentland (Détr. de) 52 G2
Penza 80 D3
Penzance 53 B5
Peoria 115 E2
Pepacton (Rés[ervoir]) 118 E2
Pepel 106 A2
Perapohjola (Région) 63 E2
Percée (Pte) (Mt) 66 B4
Perche (Région) 40 B2
Perche (Col de la) 42 B-C3
Perche (Coll. du) 46 B-C3-4
Perche (Forêt du) 46 C3
Perdu (Mt) 42 B3
Pereira 121 E4
Perekop 80 C4
Pergame (Pergamon) 77 E5
Pergamino 123 C6
Pergamon (Pergame) 71 E3
Peribonca (R.) 115 F1-2
Périers 39 C2
Périgny 47 E3
Périgord (Région) 42 B2
Périgord blanc (Région) 42 B2
Périgord noir (Région) 42 B2
Périgueux 42 B2
Perija (Sa de) 121 E4-3
Perister (Mt) 71 B2
Perl 44 B2
Perles (Arch. des) 121 E4
Perlik (Mt) 71 D2
Perm 80 E3
Përmet 71 B2
Pernambuco (Recife) 122 F3
Pernes 48 C3
Pernik 77 D4
Péronne 45 D4
Pérou (Peru) 111 M3
Pérou (Bassin du) 2 E6
Pérou (Fosse du) 2 E-F6
Pérouse (Perugia) 68 D3
Perpignan 42 C3
Perray (Le) 46 E3
Perrégaux (Mohammadia) 104 D2
Perreux (Le) 47 E2
Perros-Guirec 39 B2
Persan 46 F2
Perseigne (F[orê]t de) 46 B4
Persépolis 91 F2-3
Persique (G.) 75 G-H4
Perstorp 58 E1
Perth *(Austral.)* 127 A4
Perth *(Ca.)* 118 D1
Perth *(RU)* 52 C2
Perth Amboy 118 E2
Perthois (Région) 41 D2
Perthus (Col du) 72 D1
Peru (Pérou) 111 M3
Peru 118 B2
Perugia (Pérouse) 68 D3
Peruwelz 45 F2
Pervenchères 46 B-C4
Pervij Pereval (Mts) 98 C1
Pervomaïsk 80 C4
Pervoouralsk 80 E3
Perwez 56 C4
Pesaro 65 E4
Pescadores (Peng Hu) (Is) 96 B3
Pescara 68 E3
Pescara (R.) 68 D-E3
Peschiera [del Garda] 68 C2
Peshawar 94 B1
Peshtigo (R.) 118 A1
Pessac 42 A2
Petah 90 H2
Petah Tiqwa 90 H-I2
Pétange 56 D5
Petchenga 62 F2
Petchora 80 E2
Petchora (Be de la) 80 E2
Petchora (R.) 82 F3
Peterborough *(Austral.)* 127 C-D4
Peterborough *(Ca.)* 118 D1
Peterborough *(RU)* 53 D-E4
Peterhead 52 D2
Peter Pond (L.) 114 B-C1
Petersberg (Mt) 58 D-E4
Petersburg *(US, Alas.)* 112 D4
Petersburg *(US, Va)* 118 D3
Petersfield 53 D5
Petit Balkan (Mts) 77 E4
P[eti]t Ballon (Mt) 44 D5
P[etit] Belt (Lille Baelt) (Détr.) 51 F3
Petit-Canal 121 M-N1
Petit-Couronne 34 C1
Petite Amérique (Station polaire) 1 E20-18
Petite Andaman (I.) 92 E4
P[eti]te Crau (Région) 43 D3
P[eti]te Creuse (R.) 42 B-C1
P[eti]te Emme (R.) 66 D3
P[eti]te Helpe (R.) 45 F-G3
P[eti]te Liakhov (I.) 83 O2
P[eti]te Nèthe (R.) 56 C-D3
P[eti]te Pologne (Plat. de) 76 C2
P[eti]te-Rosselle 41 E2
Petites Antilles (Is) 121 F3
P[eti]te Sauldre (R.) 40 C3
P[eti]tes Carpates (Mts) 76 C2
Petites Iles de la Sonde 87 F-G6
P[eti]tes Pyrénées (Mts) 42 B3
Petite Syrte (Be) 102 E2
Petite Terre (Is de la) 121 N1
P[eti]t Ienissei (Ka) (R.) 83 J4
Petitjean (Sidi Kacem) 104 B2
Petit Khingan (Mts) 83 M-N5
Petit Lac Amer (L.) 103 O2
Petit Lac des Esclaves (L.) 112 F4
Petit Mecatina (R.) 115 G1
P[eti]t Morin (R.) 41 C2
P[eti]t-Quevilly 40 B2
P[eti]t Rhône (R.) 43 D3
P[eti]t Rosne (R.) 47 D1
P[eti]t St-Bernard (Col) 64 B3
[Petit] Zab (R.) 75 G3
Peto 120 D2
Petoskey 118 B1
Petrič 71 C2
Petrikov 78 F1
Petreto 43 G-H3
Petrolia 118 C2
Petrolina 122 E3
Petropavlovsk 82 G-H4
Petropavlovsk-Kamtchatski 83 P-Q4
Petropolis 123 E5 (4)
Petroseni 76 D3
Petrovsk 83 K4
Petrozavodsk 80 C2
Pevek 83 R3
Peyrehorade 42 A3
Peyreleau 42 C2
Peyrolles 48 D3
Pézenas 43 C3
Pfäfers 66 E3
Pfaffenhoffen 44 E3
Pfälzerwald (Région) 44 E2
Pfänder (Mt) 66 E2
Pfastatt 44 E5
Pforzheim 59 C5
Pfronten 67 D2
Pfullendorf 66 E2
Pfungstadt 60 D4
Phalaborwa 107 C2
Phalodi 94 B2
Phalsbourg 44 D3
Phan Thiet 93 F4
Pha Rho (L.) 98 A-B3
Pherai 71 C3
Philadelphia 115 F2-3
Philippeville (Skikda) *(Alg.)* 105 E1
Philippeville *(Belg.)* 56 C4
Philippines 86 G5
Philippines (Is) 3 O-P5
Philippines (Fosse des) 3 P5
Philippines (Mer des) 3 P5
Philippoi 71 D2
Philippopoli (act. Plovdiv) 77 E4
Phitsanulok 93 F4
Phnom Penh 93 F4
Phoenix 114 B3
Phoenix (Is) 125 D4
Phong Saly 93 F3
Phuket 92 E5
Piacenza (Plaisance) 64 C3
Piandj (R.) 94 B1
Pianosa (I.) *(Mer Adriatique)* 68 E3
Pianosa (I.) *(Mer Tyrrhénienne)* 68 C3
Piasina (R.) 83 J2
Piassaguera 124 D2
Piatigorsk 80 D4
Piatra Neamţ 76 E3
Piauí (État) 122 E3
Piauí (Sa do) 122 E3
Piave (R.) 65 E3
Pica 124 B2
Picacho (Mt) 120 B2
Picard (Plat.) 46 F-G1
Picardie (Région) 45 B-D4
Picardie (Rég. adm.) 23
Pi Chan 94 B1
Pickle Lake 117 D-E1
Pico (I.) 103 J1
Pico Bolivar (Mt) 122 B2
Pico Duarte (Mt) 121 E3
Picos 122 E3
Picos de Europa (Mts) 72 B1
Picquigny 45 C4
Picton 118 D1
Picton (Mt) 127 D5
Pidan (Mts) 98 C2
Pidurutalagala (Mt) 94 C4
Piedra Lais 120 I2
Piedras Negras (Guatemala) 120 C3
Piedras Negras *(Mex.)* 120 B2
Pielinen (L.) 62 E-F3
Piémont (Rég. adm.) 69 H2 (13)
Piennes 44 A2
Pierre 114 C2
Pierre-Bénite 49 M1
Pierre 1er (I.) 1 F27
Pierrefitte 47 D2
Pierrefonds 40 C2
Pierrelatte 48 B2
Pierrelaye 47 B1
Pierre-le-Grand (G. de) 96 D1
Pierre-sur-Haute (Mt) 43 C2
Pieštany 76 C2
Pietarsaari 62 D3
Pietermaritzburg 103 G8
Pietersburg 103 F-G8
Pietrosul C[aliman] (Mt) 76 E3
Pietrosul R[odnei] (Mt) 76 E3
Pieve di Cadore 68 D1
Pigailoe (Atoll) 125 B3
Pignerol (Pinerolo) 43 E2
Pikes (Pic) 114 C3
Piła (Schneidemühl) 76 B-C1
Pilastro (Gran) (Hochfeiler) (Mt) 59 D6
Pilat (Mt) 49 K3
Pilat (P.Rl) 38 D2
Pilate (Mt) 66 D3
Pilbara 127 A3
Pilcomayo (R.) 123 C5
Pilibhit 94 B-C2
Pilica (R.) 76 D2
Pilioon (Mts) 71 C3
Pilsen (Plzeň) 59 E5
Pima 116 C3
Pin (Le) 47 E2
Pinar del Rio 121 D2
Pinarhisar 71 E2
Pin [-au-Haras] (Le) 46 B3
Pinçon (Mt) 39 C2
Pindaré-Mirim 122 E3
Pinde (Pindos) (Mts) 77 D5
Pindos (Pinde) (Mts) 71 B3
Pine (C.) 115 H2
Pine Bluff 114 D3
Pine Creek 127 C2
Pinega (R.) 80 C2
Pinehouse (L.) 114 C1
Pineiós (R.) 71 B-C3
Pine Point 112 F3
Pine Ridge (Rés. Ind.) 114 C2
Pinerolo (Pignerol) 43 E2
Pingelap (Is) 125 C3
Pingle 96 B3
Pingliang 96 A2
Pingtung 96 C3
Pingxiang *(China, Guanxi)* 93 F3
Pingxiang *(China, Jiangxi)* 96 B3
Pin Kiang 125 A1
Pinos (I. des Pins, Juventud) 121 D2
Pins (I. des) *(Nlle Calédonie)* 125 J1
Pins (I. des) (Pinos, Juventud) *(Cuba)* 113 I7
Pinsk 76 E1
Pinsk (Marais de) 82 C4
Pinzgau (Val) 59 E6
Pioche 116 B3
Piombino 68 C3
Pionierskii 81 A-B3
Piotrków[Trybunalski] 76 C2
Piper 55 G2
Piperi (I.) 71 D3
Pippu 98 E2
Pipri 95 C2
Pipriac 39 B-C3
Piqua 118 C2
Pique (R.) 42 B3
Piracanjuba 124 D1
Piracicaba 124 D2
Piran (Pirano) 65 E3
Pirano (Piran) 65 E3
Pirapora 122 E4
Pirin Planina (Plat.) 77 D4
Pirmasens 44 E2
Pirna 59 E4

Pirot 77 D 4
Pirquetas 124 B 2
Pirre (Mt) 121 E 4
Pisa (Pise) 64 D 4
Pisagua 122 B 4
Pisco 122 B 4
Piscop 47 D 1
Pise (Pisa) 64 D 4
Písek 59 F 5
Pisogne 66 F 4
Pisticci 70 D 2
Pistóia 65 D 4
Pisuerga (R.) 72 B 1
Pit (R.) 114 A 2
Pitanaga 124 C 2
Pitangui 124 D 1
Pitcairn (I.) 125 F 5
Pitea 62 D 2
Pite Ä[lv] (R.) 62 D 2
Pitești 77 E 3
Pithiviers 40 C 2
Pitkyaranta 62 F 3
Pitlochry 52 C 2
Pitons de Bouillante (Mts) 121 M 1
Pitons du Carbet (Mt) 121 K 1
Pittem 45 E 2
Pittsburgh 118 D 2
Pittsfield 118 E 2
Pityuses (Is) 72 D 2
Piu Li 94 B 1
Piura 122 A 3
Piwniczna 78 D 2
Pizançon 34 D 2
Pizounda 81 D 4
Placentia 112 L 5
Placentia (Be) 115 H 2
Placid 55 H 3
Plagne (La) 38 G 1
Plaine (R.) 44 C 4
Plainfaing 44 C-D 4
Plainfield 118 E 2
Plaisance (Piacenza) 64 C 3
Plaisir 46 E 3
Plancher 44 C 5
Plancoët 39 B 2
Plan-de-Cuques 48 C 4
Planier (I. de) 48 C 4
Plansee (L.) 66 F 2
Plantaurel (Mts) 42 B 3
Plasencia 72 B 1
Plast 81 F 3
Plastun 98 D 1
Plataiai 71 C 3
Platani (R.) 69 D 6
Platanussa 71 B 3
Plato 121 E 4
Platte (R.) 114 D 2
Platte (North-) (R.) 114 C 2
Platte (South-) (R.) 114 C 2
Plattsburgh 118 E 1
Platy 71 C 2
Plauen 59 D-E 4
Plauer See (L.) 58 E 3
Plaza Huincul 124 B 3
Plélan-le-G[ran]d 39 B-C 2
Plémet 35 G 1
Pléneuf[-Val-André] 39 B 2
Plenty (Be de) 127 G 1
Plessis-[Bouchard] (Le) 47 C 2
Plessis-Robinson (Le) 47 C 3
Plessis-Trévise (Le) 47 E 3
Plestin[-les-Grèves] 39 B 2
Plettenberg 60 C-D 2
Plettenberg Bay 107 B 3
Pleuron 71 B 3
Pleven (Plevna) 80 B 4
Plevna (Pleven) 80 B 4
Pleyben 39 B 2
Plitch (R.) 76 F 1
Plitvice 68 E 2
Plitvice (L. de) 65 F 3
Pljesivica Planina (Mts) 65 F 3
Pljevlja 77 C 4
Plobsheim 44 E 4
Ploče 68 F 3
Plock 76 C-D 1
Plöckenstein (Mt) 59 E 4
Ploemeur 35 F-G 2
Ploërmel 39 B 3
Ploiești 77 E 3
Plomarion 71 E 3
Plombières[-les-Bains] 41 E 3
Plön 58 D 2
Plöne (R.) 58 F 3
Plöner See (Gr[osser]) (L.) 58 D 2
Plouaret 39 B 2
Plouay 39 B 3
Ploudalmézeau 39 A 2
Plouescat 39 A 2
Plougastel-Daoulas 39 A 2
Plouha 39 B 2
Plovdiv (anc. Philippopoli) 77 E 4
Plumtree 107 B 2
Pluvigner 39 B 3
Plymouth *(RU)* 39 A 1
Plymouth *(US, N. H.)* 118 F 2
Plymouth *(US, Wisc.)* 118 B 2
Plymouth Sound (Be) 53 B-C 5
Plzeň (Pilsen) 59 E 5
Pô (Coll. du) 43 E 2
Pô (Pl. du) 18 E-F 4
Pô (R.) 18 F 4
Pobeda (Mt) 83 O 3
Pobedy (Pic) 82 H-I 5
Pocatello 114 B 2
Pochutta 120 C 3
Pocomoke City 118 E 3
Pocos de Coldas 124 D 2
Podgoria (Région) 77 D-E 3
Po di Volano (R.) 65 D-E 3
Podkamennaïa-Toungouska 83 J 3
Podolie (Région) 80 B 4
Podolie-Volhynie (Plat. de) 18 G 4
Podolsk 80 C 3
Podor 102 B 4
Podporojié 81 C 2
[Podravska] Slatina 68 F 2
Podvolotchisk 78 E 2
Poel (I.) 58 D 2
Pogradec 71 B 2
Pohang 99 B 4
Pohorje (Mt) 65 F 2
Poindimié 125 I 1
Poinsett (C.) 1 F 12
Pointe-à-Pitre 121 M-N 1
Pointe Noire 103 D-E 6
Pointe Noire 121 M 1
Point Pleasant 118 C 3
Poiré[-sur-Vie] (Le) 39 C 3
Poissy 47 B 2
Poitevin (Marais) (Région) 39 C 3
Poitiers 40 B 3
Poitou (Région) 40 A-B 3
Poitou (Seuil du) (Région) 42 B 1
Poitou-Charentes (Rég. adm.) 23
Poivre (Côte du) 102 B-C 5
Poix [-de-Picardie] 40 B-C 2
Poix [-du-Nord] 45 F 3
Pokhara 94 C 2
Pokrovsk 85 O 3
Pola (Pula) 65 E 3
Pôle Nord 1 A
Pôle Nord magnétique (1970) 112 G-H 3
Polésie (Région) 76 E-F 2-1
Pôle Sud 1 D
Pôle Sud magnétique (1971) 3 Q-R 9
Policastro (G. de) 69 F 4-5
Polichnitos 71 D-E 3
Poligny 66 A 3
Pollino (Mte) 69 F 5
Pologne (Polska) 22 F-G 3
Polotsk 62 E 4
Polounotchnoïe 82 G 3
Polska (Pologne) 22 F-G 3
Poltava 80 C 4
Polyaigos (I.) 71 D 4
Polygone (Marais du) 127 C 2
Polygyros 71 C 2
Polykastron 71 C 2
Polynésie (Is) 2 A-B 5-7
Polynésie fr[ança]ise (T.O.M.) 125 E-F 4
Pomègues (I.) 48 C 4
Poméranie (Région) 58 E-F 2-3
Poméranie (Be de) 51 G 3
Pommard 41 D 3
Pomorie 77 E-F 4
Pompei 69 E 4
Pompey 44 B 3
Pomponne 47 E-F 2
Ponant (Riviera du) 64 B-C 4-3
Ponape (I.) 125 B 3
Ponca City 114 D 3
Ponce 121 F 3
Pondicherry 94 B-C 3
Pondicherry (Terre) 94 F-G 3
Pond Inlet 112 J 2
Ponerihuen 125 I 1
Ponferrada 72 B 1
Pongau (Val) 59 E 6
Pongo (R.) 102 F 5
Pons 42 A 2
Pontacq 42 A-B 3
Ponta Delgada 103 J 1
Ponta Grossa 123 D-E 5
Pont-à-Marcq 45 E 2
Pont-à-Mousson 41 E 2
Ponta Porã 124 C 2
Pontarlier 66 B 3
Pont-Audemer 46 C 2
Pontault-Combault 47 E 3
Pont-Aven 39 B 3
Pont-Carnot 49 M 1
Pontcharra 49 J-K 2
Pontchâteau 39 B 3
Pont-d'Ain 43 D 1
Pont-de-Beauvoisin (Le) 66 A 4
Pont-de-Cherruy 49 L 2
Pont-de-l'Arche 46 D 2
Pont-de-Roide 41 E 3
P[on]t-de-Vaux 43 D 1
Pont-du-Château 42 C 2
Pontebba 65 E 2
Pontevedra 72 A 1
Pont-Évêque 49 K-L 2
Ponthieu (Région) 45 B-C 3
Pontiac 118 C 2
Pontianak 93 F 5-6
Pontifical (État) (Cité du Vatican, Città del Vaticano) 22 F 4
Pontins (Marais) (Agro Pontino) (Région) 68 D 4
Pontique (Chaîne) 80 C-D 4
Pontivy 39 B 2
Pont-l'Abbé 39 A 3
Pont-l'Évêque 46 B 2
Pontoise 46 E-F 2
Pontorson 39 C 2
Pontremoli 64 C 3
Pontresina 66 E-F 3
Pont-Ste-Maxence 46 F-G 2
Pont-St-Esprit 43 D 2
Pont St Martin 66 C 4
P[on]t-St-Vincent 44 B 3
Ponts-de-Cé (Les) 40 A 3
Ponza (I.) 69 D 4
Ponziane (Is) 69 D 4
Poole 40 A 1
Poona (Puna) 94 B 3
Poopo (L.) 122 C 4
Popayán 121 E 4
Poperinge (Poperinghe) 45 D 2
Poperinghe (Poperinge) 45 D 2
Popocatépetl (Mt) 120 C 3
Poppberg (Mt) 59 D 5
Poprad 76 D 2
Poprad (R.) 76 D 2
Porbandar 94 A 3
Porcheville 34 C 1
Porcupine (R.) 112 C 3
Pordenone 65 E 3
Poreč 65 E 3
Pori 80 B 2
Porjus 62 C 2
Porkkala 62 D-E 4
Porlamar 121 F 3
Pornic 39 B 3
Pornichet 39 B 3
Poronaïsk 83 O 5
Poroto (Mt) 103 G 6
Porpoise (Be) 1 F 13
Porquerolles (I. de) 49 E 4
Porrentruy 66 B-C 2
Porsangen Fjord 62 E 1
Porsanger (P. de) 62 D-E 1
Porsgrunn 51 F 2
Port (Col de) 42 B 3
Portadown 52 A 3
Portage la Prairie 114 D 1-2
Port Alberni 114 A 2
Portalegre 72 B 2
Port Alfred 107 B 3
Port Angeles 114 A 2
Port Antonio 121 E 3
Port Arthur 114 D 4
Port Arthur-Fort William (Thunder Bay) 115 D-E 2
Port-au-Prince 121 E 3
Port Augusta 127 C 4
Port Austin 118 C 1
Port-aux-Basques 115 H 2
Port Blair 92 E 4
Port-Bou 42 C 3
P[or]t Burwell *(Ca., Labrador)* 112 K 3
Port Burwell *(Ca., Ontario)* 118 C 2
P[or]t Campbell 126 D 4
Port Cartier 115 G 1-2
Port Colborne 118 D 2
P[or]t Comfort 116 D 4
Port-Cros (I. de) 49 E 4
Port-Cros (P.N.) 38 D 3
Port-d'Atelier 44 A-B 5
Port-de-Bouc 43 D 3
Port de Paix 121 E 2
Portel (Le) 45 A 2
Port Elgin 118 C 1
Port Elizabeth 103 G 9
Port Ellen 52 A-B 3
Port-en-Bessin[-Huppain] 39 C 2
Port Erie 118 D 2
Portes de Fer (Col) 75 E 2
Portes [-lès-Valence] 43 D 2
Port Gentil 102 D 6
Port Harcourt 102 D 5
Port Hedland 127 A 3
P[or]t Henry 117 F 2
Port Hope 118 D 2
Port Huron 118 C 2
Porticcio 38 E 2
Portieux 44 B 4
Portimão 72 A 2
Port Jackson (Be) 127 E 4
Port-Jérôme 46 C 2
Port Jervis 118 E 2
Port-Joinville 39 B 3
Port Kembla 127 E 4
Port-Lairge (Waterford) 53 A 4
Portland *(Austral.)* 127 D 4
Portland *(US, Ind.)* 118 B 2
Portland *(US, Me)* 118 F 2
Portland *(US, Oreg.)* 114 A 2
Portland (Bill of) (C.) 53 C 5
Port-la-Nouvelle 42 C 3
Port Laoighise 53 A 4
Port Lincoln 127 C 4
Port-Louis *(Fr.)* 39 B 3
Port-Louis *(Guadeloupe)* 121 M-N 1
Port-Lyautey (act. Kenitra) 104 B 2
Portmadoc 53 B-C 4
Port-Marly 47 B 2
Port Menier 115 G 2
Port Moresby 125 B 4
Port Nelson 112 H 4
Port Nolloth 103 E 8
Porto *(Fr.)* 38 E 1
Porto *(Port.)* 72 A 1
Porto (G. de) 43 G 2
Pôrto Alegre *(BR, Mato Grosso)* 124 C 2
Pôrto Alegre *(BR, Rio Grande do Sul)* 124 C 3
Porto Alexandre 103 E 7
Porto Amboim 103 E 7
Pôrto Arture 122 D 4
Porto Azzurro 68 C 3
Portocannone 70 C 2
P[or]to Ceresio 66 D 4
P[or]to Corsini 70 C 1
Porto Empedocle 69 D 6
P[ôr]to Esperança 125 C 1
Portoferráio 68 B-C 3
Portofino 67 C 3
P[or]to Fortin 120 I 1-2
Port of Spain 121 F 3
Pôrto Lucena 124 C 2
P[orto] Marghera 65 D-E 3
P[ôr]to Mercedes 124 C 2
P[ôr]to Murtinho 124 C 2
P[or]to Novo 102 D 5
P[ôr]to Puriti 124 D 1
Porto Rico (Puerto Rico) (I.) 121 F 3
Porto Rico (Puerto Rico) (Fosse de) 2 F-G 4-5
Pôrto Santana 122 D 2
Pôrto Santo (I.) 103 K 1
Pôrto Seguro 122 F 4
Porto Torres 69 B 4
Porto-Vecchio 43 H 3
Pôrto Velho 122 C 3
Portpatrick 52 B 3
Port Phillip (Be) 127 D 4
Port Pirie 127 C 4
Port Radium 1 C 24-25
Portree 52 A 2
Port Royal 47 B 3
Portrush 55 E 3
Port Saïd 102 G 2
P[or]t St Joe 117 E 4
Port-St-Johns 107 B-C 3
Port-St-Louis[-du-Rhône] 43 D 3
P[or]t Shepstone 107 C 3
Port Side Three 126 A-B 2
Portsmouth *(RU)* 40 A 1
Portsmouth *(US, N.H.)* 118 F 2
Portsmouth *(US, Ohio)* 118 C 3
Portsmouth *(US, Va)* 115 F 3
Port Stanley 1 G 31
Port Sudan 102 G 4
P[or]t Sulphur 117 E 4
Port-s[ur]-S[aône] 41 D-E 3
Port Talbot 53 C 5
Portugal 22 D 5-4
Portuguesa (R.) 121 F 4
Port-Vendres 42 C 3
Port Vila 125 C 4
Porvinir 120 H 2
Porvoo 62 E 3
Port Washington 118 B 2
Porz 60 C 3
Posadas 123 D 5
Poschiavo 66 F 3
Poset 98 B 2
Posets (Pic) 42 B 3
Poso 93 H 6
Poso (L.) 93 G-H 6
Pössneck 59 D 3-4
Postmasburg 107 B 2
Postojna 65 F 3
Potamoi 71 D 2
Potaro 120 J 2
Potchefstroom 107 B 2
Potenza 69 E 4
Potgietersus 107 B 2
Poti 80 D 4
Potidaia 71 C 2
Potiskum 106 D 1
Potomac (R.) 118 D 3
Potosi 122 C 4
Potrerillos 124 B 2
Potsdam *(RFA)* 58 E 3
Potsdam *(US)* 118 E 1
Pottstown 118 E 2
Pottsville 118 D 2
Pouancé 39 C 3
Pouchkin 62 E-F 4
Pougatchev 81 D-E 3
Pouget (Le) 34 C 2-3
Poughkeepsie 118 E 2
Pougues[-les-Eaux] 40 C 3
Pouiko 84 I-J 3
Pouilles (Rég. adm.) 69 J 2 (14)
Pouilly[-en-Auxois] 41 D 3
Pouilly[-sur-Loire] 40 C 3
Pouliguen (Le) 39 B 3
Poulo Condore (Con Son) (Is) 93 F 5
Pounga 81 F 2
Pour (R.) 82 H 3
Pourri (Mt) 66 B 4
Pourtalet (C[ol] du) 42 A 3
Poutorana (Mts) 83 J 3
Pouxeux 44 C 4
Pouzauges 39 C 3
Povlen (Mt) 77 C 3
Povorotny (C.) 98 C 2
Powder (R.) 114 C 2
Powell Creek 127 C 2
Powell River 114 A 2
Powys (Comté) 54 C 2(6)
Poyang (L.) 96 B 3
Požarevac (anc. Passarowitz) 77 D 3
Poza Rica [de Hidalgo] 120 C 2
Požega 76 C 3
Poznań 62 C 5
Pozzuoli 69 D-E 4
Prachatice 59 F 4
Praded (Mt) 76 C 2
Prades 42 C 3
Pradet (Le) 48 E 4
Pragersko 65 F 2
Pragnères 34 C 3
Prague (Praha) 59 F 4
Praha (Prague) 59 F 4
Praia 103 L 2
Prairie (Région) 108 F-G 2-3
Prairie (Black) (Région) 117 E 3
Pra-Loup 38 G 1
Pranhita (R.) 94 B 2-3
Prasonisi (C.) 71 E 5
Prätigau 66 E 3
Prato 65 D 4
Pratomagno (Mte) 65 D 4
Prats-de-Mollo[-la-Preste] 42 C 3
Pravdinsk (Friedland) 76 D 1
Prêcheur (Le) 121 K 1
Predeal (Col de) 76 E 3
Pré [-en-Pail] 40 A 2
Pregolya (R.) 62 D 5
Premnitz 61 E 2
Prenj Planina (Plat.) 77 C 4
Prenzlau 58 E 3
Přerov 78 C 2
Pré-St-Gervais (Le) 47 D 2
Presanella (Mt) 66 F 3
Presbourg (Bratislava) 76 C 2
Prescott *(Ca.)* 118 E 1
Prescott *(US)* 114 B 3
Pres[idente] Epitácio 124 C 2
Presidente Prudente 123 D 5
Pres[idente] Vargas 124 C 2
Presidio 120 B 2
Presidio (R. del) 114 C 4
Prešov 76 D 2
Prespa (L.) 71 B 2
Presque Isle 115 G 2
Prestea 106 B 2
Preston *(Ca.)* 118 C 2
Preston *(RU)* 53 C 4
Prestonsburg 118 C 3
Pretoria 103 F-G 8
Preveza 71 B 3
Priargunsk 83 L 4
Pribilof (Is) 113 A 4
Priboj 77 C 4
Příbram 59 F 5
Prieska 107 B 2
Prignitz (Région) 58 D-E 3
Prijedor 65 G 3
Prikoumsk 75 G 2
Prilep 71 B 2
Prilouki 80 C 3
Primavera (L.) 124 C 2
Prims (R.) 60 B 4
Prince Albert 114 C 1
P[rin]ce Albert (Be du) 112 F 2
Prince Albert (T. du) (P.) 112 F 2
Prince Albert (P.N.) 114 C 1
P[rin]ce Charles (T. du) (I.) 112 J 3
Prince Charles (Mts du) 1 E-F 6-7
Prince de Galles (C. du) 83 T 3
P[rin]ce de Galles (I. du) 112 G-H 2
P[rin]ce Édouard (I. du) (Prov.) *(Ca.)* 115 G 2
P[rin]ce Édouard (I. du) *(Oc. Ind.)* 3 K 8
Pr[ince] Edward (P.) 118 D 2
Prince George 114 A-B 1
Prince Olaf (Côte du) 1 E-F 5
P[rin]ce Patrick (I. du) 112 E-F 2
Prince Rupert 112 D-E 4
Princes (Is des) 71 F 2
Princesse Astrid (Côte de la) 1 F-E 36-2
Princesse Martha (Côte de la) 1 E 35-1
Princesse Ragnhild (Côte de la) 1 E-F 2-4
Princeton 118 E 2
Principe (I.) 100 B 3
Priosersk 62 F 3
Pripet (Prypiat) (R.) 76 F 2
Priština 77 D 4
Privas 43 D 2
Prizren 77 D 4
Probolinggo 89 M 1
Proctor 118 E 2
Progreso 120 C-D 2
Prokhladny 81 D 4
Prokletije (Mts) 77 D 4
Prokopievsk 82 I 4
Promontoire Wilson (C.) 127 D 4
Propriano 38 E 1
Prosna (R.) 76 C 2
Prosotsani 71 C-D 2
Prostějov 76 C 2
Provence (Région) 43 D-E 3
Provence (Ct de) 48 D 3
Provence-Côte d'Azur (Rég. adm.) 23
Provenchères 44 C-D 4
Providence 118 F 2
Providencia (I.) 121 D 3
Providenia 83 S 3
Provincetown 118 F 2
Provins 41 C 2
Provo 114 B 2
Prudhoe Bay 112 C 2
Prüm 60 B 4
Prüm (R.) 60 B 3
Prunelli (R.) 43 G-H 3
Prussos 71 B 3
Prut (R.) 76 E 3
Prydz (Be de) 1 F 8
Prypiat (Pripet) (R.) 76 F 2
Prypiat (Marais du) (Pripet) 76 E-F 1-2
Przemyśl 76 D 2
Psachna 71 C 3
Psara 71 D 3
Psara (I.) 71 D 3
Psathura (I.) 71 D 3
Psel (R.) 80 C 3
Pserimos (I.) 71 E 4
Pskov 62 E 4
Pskov (L. de) 62 E 4
Psunj (Mts) 68 F 2
Ptolemais *(Gr.)* 71 B 2
Ptolemais (Akko, [St Jean d'] Acre) *(Israël)* 90 H-I 2
Ptuj 65 F 2
Pucallpa 122 B 3
Púchov 78 C 2
Puck 78 C 1
Pudasjärvi 62 E 2
Puebla (État) 120 C 3-2
Puebla [de Zaragoza] 120 C 3
Pueblo 114 C 3
Puente Genil 104 B 1
P[uer]to Aisen 123 B 7
P[uer]to America 122 B 3
P[uer]to Armuelles 121 D 4
P[uer]to Ayacucho 121 F 4
P[uer]to Banegas 124 B 1
P[uer]to Barrios 120 D 3
P[uer]to Berrio 121 E 4
P[uer]to Cabello 121 F 3
Puerto Cabezas 121 D 3
P[uer]to Carreño 121 F 4
P[uer]to Cosado 123 D 5
P[uer]to Cortés 120 D 3
Puerto Deseado 123 C 7
P[uer]to Escondido 120 C 3
P[uer]to de Nutrias 120 I 2
P[uer]to Fijo 121 E 3
P[uer]to Grether 124 B 1
[Puerto] Ibicuy 124 C 3
P[uer]to La Cruz 121 F 3
Puertollano 72 B 2
P[uer]to Lobos 124 A 2
Puerto Madryn 123 C 7
P[uer]to Maldonado 122 B-C 4
Puerto Mexico (act. Coatzacoalcos) 120 C 3
P[uer]to Miranda 120 H 1
Puerto Montt 123 B 7
Puerto Nuevo 120 I 2
P[uer]to Padre 121 E 2
P[uer]to Paez 121 F 4
P[uer]to Penasco 114 B 3
Puerto Plata 121 E 3
Puerto Princesa 93 G-H 5
Puerto Rico (Porto Rico) (I.) 121 F 3
Puerto Rico (Fosse de) 121 F 3
P[uer]to Tird 124 C 2
Puerto Vallarta 120 B 2
Pueu 125 K 1
Puget (Mt) 48 C 4
Puget (Be) 114 A 2
Puget-sur-Argens 49 F 4
Puget-Théniers 49 F 3
Puigcerda 42 B 3
Puigmal (Mt) 42 C 3
Puisaye (Région) 40-41 C 3
Pujon (R.) 98 A 2
Pukapuka (I.) *(Is Cook)* 125 D 4
Pukapuka (Atoll) *(Is Tuamotu)* 125 F 4
Pukchong 98 A-B 2
Pula (Pola) 65 E 3
Pulaski 118 D-E 2
Pul-i-Khumri 95 A 1
Pulmoddai 95 C 4
Pulog (Mt) 87 G 5
Puna (Poona) 94 B 3
Puna (I. de) 122 A 3
Puna de Atacama (Haut-Plat.) 123 C 5
Punakha 94 C-D 2
Punia 106 H 2
Punitaqui 124 A 3
Punjab (Région) 92 C 2
Punjab (Pendjab) (État) 94 F 1
Punjab occid[enta]l (Prov.) 94 B 1
Pujon (R.) 98 A 2
Puno 122 B 4
P[un]ta Alta 124 B 3
Punta Arenas (Magallanes) 123 B-C 8
P[un]ta Cardon 120 H 1
Punta Pora 124 C 2
Puntarenas 121 D 4
Punxsutawney 118 D 2
Puri 94 C 3
Purmerend 56 C-D 2
Purnea 94 C 2
Purulia 94 C 2
Purus (R.) 122 C 3
Purwakarta 89 L 1
Puryong 98 B 2
Pusan (Fousan) 99 B 4
Puszta (Région) 76 D 2-3
Puteaux 47 C 2
Putian 96 B 3
Puttalam 94 B 4
Puttelange 44 C 2
Puttgarden 51 F 3
Puttlingen 44 C 2
Putumayo (R.) 122 B 3
Puy (Le) 43 C-D 2
Puy-de-Dôme (63) (Dépt) 23 C 2
Puymorens (Col de) 42 B 3
Puymorens (Tunnel du) 37 C 3
Puyoo 42 A 3
Puys (Chaîne des) 42 C 2
Puységur (Pte) 127 F 2
Pweto 106 H 2
Pwllheli 53 B 4
Pya (L.) 62 F 2
Pydna 71 C 2
Pyhä (R.) 62 D 3
Pyhä (L.) *(Fin., Salpausselkä)* 62 E-F 3
Pyhä (L.) *(Fin., Suomenselkä)* 62 E 3
Pyhäsalmi 63 E 3
Pyhätunturi (Mt) 62 E 2
Pyhrn-Pass (Col) 59 F 5
Pyin 92 E 4
Pyla (Dunes du) 42 A 2
Pylos 71 B 4
Pylos (Navarin) 71 B 4
Pyongyang 96 C 2
Pyramid (L.) 114 B 3
Pyramides 75 F 4
Pyramid Lake (Rés. Ind.) 114 B 2
Pyrénées (Mts) 18 D-E 4
Pyrénées (Hautes-) (65) (Dépt) 23 C 3
Pyrénées (Midi-) (Rég. adm.) 23
Pyrénées (P.N) 38 B-C 3
Pyrénées (P[eti]tes-) (Mts) 42 B 3

Pyrénées-Atlantiques (64) (Dépt) 23 B3
Pyrénées-Orientales (66) (Dépt) 23 C3
Pyrgetos 71 C3
Pyrgion 71 E3
Pyrgo (Mt) 71 E2
Pyrgos 71 B4

Q

Qagan Nur (L.) 96 B1
Qaidam (Bassin) 92 E2
Qaijarah 75 G3
Qala Panja 94 B1
Qalat Bishah 91 E3
Qalqilvah' 90 I2
Qamdo 92 E2
Qarqan He (R.) 94 C1
Qasr Farafra 90 C3
Qasserine (Kasserine) 105 F2
Q[atar] 86 C4
Qattara (Kattara) (Dépr.) 75 E4-3
Qayen 91 F2
Qazvin 75 G-H3
Qena 90 D3
Qeshm (I.) 91 F3
Qianyang 96 A-B3
Qiemo 92 D2
Qijiang 96 A3
Qimen 97 B3
Qingchuan 96 A2
Qingdao 96 C2
Qing Hai (L.) 87 E4
Qinghai (Tsinghai) (Prov.) 96 A2 (15)
Qingyang 96 A2
Qinhuangdao 96 B2
Qinling Shan (Tsin Ling Shan) (Mts) 93 F-G2
Qiqihar (Guiyang) 83 M5
Q[iryat] Ata 90 I2
Qiryat Gat 90 H3
Qiryat Shemona 90 I1
Qitai 84 K5
Qom 75 H3
Qotur 75 G3
Quadrilatero Ferifero (Région) 124 D1
Quang Tri 93 F4
Quantico 118 D3
Quanzhou 96 B3
Qu'Appelle (R.) 114 C1
Quaqtaq 112 J-K3
Quartù Sant'Elena 69 B5
Quatre-Bras 56 C4
Quatre Cantons (L. des) 66 D2-3
Quchan 91 F2
Quatre-Vingt Dix Degrés (90°) (Crète des) 3 N7-6
Québec 115 F2
Québec (Prov.) 115 F-G1
Quedlinburg 58 D4
Queen Charlotte Sound (Détr.) 114 A1
Q[ueen] Elizabeth (P.Nt) 106 G-H2
Queensland (État) 127 D3
Queenstown (*Austral.*) 127 D5
Queenstown (*S.Afr.*) 103 F9
Quelimane 103 G7
Quellaveca 124 A-B1
Quelpart (Cheju) (I.) 96 C2
Quemoy (I.) 96 B3
Quercy (Causses du) (Plat.) 29 C3
Quercy (Région) 42 B2
Queretaro 120 B-C2
Queretaro (État) 120 B-C2
Quesnel 114 A1
Quesnel (L.) 114 A1
Quesnoy 45 E2
Quesnoy (Le) 56 B4
Questa 116 C3
Questembert 39 B3
Quetico (Parc prov.) 115 D2
Quetta 94 A1-2
Queue-en-Brie (La) 47 E3
Queyras (Région) 43 E2
Queyras (P.Rl) 38 D2
Quezaltenango 120 C-D3
Quezon 93 H4
Quibala 103 E7
Quibdo 121 E4
Quiberon 39 B3
Quiberon (Be de) 39 B3
Quiberon (P. de) 39 B3
Quicama (P.Nt) 106 G2
Quierschied 44 D2
Quiévrain 45 F3
Quilatès (C.) 104 C2
Quill (L.) 114 C1
Quillagua 124 B2
Quillan 42 C3
Quillebeuf 46 C2
Quillota 124 A3
Quilon 94 B4
Quilpie 127 D3
Quimbele 106 G2
Quimper 39 A3
Quimperlé 39 B3
Quincieux 49 K2
Quincy (*Fr.*) 47 E3
Quincy (*US, Ill.*) 115 D2-3
Quincy (*US, Mass.*) 118 F2
Quintana Roo (État) 120 D3-2
Quito 2 F5
Qunfudhah 91 E4
Quorn 127 C4
Quseir 102 G3
Qüxü 94 D2
Qytet Stalin 71 A-B2

R

Raab (Rába) (R.) 65 F2
Raahe 62 D-E3
Raajärvi 63 E2
Raalte 56 E2
Rab 65 F3
Rab (I.) 65 F3
Raba 93 G6
Rába (Raab) (R.) (*Hong.*) 74 D2
Rabastens 42 B3
Rabat 104 B2
Rabaul 125 B4
Rabigh 91 D3
Race (C.) 112 L5
Racibórz 76 C2
Racine 118 B2
Rădăuti 76 E3
Radbuza (R.) 59 E4-5
Radebeul 59 E4
Radenci 67 G2
Radenthein 78 B3
Radès 105 F1
Radevormwald 60 C2
Radium Hill 127 C4
Radkersburg 65 F2
Radolfzell 66 D-E2
Radom 76 D2
Radomsko 76 C2
Radon 46 B3
Radoviště 71 C2
Radstädter Tauern (Col) 59 E6
Raduša 79 D4
Rae 112 F3
Rafaela 124 B3
Rafah 90 H3
Ragaz 66 E2
Raguba 90 B3
Ragusa (Raguse) 69 E6
Raguse (Ragusa) (*It.*) 69 E6
Raguse (Dubrovnik) (*Croatie*) 68 F-G3
Rahin (R.) 44 C5
Raibl 78 B3
Raichur 94 B3
Raigarh 94 C2
Rainac (Mt) 65 F3
Rainach 66 D2
Raincy (Le) 47 E2
Rainier (Mt) 114 A2
Rainkopf (Mt) 44 C-D4-5
Raipur 94 C2
Raismes 45 E3
Raïtchikhinsk 83 M-N5
Rajahmundry 94 C3
Rajapalaiyam 94 B4
Rajasthan (État) 94 F2
Rajgarh 94 B2
Rajkot 94 B2
Rajshahi 94 C2
Rakovnik 59 E4
Rakvere 62 E4
Raleigh 115 F3
Ramadi 91 E2
Ramallah 90 I3
Ramapo (Fosse du) 96 E2
Ramatuelle 49 F4
Rambervillers 44 C4
Rambouillet 46 E3
Rambouillet (Forêt de) 46 E3
Ramgarh 94 C2
Ramhormoz 75 G-H3
Ramla 90 H3
Ramlösa 63 B4
Rampur (*Inde, Himachal Pradesh*) 92 C-D3
Rampur (*Inde, Orissa*) 95 C2
Rampur (*Inde, Uttar Pradesh*) 94 B2
Ramri (I.) 92 E4
Ramsbeck 61 C3
Ramsey 52 B3
Ramsgate 53 E5
Ramstein 60 C4
Rana 62 B2
Rana (R.) 62 B2
Rancagua 124 A3
Rance (R.) 39 B2
Ranchi 94 C2
Randen (Mts) 66 D2
Randens 34 D2
Randers 58 C-D1
Randolph 118 E2
Randon (Besbès) 105 E-F1
Randonnai 46 C3
Randow (R.) 58 F3
Randstad Holland (Région) 57 C2
Rang-du-Fliers 45 B3
Rangoon 92 E4
Rangpur 94 C2
Rankin (Be) 112 H3
Rankin Inlet 111 G1
Ranshofen 61 E4
Rantekombola (Mt) 93 G-H6
Raon-l'Étape 41 E2
Raoui (Erg er) 104 C3
Rapa (I.) 125 E5
Rapallo 64 C3
Rapid City 114 C2
Rappahannock (R.) 118 D3
Rappaluoto (Vallgrund) (I.) 62 C-D3
Rapperswil 66 D2
Raqqah 75 F3
Rarotonga (I.) 125 D-E5
Raša 78 B3
Rasa (I.) 93 I3
Ras al Khaïma 91 F3
Ras el Ma 104 C2
Ras el Oued (Tocqueville) 105 E2
Ras en-Naqb 90 I5
Ras Gharib 90 D3
Raška 79 D4
R[as] Khafji 91 E3
Ras Lanuf 74 D3
Rasmussen (T. de) 1 A-B30-33
Ras Tannurah 91 F3
Rastatt 41 F2
Rastö Ä[lv] (Lainio) (R.) 62 D2
Ratangarh 94 B2
Rathenow 58 E3
Rathlin (I.) 52 A3
Rätikon (Mts) 66 E2
Rätingen 60 B2
Ratisbonne (Regensburg) 59 D-E5
Ratlam 94 B2
Ratnagiri 94 B3
Ratnapura 95 C4
Ratonneau (I.) 43 D3
Ratzeburg 58 D3
Raufarhöfn 62 I1
Rauma 62 D3
Raurkela 95 C2
Rausu 98 F1
Ravenna (Ravenne) 65 E3
Ravenne (Ravenna) 65 E3
Ravensburg 66 E2
Ravenswood 119 C3
Ravi (R.) 94 B1
Raviège (L. de la) 38 C3
Rawalpindi 94 B1
Rawlins 114 C2
Rawson 123 C7
Ray 116 B3
Ray (C.) 117 H2
Raz (Pte du) 39 A2
Razan 75 G3
Raz Blanchard (Détr.) 39 B-C2
Razdolinsk 85 L4
Razès 34 C2
Razgrad 77 E4
Ré (I. de) 39 C3
Reading (*RU*) 53 D5
Reading (*US*) 115 F2
Réalmont 42 C3
Rebecq 45 G2
Reboly 62 E-F3
Rebun (I.) 98 E1
Recherche (Arch. de la) 127 B4
Rechitsa 76 F1
Recht 75 G3
Recife (Pernambuco) 122 F3
Recklinghausen 60 C2
Recknitz (R.) 58 E3-2
Recoaro 67 D3
Reconquista 124 B-C2
Red (L.) 114 D2
Red (R.) (*US, La.-Okla.-Tex.*) 114 C3
Red (R.) (*US, Minn.-N.Dak*) 114 D2
Redange[-sur-Attert] 56 D5
Redcar 52 D3
Red Deer 114 B1
Red Deer (R.) 114 B1
Redding 116 A2
Redditch 53 C-D4
Redeyef 105 E-F2
Red Lake 116 D1
Rednitz (R.) 59 D5
Redon 39 B-C3
Redondo (Mt) 121 F4
Redorta (Mt) 66 E3
Redruth 53 B5
Redva 80 E-F3
Redwater 114 B1
Ree (Lough) (L.) 50 B3
Reed City 118 B2
Rees 60 B2
Regen (R.) 59 E4-5
Regensburg (Ratisbonne) 59 D-E5
Reggane 104 C-D4
Reggio di Calabria 69 E-F5
Reggio [nell'Emilia] 64 D3
Reghin 76 E3
Regina 114 C1
Registan (Désert du) 92 B2
Regnitz (R.) 59 D5
Rehobot 107 A2
Réhon 44 A2
Rehovot 90 H3
Reichenau 66 E3
Reichenau (I.) 66 D-E2
Reichenbach 59 E4
Reichenb[er]g (Liberec) 59 F4
Reichshoffen 44 E3
Reigate 53 D5
Reims 41 C-D2
Reindeer (L.) (L. Caribou) 112 G4
Reine 62 B2
Reine Alexandra (Chaîne de la) 1 D-E16-14
Reine Charlotte (Détr. de la) (Queen Charlotte Sound) 114 A1
Reine Charlotte (Is de la) 112 D4
Reine Elizabeth (Is de la) 112 E-J2-1
Reine Mary (Côte de la) 1 E-F10
Reine Maud (Ch[aî]ne de la) 1 D30-16
Reine Maud (T. de la) 1 E36-2
Reinhardswald (Mts) 60 E2
Reinosa (C[ol] de) 72 B-C1
Rejang (R.) 93 G5
Reka Noire (R.) 71 B2
Relizane (Ighil Izane) 105 D2
Rembang 89 M1
Rembo-Cotto 106 E-F2
Remich 60 B4
Rémilly 44 B2
Remiremont 44 C4
Remoulins 48 B3
Remscheid 60 C2
Renaix (Ronse) 45 F2
Renazé 39 C3
Rencontre (Be de la) 127 C4
Rendalsölen (Mt) 62 B3
Rendsburg 58 C2
Reneia (I.) 71 D4
Renens 66 B3
Renfrew 118 D1
Rengat 93 F6
Reni 76 F3
Renk 90 D4
Renkum 56 D3
Rennell (I.) 127 F2
Rennes 39 C2
Rennes (Bassin de) (Région) 39 C2-3
Reno 114 A-B3
Reno (R.) 65 D3
Renoso (Mte) 43 H2
Renqiu 97 B2
Rensselaer 118 E2
Rentina 71 B-C3
Reocin 73 B1
Réole (La) 42 A-B2
Répce (R.) 65 G2
Republic 116 B2
Republican (R.) 114 C-D3-2
Requista 42 C2
Reşadıye (P.) 71 E4
Resen 71 B2
Réserves Indiennes 113 F-G6
Resia (C[ol] de) 66 F3
Resistencia 123 D5
Resita 76 D3
Résolution (I.) 112 K3
Ressons 46 G1
Rethel 41 D2
Rethymnon 71 D5
Retiers 39 C3
Retsof 117 F2
Retz 65 F1
Retz (Pays de) (Région) 39 B-C3
Réunion (I.) 3 L7
Reus 72 D2
Reuss (R.) 66 D2
Reutlingen 59 C5
Reutte 66 F2
Revda 81 E3 (22)
Revel 42 B-C3
Revermont (Mts) 43 D1
Revigny[-sur-Ornain] 41 D2
Revillagigedo (Is) 120 A-B3
Revin 56 C5
Révolution d'Octobre (I.) 83 I-J2
Rewari 94 B2
Rex (Mt) 1 E29
Rey (I.) 121 E4
Reykjanes (C.) 62 H2
Reykjavik 62 H2
Reynosa 114 D4
Reyssouze (R.) 43 D1
Rezé 39 C3
Rezekne 62 E4
R.F.A. (République Fédérale d'Allemagne) 22 E3
Rharb (Pl.) 104 B2
Rharbi (I.) 105 F2
Rharbi (Chott el) 104 C2
Rharbi (O. el) 104 D2
Rharsa (Chott el) 105 E-F2
Rheda 60 D2
Rheden 60 A-B1
Rhein (Rhin, Rijn) (R.) 18 E3
Rheine 60 C1
Rheinfelden 66 C2
Rheingau (Région) 60 C-D3
Rheinhausen 60 B2
Rheinsberg 61 E2
Rheinwaldhorn (Mt) 66 D-E3
Rhénanie du Nord-Westphalie (Land) 58
Rhénanie-Palatinat (Land) 58
Rhéris (O.) 104 B3
Rhétiques (Alpes) (Alpes des Grisons) (Mts) 64 C-D2
Rheydt 60 B2
Rhin (Rhein, Rijn) (R.) 18 E3
Rhin (Bas-) (67) (Dépt) 23 D1
Rhin (Chutes du) 66 D2
Rhin (Haut-) (68) (Dépt) 23 D1-2
Rhin (Vieux-) (R.) 56 C2
Rhin Antérieur (R.) 66 D-E3
Rhinau 44 E4
Rhinau (Barr.) 44 E4
Rhin d'Avers (R.) 66 E3
Rhin-Main-Danube (Cl) 59 D5
Rhin Moyen (R.) 66 D3
Rhin Postérieur (R.) 66 E3
Rhins (R.) 49 J1
Rhir (C.) 104 A3
Rho 66 E4
R[hode] I[sland] (État) 115 F2
Rhodes (Ródhos) 71 F4
Rhodes (Rodhos) (I.) 71 F4
R[hodes] E[xtérieures] (Canton) 67 K1
R[hodes] I[ntérieures] (Canton) 67 K1
Rhodope (Rodopi Pl[anina]) (Mts) 75 E2
Rhön (Mts) 51 F4
Rhondda 53 C5
Rhône (R.) 18 E4
Rhône (Grand) (R.) 43 D3
Rhône (P[eti]t) (R.) 43 D3
Rhône (69) (Dépt) 23 D2
Rhône à Sètes (Cl du) 38 C-D3
Rhône-Alpes (Rég. adm.) 23
Rhône au Rhin (Cl du) 41 D-E3
Rhourd el Baguel 105 E3
Rhue (R.) 42 C2
Rhuis (P. de) 39 B3
Rhum (I.) 52 A2
Rhune (La) (Mt) 42 A3
Riajsk 80 D3
Rians 48 D3
Riau (Is) 93 F5
Riazan 80 C3
Ribatejo (Prov.) 72 A2
Ribble (R.) 53 C4
Ribe 58 C2
Ribeauvillé 44 D4
Ribeirão Prêto 123 E5
Ribérac 42 B2
Riberalta 122 C4
Ribnitz-Damgarten 58 E2
Ribstone Cr[eek] (R.) 114 B1
Ricamarie (La) 49 J3
Riccione 65 E3
Richard's Bay 107 C2
Richelieu 40 B3
Richelieu (R.) 118 E1
Richemont 34 D1
Richford 118 E1
Richland 114 B2
Richmond (*Ca.*) 118 E-F1
Richmond (*US, Ind.*) 118 B3
Richmond (*US, Ky*) 118 B3
Richmond (*US, Va*) 118 D3
Richmond Hill 118 D2
Richthofen (Nan Shan) (Mts) 92-93 E-F2
Richwood 118 C3
Riddle 116 A2
Ridgway 118 D2
Riding Mountain (P.Nt) 114 C-D1
Ried 59 E5
Riedisheim 44 D5
Riegel 44 E4
Riegelsberg 44 C-D2
Riehen 44 E5
Rienza (R.) 59 D-E6
Ries (Région) 59 D5
Riesa 59 E4
Rieti 68 D3
Rif (Er Rif) (Mts) 74 B3
Rifstangi (C.) 62 I1
Riga 80 B3
Riga (G. de) 62 D4
Rigi (Mt) 66 D2
Rigolet 112 L4
Rihand (R.) 94 C2
Rihiimäki 62 D3
Rijeka (Fiume) 65 F3
Rijn (Rhein, Rhin) (R.) 18 E3
Rijswijk 56 C2
Riksgränsen 63 C2
Rilleux 49 K2
Rimini 65 E3
R[îmnicu]-Sărat 76 E3
Rîmnicu-Vîlcea 77 E3
Rimouski 115 G2
Rinconada 124 B2
Ringerike 51 F1
Ringköbing 58 C1
Ringköbing Fjord (Be) 58 B-C2
Ringsted 58 D-E2
Ringvassöy (I.) 62 C2
Rinteln 60 E1
Riobamba 122 B3
Rio Branco 122 C3-4
Rio Branco (Terrre) 122 C2
Rio Claro 124 D2
Rio Cuarto 123 C6
Rio de Janeiro 2 G-H7
Rio de Janeiro (État) 123 E5
Rio Gallegos 123 C8
Rio Grande 123 D-E6
Rio Grande (Plat. du) 2 H7
R[io] G[ran]de do Norte (État) 122 F3
Rio Grande do Sul (État) 123 D5-6
Riohacha 121 E3
Riom 42 C2
Riom ès-Montagnes 42 C2
Rion (R.) 75 G2
Rio Prêto ([São José do]) 122 E5
Riorges 49 J1
Riou (I. de) 48 C4
Riou (O.) 105 D2
Riou-Kiou (Is) 96 C3
Riou Kiou (Fosse des) 96 C-D3
Rio Verde 122 D4
Ripley 118 C3
Ripoll 42 C3
Riquewihr 44 D4
Risdon 126 D5
Rishiri (I.) 98 E1
Rishon le Zion 90 H3
Risle (R.) 46 C3
Risör 51 F2
Ris-Orangis 46 F3
Risoux (Mt du) 41 E3
Riss (R.) 59 C5
Ritom (L.) 66 D3
Riva 66 F4
Rivadavia 123 C5
Rivas 121 D3
Rive-de-Gier 49 K2
River Basin 116 B-C2
Riverina (Région) 127 D4
Riverside 114 B3
Rives 43 D2
Rivesaltes 42 C3
Riviera 68 C2
Riviera du Levant (Côte) 67 C3-4
Riviera du Ponant (Côte) 67 C3-4
Rivière-du-Loup 115 G2
Rivière-Pilote 121 L1-2
Rivière Salée (La) 121 K-L1
Rivière-Th[ibouville] (La) 46 C2
Rivoli 65 D3
Rixheim 44 D5
Rixhöft (Rozewie) (C.) 76 C1
Riyadh (Ar Riyad) 102 H3
Rize 75 G2
Rizzanese (R.) 43 H3
Rjev 80 C3
Rjukan 51 F2
Roanne 49 J1
Roanoke 115 E-F3
Roanoke (R.) 115 F3
Roatán (I.) 121 D3
Robert (Le) 121 L1
Robertsport 102 B5
Robinson Crusoe (Más a Tierra) (I.) 123 B6
Robson (Mt) 114 B1
Roca (C. da) 72 A2
Rocamadour 42 B2
Roçavas 103 E7
Rocha 124 C3
Rochdale 53 C-D4
Roche-Bernard (La) 39 B3
Roche-Chalais (La) 42 B2
Rochechouart 42 B2
Rochefort (*Belg.*) 56 D4
Rochefort (*Fr.*) 39 C4
Rochefoucauld (La) 42 B2
Roche-Guyon (La) 46 E2
Roche-la-Molière 49 J3
Rochelle (La) 39 C3
Roche-Posay (La) 40 B3
Roches (Les) 49 K3
Rochester (*RU*) 53 E5
Rochester (*US, Mich.*) 118 C2
Rochester (*US, Minn.*) 114 D2
Rochester (*US, N. H.*) 118 F2
Rochester (*US, N. Y.*) 118 D2
Roche-s[ur]-Foron (La) 66 B3
Roche-sur-Yon (La) 39 C3
Rocheuses (Mts) (Rocky Mountains) 108 E-F1-3
Rockdale 116 D3
Rockenhausen 60 C4
Rockford 115 E2
Rockhampton 127 E3
Rock Island 115 D-E2
Rock Springs 114 C2
Rockville 118 D3
Rocky Mount 115 F3
Rocky Mountain (P.Nt) 114 C3
Rocky Mountains (Montagnes Rocheuses) (Mts) 108 E-F1-3
Rocquencourt 47 B2
Rocroi 56 C5
Rödberg 55 I1
Rödbyhavn 58 D2
Rödding 58 C2
Roden 56 E1
Rodez 42 C2
Rodhos (Rhodes) 71 F4
Rodhos (Rhodes) (I.) 71 F4
Rodopi Pl[anina] (Rhodope) (Mts) 71 C-D2
Rodrigues (I.) 17 M6
Roebourne 127 A3
Roedozem 79 E4
Roer (Rur) (R.) 60 B2
Roermond 60 A-B2
Roeselare (Roulers) 56 B4
Roeulx (Le) 45 G2
Rogaland (Région) 63 A4
Rogaška 67 F2
Rogatec 65 F2
Rogers City 118 C1
Rognac 48 C4
Rognon (R.) 41 D2
Rogozhinë 71 A2
Rohan 39 B2
Rohan (Plat. de) 39 B2
Rohrbach (*Autr.*) 65 E-F1
Rohrbach (*Fr.*) 44 D2
Rohtak 94 B2
Roi Baudouin (Station polaire) 1 E-F3-4
Roi Christian IX (T. du) 112 O-N3
Roi Edouard VII (P. du) 1 E22-19
Roi Frédéric VI (C. du) 112 M3
Roi Guillaume (I. du) 112 H3
Roi Haakon VII (Plat. du) 1 D11
Roi Oscar (T. du) 112 I2
Roisel 45 E4
Roissy 47 E3
Roissy-en-France 47 E1-2
Roissy-Ch[arles] de Gaulle (aéroport) 46 G2
Rojo (C.) (*Mex.*) 120 C2
Rojo (C.) (*P.R.*) 121 F3
Rokycany 59 E5
Rolle 66 B3
Rolleston 126 D3
Rolvsöya (I.) 62 D1
Roma (*Austral.*) 127 D3
Roma (Rome) (*It.*) 68 D4
Romagne (Émilie-) (Rég. adm.) 69 I2 (5)
Romaine (R.) 115 G1
Romainville 47 E2
Roman 76 E3

Romanche (R.) 43 E2
Romanche (Trouée de la) 2 I5
Romania (Roumanie) 22 G4
Romanshorn 66 E2
Romans[-sur-Isère] 43 D2
Rombas 44 B2
Rome (Roma) *(It.)* 68 D4
Rome *(US)* 118 E2
Romeleås (Région) 58 E2
Romford 53 E5
Romilly[-sur-Seine] 41 C2
Rommani (Marchand) 104 B2
Romney Marsh (Région) 53 E5
Römö (I.) 58 C2
Romont 66 B3
Romorantin[-Lanthenay] 40 B3
Romsdals Fjord (Be) 62 A3
Ronaldsay (North) (I.) 52 G-H2
Ronaldsay (South) (I.) 52 G2
Roncal (V[allée] de) 42 A3
Roncevaux (Col de) 42 A3
Ronceverte 118 C3
Ronchamp 44 C5
Ronchin 45 E2
Ronda *(E)* 72 B2
Ronda *(Jammu et Kashmir)* 94 B1
Rondane (Mt) 62 A-B3
Rondane (Mts) 1 E2-3
Rondon (Pic) 121 F4
Rondônia (État) 122 C4
Rongan 96 A3
Roniu (Mt) 125 K1
Rönne 62 B4
Rönne (R.) 58 E1
Ronse (Renaix) 45 F2
Roodepoort 107 B2
Roosdaal 45 G2
Roosendaal 56 C3
Roosevelt (I.) 1 E20-18
Roosevelt (Mt) 112 E4
Roosevelt (R.) 122 C3
Roosevelt Dam (Barr.) 113 F-G6
Roosevelt (Rés[ervoir]) 113 F-G6
Roper (R.) 127 C2
Roquebrune [-Cap-Martin] 49 G-H3
Roquebrune [-sur-Argens] 49 F4
Roquebrussanne (La) 48 D4
Roquefort 42 A2-3
Roquefort[-sur-Soulzon] 42 C3
Roquesteron 49 G3
Roquevaire 48 D4
Roraima (Mt) 108 H4
Röros 62 B3
Rorschach 66 E2
Rös (L.) 62 B2
Rösåga 63 B2
Rosana (L.) 124 C2
Rosanna (R.) 66 F2
Rosario 123 C6
Rosarno 69 E-F5
Rosas 72 D1
Rosas (G. de) 42 C3
Rosch Pinnah 107 A2
Roscoff 39 A2
Rose (Mt) 66 C4
Roseau 121 F3
Rosebud (Rés. Ind.) 114 C-D2
Roseburg 114 A2
Roseires 102 G4
Roselend 34 D2
Roselend (L.de) 66 B4
Rosengarten (Catinaccio) (Mt) 65 D2
Rosenheim 59 D-E6
Rosetown 114 C1
Roseville 118 C2
Rosice 78 C2
Rosheim 44 D-E3-4
Rosières 44 B3
Roşiorii [de Vede] 77 E3
Roskilde 58 D2
Rosne (P[eti]t) (R.) 47 D1
Rosny (-sous-Bois) 47 D2
Rosny [-sur-Seine] 66 E2-3
Rosporden 39 B3
Ross (Banquise de) 1 D21-18
Ross (Mer de) 1 E21-18
Ross (I. de) 1 E19-17
Ross (Mts de) 52 B2-1
Rossano 69 F5
Rossel (I.) 127 E2
Rosselle (R.) 44 C2
Rössing 107 A2
Rosslare Harbour 53 A-B4
Rosso 102 B4
Rostam 91 F3
Rostock 58 E2
Rostov [-sur-le-Don] 82 D-E5
Rostrenen 39 B2
Roswell 114 C3
Rosyth 52 C2
Rota 72 B2
Rotenburg 60 E2
Rote Wand (Mt) 66 F2
Rothaargeb[irge] (Mts) 60 D3-2
Rothau 44 D4
Rothenburg 59 D5
Rother (R.) 40 B1
Rotherham 53 D4
Rothesay 52 B3
Roti (I.) 93 H7
Rotondo (Mte) 43 G-H2
Rotorua 127 G1
Rott (R.) 59 E4-5
Rotterdam 56 C3
Rottumeroog (I.) 56 E1
Rottweil 59 C5
Rotuma (I.) 125 C4
Roubaix 45 E2
Roubion (R.) 48 B1
Roubzovsk 82 I4
Roudnice 61 F3
Roudnik 91 G2
Roudnitchny 81 E3
Roudny 82 G4
Rouen 46 D2
Rouergue (Région) 42 C2
Rouez 35 H1
Rouffach 44 D5
Rouge (Bassin) 93 F2
Rouge (Mer) 102 G-H3-4
Rouges (Aig[uilles]) (Mts) 66 B4
Rough Range 126 A3
Roulers (Roeselare) 56 B4
Roumanie (Romania) 22 G4
Roumazières 42 B2
Roumma (W. er) 102 H3
Roumois (Région) 46 C2
Rourkela 94 C2
Rousay (I.) 52 G2
Rouses Point 118 E1
Rousies 45 F-G3
Rousses (Les) 66 A-B3
Rousses (G[rand]es) (Mts) 43 E2
Roussillon 49 K3
Roussillon (Région) 72 D1
Roussillon (Languedoc-) (Rég. adm.) 23
Rousski (I.) 83 J2
Roustavi 80 D4
Routot 46 C2
Rouvroy 45 D3
Rouyn 115 F2
Rovaniemi 62 D-E2
Rovato 66 F4
Rove (T[unnel] du) 48 C4
Rovereto 65 D3
Rovigo (Bouguera) *(Alg.)* 105 D1
Rovigo *(It.)* 76 A3
Rovinj 65 E3
Rovno 80 B3
Rovuma (R.) 103 G7
Roxas 93 H4
Roya (R.) 49 H3
Royal (Ct) 53 A4
Royal Oak 118 C2
Royan 42 A2
Royat 42 C2
Royaume-Uni [de Grande-Bretagne et d'Irlande du Nord] 22 D-E3
Roye 46 G1
Rozewie (Rixhöft) (C.) 76 C1
Rožmberk 59 F5
Roztócze (Coll.) 76 D2
Rtanj (Mt) 77 D4
Ruacana (Chutes) 107 A1
Ruaha (P.Nl) 106 I2
Ruaha (R.) 103 G6
R[uanda] 103 C4
Ruapehu (Mt) 127 G1
Rub al-Khali (Désert) 102 H-I4
Rubico (Rubicon) (R.) 65 E4-3
Rubicon (Rubico) (R.) 65 E4-3
Ruda Śl[aska] 76 C2
Rüdersdorf 61 E2
Rüdesheim 60 C3
Rudki 78 D2
Rudnik 79 E4
Rudolf (I.) 82 E-F1
Rudolstadt 59 D4
Rudozem 71 D2
Rue 45 B3
Rueil-M[almaison] 46 F3
Ruelle 42 B2
Rufaa 90 D4
Ruffec 42 B1
Rufiji (R.) 103 G6
Rufisque 103 M2
Rugao 97 B-C2
Rugby 53 D4
Rügen (I.) 58 E2
Rugles 46 C3
Ruhle 61 B2
Ruhner Berge (Mts) 58 D-E3
Ruhpolding 67 E2
Ruhr (R.) 60 B2
Ruhr (Région) 61 B3
Ruhuhu 106 I3
Ruian 96 C3
Ruiselede 56 B3
Rujiena 62 D-E4
Rukwa (L.) 103 G6
Rumah 91 E3
Rumburk 59 F3
Rumford 118 F1
Rumilly 66 A-B4
Rum Jungle 127 C2
Rummel (O.) 105 E1
Rumoi 98 E2
Rungis 47 D3
Rungwa (Rés.) 106 I2
Ruoms 48 A2
Ruoqiang 92 D2
Rupel (R.) 56 C3
Rupert (R. de) 112 J4
Rupt 44 C5
Rupt de Mad (R.) 44 A2-3
Rur (Roer) (R.) 60 B2
Rurutu (I.) 125 E5
Ruse 77 E4
Rusk 116 D3
Rüsselsheim 60 D4
Russie 86 (I)
Rustenburg 107 B2
Rutba 75 G3
Rüti 66 D2
Rutland 118 E2
Ruwenzori (Mt) 102 F5
Ruwer (R.) 60 B4
Ružomberok 76 C2
Rybatché 84 J5
Rybinitsa 76 F3
Rybinsk 80 C-D3
Rybinsk (L. de) 80 C3
Rybnik 78 C2
Ryde 53 D5
Ryotsu 99 D3
Rzepin 58 F3
Rzeszów 76 D2

Saint, Sankt, Sint

St-Affrique 42 C3
St-Aignan 40 B3
St Albans 118 E1
St-Amand (P.Rl) 38 C1
St-Amand[-les-Eaux] 56 B4
St-Amand-Mont-Rond 40 C3
St-Amarin 44 D5
St-Ambroix 48 A2
St-Amé 44 C4
St-Amour 64 A2
St-André 45 D-E2
St-André (C.) 103 H7
St-André (Pl. de) 40 B2
St-André de-Cubzac 42 A2
St-André[-de-l'Eure] 40 B2
St Andrews 52 C2
St Antoine (B[all]on de) (Mt) 44 C5
St-Arnaud (act. El Eulma) 105 E1
St-Arnoult 46 E3
St-Astier 42 B2
St-Auban 43 D-E2
St-Aubin 46 C2
St-Aubin-du-Cormier 39 C2
St Augustin (R.) 115 H1
St Augustine 121 D2
St Austell 53 B5
St-Avold 41 E2
St Barthélemy (I.) 121 F3
St-Barthélemy (Pic de) 42 B-C3
St-Béat 42 B3
St-Benoît[-sur-Loire] 40 C3
St-Bernard (G[ran]d-) (Col) 43 E2
St-Bernard (P[eti]t-) (Col) 64 B3
St-Bertrand[-de-Comminges] 42 B3
St Boniface 114 D2
St-Bonnet 49 K-L2
St-Bonnet[-le-Château] 43 C2
St-Brévin[-les-Pins] 39 B3
St-Brice 47 D1-2
St Brides (Be de) 53 B5
St-Brieuc 39 B2
St-Brieuc (Be de) 39 B2
St-Calais 40 B3
St-Camas 48 C3
St-Cannat 48 C3
St-Cassien (L. de) 49 F3
St-Cast[-le-Guildo] 39 B2
St Catherines 118 D2
St-Céré 42 B2
St-Cergue 66 B3
St-Chamas 43 D3
St-Chamond 43 D2
St-Chély-d'Apcher 42 C2
St-Christol (Plat. de) 43 D2
St Clair 118 C2
St-Clair (Mt) 43 C3
St Clair (L.) 118 C2
St-Clair[-sur-Epte] 40 B2
St-Claude *(Fr.)* 66 A3
St-Claude *(Guadeloupe)* 121 M1
St-Cloud *(Fr.)* 47 C2
St Cloud *(US)* 114 D2
St-Cloud (Parc) 47 C2-3
St Croix (I.) 121 F3
St-Cyr (Mt) 48 C4
St-Cyr[-l' École] 40 B2
St-David (Pte) 53 B5
St-Denis *(Réunion)* 103 I8
St-Denis *(Fr.)* 47 D2
St-Didier [-au-Mt-d'Or] 49 K2
St-Didier [-en-Velay] 49 J3
St-Dié 41 E2
St-Dizier 41 D2
St Domingue (Santo Domingo) 121 E-F3
St Elias (Mt) 112 C3
St-Éloy[-les-Mines] 42 C1
St-Émilion 42 A-B2
St-Esprit 121 L1
St-Estèphe 42 A2
St-Estève 34 D3
St Etienne 49 J-K3
St-Étienne[-de-Montluc] 39 C3
St-Étienne de St-Geoirs 49 L3
St-Étienne-de-T[inée] 43 E2
St-Étienne [-du-Rouvray] 46 D2
St-Étienne [-lès-Remiremont] 44 C4
St-Évroult (Forêt de) 46 B-C3
St-Fargeau 40 C3
St-Faust 34 B3
St Félicien 115 F2
St Fergus 55 F2
St-Florent 43 H2
St-Florent (G. de) 43 H2
St-Florentin 41 C2
St-Florent[-sur-Cher] 40 C3
St-Flour 42 C2
St-Fons 43 D2
St Francis (R.) 115 D3
St Francois (R.) 118 E1
St-François 121 N1
St Gall (Canton) 67 K1
St-Gall 66 E2
St-Galmier 43 D2
St-Gaudens 42 B3
St-Genest 49 J3
St-Genis 49 K2
St-Genix 66 A4
St-Georges *(Ca., Québec)* 118 F1
St George's *(Ca., Terre-Neuve)* 115 H2
St George's *(Grenade)* 121 F3
St Georges 118 F1
St Georges (Be de) 115 H2
St Georges (Canal-) (Détr.) 53 A-B4-5
St-Georges[-de-Didonne] 42 A2
St-Georges[-d'Oléron] 42 A1-2
St-Georges[-sur-Loire] 39 C3
St Germain 44 B-C5
St Germain[-au-Mt-d'Or] 49 K2
St-Germain (Forêt de) 47 B2
St-Germain-des-Fossés 43 C1
St-Germain-en-Laye 46 E-F3
St-Germer 46 E2
St-Gervais[-les-Bains] 43 E2
St-Ghislain 45 F3
St-Gildas 39 B-C3
St-Gildas (Pte de) 39 B3
St-Gilles 43 D3
St-Gilles 48 A3
St-Gilles[-sur-Vie] 39 C3
St-Gingolph 66 B3
St-Girons 42 B3
St-Gobain 40-41 C2
St-Gond (Marais de) 41 C-D2
St-Gothard (Col) 66 D3
St-Gothard (Tunnel) 67 C2
St-Gowan (C.) 53 B5
St-Gratien 47 C2
St Gregory (Mt) 112 L5
St-Guénolé 32 A2
St-Héand 49 J2
St-Helens 53 C4
St Hélier 53 I1
St-Hilaire 39 B-C3
St-Hilaire-du-Harcouët 39 C2
St-Hippolyte 66 B2
St-Hippolyte-du-Fort 43 C3
St-Honorat (I.) 49 F-G3
St-Honoré[-les-Bains] 41 C3
St Hubert 56 D4
St Hyacinthe 118 E1
St Ignace 118 B1
St-Illiers 34 C1
St-Imier 66 B2
St-Imier (Val) 41 E3
St Jacques de C[ompostelle] (Santiago de C[ompostela]) 72 A-B1
St-James 39 C2
St Jean 118 E1
St Jean (L.) 115 F2
St-Jean-Cap-Ferrat 49 G3
[St Jean d']Acre (Akko, Ptolemais) 90 H-I2
St-Jean-d'Angély 42 A2
St-Jean-de-B[ournay] 49 L3
St-Jean-de-Losne 41 D3
St-Jean-de-Luz 42 A3
St-Jean-de-Maurienne 23 D2
St-Jean-de-Monts 39 B-C3
St-Jean-Pied-de-Port 42 A3
St Jérôme 118 E1
St John 115 G2
St Johns *(US)* 118 B2
St John's *(Antilles)* 121 F3
St John's *(Ca.)* 115 H2
St Johnsbury 118 F1
St Johns (R.) 115 E4
St Joseph *(Ca.)* 118 F1
St Joseph *(US, Mich.)* 119 B2
St Joseph *(US, Mo.)* 114 D3
St-Joseph *(Martinique)* 121 K1
St Joseph (I.) 118 B-C1
St Joseph (L.) 115 D1
St-Juéry 42 C3
St-Julien 66 B3
St-Julien-en-Génevois 41 E3
St-Junien 42 B2
St-Just[-en-Chaussée] 40 C2
St Kilda (I.) 50 A2
St Kitts (I.) 121 F3
St Lambert 118 E1
St-Lary-Soulan 38 C3
St-Laurent 49 G3
St Laurent (Estuaire du) 115 G2
St Laurent (I.) 83 S-T3
St Laurent (G. du) 115 G2
St-Laurent (Voie maritime du) (St Lawrence Seaway) 117 F2
St-Laurent-des-Eaux 40 B3
St Laurent [-du-Maroni] 122 D2
St-Laurent[-en-Grandvaux] 41 D-E3
St Laurent (R.) 108 H2
St-Laurent[-sur-Sèvre] 39 C3
St Lawrence Seaway (Voie maritime du St Laurent) 118 E1
St-Léonard[-de-Noblat] 42 B2
St-Leu [-d'Esserent] 46 F2
St-Leu [la-Forêt] 47 C1
St Lievens 45 F2
St-Lô 39 C2
St-Louis *(Fr.)* 41 E3
St-Louis *(Guadeloupe)* 121 N2
St-Louis *(Sén.)* 102 B4
St Louis *(US)* 115 D3
St-Loup (Pic) 43 C3
St-Loup[-sur-Semouse] 41 E3
St Magnus (Be de) 52 H1
St-Maixent[-l' École] 39 C3
St-Malo 39 B2
St-Malo (G. de) 39 B2
St-Mandé 47 D2
St-Marcel 46 D2
St-Marcellin 43 D2
St-Marcet 42 B3
St-Marin (San Marino) 22 F4
St Martin (I.) 121 F3
St-Martin [-en-Haut] 49 K2
St-Martin (C.) 121 K1
St-Martin de B[ossena]y 34 C-D1
St-Martin-de-Crau 48 B3
St-Martin-de-Ré 39 C3
St-Martin Vésubie 49 G2
St Mary (Mt) 127 C4
St Marys *(Austral.)* 127 D5
St Marys *(Ca.)* 118 C2
St Marys (R.) 118 B1
St Mathieu (I.) 83 S3
St-Mathieu (Pte) 39 A2
St-Maur[-des-Fossés] 40 C2
St-Maurice *(CH)* 66 B-C3
St Maurice *(Fr.)* 47 D3
St-Maurice [-sur-Moselle] 44 C5
St Maurice (R.) 115 F2
St Maurice-l'Exil 49 M1
St-Max 44 B3
St-Maximin[-la-Ste-Baume] 43 D3
St-Méen[-le-Grand] 39 B2
St-Michel 45 G4
St-Michel[-de-Maurienne] 43 E2
St-Michel [-sur-Orge] 46 F3
St-Mihiel 41 D2
St-Mitre 48 C4
St-Nazaire 39 B3
St-Nazaire (Étg. de) 42 C3
St-Nectaire 42 C2
St-Nicolas 44 B3
St-Nicolas (S[int] Niklaas) 56 C3
St-Nicolas[-d' Aliermont] 40 B2
St-Nicolas-de-Port 41 E2
S[in]t Niklaas (St-Nicolas) 56 C3
St-Nom-la-Bretêche 47 A-B2
St-Omer 40 C1
St-Ouen *(Fr., Seine-St-Denis)* 47 D2
St-Ouen *(Fr., Somme)* 45 C3
St-Ouen-l'Aumône 47 B1
St-Palais[-sur-Mer] 42 A2
St Paul 114 D2
St Paul (I.) *(Oc.Ind.)* 3 M-N7
St Paul (S[ão] Paulo) (I.) *(Oc. Atl.)* 2 H5
St Paul (Héréhérétué) (Atoll) 125 E4
St-Paul[-de-Fenouillet] 42 C3
St-Paul-Trois-Châteaux 48 B2
St-Péray 43 D2
St Petersburg 115 E4
St-Philbert[-de-Grandlieu] 39 C3
St-Pierre *(Fr.)* 34 C2
St-Pierre *(Guernesey)* 53 I1
St-Pierre *(Martinique)* 121 K1
St-Pierre (I.) 115 H2
St Pierre (L.) 118 E1
St-Pierre-d'Albigny 66 B4
St-Pierre-des-Corps 37 C2
St-Pierre-d'Oléron 39 C4
St-Pierre-et-Miquelon (Terre fr.) 16 G3
St-Pierre [-les-Elbeuf] 46 C-D2
St-Pierre[-sur-Dives] 40 A2
St-Point (L. de) 66 B3
St-Pol-de-Léon 39 B2
St-Pol[-sur-Mer] 40 C1
St-Pol[-sur-Ternoise] 40 C1
St-Pons 42 C3
St-Pourçain[-sur-Sioule] 42 C1
St-Priest 49 K-L2
St-Priest [-en-Jarez] 49 J3
St-Priest [-la-Prugne] 34 C2
St-Prix 47 C1
St-Quay[-Portrieux] 39 B2
St-Quentin 45 E4
St Quentin (Ct de) 45 E3-4
St-Quentin (Étg de) 47 B3
St-Quentin-en-Yvelines 47 A-B3
St Rambert 49 J3
St-Rambert-d'Albon 43 D2
St-Rambert [l'Ile-Barbe] 49 K2
St-Raphaël 43 E3
St-Rémy-de-Provence 48 B3
St-Rémy-lès-Chevreuse 47 B3
St-Renan 39 A2
St-Rigaud (Mt) 43 D1
St-Riquier 45 B-C3-4
St-Romain[-de-Colbosc] 40 B2
St-Saens 40 B3
St-Saulge 41 C3
St-Sauveur[-le omte] 39 C2
St-Sauveur[-sur-Tinée] 49 G2
St-Savinien 42 A2
St-Savin[-sur-Gartempe] 40 B3
St-Sébastien (San Sebastián) 72 C1
St-Sever 42 A3
St-Sulpice-Laurière 42 B1
St-Symphorien 49 J2
St-Symphorien-[d'Ozon] 49 K2
St Therese 118 E1
St Thomas 118 C2
St-Trond ([Sin]t Truiden) 56 D4
St-Tropez 49 F4
St Tropez (C. de) 49 F4
S[in]t Truiden (St-Trond) 56 D4
St-Vaast-la-Hougue 39 C2
St-Valery[-en-Caux] 40 B2
St-Valery-s[ur]-S[omme]40 B1
St-Vallier *(Fr., Drôme)* 43 D2
St-Vallier *(Fr., Saône-et-Loire)* 41 D3
St-Vaury 42 B1
St-Véran 43 E2
St Vincent (C.) *(Mad.)* 103 H8
St-Vincent (C.) *(Port.)* 72 A2
St Vincent (G.) 127 C4
St Vincent (I.) 121 F3
St Vincent (Pass[age] de) (Détr.) 121 F3
St-Vincent[-de-Tyrosse] 42 A3
St-Vit 66 A2
St Vith 60 B3
St-Yorre 43 C1
St-Yrieix[-la-Perche] 42 B2
S[ank]t Anton[am Arlberg] 67 D2
S[ank]t Goar 60 C3
S[ank]t Goarshausen 60 C3
S[ank]t Ingbert 60 B-C4
S[ank]t Moritz 66 E3
S[ank]t Pölten 76 B2
S[ank]t Veit 59 F6
S[ank]t Wendel 60 C4

Sainte

Ste Adresse 46 B1
Ste Agathe-des-Monts 118 E1
Ste-Anne *(Guadeloupe)* 121 N1
Ste-Anne *(Martinique)* 121 L2
Ste-Anne (C.) 53 B5
Ste-Anne-d'A[ura]y 39 B3
Ste Anne-des-Monts 117 G2
Ste-Baume (Massif de la) 43 D3
Ste Catherine (Pte) 53 D5
Ste Croix *(CH)* 66 B3
Ste-Croix *(Fr.)* 34 D3
Ste Croix (I.) 121 F3
Ste-Croix (L. de) 49 E3
Ste Croix (R.)114 D2
Ste-Énimie 43 C2
Ste-Foy[-la-Grande] 42 B2
Ste-Foy[-les-Lyon] 49 K2
Ste-Gauburge 46 B-C3
Ste-Geneviève 46 F3
Ste Hélène (Be) 103 E9
Ste Hélène (I.) 16 I6
Ste-Hermine 40 A3
Ste-Livrade[-sur-Lot] 42 B2
Ste Lucie (I.) 121 F3
Ste Lucie (Canal de) (Détr.) 121 F3
Ste-Maguerite (I.) 49 G3
Ste Marie 121 L1
Ste Marie (C.) 103 H8
Ste-Marie (I.) 103 H-I7
Ste-Marie[-aux-Mines] 41 E2
Ste-Maure[-de-Touraine] 40 B3
Ste-Maxime 43 E3
Ste-Menehould 41 D2
Ste-Mère-Église 39 C2
Ste-Odile 41 E2
Ste-Rose 121 M1
Ste-Savine 41 C-D2
Ste-Sigolène 43 D2
Stes-Maries[-de-la-Mer] 43 D3
Ste Tulle 34 D3
Ste-Victoire (Massif) 43 D3

San, Santa, Santo, São

San Ambrosio (I.) 111 M4
San Andrés (I.) 121 D3
San Andres (Mts) 114 C3
San Angelo 114 C3
San Antonio *(Arg.)* 123 C7
San Antonio *(Chili)* 124 A3
San Antonio *(US)* 114 D4
San Antonio (C.) *(Arg.)* 123 D6
San Antonio (C.) *(Cuba)* 121 D2
San Antonio (R.) 120 C2
S[an] Benedetto del Tronto 68 D3
San Bernardino 116 B3
S[an] Bernardino (Mt) 114 B3
San Bernardino (Tunnel) 67 C2
S[an] Bernardino (Col) 66 E3
San Blas (C.) 115 E4
San Carlos *(Philip.)* 93 H4
San Carlos *(Venez.)* 121 F4
[San Carlos de] Bariloche 123 B-C7

San Carlos [del Zulia] 121 E4
San Carlos [de Rio Negro] 121 F4
San Carlos (Rés. Ind.) 114 C3
San Cristobal (I.) 127 E-F2
San Cristóbal 121 E4
San Cristóbal [de las Casas] 120 C3
San Diego 114 B3
San Diego (C.) 123 C8
S[an] Domino (I.) 68 E3
San Felipe 121 F3
San Felix (I.) 123 A-B5
San Felix (Is) 123 A-B5
S[an] Fernando *(Chili)* 124 A3
San Fernando *(E)* 72 B2
S[an] Fernando *(Mex.)* 114 D4
San Fernando *(Trinidad et Tobago)* 121 F3
S[an] Fernando de Apure 121 F4
S[an] Fernando de Atabapo 121 F4
San Francisco *(Arg.)* 124 B3
San Francisco *(US)* 114 A3
S[an] Francisco de Macoris 121 E-F3
S[an] Francisco (P[ic]) 114 B3
San Gavino Mon[reale] 70 B3
S[an] Giacomo (Val) 66 E3
S[an] Gimignano 68 C3
S[an] Giorgio Mare 70 C2
S[an] Giov[anni] Bianco 66 E4
San Giovanni in Fiore 69 F5
S[an] Ignacio 122 C4
San Javier 124 B-C3
San Joaquin (R.) 114 A-B3
S[an] Jorge (G.) 123 C7
San José *(Bol.)* 122 C4
San José *(CR)* 121 D4
San José *(Guatemala)* 120 C3
San José *(US)* 114 A3
San Jose (I.) 114 B-C4
S[an] José del Cabo 116 C4
S[an] José [del Guaviare] 121 E4
S[an] Juan *(Arg.)* 123 C6
San Juan *(P.R.)* 121 F3
San Juan (Mts) 114 C3
San Juan (R.) 114 B-C3
S[an] Juan (R.) *(Mex.)* 113 G7
S[an] Juan (R.) *(Nicar.)* 121 D3
San Juan del Norte 121 D3
San Juán [del Norte] (Be de) 121 D3
San Juan [de los Moros] 121 F4
San Lazaro (C.) 120 A2
San Lorenzo *(Arg.)* 124 B3
San Lorenzo *(Éqr)* 121 H2
S[an] Lucas 114 C4
San Lucas (Falso) (C.) 120 A-B2
S[an] Luis 123 C6
San Luis Obispo 114 A3
San Luis Potosi 120 B-C2
San Luis Potosi (État) 120 B2
San Manuel 116 B3
San Marino (St-Marin) 22 F4
S[an] Martin (L.) 123 B7
San Martino 67 D2
S[an] Matias (G. de) 123 C7
San Miguel 120 D3
S[an] Miniato 68 C3
San Nicolás *(Arg.)* 124 B3
San Nicolás *(Mex.)* 120 B-C2
S[an] Pedro *(Chili)* 124 B2
San Pedro (C. d'I.) 102 C5
S[an] Pedro *(Mex.)* 120 B2
San Pedro de Lloc 122 A-B3
San Pedro de Macoris 121 F3
San Pedro Sula 120 D3
S[an] Pellegrino 67 C3
S[an] Petrone (Mt) 43 H2
S[an] Pietro (I.) 69 A-B5
San Quintin 114 B3
S[an] Rafael 124 B3
San Remo 49 H3
San Román (C.) 121 E3
San Salvador 120 C-D3
San Salvador (Watling) (I.) 113 J7
[San Salvador de] Jujuy 123 C5
San Sebastian (St Sébastien) 72 C1
S[an] Severo 68 E4
Santa Ana *(Mex.)* 114 B3
S[an]ta Ana *(Salv.)* 120 C-D3
Santa Barbara 114 A-B3
S[ant]a Barbara (Arch.) 113 F6
S[an]ta Catarina (État) 123 D5
Santa Clara *(Cuba)* 121 E2
Santa Clara *(US)* 114 A3
Santa Cruz *(Arg.)* 123 C8
S[an]ta Cruz *(Bol.)* 122 C4
S[an]ta Cruz *(Canaries)* 102 B3
Santa Cruz *(US)* 114 A3
S[an]ta Cruz (I.) 114 A-B3
Santa Cruz (Is) 125 C4
Santa Cruz (R.) 123 B7-8
S[an]ta Elena *(Arg.)* 124 C3
S[an]ta Elena *(Venez.)* 120 I2
S[an]ta Eugenia (C.) (P[un]ta Eugenia) 114 B4
Santa Fé *(Arg.)* 123 C6
Santa Fé *(US)* 114 C3
Santa Inés (I.) 123 B8
Santa Isabel (I.) 127 E-F1
S[an]ta Margarita (I.) 114 B4
S[an]ta Margherita 67 C3
S[an]ta Maria 123 D5
S[an]ta Maria (I.) 103 J1
S[an]ta Maria (R.) 114 C4-3
S[an]ta Maria de Garoña 73 C1
S[an]ta Maria di Leuca (C.) 69 G5
Santa Marta 121 E3
S[an]ta Marta (Sa Nevada de) 121 E3
S[an]ta Monica 114 A-B3
Sant'Antioco 69 B5
Sant'Antioco (I.) 69 B5
S[an]ta Rosa 123 C6
S[an]ta Rosa de Toay 124 B3
S[an]ta Rosalia 114 B4
S[an]ta Vitoria do Palmar 123 D-E6
Sant'Eufemia (G. de) 69 E-F5
Santo Amaro 122 F4
Santo André 123 E5 (11)
S[an]to Antão (I.) 103 L2
Santo Domingo (St-Domingue) 121 E-F3
Santo Domingo 116 B4
San Valentin (Mt) 123 B7
San Vito (C.) 69 D5
São Bento 124 D2
São Bernardo do Campo 123 F5 (12)
São Borja 124 C2
S[ão] Carlos 124 D2
São Francisco (R.) 2 G6
São Jeronimo 124 C3
São João del Rei 124 D2
São João de Meriti 123 E5 (5)
São Jorge (I.) 103 J1
[São José do] Rio Prêto 122 D-E5
São José dos Campos 124 D2
São Leopoldo 124 C2
São Luis 122 E3
S[ão] Mamede (Sa de) 72 B2
São Manuel (Teles Pires) (R.) 122 D3
São Miguel (I.) 103 J1
S[ão] Nicolau (I.) 103 L2
São Paulo 123 E5
São Paulo (État) 123 D-E5
S[ão] de Olivença 122 C3
S[ão] Paulo (São Pedro E-) (St Paul) (I.) 16 H5
S[ão] Pedro E S[ão] Paulo (St Paul) (I.) 16 H5
São Roque (C.) 2 H6
S[ão] Salvador 106 F2
São Sebastião 124 D2
S[ão] Tiago (I.) 103 L2
São Tomé (C.) 123 E5
São Tomé (I.) 100 B4
São Tomé et Principe 103 B3-4
S[ão] Vicente (I.) 103 L2

S

Saalbach 67 E2
Saale (R.) 58 D4
Saales 44 D4
Saales (C[ol] de) 41 E2
Saalfeld 59 D4
Saane (Sarine) (R.) 66 C3
Saanen 66 C3
Saarbrücken (Sarrebruck) 44 D2
Saarburg 60 B4
Saaremas (I.) 62 D4
Saariselkä 62 E2
Saarlouis (Sarrelouis) 44 C2
Saarwellingen 44 C2
Saas Fee 66 C-D3
Saba (I.) 121 F3
Sabac 77 C3
Sabadell 72 D1
Sabah *(Lybie)* 102 E3
Sabah *(Malaysia)* 93 G5
Sabi (R.) 103 G8
Sabie 107 C2
Sabiñánigo 73 C1
Sabinas 120 B2
Sabine (Mt) 1 E17
Sabine (R.) 114 D3
Sabins (Mts) 68 D3
Sablé 39 C3
Sable (C.) *(Ca.)* 115 G2
Sable (C.) *(US)* 115 E4
Sable (G[ran]d Désert de) 127 B3
Sable (I.) 112 K5
Sables-d'Olonne (Les) 39 B-C3
Sablons 49 M1
Sabratha 105 I1
Sabrina (Côte de) 1 F12-13
Sabzawar 92 B2
Saccarel (Mt) 49 H2
Säckingen 66 C-D2
Saclay 47 C3
Saco 118 F2
Sacramento 114 A-B3
Sacramento (Mts) 114 C3
Sacramento (R.) 114 A3
Sadiya 92 E3
Sado (I.) 98 D3
Sado (R.) 72 A2
Sadon 91 E1
Sáenz Peña 124 B-C2
Safaniyah 75 G4
Säffle 51 G2
Safi 104 A2
Säfid Rûd (R.) 75 G-H3
Saga *(Chine)* 94 C2
Saga *(Jap.)* 99 B4
Sagaing 92 E3
Sagami (Be de) 99 D4
Sagar 94 B2
Saginaw 118 B-C2
Saginaw (Be) 118 C1-2
Sagone (G. de) 43 G2
Sagua la Grande 121 D-E2
Saguenay (R.) 115 F-G2
Sagunto 72 C-D2
Sahalin (I.) 77 F3
Sahand (Mt) 75 G3
Sahara (Désert) 103 A2
Saharanpur 94 B2
Sahiwal 94 B1
Sahoul (Plate-forme de) (Hauts-fonds) 3 P-Q6
Sahr (anc. Fort-Archambault) 102 E5
Sahra al Hijârah (Désert) 75 G3-4
Saïak Pervy 84 J5
Saïan (Mts) 83 J-K4
Saïda 104 D2
Saïda (Mts de) 104-105 D2
Saïdabad 91 F3
Saïdia 104 C2
Saigo 99 C3
Saïgon (Ho Chi Minh Ville) 93 F-G4-5
Saiki 99 B4
Saimaa (L.) 62 E3
Sain-Bel 49 K2
Saincaize[-Meauce] 40 C3
Sains 45 F4
Sains [-du-Nord] 45 F-G3
Saintes 39 C4
Saintes (Canal des) (Détr.) 121 M2
Saintes (Is des) 121 M2
Saintonge (Région) 42 A2
Saipal (Mt) 94 C2
Saipan (I.) 125 B3
Sairussu 96 A1
Saison (R.) 42 A3
Sajama (Mt) 122 C4
Sajo (R.) 76 D2
Sakai 99 C4
Sakakah 75 G3
Sakamensk 85 M4
Sakami (L.) 115 F1
Sakania 103 F-G7
Sakarya (R.) 75 F2
Sakata 98 D3
Sakhaline (I.) 87 H3
Sakishima (Is) 96 C3
Sal (I.) 103 L2
Salado (R.) *(Arg., San Luis)* 123 C6
Salado (R.) *(Arg., Santa Fé)* 123 C5
Salado (R.) *(Mex.)* 114 C-D4
Salagou (L. du) 38 C3
Salalah 91 F4
Salamanca (Salamanque) *(E)* 72 B1
Salamanca *(Mex.)* 120 B3-2
Salamanque (Salamanca) 72 B1
Salamis (I.) 71 C4
Salamiyah 91 E3
Salangen 62 C2
Salat (R.) 42 B3
Salatiga 89 M1
Salavat 80 E3
Sala-y-Gomez (I.) 125 G5
Salbris 40 B-C3
Saldanha 103 E9
Saldus 62 D4
Salé 104 B2
Salé (G[ran]d Désert) (Dasht i Kewit) 75 H3
Salé (G[ran]d L.) 114 B2
Salé (L.) 127 A3
Salée (R.) 121 M1
Salekhard 80 F3
Salem *(Inde)* 94 B3
Salem *(US, Ohio)* 118 C2
Salem *(US, Oreg)* 114 A2
Salerne (Salerno) 69 E4
Salerne (G. de) 69 E4
Salerno (Salerne) 69 E4
Salers 42 C2
Salève (Mts) 66 B3
Salford 53 C4
Salgotarján 76 C2
Salies-de-Béarn 42 A3
Salies-du-Salat 42 B3
Salihli 71 F3
Salima 107 C1
Salina 114 D3
Salina (I.) 69 E5
Salina Cruz 120 C3
Salinaland (Région) 126 A-B3
Salinas 114 A3
Salinas (C.) 72 D2
Salinas (Pte das) 103 E7
Salinas Grandes (L.) 123 C5-6
Salin-de-Giraud 48 B4
Salindres 48 A2
Salinitas 124 A-B2
Salins[-d'Hyères] (Les) 49 E4
Salins[-les-Bains] 41 D-E3
Salisbury *(RU)* 53 C-D5
Salisbury *(US)* 118 D-E3
Salisbury (I.) 112 J3
Sallanches 66 B4
Sallaumines 45 D3
Sallyana 94 C2
Salm (I.) 82 F-G2
Salmas 91 E2
Salmo 116 B2
Salmon (R.) 114 B2
Salmon River (Mts de la) 114 B2
Salo *(Fin.)* 62 D3
Salò *(It.)* 66 F4
Salomon (Mer des) 127 D-E1
Salomon (C.) 121 K1
Salomon (Is) 125 B-C4
Salon (R.) 41 D3
Salon[-de-Provence] 43 D3
Salonga (P.Nl) 106 H2
Salonique (Thessaloniki) 71 C2
Salonique (G. de) 71 C2
Salonta 76 D3
Salop (Comté) 54 C2(34)
Salorno 68 C1
Salouen (Nu Jiang) (R.) 92 E3
Salpausselkä (Coll.) 62 E-F3
Salsacate 124 B3
Salses 42 C3
Salsigne 35 H3
Salsk 80 D4
Salso (R.) 69 E6
Salsomaggiore 67 C3
Salt (R.) 114 B3
Salta 123 C5
Salt E[lv] (R.) 62 C2
Saltholm (I.) 58 E2
Saltillo 120 B2
Salt Lake City 114 B2
Salto 123 D6
Salto Angel (Barr.) 121 F4
Salto das Sete Quedar (Barr.) 124 C2
Salton (L.) 114 B3
Salto Santiago (Barr.) 124 C2
Saluces (Saluzzo) 43 E2
Salut (Is du) 122 D2
Saluzzo (Saluces) 43 E2
Salvador 110 D4
Salvador (Bahía) 122 F4
Salyany 75 G3
Salza (R.) 65 F2
Salzach (R.) 59 E5
Salzbergen 60 C1
Salzbourg 59 E5
Salzbourg (A[lpes] Schisteuses de) (Mts) 65 D-E2
Salzbourg (Préalpes de) (Mts) 59 E6
Salzgitter 58 D3
Salzkammergut (Région) 65 E2
Salzwedel 58 D3
Samani 98 E2
Samar (I.) 93 H4
Samara (R.) 82 F4
Samarai 127 D-E2
Samarcande (Samarkand) 82 G6
Samarinda 93 G6
Samarkand (Samarcande) 82 G6
Samarra 75 G3
Samawah 75 G3
Sambalpur 94 C2
Sambava 103 H-I7
Sambhar 94 B2
Sambor *(Kamp.)* 93 F4
Sambor *(Ukraine)* 76 D2
Sambre (R.) 41 D1
Sambre (Cl de la) 45 F4
Samchok 99 B3
Samedan 66 E3
Samer 45 A2
Sami 71 B3
Samoa (Is) 125 D4
Samoa Occ[identa]les (Is) 125 D4
Samoëns 66 B3
Samokov 77 D-E4
Samos (I.) 71 E4
Samothrace (Samothraki) (I.) 71 D2
Samothraki 71 D2
Samothraki (Samothrace) (I.) *(Gr., Mer Égée)* 71 D2
Samothraki (I.) *(Gr., Mer Ionienne)* 71 A3
Samsö (I.) 58 D2
Samsun 80 C4
Samsun daği (Mts) 71 E4
San 106 B1
San (R.) 76 D2
San'a 102 H4
Sana (R.) 65 G3
Sanae (Station polaire) 1 E36
Sanaga (R.) 102 E5
Sanandaj 75 G3
Sanary 48 D4
Sancerre 40 C3
Sancerrois (Région) 40 C3
Sancoins 40 C3
Sancti Spiritus 121 D-E2
Sancy (Puy de) (Mt) 42 C2
Sandakan 93 G5
Sandanski 71 C2
Sanday (I.) 52 G2
Sandefjord 62 A-B4
Sandgirt (L.) 115 G1
Sand Hills (Coll.) 114 C2
Sandhornöya (I.) 62 B2
Sandiras (Mt) 71 F4
Sandnes 51 E2
Sandoa 106 H2
Sandomierz 76 D2
Sandstone 127 A3
Sandusky *(US, Mich.)* 118 C2
Sandusky *(US, Ohio)* 118 C2
Sandvig 58 F2
Sandviken 62 C3
Sandwich du Sud (Is) 2 H-I8
Sandy (Is) 127 E-F2
Sandy (L.) 114 D1
Sandy (Big) (R.) 118 C3
Sandy (Great) (Fraser) (I.) 127 E3
Sanford 118 F2
Sanford (Mt) 112 C3
Sangar 85 O3
Sangatte 45 B2
Sangay (Mt) 122 B3
Sangerhausen 59 D4
Sanggan He (anc. Sangkan) (R.) 93 G2-1
Sangha (R.) 102 E5
Sangi (Is) 93 H5
Sangju 99 B3
Sangkan (act. Sanggan He) (R.) 83 L6-5
Sangli 94 B3
Sangre de Cristo (Mts) 114 C3
Sangüesa 42 A3
Sanguinaires (Is) 68 B4
Sanh (R.) 94 C2
Sanjo 99 D3
Sankuru (R.) 103 F6
Sanlúcar 72 B2
Sanmenxia 96 A-B2
Sanming 96 B3
Sanne (R.) 49 K3
Sannohe 98 E2
Sannois 47 C2
Sano 99 D3
Sanok 76 D2
Sanski Most 65 G3
Sans Toucher (G[ran]d Mt) 121 M1
Santander 72 C1
Santarém *(BR)* 122 D3
Santarém *(Port.)* 72 A2
Santee (R.) 115 E3
Santerno (R.) 65 D3
Santerre (Région) 40 C2
Santiago *(Chili)* 111 M4
Santiago *(Pan.)* 121 D4
Santiago *(Rép. Dom.)* 113 J-H8
Santiago (Mts) 114 C3-4
Santiago de C[ompostela] (St-Jacques-de-Compostelle) 72 A-B1
Santiago de Cuba 121 E3
Santiago del Estero 123 C5
Santiago de los Caballeros 121 E-F3
Säntis (Mt) 66 E2
Santorin (Thira) (I.) 71 D4
Santos 123 E5
Sanye 107 B1
Sanyuan 96 A2
Saône (R.) 41 D3
Saône (Haute-) (70) (Dépt) 23 D2
Saône-et-Loire (71) (Dépt) 23 C-D2
Saoura (O.) 104 C3
Sapele 106 C2
Sapienza (I.) 71 B4
Sappai 71 D2
Sapporo 98 E2
Sapri 69 E4
Saqqez 75 G3
Saragosse (Zaragoza) 72 C1
Sarajevo 68 G3
Saraks 91 G2
Saranac Lake 118 E1
Sarandë 71 A-B3
Saransk 80 D3
Sarapoul 80 E3
Sarasota 115 E4
Saratoga Springs 118 E2
Saratov 80 D3
Sarawak (État) 93 G5
Saray 71 E-F2
Sarayköy 71 F4
Sarca (R.) 66 F3
Sarcelle (Passe de la) (Détr.) 125 J1
Sarcelles 47 D1-2
Sardaigne (Sardegna) (I.) 69 B4
Sardegna (Sardaigne) (I.) 69 B4
Sardaigne (Rég. adm.) 69 H2 (15)
Sardes 71 E-F3
Sardis (Réservoir) 115 E3
Sarekljakka (Mt) 62 C2
Sar-e-Sang (Lapislazuli) 95 B1
Sargans 66 E2
Sargasses (Mer des) 2 F-G4
Sargho (Dj.) 104 B3
Sarghoda 94 B1
Sarh 102 E5
Sari 75 H3
Sarıgöl 71 F3
Sarine (Saane) (R.) 66 C3
Sariwon 96 C2
Sariyer 71 F2
Sark (Sercq) (I.) 39 B2
Şarköy 71 E2
Sarlat[-la-Canéda] 42 B2
Sărmăşu 78 E3
Sarmiento 123 B-C7
Särna 63 B3
Sarnberger S[ee] (L.) 59 D6
Sarnen 66 D3
Sarnena Gora (Mts) 77 E4
Sarnia 118 C2
Sarny 76 E2
Saronno 66 E4
Saros (I.) 71 E5
Şaros (G. de) 71 E2
Šar-Planina (Mts) 77 D4
Sarpsborg 51 F2
Sarralbe 44 C-D3
Sarrans 34 C2
Sarre (Land) 58
Sarre (R.) 44 C2
Sarre (Cl de la) 37 H1
Sarre Blanche (R.) 44 D3
Sarrebourg 44 D3
Sarrebruck (Saarbrücken) 44 D2
Sarreguemines 44 D2
Sarrelouis (Saarlouis) 44 C2
Sarre-Union 44 D3
Sarroch 70 B3
Sars 45 G3
Sar Tchechmeh 91 F3
Sartène 68 B4
Sarthe (R.) 46 B4
Sarthe (72) (Dépt) 23 B-C2
Sartrouville 47 C2
Saruhanli 71 E3
Sárvár 65 G2
Särviz (R.) 68 G1
Saryn Gol 85 M5
Sarysou (R.) 82 G5
Sasaram 94 C2
Sasebo 99 B4
Saskatchewan (Prov.) 112 G4
Saskatchewan (R.) 112 G4
Saskatchewan (North) (R.) 114 B-C1
Saskatchewan (South) (R.) 114 B-C1
Saskatchewan Oilfield (Gisement) 111 F2
Saskatoon 112 G4
Sassan 91 F3
Sassandra 106 B2
Sassandra (R.) 102 C5
Sassari 69 B4
Sassière (G[ran]de) (Mt) 66 B-C4
Sassnitz 58 E2
Sasso d'Italia (Gran) (Mt) 68 D3
Sasuna 99 B4
Sas van Gent 56 B-C3
Sata (C.) 99 B5
Satara 94 B3
Sathonay 49 K2
Satledj (Sutlej) (R.) 87 D4
Satolas 49 L2
Satpura (Mts) 94 B2
Satu Mare 76 D3
Sauda 51 E2
Saudarkrókur 62 H-I1
Sauer (Sûre) (R.) *(Lux.-Belg.-RFA)* 60 B4
Sauer (R.) *(Fr.)* 44 E3
Sauerland (Région) 60 C-D2
Saugeen (P.) 118 C1
Saujon 42 A2
Sauldre (R.) 40 B3
Sauldre (G[ran]de) (R.) 40 C3
Sauldre (P[eti]te) (R.) 40 C3
Saulgau 66 E1
Saulieu 41 D3
Saulnois (Région) 44 B-C3
Sault 48 C2
Sault (Pays de) (Région) 42 B-C3
Sault-Brenaz 49 M1
Sault Ste Marie *(Ca.)* 115 E2
Sault St Marie *(US)* 115 E2
Saulx 44 B5
Saulx [-les-Chartreux] 47 C3
Saulx (R.) 41 D2
Saulxures 44 C5
Saumur 39 C3
Saurimo 103 F6
Saussaz (La) 34 D2
Sausset 48 C4
Sausset (R.) 47 E2
Sauternes 42 A2
Sauvage (Côte) 38 A1-2
Sauvagnac (Puy de) (Mt) 42 B1
Sauveterre (Causse de) (Plat.) 42-43 C2
Sauwald (Mts) 65 E1
Sauze (Le) 67 B3
Savalan (Mt) 75 G3
Savannah 113 I-J6
Savannah (R.) 115 E3
Savannakhet 93 F4
Savaştepe 71 E3
Save (R.) *(Fr.)* 42 B3
Save (R.) *(YS)* 65 F3
Savenay 39 C3
Saverdun 42 B3
Saverne 44 D3
Saverne (Col de) 44 D3
Savigny [-sur-Orge] 47 D3
Savigny[-sur-Braye] 40 B3
Savinja (R.) 65 F2
Savio (R.) 65 E4
Savoie (Région) 36 B4
Savoie (Combe de) (Val) 43 E2
Savoie (Haute-) (74) (Dépt) 23 D2
Savoie (73) (Dépt) 23 D2
Savona (Savone) 64 C3
Savone (Savona) 64 C3
Savonlinna 62 E3
Sawahlunto 93 F6
Sawai Madhopur 95 B2
Sawel (Mt) 52 A3
Sawu (I.) 127 B2
Saxe (Région) 59 E-F4
Saxe (Basse-) (Land) 58
Say 102 D4
Sayaxché 120 C3
Sayhut 91 F4
Sayn Chanda 96 B1
Sayre 118 D2
Sayun 91 E4
Sazan (I.) 71 A2
Sázava (R.) 76 B2
Sbaa 104 C3
Sbeïtla 105 F2
Scaër 39 B2
Scafell Pike (Mt) 52 C3
Scalloway (Be de) 52 G-H2-1
Scandinave (Chaîne) 87 A-B2

Scandinavie (Région) 18 E-F 1-2
Scandola (Pte) 43 G 2
Scanie (Région) 51 G 3
Scapa Flow (Be) 52 G 2
Scarborough 52 D-E 3
Scarpe (R.) 45 D 3
Sceaux 47 C 3
Scesaplana (Mt) 66 E 2
Scey 44 A 5
Schaalsee (L.) 58 D 3
Schaerbeek 56 C 4
Schaffhausen (Schaffhouse) 59 C 6
Schaffhouse (Schaffhausen) 66 D 2
Schaffhouse (Canton) 67 J 1
Schagen 56 C 2
Schärding 59 E 5
Scharhörn (I.) 58 C 2-3
Schefferville (Knob Lake) 112 J-K 4
Schelde (Escaut) (R.) 56 B 4-3
Schenectady 118 E 2
Scheveningen 56 C 2
Schiedam 56 C 3
Schierke 78 A 2
Schiermonnikoog (I.) 56 D-E 1
Schifferstadt 60 D 4
Schijndel 56 D 3
Schiltigheim 44 E 3
Schio 65 D 3
Schirmeck 44 D 4
Schisteuses de Salzbourg (A[lpes]) (Mts) 65 D-E 2
Schisteux Rhénan (Massif) 41 E-F 1-2
Schlanders (Silandro) 66 F 3
Schlei (Fjord) 58 C 2
Schleiden 60 B 3
Schleswig 62 A 5
Schleswig-Holstein (Land) 58
Schliengen 44 E 5
Schlitz 60 E 3
Schluchsee (L.) 66 D 2
Schlucht (C[ol] de la) 41 E 2
Schlüchtern 60 E 3
Schmalkalden 61 D 3
Schmallenberg 60 D 2
Schmelz 60 B 4
Schmidt (I.) 83 I-J 1
Schneeberg (Mt) 59 D 4
Schnee-Eifel (Mts) 60 B 3
Schneidemühl (Piła) 76 B-C 1
Schoberpass (Col) 65 F 2
Schoelcher 121 K 1
Schönau 66 C-D 2
Schönebeck 58 D 4
Schongau 66 F 2
Schoonebeek 57 E 2
Schoonhoven 56 C 3
Schoonoord 56 E 2
Schopfheim 66 C 2
Schotten 60 E 3
Schouwen (I.) 56 B 3
Schramberg 61 C 4
Schreckhorn (Mt) 66 D 3
Schruns 66 E 2
Schuls (Scuol) 66 F 3
Schussen (R.) 66 E 2
Schussenried 66 E 1
Schwabach 59 D 5
Schwäbische Alb (Jura Souabe) (Mts) 59 C-D 5
Schwäbisch Gmünd 59 C 5
Schwäbisch Hall 59 C-D 5
Schwalbach 44 C 2
Schwalm (R.) 60 E 3-2
Schwalmstadt 61 C 3
Schwanden 66 E 2
Schwandorf 59 E 5
Schwaner (Mts) 93 G 6-5
Schwarzbach (R.) 44 E 2
Schwarzenburg 66 C 3
Schwarze Pumpe 61 F 3
Schwarzwald (Forêt Noire) (Mts) 59 B-C 5-6
[Schwarzwälder] Hochwald (Mts) 60 B-C 4
Schwaz 65 D 2
Schwechat 78 C 2
Schwedt 58 F 3
Schweich 60 B 4
Schweighouse 44 E 3
Schweinfurt 59 C-D 4
Schwelm 60 C 2
Schwenningen 66 D 1
Schwerin 51 F-G 3
Schweriner See (L.) 58 D 3
Schwerte 60 C 2
Schwetzingen 60 D 4
Schwielochsee (L.) 58 E-F 3
Schwyz 66 D 2
Schwyz (Canton) 67 J 1
Sciacca 69 D 6
Scilly (Cornwall and Isles of) (Comté) 54 B 3 (7)
Scilly (Sorlingues) (Is) 53 A 6
Scoresbysund 1 B 34-35
Scorff (R.) 39 B 3-2
Scotia (Crête) 2 H 9-8
Scotland (Écosse) 54 B-C 1-2
Scott (Station polaire) 1 E 17-16
Scott (I.) 1 F 19
Scottburgh 107 C 3
Scottsbluff 113 G 5
Scourie 52 B 1
Scranton 118 D-E 2
Scrivia (R.) 64 C 3
Scunthorpe 53 D 4
Scuol (Schuls) 67 D 2
Scutari (Shkodër) 77 C 4
Scutari (L. de) (L. de Shkodër) 77 C 4
Seaham 52 D 3
Searles Lake 116 B 3
Seattle 114 A 2
Sebago (L.) 118 F 2
Seba Rous (Région) 105 D 2
Sebastian Vizcaino (Be de) 120 A 2
Sebastopol 80 C 4
Sebkhra [d'Oran] (Étg) 104 C 2
Sebou (O.) 104 B 2
Secchia (R.) 64 D 3
Seclin 45 D 2
Secunderabad 94 B 3
Sedalia 114 D 3
Sedan 56 C-D 5
Seddülbahir 71 D-E 2
Sede Boqer 90 H 4
Sedom 90 I 3
Sée (R.) 39 C 2
Seefeld 67 D 2
Seekaskootch (Rés. Ind.) 114 C 1
Seeland (Région) 66 C 3-2
Seeland (Sjaelland) (I.) 58 D-E 2
Seelig (Mt) 1 D 26-25
Sées 46 B 3
Sefadu 106 A 2
Seferihisar 71 E 3
Sefrou 104 B 2
Seg (L.) 62 F 3
Ségala (Région) 42 C 2
Segeja 62 F 3
Segueur (O.) 105 D 2
Segonzac 42 A-B 2
Ségou 102 C 4
Segovia 72 B 1
Segovia (R.) (R. Coco) *(Hond.-Nicar.)* 121 D 3
Segre (R.) 42 B 3
Segré 39 C 3
Séguédine 102 E 3-4
Seguiet el Homra (O.) 102 B 3
Segura (R.) 72 C 2
Seiche (R.) 39 C 3
Seikan (Tunnel) 98 E 2
Seiland (I.) 62 D 1
Seille (R.) *(Affluent de l'Escaut)* 45 E 3
Seille *(Affluent de la Moselle)* (R.) 41 E 2
Seille *(Affluent de la Saône)* (R.) 41 D 3
Seim (R.) 80 C 3
Seimtchan 83 P 3
Sein (I. de) 39 A 2
Seinäjoki 62 D 3
Seine (R.) 29 C 2
Seine (Be de la) 39 C-D 2
Seine (Réservoir) 41 D 2
Seine-et-Marne (77) (Dépt) 23 C 1
Seine-Maritime (76) (Dépt) 23 C 1
Seine-Saint-Denis (Dépt) 23 C 1
Seixal 73 A 2
Sejerö (I.) 58 D 2
Sekhira 105 F 2
Seki 80 D 4
S[ekondi]-Takoradi 102 C 5
Sekota 102 G-H 4
Selaru (I.) 127 C 1
Selatan (C.) 93 G 6
Selb 59 D-E 4
Selby 53 D 4
Selçuk 71 E 4
Sele (R.) 77 B 4
Selebi-Pikwe 107 B 2
Selemdja (R.) 83 N 4
Selendi 71 F 3
Selenga (R.) 87 E-F 3
Selenter See (L.) 58 D 2
Sélestat 44 D-E 4
Selicharovo 81 C 3
Selima 102 F 3
Sélinonte (Selinunte) 69 D 6
Selinunte (Sélinonte) 69 D 6
Selkirk 52 C 3
Selkirk (Más Afuera) (I.) 123 A 6
Selles[-sur-Cher] 40 B 3
Sellia 71 D 5
Selma 115 E 3
Selous (Rés.) 106 H 2
Selsey Bill (C.) 40 A 1
Selters 60 C 3
Seltz 41 F 2
Sélune (R.) 39 C 2
Selva 70 B 1
Selvas (Région) 108 H-I 5
Selvino 67 C 3
Selz (R.) 60 D 4
Seman (R.) 71 A 2
Semarang 93 G 6
Semeru (Mt) 93 G 6
Semipalatinsk 82 H-I 4
Semmering 67 F-G 2
Semmering (Col) 65 F 2
Semmering (Tunnel) 67 F 2
Semnan 91 F 2
Semnon (R.) 39 C 3
Semois (R.) 56 C-D 5
Sé Moun (R.) 93 F 4
Semouse (R.) 44 B 5
Sempach 66 D 2
Sempach (L. de) 66 C-D 2
Semur[-en-Auxois] 41 D 3
Sena 107 C 1
Sénart (Forêt de) 47 D 3
Sendaï *(Jap., Hondo)* 98 E 3
Sendai *(Jap., Kiou Siou)* 99 B 5
Seneca (L.) 118 D 2
Seneffe 56 C 4
Sénégal 103 A 3
Sénégal (R.) 102 B 4
Senftenberg 76 B 2
[Senhor do] Bonfim 122 E 4
Senhoshi 98 E 1
Senigallia 65 E 4
Senj 65 F 3
Senja (I.) 62 C 2
Senja Dzong (Xainza) 94 C 1
Senkaku 97 C 3
Senlis 46 G 2
Sennar 102 G 4
Senne (R.) 45 G 2
Sennecey[-le-Grand] 41 D 3
Sennestadt 60 D 2
Senneterre 115 F 2
Sénonais (Région) 40-41 C 2
Senonches 46 D 3
Senonches (Forêt de) 46 C-D 3
Senones 44 C-D 4
Sens 41 C 2
Sense (R.) 66 C 3
Sensée (R.) 45 D 3
Senta 76 C-D 3
Sentery 106 H 2
Senyavin (Is) 125 B 3
Seo de Urgel 42 B 3
Seoni 94 B-C 2
Séoul 96 C 2
Séoune (R.) 42 B 2
Septèmes 48 C 4
Sept-Iles 115 G 1
Sept-Iles (Les) (Is) 39 B 2
Septimer (Col de) 66 E 3
Sequoia (P.Nl) 114 B 3
Seraing 56 D 4
Seram (I.) 93 H-I 6
Seram (Mer de) 93 H 6
Seran (R.) 43 D 1-2
Serang 89 L 1
Séranne (Mts) 43 C 3
Seravchan (R.) 82 G 5-6
Serbie (Rép. fédérée) 77 C-D 3-4
Serchio (R.) 64 D 3
Sercq (Sark) (I.) 39 B 2
Serein (R.) 41 C 3
Sereine (R.) 49 L 2
Serengeti (P.Nl) 106 I 2
Serenje 107 C 1
Seret (R.) 76 E 2
Sergeievka 98 C 2
Serginskaïa 80 F 2
Sergipe (État) 122 F 4
Seria 93 G 5
Seriana (Val) 66 E 4
Seriate 66 E 4
Sérifontaine 46 E 2
Sérifos 71 D 4
Serio (R.) 66 E 4
Seriphos (I.) 71 D 4
Serir 90 C 3
Sermaize[-les-Bains] 41 D 2
Serov 82 G 4
Serowe 103 F 8
Serpoukhov 80 C 3
Serqueux 46 E 1
Serquigny 46 C 2
Sérrai 71 C 2
Serrat (C.) 105 F 1
Serre (R.) 41 C 2
Serre (M[onta]gne de la) 41 D 3
Serre-Chevalier 64 B 3
Serre-Ponçon (Barr.) 43 E 2
Serre-Ponçon (L. de) 38 D 2
Serres 48 D 2
Serrières 49 K 3
Sersou (Région) 105 D 2
Servance 44 C 5
Servance (B[all]on de) (Mt) 44 C 5
Servia 71 B-C 2
Servon 47 E 3
Sesfontein 107 A 1
Sesheke 107 B 1
Sesia (R.) 66 D 4
Sesia (Val) 66 D 4
Sestafoni 81 D 4
Sestao 72 C 1
Sesto S[an] Giovanni 66 E 4
Sestrière 64 B 3
Sestri[Levante] 64 C 3
Sesvenna (P[ic]) 66 F 3
Setana 98 D 2
Se Tchouen (Sichuan) (Prov.) 96 A 2 (19)
Sète 43 C 3
Sète au Rhône (Ct) 37 C-D 3
Sete Lagoas 124 D 1
Setesdal (Région) 51 E 2
Sétif 105 E 1
Seto 99 D 4
Settat 104 B 2
Settons (L. des) 41 C-D 3
Setúbal 72 A 2
Setúbal (G. de) 72 A 2
Seudre (R.) 42 A 2
Seugne (R.) 42 A 2
Seul (L.) 114 D 1
Seulles (R.) 39 C 2
Seurre 41 D 3
Sevan (L. de) 80 D 4
Sévérac (C[aus]se de) (Plat.) 42 C 2
Sévérac[-le-Château] 42 C 2
Severn (R.) *(Ca.)* 112 H 4
Severn (R.) *(RU)* 53 C 4
Severnaïa Zemlia (Is) 83 K 1-2
Severny 81 F 2
Severodvinsk 80 C-D 2
Severo-Ienisseisk 83 J 3
Severo-Kourilsk 85 R 4
Severomorsk 62 F 2
Severoouralsk 80 E 2
Sevier (L.) 114 B 3
Sevier (R.) 114 B 3
Séville (Sevilla) 72 B 2
Sevilla (Séville) 72 B 2
Sevran 47 E 2
Sèvre Nantaise (R.) 39 C 3
Sèvre Niortaise (R.) 39 C 3
Sèvres 47 C 3
Sevron (R.) 43 D 1
Seward 112 C 4
Seward (P.) 1 C-D 21-22
Sewaren 119 E 2
Sewu (Mts) 87 M 1-2
Seybouse (O.) 105 E 1-2
Seychelles (Is) 3 L-M 6
Seydisfjördur 62 I-J 1
Seyhan (R.) 75 F 3
Seymour 118 B 3
Seyne-sur-Mer (La) 43 D 3
Seyssel 66 A 4
Seyssuel 49 K 2
Sézanne 41 C 2
Sfakion 71 D 5
Sfax 105 F 2
's-Gravenhage (La Haye) 56 B-C 2
Sgurr Mor (Mt) 52 B 2
Shaanxi (Chen Si) (Prov.) 96 A 2 (16)
Shaba (Katanga) (Prov.) 103 F 6
Shackleton (Station polaire) 1 E 32
Shackleton (Banquise de) 1 F 10-11
Shah Bahar 91 G 3
Shahdol 95 C 2
Shahgarh 94 B 2
Shahjahanpur 94 B-C 2
Shahpura 94 B 2
Shahreza 75 H 3
Shahrud 82 F 6
Shakotan (C.) 98 E 2
Shammar (Dj) 75 G 4
Shamva 107 C 1
Shan (État) 92 E 3
Shandong (Mts) 87 F-G 4
Shandong (Chan Toung) 96 B 2 (17)
Shangani 107 B 1
Shangku 97 B 2
Shangqiu 96 B 2
Shangrao 96 B 3
Shangzhi 96 C 1
Shanklin 55 F 4
Shannon 50 A 3
Shannon (R.) 50 A 3
Shantou 96 B 3
Shanxi (Chan Si) (Prov.) 96 B 2 (18)
Shaoguan 96 B 3
Shaoxing 96 C 2-3
Shaoyang 96 B 3
Shapinsay (I.) 52 G 2
Shaqra 91 E 3
Shari 98 F 2
Sharjah 91 F 3
Shark (Be de) 127 A 3
Sharm el Cheikh 75 F 4
Sharon 118 C 2
Shashe (Yarkend) 92 C 2
Shashi 96 B 2
Shasta (Mt) 114 A 2
Shasta Dam (Barr.) 113 E 5
Shasta (Rés[ervoir]) 114 A 2
Shatt el Arab (Chott) 75 G 3-4
Shawano 118 A 1
Shawinigan 118 E 1
Shawinigan (Chutes) 112 J 5
Shawnee 114 D 3
Sheboygan 118 B 2
Sheffield 53 D 4
Shelby 118 B 2
Shelbyville 118 B 3
Shellhaven 55 G 4
Shenandoah 118 D 3
Shenandoah (Mts) 118 D 3
Shenandoah (P.Nl) 118 D 3
Shenandoah (R.) 118 D 3
Shendi 102 G 4
Shengli 97 B 2
Shengyang (Moukden) 96 C 1
Sheppey (I.) 53 E 5
Sherbro (I.) 102 B 5
Sherbrooke 118 F 1
Shereik 90 D 4
Sheridan 114 C 2
Sherman 114 D 3
Sherridon 112 G-H 4
's-Hertogenbosch (Bois-le-Duc) 56 D 3
Shetland (Comté) 54 (9)
Shetland (Is) 52 G-H 1
Shetland du Sud (Is) 1 F-G 30-31
Shibam 91 E 4
Shibata 99 D 3
Shibeli (W.) 102 H 5
Shibetsu *(Jap., Hokkaïdo Est)* 98 F 2
Shibetsu *(Jap., Hokkaïdo Nord)* 98 E 1
Shiguaigou 97 B 1
Shihr 102 H-I 4
Shihtao 96 C 2
Shijiazhuang 96 B 2
Shikarpur 94 A 2
Shikingshan 97 B 2
Shikoku (Sikok) (I.) 99 C 4
Shikotan (I.) 83 O 5
Shikotsu (L.) 98 E 2
Shillom 55 F 3
Shillong 94 H 2
Shimabara 99 B 4
Shimada 99 D 4
Shimizu *(Jap., Hokkaïdo)* 98 E 2
Shimizu *(Jap., Hondo)* 99 D 4
Shimoda 99 D 4
Shimoga 94 B 3
Shimono (Is) 99 B 4
Shimonoseki 99 B 4
Shimo Yubetsu 98 E 1
Shin (Loch) (L.) 52 B 1-2
Shinano (R.) 99 D 3
Shindand 91 G 2
Shingu 99 D 4
Shinjo 98 E 3
Shinkolobwe 107 B 1
Shinyanga 106 I 2
Shinxi 97 B 1
Shiogama 98 E 3
Shiono (C.) 99 C-D 4
Shipki La (Col) 95 B 1
Shiprock 116 C 3
Shiraishi 99 E 3
Shirakami (Crillon) (C.) 98 D-E 2
Shirakawa 99 D-E 3
Shirane San (Mt) 99 D 4
Shiranuka 98 E-F 2
Shiraz 102 I 3
Shiretoko (C.) 98 F 1
Shiriya (C.) 98 E 2
Shisur 91 F 4
Shiyan 96 B 2
Shizuishan 96 A 2
Shizunai 98 E 2
Shizuoka 99 D 4
Shkodër (Scutari) 77 C 4
Shkodër (L. de) (L. de Scutari) 77 C 4
Shkumbi (R.) 77 C 4
Shodo (I.) 99 C 4
Sholapur 94 B 3
Shosanbetsu 98 E 1
Showa (Station polaire) 1 F 4-5
Shqiprija (Albanie) 22 F-G 4
Shreveport 114 D 3
Shrewsbury 53 C 4
Shuangliao 96 C 1
Shuqra 91 E 4
Shur Gaz 91 F 3
Shushal 94 B 1
Shushtar 75 G 3
Shuswap (L.) 114 B 1
Shwebo 92 E 3
Siagne (R.) 49 F 3
Siakandoba 107 B 1
Sialkot 94 B 1
Siam (Thaïlande) 86 E-F 5
Siam (G. de) 93 F 4
Siatchengtze 98 B 1
Siatista 71 B 2
Siauliai 62 D 4
Sibai 81 E 3
Sibari 70 D 3
Sibelin 37 D 2
Sibenik 65 F-G 4
Sibérie (Région) 3 M-P 3-2
Sibérie (N[ouve]lle-) (I.) 83 P 2
Sibérie Centrale (Plat. de) 87 E-F 2
Sibérie Occidentale (Région) 80 F 2-3
Sibérie Occidentale (Pl. de) 87 D-E 2
Sibérie Orientale (Mer de) 83 P-R 2
Siberie Orientale (Mts de) 87 G-I 2
Siberut (I.) 92 E 6
Sibi 94 A 2
Sibiu 76 E 3
Sibolga 92 E 5
Sibu 93 G 5
Sichuan (Se Tchouen) (Prov.) 96 A 2 (19)
Sicié (C.) 43 D 3
Sicile (Sicilia) (I.) 69 D 6
Sicile (Rég. adm.) 69 I 3 (16)
Sicile (Détr. de) 74 D 3
Sicilia (Sicile) (I.) 69 D 6
Siddeburen 56 E-F 1
Sideropolis 124 D 2
Sidheros (C.) 71 E 5
S[id]i Aïssa 105 D 2
Sidi Barrani 75 E 3
Sidi-bel-Abbès 104 C 2
Sidi el Hani (Sebkha) (L.) 69 C 7
Sidi Ferruch 105 D 1
Sidi Ifni 102 B 3
Sidi Kacem (Petitjean) 104 B 2
Sidirokastron 71 C 2
Sidley (Mt) 1 E 24-23
Sidobre (Mts) 42 C 3
Sieben Geb[irge] (Mt) 59 B 4
Siedenburg 61 C 2
Siedlce 76 D 1
Sieg (R.) 60 C 3
Siegburg 60 C 3
Siegen 60 D 3
Siem Reap 93 F 4
Siena (Sienne) 68 C 3
Sienne (Siena) 68 C 3
Sienne (R.) 39 C 2
Sierck[-les-Bains] 60 B 4
Sierentz 66 C 2
Siero 72 B 1
Sierra Blanca (Pic) 114 C 3
Sierra Grande 111 H 7
Sierra Leone 103 A 3
Sierra Vista 114 B-C 3
Sierre 66 C 3
Siesto Calende 66 D 4
Sifnos (I.) 71 D 4
Sig 104 C 2
Sigean 42 C 3
Sighetu-M[are] 76 D-E 3
Sighişoara 76 E 3
Siglufjördur 86 K 1
Sigmaringen 66 E 1
Siguiri 102 B-C 4
Siirt 75 G 3
Sikar 94 B 2
Sikasso 102 C 4
Sikhota Alin (Mt) 87 G 3
Sikinos (I.) 71 D 4
Sikkim (État) 94 G 2
Sikok (Shikoku) (I.) 99 C 4
Siktiak 83 M 3
Sikuang Shan 97 A-B 3
Sil (R.) 72 B 1
Silandro (Schlanders) 66 F 3
Silchar 94 D 2
Sile (R.) 65 E 3
Şile 71 F 2
Silésie (Région) 76 B-C 2
Silgarbi 94 C 2
Silifke 75 F 3
Siliguri 95 C 2
Siling Co (Ziling Tsó) (L.) 94 C 1
Silinhot (Abagnar Qi) 85 N 5
Silistra 77 E 3
Silivri 71 F 2
Siljan (L.) 62 C 3
Silkeborg 58 C 1
Sillé-le-G[uillaume] 39 C 2
Sils 66 E 3
Silvaplana 66 E 3
Silvermines 54 D-E 3
Silver Spring 118 D 3
Silvretta (Mts) 66 E-F 3
Sim (C.) 104 A 3
Simav 71 F 3
Simav (R.) 71 F 3
Simbach 59 E 5
Simcoe 118 C 2
Simcoe (L.) 118 D 1
Simeto (R.) 69 E 6
Simeulue (I.) 92 E 5
Simferopol 80 C 4
Simi 71 E-F 4
Simi (I.) 71 E 4
Simla 94 F 1
Simme (R.) 66 C 3
Simmental (Val) 66 C 3
Simmern 60 C 4
Simo (R.) 62 E 2
Simo (L.) 62 E 2
Simonstown 107 A 3
Simplon (Col) 66 C 3
Simplon (Tunnel) 67 C 2
Simpson (Désert de) 127 C 3
Simrishamn 58 F 2
Sinaï (Massif) 102 G 3
Sinaï (P. du) 102 G 3
Sinaia 76 E 3
Sinaloa 120 B 2
Sinaloa (État) 120 B 2
Sinantchinskij (Mts) 98 C 2
Sinaouen 105 F 3
Sincelejo 121 E 4
Sind (Région) 94 A 2
Sindelfingen 61 C 4
Sindirgi 71 E-F 3
Sines 72 A 2
Singa 90 D 4
Singapour 93 F 5
Singaradja 93 G 6
Singareni 95 C 3
Singen 66 D 2
Singhbum 89 D-E 3
Singida 106 I 2
Singitikos (G.) (G. d' Hagion Öros) 71 D 2-3
Singrauli 95 C 2
Sini (Mts) 98 C 1
Sinj 65 G 4
Sinkat 90 D 4
Sinkiang Ouïgour (Xinjiang Uygur) (Rég. aut.) 92 D-E 1
Sin-le-N[oble] 45 E 3
Sinn (R.) 60 E 3
Sinope 80 C 4
Sinpo 98 B 2-3
Sinsheim 60 D 4
Sintang 93 G 5
Sintra 72 A 2
Sinuiju 96 C 1
Sió (R.) 68 G 1
Siófok 76 C 3
Sion 66 C 3
Sion-Vaudémont (Butte de) (Mt) 41 D-E 2
Siouah (Siwa) 102 F 3
Sioule (R.) 42 C 1
Sioux City 114 D 2
Sioux Falls 114 D 2
Sioux (Big) (R.) 114 D 2
Sioux Lookout 114 D 1-2
Siping 96 C 1
Siple (Station polaire) 1 E 28-27
Siple (Mt) 1 E 24
Sipora (I.) 92 E 6
Siquijor 89 G 4
Siracusa (Syracuse) 69 E 6
Sirajganj 94 C-D 2
Sir Edward Pelley (Is) 127 C 2
Siretul (R.) 76 E 3
Sirhân (W.) 75 F 3
Sirino (Mte) 77 B 4
Sirohi 94 B 2
Siros (I.) 71 D 4
Siroua (Dj.) 104 B 3
Sirpur 94 B 3
Sirsa 94 B 2
Sir Wilfrid Laurier (Mt) 114 A-B 1
Sisak 65 G 3
Sishen 107 B 2
Sissonne 41 C 2
Sisteron 48 D-E 2
Sitapur 94 B-C 2
Si Tcheou 96 C 3
Siteia 71 D-E 5
Sitka 112 D 4

Sitpur 94 B2
Sittard 60 A2-3
Sitter (R.) 66 E2
Situbondo 89 N1
Sivas 75 F3
Siwa (Siouah) 75 E4
Six-Fours 48 D4
Sizewell 55 G3
Sjælland (Seeland) (I.) 51 F-G3
Sjællands Odde (C.) 58 D1-2
Sjenica 77 D4
Skælskör 58 D2
Skagafjördur (G.) 62 H-I1
Skagen 51 F2
Skagen (Grenen) (C.) 51 F2
Skagerrak (Détr.) 62 A-B4
Skagway 112 D4
Skala 71 C3
Skälderviken (Be) 51 F-G2
Skalka (L.) 62 C2
Skanderborg 58 C-D1
Skantzura (I.) 71 D3
Skardu 92 C2
Skarżysko-K[amienna] 76 D2
Skeena (R.) 112 E4
Skegness 53 E4
Skellefteå 62 D3
Skellefte Å[lv] (R.) 62 C-D2-3
Skhumbi (R.) 71 A2
Skiathos (I.) 71 C3
Skien 51 F2
Skierniewice 76 D2
Skikda (Philippeville) 105 E1
Skipton 53 C4
Skive 58 C1
Skive Å[lv] (R.) 58 C1
Skiza (I.) 71 B4
Skjálfandafljót (R.) 62 I1
Skjern 58 C2
Skjern Å[lv] (R.) 58 C2
Sköldvik 63 E3
Skomvaer (I.) 62 B2
Skopelos 71 C-D3
Skopelos (I.) 71 C3
Skopin 81 C3
Skopje 77 D4
Skotchino 81 C3
Skövde 51 G2
Skovorodino 83 M4
Skudeneshavn 51 E2
Skye (I.) 52 A2
Skyros 71 D3
Skyros (I.) 71 D3
Slagelse 58 D2
Slagen 63 A-B4
Slamet (Mt) 93 F6
Slaney (R.) 53 A4
Slănic 78 E3
Slaný 59 F4
Slatina *(Ro.)* 77 E3
Slatina *(Croatie)* 68 F2
Slavgorod 84 J-K4
Slaviansk 75 F2
Slavjanka 96 D1
Slavonie (Région) 68 F-G2
Slavonska Požega 68 F2
Slavonski Brod 68 F-G2
Sleaford 53 D4
Sleat (Sound of) (Détr.) 52 A-B2
Sleipner 55 G2
Slide (Mt) 118 E2
Sliedrecht 56 C3
Sligo 50 A3
Slioudianka 85 M4
Slite 63 C4
Sliven 77 E4
Slivnica 77 D4
Slobozia 77 E3
Slochteren 56 E-F1
Slonim 76 E1
Sloten 56 D2
Slough-Windsor 55 F4
Slouj (R.) 76 E2
Sloutsk 76 E1
Slovaquie (Rép.) 22 F-G4
Slovénie (Rép. de) 65 E-G3-2
Słubice 58 F3
Sluis 56 B3
Sluiskil 57 B3
Slunj 65 F3
Słupsk (Stolp) 76 C1
Slykkishólmur 62 H1-2
Slyne (C.) 50 A3
Småland (Région) 51 G2
Smålandsfarvandet (Be) 58 D2
Smallwood (Rés[ervoi]r) 115 G1
Smederevo 77 D3
Smeinogorsk 82 I4
Smith (Détr. de) 112 J2
Smith's Falls 118 D1
Smoky (R.) 114 B1
Smoky Hill (R.) 114 C-D3
Smöla (I.) 62 A3
Smolensk 80 C3
Smolikas (Mt) 71 B2
Smoljan 71 D2
Smyrna 118 E3
Smyrne (Izmir) 77 E5
Snaefell (Mt) *(Isld.)* 62 I2
Snaefell (Mt) *(RU)* 52 B3
Snake (R.) 114 B2
Sneek 56 D1
Sneuwberg (Mt) 103 F9
Snezka (Mt) 76 B2
Sneżnik (Mt) 65 F3
Sniardwy (L.) 76 D1
Snöhetta (Mt) 62 A3
Snönut (Mt) 51 E2
Snowdon (Mt) 53 B4
Snow Lake 116 C-D1
Sobat (R.) 102 G5
Sobral 122 E-F3
Soča (R.) 76 B3
Sochaux 44 C5
Société (Is de la) 125 E4
Socorro 121 E4
Socotra (Suqutra) (I.) 91 F4
Sodankylä 62 E2
Söderhamn 62 C3
Söderköping 51 H2
Södermanland (Région) 51 G-H2
Södertälje 51 H2
Sodiri 102 F-G4
Soest 60 D2
Soester Börde (Pl.) 60 D2
Sofades 71 C3
Sofala (Beira) 103 G7
Sofia 77 D4
Sofrana (I.) 71 E4
Sofu Gan (Lot's Wife) (I.) 96 E3
Sogamoso 120 H2
Sogndal 55 H1
Sogne Fjord 62 A3
Sôhar 91 F3
Soignies 45 F-G2
Soissonnais (Région) 40-41 C2
Soissons 41 C2
Soisy 47 C2
Sokal 76 E2
Söke 71 E4
Sokhondo (Mt) 83 L5
Sokndal 63 A4
Sokodé 102 D5
Sokolov 78 B2
Sokosti (Mt) 62 E2
Sokoto 102 D4
Sokoto (R.) 102 D4
Sölden 67 D2
Solent (Détr.) 40 A1
Solesmes *(Fr., Nord)* 56 B4
Solesmes *(Fr., Sarthe)* 40 A3
Soleure (Canton) 67 I1
Soleure (Solothurn) 66 C3
Solferino 64 D3
Soligorsk 76 E-F1
Solihull 53 D4
Solikamsk 80 E3
Sol-Iletsk 80 E3
Soliman 69 C6
Solimões (Amazone) (R.) 122 C3
Solingen 60 B-C2
Sollefteå 62 C3
Solliès-Pont 43 E3
Solling (Mts) 60 E2
Solnhofen 59 D5
Sologne (Région) 40 B-C3
Sologne Bourbonnaise (Région) 41 C3
Solomon (R.) 114 C-D3
Solonker 97 A1
Solor (Is) 93 H6
Solothurn (Soleure) 66 C3
Soloum 75 E3
Solre [-le-Château] 45 G3
Šolta (I.) 68 F3
Soltau 58 C3
Sölvesborg 58 F1
Solway Firth (Be) 52 C3
Solwezi 106 H3
Soma *(Jap.)* 99 E3
Soma *(Turq.)* 71 E3
Somain 45 E3
Somalie 103 D3
Somalies (Auge des) 3 L5
Somalis (P. des) 100 D3
Sombor 76 C3
Somerset 118 D2
Somerset (Comté) 54 C3(35)
Somerset (I.) 112 H2
Somerset (Pl. du) 53 C5
Somerset West 107 A-B3
Someșul (Szamos) (R.) 76 D3
Somme (R.) 29 C2
Somme (Be de la) 45 B3
Somme (80) (Dépt) 23 C1
Somme (Ct de la) 37 G1
Sommen (L.) 51 G2
Somosierra (Col) 72 C1
Somport (C[ol] du) 42 A3
Somport (Tunnel du) 37 B3
Son (R.) 94 C2
Sonagpur 95 C2
Sonde (Fosse de la) 3 O5-6
Sonde (Is de la) 3 N-O5-6
Sonde (Grandes Is de la) 87 F-G6
Sonde (Mer de la) (Mer de Flores) 93 F-G6
Sonde (Petites Iles de la) 87 F-G6
Sonde (Plate-Forme de la) (Hauts-fonds) 3 O5-6
Sonde (Détr. de la) 93 F6
Sönderborg 58 C2
Sondershausen 61 D3
Söndre Strömfjord 112 L-M3
Sondrio 66 E3
Songeons 46 E1
Songhua [Tiang] (Soungari, Soung Houe Kiang) (R.) 96 C1
Songkhla 93 F5
Song Koï 87 F4
Song Shan (Mts) 96 B2
Sonnblick (Mt) 59 E6
Sonneberg 59 D4
Sonnenberg (Mt) 66 C2
Sonora (État) 114 B-C4
Sonora (R. de) 114 B4
Sonoran Desert (Désert de Gila) 114 B3
Sonsorol (Is) 125 A3
Sonthofen 66 F2
Soonwald (Mts) 60 C4
Sopot 76 C1
Sopron 65 G2
Sopur 94 B1
Sor (R.) 42 C3
Sora 68 D4
Sorel 118 E1
Sorgues 48 B2
Sorgues (R.) 42 C3
Soria 72 C1
Sörlandet (Région) 63 A4
Sorlingues (Scilly) (Is) 53 A6
Soro (Bahr el Ghazal) (O.) 102 E4
Sorocaba 123 E5 (13)
Soroki 76 E-F2
Sorong 93 I6
Soröya (I.) 62 D1
Soröyasundet (Détr.) 62 D1
Sorraia (R.) 72 A2
Sorrente (Sorrento) 77 B4
Sorrento (Sorrente) 69 E4
Sorsatunturi (Mt) 62 E2
Sorsele 62 C2
Sortavala 62 F3
Sortino 69 E6
Sosneado 124 B3
Sosnowiec 76 C-D2
Sospel 49 G2
Sosva (R.) 82 G3
Sotchi 80 C4
Soto la Marina (R.) 120 C2
Sotteville[-lès-Rouen] 40 B2
Sottomarina 67 E3
Souabe (Schwaben) (District) 58
Souabe (Jura) (Mts) 59 D5-6
Souabe (Plat.) 64 C-D2-1
Souabo-Bavarois (Plat.) 59 C-E5-4
Soudan 103 C3
Soudan (Région) 100 A-C3
Soude (R.) 41 D2
Soudron 34 D1
Souf (Région) 105 E2
Soufrière (Mt) 121 M1
Souillac 42 B2
Souk-Ahras 105 E-F1
Soukani 105 F2
Souk el Arba (Jendouba) 105 F1
Souk el Arba du Rharb 104 B2
Soukhe Bator (Altan Boulak) 85 M4
Soukhona (R.) 80 D2
Soukhoumi 80 C-D4
Soulac[-sur-Mer] 42 A2
Souleïman (Mts) 94 A1-2
Soultz 44 D5
Soulzmatt 44 D5
Soumgaït 80 D-E4
Soummam (O.) 105 E1
Soumy 80 C3
Soungari (Songhua [Tiang], Soung Houe Kiang) (R.) 96 B1
Soungari (Réservoir du) 98 A2
Soung Houe Kiang (Soungari, Songhua [Tiang]) (R.) 98 B1
Sounion (C.) 71 C-D4
Sountar 83 L-M3
Sour (Tyr) 90 I1
Soura (R.) 80 D3
Sources (Mt aux) 103 F-G8
Sourdeval 39 C2
Sour-el-Ghozlane (Aumale) 105 D-E1
Sourgout 82 H3
Souris (R.) 114 C2
Sous (Pl.) 104 A3
Sous (O.) 104 A3
Sous le Vent (Is) 121 F3
Sousouman 83 O3
Sousse 105 F2
Soustons 42 A3
Soustons (Étg. de) 42 A3
Sous-Vosgiennes (Coll.) 41 E2-3
Souterraine (La) 42 B1
Southampton *(RU)* 40 A1
Southampton *(US)* 118 E-F2
Southampton (I.) 112 I3
South Baymouth 119 C1
S[outh] Bend 118 B2
South Carolina (État) 115 E-F3
South Downs (Mts) 40 A-B1
Southend 53 E5
[Southern] Indian (Indien) (L.) 114 C-D1
Southern Uplands (Mts) 50 B-C3
Southern Ute (Rés. Ind.) 114 C3
South Foreland (C.) 53 E5
South Glamorgan (Comté) 54 C3(7)
[South] Hamilton 55 G2
South Haven 118 B2
South Ice (Station polaire) 1 D34-1
South Platte (R.) 114 C2
Southport 53 C4
South Portland 118 F2
South Ronaldsay (I.) 52 G2
South Saskatchewan (R.) 114 B-C1
South Shields 52 D3
South Uist (I.) 52 A2
South Yorkshire (Comté) 54 C2(36)
Souvigny 42 C1
Souvorov (Is) 125 D4
Sovietsk (Tilsit) 76 D1
Sovietskaïa Gavan 83 N-O5
Sovietskoïe 85 L3
Soya 98 E1
Soya (C.) 98 E1
Soyo 106 G2
Spa 60 A3
Spaichingen 66 D1
Spalding 53 D4
Spanish Town 121 E3
Sparrows Point 119 D-E3
Spartanb[ur]g 117 E3
Sparte (Sparti) 71 C4
Spartel (C.) 72 B3
Sparti (Sparte) 71 C4
Spartivento (C.) *(It.)* 69 F6
Spartivento (C.) *(It., Sardaigne)* 69 B5
Spassk Dalniy 98 C1
Spatha (C.) 71 C5
Spencer 118 C3
Spencer (G. de) 127 C4
Spercheiós (R.) 71 C3
Sperrin (Mts) 52 A3
Spessart (Mts) 59 C4-5
Spetsai (I.) 71 C4
Spey (R.) 52 C3
Speyer (Spire) 60 D4
Speyerb[ach] (R.) 60 D4
Spiekeroog (I.) 58 B3
Spiez 66 C3
Spire (Speyer) 60 D4
Spišska N[ová] [Ves] 76 D2
Spithead (Détr.) 53 D5
Spittal [an der Drau] 59 E5
Spitzberg (Svalbard) (Is) 82 C-D2
Spitzberg Occidental (I.) 82 A-B2
Split 65 G4
Splügen (Col) 64 C2
Spokane 114 B2
Spöl (R.) 66 F3
Spolète (Spoleto) 68 D3
Spoleto (Spolète) 68 D3
Sporades (Is) 71 D-E3-4
Sporades septent[riona]les (Is) 71 D3
Spragge 119 C1
Spratley (Is) 93 G4
Spreca (R.) 68 G2
Spree (R.) 59 F4
Spreewald (Région) 58 E-F3-4
Spremberg 58 F4
Springbok 107 A2
Springe 60 E1
Springfield *(US, Ill.)* 115 D-E2-3
Springfield *(US, Mass.)* 118 E2
Springfield *(US, Mo.)* 114 D3
Springfield *(US, Ohio)* 118 C2-3
Springfield *(US, Vt)* 118 E2
Springs 103 F-G8
Spurn (C.) 53 D-E4
Squaw Valley 114 A3
Squillace (G. de) 69 F5
Srebrenica 79 C3
Sredne-Kolymsk 83 O-P3
Sredni-Ourgal 85 P4
S[remska] Mitrovica 77 C-D3
Sretensk 83 L-M4
Sri Lanka (Ceylan) 86 E5
Srinagar 94 F1
Stade 58 C3
Stadskanaal 56 E2
Stadthagen 60 E1
Stadtkyll 60 B3
Stadtlohn 60 B-C1
Staffa (I.) 52 A2
Staffelfelden 44 D5
Stafford 53 C4
Staffordshire (Comté) 54 C2(37)
Stains 47 D2
Stalinabad (act. Douchanbé) 82 G6
Stalingrad (Volgograd) 82 E5
Stalowa Wola 76 D2
Stamford 118 E2
Standerton 107 B2
Standing Rock (Rés. Ind.) 114 C2
Standish 118 C1-2
Stanger 107 C2
Stanke Dimitrov 77 D4
Stanley 123 D8
Stanovoï (Mts) 87 G3
Stanovoï (Plat. de) 83 L4
Stans 66 D3
Stanthorpe 126 E3
Stanzertal 66 F2
Starachowice 76 D2
Staraïa Roussa 80 B-C3
Stara Zagora 77 E4
Starbuck (I.) 125 E4
Stargard 62 C5
Starnberger See (L.) 59 D5
Starke 117 E3
Starograd 62 C5
Starokonstantinov 76 E2
Starooutkinsk 81 E3
Start Point (C.) 53 C5
Stary Oskol 80 C3
Stassfurt 58 D4
State College 118 D2
Staufen 66 C2
Staunton 118 D3
Stavanger 51 E2
Stavelot 56 D-E4
Staveren 56 D2
Stavropol 80 D4
Stavros 71 C2
Stavros (C.) 71 D5
Stebark (Tannenb[er]g) 76 C-D1
Steenbergen 56 C3
Steenvoorde 45 D2
Steenwijk 56 E2
Steep (C.) 127 A3
Steep Rock Lake 115 D-E2
Stefansson (I.) 112 F-G2
Steigerwald (Mts) 59 D5
Steinach 67 D2
Stein a[m] Rh[ein] 66 D2
Steinau 60 E3
Steiner A[lpen] (Mts) 65 F2
Steinfort 56 D-E5
Steinheim 60 E2
Steinhuder Meer (L.) 58 C3
Steinkjer 62 B3
Stellenbosch 107 A-B3
Stello (Mt) 43 H2
Stelvio (Col) 66 F3
Stenay 56 D5
Stendal 58 D3
Stepanakert 75 G3
Sterling 114 C2
Sterlitamak 80 E3
Sterzing (Vipiteno) 65 D2
Stettin (Szczecin) 58 F3
Stettler 114 B1
Steubenville 118 C2
Stevns Klint (C.) 58 E2
Stewart (I.) 3 Q-R8
Steyenage 55 F-G4
Steyr 59 F5
Steyr (R.) 59 F6
Steyrermühl 61 E-F5
Stiens 56 D1
Stikine (Mts) 112 E4
Stikine (R.) 112 D4
Stikine Valley 111 E2
Stiol (C[ol] de) 76 E3
Štip 77 D4
Stiring-Wendel 41 E2
Stirling 52 B-C2
Stirling (Mt) 127 A4
Stock (Étg du) 44 C-D3
Stockach 60 D-E2
Stockerau 65 G1
Stockholm 51 H2
Stockhorn (Mt) 66 C3
Stockport 53 C-D4
Stockton 114 A3
Stockton on Tees 52 D3
Stoke on Trent 53 C4
Stolberg 60 B3
Stolbovoï (I.) 83 N2
Stolp (Słupsk) 76 C1
Stonehaven 52 C-D2
Stoos 67 C2
Stör (R.) 58 C2
Storå (R.) 58 C1
Stora Lule Å[lv] (R.) 62 D2
Stora Lulevatten (L.) 62 C2
Store Baelt (G[ran]d Belt) (Détr.) 58 D2
Stören 63 B3
Stor Fjord 62 A3
Stornorrfors 63 C3
Stornoway 52 A1
Stor Sjön (L.) 62 B3
Storuman 63 C2
Storvätteshogna (Mt) 62 B3
Stoupino 81 C3
Stour (R.) *(RU, Dorset)* 53 C-D5
Stour (R.) *(RU, Essex-Suffolk)* 53 E4-5
Stour (R.) *(RU, Kent)* 53 E5
Stowmarket 53 E4
Strabane 52 A3
Straelen 56 E3
Strahan 127 D5
Strakonice 59 E-F5
Stralsund 58 E2
Strangford Lough (Be) 52 A-B3
Stranraer 52 B3
Strasbourg 44 E3
Strässa 63 B-C4
Stratfjord 55 G1
Stratford *(Ca., Ontario)* 118 C2
Stratford *(Ca., Québec)* 117 F2
Stratford [up]on Avon 53 D4
Strath Clyde (Comté) 54 B1(10)
Strathcona (Parc prov.) 114 A2
Strathroy 118 C2
Stratos 71 B3
Straubing 59 E5
Strausberg 58 E-F3
Střela (R.) 59 E4
Stresa 66 D4
Stříbro 59 E5
Strimon (Struma) (R.) 77 D4
Strofadhes (Strophades) (Is) 71 B4
Stromberg (Mt) 60 D-E4
Stromboli (I.) 69 E5
Stromness 52 G2
Strömstad 51 F2
Strömsund 63 C3
Stronsay (I.) 52 G2
Strophades (Strofadhes) (Is) 77 D5
Stroudsburg 118 E2
Struer 58 C1
Struga 71 B2
Struma (Strimon) (R.) 77 D4
Strumica 71 C2
Strumica (R.) 71 C2
Stružec 70 D1
Stry 76 D-E2
Stry (R.) 76 D2
Stuart (L.) 114 A1
Stubbeköbing 58 E2
Stubbenkammer (C.) 58 E-F2
Stura[di Demonte] (R.) 43 E2
Sturge (I.) 1 F18-17
Sturgeon Bay 118 B1
Sturgeon Falls 118 D1
Sturgis 118 B2
Sturt Creek (R.) 127 B2
Sturt Desert 127 C3
Stutterheim 107 B3
Stuttgart 59 C5
Stykkishólmur 62 H1
Stylis 71 C3
Styr (R.) 76 E2
Styrie (Alpes de) (Mts) 65 F2
Suakin 102 G4
Suao 96 C3
Subotica 76 C3
Suceava 76 E3
Sucre 122 C4
Sucy-en-Brie 47 E3
Sud (Alpes du) (Mts) 38 G1
Sud (Mer du) 2 A-B6-7
Sud (C.) 127 F2
Sud (I. du) (I. de Jade) 127 G2
Sud (Récifs du) 125 J1
Sud-Africains (Hauts-Plat.) 3 J-K7
Sud-Atlantique (Seuil) 2 I8-6
Sud-Bade (District) 58
Sud-Brésilien (Bassin) 2 H7
Sudbury *(Ca.)* 118 C1
Sudbury *(RU)* 53 E4
Sudd (Marais) 102 F-G5
Sude (R.) 58 D3
Sud-Est (C.) 127 D5
Sudètes (Mts) 76 B-C2
Sud-Hollande (Prov.) 56
Sudr 90 D3
Sud-Wurtemberg-Hohenzollern (District) 58
Suède (Sverige) 22 F-G3-2
Suède (Pl. de) 18 F3-2
Suez (El Suweis) 75 F3
Suez (Ct de) 75 F3
Suez (G. de) 75 F4
Suffolk (Comté) 54 D2 (38)
Suflion 71 E2
Suhl 59 D4
Suhr (R.) 66 D2
Sui 95 A2
Suide 96 A2
Suifenhe 98 B1
Suippes 41 D2
Suippes (R.) 41 D2
Suir (R.) 53 A4
Suisse (Confédération Helvétique) 22 E4
Suisse (Plat.) 59 B6
Suisse Normande (Région) 40 A2
Sukabumi 93 F6
Sukadana 93 G6
Sukagawa 99 D-E3
Sukarnapura (Hollandia, Kota Baru) 17 Q6
Sukinda 95 C2
Sukki 98 D2
Sukkur 94 A2
Sukna 91 D2
Sukumo 99 C4
Sula (Is) 93 H6
Sulawesi (Célèbes) (I.) 93 G-H6
Sulaymaniyah 75 G3
Sulina 76 F3
Sulitjelma (Mt) 62 C2
Sullana 122 A-B3
Sullom Voe 55 F1
Sully[-sur-Loire] 40 C3
Sulmona 68 D3
Sultanhisar 71 F4-3
Sulu (Mer de) 87 F-G5
Sulu (Is) 93 H5
Suluq 74 E3
Sulzbach 44 D2
Sumatra (I.) 92-93 E-F5-6
Šumava (Forêt de Bohême, Böhmerwald) (Mt) 59 E-F5
Sumba (I.) 93 G6-7
Sumbawa 93 G6
Sumbawa (I.) 93 G6
Sumbawanga 106 I2
Sumbe 103 E7
Sumburgh (C.) 52 H2
Šumen 77 E4
Sumisu (I.) 96 E2
Sumisushima (I.) 99 D5
Summerside 115 G2
Sumoto 99 C4
Šumperk 76 C2
Sumter 121 D-E1
Sunbury 118 D2
Sunderbans (Région) 94 C-D2
Sunderland 52 D3
Sundgau (Région) 44 D5
Sundhouse 44 E4
Sundsvall 62 C3
Sungpan 97 A2
Sunndal 63 A3
Sunrise 116 C2
Sunrise Hill 126 B3
Süntel (Mts) 60 E1
Sun Valley 114 B2
Sunyani 106 B2
Suo (G. de) 99 B4
Suomenlinna 62 E3
Suomenselkä (Région) 62 D-E3
Suomi (Finlande) 22 G2
Super-Besse 38 F1
Superga 43 E2
Supérieur (L.) 115 E2
Superior 114 D2
Super-Lioran 38 F1
Suphan (Mt) 75 G3
Supung (Barr.) 96 C1
Suqutra (Sacotra) (I.) 91 F4
Sur 91 F3
Surabaja 93 G6
Surakarta 93 G6

Suran (R.) 66 A3
Surat 94 B2
Suratgarh 94 B2
Sûre (Sauer) (R.) 60 B4
Suresnes 47 C2
Surgères 39 C3
Surigao 93 H5
Surin 93 F4
Suriname 111 N2
Surnadal 62 A3
Surpi 71 C3
Surrey (Comté) 54 C3(39)
Sursaari (I.) 62 E3
Sursee 66 D2
Surt (Syrte) 74 D3
Surtsey (I.) 62 H2
Suruga (Be de) 96 D2
Survilliers 46 F-G2
Sury 49 J2
Sušac (I.) 68 F3
Susaki 99 C4
Susangerd 91 E2
Suse 43 E2
Sušice 59 E5
Susitna (R.) 113 C3
Susquehanna (R.) 118 D2-3
Sussex (East) (Comté) 54 D3(13)
Sussex (West) (Comté) 54 C3(44)
Susten (Col) 66 D3
Susurlu (R.) 71 F3-2
Susurluk 71 F3
Sutchan 96 D1
Sutla (R.) 65 F2
Sutlej (Satledj) (R.) 94 B1
Suttsu 98 E2
Suva 125 C4
Suvas (L.) 62 E3
Suwalki 76 D1
Suwannee (R.) 115 E3-4
Suwon 96 C2
Su Xian 96 B2
Suze (R.) 66 C2
Suze (La) 39 C-D3
Suzhou 96 C2
Suzu 99 D3
Suzu (C.) 99 D3
Suzuka 99 D4
Svalbard (Spitzberg) (Is) 82 C-D2
Svanstein 63 D2
Svartenhuk (P.) 112 K-L2
Svartisen (Mts) 62 B2
Svealand (Région) 51 G-H2
Svedala 58 E2
Sveg 63 B3
Svelgen 63 A3
Svendborg 58 D2
Sverdlovsk 80 F3
Sverdrup (Détr. de) 112 G-H1-2
Sverdrup (I.) 82 H-I2
Sverdrup (Is) 112 G-H2
Sverige (Suède) 22 F-G3-2
Svetac (I.) 68 E3
Svetlaïa 98 D1
Svetlogorsk 76 F1
Svetozarevo 79 D4
Svilajnac 77 D3
Svilengrad 71 E2
Sviloj (R.) 76 E-F1
Svir (R.) 80 C2
Svirstroï 80 C2
Svištov 77 E4
Svobodny 83 M-N4
Svolvaer 62 B-C2
Svratka (R.) 65 G1
Swains (I.) 125 D4
Swakopmund 103 E8
Swale (R.) 52 D3
Swan (I.) (I. del Cisne) 121 D3
Swanage 40 A1
Swan (R.) 127 A4
Swansea 53 B-C5
Swansea (Be de) 53 B-C5
Sw[aziland] 103 C5
Sweetwater 114 C3
Świdnica 76 C2
Swift Current 114 C1
Swilly (Lough) (Be) 52 A3
Swindon 53 D5
Swinemünde (Świnoujście) 76 B1
Świnoujście (Swinemünde) 58 E-F3
Sydney *(Austral.)* 127 E4
Sydney *(Ca.)* 112 L5
Sydney *(US)* 119 B-C2
Sydney Mines 115 G-H2
Sykia 71 C-D2
Syktyvkar 80 D-E2
Sylane (Mt) 62 B3
Sylhet 94 D2
Sylt (I.) 58 C2
Synthe (G[ran] de) 45 C1
Syracuse (Siracusa) *(It.)* 69 E6
Syracuse *(US)* 118 D2
Syr Daria (R.) 82 G5
Syrianovsk 82 I5
Syrie 86 B-C4
Syrie (Désert de) 75 F3
Syrina (I.) 71 E4
Syrte (Surt) 74 D3
Syrte (Grande) (Be) 102 E2
Syrte (Petite) (Be) 102 E2
Syväri (L.) 62 E3
Syzran 80 D3
Szamos (Someşul) (R.) 76 D3
Százhalombatta 78 C3
Szczecin (Stettin) 58 F3
Szczecinek (Neustettin) 76 C1
Szeged 76 D3
Szekesfehérvár 68 G1
Szekszárd 76 C3
Szentes 76 D3
Szentgotthárd 68 F1
Szolnok 76 D3
Szombathely 65 G2

T

Taapuna 125 K1
Tabarka 105 F1
Tabas 91 F2
Tabasco (État) 120 C3
Tabelbala 104 C3
Taberg (Mt) 51 G2
Tábor 59 F5
Tabora 103 G6
Tabriz 75 G3
Tacaná (Mt) 120 C3
Tachaouz 82 F5
Tacheng 82 I5
Tachikawa 99 D4(14)
Tachira 120 H2
Tachkent 82 G5
Tachov 59 E5
Tachtagol 82 I4
Tacna 122 B4
Tacoma 114 A2
Taconic Ra. 118 E2
Taconite Harbor 117 D2
Tacuarembó 124 C3
Tademaït (Plat.) 102 D3
Tadjerouine 105 F2
Tadjikistan (Rép. de) 86 (XII)
Taebaek (Mts) 98 A-B3
Taegu 99 B4
Taejon 96 C2
Tafassasset (O.) 102 D-E3
Tafila 90 I4
Tafilalet (Région) 104 B-C3
Tafna (O.) 104 C2
Tafraoute 104 A3
Taganrog 80 C4
Tage (Tajo, Tejo) (R.) 72 B2
Taggia 49 H3
Taghdempt (Tiaret) 105 D2
Taghit 104 C3
Tagliamento (R.) 65 E2
Tagula (I.) 127 E2
Tahan (Mt) 93 F5
Tahat (Mt) 102 D3
Tahawus 119 E2
Tahiti (I.) 125 E4
Tahiti-Nui (I.) 125 K1
Tahoe (L.) 114 A-B3
Tahoua 102 D4
Tai (P.Nt) 106 B2
Taian 96 B2
Taiarapu (P.) 125 K1
Taiba 101 B3
Taibai (Mt) 96 A2
Taïchet 83 J4
Taïchong 96 C3
Taif 102 H3
Taïga 82 I4
Taïhang Shan (Mts) 93 G2
Tai Hu (L.) 96 B-C2
Taillebourg 39 C4
Taillefer (Mts) 43 D2
Taima 91 D3
Taïmyr (R.) 83 J2
Taïmyr (L. de) 83 K2
Taïmyr (P. de) 83 J-K2
Tain 52 B2
Taïnan 96 B-C3
Tainaron (Matapan) (C.) 71 C4
Tain[-l'Hermitage] 43 D2
Taipeh 96 C3
Taiping 93 F5
Taira 99 E3
Tai Shan (Mt) 93 G2
Taitao (P.) 123 B7
Taitung 96 C3
Taïvalkoski 62 E2
Taïwan (Formose) 86 G4
Taiyuan 96 B2
Taizhou 93 H2
Ta'izz 102 H4
Tajo (Tage, Tejo) (R.) 72 B2
Tajumulco (Mt) 120 C3
Tajuña (R.) 72 C1
Tak 92 E4
Takada 99 D3
Takahashi 99 C4
Takahe (Mt) 1 E26-25
Takamatsu 99 C4
Takanabe 99 B4
Takang 97 B2
Takanosu 98 D-E2
Takaoka 99 D3
Takasaki 99 D3
Takatsuki 99 C4(20)
Takayama 99 D3
Take (Is) 99 B-C3
Takefu 99 C-D4
Takholo 98 C1
Taklimakan (Désert) 87 D-E4
Talara 122 A3
Talaud (Is) 93 H5
Talavera de la Reina 72 B2
Talaya 85 R3
Talbert (Sillon de) (Pte) 39 B2
Talbot (C.) 127 B2
Talca 123 B6
Talcahuano 123 B6
Taldy-Kourgan 82 H5
Talence 42 A2
Taliqan 94 A-B1
Talitse 97 C1
Tallahassee 115 E3
Tallinn 82 C4
Talmont 39 C3
Taloda 94 B2
Talsi 62 D4
Talsinnt 104 C2
Talsperre (L.) 60 D-E2
Taltal 123 B5
Tamalé 102 C5
Tamanrasset 102 D3
Tamanrasset (O.) 102 D3
Tamar (R.) 53 B5
Tamatave (Toamasina) 103 H-I7
Tamaulipas (État) 114 D4
Tamba (Plat. de) 99 C4
Tambacounda 102 B4
Tambao 106 B1
Tambov 80 D3
Tambura 102 F5
Tamega (R.) 72 B1
Tamgak (Mt) 102 D4
Tamiahuo (Lag[una] de) 120 C2
Tamil Nadu (État) 94 F3-4
Tamina (R.) 66 E3
Tamise (R.) 53 D5
Tamlelt (Pl. de) 104 C2
Tampa 115 E4
Tampa (Be de) 115 E4
Tampere 62 D3
Tampico 120 C2
Tamsweg 59 E-F6
Tamtsak Bulak 85 N5
Tamworth 127 E4
Tana (R.) *(Fin.-Nor.)* 62 E2
Tana (R.) *(Kenya)* 102 H6
Tana (R.) *(Russie)* 80 D3
Tana (I.) 125 C4
Tana (L.) 102 G4
Tanabe 99 C4
Tana Fjord 62 E1
Tanagura 99 D-E3
Tanami (Désert de) 127 C2
Tanana 112 B-C3
Tanana (R.) 112 C3
Tananarive (Antananarivo) 103 H7
Tanargue (Mt) 43 D2
Tanaro (R.) 43 E2
Tancarville (Pont de) 46 B2
Tancarville (Cl de) 46 B2
Tanchon 98 B2
Tandaho 91 E4
Tandil 123 D6
Tandjungbalai 92-93 E-F5
Tandjungkarang 93 F6
Tandjungperiuk 89 L1
Tandjungselor 93 G5
Tanegashima (I.) 99 B5
Tanezrouft (Désert) 102 C-D3
Tanga 103 G6
Tanganyika (L.) 103 F-G6
Tangarfa (Dj.) 104 B3
Tanger 72 B3
Tangerang 89 L1
Tanggula P[ass] (Tang la) (Col) 94 D1
Tang la (Tanggula P[ass]) (Col) 94 D1
Tangra Tso (L.) 94 C1
Tangshan 96 B2
Tanimbar (Is) 93 I6
Tanis 103 N-O1
Tanjore (Thanjavur) 94 B3
Tankse 94 B1
Tannenb[er]g (Stebark) 76 C-D1
Tannou (Mts) 83 J4
Tanshui 96 C3
Tanta 75 F3
Tan Yang 99 B3
Tanzanie 103 C4
Taoan 97 C1
Taongi (Atoll) 125 C3
Taormina 69 E6
Taoudenni 102 C3
Taoungoo 92 E4
Taourirt 104 C2
Tapa 63 E4
Tapachula 120 C3
Tapajós (R.) 2 G6
Tapirapeça (Sa) 121 F4
Tappi (C.) 98 E2
Tapti (R.) 94 B2
Taquari (R.) 122 D4
Tar (Isthme de) 125 K1
Tara *(Irl.)* 55 E3
Tara *(Russie)* 82 H4
Tara (R.) 77 C4
Tarabulus (Tripoli) 74 D3
Tarakan (I.) 93 G5
Taran (C.) 76 C1
Taranto (Tarente) 69 F4
Tarare 49 J2
Tarascon 48 B3
Tarascon[-sur-Ariège] 42 B3
Tarasp 66 F3
Taravao 125 K1
Taravao (Be de) 125 K1
Taravo (R.) 43 H3
Tarawa 125 C3
Tarbagataï (Mts) 87 E3
Tarbes 42 B3
Tarcoola 127 C4
Tardes (R.) 42 C1
Tardes (Viaduc de la) 42 C1
Tardoire (R.) 42 B2
Tarentaise (Région) 66 B4
Tarente (Taranto) 69 F4
Tarente (G. de) 69 F4-5
Tarfaya 102 B3
Tarifa 72 B2
Tarija 123 C5
Tarim 102 H4
Tarim (R.) 92 D1
Tarkwa 106 B2
Tarlac 93 G-H4
Tarm 58 C2
Tarn (R.) 42 C2
Tarn (81) (Dépt) 23 C3
Tarn-et-Garonne (82) (Dépt) 23 C2
Tarnobrzég 76 D2
Tarnon (R.) 43 C2
Tarnow 76 D2
Taro (R.) 64 D3
Taroudant 104 A3
Tarquinia 68 C-D3
Tarragone 72 D1
Tarrasa 72 D1
Tarso Emichi (Mt) 102 E3
Tarsus 75 F3
Tartagal 124 B2
Tartarie (Manche de) (Détr.) 83 O4-5
Tartaro (R.) 65 D3
Tartas 42 A3
Tartu 62 E4
Tartus 75 F3
Tarvis 65 E2
Tascagoula 120 D1
Tasikmalaja 89 L1
Tåsinge (I.) 58 D2
Tasman (Be de) 127 G2
Tasman (Mer de) 125 B-C5
Tasmanie (I.) 127 D-E5
Tasovski 84 J-K3
Tasselot (Mt) 41 D3
Tassili N'Ajjer (Plat.) 102 D-E3
Tassili Oua-n-Ahaggar (Plat.) 102 D3
Tassin 49 K2
Tata 104 B3
Tataa (Pte) 125 K1
Tatabanya 78 C3
Tatare (A.S.S.R.) 86 (I-12)
Tatarsk 82 H4
Tateyama 99 D-E4
Tatra (Basses) (Mts) 76 C-D2
Tatra (H[au]tes) (Mts) 76 C-D2
Tatta 94 A2
Tatui 124 D2
Tatung 97 A2
Tatvan 75 G3
Taubaté 124 D2
Tauber (R.) 59 C5
Tauberbischofsheim 60 E4
Tauern (Tunnel) 67 E2
Tauern (Hohe) (Mts) 65 E2
Tauern (Niedere) (Mts) 65 E-F2
Taufstein (Mt) 60 E3
Taunggyi 92 E3
Taunton *(RU)* 53 C5
Taunton *(US)* 118 F2
Taunus (Mts) 60 C-D3
Taupo (L.) 127 G1
Tauranga 127 G1
Taurianova 69 F5
Taurique (Chaîne) 80 C4
Taurus (Mts) 75 F3
Tautira 125 K1
Tavannes 66 C2
Tavas 71 F4
Tavaux 66 A2
Tavda 82 G4
Tavda (R.) 80 F3
Taverny 47 C1
Tavignano (R.) 43 H2
Tavira 72 B2
Tavolara (I.) 69 B4
Tavoy 92 E4
Tavritchanka 98 B-C2
Tavşanlı 71 F3
Taw (R.) 53 B-C5
Tay (R.) 52 C2
Tay (Firth of) (Be) 52 C2
Tay (Loch) (L.) 52 B2
Taygète (Taygetos) (Mts) 77 D5
Taygetos (Taygète) (Mts) 71 C4
Taylor (Mt) 114 C3
Tayside (Comté) 54 C1(11)
Ta Yu Ling (Meiling) (Col de) 96 B3
Taz (R.) 82 I3
Taz (Be du) 82 H3
Taz (P. du) 82 H3
Taza 104 C2
Tazoult (Lambèse) 105 E2
Tazurbu 90 C3
Tbilisi (Tiflis) 80 D4
Tchad 103 B-C3
Tchad (Cuvette du) 100 B3
Tchad (L.) 102 E4
Tchaïm 84 I3
Tchangpai 98 A-B2
Tchany (L.) 82 H4
Tchaoun (Be de) 83 Q-R2-3
Tchapaïevsk 80 D3
Tchara 83 L-M4
Tchara (R.) 83 L-M4
Tchardjou 82 G6
Tcheboksary 80 D3
Tché Kiang (Zhejiang) (Prov.) 96 B3 (20)
Tcheleken 75 H3
Tchéliabinsk 80 F3
Tchéliouskine (C.) 83 K-L2
Tchelkar Tenguiz (L.) 82 G5
Tchèque (Rép.) 22 F4
Tcheremkhovo 83 K4
Tcherepovets 80 C3
Tcherkassy 80 B-C4
Tcherkessk 80 D4
Tcherlovaïa 85 N4
Tcherniakovsk 76 D1
Tchernigov 80 C3
Tchernigovka 98 C1
Tchernogorsk 83 J4
Tchernovograd 76 E2
Tchernovtsy 76 E2
Tcherskii 85 S3
Tchersky (Mts) 83 N-O3
Tcheskaïa (Be) 80 D2
Tchetchène-Ingouche (Rép. aut.) 86 (I-14)
Tchiatoura 81 D4
Tchibanga 102 D-E6
Tchimkent 82 G-H5
Tchingpo (L.) 98 B2
Tchirtchik 82 G-H5
Tchistopol 80 D-E3
Tchita 83 L4
Tchogori (K2) (Mt) 87 D-E4
Tchoïbalsan 83 L5
Tchoir 85 M-N5
Tchokurdakh (anc. Allaïka) 83 O2
Tchona (R.) 83 K3-4
Tchou 82 H5
Tchou (R.) 82 H5
Tchouktches (Mer des) 83 S2-3
Tchouktches (P. des) 83 S3
Tchoulman 83 M4
Tchoulym (R.) 82 I4
Tchoumikan 83 N4
Tchouna (R.) 83 J4
Tchoung King Tcheng 98 B1
Tchoupa 81 C2
Tchourkino 81 D2
Tchousovoï 80 E3
Tchouvache (Rép. aut.) 86 (I-3)
Teahupo 125 K1
Teak 120 I1
Teatree 127 C3
Tebessa 105 E-F2
Tebessa (Mts de) 105 E-F2
Teboursouk 105 F1
Tebuk 75 F4
Tech (R.) 42 C3
Tecka 123 B7
Tecoman 120 B3
Tecuci 76 E3
Tedjen (R.) 82 G6
Tees (R.) 52 D3
Teesside 55 F3
Teesside (Cleveland) (Comté) 54 C2(40)
Tefé 122 C3
Tegal 93 F6
Tegelen 57 E3
Tegernsee 59 D6
Tegetthoff (C.) 82 E-F2-1
Tegucigalpa 120 D3
Téhéran 75 H3
Tehuacan 120 C3
Tehuantepec 120 C3
Tehuantepec (Isthme de) 120 C3
Tehuantepec (G. de) 120 C3
Teifi (R.) 53 B4
Teil (Le) 48 B1
Tejo (Tajo, Tage) (R.) 74 B3
Tejupan (P[un]ta) 120 B3
Tekağaç (C.) 71 E4
Tekeli 82 H5
Tekirdağ 71 E2
Tela 120 D3
Tel Aviv-Jaffa 90 H2
Telegraph Creek 112 D-E4
Télégraphe (Plat. du) 2 H-I3
Telemark (Région) 51 E-F2
Teleno (Mt) 72 B1
Teles Pires (Saõ Manuel) (R.) 122 D3
Telezkoïe (L.) 82 I-J4
Telfs 61 D5
Telgte 60 C2
Tell City 118 B3
Telpos-Iz (Mt) 80 E2
Telsiai 62 D4
Teme (R.) 53 C4
Temesvar (Timişoara) 76 D3
Temirtaou *(Kazakhstan)* 82 G-H4-5
Temirtaou *(Russie)* 82 I4
Tempe *(Gr.)* 71 C3
Tempe *(US)* 114 B3
Tempio Pausania 69 B4
Temple 114 D3
Temple (Le) (L.) 38 C2
Templin 58 E3
Temse 56 C3
Temuco 123 B6
Teña (Val de la) 42 A3
Tenali 94 B-C3
Ténare (Matapan,Tainaron) (C.) 77 D5
Tenasserim (Région) 92 E4
Tenay 66 A4
Tende 64 B3
Tende (Col de) 43 E2
Tende (Tunnel de) 43 E2(5)
Tendelti 90 D4
Tendrara 104 C2
Tendrara (Dj.) 104 C2
Tendre (Mt) 66 B3
Tenedos (Bozcaada) (I.) 71 D-E3
Ténéré (Désert) 102 D-E3-4
Tenerife (I.) 102 B3
Ténès 72 D2
Ténès (C.) 105 D1
Tengri Nor (Nam Co) (L.) 94 D1
Tenguiz (L. de) 82 G4
Teningen 44 E4
Tenke 106 H3
Tennant Creek 127 C2
Tenneco 55 H3
Tennessee (État) 115 E3
Tennessee (R.) 115 E3
Tenryu (R.) 99 D4
Tensift (O.) 104 A3
Tentudia (Mt) 72 B2
Teófilo Otoni 122 E4
Teotepec (Mt) 120 B-C3
Teotihuacán 120 C3
Tepehuanes 114 C4
Tepekem (Mt) 121 F4
Tepelenë 71 A-B2
Tepic 120 B2
Teplice 59 E4
Ter (R.) 72 D1
Teramo 68 D3
Ter Apel 56 F2
Terceira (I.) 103 J1
Terek (R.) 80 D4
Teresina 122 E3
Tereshina 122 D2
Tergnier 40 C2
Termez 94 A1
Termini Imerese 69 D5-6
Terminos (Laguna de) 120 C3
Termonde (Dendermonde) 45 F-G1
Ternate 93 H5
Terneuzen 56 B-C3
Terney 98 D1
Terni 68 D3
Ternoise (R.) 45 C3
Ternopol 76 E2
Terracina 69 D4
Terrasson 42 B2
Terre Haute 118 B3
Terre-Neuve (Newfoundland) (I.) 112 L5
Terre-Neuve (Bancs de) (Hauts-fonds) 2 G3
Terre-Neuve (Bassin de) 2 G-H3
Terrenoire 49 J-K3
Terre Plaine (Région) 41 C-D3
Terres Froides (Région) 43 D2
Terri (Mt) 66 C2
Tersanne 34 D2
Terschelling (I.) 56 D1
Tertre 57 B4
Teruel 72 C1
Terville 44 B2
Teshio 98 E1
Teshio (R.) 98 E1
Teslin (L.) 112 D3
Tessala (Dj.) 104 C2
Tessaout (O.) 104 B2-3
Tessin (Canton) 67 J2
Tessin (R.) 66 E3
Tessin (A[lpes] du) (Mts) 66 D3
Test (R.) 40 A1
Testa (C.) 69 B4
Testa del Gargano (C.) 68 F4
Teste (La) 42 A2
Têt (R.) 42 C3
Tetas (Pte) 123 B5
Tete 103 G7
Tête Jaune Cache 114 B1
Teterev (R.) 76 F2
Tetioukhe Pristan 98 C-D1
Teton (Grand) (Mt) 114 B2
Tétouan (Tetuán) 72 B3
Tetovo 77 D4
Tetuán (Tétouan) 72 B3
Teuco (R.) 123 C5
Teufels-Moor (Marais) 58 C3
Teulada (C.) 69 B5
Teutoburger Wald (Mts) 60 C-D1-2
Teutonic Bore 126 B3
Texarkana 114 D3
Texas (État) 114 C-D3
Texas City 114 D4
Texel (I.) 56 C1
Texoma (L.) 114 D3
Tezew 76 C1
Thabazimbi 107 B2
Tezpur 94 D2
Thabor (Mt) 43 E2
Thaïlande (Siam) 86 E-F5
Thakhek 93 F4
Thala 105 F2
Thalwil 66 D2
Thamarit 91 F4
Thames (R.) 118 C2
Thana 94 B3
Thana-Ulhasnagar 95 B3
Thanh Hoa 93 F4
Thanjavur (Tanjore) 94 B3
Thann 44 D5
Thaon[-les-Vosges] 41 E2
Thar (Désert de) 94 B2
Tharad 94 B2
Tharthar (W.) 75 G3
Thasos 71 D2
Thasos (I.) 71 D2
Thaton 92 E4
Thau (Étg. de) 43 C3
Thaurion (R.) 42 B-C1-2
Thaya (R.) 65 F1
Thèbes (Thívai) 77 D5
The Dalles 114 A-B2
Thelle (Plat. de) 40 B2
Thelon (R.) 112 G3
Thenia (Ménerville) 105 D1
Theniet 105 D2
Théols (R.) 40 B3
Théoule 49 F-G3
The Pas 112 G-H4
Thérain (R.) 46 E1
Thermi 71 E3
Thermopyles (Défilé) 71 C3
Thermos 71 B3
Thérouanne 45 C2
Thessalie (Région) 71 B-C3
Thessalon 118 C1
Thessaloniki (Salonique) 71 C2
Thetford 53 E4
Thetford Mines 118 F1
The Wash (Be) 50 D3
Thiais 47 D3
Thiberville 46 B-C2
Thièle (R.) 66 B-C2
Thiérache (Région) 45 F-G4
Thiers 43 C2
Thiès 102 B4

Thieux 47 F1
Thillay (Le) 47 D1
Thillot (Le) 44 C5
Thimbu 94 H2
Thimerais (Région) 46 D3
Thingvellir 63 H2
Thio 125 J1
Thionville 44 B2
Thira 71 D4
Thira (Santorin) (I.) 71 D4
Thirasia (I.) 71 D4
Thisted 51 F2
Thistle 55 G1
Thívai (Thèbes) 71 C3
Thiviers 42 B2
Thizy 49 J1
Thjorsá (R.) 62 I2
Thok Daurakpa 94 C1
Thok Jalung 94 C1
Tholen (I.) 56 C3
Thompson 114 D1
Thompson (R.) 114 A1
Thomson (R.) 127 D3
Thonburi 93 F4
Thônes 66 B4
Thonon [-les-Bains] 66 B3
Thoré (R.) 42 C3
Thorens-G[lières] 66 B4
Thornhill 52 C3
Thouars 39 C3
Thouet (R.) 39 C3
Thoune (Thun) 66 C3
Thoune (L. de) 66 C3
Thourout (Torhout) 56 B3
Thrace (Région) 77 E4
Three Forks 112 F-G5
Three Rivers 118 B2
Thuin 56 C4
Thuir 42 C3
Thule 112 K2
Thumeries 45 E3
Thun (Thoune) 66 C3
Thunder Bay (Port Arthur-Fort William) 115 D-E2
Thur (R.) *(CH)* 66 D2
Thur (R.) *(Fr.)* 44 D5
Thurgovie (Canton) 67 J-K1
Thuringe (Région) 59 D4
Thüringerwald (Mts) 59 D4
Thurrock 53 E5
Thursday (I.) 127 D2
Thurso 52 C1
Thurston (I.) 1 F-E27
Thury-Harcourt 39 C2
Thusis 66 E3
Thy[-le-Château] 57 C4
Tianbaoshan 97 C1
Tianjin 96 B2
Tian Shan (Mts) 87 D-E4-3
Tianshui 96 A2
Tiarei 125 K1
Tiaret (Taghdempt) 105 D2
Tibaji 124 C2
Tibériade (L. de) 90 I2
Tiberias 90 I2
Tibesti (Mts) 102 E3
Tibet (Xizang) (Rég. aut.) 92 D2
Tibet (Plat. du) (Zandang) 92 D2
Tibnin 90 I1
Tibre (R.) 68 D3
Tiburón (I.) 120 A2
Tichchoukt (Dj.) 104 B2
Ticonderoga 118 E2
Tidighin (Dj.) 74 B3
Tidikelt (Désert) 74 C4
Tidjikdja 102 B-C4
Tiefenkastel 66 E3
Tiehling 96 C1
Tiel 56 D3
Tielt 45 E1
Tienen (Tirlemont) 56 C4
Tietê (R.) 122 D5
Tiffin 118 C2
Tiflis (Tbilisi) 80 D4
Tifnout (Dj.) 104 B3
Tigara 112 A2
Tighennif (Palikao) 104 C-D2
Tignes 43 E2
Tignes (L.de) 66 B4
Tigre (Dicle) (R.) *(Irak-Turq.)* 75 G3
Tigre (R.) *(Pérou)* 122 B3
Tigré (Région) 102 G4
Tiguentourine 105 H2
Tiguil 83 P4
Tihama (Côte) 102 H4
Tihange 57 D4
Tijuana 114 B3
Tikal 120 D3
Tikhvin 80 C3
Tiksi 83 M-N2
Tilburg 56 C-D3
Tilb[ury] 55 G4
Tilemsi el Fasi 104 B4
Tilitchiki 83 Q3
Tille (R.) 41 D3
Tilleur 57 D4
Tillières 46 C-D3
Tillsonburg 118 C2
Tilos (I.) 71 E4
Tilrhemt 105 D2
Tilsit (Sovietsk) 76 D1
Tilt Cove 117 H2
Timagami 117 F2
Timagami (L.) 115 E2
Timan (Mts) 80 D-E2
Timaru 127 G2
Timgad 105 E2
Timimoun 104 C-D3
Timiş (R.) 76 D3
Timiskaming 118 D1
Timişoara (Temesvar) 76 D3
Timmins 115 E-F2
Timna 90 H5
Timok (R.) 77 D3
Timor (I.) 93 H7-6
Timor (Mer de) 127 B2
Timsah (L.) 103 O2
Tina (Be de) 103 O1
Tinchebray 39 C2
Tindouf 104 A4
Tindouf (Sebkra de) (Étg) 104 B4
Tinée (R.) 43 E2
Tin Fouye 105 H2
Tingri 94 C2
Tinnfouchy 104 B3
Tinogasta 124 B2
Tinos 71 D4
Tinos (I.) 71 D4
Tinrhert (Hamada de) 102 D-E3
Tinto (R.) 72 B2
Tione 66 F3
Tioumen 82 G4
Tioumen (R.) 98 B2
Tippecanoe (R.) 118 B2
Tipperary 50 A3
Tipuani 124 B1
Tiran (I.) 75 F4
Tirana 71 A-B2
Tirano 64 D2
Tiraspol 76 F3
Tire 71 E3
Tiree (I.) 52 A2
Tîrgovişte 77 E3
Tîrgu Jiu 77 D3
Tîrgu Mureş 76 E3
Tirich Mir (Mt) 94 B1
Tirlemont (Tienen) 56 C4
Tîrnava Mare (R.) 76 E3
Tîrnăveni 78 E3
Tirrawarra 126 D3
Tirso (R.) 69 B4
Tiruchirapalli 94 B3
Tirunelveli 94 B4
Tiruppur 94 B3
Tiryns 71 C4
Tisa (Tisza) (R.) 76 D2
Tisza (Tisa) (R.) 76 D3
Titeri (Mts) 105 D2
Titicaca (L.) 122 C4
Titisee (L.) 66 D2
Titlis (Mt) 66 D3
Titograd 77 C4
Titovo Užice 77 C4
Titov Veles 77 D4
Titusville 118 D2
Tiverton 53 C5
Tivoli 68 D4
Tizimin 120 D2
Tizi N'Test (Col) 104 A3
Tizi N'Tichka (Col) 104 B3
Tizi Ouzou 72 D-E2
Tiznit 104 A3
Tjepu 89 M1
Tjeukemeer (L.) 58 A-B3
Tjiamis 89 L2
Tjidtjak (Mt) 62 C2
Tjikotok 89 L1
Tjilatjap 89 L1
Tjirebon 93 F6
Tjorn (I.) 51 F2
Tlaquepaque 120 B2
Tlaxcala 113 H8
Tlaxcala (État) 120 C3
Tlemcen 104 C2
Tlemcen (Mts de) 104 C2
Tleta 104 A2
Toamasina (Tamatave) 103 H-I7
Toba 99 D4
Toba (L.) 92 E5
Tobago (I.) 121 F3
Tobata 99 B4
Tobermory 119 C1
Tobi (I.) 98 D3
Tobias 106 F3
Toblach (Dobbiaco) 59 E5
Tobol 82 G4
Tobol (R.) 82 G4
Tobolsk 82 G-H4
Tobrouk (Tubruq) 75 E3
Tocantins (R.) 2 G6
Toce (R.) 66 D3
Tochigi 99 D-E3
Tocopilla 123 B5
Tocqueville (Ras el Oued) 105 E2
Tocuyo (R.) 121 F4
Tödi (Mt) 66 D3
Todi 68 D3
Todos Santos 124 B1
Todtnau 66 C2
Toggenburg (Val) 66 E2
Togliatti 80 D-E3
Togo 103 B3
Tohivea (Mt) 125 K1
Toi 98 E2
Tokaj 76 D2
Tokamachi 99 D3
Tokar 102 G4
Tokara (Is) 96 C-D3
Tokelau (Union Group) (Is) 125 D4
Tokoro 98 E-F1
Tokorozawa 99 D4(15)
Tokunoshima (I.) 96 C-D3
Tokushima 99 C4
Tokuyama 99 B-C4
Tokyo 99 D-E4
Tokyo (Be de) 99 D-E4
Tola (R.) 83 K5
Tolbukhin 77 E4
Tolède (Mts de) 72 B2
Tolède (Toledo) 72 B-C2
Toledo (Tolède) *(E)* 72 B-C2
Toledo *(US)* 115 E2
Tolga 105 E2
Toliary 103 H8
Tolima (Mt) 121 E4
Tolmin 65 E2
Tolo (G. de) 93 H6
Tolosa 72 C1
Tolox (Sa de) 72 B2
Toluca [de Lerdo] 120 B-C3
Tomakomai 98 E2
Tomari 98 E2
Tomaszów 76 C-D2
Tombetsu 98 E1
Tombigbee (R.) 115 E3
Tombouctou 102 C4
Tomé 124 A3
Tomelilla 58 E-F2
Tomelloso 72 C2
Tomini 93 H5
Tomini (G. de) 93 H6
Tommot 83 M4
Tomo (R.) 121 F4
Tom Price (Mt) 126 A3
Tomsk 82 I4
Tonale (Col de) 64 D2
Tonami 99 D3
Tönder 58 C2
Tone (R.) 99 D3
Toney (Mt) 1 E25-24
Tonga (Fosse des) 3 S7
Tonga (Friendly) (Is) 125 D5-4
Tongareva (I.) 125 E4
Tongchuan 96 A2
Tongeren (Tongres) 56 D4
Tonghua 96 C1
Tongliao 96 C1
Tongling 96 B2
Tongren 96 A3
Tongres (Tongeren) 56 D4
Tongtian He (R.) 87 E4
Tongue 52 B1
Tongue of the Ocean (Dépr. sous-marine) 121 E2
Tongue R[iver] (Rés. Ind.) 114 C2
Tong Xian 96 B1
Tongzi 96 A3
Tonichi 114 C4
Tonk 94 B2
Tonkabon 75 H3
Tonkin (G. du) 93 F3-4
Tonkolili 106 A2
Tonlé Sap (L.) 93 F4
Tonnay[-Charente] 39 C4
Tonneins 42 B2
Tonnerre 41 C3
Tonopah 114 B3
Tönsberg 51 F2
Tonstad 55 H2
Toowoomba 127 E3
Top (L.) 62 F2
Topeka 114 D3
Topolobampo 120 A-B2
Topolovgrad 71 E1
Toppila 63 E2
Toquepala 124 A-B1
Toranchain (R.) 49 J2
Torbali 71 E3
Torbat-i-Heydariyeh 91 F-G2
Torcy 47 E2
Tordesillas 72 B1
Torfelt 55 G2
Torfou 39 C3
Torgau 58 E4
Torhout (Thourout) 56 B3
Tori (I.) 96 E2
Torino (Turin) 64 B3
Tormes (R.) 72 B1
Torne Ä[lv] (Könkämä Ä[lv], Muonio Älv) (R.) 62 D2
Torneträsk (L.) 62 C2
Torngat (Mts) 112 K4
Tornio 62 D-E2
Toro 98 F2
Toro (Cerro del) (Mt) 123 B-C5
Toronto 118 D2
Torquay 53 C5
Torre (R.) 65 E3-2
Torre Annunziata 69 D-E4
Torre del Greco 69 D-E4
Torrejón 72 C1
Torrelavega 72 B-C1
Torremolinos 72 B2
Torrens (L.) 127 C4
Torreón 114 C4
Torres (Détr. de) 127 D1-2
Torres Vedras 72 A2
Torrington 118 E2
Torrita (Col) 68 D3
Torshavn 55 E1
Tortiya 106 B2
Tortoli 69 B5
Tortona 64 C3
Tortosa 72 D1
Tortue (I. de la) 113 J7
Tortuga (I.) 121 F3
Torun 76 C1
Tosa 99 C4
Tosa (Be de) 99 C4
Tosashimizu 99 C4
Toscane (Toscana) (Rég. adm.) 69 I2(17)
Töss (R.) 66 D2
Totenkopf (Mt) 44 E4
Tôtes 46 D1
Tottori 99 C4
Touapse 80 C4
Toubkal (Dj.) 74 B3
Touggourt 105 E2
Tougué 106 A1
Touil (O.) 105 D2
Toul 41 D2
Toula 80 C3
Toulchin 76 F2
Touloma (R.) 62 F2
Toulon 43 D3
Toulös (L.) 62 F3
Touloubre (R.) 48 C3
Touloun 85 L-M4
Toulouse 42 B3
Toummo (Mt) 102 E3
Tounassine (Hamada) (Désert) 104 B3
Toungouska (Bassin houiller de la) 89 E-F1-2
Toungouska Inférieure (R.) 83 J3
Toungouska Pierreuse (R.) 83 J-K3-4
Toung Ting (L.) 87 F4
Touques (R.) 46 B3
Touquet [-Paris-Plage] (Le) 40 B1
Toura 83 K3
Toura (R.) 82 G4
Touraine 40 B3
Touraine (Val de) (Région) 40 B3
Tourane (Da Nang) 93 F4
Tourcoing 45 E2
Tour de Carol (La) 37 C3
Tour-du-Pin (La) 66 A4
Tourgaï 82 G5
Tourgaï (R.) 82 G4
Tourij Rog 98 B-C1
Tourlaville 39 C2
Tourmalet (C[ol] du) 42 B3
Tournai (Doornik) 45 E2
Tournan 46 G3
Tournette (La) (Mt) 66 B4
Tournon 43 D2
Tournus 41 D3
Touroukhansk 82 I3
Touroun 85 L4
Tourouvre 46 C3
Tourrette 49 G3
Tour Rouge (C[ol] de la) 76 D-E3
Tours 40 B3
Tourves 48 D4
Tous les Saints (Be de) 122 F4
Toussaines (Signal de) (Tuchenn Gador) (Mt) 39 B2
Toussidé (Pic) 102 E3
Toussus-le-Noble 47 B3
Touva (Région) 83 J4
Touva (A.S.S.R.) 86 (I-13)
Towada *(Jap., Est de Odate)* 98 E2
Towada *(Jap., Nord de Hachinohe)* 98 E2
Towanda 118 D2
Townsville 127 D2
Towson 118 D3
Towuti (L.) 93 H6
Towy (R.) 53 B5
Toya (L.) 98 E2
Toyama 99 D3
Toyama (Be de) 99 D3
Toyocha 85 P-Q5
Toyohashi 99 D4
Toyonaka 99 C4(21)
Toyooka 99 C4
Toyota 99 D4
Toytoh 96 B1
Tozeur 105 F2
Traben-Trarbach 60 C4
Trabzon 80 C-D4
Tradate 66 D4
Trafalgar (C.) 72 B2
Trafoi 66 F3
Traighli (Tralee) 50 A3
Trail 114 B2
Traisen (R.) 65 F2-1
Trait (Le) 46 C2
Tralee (Traighli) 50 A3
Tralles 71 E4
Tranås 63 B-C4
Tranche [-sur-Mer] (La) 38 B2
Trani 68 F4
Transamazonica (Route) 122 C3
Trans-Canada (Route) 112 G5
Transhimalaya (Mts Hedin) 92 D2-3
Transkei 103 G9
Transvaal (Prov.) 103 F-G8
Transylvanie (Région) 76 D-E3
Transylvanie (Alpes de) 80 B4
Trapani 69 D5
Trappes 47 A3
Trasimène (L.) 68 C-D3
Tras os Montes 72 B1
Traun (R.) 59 F5
Traunsee (L.) 65 E-F2
Traunstein 59 E6
Travancore 89 D4
Travemünde 58 D3
Travers (Mt) 127 G5
Travers (V[al] de) 66 B3
Traverse City 118 B1
Travnik 68 F2
Trawsfynydd 55 E-F3
Trbovlje 65 F2
Trebbia (R.) 64 C3
Trebel (R.) 58 E2-3
Trèbes 42 C3
Trébeurden 39 B2
Třebíč 76 B-C2
Trebinje 68 G3
Trebisacce 77 C5
Třeboň 65 F1
Treene (R.) 58 C2
Trégorrois (Région) 39 B2
Tréguier 39 B2
Treignac 42 B2
Treinta-y-Tres 124 C3
Trélazé 39 C3
Trelleborg 51 G3
Trélon 45 G3
Tremadoc (Be de) 53 B4
Tremblade (La) 42 A2
Tremblay-les-Gonesse 47 E2
Tremiti (Is) 68 E3
Tremp 42 B3
Trenčin 76 C2
Trengganu 89 F4
Trent (R.) 53 D4
Trente 65 D2
Trentin-Haut-Adige (Rég. adm.) 69 I1 (18)
Trenton *(Ca., Nova Scotia)* 117 G2
Trenton *(US)* 118 E2
Trepča 79 D4
Tréport (Le) 45 A3
Tres Arroyos 124 B-C3
Tres Barras 124 C2
Tres Irmãos (Barr.) 124 C2
Treskavica (Mt) 68 G3
Tres Lagoas 122 D5
Tres Marias ([Las]) (Is) 120 B2
Tres Marias (Barr.) 124 D1
Tres Puntas (C.) 123 C7
Três Rios 124 D2
Trets 48 D4
Tretten 55 I1
Trévaresse (Mts) 48 C3
Trêves (Trier) 56 E5
Treviglio 66 E4
Trévise (Treviso) 65 E3
Treviso (Trévise) 65 E3
Trévoux 49 K2
Treysa 60 E3
Triangle 107 C2
Tricase 71 A3
Tricastin 49 M2
Trichur 94 B3
Trie 46 E2
Triel 46 E-F3
Trier (Trêves) 60 B4
Trieste 65 E-F3
Trieste (G. de) 65 E3
Trieux (R.) 39 B2
Trièves (Région) 43 D2
Triglav (Mt) 65 E2
Trikeri 71 C3
Trikkala 71 B3
Trim 53 A4
Trimmelkalm 61 E4-5
Trincomalee 94 C4
Trindade (I.) 16 H7
Trinidad *(Cuba)* 121 D-E2
Trinidad *(US)* 113 G6
Trinidad (I.) 121 F4
Trinidad [de Mojos] 122 C4
Trinidad-Tobago 111 M-N2
Trinité (Be de la) 115 H2
Trinité (La) *(Fr.)* 49 G3
Trinité (La) *(Martinique)* 121 L1
Trinity (R.) 114 D3
Triouzoune (R.) 42 C2
Tripoli (Tarabulus) *(Libye)* 74 D3
Tripoli *(Liban)* 75 F3
Tripolis 71 C4
Tripolitaine (Région) 102 E2
Tripura (État) 94 H2
Trisanna (R.) 66 F2
Tristan da Cunha (Is) 16 I-J7
Trith 45 E-F3
Trivandrum 94 F4
Trnava 76 C2
Trobriand (Is) 127 E1
Troëne (R.) 46 E2
Trogen 66 E2
Trogir 65 G4
Troglav (Mt) 65 G3-4
Troie (Troja, Ilion) 77 E4-5
Troisdorf 60 C3
Trois Évêchés (Mt) 43 E2
Trois-Fontaines 44 D3
Trois Fourches (C. des) 104 C2
Trois Pointes (C. des) 102 C5
Trois-Rivières *(Ca.)* 118 E1
Trois Rivières *(Guadeloupe)* 121 M2
Trois Rois (Is des) 127 F-G1
Trois Seigneurs (Pte des) 66 E3
Troisvierges 56 E4
Troïtsk *(Russie, Oural)* 80 F3
Troïtsk *(Russie, Sibérie)* 85 L4
Troja (Ilion,Troie) 71 E3
Trollhättan 51 G2
Trombetas (R.) 122 D2-3
Tromsö 62 C-D2
Tronador (Mt) 123 B7
Tröndelag 63 B3
Trondheim 62 B3
Trondheimsfjord 62 B3
Tronto (R.) 77 B4
Trou du Diable (Devil's Hole) 55 G2
Trout (L.) 112 E-F3
Trout (Big) (L.) 112 H-I4
Trouville[-sur-Mer] 39 C-D2
Trowbridge 53 C-D5
Troy *(N.Y.)* 118 E2
Troy *(US, Ohio)* 119 B2
Troyes 41 D2
Truc de Randon (Mt) 43 C2
Truchtersheim 44 E3
Trujillo *(E)* 72 B2
Trujillo *(Hond.)* 121 D3
Trujillo *(Pérou)* 122 A-B3
Trujillo *(Venez.)* 121 E4
Truk (I.) 125 B3
Trun 46 B3
Truro 53 B5
Truskawez 78 D2
Trutnov 76 B2
Truyère (R.) 42 C2
Trysil 63 B3
Tsan Po (Zangbo Jiang, Brahmapoutre, Dihang) (R.) 94 C-D2
Tsaratanana (Mt) 103 H7
Tsaring Nor (Ngoring Hu) (L.) 92 E2
Tsavo (P.Nl) 106 I2
Tschomolungma (Everest) (Mt) 94 C2
Tselinograd 82 H4
Tshaneni 107 C2
Tshela 106 G2
Tshikapa 101 C-D4
Tshuapa (R.) 102 F6
Tsimlianski (L. de) 82 E5
Tsinghai (Qinghai) (Prov.) 96 A2 (15)
Tsin Ling Shan (Qinling Shan) (Mts) 96 A2
Tskhinvali 75 G2
Tsoushima (Détr. de) 99 B4
Tsoushima (Is) 99 B4
Tsu 99 D4
Tsubata 99 D3
Tsuchiura 99 D-E3
Tsuchizaki 98 D3
Tsúgaru (Détr. de) 98 D-E2
Tsugoku (P. de) 96 D2
Tsumeb 103 E7
Tsuruga 99 D4
Tsurugi San (Mt) 99 C4
Tsuruoka 98 D3
Tsushiura 99 D-E3
Tsuyama 99 C4
Tual (C.) 89 K1
Tuamotu (Is) 125 E-F4
Tuba City 116 B3
Tuban 89 M1
Tubarao 124 D1-2
Tübingen 59 C5
Tubize 57 C4
Tubruq (Tobrouk) 75 E3
Tubuaï (Australes) (Is) 125 E5
Tubuaï (I.) 125 E5
Tuchenn Gador (Signal de Toussaines) (Mt) 39 B2
Tucquegnieux 44 A2
Tucson 114 B3
Tucumán 123 C5
Tucumcari 114 C3
Tucupita 121 F4
Tudela 72 C1
Tug Fork (R.) 118 C3
Tukums 62 D4
Tukuyu 106 I2
Tulak 91 G2
Tulcea 76 F3
Tul Karm 90 I2
Tullamore 53 A4
Tulle 42 B2
Tullins 43 D2
Tulln 65 F-G1
Tullow 53 A4
Tulsa 114 D3
Tulua 121 E4
Tulum 120 D3
Tumaco 120 H2
Tumba (L.) 106 G2
Tumbes 122 A3
Tumen 98 B2
Tumkur 94 B3
Tumucumaque (Sa de) 122 D2
Tunbridge Wells 53 D-E5
Tunduwa 106 I2
Tundža (R.) 77 E4
Tunghe 96 C1
Tungning (act. Dongning) 98 B2
Tunis 102 E2
Tunis (G. de) 69 C6
Tunisie 103 B2
Tunja 121 E4
Tunn (L.) 62 B3
Tunstall 53 C4
Tunxi 96 B3
Tupiza 124 B2
Tupper Lake 118 E1
Tupungato (Mt) 123 C6
Turballe (La) 39 B3
Turbat 91 G3
Turbo 121 E4
Turbov 78 F2
Turckheim 41 E2
Turda 76 D3
Turdine (R.) 49 J2
Tŭrgovište 77 E4
Turgutlu 71 E3
Turia (R.) 72 C2
Turimiquire (Mt) 121 F3-4
Turin (Torino) 64 B3
Turkana (L.) 102 G5
Turkestan 82 G5
Turkestan Occidental (Région) 82 F-G5
Turkestan Oriental (Région) 82 H-I5
Turkménistan (Rép. de) 86 (XIV)
Turks (Is) 121 E2
Turku 62 D3
Turneffe (Is) 120 D3
Turner Valley 114 B1
Turnhout 56 C-D3
Turnor (L.) 114 C1
Tŭrnovo 77 E4
T[urnu] Magurele 77 E4
Turnu Severin ([Drobeta-]) 77 D3
Turpan 92 D1
Turquie 86 B4
Turquino (Pico) (Mt) 121 E3
Turriff 52 C2
Tuscaloosa 115 C-D2
Tuticorin 92 C5
Tutrakan 77 E3-4
Tuttlingen 66 D2
Tuvalu (Ellice) (Is) 125 C-D4
Tuwayq (Dj.) 102 H3
Tuxpan *(Mex., Nayarit)* 120 B2
Tuxpan *(Mex., Veracruz)* 120 C2

Tuxtla 120 C3
Tuxtla Gutiérrez 120 C3
Tuzantepetl 120 C3
Tuz gölü (L.) 75 F3
Tuzla 68 G2
Tver (Kalinin) 80 C3
Tweed 118 D1
Tweed (R.) 52 C3
Tweedsmuir (Parc prov.) 114 A1
Twente (Ct de la) 56 E2
Twin Buttes 116 B3
Twin Falls 114 B2
Two Rivers 118 B1
Tyatino (Chinomiji) 98 F1
Tychy 76 C2
Tyler 114 D3
Tylisos 71 D5
Tymphristos (Mt) 71 B-C3
Tynagh 54 D3
Tyndinski 83 M4
Tyne (R.) 52 D3
Tyne and Wear (Comté) 54 C2(41)
Tyne Gap (Coll.) 52 C3
Tynemouth (North Shields) 52 D3
Tynset 63 B3
Tyr (Sour) 90 I1
Tyri Fjord (L.) 51 F1
Tyrnavos 71 C3
Tyrol (Land) 64-65 D-E2
Tyrone (Comté) 54 B2(6)
Tyrrhénienne (Mer) 18 F4-5
Tzaneen 107 B-C2

U

Uagap (Mt) 125 I1
Uaupés 122 C2-3
Uaupés (R.) 121 F4
Uaxachin 120 D3
Übach-Palenberg 60 B3
Ubangi (Oubangui) (R.) 102 E5
Ubatche 125 I1
Ubayd (W. al) 75 G3
Ubaye (R.) 43 E2
Ubaye (Région) 43 E2
Ubaylah 91 F3
Ube 99 B4
Úbeda 72 C2
Uberaba 122 E4
Uberlandia 122 E4
Überlingen 66 E2
Überlinger S[ee] (L.) 66 E2
Ubon 93 F4
Ubundu 102 F5-6
Ucayali (R.) 122 B3
Uccle 56 C4
Učka (Mt) 65 F3
Uckange 44 B2
Uckermark (Région) 58 E-F3
Udaipur 94 B2
Uddevalla 51 F2
Uddjaur (L.) 62 C2
Uden 56 D3
Udine 65 E2
Udon Thani 93 F4
Uecker (R.) 58 E3
Ueckermünder Heide (Région) 58 F3
Ueda 99 D3
Uele (R.) 102 F5
Uelsen 56 E2
Uelzen 58 D3
Uen (I.) 125 J1
Ueno 99 D4
Ugarte (Cerro) (Mt) 114 B4
Ughelli 106 C2
Ugine 66 B4
Ugljan (I.) 65 F3
Uhlava (R.) 59 E4-5
Uhuru (Kilimandjaro) (Mt) 102 G6
Uige 106 G2
Uinta (Mts) 114 B-C2
Uinta Basin 116 B-C2
Uintah and Ouray (Rés. Ind.) 114 B3
Uist (North-) (I.) 52 A2
Uist (South-) (I.) 52 A2
Uitenhage 107 B3
Uithoorn 56 C2
Uithuizen 56 E1
Uji 99 C4
Ujjain 92 C3
Ujung Pandang (anc. Makassar) 93 G6
Ukraine (Rép.) 86 (II)
Ula 71 F4
Ulchin 99 B3
Ulcinj 77 C4
Ulhasnagar 94 B3
Ulis (Les) 47 C3
Ullapool 52 B2
Ullung-Do (I.) 99 B3
Ulm 59 C-D4-5
Ulrum 56 E1
Ulsan 99 B4
Ulster (Irlande du Nord) 54 B2
Ulster (Ct de l') 52 A3
Ulubey 71 F3
Ulu dağ (Olympe) (Mt) 71 F2
Ulugh-Muztagh (Mt) 94 C1
Ulungur (R.) 82 I5
Umanaq 111 I1
Umarkot 94 A-B2
Umatausak (Mt) 112 L-M3
Umbilin 89 E-F4-5
Umbrail (Col) 66 F3
Umbria (Ombrie)(Rég. adm.) 69 I2 (12)
Umeå 62 C-D3
Ume Å[lv] (R.) 62 C3
Umm al Qaywayn 91 F3
Umm Baraka 90 C2
Umm Luj 90 D3
Umm Qasr 91 E2
Umm Saïd 91 F3
Umri 94 B2
Umtata 107 B3
Una (R.) 65 G3
Unayzah 75 G4
Ungava 111 H2
Ungava (Be d') 112 K4
Ungava (P. d') 112 J3
Unggi 98 B2
Unica 124 B1
Unieux 49 J3
Unimak (I.) 113 A4
Union City 118 D2
Union Group (Tokelau) (Is) 125 D4
Union Indienne (Inde) 86 D-E4
Uniontown 118 D3
United Kingdom (Royaume-Uni de Grande-Bretagne et d'Irlande du Nord) 22 D-E3
United States of America (État-Unis [d'Amérique]) 110 C-D2-3
Unna 60 C2
Unsan 97 C1
Unst (I.) 52 H1
Unstrut (R.) 59 D4
Untersee (L.) 66 D-E2
Unterwald[en] (Canton) 67 J2
Unterwaldner A[lpen] (Mts) 59 C6
Unterwellenborn 78 A2
Uotsu 99 D3
Upata 121 F4
Upemba (P.Nl) 106 H2
Upernavik 112 K-L2
Upington 103 F8
Uplands (Southern) (Mts) 50 B-C3
Upper Klamath (L.) 114 A2
Upper (P.) 118 B1
Upper Sandusky 118 C2
Uppsala 62 C4-3
Ur 75 G3
Ur (Our) (R.) 60 B3
Uraba (G. de) 121 E4
Urakawa 98 E2
Uranium City 112 G4
Uraricoera (R.) 121 F4
Uravan 116 C3
Urawa 99 D4
Urbino 65 E4
Urbión (Sa de) 72 C1
Ure (R.) 52 D3
Urfa 75 F3
Urft (R.) 60 B3
Uri (Canton) 67 J2
Uriage 38 D2
Uribia 121 E3
Urk 56 D2
Urla 71 E3
Urmieh 75 G3
Urmieh (L. d') 75 G3
Ursouia (Mt) 42 A3
Uruapan 120 B3
Urubamba (R.) 122 B4
Urucum (Sa do) 124 B1
Uruguaiana 124 C2-3
Uruguay 111 N4
Uruguay (R.) 123 D5
Urumqi (Ouroumtchi) 82 I5
Urup (I.) 83 O5
U.S.A (United States of America, États-Unis d'Amérique) 110 C-D3
Uşak 71 F3
Usakos 107 A2
Usedom (I.) 58 E-F2
Ushuaia 123 C8
Usk (R.) 53 C5
Üsküdar 71 F2
Uslar 60 E2
Uslava (R.) 59 E5
Ussel 42 C2
Ustaritz 42 A3
Uster 66 D2
Ustica (I.) 69 D5
Ústi n[ad] L[abem] (Aussig) 76 B2
Ustovo 71 D2
Usu 82 I5
Usuki 99 B4
Usumacinta (R.) 120 C3
Utah (État) 114 B-C3
Utica 118 E2
Utique 105 F1
Ütlib[er]g (Mt) 66 D2
Utrecht (Prov.) 56
Utrecht 56 D2
Utrera 72 B2
Utsjoki 62 E2
Utsunomiya 99 D-E3
Uttar Pradesh (État) 94 F-G2
Uusikaupunki 62 C-D3
Uvéa 125 D4
Uvira 106 H2
Uwajima 99 C4
Uwaynât (Dj.) 102 F3
Uxmal 120 D2
Uyui (Salar de) 122 B5
Uzerche 42 B2
Uzès 48 A2
Uzunköprü 71 E2

V

Vaal (R.) 103 F8
Vaals 60 A3
Vaasa 62 D3
Vaassen 60 A1
Vác 76 C3
Vaccarès (Étg. de) 43 D3
Vadodara (Baroda) 94 B2
Vadsö 62 E1
Vaduz 66 E2
Vaeröy (I.) 62 B2
Vaga (R.) 80 D2
Vagan 62 B2
Vagney 44 C4
Váh (R.) 76 C2
Vaïgatch (I.) 80 E2
Vaine (Étg de) 48 C3-4
Vair (R.) 41 D2
Vaires 47 E2
Vaison [-la-Romaine] 43 D2
Vakh (R.) 82 H-I3
Val (Région) 40 C3
Valachie (Région) 77 E3
Valachie (Pl. de) 18 G4
Valais (Canton) 67 I-J2
Valais (Alpes du) (A[lpes] Pennines) 64 B2-3
Valandovo 71 C2
Valbella 67 C2
Valberg 38 G1-2
Valdagno 68 C2
Valdahon 66 B2
Valdaï (Hauteurs du) 80 C3
Val-d'Ajol 44 B5
Val d'Aoste (Rég. adm.) 68 H1(18)
Valdarno 70 B2
Val-de-Marne (94) (Dépt) 23 C1
Valdepeñas 72 C2
Valderaduey (R.) 72 B1
Valdés (P.) 123 C7
Valdez 112 C3
Val d'Isère 43 E2
Valdivia 123 B6
Valdoie 44 C5
Val-d'Oise (95) (Dépt) 23 C1
Val-d'Or 117 F2
Valdosta 115 E3
Valençay 38 C2
Valence (Valencia) *(E)* 72 C2
Valence *(Fr.)* 43 D2
Valence (G. de) 72 D2
Valence (Rég. adm.) 72 C2-1
Valence[-d'Agen] 42 B2
Valencia (Valence) *(E)* 72 C2
Valencia *(US)* 116 C3
Valencia *(Venez.)* 121 F3
Valencia de Al[cantara] 72 B2
Valenciennes 45 F3
Valensole (Plat. de) 48-49 D-E3
Valentia (I.) 50 A4
Valentigney 41 E3
Valentin 98 C2
Valenton 47 D3
Valera 121 E4
Valérien (Mt) 47 C2
Val-et-Châtillon 44 C-D3
Valette (La) 48 D-E4
Valga 62 E4
Valgaudemar (Val) 43 E2
Valinco (G. de) 43 G3
Valira (R.) 42 B3
Valjevo 77 C-D3
Val Joly (L.) 38 C-D1
Valkeakoski 63 D-E3
Valkenswaard 56 D3
Vallabrègues 49 M2
Valladolid *(E)* 74 B2
Valladolid *(Mex.)* 120 D2
Vallage (Région) 41 D2
Vallauris 49 G3
Valle de la Pascua 121 F4
Valledupar 121 E3
Vallenar 124 A-B2
Valleroy 44 A2
Vallespir (Région) 42 C3
Valleyfield 118 E1
Vallgrund (Rappaluoto) (I.) 62 C-D3
Vallier (Mt) 42 B3
Valloire 38 G1
Vallorbe 66 B3
Vallorcine 37 D2
Valmiera 63 D-E4
Valmy 41 D2
Valognes 39 C2
Valois (Région) 40 C3
Valona (Vlorë) 77 C4
Valparaíso *(Chili)* 123 B6
Valparaiso *(US)* 118 B2
Valpelline (Val) 66 C4
Valréas 48 B2
Valromey (Val) 43 D1-2
Vals 48 A1
Val-St-Lambert 56 D4
Valserine (R.) 66 A3
Valteline (Val) 66 E-F3
Val Thorens 38 G1
Valtournanche (Val) 66 C4
Van 75 G3
Van (L. de) 75 G3
Vanavara 85 M3
Vancouver *(Ca.)* 112 E5
Vancouver *(US)* 114 A2
Vancouver (I.) 114 A2
Vandellós 73 D1
Vanderbijlpark 107 B2
Van Diemen (Détr. de) (Détr. d'Osumi) 96 C-D2
Van Diemen (G. de) 127 C2
Vandœuvre 44 B3
Vänern (L.) 51 G2
Vänersborg 51 F-G2
Vanikoro (Is) 125 C4
Vankarem 1 C18-19
Vanna (I.) 62 C1
Vanne (R.) 41 C2
Vannes 39 B3
Vanoise (Massif de la) 43 E2
Vanoise (P.N.) 38 D2
Van Starkenborgh (Cl) 56 E1
Vanua Levu (I.) 125 C4
Vanuatu (Nouvelles Hébrides) 125 C4
Vanves 47 C3
Van Wert 118 B2
Var (R.) 49 F3
Var (83) (Dépt) 23 D3
Varallo 66 D4
Varanasi (Bénarès) 94 C2
Varanger (P. de) 62 E-F1
Varanger Fjord 62 F2-1
Varangéville 44 B3
Varano (L. de) 68 E-F4
Varaždin 65 G2
Varazze 67 C3
Varberg 51 F-G2
Vardar (Axios) (R.) 71 C2
Varde 58 C2
Varde Å (R.) 58 C2
Vardö 62 F1
Varenne (R.) 46 D1
Varennes-Jarcy 47 E3
Varennes[-sur-Allier] 41 D2
Vareš 79 C3
Varese 66 D4
Varese (L. de) 66 D4
Varèze (R.) 49 K3
Varfolomeïevka 98 C1
Varkaus 62 E3
Värmland (Région) 63 B4
Varna 77 E-F4
Värnamo 51 G2
Varnsdorf 59 F3
Várpalota 68 F-G1
Vars 38 G1
Vars (Col de) 43 E2
Varsovie (Warszawa) 76 D1
Vasilkov 76 F2
Vasiougan 84 J4
Vaslui 76 E3
Vassar 118 C2
Vassivière (L.de) 42 B-C2
Västeras 51 H2
Västerbotten 63 C-D3
Västervik 51 G-H2
Vasto 68 E3
Vasvár 65 G2
Vatan 40 B3
Vate (Efate) (I.) 125 C4
Vathy 71 E4
V[atican] (Cité du) (Città del Vaticano, État pontifical) 22 F4
Vaticano (C.) 69 E5
V[aticano] (Città del) (Cité du Vatican, État Pontifical) 22 F4
Vatnajökull 62 I2
Vatneyri 62 H1
Vättern (L.) 51 G2
Vauclin (Le) 121 L1
Vaucluse (84) (Dépt) 23 D2-3
Vaucluse (Mts de) 43 D2-3
Vaucouleurs 41 D2
Vaucresson 47 C2
Vaud (Canton) 67 H-I2
Vaudoises (Vallées) (Région) 43 E2
Vaudreuil (Le) 46 D2
Vaugneray 49 K2
Vaugris 49 M1
Vauhallan 47 C3
Vaujours 47 E2
Vaulx 49 K2
Vauréal 47 B1
Vauvenargues 48 D3
Vauvert 43 D3
Vauvillers 44 B4
Växjö 51 G2
Vecht (Vechte) (R.) 56 E2
Vechta 58 C3
Vechte (Vecht) (R.) 56 E-F2
Veendam 57 E1
Veenendaal 56 D2-3
Veere 56 B3
Vega (I.) 62 B2
Vegorritis (L.) 71 B2
Vegreville 114 B1
Vejle 58 C2
Velaine 34 D1
Vela Luka 68 F3
Velate (C[ol] de) 42 A3
Velaux 48 C3
Velay (Région) 43 C-D2
Velay (Mts du) 43 C2
Velbert 60 C2
Velden 67 F2
Velebit (Mts) 65 F3
Velenje 76 B3
Velestinon 71 C3
Vélez Málaga 72 B-C2
Velika Grada 78 D3
Velikaïa (R.) 62 E4
Velika Kapela (Plat.) 65 F3
Velika Pl[anina] 67 F2
Velikie Louki 80 B-C3
Veliki Oustioug 80 D2
V[ychni] Volotchek 80 C3
Velino (Mte) 68 D3
Vélizy 47 C3
Vella Lavella (I.) 127 E1
Velletri 68 D4
Vellore 94 B3
Velp 56 D2-3
Velsen 56 C2
Velsk 80 D2
Veluwe (Région) 56 D2
Vemb 58 C1
Venaco 43 H2
Vence 49 G3
Vence (C[ol] de) 49 G3
V[enda] (Bantoustan) 107 C2
Vendée (R.) 39 C3
Vendée (Région) 39 C3
Vendée (85) (Dépt) 23 B2
Vendin 45 D3
Vendôme 40 B3
Vénéon (R.) 43 E2
Vénétie (Veneto) (Rég. adm.) 69 I1 (20)
Veneto (Vénétie) (Rég. adm.) 69 I1 (20)
Venezia (Venise) 65 E3
Venezuela 111 M2
Venezuela (G. de) 121 E3
Vengurla 94 B3
Venice 117 E4
Venise (Venezia) 65 E3
Venise (G. de) 68 D2
Venissieux 49 K2
Vénitiennes (Alpes) (Mts) 65 E2
Venlo 60 B2
Venoge (R.) 66 B3
Venosta (Val) 64 D2
Venraij 60 A-B2
Vent (Passage du) (Détr.) 121 E3-2
Vent (Is du) (Is Windward) 121 F3
Ventavon 34 D2
Ventimiglia (Vintimille) 49 H3
Ventnor 53 D5
Ventoux (Mt) 43 D2
Ventron (G[ran]d) (Mt) 44 C-D5
Ventspils 62 D4
Vénus (Pte) 125 K1
Venustiano Carranza 116 B4
Veracruz 120 C3
Veracruz (État) 120 C2-3
Veraval 94 B2
Verbania 68 B1
Verberie 46 G2
Verbier 67 B2
Verbois 49 M1
Verceil (Vercelli) 64 C3
Vercelli (Verceil) 64 C3
Vercors (Mts) 43 D2
Vercors (P.Rl) 38 D2
Verden 58 C3
Verdon (R.) 49 F2-3
Verdon (Ct du) 48 D3
Verdon [-sur-Mer] (Le) 42 A2
Verdun *(Ca.)* 118 E1
Verdun *(Fr.)* 41 D2
Verdun [-sur-le-Doubs] 41 D3
Verečke (C[ol] de) 76 D2
Vereeniging 103 F8
Vergio 38 E1
Verkhoïansk 83 N3
Verkhoïansk (Mts de) 87 G2
Verkhotourié 81 F3
Vermand 45 E4
Vermandois (Région) 45 E3-4
Vermandois (Seuil de) 29 C2
Vermeille (Côte) 38 C3
Vermilion (Be) 114 D4
Vermion (Mts) 71 B-C2
Vermont (État) 115 F2
Vernet-l[es]-B[ain]s 38 C3
Verneuil 47 A2
Verneuil [-sur-Avre] 40 B2
Vernon (Ville) 46 D-E2
Vernon (Mt) 71 B2
Vernouillet 47 A2
Vero Beach 117 E-F4
Veroia 71 C2
Verona (Vérone) 65 D3
Vérone (Verona) 65 D3
Verpillière (La) 49 L2
Verrières 47 C3
Versailles *(Fr.)* 47 B3
Versailles *(US)* 118 B3
Versmold 60 D1
Vert (C.) 102 B4
Verte (Aig[uil]le) (Mt) 66 C4
Verte (Forêt) 46 D1
Vertou 39 C3
Vertus 41 D2
Verviers 60 A-B3
Vervins 45 F4
Verwoerd (H.) (Réservoir) 107 B3
Vesdre (R.) 56 E4
Vesgre (R.) 46 E3
Vésinet (Le) 47 B2
Vesle (R.) 41 D2
Vesoul 41 D-E3
Vesterälen (Is) 62 B-C2
Vest Fjord 62 B2
Vestlandet (Région) 63 A3
Vestmannaeyjar 62 H-I2
Vésubie (R.) 49 G3
Vésuve (Mt) 69 E4
Veszprém 68 F-G1
Vetlouga (R.) 80 D3
Vettore (Mte) 68 D3
Veurne (Furnes) 45 D1
Vevey 66 B3
Vexin Français (Région) 40 B2
Vexin Normand (Région) 40 B2
Veyle (R.) 43 D1
Veymont ([Grand]) (Mt) 43 D2
Veynes 48 D1
Veys (Be des) 39 C2
Vézelay 41 C3
Vézelise 44 B4
Vézère (R.) 42 B2
Vezouse (R.) 44 C3
Via (I.) 77 C4
Viadène (Plat. de la) 42 C2
Via Mala (Défilé) 66 E3
Viana 122 E3
Viana do Castelo 72 A1
Vianden 56 E5
Viareggio 64 D4
Viatka (R.) 80 D3
Viatskie Poliany 80 E3
Viaur (R.) 42 C2
Viaur (Viaduc du) 42 C2
Viazma 80 C3
Viborg 58 C1
Vibo Valentia 69 E-F5
Vic 44 C3
Vic [-en-Bigorre] 42 B3
Vicence (Vicenza) 65 D3
Vicenza (Vicence) 65 D3
Vic-Fézensac 42 B3
Vich 72 D1
Vichada (R.) 121 F4
Vichy 43 C1
Vicksburg 115 D3
Vico 43 G2
Vico (L. de) 68 D3
Vic-sur-Cère 42 C2
Victor Harbour 127 C4
Victoria *(Ca.)* 114 A2
Victoria *(Hong-Kong)* 96 B3
Victoria *(Seychelles)* 17 L6
Victoria *(US)* 114 D4
Victoria (État) 127 D4
Victoria (I. ou T.) 112 F-G2
Victoria (Chutes) 103 F7
Victoria (Détr. de) 112 G-H3
Victoria (G[ran]d Désert de) 127 B-C3
Victoria (L.) 102 G6
Victoria (Mt) 127 D1
Victoria (Pic) 114 A1
Victoria (R.) 127 B-C2
Victoria (T.) *(Antarct.)* 1 D-E14-16
Victoria (T. ou I.) *(Ca.)* 1 C-B26-25
[Victoria de] Durango 120 B2
[Victoria] de las Tunas 121 E2
Victoriaville 118 F1
Victoria West 107 B3
Vidin 77 D3
Vidourle (R.) 43 C-D3
Vie (R.) *(Fr., Calvados)* 39 C3
Vie (R.) *(Fr., Vendée)* 39 C3
Viedma 123 C7
Viedma (L.) 123 B7
Viège (Visp) 66 C3
Vieil Armand (Hartmannswillerkopf) (Mt) 44 D5
Vieille Castille (Prov.) 72 B-C1
Vieille Meuse (R.) 56 C3
Viella 42 B3
Vielsalm 60 A-B3
Vienna *(Ca.)* 118 C2
Vienna *(US)* 118 C3
Vienne (Wien) *(Autr.)* 65 G1
Vienne *(Fr.)* 49 K3
Vienne (R.) 40 B3
Vienne (Haute-) (87) (Dépt) 23 C2
Vienne (86) (Dépt) 23 C2
Vientiane 93 F4
Vieques (I.) 121 F3
Vierges (Is) 121 F3
Viersen 60 B2
Vierzon 40 C3
Viêt Nam 86 F4-5
Vieux-Bourg 121 M-N1
Vieux-Condé 45 F3
Vieux-Fort (Pte du) 121 M2
Vieux-Habitants 121 M1
Vieux-Rhin (R.) 56 C2
Vieux-Thann 44 D5
Vigan (Le) 43 C2-3
Vigevano 64 C3
Viglio (Mte) 68 D4
Vignemale (Mt) 42 A3
Vigneux 47 D3
Vignoble (Région) 41 D3
Vigny 46 E2
Vigo 72 A1
Vihanti 63 E3
Vihiers 39 C3
Vihren (Mt) 77 D4
Viitasaari 63 E3
Vijayawada 94 B-C3
Vijosë (R.) 71 A2
Vik 62 I2
Viking 55 G3
Vikna (I.) 62 B3
Vilaine (R.) 39 B3
Vilanculos 107 C2
Vila Nova de Gaia 72 A1
Vila Real 72 B1
Vilejka 62 E5
Vilhelmina 63 C3
Vilia (R.) 76 E1
Vilioui (R.) 83 M3
Viliouïsk 83 M3
Vilkitski (I.) 82 H2
Vilkitski (Détr. de) 83 K-L2
Villach 65 E2
Villa Constitución 124 B3
Villacoublay 47 C3
Villacoublay (Aéroport) 46 F3
Villafranca 65 D3
Villa Hayes 124 C2
Villahermosa 120 C3
Villaines [-la-Juhel] 39 C2
Villa Maria 123 C6
Villamontes 124 B2
Villamil 125 H4
V[illard]-de-Lans 43 D2

Villarrica 123 D5
Villarrica (Mt) 123 B6
Villars *(CH)* 67 B2
Villars *(Fr.)* 49 L1
Villa S[an] Giov[anni] 69 E5
Villa Sanjurjo (Al Hoceima) 104 B-C2
Villavicencio 121 E4
Villé 44 D4
Villebon 47 C3
Villecresnes 47 E3
Ville-d'Avray 47 C3
Villedieu-l[es]-P[oêles] 39 C2
Villefontaine 49 L2
Villefranche *(Fr., Alpes-Maritimes)* 43 E3
V[illefranche]-de-C[on]fl[en]t 37 C3
Villefranche-de-Lauragais 42 B3
Villefranche-de-Rouergue 42 B-C2
Villefranche-s[ur]-S[aône] 43 D2
Villejuif 47 D3
Villemoisson 47 D3
Villemomble 47 D2
Villemur 42 B3
Villeneuve-d'Ascq 45 E2
Villeneuve [-de-Marsan] 42 A3
Villeneuve-la-Garenne 47 C2
Villeneuve-l[es]-A[vignon] 48 B3
Villeneuve-le-Roi 47 D3
Villeneuve-L[oubet] 49 G3
Villeneuve-St-Georges 47 D3
Villeneuve-sur-Lot 42 B2
Villeneuve [-sur-Yonne] 41 C2
Villennes 47 A2
Villeparisis 47 E2
Villepinte 47 E2
Villepreux 47 A-B2
Villers 46 A-B2
Villers-Bocage *(Fr., Calvados)* 40 A2
Villers-Bocage *(Fr., Somme)* 45 C4
Villers-Bretonneux 45 D4
Villers-Cotterets 40-41 C2
Villersexel 41 E3
Villers [-le-Lac] 66 B2
Villers-O[utreaux] 45 E3
Villerupt 44 A2
Villerville 46 B2
Villetaneuse 47 D2
Villeurbanne 49 K-L2
Villeurs-St-Paul 46 F-G2
Villevaudé 47 E2
Villiers 47 B3
Villiers-le-Bel 47 D1
Villiers-sur-Marne 47 E3
Villingen 66 D1
Vilna (Vilnius) 80 B3
Vilnius (Vilna) 62 E5
Vils 66 F2
Vils (R.) 59 E5
Vilshofen 59 E4-5
Vilvoorde 56 C4
Vimeu (Région) 45 B3
Vimoutiers 46 B3
Vimy 45 D3
Viña del Mar 123 B6
Vinaigre (Mt) 43 E3
Vinaros 72 D1
Vincennes *(Fr.)* 47 D2
Vincennes *(US)* 117 E3
Vincennes (Bois de) 47 D2-3
Vincennes (Be) 1 F11
Vincey 44 B4
Vindel Ä[lve]n 62 C3
Vindhya (Mts) 94 B2
Vineland 118 E3
Vingeanne (R.) 41 D3
Vinh 93 F4
Vinkovci 68 G2
Vinnitsa 80 B4
Vino (Tierra del) (Région) 73 B1
Vinson (Massif) 1 E-D28
Vinstra 63 A3
Vintimille (Ventimiglia) 43 E3
Vipiteno (Sterzing) 65 D2
Vire 39 C2
Vire (R.) 39 C2
Virginia 114 D2
Virginia (État) 115 E-F3
Virginia (West) (État) 115 E3
Virginia Beach 115 F3
Viroflay 47 B3
Viroin (R.) 59 A4
Virovitica 68 F2
Virpazar 79 C4
Virton 56 D5
Viry-Châtillon 47 D3
Vis (R.) 103 E8
Visakhapatnam 94 C3
Visbek 61 C2
Visby 51 H2
Visé 60 A3
Viseu 72 A1
Viso (Mt) 64 B3
Visp (Viège) 66 C3
Visp (R.) 66 C3
Vistre (R.) 48 A3
Vistule (R.) 76 C-D1-2
Vitebsk 80 B-C3
Viterbe 68 C-D3
Viti Levu (I.) 125 C4
Vitim 1 C-D12
Vitim (R.) 83 L4
Vitim (Plat. du) 83 L4
Vitória *(BR)* 123 E-F5
Vitoria *(E)* 72 C1
Vitória da Conquista 122 E4
Vitoša (Mt) 77 D4
Vitré 39 C2
Vitrolles 48 C4
Vitry-le-François 41 D2
Vitry [-sur-Seine] 47 D3
Vittangi 63 D2
Vittel 44 A-B4
Vittorio Veneto 65 E3
Vivarais (Région) 43 D2
Vivarais (Mts du) 43 D2
Viviers 48 B1
Viviis (L. de) 71 C3
Vivonne 42 B1
Vizcaino (Désert de) 114 B4
Vizcaya (Prov.) 72 C1 (1)
Vize 71 E2
Vizille 43 D2
Vizianagram 94 C3
Vizzavona (Col de) 68 B3
Vlaardingen 56 C3
Vladikavkas (Ordjonikidzé) 82 E5
Vladimir 80 D3
Vladimir Vol[ynski] 76 E2
Vladivostok 98 B-C2
Vlasenica 79 C3
Vlieland (I.) 56 C1
Vlissingen (Flessingue) 56 B3
Vlorë (Valona) 71 A2
Vltava (Moldau) (R.) 59 E-F4-5
Vöcklabruck 59 E5
Vodl (L.) 80 C2
Voe 52 H1
Vôge (Région) 44 B-C5
Vogelgrün (Barr.) 44 E4
Vogelkop (P.) 93 I6
Vogelsberg (Mts) 60 E3
Voghera 64 C3
Vogtland (Région) 59 D-E4
Voh 125 I1
Vohburg 61 D4
Vöhringen 61 D4
Voi 106 I2
Voiron 43 D2
Voisdorf 61 F5
Voisins 47 B3
Voïvodine (Prov. aut.) 76-77 C-D3
Volcano (Kazan) (Is) 93 I-J3
Volcans (Be des) 98 E2
Volcans d'Auvergne (P.R) 38 C2
Volga (R.) 18 I3
Volga (Plat. de la) 80 D4-3
Volgograd (Stalingrad) 82 E5
Volimes 71 B4
Volissos 71 D3
Volkerak (Détr.) 56 C3
Volkhov 62 F4
Volkhov (R.) 62 F4
Völklingen 44 C2
Volkovisk 76 E1
Vologda 80 C-D3
Vologne (R.) 44 C4
Volos 71 C3
Volos (G. de) 71 C3
Volsk 80 D3
Volsky 80 D4
Volta (R.) 102 C5
Volta (Rés[ervoi]r de la) 106 B2
Volta Blanche (R.) 102 C4
Volta Noire (R.) 102 C4-5
Volta Redonda 124 D2
Volterra 68 C3
Voltri 64 C3
Volturno (R.) 68 E4
Volubilis 104 B2
Volvic 42 C2
Volx 48 D3
Vonitsa 71 B3
Voorburg 56 C2
Voorne (I.) 56 C3
Voorst 56 E2
Vopnafjördur 62 I-J1
Vopnafjördur (Be) 62 J1
Vorarlberg (Land) 66 E-F2
Vordingborg 58 D2
Voreifel (Mts) 60 C3
Voreppe 43 D2
Vorkouta 80 F2
Vorochilovgrad (Lougansk) 80 C4 (12)
Voronej 80 C-D3
Vorts (L.) 62 E4
Voru 62 E4
Vosges (Mts) 44 C-D4-5
Vosges (88) (Dépt) 52 D1
Vosges du Nord (P.R) 38 D1
Voskresensk 81 C3
Voss 51 E1
Vostok (I.) 125 E4
Vostok (Station polaire) 1 E11
Votkinsk 81 E3
Vougeot 41 D3
Vouglans (L. de) 66 A3
Vouillé 40 B3
Voulte[-sur-Rhône] (La) 43 D2
Vourinos 79 D4
Vouvray 40 B3
Vouziers 41 D2
Vraca 77 D4
Vranje 77 D4
Vrbas 76 C3
Vrbas (R.) 68 F2
Vrdnik 79 C3
Vreden 60 B1
Vrsac 77 D3
Vryburg 103 F8
Vryheid 107 C2
Vudksa (R.) 62 E3
Vught 56 D3
Vukovar 76 C3
Vulcano (I.) 69 E5
Vulture (Mte) 77 B4
Vung Tau 93 F4
Vurinos (Mt) 71 B2
Vuzhi Shan (Mt) 93 F-G4
Vyartsilya 62 F3
Vyazemskii 85 P5
Vyborg 62 E3
Vyg (L.) 80 C2
Vym (R.) 80 E2
Vyrnwy (R.) 53 C4
Vyšsi Brod 65 F1
Vytchegda (R.) 80 D2

W

W (P.N) 106 C1
Wa 106 B1-2
Waal (R.) 56 D3
Waas (Pays de) (Région) 56 C3
Waalwijk 56 D3
Wabana 115 H2
Wabash 118 B2
Wabash (R.) 115 E3
Wabush Lake 117 G1
Wachau (Val) 65 F1
Waco 114 D3
Waddenzee (Mer) 56 D1
Waddington (Mt) 114 A1
Wädenswil 66 D2
W[adi] Feinan 90 I4
Wadi Halfa 102 G3
Wadi Musa 90 I4
Wadi Shati 101 C2
Wad Medani 90 D4
Wafra 75 G4
Wageningen 56 D3
Wager (Be de) 112 I3
Wägital (Val) 66 D2
Wagrien (Région) 58 D2
Waha 90 B3
Waiblingen 61 C4
Waigeo (I.) 93 I5
Wai Ho (R.) 96 B2
Waikato 126 G4
Waikato (R.) 127 G1
Waingapu 93 H6
Wainwright 1 B20-21
Wajima 99 D3
Wakamatsu 99 B4
Wakasa (Be de) 99 C4
Wakayama 99 C4
Wake (I.) 125 C3
Wakefield 53 D4
Wakkanai 98 E1
Wałbrzych 76 C2
Walcheren (I.) 56 B3
Wald 66 D-E2
Waldbröl 60 C3
Waldeck 60 E2
Waldenburg *(CH)* 66 C2
Waldenburg *(RFA)* 60 E4
Waldfischbach 44 E2
Waldshut 66 D2
Walen (L.de) 66 E2
Walenstadt 66 E2
Wales (Pays de Galles) 54 C3-2
Walgreen (Côte de) 1 E27-25
Walker River (Rés. Ind.) 114 B3
Wallaceburg 118 C2
Wallasey 53 C4
Walla Walla 114 B2
Walldürn 60 E4
Wallers 45 E3
Wallis (Is) 125 C-D4
Wallis et Futuna 17 R-S6
Wallowa (Mts) 114 B2
Walney (I.) 52 C3
Walsall 53 D4
Walsum 60 B2
Waltham 118 D1
Walton 117 G2
Waltrop 60 C2
Walvis Bay 103 E8
Walvis Bay (Crête de) 2 I-J7
Wambrechies 45 D-E2
Wanapitei (R.) 118 C1
Wanda Shan (Mts) 98 C1
Wanganui 127 G1
Wangaratta 126 D4
Wangen 66 E2
Wangerooge (I.) 58 B-C3
Wankie-Hwange (P.N) 107 B1
Wanne-Eickel 60 C2
Wantzenau (La) 44 E3
Wanxian 96 A2
Warangal 94 B3
Warburg 60 E2
Wardha 94 B2
Waregem 45 E-F2
Waremme 56 D4
Waren 58 E3
Warendorf 60 C2
Warmbad 107 A2
Warm Springs (Rés. Ind.) 114 A2
Warndt (Mts) 44 C2
Warnemünde 58 D-E2
Warner (Mts) 114 A2
Warnow (R.) 58 E2-3
Warrego (R.) 127 D3
Warren *(US, Mich.)* 118 C2
Warren *(US, Ohio)* 118 C2
Warren *(US, Pa)* 118 D2
Warrenton 118 D3
Warrington 53 C4
Warsaw 118 B2
Warstein 60 D2
Warszawa (Varsovie) 76 D1
Warta (Warthe) (R.) 58 F3
Wartburg 59 D3
Warthe (Warta) (R.) 58 F3
Warwick *(Austral.)* 127 E3
Warwick *(RU)* 53 D4
Warwick *(US)* 118 F2
Warwickshire (Comté) 54 C2(42)
Wasatch (Mts) 114 B2
Wash (G. du) 53 E4
Washakie B[asin] 116 C2
Washington *(US, D.C.)* 118 D3
Washington *(US, Ga)* 115 F3
Washington *(US, Ind.)* 119 B3
Washington *(US, Pa)* 118 C2
Washington (État) 114 A-B2
Washington (I.) *(Oc. Pacif.)* 125 E3
Washington (I.) *(US)* 118 B1
Washington (Mt) 118 F1
Washington (T.) 112 K-L1
Washington C[ourt] H[ouse] 118 C3
Wasmes 45 F3
Wasquehal 45 E2
Wasselonne 44 D-E3
Wasserbillig 60 B4
Wasserburg 59 D-E5
Wasserkuppe (Mt) 59 C4
Wassigny 45 F3-4
Wassy 41 D2
Waterbury *(US, Conn.)* 118 E2
Waterbury *(US, Vt)* 118 E1
Waterford (Be de) 53 A4-5
Waterford (Port-Lairge) 53 A4
Wateringues (Région) 40 C1
Waterloo *(Belg.)* 56 C4
Waterloo *(US)* 114 D2
Waterton Glacier International Peace Park 114 B2
Watertown 118 E2
Watford 53 D5
Watkins Glen 118 D2
Watling (San Salvador) (I.) 113 J7
Watson Lake 112 E3
Wattens 61 D5
Wattenscheid 60 C2
Wattignies 56 B-C4
Wattrelos 56 B4
Wattwil 66 D2
Wau 102 F5
Waukegan 118 B2
Waukesha 118 A2
Wausau 115 E2
Wauwatos 118 A-B2
Waveney (R.) 53 E4
Waverly 118 D2
Wavrin 45 D2
Waxweiler 60 B3
Waynesboro 118 D2
Waziers 45 E3
Weald (Région) 53 D-E5
Wear (R.) 52 D3
Wechsel (Mt) 65 F2
Weddell (Mer de) 1 F-E32-31
Weert 56 D3
Weesen 66 E2
Weesp 56 D2
Wegberg 56 E3
Weiden [in der Oberpfalz] 59 E5
Weifang 96 B2
Weihai 96 C2
Wei He (R.) 96 A2
Weil 44 E5
Weilburg 60 D3
Weimar 59 D4
Weinfelden 66 D-E2
Weingarten 66 E2
Weinheim 60 D4
Weinsberger Wald (Mts) 65 F1
Weinstrasse (Région) 60 D4
Weipa 126 D2
Weirton 119 C2
Weissenfels 58 D-E4
Weissenstein (Mt) 66 C2
Weisshorn (Mt) 66 C3
Weisskugel (Palla Bianca) (Mt) 66 F3
Weisswasser 61 F3
Weiz 65 F2
Weldiya 91 D4
Welkom 107 B2
Welland 118 D2
Welland (R.) 53 D4
Wellesley (Is) 127 C-D2
Wellington 127 G2
Wellington (I.) 123 B7
Wells 53 E4
Wellsboro 118 D2
Wellsburg 118 C2
Wells Gray (Parc prov.) 114 A-B1
Wels 59 F5
Wenatchee 116 A-B2
Wendel 44 C-D2
Wendover 116 B2
Wengen 66 C-D3
Wentworth 127 D4
Wenzhou 96 C3
Werdohl 60 C2
Werl 60 C2
Wermelskirchen 60 C2
Werne 60 C2
Wernigerode 58 D4
Werra (R.) 59 D4
Werse (R.) 60 C2
Wertach (R.) 66 F2
Wertheim 60 E4
Wervik 45 E2
Wesel 60 B2
Weser (R.) 18 E3
Weserbergland (Mts) 58 C3-4
Wesergeb[irge] (Mts) 60 D-E1
Wessel (Is) 127 C2
Wesseling 60 B3
W[est] Allis 118 A-B2
West Bend 118 A-B2
West Bengal (État) 94 G2
West Branch 118 B-C1
West Bromwich 53 D4
Westbrook 118 F2
Westerburg 60 C-D3
Westerland 58 B-C2
Westerley 118 F2
Western Isles (Comté) 54 B1(12)
Western Plateau 127 B3
Westerwald (Mts) 60 C-D3
West Glamorgan (Comté) 54 C3 (8)
Westkapelle 56 B3
West Midlands (Comté) 54 C2 (43)
Westminster 118 D3
Westmoreland 126 C2
Weston 118 C3
Weston-super Mare 53 C5
West Palm Beach 115 E-F4
Westphalie (Porte de) (Défilé) 60 D1
Westphalie (Rhénanie du Nord-) (Land) 58
West Point 118 E2
West Point (Pte) 115 G2
Westport *(Irl.)* 50 A3
Westport *(N.Z.)* 127 F-G2
Westray (I.) 50 C2
West Seneca 118 D2
West Sole 55 G3
West Stewartstown 118 F1
West Sussex (Comté) 54 C3(44)
West Texas Oilfield (Gisement) 116 C-D3
West Virginia (État) 115 E3
West Yorkshire (Comté) 54 C2(45)
Wetar (I.) 93 H6
Wetter (R.) 60 D3
Wetterau (Région) 60 D-E3
Wetteren 45 F2
Wettingen 66 D2
Wetzlar 60 D3
Wevelgem 45 E2
Wexford 53 A4
Wexford (Be de) 53 A-B4
Weyburn 114 C2
Weyersheim 44 E3
Weymouth 53 C5
Weyprecht (C.) 82 C-D2
Whaleback (Mt) 126 A3
Whalsay (I.) 52 H1
Whangarei 127 G1
Wharfe (R.) 53 D4
Wharton (Bassin de) 3 O6
Wheeler (Pic) 114 B3
Wheeling 118 C2
Whitby *(Ca.)* 118 D2
Whitby *(RU)* 52 D3
White (Mts) 118 F1
Whitefish Bay (Be) 118 B1
Whitefish P[oin]t (C.) 118 B1
Whitehaven 52 C3
Whitehorse 112 D3
White Horse Hills (Coll.) 53 D5
White (R.) *(US, affluent de la Wabash)* 118 B3
White (R.) *(US, affluent du Mississippi)* 114 D3
White (R.) *(US, affluent du Missouri)* 114 C2
Whithorn 52 B3
Whitney 118 D1
Whitney (Mt) 114 B3
Whitsunday (Récifs) 127 D-E3
Whittle (C.) 115 H1
Whyalla 127 C4
Wiarton 118 C1
Wichita 114 D3
Wichita (Mts) 114 D3
Wichita Falls 114 D3
Wick 52 C1
Wicklow 53 A-B4
Wicklow (C.) 53 B4
Wicklow (Mts) 53 A4
Widnes 53 C4
Wied (R.) 60 C3
Wiehen-Geb[irge] (Mts) 60 D1
Wieliczka 76 D2
Wien (Vienne) 65 G1
W[iene]r Neustadt 76 B-C3
Wienerwald (Mts) 65 F-G1
Wieprz (R.) 76 D2
Wieringermeer (Polder) 57 C-D2
Wiesbaden 60 D3
Wiese (R.) 66 C2
Wiese (I.) 82 H-I2
Wiesloch 60 D4
Wigan 53 C4
Wight (Isle of) (Comté) 54 C3(21)
Wight (I. de) 53 D5
Wigtown 52 B3
Wijhe 56 E2
Wijk 56 C2
Wil 66 E2
Wilczek (I.) 82 G-H1
Wildbad 59 C5
Wildendürnb[ach] 78 C2
Wildhaus 67 C2
Wildhorn (Mt) 66 C3
Wildspitze (Mt) 66 F3
Wilhelmine (Ct) 56 D3
Wilhelmine (Mt) 122 D2
Wilhelm-Pieck-Stadt (Guben) 58 F4
Wilhelmshaven 58 B-C3
Wilkes (T. de) 1 E14-11
Wilkes-Barre 118 E2
Wilkes St[ati]on (Station polaire) 1 F12-11
Willemstad *(Curaçao)* 121 F3
Willemstad *(PB)* 56 C3
Willer 44 D5
William (Mt) 127 A4
Williamsburg 118 D3
Williams Lake 114 A1
Williamson 118 C3
Williamsport 118 D2
Willimantic 118 F2
Willisau 66 C-D2
Willis (Récifs) 127 D-E2
Williston 114 C2
Willmore Wilderness (Parc prov.) 114 B1
Wilmington *(US, N.C.)* 115 F3
Wilmington *(US, Del.)* 115 F3
Wilrijk 56 C3
Wilseder Berg (Mt) 58 C-D3
Wilson (L.) 115 E3
Wilson (Mt) 114 C3
Wilson (Promontoire) (C.) 127 D4
Wilson Dam (Barr.) 113 I6
Wiltshire (Comté) 54 C3(46)
Wiltz 56 D5
Wiltz (R.) 41 D-E2
Wiluna 127 B3
Wimereux 45 B2
Wimille 45 B2
Winchester *(RU)* 53 D5
Winchester *(US, Ky)* 118 B-C3
Winchester *(US, Va)* 118 D3
Windarra 126 B3
Wind Cave (P.N) 114 C2
Windhoek 103 E8
Wind River (Rés. Ind.) 114 C2
Wind River (Mts de la) 114 B-C2
Windscale 55 F3
Windsor *(Ca.)* 118 C2
Windsor *(RU)* 53 D5
Windsor *(US)* 118 E2
Windward (Is) (Is du Vent) 121 F3
Winfrith Heath 55 F4
Wingles 45 D2-3
Winisk 115 E1
Winisk (R.) 115 E1
Winneba 106 B2
Winnebago (L.) 118 A1-2
Winnemucca 114 B2
Winnipeg 114 D2
Winnipeg (L.) 112 H4
Winnipegosis 114 C-D1
Winnipegosis (L.) 114 C-D1
Winnipesaukee (L.) 118 F2
Winona 115 D2
Winooski 118 E1
Winschoten 56 E-F1
Winslow 114 B3
Winston Salem 115 E-F3
Winterberg 60 D2
Wintersberg (Mt) 44 E3
Winterswijk 60 B2
Winterthur 66 D2
Winton 127 D3
Wintzenheim 44 D4
Wipper (R.) 59 D4
Wipperfürth 60 C2
Wische (Région 58 D3
Wisconsin (État) 115 D-E2
Wistoka (R.) 76 D2
Wismar 58 D3
Wissant 45 B2
Wissembourg 60 C-D4
Wissen 60 C3
Wissey (R.) 53 E4
Wissous 47 D3
Witbank 107 B2
Witham (R.) 53 D4
Withernsea 53 E4
Wittelsheim 44 D5
Witten 60 C2
Wittenberg-Lutherstadt 58 E4
Wittenberge 58 D-E3
Wittenheim 44 D5
Wittenoom 126 A3
Wittingen 58 D3
Wittisheim 44 E4
Wittlich 60 B4
Wittlicher Senke (Val) 60 B-C4-3
Wittstock 58 E3
Wkra (R.) 76 D1
Włocławek 76 C1
Woerden 56 C2
Wœrth 44 E3
Woëvre (Région) 41 D2
Wohlen 66 D2
Wohlen (L.de) 66 C2-3
Woincourt 45 A-B3
Woippy 44 B4
Woleai (Atoll) 125 A-B3
Wolfen 58 E4
Wolfenbüttel 58 D3
Wolfhagen 60 E2
Wolf (R.) 118 A1
Wolfsberg 65 F2
Wolfsburg 58 D3
Wolgast 58 E2
Wollaston (L.) 112 G4
Wollaston Lake 116 C1
Wollaston (P.) 112 F3
Wollin (I.) 51 G3
Wollongong 127 E4
Wologisi 106 B2
Wolvega 56 D-E2
Wolverhampton 53 C4
Wolvertem 56 C4
Wonju 99 A-B3
Wonsan (Gensan) 93 H2
Woodlark (I.) 127 E1
Woodroffe (Mt) 127 C3
Woods (L.) 127 C2
Woodstock *(Ca.)* 118 C2
Woodstock *(US)* 117 E4
Woodsville 118 E-F1
Woomera 127 C4

Woonsocket 118 F2
Wooster 118 C2
Worcester *(RU)* 53 C4
Worcester *(S.Afr.)* 107 A-B3
Worcester *(US)* 118 F2
Workington 52 C3
Workum 56 D2
Wormeldingen 56 E5
Wormhout 45 C2
Worms 60 D4
Wörnitz (R.) 59 D5
Worthing 40 A1
Wrach (Aber) (B^{e}) 39 A2
Wrangel (I.) 83 R2
Wrangell 112 D4
Wrangell (M^{ts}) 112 C3
Wrath (C.) 50 B2
Wreck (Récifs) 127 E3
Wrexham 53 C4
Wriezen 58 E-F3
Wrigley 112 E3
Wrocław (Breslau) 76 C2
Wuchang 96 C1
Wuda 97 A2
Wudu 96 A2
Wuhan 96 B2
Wuhu 96 B2
Wu Jiang (R.) 93 F3
Wukari 106 C-D2
Wülfrath 60 B-C2
Wümme (R.) 58 C3
Wunstorf 60 E1
Wupper (R.) 60 C2
Wuppertal 60 C2
Würgassen 61 C3
Würm (R.) 59 D5
Würmsee (Starnberger S[ee]) (L.) 65 D1-2
Wurtemberg (Bade-) (Land) 58
Wurtemberg (Nord-) (District) 58
Wurtemberg (Sud-) (District) 58
Wurzbourg (Würzburg) 58 H2
Würzburg (Wurzbourg) 74 D2
Wurzen 59 E4
Wustrow 61 D2
Wutach (R.) 66 D2
Wutai Shan (M^{ts}) 96 B2
Wutongqiao 96 A3
Wuwei 96 A2
Wuxi 96 C2
Wuyi Shan (M^{ts}) 96 B3
Wuyuan 96 A1
Wuzhou 96 B3
Wyalong 127 D4
Wyandotte 118 C2
Wye (R.) 53 C4
Wylfa 55 E3
Wyndham 127 B2
Wyoming (État) 114 C2
Wyoming (M^{ts} du) 114 B2

X

Xaintois (Région) 41 D2
Xainza (Senja Dzong) 94 C1
Xai-Xai 103 G8
Xanten 60 B2
Xanthi 71 D2
Xenia 118 C3
Xertigny 44 B4
Xiaguan 93 F3
Xiamen (Amoy) 96 B3
Xian 96 A2
Xiangfan 96 B2
Xiang Jiang (R.) 93 G3
Xiangtan 96 B3
Xigaze (Chigatsé) 94 C2
Xi Jiang (R.) 93 G3
Xingtai 96 B2
Xingu 97 B3
Xingú (R.) 122 D3
Xinhailian 96 B-C2
Xining 96 A2
Xinjiang Uygur (Sinkiang Ouïgour) (Rég. aut.) 92 D-E1
Xinjin 96 C2
Xinxiang 96 B2
Xinyang 96 B2
Xizang (Tibet) (Rég. aut.) 92 D2
Xuanhua 96 B1
Xuchang 96 B2
Xuzhou 96 B2
Xylokastron 71 C3

Y

Ya'an (Yenan) 96 A-B2
Yaan 96 A2
Yacuiba 124 B2
Yainville 34 C1
Yakima 114 A2
Yakushima (I.) 99 B5
Yallouro 126 D4
Yalong Jiang (R.) 93 F3
Yalou (R.) 96 B1
Yalova 71 F2
Yalta 80 C4
Yamabe 98 E2
Yamagata 98 D-E3
Yamaguchi 99 B4
Yambiyo 102 F5
Yambol 77 E4
Yambourg 84 J3
Yamdrok Tso (Yamzho Yumco) (L.) 94 D2
Yam[oussoukro] 102 C5
Yampi Sound 127 B2
Yamuna (R.) 94 B2
Yamzho Yumco (Yamdrok Tso) (L.) 94 D2
Yanam (Yanaon) 94 G3
Yanaon (Yanam) 94 G3
Yanchang 97 A-B2
Yancheng 96 C2
Yangjiang 96 B3
Yangquan 96 B2
Yang Tsé Kiang (act. Chang Jiang) (R.) 87 F4
Yang Xiang 96 A2
Yang Yang 98 B3
Yangzhou 96 B2
Yanji 96 C-D1
Yankari (Rés.) 106 D2
Yankton 114 D2
Yanqi 92 D1
Yantai 96 C2
Yaoundé 102 E5
Yap (I.) 3 P5
Yaqui (R.) 114 B-C4
Yardarino 126 A3
Yare (R.) 53 E4
Yari (R.) 121 E4
Yarigatake (M^{t}) 99 D3
Yarkant He (Yarkend) (R.) 92 C2
Yarkend (Shashe) 92 C2
Yarkend (Yarkant He) (R.) 94 B1
Yarmouth 115 G2
Yasin 94 B1
Yatağan 71 F4
Yaté 125 J1
Yathkyed (L.) 112 H3
Yatsushiro 99 B4
Yatsushiro (B^{e} de) 99 B4
Yawata 99 B4
Yawatahama 99 C4
Yaxchilan 120 C3
Yazd 91 F2
Ybbs (R.) 65 F1
Ye 92 E4
Yecla 72 C2
Yeeliri 126 B3
Yell (I.) 52 H1
Yellowknife 112 F3
Yellowstone (L.) 114 B-C2
Yellowstone (R.) 114 C2
Yellowstone (P.N^{l}) 114 B2
Yelva 106 C1
Yemen (Rép. du) 86 C5
Yenan (Ya'an) 96 A2
Yenbo 102 G3
Yenice 71 E3
Yenipazar 71 F4
Yenişehir 71 F2
Yeovil 53 C5
Yères (R.) 45 A-B4
Yeroham 90 H4
Yerres 47 D3
Yerres (R.) 47 E3
Yerville 46 C1
Yeşilköy 71 F2
Yeso (Hokkaïdo) (I.) 98 E1
Yes Tor (M^{t}) 53 C5
Yeu (I. d') 39 B3
Ye Xian 96 B2
Yibin 96 A3
Yichang 96 B2
Yicheng 96 B2
Yilan 98 B1
Yinchuan 96 A2
Yingde 96 B3
Yingkou 96 C1
Yingtan 96 B3
Yining (Kouldja) 82 I5
Yin Shan (M^{ts}) 96 A1
Yirshi 85 O5
Yishan 96 A3
Yiyang 96 B3
Ylikitka (L.) 62 E-F2
Yogan (Cerro) (M^{t}) 123 B-C8
Yokkaichi 99 D4
Yokohama 99 D4
Yokosuka 99 D-E4
Yokote 98 E3
Yola 102 E5
Yon (R.) 39 C3
Yonago 99 C4
Yonaguni (I.) 96 C3
Yonezawa 99 E3
Yongchon 99 B3
Yongdok 99 B3
Yonghung 98 A3
Yongju 99 B3
Yongxing 97 B3
Yonkers 118 E2
Yonne (R.) 40 C2
Yonne (89) (Dép^{t}) 23 C1-2
York *(Austral.)* 127 A4
York *(RU)* 53 D4
York *(US)* 118 D3
York (C.) 127 D2
York (P. d') 127 D2
York Factory 112 H4
Yorkshire (North) (Comté) 54 C2 (31)
Yorkshire (South) (Comté) 54 C2 (36)
Yorkshire (West) (Comté) 54 C2 (45)
Yorkshire Moors (Coll.) 52 D3
York Sound (B^{e}) 127 B2
Yorkton 114 C1
Yorktown 118 D3
Yosemite (P.N^{l}) 114 B3
Yosu 96 C2
Yotvata 90 H-I5
Yougoslavie (Jugoslavija) 22 F-G4
Youngstown 118 C2
Youssoufia (Louis-Gentil) 104 A2
Ypres (Ieper) 45 D2
Ypsilanti 118 B-C2
Yron (R.) 44 A2
Yser (IJzer) (R.) 45 D2
Yssingeaux 43 D2
Ystad 58 E2
Ythan (R.) 52 C2
Ytouk-Kel 83 N3
Yuan Jiang (R.) 93 G3
Yuanling 96 B3
Yuba 116 A3
Yubari 98 E2
Yucatan (Détr. de) 120-121 D2
Yucatan (P. du) 120 C-D3
Yu Chan (M^{t}) 96 C3
Yuci 97 B2
Yueyang 96 B3
Yukon (R.) 1 C21
Yulin 96 A2
Yuma 114 B3
Yumari (M^{t}) 121 F4
Yumbo 120 H2
Yumen 92 E1
Yungfu 96 A3
Yungming 96 B3
Yunnan (Prov.) 96 A3 (21)
Yurimaguas 122 B3
Yutian 94 C1
Yutz 44 B2
Yvelines (78) (Dép^{t}) 23 C1
Yverdon 66 B3
Yvetot 46 C1
Yvette (R.) 47 C3
Ywama 89 E4
Ywungkax He (Kara Kash) (R.) 94 B1
Yzeron (R.) 49 K2
Yzeure 43 C1

Z

Za (O.) 104 C2
Zaandam 57 C2
Zaanstad 56 C-D2
Zabchan (R.) 83 J5
Zab Gr[and] (R.) 75 G3
Zab (Petit) (R.) 75 G3
Zabkowice 78 C2
Zabol 91 G2
Zabrze 76 C2
Zacapa 120 D3
Zacatecas 120 B2
Zacatecas (État) 114 C4
Zad (Col du) 104 B2
Zadar (Zara) 65 F3
Zafarinas (I^{s}) 104 C2
Zafra 72 B2
Zagazig 75 F3
Zaghouan (Dj.) 105 F1
Zagora 104 B3
Zagreb (Agram) 65 G3
Zagros (M^{ts}) 102 H-I2
Zahedan 92 B3
Zahrez Chergui (Étg) 105 D-E2
Zahrez Rharbi (Étg) 105 D2
Zaïre (anc. Rép. du Congo) 103 B-C4
Zaïre (Congo) (R.) 102 F5
Zaïsan (L.) 82 I5
Zaječar 77 D3-4
Zakopane 76 C2
Zakynthos 71 B4
Zakynthos (Zante) (I.) 71 B4
Zala (R.) 65 G2
Zalaegerszeg 68 F1
Zalau 76 D3
Zalew Wislany (G.) 76 C1
Zalingei 102 F4
Zaltan 74 D4
Zamanti 90 D2
Zambèze (R.) 103 F7
Zambezi 103 F7
Zambie 103 C4
Zamboanga 93 G-H5
Zamora *(Mex.)* 120 B3
Zamora *(E)* 72 B1
Zamość 76 D2
Záncara (R.) 72 C2
Zandang (Plat. du Tibet) 94 C1
Zandvoort 56 C2
Zanesville 118 C3
Zangbo Jiang (Tsan Po, Brahmapoutre) (R.) 94 C-D2
Zangla 94 B1
Zanjan 75 G3
Zante (Zakynthos) (I.) 71 B4
Zanzibar 103 G-H6
Zanzibar (I.) 103 G-H6
Za Ou (Mékong, Lancang Jiang) (R.) 92 E2
Zaozhuang 97 B2
Zapala 123 B-C6
Zapla 124 B2
Zaporojie 80 C4
Zapucay 124 C3
Zara (Zadar) 65 F3
Zaragoza (Saragosse) 72 C1
Zárate 124 C3
Zaraza 121 F4
Zard Kuh (M^{t}) 75 G-H3
Zargun (M^{t}) 94 A1
Zaria 102 D4
Zarqa 75 F3
Zarzaïtine 74 C4
Žatec 59 E4
Zaventem 57 C4
Zawar 95 B2
Zawiercie 78 C2
Zduńska Wola 76 C2
Zedelgem 57 B3
Zeebrugge 56 B3
Zeeland 118 B2
Zefat 90 I2
Zeïa 83 M4
Zeïa (R.) 83 M-N4
Zeila 102 H4
Zeist 56 D2
Zeitz 59 E4
Zélande (Prov.) 56
Zele 56 B-C3
Zelenodolsk 80 D-E3
Železná Ruda 59 E5
Zelhem 56 E2
Zell 60 C3
Zell [am See] 67 E2
Zelten 102 F3
Zelzate 56 B3
Zemble (N[ouve]lle) (Novaïa Zemlia) (I^{s}) 82 F-G2
Zembra (I.) 69 C6
Zemlia (Severnaïa) (I^{s}) 83 K1-2
Zemlia (Novaïa) (Nouvelle Zemble) (I^{s}) 82 F-G2
Zemoul (O.) 104 B3
Zempoaltepec (M^{t}) 120 C3
Zemun 77 C-D3
Zenica 68 F-G2
Zerbst 58 E3
Zergoun (O. ez) 105 D2
Zermatt 66 C3
Zernez 66 F3
Zeulenroda 59 D-E4
Zevenaar 56 D-E3
Zézere (R.) 72 A2
Zgierz 76 C1-2
Zguid (O.) 104 B3
Zhangjiakou 96 B1
Zhangguangcai Ling (M^{ts}) 96 C1
Zhangzhou 96 B3
Zhanjiang 93 G3
Zhaotong 96 A3
Zhejiang (Tché Kiang) (Prov.) 96 B3 (20)
Zhengzhou 96 B2
Zhenjiang 96 B-C2
Zhijiang 96 A-B3
Zhoukouzhen 96 B2
Zhugeng 96 B2
Zhuzhou 96 B3
Ziban (M^{ts} des) 105 E2
Zibo 96 B2
Zidani Most 65 F2
Ziel (M^{t}) 127 C3
Zielona Góra 51 G4
Zierikzee 56 B-C3
Zighet Youssef 105 E1
Zigong 96 A3
Ziguinchor 102 B4
Zilfi 91 E3
Žilina 76 C2
Ziling Tsó (Siling Co) (L.) 94 C1
Ziller (R.) 59 D6
Zimbabwe 103 C4
Zimnicea 77 E4
Zin (W.) 90 I4
Zinder 102 D4
Zingst (P.) 58 E2
Z[ikhron] Ya'aqov 90 H-I2
Zion (P.N^{l}) 114 B3
Zipaquira 120 H2
Žirje (I.) 77 B4
Zistersdorf 65 G1
Zittau 59 F4
Ziya He (R.) 96 B2
Ziz (O.) 104 B2
Zlatica 79 E4
Zlatograd 71 D2
Zlatooust 80 E3
Zletovo 79 D4
Znaim (Znojmo) 76 C2
Znojmo (Znaim) 65 F-G1
Zoetermeer 56 C2
Zofingen 66 C-D2
Zomba 103 G7
Zomergem 56 B3
Zonguldak 80 C4
Zorn (R.) 44 E3
Zottegem 45 F2
Zouar 102 E3-4
Zouérat 102 B3
Zoug 66 D2
Zoug (Canton) 67 J1
Zoug (L. de) 66 D2
Zousfana (O.) 104 C3
Zquerir (O.) 105 E2
Zrenjanin 76 D3
Zrmanja (R.) 65 F3
Zschopau (R.) 59 E3
Zuara (Zuwarah) 105 I1
Zubair 75 G3
Zug 59 C6
Zugspitze (M^{t}) 59 D6
Zuid Beveland (I.) 56 B-C3
Zuid-Flevoland (Polder) 56 D2
Zuidlaren 56 E1
Zuid Willemsvaart (C^{l}) 56 D3
Zujar (R.) 72 B2
Zülpich 60 B3
Zumbo 103 G7
Zundert 56 C3
Zuni (Rés. Ind.) 114 C3
Zunyi 96 A3
Zürich 67 J1
Zürich (Canton) 67 J1
Zürich (L. de) 66 D2
Zürs-Lech 67 C-D2
Zutphen 60 B1
Zuwarah (Zuara) 74 D3
Zuwaytinah 90 B-C2
Zvornik 77 C3
Zweibrücken (Deux-Ponts) 59 B5
Zweisimmen 66 C3
Zwernd[or]f 78 C2
Zwettl [an der Rodl] 65 F1
Zwevegem 45 E2
Zwickau 59 E4
Zwiesel 59 E5
Zwolle 56 E2
Zygos (Col de) 71 B3
Żyrardów 76 C-D1
Zyrianka 83 O-P3

Le système solaire dans la nébuleuse spirale de la Voie Lactée

Le système solaire est une partie de la Voie Lactée (qui est une nébuleuse spirale). Celle-ci n'est elle-même qu'une partie de l'Univers

SYSTÈME SOLAIRE

SOLEIL

à la
1 : 5 000 000

Diamètre 13
Masse (Terre = 1)
Densité (eau = 1)
Température superficielle
Energie libérée
Inclinaison de l'équateur sur l'o
Durée de la rotation sidérale
Distance moyenne de la Terre : 149,6 millions de
1 minute-lumière = 18,024 millions de

Planètes:	Mercure	Vénus	Terre	Mars	Jupiter
Symboles :	☿	♀	♁	♂	♃
Diamètre km :	4847	12 118	12 756	6760	142 739
Masse (Terre = 1) :	0,056	0,82	1	0,11	318,37
Densité (eau = 1) :	5,55	5,07	5,52	3,93	1.31
Inclinaison de l'orbite sur l'écliptique (°) :	7	3,39		1,85	1,31
Distance moyenne du Soleil (millions de km) :	59,14	108,2	149,6	228,9	779,2
Durée de la rotation :	58 j. 15^h 12'	243 j.	23^h 56' 4''	24^h 37'	9^h 50' à 9^h 56'
Durée de la révolution :	88 j.	224 j. 17^h	365 j. 6^h 9'	1 an 321 j.	11 ans 316 j.
Nombre de satellites :			1	2	13
Visibilité :	← Visibles à l'œil nu —				

LUNE

La face visible

Échelle 1 : 50 000 000

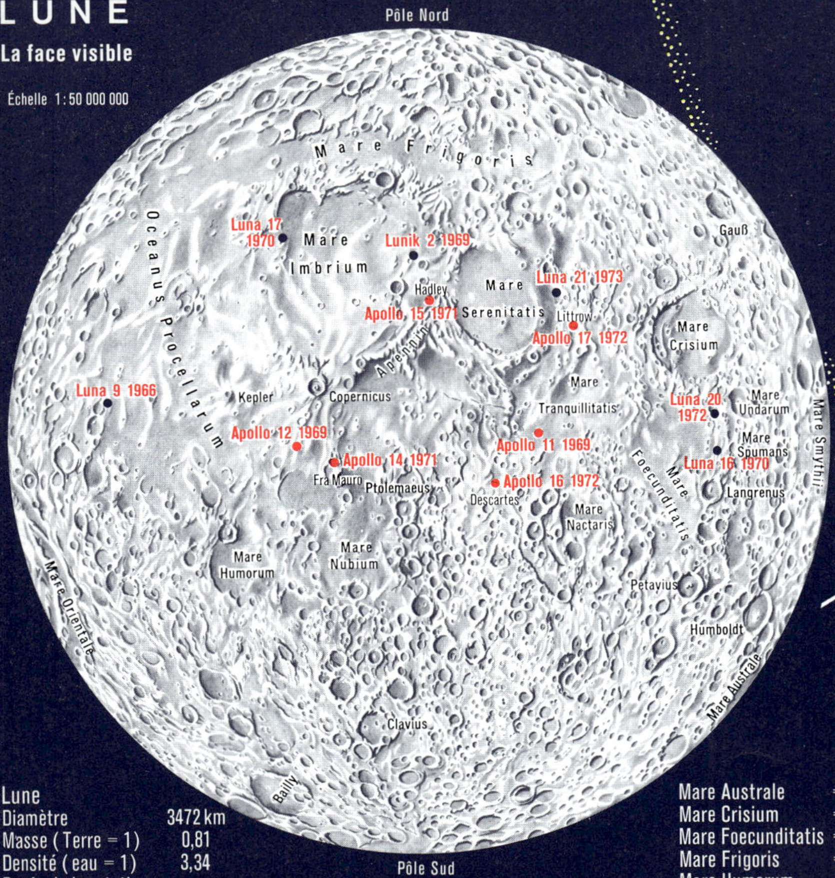

Lune
Diamètre 3472 km
Masse (Terre = 1) 0,81
Densité (eau = 1) 3,34
Durée de la rotation (= durée de la révolution) 27 j. 7^h 43'
Distance de la Terre 356 410 km / 406 740 km

L'homme sur la Lune :
Point d'alunissage americain ●
Point d'alunissage soviétique ○

Mare Australe = Mer Australe
Mare Crisium = Mer des Crises
Mare Foecunditatis = Mer de la Fécondité
Mare Frigoris = Mer du Froid
Mare Humorum = Mer des Humeurs
Mare Imbrium = Mer des Pluies
Mare Moscoviense = Mer de Moscou

Vue oblique des orbites planétaires

Échelle 1 : 20 000 000 000 000 – 1 mm. = 20 000 000 km

Les dimensions des planètes ont été arbitrairement grossies

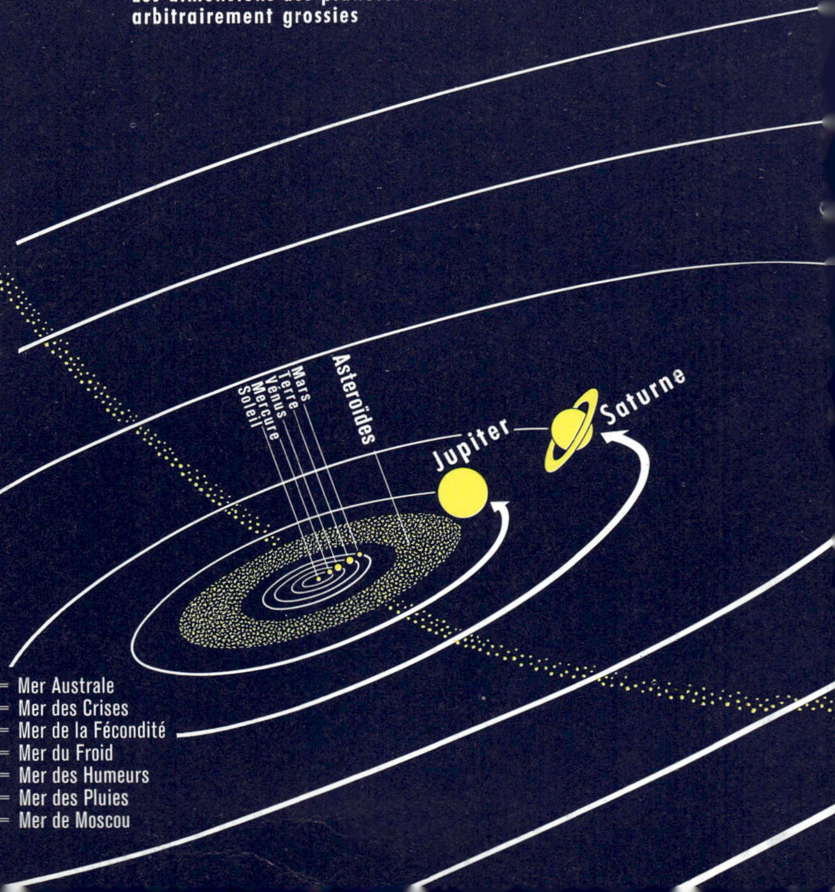